苏联犹太人研究（1941—1953）
——以犹太人反法西斯委员会为中心

宋永成　著

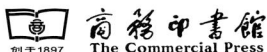

图书在版编目（CIP）数据

苏联犹太人研究：1941—1953：以犹太人反法西斯委员会为中心 / 宋永成著. — 北京：商务印书馆，2021
ISBN 978-7-100-18240-9

Ⅰ. ①苏… Ⅱ. ①宋… Ⅲ. ①犹太人—研究—苏联—1941—1953 Ⅳ. ①K18

中国版本图书馆CIP数据核字（2020）第048917号

权利保留，侵权必究。

苏联犹太人研究（1941—1953）
——以犹太人反法西斯委员会为中心
宋永成 著

商 务 印 书 馆 出 版
（北京王府井大街36号 邮政编码 100710）
商 务 印 书 馆 发 行
三河市尚艺印装有限公司印刷
ISBN 978-7-100-18240-9

2021年4月第1版　　　开本 710×1000　1/16
2021年4月第1次印刷　　印张 37　插页 8
定价：186.00元

国家社科基金后期资助项目
出版说明

后期资助项目是国家社科基金设立的一类重要项目,旨在鼓励广大社科研究者潜心治学,支持基础研究多出优秀成果。它是经过严格评审,从接近完成的科研成果中遴选立项的。为扩大后期资助项目的影响,更好地推动学术发展,促进成果转化,全国哲学社会科学工作办公室按照"统一设计、统一标识、统一版式、形成系列"的总体要求,组织出版国家社科基金后期资助项目成果。

全国哲学社会科学工作办公室

所罗门·米霍埃尔斯（1890—1948）

苏联犹太人反法西斯委员会旧址
（莫斯科市中心克鲁泡特金大街10号）

所罗门·阿布拉莫维奇·洛佐夫斯基(1878—1952)

1943年7月8日,米霍埃尔斯(前排左四)和费费尔(前排左三)在美国纽约出席有5万人参加的马球场集会

1945年3月15日,莫斯科犹太大会堂为大屠杀中遇害的犹太人举行安息日祈祷仪式。横幅上用希伯来文写着,"犹太人活着"

1946年上半年,戈德堡(左三)到莫斯科访问,造访犹太人反法西斯委员会。什泰恩(右三)、A.卡茨将军(右二)、A.苏茨科维尔(左一)等人参加座谈会

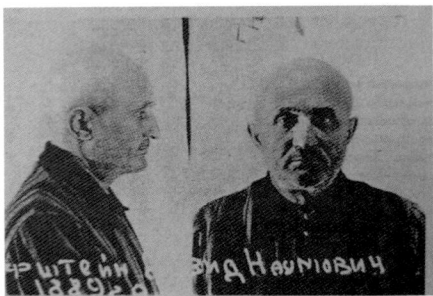

犹太人反法西斯委员会案被告佩列茨·达维多维奇·马尔基什(上)、达维德·戈夫施泰因(下)受审期间的照片

1953年1月13日,《真理报》在头版刊登揭露"医生阴谋"案件的文章——《戴着教授-医生面具的卑鄙的间谍与谋杀者》

序

宋永成把他研究苏联犹太人问题的书稿送给我，希望能为其写篇序言。自己的学养有限，为人写书序，深感不够格。但是，打印好的书稿已经摆到我的案头，而且装订得整整齐齐、漂漂亮亮，不由得引发了我的阅读兴趣，那就先睹为快吧！花了一个多礼拜的时间，认真读了两遍。书稿给我留下了深刻的印象，内容丰富，内在逻辑性强，文字流畅，分析入情入理，有不少新颖而独到的见解。我自己从中学到了不少东西。我认为，这是宋永成的一部力作。

还记得在2004年，宋永成考取了陕西师范大学苏联史博士研究生，根据本人的条件和当时的资料情况，我们和他一起讨论确定以苏联犹太人反法西斯委员会作为博士论文选题。宋永成学习很用功，论文做得很扎实，不仅仔细研究了有关档案材料，认真研读了前人的研究成果，而且学习和思考了有关民族问题的理论。论文既使用了丰富的历史资料，又有自己的独立见解。在校外专家对论文的通讯评定中得到5个优。在博士论文答辩会上，也被评选为当年学科的优秀论文。博士毕业后，宋永成在陕西师范大学历史文化学院担任教学工作的同时，继续对博士论文所撰述的问题进行深入研究。他扩大了研究范围，想方设法找到有关这一问题更多、更详尽的档案，尽量占有第一手资料；他汇集了有关当事人对这个问题的各种说法以及学者的研究成果，并访问了国内一些研究犹太人问题的专家，开阔思路，加深对问题的理解；他追索犹太人在俄罗斯繁衍生息的历史过程，把苏联犹太人问题放到犹太人在俄国革命和苏联社会主义实践的整个过程中去分析，把斯大林制造犹太人案件同他的民族理论和对敌斗争的思路联系起来进行考察，以求得历史的内在联系。他没有急于求成，而是先把自己研究的心得或阶段性成果写成论文在杂志上发表，同时争取在一些学术会议上做专题发言，以便与同行学者和专家进行商榷和讨论。经过多年坚持不懈的努力，形成比较系统的思路，才开始撰写书稿。书稿写成后，有幸入选 2014 年国家社科基金后期资助项目，经评审委员会审查，分到商务印书馆出版。作者又花了两年多的时间，对书稿进行了认真的修改、充实、推敲和加工。现在，这一著作终于可以同读者见面了，真可谓"十年磨一剑！"

在读宋永成书稿的过程中，自己产生了一些想法，写在这里，以便同读者一起讨论。首先，宋永成的这部著作充分地使用了原始资料，所有的记述和分析都建立在可靠的材料基础上。历史研究首先要弄清事实和历史发展的过程，然后才能进行分析和评论。要做到这一点，就必须掌握和依靠第一手资料。当然，要使用原始资料，必须下功夫。就拿历史档案来说，不仅搜集档案很费事，研读档案也不容易。凡是研读过历史档案的人都会有体会，读历史档案很枯燥。档案大都是当事人根据自己的需要制定的各种文件、各种报告、讲话稿、会议记录、做出的各种决议和决定。这些都不是专为后来研究历史的人准备的材料。因此，对这些档案资料必须细心阅读、反复阅读，弄清背景，读懂内容，把重点摘录下来，进行前后对照比较，还要参考一些当事人的回忆录和有关记事，以辨别真伪。只有经过仔细认真的阅读，对档案内容比较熟悉了，才能引起联想和思索，从中找到事情的内在联系。研读外文档案还要更难一些，首先要准确地理解和翻译原文的真实含义，既要贯通全文，又要字斟句酌，选择适当的汉语词汇。在阅读和翻译的过程中会遇到许多生疏的人名、地名和机构名称，还会有各种典故、习惯用语、缩略语以及删节，等等，所有这些都要一一查清。阅读外文档案最忌讳望文生义，胡乱猜测。鲁迅先生当年就曾形容翻译外文书籍之难："字典不离手，汗水不离背。"我知道，宋永成在这方面下了很大的功夫，为了搞清楚一些问题，经常向有关专业人员请教。

其次，宋永成这本书的另一个特点就是整个研究都是建立在前人研究的基础上。他几乎阅读了能够看到的有关苏联犹太人及其反法西斯委员会问题的所有论著，参考了前人对事件的记述和分析，吸收自己认为正确的东西，摒弃和纠正自己认为不符合事实或不准确的记述与分析。他的书中引证很多。旁征博引既能丰富自己的分析和论述，又能给读者提供必要的参考。历史研究无止境，由于新的资料不断地被发掘出来，历史研究的方法在不断进步，人们对历史的认识也就处于不断变化之中。因此，对于历史问题要允许历史学家不断地研究，不能采取简单地下结论或者通过决议的办法，试图做出一劳永逸的定论。历史是人类智慧和经验的结晶，学习和研究历史的目的在于使人增长才智，变得更聪明，少走弯路，少犯错误。历史研究也是一种接力赛，后人只能在前人研究的基础上有所前进。但这种接力不是简单的传递接力棒，而是要在继承中批判，在批判中继承。

最后，宋永成的著作是研究一个具体的历史问题——苏联犹太人及其反法西斯委员会问题，但这一课题却同人类发展史上的一些重大问题密切相关。在20世纪的历史上，曾发生的最重要、对人类未来的发展影响最大的事变，就是打了两次世界大战和苏联的社会主义实践走完了一个过程。现在，全世界的思想家、政治家，尤其是历史学家正在对这两大事变从不同角度进行着各个方面的研究，总结其对人类未来发展具有重要借鉴意义的经验与教训。关于前一事变，多数国家和人民似乎有了比较清醒的认识：必须维护世界和平，再不能打第三次世界大战了！但是，人们对于正在进行的以核武器和电子武器为中心的军备竞赛，仍存在极大的忧虑；对于后一事变，俄罗斯人正整理和公布苏联国家20世纪的档案文件，俄罗斯和各国的学者，特别是历史学家正在对苏联的社会主义实践进行着全面深入的研究和讨论，虽然看法各种各样，但在俄罗斯以及仍在实践社会主义的国家都已开始认真汲取其经验和教训。本书所研究的问题同上述两大事变都有着密切的联系。

犹太人问题说到底是个民族问题。正如本书作者指出的："犹太民族是一个优秀的民族。"在历史上，犹太人之所以失去自己的国家，流落各地，受尽各种欺凌和压迫，是历史上几个大帝国的征战和扩张及其大民族主义的统治造成的。犹太民族虽然遭受了千年苦难，却自强不息，不管到哪里都能生根、开花、结果，万劫不灭，始终屹立于世界民族之林。如所周知，在近代，犹太民族产生了以马克思、爱因斯坦为代表的伟大思想家和科学家，对于人类发展史、自然科学的发展做出了巨大的贡献。这个民族应该得到公平的对待，这个民族的历史值得认真研究。

沙皇俄国是人类历史上最后一个大帝国，实行大俄罗斯主义的不断对外扩张政策，在国内统治了一百多个民族。据本书作者考证，犹太人很早就在后来俄罗斯领有的土地上繁衍生息。不过，比较多的犹太人流入俄国，是俄、普、奥三国瓜分波兰以后，部分犹太人开始向黑海岸的敖德萨移居，后来逐渐到了圣彼得堡等城市。在斯大林时期被镇压的著名犹太人文学家巴别尔留有一本《敖德萨》小说集，反映的就是犹太人在敖德萨的生活及其文化和精神状况。沙皇俄国一开始对犹太人比较宽容，后来则采取了歧视与压迫的政策。沙皇俄国的大俄罗斯扩张主义政策促使它积极地参加了第一次世界大战。第一次世界大战又直接导致了1917年俄国的革命。十月革命后，布尔什维克在战争和革命中已分崩离析的俄罗斯帝国的废墟上建立了苏维埃社会主义共和国联盟。犹太人曾积极地参加十月革命并为苏联的社会主义建设做出过重要贡献。与此同时，在第一次世界大战中失败了的德国，在其民族主义的推动下，导致希特勒上台，并发动了第二次世界大战。在战争中，希特勒法西斯屠杀了几百万犹太人。在苏联伟大卫国战争中，苏联犹太人成立了反法西斯委员会，为苏联反法西斯战争的胜利建立了重大功勋。在战后，斯大林却发动了大规模的反犹运动，制造了"犹太人反法西斯委员会案""医生谋杀案"等几个大冤案，几乎导致苏联犹太人灭绝。历史有其自己的因果律，正是由于第二次世界大战中希特勒对犹太人的大规模杀害，坚定了犹太人建立自己的国家的思想和愿望。1948年，失去祖国一千多年的犹太人终于在联合国决议的支持下重新建立了自己的民族国家——以色列。而民族问题却成为苏联社会主义实践中的一大沉疴，到1991年底，不仅12个非斯拉夫民族共和国强烈要求建立独立国家，包括俄罗斯在内的三个斯拉夫民族共和国也要求独立，俄罗斯、乌克兰和白俄罗斯三国的领导人首先发表了解散苏联的宣言，苏联的解体竟导致了苏联社会主义实践的结束。

斯大林曾写了《马克思主义和民族问题》一书，被誉为马克思主义民族理论权威。但在他的政治实践中为什么却发生了残酷迫害犹太人事件？苏联社会主义共和国联盟是在斯大林亲自主持下建立的，为什么这个联盟最终解体并导致苏联社会主义实践的结束？在思考这些问题的时候，不免想起了马克思、恩格斯在《德意志意识形态》一书中写过的一段话："我们仅仅知道一门唯一的科学，即历史科学。历史可以从两方面来考察，可以把它划分为自然史和人类史。但这两方面是密切相联的；只要有人存在，自然史和人类史就彼此互相制约。自然史，即所谓自然科学，我们在这里不谈；我们所需要研究的是人类史，因为几乎整个意识形态不是曲解人类史，就是排除人类史。意识形态本身只不过是人类史的一个方面。"① 虽然马克思、恩格斯后来从自己的书中删去了包括这些话在内的两段文字，但我认为，删去这两段话并不意味着马克思和恩格斯对自己的这些论断的否定。我们知道，马克思和恩格斯非常重视历史科学和对人类社会史的研究，马克思晚年还集中精力研究了人类学。马克思、恩格斯这些话不仅指出了历史作为科学的重要性，而且特别指出："整个意识形态不是曲解人类史，就是排除人类史。"我们当然知道，马克思、恩格斯在这里说的"整个意识形态"，是指旧的意识形态。但是，从他们提出问题的方法，并把这句话同紧接着的那句话联系起来，就对解决我们的问题有重要的启迪意义。

斯大林在对待犹太人问题上的错误，也就是对待民族问题上的错误。套用马克思、恩格斯上面的话，可以说，斯大林的思想理论曲解了民族问题。在斯大林的民族理论中至少可以提出以下质疑。

第一，民族应该在前资本主义时代就产生和存在了。恩格斯在《家庭、私有制和国家的起源》《论封建制度的瓦解和民族国家的产生》《工人阶级同波兰有什么关系？》等论著中，都涉及民族和民族国家的产生和形成问题。在恩格斯的论述中，民族有各种形态，他把入侵西欧的蛮族哥特人、统治俄罗斯的蒙古人和建立国家以前的德意志人都称为民族。在一个地方，他还说道：民族是由"各亲属部落溶合"，"从而各个部落领土溶合为一个民族的共同领土"②。在恩格斯的论著中，民族和国

---

① 《马克思恩格斯选集》，第 1 卷，人民出版社 1972 年版，第 21 页。
② 恩格斯：《家庭、私有制和国家起源》，载《马克思恩格斯全集》，第 21 卷，第 187 页。

家是两个不同的概念。而斯大林却在他的《马克思主义和民族问题》一书中断定:"民族不是普通的历史范畴,而是一定时代即资本主义上升时代的历史范畴。封建制度消灭和资本主义发展的过程同时就是人们形成为民族的过程。"① 在他接着展开的论述中实际上把西欧几个民族国家的建立与其民族的形成等同,混淆了民族与国家的重要区别。按照他的说法,当时许多还没有进入资本主义的国家都不存在民族。记得在20世纪50年代,苏联学者就根据斯大林的这一论断认为,中国到秦汉时期还只有部族,而没有民族。这显然不符合历史的实际。

第二,斯大林对民族的定义是:"民族是人们在历史上形成的一个有共同语言、共同地域、共同经济生活以及表现于共同文化的共同心理素质的稳定的共同体。"这一定义显然是根据布尔什维克党当时的政治路线确定的,实际上把复杂的民族现象简单化。斯大林就是根据这一定义,不把犹太人看作民族,因为他们没有共同的地域和共同的经济生活。这就成为后来他反对在苏联建立犹太人自治共和国的理由。

第三,斯大林又说:"在俄国,是以历史上形成的强大而有组织的贵族军事官僚为首的大俄罗斯人担负了统一各民族的使命。"② 这样的论断不仅肯定了大俄罗斯主义不断向外侵略和扩张的政策,也否定了囊括在俄罗斯大地上的其他一百多个受俄罗斯统治的民族的民族自决权。斯大林是格鲁吉亚人,但他却是一个大俄罗斯主义者。恩格斯曾经写过一篇《俄国沙皇政府的对外政策》的文章,尖锐地揭露和批判了沙皇俄国的卑鄙龌龊的侵略政策,并认为俄国沙皇政府的覆灭是防止世界大战的唯一手段。而斯大林在1934年专门写了一篇反驳和批判恩格斯的文章,为沙皇政府的侵略扩张政策辩护,而且极不尊重恩格斯人格,攻击他"由于兴奋","一时忘记了某些最基本的"事实。斯大林的大俄罗斯主义也曾受到列宁的谴责。在1922年建立苏联的时候,斯大林提出了要求乌克兰、白俄罗斯、格鲁吉亚、阿塞拜疆、亚美尼亚几个苏维埃共和国加入俄罗斯苏维埃社会主义联邦的所谓"自治化"计划,并且对持不同意

---

① 斯大林:《马克思主义和民族问题》,载《斯大林全集》,第2卷,人民出版社1953年版,第301页。
② 同上。

见的格鲁吉亚共和国党的领导人采取了极为粗暴的态度。列宁知道这些情况后,批评斯大林"是粗暴的大俄罗斯的杰尔席莫尔达"。列宁认为:"俄罗斯化了的异族人在表现俄罗斯人的情绪方面总是做的过火。"①

  本书所研究和记述的问题是苏联社会主义实践中的一段插曲,而这一插曲则为后来人提供了重要的历史教训。在当今世界,无论在民族国家之间还是在多民族国家之内,正确地对待和解决民族问题仍是一个重大课题。从人类历史的发展进程看,解决民族问题存在两种趋势:一种是建立民族国家;一种是寻求民族或国家的联合,如建立联邦和各种国家联盟。但前者是主流,第二次世界大战以后,全世界只有几十个国家,现在已经发展到两百多个。最近,我们国家的领导人习近平同志提出了建立"人类命运共同体"的重要思想。建立人类命运共同体也必须汲取苏联社会主义实践提供的经验与教训,必须尊重每个民族和民族国家的独立和主权。

柳植
2018 年 5 月

---

① 列宁:《关于民族或"自治化"问题》,载《列宁全集》,第 43 卷,人民出版社第二版,第 353、351 页。

目　录

前　言……1

第一章　1941年卫国战争前的苏联犹太人……8

第一节　1917年俄国大革命前的俄国犹太人……8

一、俄国犹太人和沙皇俄国对犹太人的政策……8

二、沙皇俄国反犹带来的影响……29

第二节　1917—1941年的苏联犹太人……47

一、苏联犹太人社会地位的提高和改善……47

二、苏联犹太人遭遇的不幸与困境……60

第二章　卫国战争初期的苏联犹太人……85

第一节　苏联在卫国战争初期的溃败与纳粹对犹太人的大屠杀……85

一、苏联在卫国战争初期的溃败……85

二、纳粹对犹太人的大屠杀……93

第二节　苏联内政外交政策的变化与犹太人反战热情的
　　　　高涨……104
　　一、苏联内政外交政策的变化……104
　　二、苏联犹太人反战热情的高涨……119
　　三、苏联犹太人大疏散……122
第三节　苏联犹太人反法西斯委员会的建立……126
　　一、犹太人反希特勒委员会的夭折……126
　　二、苏联犹太人反法西斯委员会的建立……133

第三章　卫国战争中的苏联犹太人反法西斯委员会……158

第一节　犹太人反法西斯委员会的反战活动……158
　　一、犹太人反法西斯委员会在战争期间的宣传活动……158
　　二、犹太人反法西斯委员会代表团出访海外……177
　　三、犹太人《黑皮书》的编纂……217
第二节　犹太人反法西斯委员会对犹太人命运的关注……227
　　一、设法救助面临危难的犹太同胞……229
　　二、力争保留和复兴犹太文化……235
　　三、提议建立克里木犹太共和国……238
　　四、与国内反犹主义进行斗争……248
第三节　犹太人反法西斯委员会对卫国战争胜利的贡献……255
　　一、对外宣传成就非凡……256
　　二、激发鼓舞了广大苏联犹太人的爱国热情……257
　　三、为苏联军民争取了大量的金钱和物资援助……263

第四章　冷战初期的苏联犹太人……266

第一节　战后初期的犹太人反法西斯委员会……266
一、犹太人反法西斯委员会的对外交流与对内维权……266
二、犹太人反法西斯委员会与苏联当局之间的龃龉……280

第二节　苏联当局对犹太人政策的转变……287
一、"克里木方案"的终结……291
二、《黑皮书》的禁毁……295

第三节　米霍埃尔斯之死……308
一、苏联国家安全部为什么要除掉米霍埃尔斯？……309
二、米霍埃尔斯之死与苏联当局的应对措施……314
三、米霍埃尔斯之死的社会影响……329

第四节　苏联犹太人与以色列建国事件……331
一、苏联对以色列建国的支持及其原因……331
二、苏联犹太人对以色列建国的反应……335
三、苏联犹太人对以色列建国反应之后果……357

第五章　苏联犹太人的"黑暗年代"……360

第一节　苏联国家反犹主义产生的原因……361
第二节　苏联全国性反犹运动举隅……376
一、犹委会案……377
二、波林娜·热姆丘任娜案件……409
三、比罗比詹案件……416
四、医生案件……421

第三节　苏联全国性反犹运动的特点 ……465

一、苏联当局领导，自上而下发动 ……465

二、苏联犹太精英成为首要打击目标 ……470

三、打击面广，波及苏联犹太人社会生活的各个领域 ……472

四、具有一定的隐蔽性 ……497

五、持续时间长，残酷性强 ……500

第四节　苏联反犹案件的平反昭雪 ……501

结束语 ……518
附　录 ……545
参考文献 ……551
跋 ……577

前　言

犹太人是苏联历史上特殊而又重要的一个民族。无论在革命还是建设时期，都对苏联社会发展做出过重大贡献。但是，除了十月革命后十余年短暂的辉煌外，犹太人在苏联的地位可谓每况愈下。苏联解体前后，上百万犹太人移民国外，再次上演了与沙皇俄国末年惊人相似的一幕。为什么宣称实现了民族平等的苏联还会重蹈沙皇俄国的覆辙？我们从1941—1953年苏联犹太人的历史中或许可以找到答案。

本书选题主要是基于以下几个原因：

（一）1941—1953年是苏联犹太人历史上最重要的时期。

1941—1953年的世界波诡云谲，堪称数千年未有之变局。苏联犹太人刚刚经历了二战的洗礼，紧接着就陷入冷战的深渊。他们就像大海上的一叶扁舟，在惊涛骇浪中颠簸。

1941年卫国战争爆发前，苏联有500多万犹太人。[①] 战争期间，大

---

① 这一时期的苏联犹太人主要由两部分构成：一是1939年9月二战爆发前苏联国内原有的犹太人，二是二战爆发后苏联从兼并的波兰（主要是西乌克兰和西白俄罗斯）、立陶宛、爱沙尼亚、拉脱维亚和罗马尼亚（主要是比萨拉比亚和北布科维纳）领土上接纳的犹太人。关于二战前苏联国内原有的犹太人数，据1939年苏联人口普查，总共有302万人申报自己是犹太人。犹太人口统计学家列辛斯基估计，另外还有25万—30万犹太人隐瞒了自己的出身。即是说，当时苏联犹太人实有人数在327万—332万。关于苏联从新兼并的领土上接纳的犹太人的总数，说法不一。苏联犹太人反法西斯委员会领导人1944年2月在给斯大林的信中说大约有150万人；美国历史学家诺拉·莱文统计是177.5万人（其中波兰东部130万人，波罗的海国家22.5万人，比萨拉比亚和北布科维纳25万人）；以色列历史学家本杰明·平库斯认为是188万人；世界犹太复国主义主席哈伊姆·魏茨曼、以色列历史学家希蒙·雷德利克、美国犹太人社会活动家本·莱恩·戈德堡、美国历史学家泽夫·卡茨和戴维·M.克罗等人认为有200万人。尽管分歧较大，但他们普遍认为1941年6月卫国战争爆发前苏联犹太人总数有500万。此外，还有人认为有500万—530万人，甚至多达550万人。参见Benjamin Pinkus, *The Soviet Government and the Jews: 1948-1967, A Documented Study*, Cambridge: Cambridge University Press, 1984, pp.22-24; Benjamin Pinkus, *The Jews of the Soviet Union: The History of a National Minority*, Cambridge: Cambridge University Press, 1988, p.138; Shimon Redlich, *Propaganda and Nationalism in Wartime Russia:*

约有 280 万犹太人不幸落入纳粹手中，惨遭屠杀①；除了参加红军和游击队的 50 万犹太人之外，其余的犹太人几乎都被疏散到苏联各中亚共和国和俄罗斯联邦腹地。② 犹太人积极响应斯大林的号召，满腔热情地投入反法西斯战争当中。为了争取西方盟国犹太人的支持和援助，苏联政府利用全世界犹太人固有的民族感情，极力鼓励以犹太人反法西斯委员会（下文简称"犹委会"）为代表的苏联犹太人与英美等国家的犹太人进行交流与合作。在苏联情报局的领导下，犹委会通过出版犹太人报纸、组织犹太人反法西斯群众集会、向国外新闻机构寄发宣传材料、派代表团出国访问等方式，不仅在西方盟国为苏联赢得了广泛的同情和支持，而且为苏联红军和民众争取到大量宝贵的物资和金钱援助，对卫国战争的胜利做出了重要贡献。

但是，二战结束后，随着美苏冷战的爆发，苏联当局对犹太人的政策很快从关注、利用转变为打压、排挤。1948 年 1 月，犹委会主席所罗门·米霍埃尔斯被斯大林以莫须有的罪名秘密杀害。苏联当局因为犹太人与美国联系密切而无端怀疑他们对国家的忠诚，甚至把他们视为第五纵队。1948—1953 年，苏联当局发动了一场前所未有的全国性反犹运

（接上页）*The Jewish Antifascist Committee in the USSR, 1941-1948*, Boulder: East European Quarterly, 1982, p.xiv; B. Z. Goldberg, *The Jewish Problem in The Soviet Union: Analysis and Solution*, New York: Crown Publishers, 1961, p.50; Zev Katz, editor, *Handbook of Major Soviet Nationalities*, New York: The Free Press, 1975, p.363; Memorandum on the USSR and Zionist Aims, Israel Ministry of Foreign Affairs, Ministry of Foreign Affairs of the Russian Federation etc., *Documents On Israeli-Soviet Relations:1941-1953, Part I: 1941-May 1949*, London · Portland, OR: Frank Cass Publishers, 2000, p.26; Письмо ЕАК в СНК СССР о создании еврейской республики в Крыму, 15 февраля 1944 г., Г. В. Костырченко, *Еврейский антифашистский комитет в СССР,1941-1948: Документированная история*, с.136; Nora Levin, *The Jews in the Soviet Union since 1917, Paradox of Survival*, Volume I, New York: New York University Press, 1988, p.337; Valery Vorobiev, "the USSR and the Establishment of the State of Israel", *International Affairs*, 2010, p.286;〔美〕戴维·M. 克罗：《大屠杀：根源、历史与余波》，张旭译，上海人民出版社 2015 年版，第 285 页。

① Г. В. Костырченко, *Тайная политика Сталина, власть и антисемитизм*, с.223;〔俄〕列夫·别济缅斯基：《交战前夕的希特勒和斯大林》，文和、李酉生译，上海译文出版社 2003 年版，第 372 页。

② Valery Vorobiev, "the USSR and the Establishment of the State of Israel", p.287; Письмо ЕАК в СНК СССР о создании еврейской республики в Крыму, 15 февраля 1944г., Г. В. Костырченко, *Еврейский антифашистский комитет в СССР, 1941-1948: Документированная история*, с.136.

动,蓄意炮制了一系列反犹案件,成千上万的犹太人遭到解职、逮捕、流放和枪毙。以犹委会为代表的苏联犹太精英尽管忠心耿耿,委曲求全,但最终依然没有逃脱被镇压的命运。不仅如此,斯大林还殚精竭虑,亲手策划了震惊世界的"医生案件",把清洗矛头直指整个苏联犹太民族。如果不是斯大林在1953年突然去世,苏联犹太人恐怕就大难临头了。

纵观苏联历史,我们可以发现,1941—1953年是犹太人对苏联从信任、忠诚、奉献转变为怀疑、绝望、离弃的关键时期。特别是1948—1953年的全国反犹主义运动不仅确定了此后数十年苏联当局在对待犹太人问题上的反犹基调,而且成为日后犹太人移民国外的根源,甚至为苏联解体埋下伏笔。因此,加强对这一阶段苏联犹太人历史的研究是非常必要的。

(二)1991年苏联解体前后,有关犹太人的大批档案文献不断解密、公布出来,为研究这一问题提供了前所未有的良好条件。这些档案主要包括:

1. 俄罗斯历史学家弗拉基米尔·瑙莫夫编辑的《不公正的审判:斯大林最后的枪决(对犹太人反法西斯委员会成员的审判过程速记记录)》①,首次把1952年苏联最高法院军事审判庭对"犹委会案"秘密审判的全部记录(除了次要的节略外)公之于世,揭开了这一在苏联时期秘而不宣的重大反犹案件的神秘面纱。

2. 以色列学者希蒙·雷德利克编辑的《战争、大屠杀和斯大林主义:关于苏联犹太人反法西斯委员会的档案研究》和俄罗斯历史学家Г. В. 科斯特尔琴科编辑的《苏联犹太人反法西斯委员会(1941—1948):历史文件》②,

---

① В. П. Наумов, *Неправедный суд, Последний сталинский расстрел(стенограмма судебного процесса над членами Еврейского антифашистского комитета)*, Москва: Наука, 1994. 该书的英文版、由美国学者约书亚·瑞宾斯坦与弗拉基米尔·瑙莫夫教授合编的《斯大林的秘密大屠杀:战后对犹太人反法西斯委员会的审判》随后在英、美同时出版,参见 *Stalin's Secret Pogrom: The Postwar Inquisition of the Jewish Anti-Fascist Committee*, Edited and with introductions by Joshua Rubenstein and Vladimir P. Naumov, New Haven and London: Yale University Press, 2001.

② Shimon Redlich, *War, Holocaust and Stalinism, A Documented Study of the Jewish Anti-Fascist Committee in the USSR*, NewYork: Harwood Academic Publishers, 1995; Г. В. Костырченко, *Еврейский антифашистский комитет в СССР,1941-1948: Документированная история*, Москва: Международные отношения, 1996.

首次把有关犹委会成立及其在战时和战后活动的档案文献系统性地整理出来，为研究这个在 1940 年代唯一的中央层面的犹太人组织提供了便利。

3. 由以色列外交部、俄罗斯外交部、以色列国家档案馆、俄罗斯国家档案馆等 6 家政府和学术机构联合编辑，在西方和俄罗斯同时出版的《苏联—以色列关系：文件集（1941—1953）》①，披露了以色列建国前后苏以之间相互往来的档案文件，其中有不少与苏联犹太人密切相关。

4. 俄国历史学家 Г. В. 科斯特尔琴科编辑的《苏联国家反犹主义：从开始到高潮（1938—1953）》②，比较翔实地披露了 1938—1953 年苏联国内的反犹状况和苏联当局反犹政策的发展演变过程，特别是苏联当局策划诸多反犹案件的原始文献。

众所周知，在苏联，"档案资料历来被国家领导人视为重要的意识形态领域，视为预先确定 20 世纪史科研成果的有效方法"。控制文献资料是"党对社会科学实行领导的一部分"。大约 90% 党机关和 20% 政府机关的档案资料都是受到严格管制，难以看到的。③ 因此，基于这些宝贵的第一手资料，我们不仅可以得出许多全新的观点，而且可以澄清此前国内外学者研究中的不少失误，弥补其不足。例如，国外学者普遍认为，1943 年 5 月苏联派犹委会代表团出访美国就是为了寻求经济援助。但档案表明，此举还有为苏联获取美国原子弹情报服务之意。又如，许多学者认为，苏联支持以色列建国是出于对二战中犹太人悲惨命运的同情。但新公布的苏联反犹档案表明，"同情说"根本站不住脚，斯大林另有图谋。同时，笔者还发现，许多国外学者不知有意还是无意忽略了"犹委会案"的审判档案。事实上，通过仔细甄别，我们可以从中萃取大量宝贵的史料。另外，美国外交关系档案、《斯大林克里姆林宫办公

---

① Министерство иностранных дел Российской Федерации, Министерство иностранных дел Государства Израиль, *Советско-израильские отношения: Сборник документов, Том I:1941-1953,* Москва: Международные отношения, 2000; Israel Ministry of Foreign Affairs, Ministry of Foreign Affairs of the Russian Federation etc., *Documents On Israeli-Soviet Relations:1941-1953,* London·Portland, OR: Frank Cass Publishers, 2000.

② Г. В. Костырченко, *Государственный антисемитизм в СССР. От начала до кульминации, 1938-1953,* Москва: издательство «Материк», 2005.

③ 参见〔俄〕鲁·格·皮霍亚：《苏联政权史（1945—1991）》，徐锦栋等译，东方出版社 2006 年版，前言，第 2 页。

室来客登记簿》①以及散见于其他一些地方的档案文件都对研究这一问题大有裨益。②

（三）国外学术界对1941—1953年苏联犹太人历史的研究非常重视，已经出版了大量成果。

早在1960年代初到1980年代初，美国、英国和以色列等国家已经有一些学者利用西方资料以及移居海外的苏联犹太人所提供的口述史料，对二战期间苏联政府对犹太人的政策、犹委会的历史、战后苏联的反犹主义等问题进行了开拓性研究。③但是，由于缺乏来自苏联方面的权威档案资料，他们对许多重大问题的研究都只能浅尝辄止。

1988年底，在苏共中央宣布为犹委会案平反之后，有关犹太人的档案文献相继解密。许多西方学者和俄罗斯学者就像哥伦布发现新大陆一样，热情洋溢地投入到这一领域的研究之中。他们利用苏联和以色列等国的解密档案，推出了一大批高层次的学术论著，在20世纪末至21世纪初达到高潮。其中包括俄罗斯学者阿尔卡季·瓦克斯堡的《斯大林反对犹太人》④；Г. В. 科斯特尔琴科的《红色法老的囚徒：斯大林最后十年对苏联犹太人的政治迫害》和《斯大林的秘密政策：当局与反犹主义》⑤；

---

① 沈志华总主编：《苏联历史档案选编》，第20卷，社会科学文献出版社2002年版。
② 近年来，美国兴起的国际史研究特别强调利用多国档案从事历史研究。这也是本书在研究方法上希望借鉴的经验之一。
③ 其中主要有本·莱恩·戈德堡的《苏联犹太人问题：分析和解决方案》（B. Z. Goldberg, *The Jewish Problem in The Soviet Union: Analysis and Solution*, New York: Crown Publishers, 1961）；耶霍舒亚·吉勒博阿的《苏联犹太人的黑暗年代：1939—1953》（Yehoshua A. Gilboa , *The Black Years of Soviet Jewry: 1939-1953*, Boston , Toronto: Little, Brown and Company, 1971）；希蒙·雷德利克的《战时苏联的宣传与民族主义：苏联犹太人反法西斯委员会，1941—1948》（Shimon Redlich, *Propaganda and Nationalism in Wartime Russia: The Jewish Antifascist Committee in the USSR, 1941-1948*, Boulder: East European Quarterly, 1982）；莱昂内尔·科昌的《1917年以来的苏联犹太人》（*The Jews in Soviet Russia since 1917*, edited by Lionel Kochan, London: Oxford University Press, 1972）；本杰明·平库斯的《苏联犹太人：一部少数民族的历史》（Benjamin Pinkus, *The Jews of the Soviet Union: The History of a National Minority*, 1988）。
④ Arkady Vaksberg, *Stalin Against the Jews*, Translated by Antonina W. Bouis, New York: Vintage Books, 1994.
⑤ Г. В. Костырченко, *В плену у красного фараона, Политические преследования евреев в СССР в последнее сталинское десятилетие, Документальное исследование*, Москва: Международные отношения, 1994; Г. В. Костырченко, *Тайная политика Сталина, власть и антисемитизм*, Москва: Международные отношения, 2001.

美国历史学家路易斯·拉波波特的《斯大林反对犹太人的战争：医生阴谋和苏联的解决方案》①；以色列希蒙·雷德利克教授的《战争、大屠杀和斯大林主义：关于苏联犹太人反法西斯委员会的档案研究》；俄罗斯科学院俄国史研究所 H. K. 彼得罗娃的《苏联反法西斯委员会：1941—1945 年》②；俄罗斯著名作家和历史学家亚历山大·索尔仁尼琴的《同行二百年》③；德国犹太裔历史学家阿龙·勒斯蒂格的《斯大林与犹太人：红皮书：犹太人反法西斯委员会和苏联犹太人的悲剧》④；美国学者乔纳森·布伦特和俄罗斯著名历史学家弗拉基米尔·瑙莫夫教授的《斯大林最后的罪行：医生阴谋》⑤；德国学者列昂尼德·柳科斯的论文《斯大林政策中的犹太人问题》⑥，俄罗斯著名历史学家罗伊·梅德韦杰夫的论文《斯大林与"医生案件"（新材料）》⑦等。这些论著的总体特点是运用全新的档案材料，全面、细致地探讨了这一时期苏联犹太人的命运，不仅清晰地阐明了苏联当局对犹太人的政策，特别是作为苏联最高领导人的斯大林在对犹太人政策方面发挥的决定性作用，而且对许多原来语焉不详的问题诸如犹委会的成立、犹委会在战时和战后的具体活动等都进行了深入研究，拨开了笼罩着米霍埃尔斯之死、犹委会案和医生阴谋案件的重重迷雾。这些优秀成果使得该领域的研究呈现出前所未有的繁荣景象，同时也大大拓宽并深化了二战史和冷战史的研究。

与国外学术界相比，国内学者对苏联犹太人问题的关注明显不足。

---

① Louis Rapoport, *Stalin's War Against the Jews: The Doctors' Plot and the Soviet Solution*, New York: The Free Press, Harwood Academic Publishers, 1995.

② Н. К. Петрова, *Антифашистские комитеты в СССР: 1941-1945гг.*, МОСКВА: ИРА РАН, 1999.

③ А. И. Солженицы, *Двести лет вместе(1795-1995)*, Часть Ⅰ, Москва: Русский путь, 2001; А. И. Солженицы, *Двести лет вместе(1795-1995)*, Часть Ⅱ, Москва: Русский путь, 2002.

④ Arno Lustiger, *Stalin and the Jews: The Red Book: The Tragedy of the Jewish Anti-Fascist Committee and the Soviet Jews*, New York: Enigma Books, 2003.

⑤ Jonathan Brent and Vladimir P. Naumov, *Stalin's Last Crime: The Doctors' Plot*, London: John Murray(Publishers), 2003.

⑥ Л. Люкс, Еврейский вопрос в политике Сталина, *Вопросы Истории*, 1999, № 7, с.41-59.

⑦ Ж. А. Медведев, Сталин и «дело врачей», Новые материалы, *Вопросы истории*, 2003, № 1, с.78-103; Ж. А. Медведев, Сталин и «дело врачей», Новые материалы, *Вопросы истории*, 2003, № 2, с.99-119.

这是笔者涉猎这一问题的一个重要原因。①

（四）本书以犹委会为中心，主要是因为这一时期苏联当局对犹太人的政策在这个全国性的犹太人组织身上表现得最为明显。在很大程度上，犹委会的命运已经成为这一时期苏联犹太人命运的一个缩影。由于资料方面的限制，本书无法论及苏联犹太人生活的各个方面，只能把重点放到政治和文化领域，特别是苏联当局对犹太人的政策、犹太人的反应以及这些反应反过来对犹太人命运所产生的影响等方面。

意大利历史学家克罗齐说："一切真历史都是当代史。"② 美国历史学家祖博克也指出："历史学的美妙之处就在于它是永远不会终结的讨论。"③ 的确，历史研究永无止境，每个人都可以根据自己掌握的资料做出不同的阐释。正所谓"千江有水千江月，万里无云万里天"④。如果拙作能够对关注苏联历史和苏联犹太人问题的读者提供一点借鉴，笔者也就知足了。

---

① 2005年10月，中国苏联东欧史研究会成立20周年国际学术研讨会在陕西师范大学召开。笔者的导师杨存堂教授与徐天新教授、郑异凡研究员、叶书宗教授等苏联史学界前辈经过商讨，建议笔者把当时国内很少有人研究的苏联犹太人问题作为博士论文选题，于是才有了本书的写作。
② 〔意〕贝奈戴托·克罗齐著，〔英〕道格拉斯·安斯利英译：《历史学的理论和实际》，傅任敢译，商务印书馆2009年版，第2页。
③ 〔美〕弗拉季斯拉夫·祖博克：《失败的帝国：从斯大林到戈尔巴乔夫》，李晓江译，社会科学文献出版社2014年版，中文版序，第3页。
④ （宋）正受撰：《嘉泰普灯录》，秦瑜点校，上海古籍出版社2014年版，第496页。

第一章　1941年卫国战争前的苏联犹太人

在1939年第二次世界大战爆发前，全世界大约有1800万犹太人。① 到1941年苏联卫国战争开始时，有500多万犹太人就生活在苏联统治下的土地上。因此，苏联犹太人是当时世界上最大的犹太社团。② 其重要性不言而喻。要研究1941—1953年苏联犹太人的历史，首先就必须对其此前的历史有一个简要了解。

第一节　1917年俄国大革命③前的俄国犹太人

一、俄国犹太人和沙皇俄国对犹太人的政策

犹太人是一个历史悠久的民族。从种族上讲，他们源自古代两

---

① 〔英〕诺曼·所罗门：《犹太人与犹太教》，王广州译，译林出版社2014年版，第10页。
② 据多位美国学者研究，1940年，美国犹太人总数为470万人。参见刘军：《美国犹太人：从边缘到主流的少数族群》，云南大学出版社2009年版，第77页。而美国著名犹太学者雅各·瑞德·马库斯估算，1940年，美国犹太人总数在477万—497.5万。参见〔美〕雅各·瑞德·马库斯：《美国犹太人：1585—1990 一部历史》，杨波等译，上海人民出版社2004年版，第315页。另外还有一种观点认为，到1925年美国犹太人总数为450万。1933—1941年，纳粹反犹导致15.7万欧洲犹太人移民美国。所以，到1941年，美国犹太人总数无疑超过了465.7万人。参见《大美百科全书》编辑部：《大美百科全书》，第16卷，外文出版社、光复书局1994年版，第55页。因此，美国犹太社团总人数略低于苏联，居第二位。
③ 2013—2014年，在总统普京推动下，俄罗斯政府通过制定历史文化标准和俄国史新教学法概念，把二月革命和十月革命统一纳入俄国大革命的范畴。2017年，俄国十月革命100周年纪念活动组委会最终确定了俄国大革命的新名称和新定义：俄国大革命就是发生在前俄罗斯帝国领土上的一场社会政治革命，始于1917年3月沙皇专制政权的倒台，终于1922年苏联的建立，其中包括二月革命、十月革命和国内战争。参见张盛发：《从"十月革命"到"俄国大革命"——俄罗斯修改十月革命名称和定义》，《俄罗斯学刊》2018年第6期，第87页。

河流域闪米特人（Semites）①的一支半游牧部落。公元前 1800 年前后，犹太人的始祖亚伯拉罕②带着族人和财产辗转迁徙，最后来到迦南地③安家落户，繁衍生息。当地人把他们称为"希伯来人"④。而他们则自称为"以色列人"⑤。

　　大约公元前 1013—公元前 931 年，犹太人在大卫王和所罗门王领导下，建立了"希伯来统一王国"，定都耶路撒冷，并且在摩利亚山（圣殿山）上为犹太人的神耶和华建立了一座雄伟的圣殿。这是犹太民族历史上最辉煌的时代。但是，所罗门王去世后不久，王国就分裂成两个国家。公元前 722 年，北部较大的以色列王国被亚述帝国消灭，其国民被流放到亚述各地，逐渐被当地人所同化。公元前 597 年，南部较小的犹大王国被新巴比伦王国占领。公元前 586 年，其国民因为起兵反抗失败曾一度沦为"巴比伦之囚"。半个世纪后，正是这数万名不甘屈服的犹大王国的国民历尽艰辛，重新回到耶路撒冷，传承了犹太民族的薪火。"这些人就是第一批被称作犹太人的人，他们的宗教即为犹太教。"⑥在随后数百年的历史长河中，犹太人王国几经沉浮，先后多次沦为大国的藩属，但依然生生不息，恪守着自己的宗教和文化。直到公元 70 年，罗马帝国的军队攻陷耶路撒冷，焚毁圣殿，对犹太人大开杀戒，犹太人才被迫逃离上帝允诺给他们的"应许之地"（the Promised Land）⑦——以色列故土，从此开始了长达 1878 年（公元 70—1948 年）的世界性"大流散"（Diaspora）⑧，沦为一个没有祖国、四海漂泊的民族。

---

① 闪米特人（Semites）又称闪族人，是起源于阿拉伯半岛的游牧民族。相传亚当的后代诺亚（Noah）的儿子闪（Shem）即为其祖先。巴比伦人、迦南人、阿拉伯人、犹太人等都属于闪米特人。后来的反犹主义 anti-Semite 一词即由此而来。
② 亚伯拉罕（Abraham）原名亚伯兰（Abram）。亚伯拉罕是耶和华神与亚伯兰立约后给他取的新名，意思是多国的父。参见余也鲁总编：《圣经》启导本，2004，创 17：5。
③ 古代的迦南地东界于地中海和约旦河之间，南北界于埃及和亚兰之间，又称"巴勒斯坦"，包括今日的以色列、巴勒斯坦、黎巴嫩、叙利亚和约旦王国的一部分。
④ "希伯来人"（Hebrew）意为"渡河而来的人"。这里的河指幼发拉底河。参见肖宪：《中东国家通史·以色列卷》，商务印书馆 2001 年版，第 9 页。
⑤ 据传说，亚伯拉罕的孙子雅各一次在夜行途中与天神摔跤并获胜，耶和华神随即给他赐名"以色列"（希伯来语意为"与神摔跤者"）。参见余也鲁总编：《圣经》启导本，创 32：28。
⑥ 〔美〕雅各·瑞德·马库斯：《美国犹太人：1585—1990 一部历史》，第 3 页。
⑦ 参见余也鲁总编：《圣经》启导本，创 12：7；创 17：8。
⑧ 关于犹太民族大流散的开始时间有两种观点，一说是从公元 70 年，另一说是公元 135 年。笔者认为公元 70 年更准确。

犹太人在俄国土地上生活的历史比俄国本身的历史还要悠久。俄国著名犹太历史学家 C. M. 杜布诺夫指出，犹太人在东欧殖民的历史可能比他们在西欧殖民还要早。资料表明，公元 80 年在黑海北岸沿线的希腊城市殖民地就已经存在着从事手工业和商业、组织良好、享有一定自治权的犹太社团。犹太人还有自己从事宗教活动的祈祷室。① 早在古罗斯国家建立之前，犹太人就已经在高加索地区、克里木、立陶宛、中亚等地建立了犹太社区。公元 882 年，统一的古罗斯国家形成。古罗斯是一个多民族、多信仰的国家，因为当时犹太人数量比较少，所以，他们在罗斯能够自由地生活和从事宗教活动。即便是在 988 年罗斯受洗，把东正教奉为国教后，它对于信奉犹太教的犹太人依然采取了相对宽容的态度。12—15 世纪，罗斯陷入数百年的分裂割据时期，政治、宗教和种族环境相对宽松；另一方面，无论是小俄罗斯还是大俄罗斯，"要被基督教完全渗透，还必须有一定时间"②，因此，当 14、15 世纪犹太人在西欧遭到大规模屠杀和迫害的时候，他们便开始大批涌向东欧地区，在波兰王国和罗斯定居下来，并且享有很大的自治权利，以至于在这里形成了世界上最大的犹太社团。当时，罗斯的犹太人是自由民，与欧洲其他国家犹太人相比，他们的处境是最好的。

但是，到了 16 世纪初，以莫斯科公国为中心的俄罗斯中央集权制国家开始形成。犹太人的生活从此每况愈下。在俄国，东正教是整个国家的心理和精神支柱。它继承了拜占庭基督教的传统，坚持一成不变的教义正统性，强调耶稣基督是拯救人类的上帝的化身，认为斯拉夫民族是上帝的选民，负有拯救人类的使命，并且推崇禁欲主义。而犹太教则是一神教，只承认上帝，不承认耶稣基督是"上帝之子"和"三位一体"的本源，犹太人认为只有自己才是上帝的"唯一选民"。不仅如此，犹太人还被看成是因出卖耶稣而"被上帝打入地狱的人"③，是东正教的

---

① S. M. Dubnow, *History of the Jews in Russia and Poland, from the Earliest Times until the Present Day*, Volume Ⅰ, New York: Ktav Publishing House, Inc, 1975, pp.14-17; Zev Katz, editor, *Handbook of Major Soviet Nationalities*, p.358.
② 〔法〕费尔南·布罗代尔：《文明史纲》，肖昶等译，广西师范大学出版社 2003 年版，第 485 页。
③ 〔意〕姜·埃·瓦洛里：《犹太人的大灾难》，罗晋标、陆素珍译，世界知识出版社 2007 年版，第 78 页。

主要敌人。另外，犹太人善于经商和理财，不相信人生的目的是为了吃苦和受难。因此，俄国人普遍认为，"犹太人的生活根本不属于俄国的生活方式"，并且已经威胁到俄国文化的生存和发展。① 这样，犹太人在宗教、文化传统和生活方式等方面与俄国社会的矛盾开始暴露出来。

在俄国统治者的煽动下，反犹主义在俄国社会蔓延开来。沙皇伊凡四世（1530—1584）扬言说："对同意洗礼的犹太人施洗，其余的淹死。"② 彼得大帝把犹太人称为"流氓和骗子"③。他对犹太人的戒心远远超过信仰其他宗教的民族。因此，他不许犹太人移民俄国，并说："现在不是向这些人开放门户的时候。"④ 1772—1795 年，沙皇俄国三次瓜分波兰，占领了 2/3 的波兰领土（46.2 万平方公里），大约 100 万波兰犹太人变成了沙皇的臣民。⑤ 俄国犹太人因此成为世界上最大的犹太社团。⑥ 后来，俄国著名犹太历史学家 C. M. 杜布诺夫把 1795 年作为俄国犹太人历史的开端。⑦ 俄国著名作家和历史学家亚历山大·索尔仁尼琴同样把这一年作为俄罗斯民族和犹太民族"同行二百年"的肇端。⑧ 困扰俄国数百年的"犹太人问题"就此产生。

由于受到上千年宗教和文化传统的熏陶，"犹太人的文化程度和集

---

① 刘心华：《苏联境内犹太人问题的探讨》，《问题与研究》（台北）1986 年第 25 卷第 7 期，第 81 页。
② Thomas E. Sawyer, *The Jewish Minority in the Soviet Union*, Boulder: Westview Press, 1979, p. 102.
③ Zev Katz, editor, *Handbook of Major Soviet Nationalities*, 1975, p. 360.
④ 秋枫主编：《"祖国之父"彼得大帝》，远方出版社 2005 年版，第 248 页。
⑤ 参见 *Stalin's Secret Pogrom: The Postwar Inquisition of the Jewish Anti-Fascist Committee*, Edited and with introductions by Joshua Rubenstein and Vladimir P. Naumov, p. 18.〔英〕马丁·吉尔伯特：《俄国历史地图》，王玉涵译，中国青年出版社 2009 年版，第 41 页；郭宇春：《俄国犹太人研究（18 世纪末—1917 年）》，黑龙江人民出版社 2015 年版，第 14 页。但也有学者认为，在整个波兰-立陶宛联邦，犹太人大约只有 75 万人。参见凯文·奥康纳：《波罗的海三国史》，王加丰等译，中国大百科全书出版社 2009 年版，第 23 页。俄国著名历史学家米罗诺夫认为，1795 年俄国犹太人的数量是 75 万—80 万人。参见〔俄〕鲍里斯·尼古拉耶维奇·米罗诺夫：《俄国社会史：个性、民主家庭、公民社会及法制国家的形成》（上卷），张广翔等译，山东大学出版社 2006 年版，《俄国社会史》之争，第 15 页。
⑥ 〔以色列〕埃利·巴尔纳维主编：《世界犹太人历史：从〈创世记〉到二十一世纪》，刘精忠等译，中国人民大学出版社 2007 年版，第 190 页。
⑦ 郭宇春：《俄国犹太人研究（18 世纪末—1917 年）》，第 168 页。
⑧ А. И. Солженицы, *Двести лет вместе(1795-1995)*, Часть Ⅰ.

体凝聚力都远远高于俄国人",并且在商贸业、制造业和其他行业里"通常表现得都十分出色",所以俄国政府"便担心犹太人可能会胜过俄国人"①。为了防止犹太人向俄国腹地自由移居,阻止犹太人参与商业竞争,1791年,俄国女皇叶卡捷琳娜二世在新征服的西部边境省份开始设立"栅栏居住区"(the Pale of Settlement,也称犹太人居住区),规定犹太人只能在其中居住和谋生。到18世纪末,"栅栏居住区"的设置过程基本完成。②它从波罗的海一直延伸到黑海的高加索,面积大约100万平方公里。③另外,叶卡捷琳娜二世还鼓励犹太人移民克里木半岛,希望借此把他们转化为农业劳动者。④

1804年,亚历山大一世颁布了俄国历史上第一部全面处理犹太人问题的法律——《犹太人安置条例》,明确规定:阿斯特拉罕、高加索、小俄罗斯和新俄罗斯政府自1807年1月1日起,其他政府自1808年1月1日起,"严禁任何村庄的犹太人承租土地,开设旅店、酒馆、客栈,无论是以其自己名义还是陌生人名义,或者在这些地方出售葡萄酒,或者以任何借口在这些地方居住,路过时除外"。这是对犹太人打击最大的一部法令,它剥夺了几乎一半俄国犹太人的生计。⑤到1807年底,有6万个犹太家庭、差不多50万犹太人从长期居住的农村地区被驱赶出去。⑥这些犹太人生活无着,四处流浪,只能在贫困和饥饿中走向死亡。大多数犹太人被驱赶到位于俄罗斯西部、西南部和乌克兰的"栅栏区"。为了安置这些破产的犹太人,吸引犹太人从事农业生产,沙皇政府在南部新俄罗斯边区的赫尔松省、叶卡捷琳诺斯拉夫省和比萨拉比亚省为犹太人提供

---

① 〔英〕杰弗里·霍斯金:《俄罗斯史》,第2卷,李国庆等译,南方日报出版社2013年版,第248页。
② S. M. Dubnow, *History of the Jews in Russia and Poland, from the Earliest Times until the Present Day*, Volume Ⅰ, pp.316-317.
③ 〔以色列〕弗雷德·A. 拉辛:《美国政治中的苏联犹太人之争》,张淑清、徐鹤鸣译,商务印书馆2014年版,第23页。
④ *Stalin's Secret Pogrom: The Postwar Inquisition of the Jewish Anti-Fascist Committee*, Edited and with introductions by Joshua Rubenstein and Vladimir P. Naumov, p.18.
⑤ S. M. Dubnow, *History of the Jews in Russia and Poland, from the Earliest Times until the Present Day*, Volume Ⅰ, p.343.
⑥ S. M. Dubnow, *History of the Jews in Russia and Poland, from the Earliest Times until the Present Day*, Volume Ⅰ, p.346.

国有土地和贷款，并拨专款建设移民点。于是，在随后的一个多世纪里，先后有近 20 万犹太人移民这些地方，建立了一批犹太农业移民点。①

亚历山大一世认为"犹太问题"的解决办法只有两种：或者强制同化，或者开除出乡村。为了消灭传统犹太教育中敌视基督教的思想学说，把犹太人同化为俄国政权的一部分，特别是让年轻一代犹太人接受世俗教育和俄罗斯文化，俄国政府曾赋予"栅栏区"内犹太人自治权，允许所有犹太儿童就读于俄国中等专科学校、中学、大学和艺术学院，犹太人可以建立自己的犹太学校，开展商业活动或者从事制造业，并可以在"栅栏区"购买或者租赁土地。② 但是，犹太人对基督教社会有着天然的戒备心理，他们把那些"非犹太的东西"视为"不符合他们生活制度的异端"，把俄国政府的教育措施视为"针对他们民族宗教准则的某种邪恶"③。结果，俄国政府的同化政策收效甚微。

尼古拉一世统治时期（1825—1855）对于犹太人来说"实为一场噩梦"。他颁布了 600 多项反犹法令，"其公认的目标就是要摧毁作为社会和宗教实体的犹太人社区"。他在一道密旨里直言不讳地指出："教育犹太人的目的就是要使之逐渐与基督教民族融合，就是要根除犹太教法典（《塔木德》）所宣扬灌输的迷信有害的偏见。"④ 1827 年，沙皇政府颁布了《犹太人兵役法》。虽然犹太人只占俄国总人口的 4%，但他们却必须提供军队征募新兵总数的 6%。⑤ 俄国士兵通常服役年龄是 20 岁至 35 岁，但犹太人则是 12 岁至 35 岁，而且服役期限长达 25 年。⑥ 在军队里，犹太人根本无法遵守犹太教的戒律和禁令。沙皇政府的目的就是迫使他们皈依基督教。⑦ 为此还特别规定，接受普通中学和拉比学校教育的犹太

---

① 郭宇春：《俄国犹太人研究（18 世纪末—1917 年）》，第 51—53 页。
② 参见〔英〕杰弗里·霍斯金：《俄罗斯史》，第 2 卷，第 248 页；郭宇春：《俄国犹太人研究（18 世纪末—1917 年）》，第 25 页。
③ 郭宇春：《俄国犹太人研究（18 世纪末—1917 年）》，第 26 页。
④ 〔美〕欧文·豪：《父辈的世界——东欧犹太人移居美国以及他们发现与创造生活的历程》，王海良、赵立行译，生活·读书·新知三联书店上海分店 1995 年版，第 4—5 页。
⑤ 〔英〕沃尔特·拉克：《犹太复国主义史》，徐方、阎瑞松译，生活·读书·新知三联书店 1992 年版，第 69—70 页。
⑥ Thomas E. Sawyer, *The Jewish Minority in the Soviet Union*, p.105.
⑦ 曾经担任以色列总理的果尔达·梅厄的祖父就是一个典型例子。果尔达·梅厄在回忆录中说，她的祖父出身于一个笃信犹太教的家庭，接受的是正统的犹太教育。他 13 岁时就被

学生可以减少 10 年以上的服役年限甚至免服兵役。1835 年,"栅栏区"的范围已经扩大到立陶宛、沃利尼亚、波多尼亚、白俄罗斯的大部分、乌克兰、新俄罗斯(黑海北岸一带)、基辅省(不包括省城),以及波罗的海沿岸各省。

亚历山大二世执政时期(1855—1881)是俄国犹太人历史上的"黄金时代"。为了发挥犹太人在工商业和金融业领域的作用,沙皇政府逐渐放松了对犹太人的限制。1859 年至 1879 年,亚历山大二世先后多次发布谕令,允许犹太商人、手工业者、大学毕业生和退伍军人等"有用"阶层到"栅栏区"之外居住。犹太人第一次得以走出"栅栏区",进入俄国的腹地和主流社会,并且获准从事与法律有关的各项职业。沙皇政府取消了强征犹太人入伍的做法,允许他们上大学,甚至可以出任地方行政官员。犹太文化随之繁荣起来。许多犹太人来到圣彼得堡等大城市,从事手工业和小商贩。1861 年农奴制改革后,俄国资本主义发展迅速,为犹太人提供了千载难逢的机遇。到 1880 年代,犹太人占俄国商人阶级的 35%,成为俄国经济生活中举足轻重的力量。犹太人在工业、金融业、运输业、采掘业异军突起,其中最具影响力的有金茨堡家族(叶夫泽利·金茨堡及其儿子戈拉齐·金茨堡)和波利亚科夫家族(萨穆伊尔·波利亚科夫、雅科夫·波利亚科夫和拉扎尔·波利亚科夫三兄弟)。他们在俄国的许多大城市甚至国外开设了多家银行,直接参与政府的许多重大项目(如铁路、港口)建设,为军队提供物资供应,为俄国对外战争提供贷款,深得沙皇政府青睐。老波利亚科夫被曾经担任沙皇政府大臣会议主席的谢尔盖·维特伯爵称为"铁路大王""当代金融界和铁路界的领军人物"[①]。1875 年,叶夫泽利·金茨堡被亚历山大二世授予男爵称号,波利亚科夫三兄弟被授予世袭贵族爵位。他们甚至

(接上页)俄国军队抓去服兵役。尽管受到威胁、嘲笑和经常性惩罚,他却从未碰过不洁(不合犹太教食规)的食品,多年靠生菜和面包维持生活。"他是数以千计被'绑架'、被诱骗到沙皇军队服 25 年兵役的俄国犹太儿童之一。这些衣衫褴褛、食不果腹、充满恐惧的儿童时时处于皈依基督教的压力之下。"因为拒绝改宗,他经常一连好几个小时被强迫跪在石板上接受惩罚,但却从未屈服。复员回家后,由于受到违反宗教法典的恐惧心理的折磨,他年纪轻轻就去世了。参见 Golda Meir, *My Life*, London: Weidenfeld and Nicolson, 1975, p.5.

① 〔俄〕维特伯爵:《维特伯爵回忆录》,第 13 页。

可以去影响俄国政府对犹太人的政策。① 所以，维特伯爵后来指出，如果俄国政府能够坚持推行亚历山大二世皇帝对犹太人的政策，那么犹太人问题可能就迎刃而解，最少也不会变得异常尖锐了。②

但是，1881年3月13日亚历山大二世被民意党人暗杀后，俄国犹太人的命运急转直下。为了转移国内民众对沙皇专制统治的不满情绪，新登基的亚历山大三世把暗杀先皇的罪名归咎于犹太人，因为有一位犹太妇女参与了暗杀活动。同时，沙皇政府也放弃了对犹太人的同化政策，把犹太人排斥为外族。泛斯拉夫主义的领导人伊凡·阿克萨科夫甚至攻击说，"栅栏区"的犹太人"构成了一个'国中之国'……这个国家的中心在俄国以外，其最高权力机关是位于巴黎的'全球犹太联盟'"，其目的就是以普遍的反犹主义来"调动农民和工人对于犹太籍酒馆老板、店主以及放债人的本能的厌恶"③。于是，数周之内，"一股主要由新政府的密探引发的集体迫害浪潮席卷了俄罗斯大地"④。1881年4月16日，从赫尔松省叶利扎维格勒县开始的反犹骚乱蔓延到基辅、"栅栏区"内部及邻近地区。5月敖德萨发生反犹骚乱。5月24日，美国驻俄国公使约翰·福斯特在给国务院的报告中说，这些可耻的骚乱"导致许多人丧生，巨额财物被毁"，其参与者主要是城市中赤贫和无知的阶级，还有部分农民，"这些犯罪行为更像是中世纪而非本世纪所为"⑤。8月，"栅栏区"内犹太人的经济活动受到严格限制，他们被禁止获取农村土地。其主要原因是沙皇政府担心"在更为自由的解放后的经济环境中，犹太人在农

---

① 郭宇春：《俄国犹太人研究（18世纪末—1917年）》，第64—71页；〔俄〕维特伯爵：《维特伯爵回忆录》，第287—288页；〔俄〕谢·尤·维特：《维特档案：访问记 笔记》，第2卷，李晶、杨怀玉等译，社会科学文献出版社2016年版，第1738—1739页；陈红梅：《犹太民族与城市空间》，《世界民族》2017年第3期，第12页。
② 〔俄〕维特伯爵：《维特伯爵回忆录》，第284页。
③ 〔英〕杰弗里·霍斯金：《俄罗斯史》，第2卷，第330、331页。但是，谢尔盖·维特伯爵认为，此次反犹暴动是"自发的"，"当局并没有鼓动人民去反对犹太人"。同时，政府还采取严厉措施镇压了暴徒。参见〔俄〕维特伯爵：《维特伯爵回忆录》，第17页。
④ 〔美〕欧文·豪：《父辈的世界——东欧犹太人移居美国以及他们发现与创造生活的历程》，第3页。
⑤ Mr. Forst to Mr. Blaine, May 24, 1881, *Foreign Relations of the United States*, Washington: Government Printing Office, 1882, pp. 1019-1020; W. D. Rubinstein, *A History of the Jews in the English-Speaking World: Great Britain*, New York: St. Martin's Press, Inc., 1996, p.94.

业和商业上比俄国人更胜一筹,从而导致他们自己破产"①。12月,华沙发生反犹大屠杀。1881年因此成为"犹太人历史上的一个转折点"②。美国历史学家帕尔默指出:"犹太人遭到大屠杀,这是到彼时为止的现代历史所有事件中最坏的事件。"③

亚历山大三世"对于帝国的非俄罗斯种族"的态度并非像其财政大臣谢尔盖·维特伯爵所说的那样,"是宽宏大量且富有同情心"④。他在登基宣言中晓谕臣民,"民族性、专制和东正教"是其统治原则。⑤基于这一原则,沙皇亚历山大三世的导师、俄罗斯东正教会正教院总检察长康·彼·波别多诺斯采夫(K. P. Pobedonostsev)提出了一个最终解决俄国的犹太人的残暴计划:1/3 皈依基督教,1/3 驱逐出境,1/3 从肉体上消灭。⑥1882年,沙皇颁布了《五月法令》,严禁犹太人在星期天和基督教节日从事任何商业活动,严禁犹太人拥有或耕种土地,或居住在农业区,重申犹太人必须居住在"栅栏区"的要求。⑦该法令拉开了由官方组织的在全国范围内对犹太人进行大屠杀的序幕。⑧从此,大屠杀成为俄国反犹政策的一大特点。犹太人被重新赶回距离西部边境线不到25公里宽的"栅栏区"。与此同时,沙皇政府也放弃了教育领域的宽松政策,不仅在1883年关闭了国立犹太学校(除敖德萨外),而且从1887年开始对

---

① 〔英〕杰弗里·霍斯金:《俄罗斯史》,第2卷,第332页。
② 〔美〕欧文·豪:《父辈的世界——东欧犹太人移居美国以及他们发现与创造生活的历程》,第3页。
③ 〔美〕R. R. 帕尔默:《现代世界史》,董正华等译,世界图书出版公司2014年版,第607页。
④ 〔俄〕维特伯爵:《维特伯爵回忆录》,第32页。
⑤ 郭宇春:《俄国犹太人研究(18世纪末—1917年)》,第106—107页。美国历史学家尼古拉·梁赞诺夫斯基也指出,以"改革反对者"著称的亚历山大三世政府高举着"东正教—君主独裁统治—民族主义"的大旗。参见〔美〕尼古拉·梁赞诺夫斯基、马克·斯坦伯格:《俄罗斯史》,杨烨、卿文辉译,上海人民出版社2007年版,第359页。
⑥ *Encyclopaedia Judaica*, Jerusalem: Keter Publishing House Jerusalem Ltd., 1972, V. 14, p. 446;〔美〕尼古拉·梁赞诺夫斯基、马克·斯坦伯格:《俄罗斯史》,第363页。
⑦ W. D. Rubinstein, *A History of the Jews in the English-Speaking World: Great Britain*, p. 94.
⑧ 俄语 погром 一词即由此而来,特指沙皇政府对于犹太人的大屠杀、集体迫害。后来也用于斯大林时期对于犹太人的集体迫害。其英文对应词为 pogrom。而 Holocaust 则专指二战期间希特勒对于犹太人的种族灭绝。该词源自希腊语,原意为"献祭所用的全部祭品",1949年,美国犹太历史学家鲁弗斯·利尔斯最早把它与纳粹屠犹联系在一起,并为后人所接受。参见 W. D. Rubinstein, *A History of the Jews in the English-Speaking World: Great Britain*, p. 94.〔美〕尼古拉·梁赞诺夫斯基、马克·斯坦伯格:《俄罗斯史》,第363页;张倩红、艾仁贵:《犹太文化》,人民出版社2013年版,第248页。

接受中学和大学教育的犹太人实行"百分比定额制":在犹太区为 10%,在犹太区以外的城市为 5%,在莫斯科和圣彼得堡则为 3% 以下①,结果导致犹太中学生和犹太大学生人数大幅度下降。这不仅让一贯重视教育的犹太人陷入困境,而且打破了他们融入俄国社会的梦想。②1891 年逾越节,新任莫斯科总督谢尔盖·亚历山德洛维奇大公下令驱逐犹太手工业者,结果导致成千上万在莫斯科生活了几十年的犹太家庭破产。亚历山德洛维奇大公是一个与犹太人势不两立的人,他对莫斯科犹太人所采取的极端反动的压制政策"连大臣委员会都拒绝批准,所以不得不改由特别委员会通过或直接由皇帝下令施行"③。1890 年代初,美国政府的两名密使在俄国调查时发现,犹太人的生存状况惨不忍睹。"大多数俄国犹太人的生活环境比最贫苦的俄国工农还要差。许多家庭挤在一所很小的房子里,婴儿死亡率高,劳动生产率很低。如果养家糊口的人生了病,往往就会给全家带来厄运。甚至连反犹太主义的俄国报纸也承认,大多数

---

① 参见〔英〕沃尔特·拉克:《犹太复国主义史》,第 69 页;左凤荣、刘显忠:《从苏联到俄罗斯:民族区域自治问题研究》,社会科学文献出版社 2015 年版,第 50 页。苏联著名犹太作家爱伦堡在回忆录中说,他 8 岁(1899 年)的时候就清楚地知道,"有犹太人居住区、居住权、录取比例",并且在半个世纪后对之依然记忆犹新。"我进预备班和一年级的入学考试,成绩都非常出色;我知道有'录取比例',只有当我全考了五分的时候,才能被录取。算术题我全答对了,听写没有一个错误,蛮有感情地背诵了'深秋,白嘴鸦飞走了……'。"参见〔俄〕伊利亚·爱伦堡:《人·岁月·生活》(上),冯南江、秦顺新译,海南出版社 2008 年,第 11—12 页。著名犹太作家伊萨克·巴别尔在《我的鸽子窝的故事》中讲述了他 1904 年 9 岁时报考赫尔松省尼古拉耶夫市尼古拉耶夫中学预备班的情形。他说:"有两门科目——俄语和算术——我的考分不得低于五分。投考我们中学,犹太学童的录取率定得很低,总共只有百分之五。每四十名考入预备班的孩子中,犹太孩子的名额仅两名。教师对犹太孩子的提问十分刁钻,他们对谁的提问都不会像对我们提的那么难。"参见〔俄〕伊萨克·巴别尔:《巴别尔全集》,第 1 卷,戴骢、王若行、刘文飞译,漓江出版社 2016 年版,第 121 页。
② 例如,孟什维克的著名领导人马尔托夫早年因为无法通过正常途径考入大学学习,最后他的祖父通过与俄国教育大臣伊·达·杰里亚诺夫的个人关系,才使其在 1891 年 8 月进入圣彼得堡大学学习。哈伊姆·魏茨曼在 1891 年以成绩优异被俄国大学录取后,为了表示对这一限制的抗议,愤而放弃了在俄国就学的机会,转赴德国大学求学。本-古里安在求学过程中也四处碰壁。1901 年 1 月 1 日,本-古里安的父亲阿维多·格鲁恩在给犹太复国主义组织主席西奥多·赫茨尔的信中说,本-古里安的灵魂"渴望学习,但每一所学校都对他关闭,仅因为他是犹太人"。因此,阿维多·格鲁恩决定送儿子"到国外去学习科学知识"。参见〔以色列〕米迦勒·巴尔-祖海尔:《现代以色列之父本-古里安传》,刘瑞祥等译,中国社会科学出版社 1994 年版,第 12、15 页。
③ 〔俄〕维特伯爵:《维特伯爵回忆录》,第 284 页。

俄国犹太人由于饥饿正慢慢地走向死亡。"①

末代沙皇尼古拉二世统治期间（1894—1917），犹太人处境更加悲惨。为了对付日益高涨的革命活动，俄国的反犹主义"达到了史无前例的高度"②。1897年俄国人口普查表明，俄国有5215800名犹太人，占总人口的4.1%，其中约4899300人住在"栅栏区"。③许多职业的大门对犹太人是关闭的，从1844年开始，就已明令禁止信仰犹太教的犹太人担任任何国家公职。1901年，斯大林在其发表的《俄国社会民主党及其当前任务》一文中说，在沙皇制度压迫下，"呻吟叫苦的有经常受迫害受侮辱的犹太人，他们甚至被剥夺了其他俄国庶民所享有的微不足道的权利，即随处居住的权利、就学的权利、供职的权利等"④。1903年8月，俄国内政大臣维·康·冯·普列韦对来访的世界犹太复国主义组织主席西奥多·赫茨尔⑤直言不讳：只能给少数犹太人接受高等教育的机会，"否则我们就没有位置留下来给基督徒了"⑥。当时，"只有20万犹太人，其中包括富商、大学毕业生、（在军队中服役25年的）老兵和其他一些人被允许居住在圣彼得堡、莫斯科或者基辅及所谓的居住区范围以外的城镇"⑦。其中住在莫斯科的仅5100人，住在圣彼得堡的仅12000人。⑧1907年，年仅20岁的马克·夏加尔⑨离开其白俄罗斯的家乡维捷布斯克市到

---

① 〔英〕沃尔特·拉克：《犹太复国主义史》，第70页。
② 〔以色列〕埃利·巴尔纳维主编：《世界犹太人历史：从〈创世记〉到二十一世纪》，第190页。
③ Zvi Y. Gitelman, *Jewish Nationality and Soviet Politics: The Jewish Sections of the CPSU, 1917-1930*, Princeton, New Jersey, Princeton University Press, 1972, p. 18.
④ 《斯大林全集》，第1卷，人民出版社1953年版，第17页。
⑤ 西奥多·赫茨尔（Theodor Herzl），1860年出生于奥匈帝国的布达佩斯，后移居维也纳。曾经担任新闻记者和维也纳《新自由日报》主编。1896年出版《犹太国》，成为现代政治犹太复国主义的创建人。1897年在瑞士巴塞尔组织了第一届世界犹太复国主义代表大会，当选为主席。此后在每次大会上都连选连任。1904年7月3日在奥地利病逝。以色列建国后，于1949年移葬到耶路撒冷最高的山顶上，即今天的赫茨尔山。
⑥ 〔英〕沃尔特·拉克：《犹太复国主义史》，第154页。
⑦ 〔英〕沃尔特·拉克：《犹太复国主义史》，第68页。事实上，面对沙皇政府的各种限制政策，富裕的犹太人可以利用金钱贿赂政府高官的方式来自保，摆脱法律限制的压迫。所以，反犹政策的"全部负担就落在比较贫穷的那些犹太人身上"。参见〔俄〕维特伯爵：《维特伯爵回忆录》，第284—285页。
⑧ 左凤荣、刘显忠：《从苏联到俄罗斯：民族区域自治问题研究》，第50页。
⑨ 马克·夏加尔（Marc Chagall，1887—1985），法国俄裔画家，世界艺术大师、超现实主义风景画大师。原名莫伊希·沙加尔，1887年出生于俄国西部的犹太区维捷布斯克市一个贫

圣彼得堡学画时，就因为违反这一反犹法令，未能及时得到"那该死的"居留许可证而遭到警察一顿毒打，并且还被关进监狱15天。①

尼古拉二世和不少政府高官都是反犹主义者。沙皇总是用带有诬蔑意味的"犹太佬"来称呼犹太人，他不仅反对那些同情犹太人的大臣和大臣会议提出的各种维护犹太人权利的议案，而且刻意包庇、支持全国各地对犹太人的大屠杀。沙皇身边的重臣如圣彼得堡总督兼卫戍司令和内务部副大臣特列波夫、内政大臣普列韦、伊格纳捷夫伯爵等都是公开仇视犹太人的人。那些反犹法律和行政措施基本上都出自于他们之手。他们把反犹大屠杀"当成一种政治游戏"②，当作"在思潮澎湃时的一个泄气孔"③，或借此博取沙皇和权臣的欢心④，或"希望在煽动民族主义仇恨的同时，将人民从革命思想引开"⑤，以便"动员普通俄国民众在迷惘和动乱时期"依然支持其"略失民心的统治"⑥。所以，维特伯爵指出，反犹太人的潮流不是自下而上，而是自上而下的。⑦1903年4月6日至

（接上页）穷的犹太人家庭。1910年到巴黎游学，研究现代派绘画艺术。1914年大战爆发，他回到俄国并应征入伍。十月革命后，他被苏俄政府教育人民委员卢那察尔斯基指派为维捷布斯克市艺术人民委员兼美术学校校长。1920年他和米霍埃尔斯一起帮助创建了莫斯科国家犹太剧院。米霍埃尔斯对他非常崇拜。1920年11月到12月，他为整个剧院设计了舞台布景和壁画，后被苏联当局查禁70年，但仍成为传世名作。他的现代艺术观念不断受到攻击。列宁批评他是"精神错乱的左派分子"。1922年7月，因为不堪忍受新政权的打压，同时为了艺术追求，夏加尔举家流亡柏林，1923年9月定居巴黎。1941年6月为了躲避法国维希政府对犹太人的迫害流亡美国，和女儿一起寓居纽约。1948年再度定居法国。他历经立体派、超现实主义等现代艺术的实验与洗礼，发展出独特的个人风格，在现代绘画史上占有重要的地位。作品范围包括油画、玻璃镶嵌画、版画、舞台设计、织锦画等，联合国大厦、法国兰斯大教堂、巴黎歌剧院、纽约大都会歌剧院等许多公共建筑物都有他的作品。其作品主要是表现俄国犹太人的生活，他本人也一直与犹太文化和宗教保持着密切的联系。代表作有《我与村庄》《耶路撒冷之窗》等。

① 根据当时的反犹法令：只有持特殊许可证的艺术家，才能居住在圣彼得堡。参见〔法〕Daniel Marchesseau：《夏加尔：醉心梦幻意象的画家》，周梦黑译，上海译文出版社2003年版，第18页；〔法〕马克·夏加尔：《我的生活》，余中先译，北京十月文艺出版社2017年版，第118—119页。
② 〔俄〕维特伯爵：《维特伯爵回忆录》，第142—143、212、245、249、289页。
③ 〔法〕亨利·特罗亚：《末代沙皇尼古拉二世》，胡尧步译，世界知识出版社2000年版，第100页。
④ 〔俄〕维特伯爵：《维特伯爵回忆录》，第286页。
⑤ 〔法〕亨利·特罗亚：《末代沙皇尼古拉二世》，第100页。
⑥ 〔英〕杰弗里·霍斯金：《俄罗斯史》，第2卷，第334页。
⑦ 〔俄〕维特伯爵：《维特伯爵回忆录》，第142页。

8日,在比萨拉比亚省发生了震惊世界的基什尼奥夫大屠杀。"在三天三夜的时间里,警察和士兵喝着饮料,洗劫犹太商店,屠杀男女老少。"① 有 45 名犹太人被杀害,1000 多人受伤,1500 多座房屋和店铺遭到抢劫和摧毁。② 这一"屠杀罪行较之 19 世纪 80 年代里的任何攻击都更为野蛮和残暴"③,俄国著名作家托尔斯泰、契科夫、柯罗连科等人对这一暴行都表示"非常愤慨"④,整个文明世界为之哗然。沙皇政府"不仅听之任之,甚至还予以策划"。普列韦就是此次屠杀事件的幕后策划者。他当时提出的口号就是"打犹太人!"⑤ 俄国内务部下属的警察局还创设了一个特殊部门,由科米萨罗夫上尉领导,"专门从事印刷煽动屠杀犹太人的宣传品",并将其散发到全国各地,"目的在于激发大多数无知的民众去反对犹太人"⑥。1903 年,俄国内政部的秘密警察在巴黎精心炮制出一本臭名昭著的小册子——《锡安长老会纪要》⑦,宣称犹太国际领导人准备用自由主义和社会主义颠覆欧洲各国君主制度,以媒体和银行控制社会,

---

① 〔法〕亨利·特罗亚:《末代沙皇尼古拉二世》,第 100 页。
② 〔英〕阿伦·布雷格曼:《以色列史》,杨军译,东方出版中心 2016 年版,第 11 页。
③ 〔以色列〕埃利·巴尔纳维主编:《世界犹太人历史:从〈创世记〉到二十一世纪》,第 190 页。
④ 〔俄〕伊利亚·爱伦堡:《人·岁月·生活》(上),第 12 页。1941 年 8 月 24 日,爱伦堡在莫斯科召开的第一次犹太人大会上说,他 10 岁的时候(1901 年)经历一场对犹太人的大屠杀。与他家相邻而居的列夫·托尔斯泰为此写了"我不能沉默"的信以示愤慨。但他在回忆录中却说,他 1891 年 1 月出生于基辅,1896 年就跟随父母从基辅迁居莫斯科,他的童年时代和少年时代是在莫斯科度过的,他"从未碰到过反犹太人的暴行"。二者前后矛盾。根据托尔斯泰 1903 年 6 月 18 日日记,托尔斯泰的确答应为声援在基什尼奥夫遭到迫害的犹太人而编写的一个文集撰文,但最终结果不得而知。后来,托尔斯泰的确写过一篇《我不能沉默》的文章,但它是为抨击沙皇政府 1908 年 5 月判处 12 名抢劫地主庄园的农民绞刑而写的,与犹太人无关。爱伦堡可能把这一事件与 1903 年的基什尼奥夫大屠杀搞混了;也有可能是他在 1941 年 8 月 24 日的演说中有意杜撰了这个情节。参见 Из выступлений на первом еврейском митинге, 24 августа, 1941г., Г. В. Костырченко, *Еврейский антифашистский комитет в СССР, 1941-1948: Документированная история*, с.46. 〔俄〕伊利亚·爱伦堡:《人·岁月·生活》(上),第 12 页;〔俄〕列夫·托尔斯泰:《列夫·托尔斯泰文集》,第 15 卷,冯增义等译,人民文学出版社 2013 年版,第 540 页;《列夫·托尔斯泰文集》,第 17 卷,陈馥、郑揆译,人民文学出版社 2013 年版,第 248 页。
⑤ 〔俄〕谢·尤·维特:《维特档案:访问记 笔记》,第 1 卷(下),第 849 页;第 2 卷,第 1738 页。
⑥ 〔俄〕维特伯爵:《维特伯爵回忆录》,第 204、248—249 页。
⑦ 《锡安长老会纪要》有时也翻译为《犹太人贤士议定书》。其俄文名称为 *Протоколы сионских мудрецов* 或 *Сионские протоколы*;英文名称为 *The Protocols of the Elders of Zion*。该书后来广泛流传于欧美各国及中东地区,成为 20 世纪反犹主义浪潮最重要的文献依据之一。

以便消灭基督教文明、建立统治世界的国际政府。1903 年 8 月 26 日至 9 月 7 日，其主要内容在圣彼得堡陆续公开发表，与当时充斥整个社会的反犹宣传一起重新唤起了信仰东正教的俄国民众对犹太人的普遍愤恨。8 月 29 日，在白俄罗斯的戈梅利市发生了一起由军队公开支持的反犹大屠杀。普列韦在与巴黎的犹太人领袖以及俄国的犹太法律专家谈判时直言不讳："只要让你们的人不再从事革命活动，我就可以制止屠杀并废除对犹太人的种种限制。"① 曾经担任以色列总理的果尔达·梅厄② 70 年后对幼年时期藏在楼梯上躲避集体屠杀的往事依然记忆犹新，并且意识到遭遇这种不幸的根源仅仅因为自己是犹太人。因此，她在 8 岁那年随父母迁居美国后，对俄国和俄国的所有地方没有留下一点美好的回忆。③

1905 年革命爆发后，尼古拉二世和部分贵族上层代表为了转移社会矛盾，利用国内部分人的民族感情和反犹思想，支持成立了"黑色百人团"（又称俄罗斯人民联盟，或者黑帮）。其领导人大多是"狂妄的政治冒险家"，"逃离法网的痞棍"，另外还有一些贵族。大部分党徒都是"流氓无赖"，"浑噩无知的愚民"，例如小商人、小工匠、看门人、低级神职人员等下层民众。但是，沙皇和皇后却梦想依靠这些右翼的无政府主义者来挽救罗曼诺夫王朝的命运，并且号召所有人都团结在这个公开宣称消灭犹太人的政党的旗帜下。由于得到了皇室、警察和一些地方当局的支持和保护，"黑色百人团"声势日隆。④ 他们经常高呼"打死犹太佬，拯救俄罗斯"⑤的口号在大街上游行，并在全国各地策划了一系列针对犹太人的血腥大屠杀。"在 10 月 17 日一个星期中，有 100 次对犹太

---

① 〔俄〕维特伯爵：《维特伯爵回忆录》，第 287 页；另外参见〔法〕亨利·特罗亚：《末代沙皇尼古拉二世》，第 100 页。
② 果尔达·梅厄，著名政治家和外交家，以色列缔造者之一，以色列第一位女总理。1898 年出生于俄国基辅的一个犹太木匠家庭。8 岁时随父母迁居美国。为献身于犹太复国主义运动，1921 年和丈夫一起移居巴勒斯坦。1934 年参加犹太工人总工会执委会。她是在巴勒斯坦建立犹太国运动的主要领导人之一。以色列建国后，曾担任以色列第一任驻苏公使、劳工部长、以色列最大政党工党总书记和外交部长等职。1969—1974 年任总理，1974 年 6 月辞职。1978 年 12 月 8 日逝世。
③ Golda Meir, *My Life*, pp.1-2, 193.
④ 〔俄〕维特伯爵：《维特伯爵回忆录》，第 143、204、212、245 页。
⑤ 〔俄〕尼基塔·谢·赫鲁晓夫：《赫鲁晓夫回忆录》，第 3 卷，述弢、王尊贤等译，社会科学文献出版社 2006 年版，第 2426 页。

人的大屠杀，3000 人被杀，1 万人受伤。在敖德萨，混乱持续了 4 天，造成了约 500 人伤亡，包括男人、女人和孩子。"① 基什尼奥夫也发生了第二次反犹大屠杀。12 月中旬，哥美尔发生了由当地宪兵队长波德戈里恰尼伯爵精心组织的对犹太人的残忍大屠杀。全世界为之震惊。② 列宁也指出："沙皇政府很善于利用最无知的居民阶层对犹太人的最卑劣的偏见。于是发生了多半受到警察支持的、甚至由警察直接领导反犹暴行——在这个时期，100 个城市里有 4000 多人被打死，10000 多人被打成残废——这种对犹太平民以及对他们的妻子儿女所进行的骇人听闻的摧残，引起了整个文明世界对血腥的沙皇政府的强烈的反感。"③ 但是，尼古拉二世在给其母亲的信中却说："社会上有了强烈反应，所有忠诚之士已重新振作起来了……人民对革命者和社会党人的无耻和放肆无比愤怒，由于他们之中 9/10 是犹太人，所以人们的愤怒都集中在犹太人身上：因而发生了反犹太人的屠杀事件……在俄罗斯和西伯利亚的所有城市中都一致地和全部地发生了这种事，真令人惊奇。"尼古拉二世不仅把这些屠杀犹太人的暴徒称为"忠诚之士"，认为他们代表了俄国多数人的愿望，而且批驳英国人认为俄国警察组织了这种混乱局面"不过是无稽的老生常谈"。④ 其目的就是为这些反犹行为进行辩护和开脱。

1906 年，斯托雷平出任大臣会议主席后，"起初也想给予犹太人以

---

① 〔法〕亨利·特罗亚：《末代沙皇尼古拉二世》，第 150—151 页。赫鲁晓夫在回忆录中则说，1905 年 10 月 18—20 日，"当时黑帮分子在俄国 690 个城镇和乡村对犹太人进行大洗劫。受害者中总计多达 3500—4000 人被打死，将近 1 万人被打伤"。参见〔俄〕尼基塔·谢·赫鲁晓夫：《赫鲁晓夫回忆录》，第 2 卷，第 978 页。

② 1905 年，时任俄国总理大臣维特伯爵向伦敦的犹太人财团罗斯柴尔德家族提出借款时，后者明确表示，"除非俄国政府采取立法的措施来改善俄国犹太人的境况"，他们才愿意竭尽全力来协助维特伯爵借款。参见〔俄〕维特伯爵：《维特伯爵回忆录》，第 219 页。鲁迅先生也曾经指出，"一九〇五至六年顷，俄国的破裂已经发现了，有权位的人想转移国民的意向，便煽动他们攻击犹太人或别的民族去"，世间称之为 Pogrom，也译作犹太人虐杀。"这种暴举，那时各地常常实行，非常残酷，全是'非人'的事，直到今年，在库伦还有恩琴对于犹太人的杀戮，专制俄那时的'庙谟'，真可谓'毒遍四海'的了。那时的煽动实在非常有力，官僚竭力的唤醒人里面的兽性来，而于其发挥，给他们许多的助力。无教育的俄人中，以歼灭犹太人为一生抱负的很多；这原因虽然颇为复杂，而其主因，便只是因为他们是异民族。"参见林非主编：《鲁迅著作全编》，第 3 卷，中国社会科学出版社 1999 年版，第 172 页。

③ 《列宁全集》，第 28 卷，人民出版社 1990 年版，第 329 页。

④ 〔法〕亨利·特罗亚：《末代沙皇尼古拉二世》，第 155—156 页。

某些优待",逐步废除当时对犹太人的各种限制。但是,他把此事上奏尼古拉二世后,沙皇"两次将问题搁置下来,不予解决"①。由于斯托雷平在镇压 1905 年革命中立下汗马功劳,深得沙皇宠信,前景美好,所以,他在碰壁之后最终改变了立场,并且逐渐掀起一场激烈的反犹太人运动。其中教育领域尤其严酷。沙皇政府认为,国立学校的犹太学生思想反动,他们"对学校中的非犹太学生的思想状况产生了有害的影响,使他们表现出世界主义的倾向,并将唯物主义观点带到了教学中"②。因此,1908 年 9 月,斯托雷平再次抛出关于限制犹太人进入中高等学校的"百分比定额"修订案,开始对犹太人实行新的限制,学校里犹太学生的名额再行缩减。维特伯爵认为,这是斯托雷平"对犹太人开战的第一枪","简直就是在大张旗鼓地迫害犹太人"③。

在这一时期,真正比较关注犹太人问题的可能只有曾经担任俄国政府大臣会议主席的维特伯爵。维特既不是仇犹派,也不是亲犹派。他"极力反对限制犹太人权利的一切措施",反对以一种偏狭、报复和非人道的集体杀戮的方式来处理犹太人问题,认为那样"俄国就将永远处于不安和骚乱的状态"。他批评那些"拟定反犹法律条文的人们没有勇气拟出一个根本的、明智的解决问题的方案",甚至连他们"自己也不知道在朝什么方向走,想达到什么目的"。维特对如何解决犹太人问题别有见地。他认为,无论俄国人如何不喜欢犹太人,认为这个民族该受诅咒,但是,犹太人毕竟也是人,并且是俄国的臣民。他向亚历山大三世皇帝进谏说,如果不能"把所有的俄国犹太人都投入到黑海中淹死",如果"承认犹太人有生存的权利,那就必须创造使他们得以维持人类生存的条件"。在这种情况下,"逐步废除对犹太人的种种限制便是唯一解决犹太人问题的方法"。对待犹太人只能像英国、美国等文明国家所采

---

① 〔俄〕谢·尤·维特:《维特档案:访问记 笔记》,第 2 卷,第 1735 页。
② 郭宇春:《俄国犹太人研究(18 世纪末—1917 年)》,第 40—41 页。
③ 〔俄〕维特伯爵:《维特伯爵回忆录》,第 288 页;〔俄〕谢·尤·维特:《维特档案:访问记 笔记》,第 2 卷,第 1735 页。例如,列宁在《关于民族问题的批评意见》一文中指出,根据 1911 年 1 月 18 日的学校普查材料,圣彼得堡市国民"教育"部所属的初级学校有 48076 名学生,其中犹太学生仅 396 名,所占比例不到 1%。参见《列宁全集》,第 24 卷,人民出版社 1990 年版,第 146 页。

取的方法一样,"给予犹太人平等权利","通过俄国的教育而实现种族同化",使他们逐渐融入俄国社会中去。① 而要实现这一目标,维特提出必须做到两点:

首先,政府的改革要循序渐进。"废除犹太人的各种限制必须逐渐施行,愈慢愈好。"否则,如果立刻给犹太人平等的权利,可能会在一些农村引起新的暴乱、杀戮和纠纷,结果适得其反。所以,维特预言,"要想彻底解决犹太人问题,还要花费几十年甚至几百年的时间,犹太人的种族特征才能逐渐缓慢地消失"。

其次,犹太人要放弃各种反政府的革命行动。鉴于犹太人已经成为各个政党的活动分子并在宣传一些极其危险的过激政治思想,所以,犹太人必须约束自己的行为,而不能像过去那样行事。②

与那些狭隘自私、冷酷偏执的反犹主义官僚相比,维特无疑是一个少见的清醒的现实主义者。他曾经竭尽所能,反对并阻止俄国政府的反犹政策,保护犹太人的权益。他提出的渐进式同化方案虽然不无道理,但在其1906年失势下台后,却沦落为一厢情愿的空想。他既无法说服沙皇政府放弃根深蒂固的反犹传统,也无力遏制犹太人日益高涨的革命激情。所以,只能眼看着犹太人问题这块巨石在俄国社会的陡坡上无可挽救的一路滚下去。

第一次世界大战期间,俄国的反犹主义依然盛行。大战爆发时,犹太人为了证明自己对国家的忠诚,竭力报国,有50万人应征入伍,参加俄国军队作战。当时,俄国和德国、奥匈帝国交战的东线战场正好处在400万犹太人的聚居区。结果,犹太人不幸成为作战双方攻击和怀疑的对象。由于沙皇政府怀疑犹太人通敌,1915年3月—9月,在东部前线地区,俄国参谋部下令,凡靠近前线的所有居民必须于24小时内撤离,于是有60万犹太人遭到俄国军队驱逐。③ 1915年7月5日,沙皇

---

① 〔俄〕维特伯爵:《维特伯爵回忆录》,第283—289页;〔俄〕谢·尤·维特:《维特档案:访问记 笔记》,第2卷,第1735—1736页。
② 〔俄〕维特伯爵:《维特伯爵回忆录》,第283、284、286页;〔俄〕谢·尤·维特:《维特档案:访问记 笔记》,第2卷,第1739页。
③ 〔以色列〕埃利·巴尔纳维主编:《世界犹太人历史:从〈创世记〉到二十一世纪》,第210页;〔法〕Daniel Marchesseau:《夏加尔:醉心梦幻意象的画家》,第42—43页;〔法〕马克·夏加尔:《我的生活》,第194页。

政府颁布法令，禁止希伯来语和意第绪语出版物发行，理由是"防止间谍活动"①。由于俄国和东欧犹太人饱受战争摧残，面临严重的生存危机，1914 年 11 月到 1915 年 8 月，美国犹太人"抛开族性、社会和宗教上的分歧，成立了美国犹太人联合分配委员会"，竭尽全力营救危难中的东欧犹太同胞。② 到 1917 年底，它向俄国犹太人转交了 253.2 万美元，向德国占领下的波兰和立陶宛犹太人捐赠了 300 万美元。③

尽管受到沙皇政府的重重打压与限制，犹太人的生存能力依然非常强大。在"栅栏区"，犹太人大约占城市总人口的 1/3，但却掌握了大部分商业和手工业。犹太人的企业在制糖业、铁路、建筑、银行、农产品出口公司、石油工业和重工业方面发挥了重要作用。一些犹太人摇身一变成了百万富翁（如糖业巨头勃罗茨基）和成功商人。④ 正是因为犹太人具有超强的市场意识和经商能力，沙皇政府为了保护竞争力较差的俄国人，才不断颁布各种政策对他们进行打压和迫害。康·彼·波别多诺斯采夫曾经告诉到访的犹太银行家 M. 丰希尔施伯爵说："政府的政策并非源于犹太人带来的'损害'，而是源于犹太人拥有数千年的文化。与仍处于蒙昧无知状态的俄罗斯民众相比，犹太人在精神和智力上都是更为强大的力量，因此需要采取法律措施来提高犹太人周围俄国居民较弱的竞争力。"⑤

另外，犹太人在教育、文化、科学、思想、艺术等领域也取得了不小的成就。尽管沙皇政府从 1887 年开始严格限制犹太人进入公立中高等学校学习，但却允许犹太人自己创办私立中小学、职业学校和高等

---

① 徐新、凌继尧主编：《犹太百科全书》，上海人民出版社 1993 年版，第 540 页。
② 〔美〕雅各·瑞德·马库斯：《美国犹太人：1585—1990 一部历史》，第 138、228 页。美国犹太人联合分配委员会（American Jewish Joint Distribution Committee，缩写为 JDC，有时也简称为 Joint），通常简称"联合分配委员会"，有时也简称"联合"。它是 1915 年由美国犹太人建立的全国性慈善组织，其宗旨是不分教派、不分政治的拯救和救助全世界的犹太人，特别是那些处境危险和生活极其贫困的犹太人，复兴犹太文化。后来其救助范围逐渐扩大到犹太人之外。它的建立表明美国犹太人已经具备了影响乃至支配世界范围内的犹太事务的能力。
③ 参见 "American Jewish Joint Distribution Committee" 词条，*The YIVO Encyclopedia of Jews in Eastern Europe*，http://www.yivoencyclopedia.org/article.aspx/American_Jewish_Joint_Distribution_Committee.
④ Zev Katz, editor, *Handbook of Major Soviet Nationalities*, pp. 357-358.
⑤ А. И. Солженицы, *Двести лет вместе(1795-1995)*, Часть Ⅰ, с. 272-273.

学校来解决教育问题。1878—1899 年，犹太人在居住区创办了 25000 所"犹太男子初级宗教学校"，在校学生 363000 人，占犹太儿童总数的 64%。[1] 这对提高犹太人的整体文化素质意义非凡。1860 年代初，在"哈斯卡拉"运动（犹太启蒙运动）和亚历山大二世的改革之风影响下，新一代俄犹知识分子开始产生。他们接受了系统的俄罗斯文化教育，聚居在圣彼得堡、敖德萨等地，并把这里变成了俄犹文化的中心。据统计，1897 年，有 10% 的犹太人被聘为办公室工作人员，主要是在商业和工业领域，但也有在公共机构和犹太宗教团体的。[2] 从 1860—1917 年，俄国犹太人冲破沙皇政府书报检查机关的种种限制，先后创办了 120 余种报刊，出版了数百本书籍[3]，对争取犹太人的权利平等、宣传犹太复国主义思想、加强俄国犹太人与世界犹太人的交流做出重要贡献，并培养出一大批的俄犹社会精英。在文学界，涌现出了著名小说家奥·阿·拉比诺维奇[4]、格·伊·博格罗夫、肖洛姆·阿莱赫姆[5]，著名诗人 C. 纳德松、C. 弗鲁格等人。他们开创了独具特色的俄犹文学，丰富了"黄金时代"和"白银时代"俄国文学的宝库，甚至对世界文学都产生了重要影响。在历史学领域，有著名历史学家 И. Г. 奥尔尚斯基[6]、C. M. 杜布诺夫[7]、

---

[1] 郭宇春：《俄国犹太人研究（18 世纪末—1917 年）》，第 81 页。
[2] Benjamin Pinkus, *The Jews of the Soviet Union: The History of a National Minority*, p.96.
[3] 郭宇春：《俄国犹太人研究（18 世纪末—1917 年）》，第 99 页。
[4] 奥·阿·拉比诺维奇（1817—1869），俄犹文学的奠基人，最早从事小说创作的犹太作家之一。代表作有《惩罚者》等，其作品被翻译成英语、德语等多种语言在欧洲发行。
[5] 肖洛姆·阿莱赫姆（Shalom Aleichem），俄国著名犹太作家，现实主义的幽默大师。原名诺乌莫维奇·拉比诺维奇·肖洛姆，1859 年 3 月 2 日出生于沙俄波尔塔瓦（今乌克兰别列雅斯拉夫镇）一个商人家庭。1879 年开始文学创作，长期用意第绪语写作。1905 年移居美国，1914 年定居纽约。1916 年去世。其作品包括长、中、短篇小说，剧本，诗歌，评论，尤以短篇小说著称。代表作主要有《卖牛奶的台维》《美纳汉-曼德尔》和《莫吐儿》。作品主要描述了俄国犹太人在沙皇专制制度和犹太资产阶级压迫下的苦难生活，以幽默讽刺见长，被翻译成 60 多种语言。高尔基称赞他是"才能非凡的讽刺家和幽默家"。他在美国以"犹太人的马克·吐温"而闻名。1959 年，肖洛姆·阿莱赫姆被世界和平理事会评为世界文化名人，受到各国人民的纪念。
[6] И. Г. 奥尔尚斯基，俄国犹太历史学家，对俄国的反犹法律颇有研究。代表作是《犹太人在俄国》。
[7] C. M. 杜布诺夫（1860—1941），俄国著名犹太历史学家、政论家和社会活动家。靠自学成才。他积极参加了 19 世纪末到 20 世纪初俄国犹太人争取自由平等的斗争。1906 年创办了犹太人民党。曾担任俄文杂志《日出》的主编，参加了未完成的 15 卷本《犹太民族史》的编写工作。代表作有《关于俄犹历史的研究和成立俄犹历史学会》《犹太史教科书》《世界犹太史》《当代犹太民族史》（多卷本）等。1941 年 9 月在里加被纳粹逮捕，随后遇害。

尤里·盖森①等，他们筚路蓝缕，以启山林，对创立俄犹历史编纂学，总结俄国犹太人的历史，传播犹太民族文化功不可没。在法律界，1889年沙皇政府出台限制政策之前，犹太人曾经独领风骚。Я.加利佩恩还曾担任俄国司法部副部长，Г.特拉赫滕贝格曾经出任圣彼得堡的名誉调解法官，А.帕索韦尔的许多建议成为俄国法律条文，А.戈利坚韦泽尔、М.奥克斯、А.杜马舍夫斯基等一批著名律师活跃在俄国律师界，他们为俄国法制建设做出不可或缺的贡献。②在艺术领域，犹太人也人才辈出。著名雕塑家有马克·安托科利斯基③、伊萨克·阿斯克纳济；著名画家有伊萨克·列维坦④、亚历山大·伯努瓦、列昂·巴克斯特⑤、马克·夏加尔等人，他们对世界艺术的发展影响深远。在音乐界，犹太人更是群星灿烂，大师云集。安东·鲁宾斯坦⑥和尼古拉·鲁宾斯坦⑦兄弟是世界

---

① 尤里·盖森，俄国著名犹太历史学家，代表作是《俄国犹太人史》。
② 郭宇春：《俄国犹太人研究（18世纪末—1917年）》，第106页。
③ 马克·安托科利斯基（1842—1902），俄国科学院院士，1900年在国际展览会上荣获骑士勋章。其代表作有雕塑《伊凡雷帝》《濒死的苏格拉底》《斯宾诺莎》等。其中《伊凡雷帝》雕塑得到亚历山大二世和俄国知识界的高度评价。
④ 伊萨克·列维坦（1860—1900），1860年8月出生于立陶宛科温省一个贫穷的犹太知识分子家庭。因为受到民族压迫和歧视，他养成了郁郁寡欢的内向性格，并且导致英年早逝。他是19世纪下半期俄国最杰出的风景画家，"巡回展览画派"成员之一。他的风景画继承和发展了俄国风景画的优良传统，有着完美的艺术形式与鲜明的时代感，能在最平凡的景色中，揭示出无限的美，描绘出自然界中最能打动人们心弦的情态。他把风景画的艺术造型力及表现力，推进到完美的境界，使风景画艺术有了表达人们丰富情感的、无限的审美可能性。代表作有《雨后》《白桦丛》《弗拉基米尔卡》《三月》《墓地上空》《傍晚钟声》《金色的秋天》《深渊旁》《湖》等。参见〔苏联〕С.普罗罗科娃等：《俄国风景画家列维坦》，孙越生译，陕西人民美术出版社1984年版，出版前言，第1—3页。
⑤ 列昂·巴克斯特（1867—1924），19世纪末20世纪初誉满欧美的俄国画家。1909年，他与圣彼得堡一批年轻画家、音乐家、作家共同发起组织了"艺术世界"，并创办了《艺术世界》杂志（月刊），成为继"巡回展览画派"后俄国艺术史上又一重要的文化团体。他为俄国芭蕾舞团在巴黎巡回演出设计的舞台布景和服装赢得了巨大的国际声誉。有评论家指出：由于舞台美术而获得如此高的世界声誉及影响的画家，巴克斯特可说是"前无古人"。其代表作有油画《安题库斯的诅咒》等。
⑥ 安东·鲁宾斯坦（1829—1894），俄国钢琴家、作曲家、指挥家和社会活动家。10岁时（1839年）就公开举办钢琴演奏会。曾在柏林和维也纳攻读音乐理论。多次到西欧许多城市举行巡回演出，并获得世界性的声誉。1859年创办俄罗斯音乐协会，1862年创建俄国第一个音乐学院——圣彼得堡音乐学院，并亲任院长。柴可夫斯基便是这个学院的第一届毕业生。他创作了《德蒙》等20部歌剧，《海洋》等6部交响曲，5部钢琴协奏曲等传世佳作。
⑦ 尼古拉·鲁宾斯坦（1835—1881），俄国作曲家、指挥家、钢琴家。他与哥哥安东·鲁宾斯坦是俄罗斯学院派创立者，幼年时即被其父母送到维也纳学习钢琴，并且得到李斯特、门德尔松和梅耶贝尔等大师的赏识。为振兴俄罗斯音乐教育，1866年在莫斯科创办了莫斯科音乐学院（后更名为莫斯科柴可夫斯基音乐学院），并亲自教授钢琴，同时聘请到柴可

级的音乐大师和著名社会活动家,他们创办了圣彼得堡音乐学院和莫斯科音乐学院,成为俄罗斯音乐文化的奠基人。亨利克·维尼亚夫斯基①是第一个世界公认的著名小提琴家、作曲家,他发明了演奏小提琴的独特持弓法,被称为"维尼亚夫斯基持弓法"。卡尔·尤利耶维奇·达维多夫②是当时世界上水平最高的大提琴家之一,柴可夫斯基称他为"大提琴沙皇",他是俄国大提琴学派的创始人。埃米尔·库珀尔等人是俄国一流的乐队指挥家。米哈伊尔·梅德韦杰夫、玛丽亚·达维多娃等著名歌唱家在俄国的声乐界也享有盛誉。这些犹太人为俄国音乐的发展做出了不可磨灭的贡献。

由此可见,尽管犹太人长期受到沙皇政府的限制和迫害,但是,他们在俄国社会经济和文化生活中仍旧发挥了重要作用。不过,从总体上看,犹太人的两极分化也非常严重。能够在俄国工业、商业、金融业、运输业和采掘业中叱咤风云、呼风唤雨的只是少数犹太大资本家和中资产阶级,绝大多数俄国犹太人从一开始就注定只能从事小商业和手工业。据统计,在1897年,"大约50%的犹太人是工匠、雇工以及小工业中的工人;大约40%是商店主和代理商;5%是专业人员;只有2.5%是农民"③。由于"栅栏区"人口密度大,竞争激烈,犹太人普遍生活在贫困之中。虽然犹太企业家、银行家、商人、文学家、艺术家、律师等遍布各行各业,对俄国社会经济和文化事业发展做出了不可或缺的重要贡献,但整个犹太民族的悲惨境遇却并未改变。

(接上页)夫斯基来教授作曲。他是早年推广柴可夫斯基作品的重要人物之一,为俄罗斯培养了一批杰出的音乐人才。代表作有钢琴独奏小品《F大调旋律》等。

① 亨利克·维尼亚夫斯基(1835—1880),俄属波兰小提琴家、作曲家。曾担任过圣彼得堡宫廷小提琴师,圣彼得堡音乐学院教授,布鲁塞尔音乐学院小提琴教授。代表作有《玛祖卡舞曲集》《随想练习曲集》《俄罗斯狂欢节》等。

② 卡尔·尤利耶维奇·达维多夫(1838—1889),19世纪俄国著名大提琴家,作曲家、教育家和音乐活动家。曾担任圣彼得堡音乐学院教授和院长。代表作有四部大提琴协奏曲、一首俄罗斯主题幻想曲、声乐的浪漫曲、室内乐曲、交响诗《毕列克河的礼物》等。卡尔·达维多夫国际大提琴比赛每两年举办一次。

③ Zev Katz, editor, *Handbook of Major Soviet Nationalities*, p.358.

二、沙皇俄国反犹带来的影响

从1795—1917年,在120多年的历史长河中,俄国犹太人的历史大体上可以划分为三个阶段。第一阶段从1795—1861年。在这一时期,俄国政府对待国内犹太人采取的是怀柔利用与极限施压双管齐下的政策,但目的只有一个:就是迫使犹太人放弃自己的宗教和传统生活方式,接受同化,尽快融入俄国社会。但是,犹太人为了捍卫自己的宗教信仰和传统文化,对沙皇政府的所有政策都抱有很大的敌意和防范意识,把自己顽固地封闭在"栅栏区",结果导致沙皇政府在半个多世纪的时间里几乎一无所获。第二阶段从1861—1881年。在亚历山大二世大改革的春风吹拂下,整个俄国社会都展现出一种自由开放的新气象。沙皇政府放宽了对犹太人的各种限制,犹太人也开始走出"栅栏区",主动接受俄国文化,逐渐融入俄国社会。第三阶段从1881—1917年。亚历山大二世遇刺彻底打乱了俄国的改革进程。无论是俄罗斯人还是非俄罗斯人都对沙皇专制制度表示不满,自由观念和革命思想广泛传播。犹太人的革命愿望尤为强烈。为了维护罗曼诺夫王朝的专制统治,亚历山大三世和尼古拉二世逐渐抛弃了此前的改革路线,放弃了对犹太人的同化政策,重新把犹太人赶回"栅栏区",任其在贫困中自生自灭或移民国外;并且把犹太人当作俄国革命的替罪羊,在国内多次掀起反犹大屠杀浪潮,试图以此转移国内民众的视线,消弭革命。

那么,沙皇俄国的反犹运动对犹太人、对俄国社会、对世界历史发展产生了什么影响呢?

首先,它引发了有史以来规模最大的一次犹太人集体迁徙运动。1881年大屠杀爆发后,俄国内务大臣伊格纳季耶夫伯爵在1882年1月宣布,允许犹太人离开俄国。因为无力解决"犹太问题",所以,俄国政府鼓励犹太人移居国外。1891年11月,德国犹太人金融家、慈善家莫里斯·德·希尔施(Maurice de Hirsch)男爵斥资5000万法郎,在伦敦注册成立了犹太殖民协会(the Jewish Colonization Association),计划在25年内把325万受到迫害、陷入困境的犹太人从俄国移民到美洲(特别是阿根廷)从事农业生产。尽管俄国政府认为这一颇有吸引力的计划是很难实现的，但考虑到至少可以推动部分犹太人离开俄国，还是批准在圣彼得堡建立了犹太殖民协会中央委员会，并在一些省份建立了分会。俄国政府还承诺为犹太移民免费办理签证，免除其兵役，只要他们不重返俄国就行。①《罗斯报》不无自嘲地说:"犹太人自己找到了解决犹太问题的真正道路：他们选择迁移。"② 俄国犹太人开始用脚表达对沙皇暴政的不满。美国历史学家欧文·豪指出："从亚历山大二世遇刺身亡到第一次世界大战爆发，33年中约有三分之一的东欧犹太人离开故乡——近代犹太历史上的这一迁徙，只有西班牙驱逐令所造成的大逃亡可以比拟。"③ 据估计，从1881年到1914年，大约有300万犹太人从东欧移民到美国、西半球其他国家和大英帝国④，其中有2056600人移民美国；俄国犹太人对外移民总数是1980000人，其中1557100人移民美国，占移民总数的78.6%。⑤

美国之所以成为东欧犹太移民的首选地，有两个原因：一是因为美国是一个民主自由的移民国家，对于擅长经商的犹太人而言，充满机遇；

---

① S. M. Dubnow, *History of the Jews in Russia and Poland, from the Earliest Times until the Present Day*, Volume Ⅱ, pp.413-420. 为防止移民国外的犹太人回流，俄国政府甚至拒绝给信仰犹太教的美国籍犹太人签发入境护照。1905年9月，美国总统西奥多·罗斯福亲自出面干预，要求俄国政府取消依据宗教信仰对美国公民加以歧视的限令。1907年11月，美国陆军部长塔夫脱访问俄国时也进行了交涉。俄国内务部经过研判，建议废除这一使国际关系复杂化的限令。但是，尼古拉二世拖了5年之久仍不予答复，结果导致美国一怒之下宣布废除1832年签署的美俄商约。由此可见沙皇反犹立场之顽固。参见〔俄〕维特伯爵：《维特伯爵回忆录》，第125、130、290页。
② 郭宇春：《俄国犹太人研究（18世纪末—1917年）》，第42页。
③ 〔美〕欧文·豪：《父辈的世界——东欧犹太人移居美国以及他们发现与创造生活的历程》，第24页。
④ Memorandum on the USSR and Zionist Aims, Israel Ministry of Foreign Affairs, Ministry of Foreign Affairs of the Russian Federation etc., *Documents On Israeli-Soviet Relations: 1941-1953*, Part Ⅰ: 1941- May 1949, p.27; W. D. Rubinstein, *A History of the Jews in the English-Speaking World: Great Britain*, p.95.
⑤ Simon Kuzners, "Immigration of Russian Jews to the United States: Background and Structure", in George E. Pozzetta(ed.), *Emigration and Immigration: The Old World Confronts the New*, New York & London: Garland Publishing, Inc., 1991, p.253; 郭宇春：《俄国犹太人研究（18世纪末—1917年）》，第121页。苏联副外交人民委员所·阿·洛佐夫斯基则认为，美国犹太人当中来自俄国的移民有数百万人，参见 Судебное следствие: Допрос подсудимых С. А. Лозовского, В. П. Наумов, *Неправедный суд, Последний сталинский расстрел(стенограмма судебного процесса над членами Еврейского антифашистского комитета)*, с.170.

二是因为"恰巧遇到美国当时严重缺乏劳动力"①。南北战争结束后的几十年中,"美国经历了最惊人的经济发展"。1860年至1900年间,工业企业的数目增加了3倍,工业雇佣劳动者的人数增加了4倍,工业投资的总额增长了9倍。因此,无论是实业家还是农场主,都需要大量的廉价劳动力。②而东欧犹太移民正好填补了这一需要。于是,俄国犹太人成群结队的涌入能够重新燃起生活希望的新大陆。费尔南·布罗代尔说,犹太人在历史上总是有奇怪的良好机会,"当一个君主迫害他们时,另外一个君主却保护他们;当一种经济使他们倾家荡产时,另外一种经济使他们发财致富;当一种伟大的文明抛弃他们,另外一种伟大的文明却欢迎他们"③。俄国著名犹太作家肖洛姆·阿莱赫姆、美国著名经济学家米尔顿·弗里德曼的父母、后来担任以色列总理的果尔达·梅厄及其父母、伊扎克·拉宾的父亲都是在这一时期移民美国的。④ 因为"每个俄国村庄都有移民美国者"⑤,以至于意第绪语成为美国犹太社团的通用语言。

新来的犹太移民分散到美国和加拿大的许多大城市,如芝加哥、波士顿、巴尔的摩、克利夫兰、费城、蒙特利尔和多伦多,但纽约一直是美国犹太人的主要集中地。在纽约的200多万犹太人当中,有40万人是俄国犹太移民。大多数犹太人初来美国时一贫如洗。但是,他们利用自己的技能、教育、流动性和创业传统,成功的融入了美国社会。其中大多人从服装、家具、烟草和皮毛等工业开始起家,通过组织强有力的工会来推动自己的事业(例如著名的美国犹太联合服装业工会),逐渐在工业和其他行业中开始发挥重要作用。在娱乐和宣传领域,特别在电影、舞台、电台、电视以及出版方面,他们也成为行业翘楚。俄国犹太移民的到来壮大了美国犹太人的力量。"到1937年,犹太人占据纽约市人口的四分之一,但他们在该市的律师、牙医和内科医生中占据55%到

---

① 〔英〕理查德·艾伦:《阿拉伯——以色列冲突的背景和前途》,艾玮生等译,商务印书馆1981年版,第191页。
② 〔美〕斯塔夫里阿诺斯:《全球通史:1500年以后的世界》,吴象婴、梁赤民译,上海社会科学院出版社2002年版,第543页。
③ 〔法〕费尔南·布罗代尔:《菲利普二世时代的地中海和地中海世界》(下),吴模信译,商务印书馆1996年版,第230—231页。
④ Golda Meir, *My Life*, p.14. 杨曼苏:《以色列总理拉宾》,四川人民出版社1997年版,第2页。
⑤ 〔美〕雅各·瑞德·马库斯:《美国犹太人:1585—1990 一部历史》,第178页。

65%。"作为专业人士，美国犹太人依次从事法律、商业和金融、教育、医药卫生，并且在这些领域内所占比例远远高于非犹太人（除教育之外）。"在20世纪三四十年代，全部美国犹太人中的77%是白领，不到14%从事制造业和工业。"[①] 富兰克林·罗斯福总统曾经指出："影响美国经济的只有200多家企业，而操纵这些企业的只有六七个犹太人。"[②] 因此，"在北美洲，特别是第一次世界大战之后，犹太人社团变成世界上最富有、最有权威和最有影响的社团"[③]。世界犹太人的重心也开始从旧大陆向新大陆转移。[④]

移居英国的犹太人在数量上仅次于美国。英国是东欧犹太人赴美的中转站，许多犹太人因为川资匮乏等原因最终留居英国。据估计，1881—1914年，大约有10万—15万东欧犹太人移居英国，远远超过了英国原有的犹太人总数（1880年大约6万人）。[⑤] 英国犹太社团人口大增。这些犹太移民主要集中于衣物加工、家具制造两大行业。

另外，从1881—1914年，东欧犹太人中有113000人前往阿根廷，106000人去加拿大，55000人到巴勒斯坦，44000人去南非。[⑥] 这一时期的东欧犹太人移民潮对后来犹太人历史的发展产生了重要影响。

其次，加速了犹太复国主义[⑦]的诞生，并且使俄国成为犹太复国主义运动的大本营。俄国不仅涌现出像利奥·平斯克[⑧]这样著名的犹太复

---

① 〔美〕雅各·瑞德·马库斯：《美国犹太人：1585—1990 一部历史》，第258页。
② 刘军：《美国犹太人：从边缘到主流的少数族群》，第83页。
③ 〔英〕理查德·艾伦：《阿拉伯——以色列冲突的背景和前途》，第191页。
④ 《大美百科全书》编辑部：《大美百科全书》，第16卷，第53页。
⑤ W. D. Rubinstein, *A History of the Jews in the English-Speaking World: Great Britain*, p.95.
⑥ 《大美百科全书》编辑部：《大美百科全书》，第16卷，第53页。
⑦ 犹太复国主义即锡安主义（Zionism）。锡安（Zion）是耶路撒冷的一座山，在古代，犹太人曾以它作为政治和宗教的中心，锡安主义由此得名。它既指犹太民族还乡复国的思想，也指犹太人以还乡复国为宗旨的运动。它产生于19世纪末，主张散居世界各地的犹太人是统一的犹太民族，有一致的民族利益，号召犹太人从世界各地回到巴勒斯坦，重建民族国家。
⑧ 利奥·平斯克（Лео Пинскер，1821—1891），犹太复国主义运动的主要思想家之一。1882年，他在柏林匿名出版了《自我解放：一个俄国犹太人对其同族同胞的劝告》，明确指出，欧洲反犹排犹的关键就在于"犹太民族没有自己的祖国"。犹太人要获得解放，就必须"恢复他们自己的民族家园"，从而为犹太复国主义运动的兴起奠定了思想理论基础。1884年11月，"热爱圣山运动"在西里西亚的卡托维茨城召开了第一次代表大会，平斯克当选为协会主席，总部设在敖德萨。

国主义思想家，而且在1882年率先建立了以组织犹太人向巴勒斯坦移民为宗旨的"热爱锡安运动"组织，其成员迅速发展到上万人。第一批和第二批向巴勒斯坦移民的先驱者主要是俄国犹太人。1897年8月29日，第一次犹太复国主义代表大会在瑞士巴塞尔召开。在来自世界各地的197名与会代表中，90%的人是"热爱锡安运动"的组织成员。其中俄国犹太人代表共70人，是此次大会上"最强大的代表团"①。巴塞尔大会不仅成立了以西奥多·赫茨尔为主席的世界犹太复国主义运动组织，而且制定并通过了犹太复国主义纲领——《巴塞尔纲领》。纲领明确规定，"犹太复国主义争取在巴勒斯坦为犹太民族建立一个公认的、有法律保障的家园"②，从而把建立犹太人国家作为实现犹太人解放的最终目标。随后，犹太复国主义运动迅速发展壮大。到1900年8月仅仅一年时间，"俄国犹太复国主义组织从877个增加到1034个（有10万人交纳舍克尔）"③。尽管尼古拉二世明令禁止，但是，在1903年集体杀戮发生后，犹太复国主义还是获得了遍布俄国的1572个组织的效忠。④"俄国和波兰是犹太复国主义运动的中心。因为那里是犹太人问题最严重的地方。"并且人们公认俄国犹太人对犹太复国主义运动的贡献比其他任何团体都大。⑤到十月革命前，俄国有1200个犹太复国主义社团，其中活跃着近30万积极分子。⑥因为"大部分犹太复国主义者的首领出生于俄国"，所以"俄国的犹太复国主义者对运动的发展有着惊人的影响"⑦。曾经担任世界犹太复国主义组织主席的哈伊姆·魏茨曼⑧、戴维·本-古

---

① 〔英〕沃尔特·拉克：《犹太复国主义史》，第133页。
② 〔英〕沃尔特·拉克：《犹太复国主义史》，第131—132页。
③ 〔英〕沃尔特·拉克：《犹太复国主义史》，第140页。舍克尔（也译为谢克尔）是古希伯来的一种银币，以色列建国后以此作为自己的货币名。根据第一次犹太复国主义代表大会规定，凡接受《巴塞尔纲领》并缴纳舍克尔（相当于1先令或25分）的18岁以上的犹太人，在选举大会代表时都享有投票权。因此，有10万人交纳舍克尔就意味着有10万俄国犹太人参加世界犹太复国主义组织，并且具有选举权。参见〔英〕沃尔特·拉克：《犹太复国主义史》，第132—133页。
④ 〔英〕狄利斯·希罗：《中东内幕》，叶进、汪忠民译，天津人民出版社1986年版，第326页。
⑤ 〔英〕沃尔特·拉克：《犹太复国主义史》，第170、193页。
⑥ Jeremiah Ben-Jacob, *The rise of Israel,* New York: Grosby House, 1949, p.144.
⑦ 《犹太复国主义评论》社论，1942年8月28日。转引自〔英〕乔治·柯克：《战时中东》，上海外国语学院英语系翻译组译，上海译文出版社2007年版，第490页注释②。
⑧ 哈伊姆·魏茨曼（Chaim Weizmann, 1874—1952），1874年11月27日出生于俄国一个贫

里安①就是从俄国犹太复国主义运动中涌现出来的领袖人物,并最终成为以色列国家的创立者。因此,赫鲁晓夫说:"犹太复国主义和反犹太主义是一对同胞兄弟。"②

再次,促使大批犹太人投身于反对沙皇统治的斗争,推动了俄国革命运动的发展,加速了罗曼诺夫王朝的覆亡。沙皇俄国的反犹运动彻底阻断了犹太人融入俄国社会的道路。1881年反犹暴乱发生后,俄国犹太人的民族意识从整体上被唤醒,并开始成为俄国革命的一支生力军。虽然有不少人投身犹太复国主义运动,但"更多的年轻犹太人参加了革命小组"③。俄罗斯帝国大臣会议主席维特也认为,政府的反犹政策"促进了犹太大众的极其革命化,特别是年轻人"④。

犹太人在沙皇俄国的诸多民族中遭受着民族压迫和经济压迫双重苦难,这是推动其积极投身革命的主要原因。1903年8月,俄国内政大臣普列韦在圣彼得堡会见世界犹太复国主义组织主席西奥多·赫茨尔时说:近来形势变得更坏了,"因为犹太人中有许多人参加了革命党派"。究其原因,普列韦认为:犹太人住在犹太区,他们的经济状况很差,生活非常悲惨。他甚至坦言:"如果我是个犹太人,我也会是一个反对政府的人。"⑤1905年担任大臣会议主席的维特伯爵也认为,犹太人参加并且领导革命"可以归因于犹太人处于不堪忍受的法律地位和政府不但容忍而且策划对他们的屠杀"⑥。1906年沙皇政府在《犹太人居住和移动权纪要》中指出:"俄国所有的阶层、阶级都比犹太人的处境好",犹太人

(接上页)苦的犹太农民家庭。1891年后在德国、瑞士上大学。1900年,获弗里堡大学药学博士学位。1904年定居英国。后成为世界著名化学家,曾担任世界犹太复国主义组织主席,为世界犹太复国主义运动发展做出卓越贡献。1948年以色列建国后,出任第一任总统,被尊为"以色列国父"。

① 戴维·本-古里安(David Ben-Gurion, 1886—1973),1886年出生于俄国统治下的波兰普朗斯克一个富裕的犹太人家庭。14岁就投身于犹太复国主义运动。1906年到巴勒斯坦定居。后与魏茨曼一起成为世界犹太复国主义运动的主要领导人,1948年5月创建以色列国,并担任临时政府总理,被誉为"以色列国父"。
② 〔俄〕尼基塔·谢·赫鲁晓夫:《赫鲁晓夫回忆录》,第3卷,第2467页。
③ 〔英〕沃尔特·拉克:《犹太复国主义史》,第79页。
④ 郭宇春:《犹太人与俄国革命运动》,《黑龙江社会科学》2007年第5期,第46页。
⑤ 〔英〕沃尔特·拉克:《犹太复国主义史》,第154、155页。
⑥ 〔俄〕维特伯爵:《维特伯爵回忆录》,第287页。

参加革命运动的原因"主要是潜藏于不平等的和沉重的经济状况中"①。1914 年,列宁曾经公开指出:"在俄国没有哪一个民族受到象犹太民族受到的那样的压迫和迫害。反犹太主义在有产者阶层中日益根深蒂固。犹太工人在双重压迫下痛苦呻吟,因为他们既是工人又是犹太人。近几年来对犹太人的迫害已经具有一种令人难以相信的规模。"②因此,在俄国诸民族中,犹太人的革命性最强、革命热情最高。

为了吸引犹太人参加革命,俄国的许多革命政党都公开提出了废除民族压迫,反对反犹主义,要求民族平等的革命口号和政治纲领。索尔仁尼琴指出,犹太人革命性高涨是"因为犹太人的权利平等是全俄革命运动的主要口号之一",每个参加俄国革命的犹太青年都时刻铭记着"要为犹太人的权利平等而斗争"③。1903 年 4 月基什尼奥夫大屠杀发生后,俄国社会民主工党在 7—8 月召开的第二次代表大会上通过的《俄国社会民主工党党纲》明确提出,"废除等级制,全体公民不分性别、宗教信仰、种族和民族一律平等",要求党员"要竭尽一切办法同这种行为斗争,并向无产阶级阐明反犹太主义的煽惑以及其他一切民族沙文主义的煽惑所具有的反动的、阶级的背景"④。1905 年 10 月 12 日至 15 日,立宪民主党在莫斯科成立,几乎全部犹太知识阶层,连同高等学校毕业生都加入其中,维特伯爵指出,那是"因为这个党许诺给他们平等的权利"⑤。作为布尔什维克党的革命领袖,列宁从年轻时候起,"就憎恶一切民族压迫"⑥。他谴责沙皇俄国是"各族人民的牢狱"⑦,称"黑帮对犹太人的屠杀"是"企图分散无产阶级力量的反动政策"⑧,极力倡导"宗教信仰自由,所有民族一律平等"⑨。1914 年 4 月,列宁为第四届国家杜马俄国

---

① 郭宇春:《俄国犹太人研究(18 世纪末—1917 年)》,第 41—42 页。
② 《列宁全集》,第 25 卷,人民出版社 1988 年版,第 19 页。
③ А. И. Солженицы, Двести лет вместе(1795-1995), Часть Ⅰ, с. 239.
④ 《苏联共产党代表大会、代表会议和中央全会决议汇编》(第一分册),中共中央马克思恩格斯列宁斯大林著作编译局译,人民出版社 1964 年版,第 38、54 页。
⑤ 〔俄〕维特伯爵:《维特伯爵回忆录》,第 285 页。
⑥ 〔苏联〕娜·康·克鲁普斯卡娅:《列宁回忆录》,哲夫译,人民出版社 1972 年版,第 216 页。
⑦ 《列宁全集》,第 27 卷,人民出版社 1990 年版,第 85 页。
⑧ 《列宁专题文集》(论辩证唯物主义和历史唯物主义),人民出版社 2009 年版,第 223 页。
⑨ 《列宁全集》,第 2 卷,人民出版社 1984 年版,第 71 页。

社会民主党工人党团起草了《关于民族平等的法律草案》，决定向第四届国家杜马提交"关于废除对犹太人权利的一切限制及与任何民族出身或族籍有关的一切限制的法律草案"，明确提出俄国境内各民族公民不分民族、性别、宗教信仰，"在法律面前一律平等"；"凡在社会生活和国家生活的任何方面对犹太人加以限制的一切法律、暂行规定、法律附则等等，一律废除。……在居住权和迁徙权、受教育权、担任国家职务和社会职务权、选举权、服兵役、在城市和乡村购置和租用不动产权等方面对犹太人的所有一切限制应予废除；在从事自由职业等方面对犹太人的一切限制应予废除"。同时还列出了应予废除的旨在限制犹太人权利的法令、命令、暂行规定等等的清单。[①] 4月10日，该法案以俄国社会民主党工人党团的名义公布在《真理之路报》上。因此，在俄国革命运动日渐高涨之际，沙皇政府的反犹浪潮无异于为渊驱鱼，为丛驱雀。

为了寻求自身解放，彻底改变自身的悲惨命运，追求梦寐以求的自由平等，越来越多的犹太人开始投身于反对沙皇专制统治的革命洪流。1903年，维特伯爵在会见西奥多·赫茨尔时说，占全体居民4%的犹太人为俄国革命输送了50%的革命者，"在俄国没有任何一个民族像犹太人那样有这样的革命者比例"。不仅公开的反犹屠犹分子深信，"每一个犹太人都是积极的或者潜在的革命者"，而且一些政府官员也认为"俄国犹太人普遍具有革命性"[②]。尽管有数以百万计的犹太人移居国外，但是根据苏联学者研究，到1917年秋天，犹太人的总数仍然有320多万，仅次于俄罗斯人、乌克兰人、白俄罗斯人、哈萨克人，是俄罗斯帝国的第五大民族。[③] 虽然犹太人"只占在俄罗斯人口的3%—4%，但他们在革命运动中却是20%的力量"[④]。"参与民主和无产阶级运动的犹太人的百分率在任何地方都高于犹太人在总人口中的百分率。"[⑤] 维·米·莫洛

---

① 《列宁全集》，第25卷，第19—21页。
② 郭宇春：《俄国犹太人研究（18世纪末—1917年）》，第41—42、140—141页。
③ 科学院通讯院士Ю. А. 波利亚科夫、И. Н. 基谢列夫：《1917年俄国人口的数目和民族成分》，苏联《历史问题》1980年第6期，转引自陕西师大历史系苏联史教研室编：《苏联史译文选辑》，第3期，贺兴平译，第70页。
④ 〔以色列〕弗雷德·A. 拉辛：《美国政治中的苏联犹太人之争》，张淑清、徐鹤鸣译，商务印书馆2014年版，第24页。
⑤ B. Z. Goldberg, *The Jewish Problem in The Soviet Union: Analysis and Solution*, pp. 261-262.

托夫晚年也指出,"在犹太人当中,反动派分子和革命分子比俄罗斯人中要多"①。不仅如此,高尔基还特别指出:"与许多俄罗斯人相比,犹太人在为俄国的政治自由斗争时表现得更诚实,更坚决,犹太人中出的叛徒和奸细要少得多。"②

与此同时,为了共同的理想和革命事业,犹太知识分子开始和俄罗斯知识分子紧密的团结在一起。"很多犹太人幻想着能够和社会主义者结盟,从而实现解放自己的愿望。"③犹太人不仅组织了崩得④、锡安工人党等犹太人政党组织,而且积极参加了俄国社会民主工党⑤、社会革命党、立宪民主党等全俄革命政党,并且在其中担任重要的领导职务。⑥1907

---

① 〔苏联〕费·丘耶夫:《同莫洛托夫的140次谈话》,王南枝、孙润玉等译,新华出版社1992年版,第330页。
② 〔俄〕高尔基:《不合时宜的思想》,余一中、董晓译,花城出版社2010年版,第273页。
③ 〔德〕拉尔夫·乔治·劳埃特:《大逆转1919——希特勒反犹背后的欧洲史》,第27页。
④ 崩得(Бунд)是"立陶宛、波兰和俄罗斯犹太工人总联盟"的简称。1897年9月由沙俄犹太区的一部分工人和知识分子在维尔诺建立,其主要成员是俄国西部各省的犹太手工业者。主张犹太民族和文化自治,呼吁取消对犹太人的歧视。1898年,在俄国社会民主工党第一次代表大会上加入了俄国社会民主工党。1903年退出,1906年复加入。崩得要求承认自己是犹太无产阶级的唯一代表,在政治上一直支持孟什维克,反对布尔什维克。由于它的政治主张有悖于无产阶级的国际主义原则,并且有和布尔什维克争夺犹太工人之嫌,所以长期遭到列宁的批判。1917年二月革命后,崩得支持资产阶级临时政府。1920年4月,俄国崩得派分裂为多数派和少数派。1920年,崩得多数派在莫斯科第十二次代表大会上通过了集体加入俄共(布)的决议。少数派被苏俄当局镇压。1921年3月,俄国崩得自行解散。两次世界大战期间,崩得主要在波兰进行活动。二战爆发前夕,波兰崩得成员达到10万人,是波兰最大的犹太工人政党,并且参与了反对纳粹入侵的抵抗运动。许多国家工人运动的领导人都出自于崩得。后在纽约设有犹太工人联盟(崩得)世界统筹委员会,在许多国家设有分部。崩得是犹太社会主义政党中最大、最有影响的政党。1905年,崩得有35000名党员,而俄国社会民主工党当时只有8400人。参见Arno Lustinger, *Stalin and the Jews: The Red Book: The Tragedy of the Jewish Anti-Fascist Committee and the Soviet Jews*, p.14.1917年12月,崩得共有党员33700人。参见郭宇春:《犹太人与俄国革命运动》,第49页。
⑤ 当时,犹太人大多都加入了崩得和孟什维克。加入布尔什维克的犹太人虽然比较少,但却在布尔什维克的领导层占据重要地位。据统计,1917年1月,布尔什维克党员总数是23600人。在此之前加入布尔什维克的犹太人共958人,占布尔什维克党员总数的4%。1917年加入布尔什维克的犹太人总共是1175人。参见Thomas E. Sawyer, *The Jewish Minority in the Soviet Union*, pp.111-112; Zvi Y. Gitelman, *Jewish Nationality and Soviet Politics: The Jewish Sections of the CPSU, 1917-1930*, p.105.
⑥ 1905年10月,沙皇政府总理大臣维特伯爵在接见俄国犹太人代表团时也指出:"近几年来,犹太人已经成为各种政党的领袖人物,并鼓吹最极端的政治思想。"参见〔俄〕维特伯爵:《维特伯爵回忆录》,第288页。

年 5 月，在伦敦召开的俄国社会民主工党第五次代表大会上，出席大会的代表共 342 名①，其中犹太人代表就达 100 人，仅崩得成员就有 57 名，而 1/3 的孟什维克代表都是犹太人。② 斯大林在会后指出，对与会代表民族成分的统计数字表明，孟什维克派大多数是犹太人，布尔什维克派绝大多数是俄罗斯人，其次就是犹太人。③ 莫洛托夫晚年也指出，"孟什维克几乎是清一色的犹太人"④。他们当中涌现出 M. 戈茨、列·达·托洛茨基、马尔托夫⑤、巴·波·阿克雪里罗德、维·伊·查苏里奇等一批著名的革命领袖。列宁在 1917 年 1 月所写的一篇文章当中指出："在革命运动的领袖当中犹太人占的百分比（同犹太居民总人数相比较）特别大。顺便说一下，即使现在犹太人还有这样的功劳：在国际主义派的代表中他们所占的百分比比其他民族大得多。"⑥1917 年 4 月 20 日，在彼得格勒⑦召开的布尔什维克党全俄代表大会上，20% 的代表都是犹太人。1917 年 8 月，在俄共（布）选举产生的 21 名中央委员会委员中，犹太人就占 6 名，分别是托洛茨基、列·波·加米涅夫、格·叶·季诺维也夫、格·雅·索柯里尼柯夫、雅·米·斯维尔德洛夫、米·索·乌里茨基。其中托洛茨基在布尔什维克党领导层的地位仅次于列宁。⑧ 同时，前 4 人还是政治局常委，占了 7 位政治局常委的一多半。

犹太人在俄国革命中的作用更是不可小觑。维特伯爵指出，30 年前犹太人还是一群怯懦的人，但如今他们却进一步革命化，特别是犹太青

---

① 〔苏联〕A. M. 普罗霍罗夫总编辑：《苏联百科词典》，丁祖永等译，中国大百科全书出版社 1986 年版，第 339 页。
② Thomas E. Sawyer, *The Jewish Minority in the Soviet Union*, p. 112.
③ 《斯大林全集》，第 2 卷，人民出版社 1953 年版，第 52—53 页。
④ 〔苏联〕费·丘耶夫：《同莫洛托夫的 140 次谈话》，第 240 页。
⑤ 马尔托夫（1873—1923），俄国社会民主工党著名领导人。原名采捷尔包姆·尤里·奥西波维奇，1873 年 11 月出生于一个富裕的犹太人革命家庭。1895 年，他和列宁一起建立了"彼得堡工人阶级解放斗争协会"，为俄国社会民主工党的建立奠定了基础。1900 年 12 月，两人又在德国莱比锡创办了第一份宣传马克思主义的报纸《火星报》。1903 年成为孟什维克领袖之一。1917 年起为孟什维克"左"翼领袖。1919 年担任全俄中央执行委员会委员。1920 年移居国外，是"第二半国际"的组织者之一。1923 年 4 月在德国去世。
⑥ 《列宁全集》，第 28 卷，第 329 页。
⑦ 1914 年 7 月，俄国政府把圣彼得堡更名为彼得格勒。1924 年，为纪念列宁，又更名为列宁格勒。
⑧ Thomas E. Sawyer, *The Jewish Minority in the Soviet Union*, p. 112.

年。他们投掷炸弹，参加政治上的暗杀活动，甚至宁愿为革命牺牲自己的生命。"我们必须承认犹太人在领导暴动队伍，在煽动不满情绪上起了很重要的作用。……无论如何，犹太人在革命中的重要作用是一个不可辩驳的事实。"① 这在1905年革命和1917年革命当中表现得尤为突出。

1905年革命是俄国历史上第一次资产阶级民主革命。在革命中，年轻的犹太律师格奥尔基·斯捷潘诺夫·诺萨尔当选为圣彼得堡工人代表苏维埃第一任主席。他领导工人举行罢工，强力推行8小时工作日，并且出版了苏维埃机关报《消息报》。② 诺萨尔被捕后，年仅26岁的托洛茨基"靠自己不知不倦而又成绩卓著的工作"（列宁语）当选苏维埃主席，成为1905年革命的主要领导人和"苏维埃的思想领袖"。在第一个苏维埃存在的52天里，托洛茨基不仅要负责召开苏维埃会议、苏维埃执行委员会会议，不断的参加各种群众集会、发表演讲，而且创办了发行量高达50万份的《俄罗斯报》，随后又与孟什维克联合创办《开端报》，这些报纸成为革命群众争相购买的"斗争工具"。他不仅是苏维埃所有决定的起草者，而且要为《消息报》撰写文章，同时还写了大量的号召书、宣言和决议。其结果，"苏维埃唤醒了大批群众。工人完全站在苏维埃一边，农村里骚乱不断"。托洛茨基后来回忆说，"我们是如何在这个漩涡里生活的，连我自己都不清楚"，直到他1905年12月3日被捕。曾经担任苏俄政府教育人民委员的阿·瓦·卢那察尔斯基评价说，1905—1906年，"在社会民主党的所有领袖当中，托洛茨基虽还年轻，但无疑表现得最老练"。他"从革命中获得的声望最多"，无论普列汉诺夫、列宁还是马尔托夫都难以望其项背。③

在布尔什维克、孟什维克以及其他党派中，许多犹太人都参加了此次革命。例如，1905年7—9月，加米涅夫作为布尔什维克中央委员会特派员几乎走遍了俄国中部和西部所有大城市，宣传布尔什维克的策略。十月全俄铁路工人罢工和10月17日宣言发表时，加米涅夫在明斯克参加了游行示威。在示威遭到镇压后回到圣彼得堡，参加了地

---

① 参见〔俄〕维特伯爵：《维特伯爵回忆录》，第285、287页。
② 〔俄〕谢·尤·维特：《维特档案：访问记 笔记》，第2卷，第1728—1733页。
③ 〔俄〕托洛茨基：《托洛茨基自传》，张俊翔译，人民文学出版社2013年版，第141—148页。

方工作。季诺维也夫在总罢工的高潮中从瑞士返回圣彼得堡，参加了地方党的工作。斯维尔德洛夫受党中央委派，先后在喀山、叶卡捷琳堡和莫斯科开展宣传动员工作，并成为深受大学生、工人欢迎的领袖。阿·阿·越飞在1905年1月9日事件①后立即返回俄国，参加了不同城市的革命工作。先在北方，后在南方。6月14日，黑海舰队"波将金号"铁甲舰士兵举行起义时，越飞就在克里木，并在起义失败后帮助起义的参加者从塞瓦斯托波尔军事监狱越狱逃走。乌里茨基从流放地回到圣彼得堡，化名拉特涅尔博士从事革命工作。索柯里尼柯夫1905年加入了莫斯科布尔什维克组织，领导了社会民主主义学生运动，参加了十二月起义。1906年春天，他先后到印刷工人和纺织工人中间从事宣传和组织工作。②孟什维克的领袖马尔托夫在革命爆发后也从国外回到俄国，积极参加了圣彼得堡工人代表苏维埃的工作，并担任孟什维克机关报主编。费·埃·捷尔任斯基在革命期间领导了波兰的政治总罢工。其中许多人都因为参加革命再次遭到逮捕、流放或驱逐出国。

尽管1905年革命最后以失败告终，"既没有建立共和国，也没有实现土地革命和八小时工作制"，但是，它为布尔什维克党和托洛茨基后来领导1917年革命积累了宝贵的斗争经验，是其"走向成熟的转折"。因此，托洛茨基说，在俄国生活中，"1905年革命是1917年革命的总预演"③。

在震撼世界的1917年十月革命中，犹太人更是立下汗马功劳，并涌现出托洛茨基、斯维尔德洛夫、季诺维也夫、加米涅夫、捷尔任斯基、索柯里尼柯夫、越飞等一批著名的领袖人物。

托洛茨基是十月革命的主要组织者和领导者。1917年10月6日，托洛茨基再次当选为彼得格勒苏维埃主席。十月革命就是以苏维埃而非布尔什维克党的名义发动的。布尔什维克党当时提出的口号就是"全部

---

① 1905年1月9日（俄历）中午，由格·阿·加邦神父领导的"圣彼得堡工厂工人大会"组织了15000名工人前往冬宫进行和平请愿，请求沙皇进行改革。工人们提出了实行8小时工作制、停止战争等要求。结果遭到沙皇军警的枪击和砍杀，死伤达数百人。这就是著名的"流血星期日"。这一事件引发了1905年革命。
② 郑异凡主编：《谁发动了十月革命——布尔什维克自传》，上海人民出版社2017年版，第414、365页。
③ 〔俄〕托洛茨基：《托洛茨基自传》，第144、146、148页。

政权归苏维埃"①。10月23日,在列宁主持召开的布尔什维克中央委员会特别会议上,托洛茨基、斯维尔德洛夫、捷尔任斯基等人是坚定支持发动武装起义的领导人之一。10月26日,彼得格勒苏维埃建立了革命军事委员会②,这是"夺取政权,把它交到苏维埃手中的政治步骤"。革命军事委员会就是彼得格勒苏维埃的"司令部"③。因此,它成为公开准备发动起义的领导机构。当时,彼得格勒苏维埃和军事革命委员会设在斯莫尔尼宫,这里成为十月革命的指挥部。而托洛茨基正是11月7日(俄历10月25日)武装起义的总指挥。他的办公室设在斯莫尔尼宫三楼拐角处的小房间。他就是在这里下令"阿芙乐尔号"巡洋舰用空弹炮击冬宫的。托洛茨基后来在回忆录中把这个房间比喻为"军舰上的指挥楼"④,由此可见其在十月革命中的地位。11月7日,托洛茨基以军事革命委员会的名义向俄国民众宣布,临时政府已经被推翻,新的工农政府即将建立。⑤人民委员刚刚成立时,列宁曾在中央委员会会议上提议任命托洛茨基为主席。当托洛茨基表示反对时,列宁反问道:"为什么呢?您是夺得政权的彼得格勒苏维埃的首脑。"几天后,列宁在一次党的会议上赞叹说:"没有比托洛茨基更好的布尔什维克了。"⑥1918年11月6日,斯大林在《真理报》上发表的纪念十月革命胜利一周年的文章——《十月变革》一文中指出:"起义的全部实际组织工作都是在彼得格勒苏维埃主席托洛茨基同志的领导下进行的。可以确信地说,党应该把卫戍部队迅速倒向苏维埃,以及军事革命委员会灵活而有效地工作部署首先和主要的归功于托洛茨基同志。"⑦

十月革命胜利后,列宁要求托洛茨基领导内务部门,因为同反革

---

① 《列宁全集》,第32卷,人民出版社1985年版,第159页。
② 〔美〕约翰·里德:《震撼世界的十天》,郭圣铭译,南方日报出版社2009年版,第46页。
③ 〔俄〕托洛茨基:《托洛茨基亲述十月革命——献给被遗忘的先知》,施用勤译,陕西人民出版社2000年版,第355、357页。
④ 〔苏联〕列夫·托洛茨基:《托洛茨基自传:我的生平》,赵泓、田娟玉译,上海人民文学出版社2014年版,第282页。
⑤ 〔俄〕托洛茨基:《托洛茨基亲述十月革命——献给被遗忘的先知》,第365—368页。
⑥ 〔苏联〕列夫·托洛茨基:《托洛茨基自传:我的生平》,第297页。
⑦ И. Сталин, Октябрьский переворот, ПРАВДА, 6 ноября 1918 г.;同时参见〔苏联〕列夫·托洛茨基:《俄国革命史》,第3卷,丁笃本译,商务印书馆2015年版,第1253页。

命进行斗争是当前的首要任务，但托洛茨基"出于政治上的考虑"，以"自己的犹太人出身"为理由拒绝了。①1918年2月，作为苏俄政府在布列斯特同德国进行停战谈判的代表团团长，托洛茨基在最关键、最危急的时刻站在列宁一边，支持同德国签订《布列斯特和约》，让新生的苏维埃政权成功地退出第一次世界大战，"获得了喘息时机"②。托洛茨基先后担任外交人民委员、交通人民委员、陆海军人民委员、革命军事委员会主席。在1918年8月以前，他积极参与了人民委员会总的工作。他不仅是苏维埃俄国之父，还是红军的缔造者和统帅。在1918—1921年的苏俄内战中，他乘坐"革命军事委员会主席专列"，3年内开赴前线36次，行程等于绕地球5圈半，还不包括从铁路线乘汽车深入前线的几万公里路程。"专列不仅是军事指挥机关和政治机关，而且也是个战斗机关"，是"一个流动司令部"。"专列的工作与军队的建设、教育、管理和供应工作有着最密切的联系。"③托洛茨基就是乘坐这一专列指挥千军万马作战的。由于专列总是开往最危险的地方，所以他多次险遭不测。正是依靠这种大无畏的革命精神和高超的军事指挥才能，托洛茨基最终领导红军赢得了苏俄内战的胜利，捍卫了十月革命的胜利果实。因此，在十月革命之后到1924年列宁病逝之前的岁月里，托洛茨基与列宁的画像时常并列挂在一起，在布尔什维克党的历次全国代表大会上，代表大会发言结束时均高呼口号："我们的领袖列宁和托洛茨基万岁！"④直到1937年，斯大林在与党内高层领导人谈话中还说："大家都知道，托洛茨基在列宁之后，在我国是最有声望的人。"⑤

斯维尔德洛夫在1917年4月当选为布尔什维克中央委员，负责中央书记处和组织工作，承担了团结布尔什维克队伍和筹划十月革命的重任。十月革命前夕，他多次主持中央委员会会议，讨论落实列宁关于武装起义的指示。10月29日，当选为领导武装起义的党总部委员。十月革命

---

① 〔苏联〕列夫·托洛茨基：《托洛茨基自传：我的生平》，第298—299页。
② 《列宁全集》，第33卷，人民出版社1985年版，第432页。
③ 〔苏联〕列夫·托洛茨基：《托洛茨基自传：我的生平》，第362、366页。
④ 林剑纶：《托洛茨基：被遗忘的苏联红军最高领导人》，《领导文萃》2011年第1期，第56页。
⑤ 〔保〕季米特洛夫：《季米特洛夫日记选编》，马细谱等译，广西师范大学出版社2002年版，第59页。

的头几天，列宁曾经问托洛茨基："要是白军把您和我都杀掉，斯维尔德洛夫和布哈林能对付得了吗？"① 由此可见，列宁在当时已经把斯维尔德洛夫视为自己革命事业的接班人之一。十月革命胜利后，由列宁提议，斯维尔德洛夫在11月21日当选为全俄苏维埃代表大会中央执行委员会主席。该委员会是国家最高权力执行机构，主席在当时实际履行"国家元首"的职责。②1918年7月，他在第五届全俄苏维埃代表大会上主持制订了世界上第一部社会主义宪法——《俄罗斯社会主义联邦苏维埃共和国宪法》。1918年8月30日列宁遇刺后，斯维尔德洛（诺）夫代替列宁主持人民委员会一切事务工作。③1919年3月16日，斯维尔德洛夫因患流感去世。列宁在悼念大会上说："一年多来，我们能够肩负起落在少数忠心耿耿的革命家身上的力不胜任的重担，领导集团能够如此坚定、如此迅速、如此齐心地解决最困难的问题，完全是由于有雅柯夫·米哈伊洛维奇这样一位才华超群的组织家在他们当中担任了最主要的职务。"他"一个人就完全领导了要一批人才能领导的全俄中央执行委员会的一些最大的工作部门……象这样一个有非凡的组织才能的人，我们是永远找不到人代替他的"。因此，列宁称赞斯维尔德洛夫是"第一个苏维埃社会主义共和国的头号人物"，"广大无产阶级群众的头号组织家"④。

季诺维也夫是列宁最亲密的助手和学生之一。1917年4月16日，他和加米涅夫等人陪同列宁从瑞士返回俄国之后，立即投入到十月革命的准备工作中。他是《真理报》的副主编，几乎每天都在报纸上发表文章，宣传布尔什维克的革命政策。经常受布尔什维克党中央委托出席各种会议，与孟什维克和社会革命党唇枪舌剑进行论战。6月3日，季诺维也夫作为彼得格勒苏维埃工人部的负责人，领导该部起草并通过了关于把政权转归苏维埃的决议。由于临时政府大肆造谣污蔑列宁、季诺维也夫和加米涅夫是德国间谍，并在7月6日发布逮捕令，他们被迫转入地下。季诺维也夫与列宁一起隐藏到滨海铁路拉兹里夫车站附近的秘密

---

① 〔苏联〕列夫·托洛茨基：《托洛茨基自传：我的生平》，第296页。
② 闻一：《十月革命——阵痛与震荡》，广东人民出版社2010年版，第78页。
③ 《斯维尔德诺夫就各部写报告事宜致全体人民委员（1918年9月10日）》，载沈志华总主编：《苏联历史档案选编》，第3卷，第83—84页。
④ 《列宁全集》，第36卷，人民出版社1985年版，第71—73页。

草棚里。① 10月23日，季诺维也夫当选为负责组织起义的布尔什维克中央政治局委员。尽管他一开始反对起义，但很快就改正了错误，并参加了武装起义的领导工作。

十月革命胜利后，季诺维也夫先在彼得格勒工作，并以中央委员的身份参加了全俄农民代表大会、彼得格勒苏维埃会议等活动。后受中央委托赴乌克兰组织反对中央拉达的斗争。1917年12月13日当选为彼得格勒苏维埃主席。1918年2月，在签订《布列斯特和约》过程中，他坚定地站在列宁一边。② 内战期间，季诺维也夫领导了保卫彼得格勒的工作和克服饥荒的斗争。1919年3月，在列宁领导下，季诺维也夫在莫斯科成功地召开了共产国际第一次代表大会，并当选为共产国际执行委员会主席。随后，他的工作重心转到共产国际上。

加米涅夫从1902年开始追随列宁，并"成了弗拉基米尔·伊里奇在整个布尔什维克文字宣传事业中的最亲密助手之一"③。1917年2月革命后，他从流放地回到彼得格勒从事党的工作。1917年，在布尔什维克党四月代表会议上当选中央委员，并担任布尔什维克党驻彼得格勒苏维埃代表。尽管他和季诺维也夫在10月联袂反对党中央关于立即举行武装起义的决定，但是，在11月6日晚上武装起义开始后，他迅速改变了立场，和托洛茨基一起坚守在斯莫尔尼宫的指挥部。④ 11月8日晚上，第二届全俄苏维埃代表大会在斯莫尔尼宫召开。根据列宁提议，加米涅夫当选大会主席团主席。⑤ 他宣布了大会议事日程；宣读了革命军事委员会的工作报告；主持大会表决通过了列宁宣布的《和平法令》和《土地法令》；然后宣读并主持通过了《关于成立工农临时政府的决定》，"人民委员会正式就职"⑥，取代了临时政府，在组织程序上完成了十月革

---

① 〔苏联〕娜·康·克鲁普斯卡娅：《列宁回忆录》，第325—329页。
② 〔苏联〕娜·康·克鲁普斯卡娅：《列宁回忆录》，第397页。
③ 郑异凡主编：《谁发动了十月革命——布尔什维克自传》，第57页。1917年7月中旬，列宁致函加米涅夫，"要是有人谋杀了我，就请您出版我的笔记《马克思主义论国家》"。并要求他"目前绝对不要告诉别人！"后来该笔记以《国家与革命》的书名出版。参见《列宁全集》，第47卷，人民出版社1990年版，第630—631页。
④ 〔苏联〕列夫·托洛茨基：《托洛茨基自传：我的生平》，第282、284页。
⑤ 郑异凡主编：《谁发动了十月革命——布尔什维克自传》，第59页。
⑥ 〔美〕约翰·里德：《震撼世界的十天》，第71、96—107页。

命。与此同时，加米涅夫当选全俄苏维埃代表大会中央执行委员会第一任主席。13 天后，他把这一职务交由斯维尔德洛夫担任，转而出任布列斯特和谈代表团成员。1918 年 1 月，加米涅夫受列宁委托，秘密出使英国和法国，"向它们介绍完成的政变和苏维埃政权的任务"，后被英国政府驱逐出境。1918 年下半年，当选为莫斯科苏维埃主席。1919 年，在苏维埃共和国处于极端困难的时日，加米涅夫作为国防委员会特派员巡视国内战争前线。[1] 1919 年在俄共（布）第八次代表大会上进入中央政治局，成为苏俄政府的主要领导人。

捷尔任斯基在 1917 年 8 月俄国社会民主工党（布）第六次代表大会上当选为中央委员。10 月 29 日，在中央扩大会议上，他成为领导武装起义的军事革命总部 5 个成员之一。起义开始后，作为军事革命委员会委员，他在 11 月 6 日（俄历 10 月 24 日）领导了占领邮局和电报局的行动。随后担任斯莫尔尼宫卫队长，负责斯莫尔尼宫与各区以及首都卫戍区各部队的通讯联络。美国著名新闻记者约翰·里德的出入证就是由他签发的。11 月 8 日，他参加了第二届全俄苏维埃代表大会，当选为中央执行委员会主席团成员。12 月 20 日，全俄肃反委员会（契卡）成立，他出任主席。契卡不仅要镇压反革命分子，还要同隐藏在苏维埃内部的左派社会革命党人进行斗争。它拥有不经法庭审判直接执行枪决的权力。1918 年列宁遇刺后，人民委员会决定在全国实施红色恐怖。根据捷尔任斯基的命令，大批反革命分子被逮捕枪决。孟什维克和社会革命党人遭到系统的消灭。西方国家设在苏维埃俄国的情报网也被捣毁。[2] 捷尔任斯基深得列宁信任，他和斯维尔德洛夫是仅有的两个不经过人民委员会接待室、不向秘书报告，可以直接进入列宁办公室的人。[3] 1919 年 3 月，捷尔任斯基出任苏俄内务人民委员。1920 年 1 月，荣获全俄中央执行委员会主席团授予的红旗勋章。5 月被任命为西南战线后方司令。8 月，被任命为西方面军革命军事委员会委员。1921 年，捷尔任斯基建

---

[1] 郑异凡主编：《谁发动了十月革命——布尔什维克自传》，第 59—60 页。
[2] 〔俄〕列昂尼德·姆列钦：《历届克格勃主席的命运》，李惠生等译，新华出版社 2001 年版，第 6、18 页。
[3] 肖宪、黎志军、王训田：《犹太巨人》，中国工人出版社 2007 年版，第 167 页。

立了特种部队，负责保卫列宁。①1921年1月，任全俄中央执行委员会"改善儿童生活委员会"主席，救济了成千上万流离失所的儿童。②

索柯里尼柯夫是二月革命后跟随列宁一起乘坐"铅封列车"从瑞士回国的主要成员之一。1917年8月在党的第六次代表大会上当选为中央委员和中央机关报编辑部委员。起义期间，当选中央政治局委员。他负责起草了关于私人银行国有化法令，领导了私人银行国有化工作，参加了"夺取"国家银行及对其进行改组的工作。③1918年春，他作为苏俄代表团团长再度赴布列斯特与德国进行和谈并最终签订了和约。1918年夏，在国民经济委员会第一次全俄代表大会上作了关于过渡时期财政政策的原则的报告。国内战争期间，先后担任多个集团军革命军事委员会委员，参加了平定伊热夫斯克暴动及顿河哥萨克叛乱的战斗。1920年8月，作为全俄中央执行委员会土耳其斯坦委员会主席和土耳其斯坦战线司令，在土耳其斯坦参加了推翻艾米尔和创建苏维埃政权的工作，并积极参加了消灭巴斯马赤反革命匪帮的战役，随后采取一系列政治经济改革措施，稳定并推动了土耳其斯坦社会发展。

越飞是十月革命中的"主要角色之一"④。1917年8月在党的第六次代表大会上当选为中央委员。十月起义期间曾担任过军事革命委员会主席。随后出任第一个在布列斯特同德国进行停战谈判的苏维埃代表团团长，缔结和签订了同德国、奥匈、土耳其和保加利亚的停战协定。和谈结束后，出任外交人民委员和社会保障人民委员，继而前往柏林担任驻德国大使，并积极参加了德国十一月革命。回国后作为俄共（布）中央委员，协助建立了立陶宛—白俄罗斯共和国。国内战争期间，参与领导了在乌克兰与邓尼金、在彼得格勒与尤登尼奇的斗争。作为俄国和谈代表团团长，先后完成了与爱沙尼亚、立陶宛、拉脱维亚、波兰的谈判缔约工作。⑤

---

① 〔俄〕列昂尼德·姆列钦：《历届克格勃主席的命运》，第32页。
② 郑异凡主编：《谁发动了十月革命——布尔什维克自传》，第134页。
③ 郑异凡主编：《谁发动了十月革命——布尔什维克自传》，第369页。
④ 〔波〕伊萨克·多伊彻：《武装的先知：托洛茨基 1879—1921》，施用勤等译，中央编译出版社2013年版，第173页。
⑤ 郑异凡主编：《谁发动了十月革命——布尔什维克自传》，第427—428页。

乌里茨基在十月革命前当选为布尔什维克党中央委员。革命期间，他参加了军事革命委员会，积极投身于起义之中。后被任命为彼得格勒肃反委员会主席，同反革命分子进行了无情的斗争。1918年8月30日遇害。

根据最新解密的苏联档案，十月革命的领袖列宁本人也有犹太血统①，而并非像高尔基所说的那样，是"纯俄罗斯血统"②。

由此可见，犹太人对俄国革命的胜利做出了重大贡献。

第二节 1917—1941 年的苏联犹太人

从整体上来看，1917年俄国二月革命之后到1941年卫国战争爆发之前，苏联犹太人的社会地位既有提高和改善的一面，也有倒退与不幸的一面。二者不可偏废。

一、苏联犹太人社会地位的提高和改善

犹太人社会地位的改善是从1917年二月革命开始的。沙皇专制统

---

① 2011年5月26日，俄国《新时代报》发表了《斯大林隐瞒了列宁姐姐的一封惊人信件》一文。其中指出：俄罗斯国家历史博物馆最近展出了"世界无产阶级领袖"列宁（弗拉基米尔·伊里奇·乌里扬诺夫）的姐姐安娜·乌里扬诺娃1932年写给联共（布）中央总书记斯大林的一封信。她在信中指出，他们的外祖父是乌克兰犹太人，为了离开犹太人居住区，获得接受高等教育的机会而皈依东正教。该信是第一份证实了长期以来关于列宁犹太血统的传说真实性的文件。乌里扬诺娃在信中写道：列宁的外祖父"出身于一个贫穷的犹太家庭，出生证明证实他是日托米尔市的莫伊谢伊·布兰克（Моисей Бланк）的儿子"。"弗拉基米尔·伊里奇一直对犹太人给予很高的评价。但令我深感遗憾的是，他终生都不知道我们的身世起源。"乌里扬诺娃此举是为了打击当时在联共（布）内部重新抬头的反犹主义。因此，她认为"没有必要掩盖"列宁是犹太人的事实。但是，斯大林无视其要求，并命令对此事"保持绝对沉默"。Сталин скрыл сенсационное письмо сестры Ленина, Новое Время, 26 мая 2011 г.. 由此可见，美国学者索尔·弗里德兰尔称列宁的祖父是犹太人有误。参见〔美〕索尔·弗里德兰德尔：《灭绝的年代：纳粹德国与犹太人，1939—1945》，卢彦名等译，中国青年出版社2015年版，第204页。

② 〔俄〕高尔基：《不合时宜的思想》，第275页。

治被推翻后,俄国成为当时世界各交战国中"最自由的国家"①。3月17日,刚刚上台的资产阶级临时政府就下令取消了限制犹太人入学的"百分比定额"。3月22日,临时政府又颁布了取消民族和信仰限制的法令。该法令前言中明确指出:"临时政府坚信,自由国家中的一切公民在法律面前应当是平等的,每一个人的良心不能容忍因为个别公民的信仰和出身而限制他们的权利,故决定:取消一切现行法规所规定的,因俄国公民属于某种宗教信仰、宗教派别或民族而定的对他们的权利的限制。"②法令列举了被取消的限制和法典中从此失去效力的有关条文。沙皇政府给犹太人画地为牢100多年的"栅栏区"被废除。③世界艺术大师马克·夏加尔后来在他的回忆录中兴奋地写道:"我的第一感受,是我跟那'管身份证的'再也不用打交道了。"④不仅如此,临时政府还撤销了对犹太复国主义运动的限制。⑤犹太居民无不欢欣鼓舞,奔走相告。1917年3月25日,斯大林在《真理报》上发表的《论取消民族限制》一文中对此也大加赞赏:"过去一直受到怀疑的俄国各民族现在可以自由地呼吸,可以感觉到自己是俄国的公民了。这一切都是很好的。"⑥托洛茨基同样指出:"形式上的平等权利也完全给了犹太人,原先限制他们权利的法律总数达到了650条。"⑦1917年7月1日,著名文学家高尔基在《新生活报》上撰文指出:"犹太人享有与其他民族平等的权利,这是我们的革命的美好成就之一。我们承认犹太人和俄罗斯人享有平等的权利,也就去掉了我们良心上的一个可耻的血腥而肮脏的污点。"⑧作为最大的犹太人政党,崩得号召犹太工人全力支持临时政府。

---

① 《列宁全集》,第29卷,人民出版社1985年版,第105页。
② 〔俄〕高尔基:《不合时宜的思想》,第276—277页。
③ 《列宁全集》,第8卷,人民出版社1986年版,第513—514页。到第一次世界大战时,"栅栏区"的范围包括沙皇俄国西部和新俄罗斯的15个省:比萨拉比亚省、维尔诺省、维捷布斯克省、沃伦省、格罗德诺省、叶卡捷琳诺斯拉夫省、基辅省、科夫诺省、明斯克省、莫吉廖夫省、波多尔省、波尔塔瓦省、塔夫里达省、赫尔松省和契尔尼哥夫省,另外还有俄属波兰的10个省。
④ 〔法〕马克·夏加尔:《我的生活》,第195页。
⑤ 〔英〕狄利斯·希罗:《中东内幕》,第326页。
⑥ 《斯大林全集》,第3卷,人民出版社1955年版,第19页。
⑦ 〔苏联〕列夫·托洛茨基:《俄国革命史》,第3卷,第909页。
⑧ 〔俄〕高尔基:《不合时宜的思想》,第273页。

十月革命胜利后，犹太人的社会地位有了更大的提高。1917年11月15日，苏俄政府颁布了《俄罗斯各族人民权利宣言》，把"(1)俄罗斯各族人民的平等和独立自主；(2)俄罗斯各族人民的自由自决乃至分立并组织独立国家的权利；(3)废除任何民族的和民族宗教的一切特权和限制；(4)居住在俄罗斯领土上的各少数民族与民族集团的自由发展"① 作为处理俄罗斯民族问题的基本原则。1918年7月10日，第五次全俄苏维埃代表大会通过了《俄罗斯社会主义苏维埃共和国宪法》，其中第二十二条明确规定："俄罗斯社会主义联邦苏维埃共和国于承认公民不分种族及民族享有平等权利的同时，宣布在这一基础上规定或容许任何特权或特许，以及对于少数民族的任何压迫或对其平等权利的任何限制，均属违背共和国的各项根本法律。"② 因此，犹太人和其他民族一样，享有平等的政治地位和自由发展的权利。

不仅如此。1918年1月，苏俄人民委员会民族事务人民委员会还专门在中央设立了犹太民族事务人民委员会（The Commissariat for Jewish National Affairs），"指导苏俄犹太人的文化，政治和经济重建"，同时还建立了相应的地方机构。谢苗·迪曼施泰因（Semën Dimanshtain）被任命为犹太民族事务人民委员。同年10月，在列宁的全力支持下，俄共（布）中央也设立了犹太部（The Jewish Sections，或称Evsektsiya），专门负责处理犹太人事务。③ 犹太部书记同样由谢苗·迪曼施泰因担任。同时，犹太部还出版了意第绪语日报《真理报》（《Дер Эмес》），作为其机关报。它的第一任责任编辑就是后来出任犹太人反法西斯委员会责任书记的沙赫诺·爱泼斯坦。

在布尔什维克党和苏俄政府推动下，犹太人的社会地位迅速提高和改善。主要表现在以下几个方面：

---

① 《俄罗斯各族人民权利宣言（1917年11月15日）》，参见中国社会科学院苏联东欧研究所、国家民族事务委员会政策研究室编：《苏联民族问题文献选编》，社会科学文献出版社1987年版，第4页。
② 辛向阳、辛向前、郑义寅主编：《历史律令——影响人类社会的十大宪法和法典》，江西人民出版社1998年版，第402页。
③ Zvi Y. Gitelman, *Jewish Nationality and Soviet Politics: The Jewish Sections of the CPSU, 1917-1930*, pp. 121-124, 233.

第一，犹太人在苏联党和政府领导层地位显赫。十月革命后，苏俄党政部门第一次向犹太人敞开了大门。在布尔什维克党及苏维埃俄国的24名领导人中，有16名是犹太人：其中托洛茨基先后担任外交人民委员、陆海军人民委员和革命军事委员会主席；格里戈里·季诺维也夫是共产国际第一任主席；列·波·加米涅夫和雅可夫·斯维尔德洛夫先后担任苏维埃全俄中央执行委员会主席（1917年11月—1918年1月；1918年1月—1919年3月），是苏维埃俄国名义上的国家元首；伊·扎·施泰因贝格（左派社会革命党人）担任司法人民委员；费·埃·捷尔任斯基担任全俄肃反委员会（契卡）主席，1919年担任苏俄内务人民委员。1918年，14名俄共（布）中央委员会成员中有4名犹太人（托洛茨基、斯维尔德洛夫、季诺维也夫、索柯里尼柯夫）；1919年，19名俄共（布）中央委员会成员中有4名犹太人（加米涅夫、拉狄克、托洛茨基、季诺维也夫）。根据1919年英国伦敦《早报》驻俄通讯员的报道，545名布尔什维克高级干部中有447名是犹太人；而《老法兰西》杂志报道，703名布尔什维克高级干部中有664名是犹太人；22名苏俄人民委员会成员中有18名是犹太人。① 维·米·莫洛托夫后来回忆说："的确，在最初的政府中，在政治局中，大多数成员是犹太人。"② 犹太人"以超乎寻常的速度从沙皇俄国的二等国民一跃成为一个世界大国的全权代表"③。

与此同时，布哈林、伏罗希洛夫、莫洛托夫、安德烈耶夫、李可夫、基洛夫和米·伊·加里宁等许多苏联高层领导人也娶了犹太女子为妻。④ 正如爱伦堡所说："革命改变了一切，犹太青年大批涌入俄罗斯的学校和大学，犹太女人嫁给俄罗斯男人，犹太男人娶俄罗斯女人为妻。"犹太人与世隔绝的状况在苏俄消失了。⑤

1920年代初，犹太人在布尔什维克党的领导层依然占据重要地位。1921年，俄共（布）中央委员会25个成员中有5个犹太人（占20%）。

---

① 〔德〕拉尔夫·乔治·劳埃特：《大逆转1919——希特勒反犹背后的欧洲史》，第29—30页。
② 〔苏联〕费·丘耶夫：《同莫洛托夫的140次谈话》，第329页。
③ Jonathan Brent and Vladimir P. Naumov, *Stalin's Last Crime: The Doctors' Plot*, p.331.
④ 〔苏联〕费·丘耶夫：《同莫洛托夫的140次谈话》，第330页。
⑤ 〔俄〕伊利亚·爱伦堡：《人·岁月·生活》（下卷），第470页。

候补委员中犹太人的比例更高。1920年代前半期,犹太人在俄共(布)中央政治局中所占比例从23%上升到37%(托洛茨基、加米涅夫、季诺维也夫)。① 1922—1924年,加米涅夫担任苏俄人民委员会副主席和劳动国防委员会副主席,并且在列宁患病期主持中央政治局会议,1924年列宁逝世后又被任命为劳动国防委员会主席。1927年,在与联共(布)中央委员会平行的苏联中央执行委员会中,犹太人占60人。1937年,在1936年新宪法颁布后的首次选举中,1143名最高苏维埃代表中有47名犹太人当选,占总数的4.1%,而当时犹太人占苏联总人口的比例不到2%。② 1920年代中期,在417名苏联执政精英(包括中央执行委员会、党的中央委员会、苏联和俄罗斯共和国苏维埃执行委员会主席团、苏联和俄罗斯共和国政府成员、部长、执行委员会主席)中,有27人是犹太人,占总数的6.47%。1930年代这一比例虽然下降了,但仍是犹太人在苏联人口中所占比例的两倍多。③ 1926年,在红军最高指挥部,犹太人占了4.57%。1930年代,许多犹太人都在红军最高指挥部拥有高级军衔,其中著名的有苏联军事家、苏联副国防人民委员、红军总政治部主任杨·加马尔尼克(1894—1937),空军司令雅科夫·斯穆什克维奇中将(1902—1941),尤纳·雅基尔将军,格里戈里·什泰恩(Grigori Shtern)将军等。④

第二,在苏联中下层党政干部中,犹太人同样举足轻重。当时,由于近70%的俄国人都是文盲⑤,而且,列宁认为"俄罗斯人不是好的工作者","俄罗斯人懒惰",做事有始无终,"闲扯、聊天"是他们的拿手好戏。⑥ 与俄罗斯人相比,犹太人不但文化程度高,并且做事认真。因此,苏维埃政府从犹太人中招募了大量的文职人员和外交使团成员,以至于在政府中几乎找不到一个没有犹太人的委员会。有一次,列宁责成工农检查院调查某些难以解决的案件。当他听到时任工农检查人民委员

---

① Benjamin Pinkus, *The Jews of the Soviet Union: The History of a National Minority*, p. 80.
② Benjamin Pinkus, *The Jews of the Soviet Union: The History of a National Minority*, p. 81.
③ Benjamin Pinkus, *The Jews of the Soviet Union: The History of a National Minority*, p. 83.
④ Benjamin Pinkus, *The Jews of the Soviet Union: The History of a National Minority*, p. 84.
⑤ 《列宁全集》,第43卷,人民出版社1987年版,第356页。
⑥ 〔苏联〕费·丘耶夫:《同莫洛托夫的140次谈话》,第330—331页。

斯大林（1920—1922年在任）任命的委员会成员名单时，大为不满地说："连一个犹太人都没有？不行，什么事也办不成！"①1926年，24.7%的公职人员是犹太人。1939年，40%养家糊口的犹太人都是公职人员。②这一优势在苏联国家机器最敏感的一些部门也表现得十分明显，例如1934年在苏联内务人民委员会的领导层中，37名为犹太裔，30名为俄罗斯裔，29名为其他族裔。③在乌克兰、白俄罗斯的城市和小城镇，在俄罗斯联邦的更是如此。1924年，在白俄罗斯，犹太人占地方官员的19.5%；1925年，在基辅，犹太人占地方官员的30.4%④，1928年担任基辅区委组织部长、负责干部工作的赫鲁晓夫在回忆录中指出，当时选拔干部不存在民族问题，不看是什么民族，只看"实际工作能力"⑤。因此，犹太人如鱼得水，可以凭借自己的才干脱颖而出。但在俄罗斯联邦基层政权中，犹太人所占比例相对较小。例如，1927年，在莫斯科，犹太人仅占基层官员的6.7%。⑥

与此相适应，苏联犹太人在联共（布）党员和苏联共青团员中也成为一支重要力量。据苏联官方统计，1922年，犹太人占布尔什维克党员人数的5.2%。⑦1927年，联共（布）一共有49627名犹太党员，犹太人占其中的4.34%。⑧其中乌克兰共和国有20000名犹太共产党员，占该共和国全部党员人数的12%；白俄罗斯共和国有6012名犹太共产党员，占该共和国全部党员人数的24%。⑨1929年10月，犹太共青团员达98823人，超过苏联共青团员总数的4%。⑩赫鲁晓夫曾经指出："就拿我们革命初期来说，当时我们党的积极分子中犹太人所占的比例很高。这是完全可以理解的，因为他们有比较高的文化知识。"⑪俄国著名

---

① 〔苏联〕费·丘耶夫：《同莫洛托夫的140次谈话》，第331页。
② Benjamin Pinkus, *The Jews of the Soviet Union: The History of a National Minority*, p.96.
③ 〔美〕索尔·弗里德兰德尔：《灭绝的年代：纳粹德国与犹太人，1939—1945》，第204页。
④ Benjamin Pinkus, *The Jews of the Soviet Union: The History of a National Minority*, p.82.
⑤ 〔俄〕尼基塔·谢·赫鲁晓夫：《赫鲁晓夫回忆录》，第3卷，第2422页。
⑥ Benjamin Pinkus, *The Jews of the Soviet Union: The History of a National Minority*, p.82.
⑦ Zev Katz, editor, *Handbook of Major Soviet Nationalities*, p.368.
⑧ Benjamin Pinkus, *The Jews of the Soviet Union: The History of a National Minority*, p.181.
⑨ Benjamin Pinkus, *The Jews of the Soviet Union: The History of a National Minority*, p.80.
⑩ Benjamin Pinkus, *The Jews of the Soviet Union: The History of a National Minority*, p.81.
⑪ 〔俄〕尼基塔·谢·赫鲁晓夫：《赫鲁晓夫回忆录》，第3卷，第2713页。

历史学家罗伊·梅德韦杰夫指出："犹太人在革命年代、国内战争时期和苏维埃政权的最初 10 年中所起的巨大作用是尽人皆知的。"①

从以上这些统计数据可以看出，1917—1927 年无疑是苏联犹太人历史上的黄金时期。

第三，建立犹太行政区。为了解决国内由来已久的"犹太问题"，特别是因为战争破坏和苏俄政府实行军事共产主义政策、消灭资本主义经济而引发的"栅栏区"严重的经济危机，把大批失业的犹太人变成农业居民，转移苏联犹太人对犹太复国主义的热情，同时打破西方列强对苏联的政治、经济封锁，引进西方犹太人的资金、技术，开发边远地区，苏联先后设立了五个犹太自治区和一个犹太自治州。②

（1）在克里木半岛北部和乌克兰南部设立犹太自治区。

犹太人在克里木半岛从事农业生产的历史由来已久。早在 1795 年叶卡捷琳娜二世瓜分波兰之后，俄国政府就已经采取措施鼓励犹太人移民克里木半岛。19 世纪，沙皇政府曾经多次尝试在克里木半岛建立犹太农业殖民地，以便将犹太人转化为农业工人。③ 十月革命胜利后，苏联政府继续把这里列为安置犹太人的地区之一。1920 年代初，为了从根本上解决国内犹太人面临的生存危机，在美国、英国和德国的犹太慈善组织支持下，苏联政府开始把来自乌克兰和白俄罗斯城镇的穷苦犹太人自发前往克里木半岛北部地广人稀的草原地区从事小规模农业垦殖的活动转变成有计划、有组织的大规模的农业垦殖运动。随后，美国犹太人联合分配委员会倡议苏联政府在乌克兰南部和克里木半岛北部设立犹太自治区，并承诺提供大笔贷款。1924 年 8 月和 1925 年 1 月，苏联中央执行委员会主席团先后成立了犹太族劳动者土地规划委员会和犹太族劳动者土地规划协会来推动此事，并且得到俄共（布）中央政治局委员托洛茨

---

① 〔俄〕罗伊·梅德韦杰夫：《让历史来审判——论斯大林和斯大林主义》（下册），何宏江等译，东方出版社 2005 年版，第 966 页。

② 参见 Robert Weinberg, *Stalin's Forgotten Zion, Birobidzhan and the Making of a Soviet Jewish Homeland: An Illustrated History, 1928-1996*, Berkeley: University of California Press, 1998, p.1; Benjamin Pinkus, *The Jews of the Soviet Union: The History of a National Minority*, p.73. 马丹静：《比罗比詹计划始末》，《首都师范大学学报》（社会科学版）2012 年第 2 期，第 32—34 页。

③ *Stalin's Secret Pogrom: The Postwar Inquisition of the Jewish Anti-Fascist Committee*, Edited and with introductions by Joshua Rubenstein and Vladimir P. Naumov, p.18.

基、加米涅夫、季诺维也夫、布哈林和苏俄外交人民委员格·瓦·契切林等人的支持①，甚至有人把克里木半岛称为"苏联的巴勒斯坦"②。1923年到1926年，苏联领导层内部曾经讨论过在克里木建立犹太自治州和犹太共和国的计划，但是因为联共（布）中央总书记斯大林的反对而夭折。斯大林明确告诉联共（布）中央犹太部领导人亚历山大·切梅里斯基（Alexsander Chemerisky），犹太人会拥有土地，但不是在克里木。③尽管如此，1927—1935年，在苏联中央执行委员会主席加里宁的大力推动下，在国外犹太慈善组织的全力支持下，苏联政府先后在乌克兰南部设立了三个犹太自治区，在克里木半岛北部设立了两个犹太自治区，把30万陷入困境的苏联犹太商人、手工业者转变成了"优秀的成功农民"④。

（2）在比罗比詹设立犹太自治州。

1928年3月28日，苏联中央执行委员会通过了《关于远东边疆区阿穆尔沿岸地带的空闲土地划归犹太族劳动者土地规划委员会以供犹太族劳动者集中居住》的决议，苏联政府宣布在哈巴罗夫斯克边疆区比罗比詹州（位于阿穆尔河中游）建立"犹太垦殖区"，并且计划将来在那儿"建立犹太国家体制"⑤，甚至吸引国外技术和文化水平较高的犹太移民。这一决议刚一公布，美国犹太人慈善组织"伊科尔"⑥主席查尔斯·孔茨（Чальз Кунц）教授就亲自到比罗比詹进行了几个月的考察。

---

① 王晓菊：《俄罗斯远东的"犹太民族家园"》，《世界历史》2007年第2期，第97页。
② Arno Lustinger, *Stalin and the Jews: The Red Book: The Tragedy of the Jewish Anti-Fascist Committee and the Soviet Jews*, p.58.
③ Nora Levin, *The Jews in the Soviet Union since 1917, Paradox of Survival*, Volume Ⅰ, New York: New York University Press, 1988, pp.146, 149.
④ Robert Weinberg, *Stalin's Forgotten Zion, Birobidzhan and the Making of a Soviet Jewish Homeland: An Illustrated History, 1928-1996*, p.11.
⑤ Допрос подсудимых Л. Я. Тальми, В. П. Наумов, *Неправедный суд, Последний сталинский расстрел*(стенограмма судебного процесса над членами Еврейского антифашистского комитета), с.250.
⑥ 1924年，为配合苏联成立的犹太族劳动者土地规划委员会，美国共产党发起成立了美国犹太人慈善组织"伊科尔"（在古犹太语里是农民的意思），宗旨是协助苏联犹太人从事移民垦殖事业。"伊科尔"的书记是伊利亚·瓦ersonal贝格，主席是一位老马克思主义者查尔斯·孔茨教授。它为支持苏联的犹太人移民垦殖工作提供了大量的物资援助。参见 Допрос подсудимых Л. Я. Тальми, В. П. Наумов, *Неправедный суд, Последний сталинский расстрел*(стенограмма судебного процесса над членами Еврейского антифашистского комитета), с. 247-249.

随后，根据他的提议，"伊科尔"在美国购买了两台大型挖掘机、8台60马力的履带拖拉机、几部载重汽车、电站设备和木工厂设备运抵比罗比詹，总价值达1.2亿美元。这对于比罗比詹的发展具有很大的积极意义。① 从1928—1933年间，大约有2.15万名犹太人迁移到比罗比詹，其中包括1100多名来自波兰、法国、德国、比利时、美国、加拿大、阿根廷、巴西、巴勒斯坦等国家和地区的犹太人。但是，因为这里气候恶劣和偏僻荒凉，最后真正留下来的大约只有10000多人。②

1934年5月7日，苏联政府宣布在比罗比詹建立"犹太自治州"。加里宁在犹太自治州成立仪式上说，此举将赋予犹太人以民族特征，并预言10年后比罗比詹将成为犹太人的文化中心。他呼吁犹太人向比罗比詹大量移民，并且宣称如果有10万犹太人定居比罗比詹，那么苏联政府将考虑在这里建立犹太共和国。③ 甚至连美国犹太社会主义理论家、以反共著称的哈伊姆·日特洛夫斯基博士④ 等人也相信比罗比詹就是一个犹太共和国，一个名副其实的犹太社会主义文化中心。国外的犹太共产主义者奥托·赫勒宣布："犹太人已经进入了西伯利亚森林地带，如果你向他们问起巴勒斯坦，他们会付之一笑。当比罗比詹有了汽车、铁路和汽船，还有冒着黑烟的大工厂；那时巴勒斯坦的梦想就早已消失在历史之中了……移民们在西伯利亚的泰加森林不仅为自己、也为几百万犹太人建立了家园。"⑤ 1935年底，比罗比詹的犹太人口达到14000人，占总人口的23%。这是该地区历史上犹太人口所达到的最高比例。⑥ 在

---

① Допрос подсудимых Л. Я. Тальми, В. П. Наумов, *Неправедный суд, Последний сталинский расстрел(стенограмма судебного процесса над членами Еврейского антифашистского комитета)*, c. 251.
② 王晓菊：《俄罗斯远东的"犹太民族家园"》，第99—100页；马丹静：《比罗比詹计划始末》，第35页。
③ 马丹静：《比罗比詹计划始末》，第38页。
④ 哈伊姆·日特洛夫斯基（Chaim Zhitlovsky，1865—1943），美国犹太人作家、哲学家和记者，犹太文学的代表人物。1865年出生于俄国，青年时代与俄国社会主义革命者和崩得有联系，参加过杜马。1908年从俄国移居纽约，并且成为意第绪语、社会主义和犹太民族自治的代言人。希特勒上台后，他成为苏联政策的拥护者。1941年7月，他发表公开声明，赞扬苏联反对纳粹德国的战争。1943年苏联犹委会代表团访美前夕去世。
⑤ 〔英〕沃尔特·拉克：《犹太复国主义史》，第524页。
⑥ 马丹静：《比罗比詹计划始末》，第35页。

苏联政府和国外犹太慈善组织的支持下，比罗比詹不仅建立了发电站、服装厂、农机厂、火车站、砖厂、木材化工厂、大理石厂等工厂企业，而且创办了犹太剧院、图书馆，出版了意第绪语周报《比罗比詹之星》。1938年10月，犹太自治州划归新成立的哈巴罗夫斯克边疆区管辖。

比罗比詹犹太自治州是苏联建立的第一个"犹太民族家园"。其前景就是"过渡到犹太族苏维埃共和国"，"借此解决犹太民族的国家和法律问题"①。对于苏联犹太民族而言，这无疑是一个历史性的进步。因此，西方学者称之为"阿穆尔河上的耶路撒冷"②，"苏联的锡安"③。

第四，苏联犹太人成为国家建设事业的中坚力量。内战结束后，苏俄从1921年3月开始实施新经济政策。1929年，苏联开始全面推行国家工业化和农业集体化。受此影响，苏联犹太人开始从以前的"栅栏区"向东自由迁徙，并且从以犹太人为主的小城镇向大城市和新兴的工业城镇流动。"1926年，有2144000犹太人生活在城镇，占苏联犹太人的87％。"④从1926—1939年，苏联犹太人逐渐集中到了乌克兰、俄罗斯和白俄罗斯三个共和国。1926年，这三个共和国犹太人总数依次为1574000人、624800人、407000人，分别占苏联犹太人总数的59％、22.6％、15.2％；到1939年，这一数字调整为1533000人、948000人、375000人，分别占苏联犹太人总数的50.8％、32.1％、12.4％。从中可以看出，一个突出的变化就是有30多万犹太人从乌克兰、白俄罗斯（原沙皇俄国的"栅栏区"）移居到俄罗斯。⑤

无论是苏联的工业化还是农业集体化，都需要大批有文化的和熟练的科学家、工程师、管理员、官员、宣传工作者、教员、商业工作者和簿记员。犹太人是苏联教育程度最高、职业最先进的民族。"作为城市居

---

① Письмо ЕАК в СНК СССР о создании еврейской республики в Крыму, 15 февраля 1944г., Г. В. Костырченко, *Еврейский антифашистский комитет в СССР, 1941-1948: Документированная история*, с.138.
② Henry Felix Srebrnik, *Jerusalem on the Amur: Birobidzhan and the Canadian Jewish Communist Movement, 1924-1951*, Montreal: McGill-Queens University Press, 2008.
③ Robert Weinberg, *Stalin's Forgotten Zion, Birobidzhan and the Making of a Soviet Jewish Homeland: An Illustrated History, 1928-1996*, p.vii.
④ Benjamin Pinkus, *The Jews of the Soviet Union: The History of a National Minority*, p.91.
⑤ Benjamin Pinkus, *The Jews of the Soviet Union: The History of a National Minority*, p.90.

民，犹太人具有为人类进步最需要的才能。"① 这就为他们提供了广阔的用武之地。另外，"犹太人不论在那里总是显得很能适应周围的环境"②。因此，他们比其他诸多民族更快地适应了苏联社会的需要，并迅速成长为苏联政治、经济、教育、文化、艺术、医疗卫生等领域的骨干力量。1920 年代，犹太人在苏联经济精英中所占比例甚至高达 10%。③ "1930 年代，犹太人虽然只占苏联人口大约 2%，但他们却占全部医生和文化机构工作人员的 16%，占所有学生的 14% 和全部科学家的 13%。"④

苏联社会经济的发展变化对犹太人的社会职业状况也产生了重大影响。从 1920 年代后期开始，犹太人从事农业劳动和体力劳动的人数日渐减少，而从事脑力劳动和专门职业的人数却迅速增加。"1926 年，25% 的乌克兰犹太人是工匠，35% 是雇工。到 1939 年，整整 71% 的苏联犹太人是国有企业和公共组织的工人和职工；只有 16% 是工匠，6% 是农民。这些工人和职工大约 43% 是体力劳动者；其余（占犹太人总数的 30.5%）都是专家和白领工人。"⑤ 在白俄罗斯，从 1920 年代至 30 年代初，上自犹太老人下到犹太青年，普遍在扫盲学校、日校、夜校等各式各样的学校学习科学文化知识，来自贫穷落后地区的犹太人也因此加入工人阶层。1930 年，犹太人在白俄罗斯居民中仅占 8.9%，但却占到白俄罗斯工人的 36%。⑥ 到 1939 年，苏联犹太人的都市化程度高达 87%，平均每 1000 人就有 166 名受过高等教育或中等专业教育的专家在经济领域工作。⑦

那么，为什么会出现这种现象呢？高尔基一语道破了其中的奥秘："如果说某些犹太人善于在生活中占据最有利和富裕的地位，那是因为他们善于工作，因为他们在劳动过程中投入了执迷精神，因为他们爱'做事情'和具有以事业为乐趣的本领。与俄罗斯人相比，犹太人几乎总是更好的工作人员，对这一特点生气发怒是愚蠢的，应当学习这一

---

① 〔英〕沃尔特·拉克：《犹太复国主义史》，第 515 页。
② 〔法〕费尔南·布罗代尔：《菲利普二世时代的地中海和地中海世界》（下），第 231 页。
③ Benjamin Pinkus, *The Jews of the Soviet Union: The History of a National Minority*, p. 83.
④ Zev Katz, editor, *Handbook of Major Soviet Nationalities*, p. 358.
⑤ Zev Katz, editor, *Handbook of Major Soviet Nationalities*, p. 358.
⑥ А. И. Солженицы, *Двести лет вместе(1795-1995)*, Часть II, c. 348.
⑦ Zev Katz, editor, *Handbook of Major Soviet Nationalities*, pp. 357-358.

点。无论是在个人致富的事业中，还是在社会服务的舞台上，犹太人都投入了比擅长空谈的俄罗斯人更多的热情。"① 由此可见，勤奋敬业、好学上进成为犹太人能够超越俄罗斯人，在苏联社会占据先机、卓尔不群的最主要的原因。

第五，苏联犹太人的政治及文化活动繁荣一时。十月革命后，犹太人第一次为举行全俄犹太人代表大会进行了选举。尽管列宁和布尔什维克党从一开始就坚决反对崩得倡导的"犹太文化自治"，但在夺取政权后，苏维埃政府却大力鼓励创办意第绪语学校。1918年8月，苏俄政府颁布了第一个关于建立犹太学校的法令。到1931年，苏联总共建立了1100所犹太学校，从四年制小学到师范学院和高级技术学校，不一而足，在校学生达到13万人。莫斯科"西方劳动者共产主义大学"还设有"犹太系"②。另外，乌克兰科学院设有"犹太无产阶级文化研究所"，白俄罗斯科学院设有"犹太部"，它们被看成是"犹太文化界的科学思想的实验室"，专门研究犹太人的革命运动史和犹太人的社会经济状况。

意第绪语报刊和书籍也广为出版发行。当时，意第绪语日报大约有10份，周刊不少于10份，还有4份引人注目的月刊杂志。出版社一共有4家，一年用意第绪语出版的书籍总发行量达500万册。③

国家还帮助犹太人建立犹太剧院，开办犹太戏剧学校。1921年，著名的国家犹太剧院（ГОСЕТ）④在莫斯科建立。到后来，苏联政府每年给它提供300万卢布津贴。它吸引了苏联犹太文学界、戏曲界和艺术界的大量优秀人才，在莫斯科和苏联犹太人文化生活中扮演了重要角色，

---

① 〔俄〕高尔基：《不合时宜的思想》，第282页。
② Zev Katz, editor, *Handbook of Major Soviet Nationalities*, p.376.
③ Просьба московских еврейских писателей в ЦК ВКП(б) о создании ежемесячного журнала на еврейском языке, 11 декабря 1946 г., Г. В. Костырченко, *Еврейский антифашистский комитет в СССР, 1941-1948: Документированная история*, с.149.
④ 莫斯科国家犹太剧院（Московский Государственный Еврейский театр）起源于著名戏剧导演格兰诺夫斯基1918年在彼得格勒建立的一个犹太剧院工作室。1920年11月，犹太剧院工作室迁到莫斯科，与一家犹太剧团合并，建立了犹太室内剧院。1921年更名为国家犹太室内剧院。后剧院搬迁到莫斯科市中心一座能容纳90位观众、占地三幢的大楼，并更名为国家犹太剧院（ГОСЕТ）。1928年，国家犹太剧院赴西欧巡回演出后，剧院负责人、著名戏剧导演格拉诺夫斯基留在了那里。米霍埃尔斯返回莫斯科并在1929年被任命为国家犹太剧院艺术总监。剧院拥有60人。1948年，米霍埃尔斯遇害后，该剧院以他的名字命名。1949年，被苏联当局查封。

并享誉世界。随后相继建立了明斯克犹太戏剧学院、基辅戏剧学院犹太系以及明斯克犹太大剧院。到1934年,苏联一共有18家固定的犹太剧院。① 犹太人的戏剧艺术也蓬勃发展。所以,"那些年堪称苏联犹太文化的繁荣岁月——主要在文学和戏剧界"②。

经过多年发展,犹太人在苏联科技、医学、文学、音乐、艺术、文化教育等领域都崭露头角,涌现出一大批著名人物。其中包括英国皇家协会会员、物理学家彼·列·卡皮察;生物学家、苏联科学院唯一女院士、苏联医学科学院院士莉娜·所罗门诺夫娜·什泰恩③,她被称为"穿裙子的阿尔伯特·爱因斯坦"④;在国际上享有盛誉的眼科专家阿韦尔巴赫教授;著名医学家雅可夫·吉尼亚利耶维奇·埃廷格尔;著名电影导演谢尔盖·艾森斯坦;建筑学院士 Б. М. 约凡;苏联人民演员、教授所·米·米霍埃尔斯(Соломон Михайлович Михоэлс);著名诗人莱布·莫伊谢耶维奇·克维特科⑤、佩列茨·达维多维奇·马尔基什⑥;著名作家伊利亚·爱伦堡、达维德·拉斐洛维奇·贝格尔森⑦;著名画家拉比诺维奇;国际钢琴比赛获奖者雅科夫·弗莱尔等。他们均为苏联社会发展做出重大贡献。

---

① Zev Katz, editor, *Handbook of Major Soviet Nationalities*, p. 377.
② Arkady Vaksberg, *Stalin Against the Jews*, p. 61.
③ 莉娜·所罗门诺夫娜·什泰恩(Лина Соломоновна Штерн,1878—1968),苏联著名女生理学家。1878年生于波罗的海沿岸利耶帕亚(原库尔兰)市一个犹太商人家庭。在维也纳读完了大学——医学系和化学系。主要研究生理过程的化学和物理化学原理以及体液性调节,发展了关于有机体内环境恒常性的概念以及血脑屏障的概念。1938年加入联共(布)。曾担任过苏联科学院生理学研究所所长和莫斯科第二医学院生理学教研室主任。苏联科学院院士(1939年)和苏联医学科学院院士(1944年)。曾获得红星勋章和劳动红旗勋章各1枚;"1941—1945年伟大卫国战争中忘我劳动"奖章和"莫斯科建城800周年"奖章各1枚;"卫生保健优秀工作者"奖章数枚;获得过斯大林奖金(1943年)。
④ B. Z. Goldberg, *The Jewish Problem in The Soviet Union: Analysis and Solution*, p. 65.
⑤ 莱布·莫伊谢耶维奇·克维特科(Лейб Моисеевич Квитко,1890—1952),苏联著名犹太作家。苏共党员(1939年起)。作品有抒情诗;长诗《红色暴风》;诗体长篇小说《风华正茂》,描写1918年的革命事件以及儿童诗集。
⑥ 佩列茨·达维多维奇·马尔基什(Перец Давидович Маркиш,1895—1952),苏联著名犹太作家。苏共党员(1942年)。作品有叙事诗《兄弟们》(1929)、讽刺诗《飞帝》(1935)、长诗和抒情诗等。还著有社会哲理长篇小说《世世代代》(1929—1941)、《几代人的步伐》(1948)以及剧本等。
⑦ 达维德·拉斐洛维奇·贝格尔森(Давид Рафаилович Бергельсон,1884—1952),苏联著名犹太作家。著有描写犹太知识分子命运的心理长篇小说《一切之后》和《离去》;长篇史诗《第聂伯河上》(1932—1940),叙述了20世纪初俄国犹太人的生活和酝酿1905—1907年革命的情况。

"犹太人在苏联社会和文化精英中所占比例是这个国家其他族群的许多倍。"① 所以，1936年11月29日，莫洛托夫在莫斯科召开的苏联第八次苏维埃非常代表大会上讲话时指出："犹太民族与最先进的民族一起，贡献了许多科学、技术和文化方面的代表人物，贡献了很多光荣的与反抗压迫劳动者作斗争的革命英雄，并且在我们国家、在各个领域和保卫社会主义的事业中不断涌现出卓越的和天才的领导人与组织者。"② 1941年8月，马尔基什在第一次犹太人反法西斯集会上演讲时也不无骄傲地说，犹太人在经过上千年的颠沛流离和痛苦折磨之后，终于在苏维埃国家拥有了自己的家园和祖国母亲——她不仅治愈了犹太儿女身上遭受到的创伤，而且哺育犹太民族的文化重新走向繁荣昌盛。在不到25年时间里，"犹太人出于对我们伟大苏维埃祖国的热爱之情，创作出了大量优秀的文学和艺术作品，并建起了一批在国内堪称一流的剧院。……犹太民族培养出一代苏维埃爱国者和名人，他们在全世界为本民族和整个苏联赢得了荣誉。……苏联还培养出了大批犹太人工程师、发明家、医生、学者和艺术家。其中很多人胸前挂满了熠熠闪光的苏维埃勋章"③。

在这种时代大潮下，许多犹太人，主要是青年一代"放弃了他们的宗教纽带，热情地拥抱允许他们走向完全同化、极大改善其社会地位的制度"④。

二、苏联犹太人遭遇的不幸与困境

十月革命后，苏联犹太人在享受到革命带来的好处和红利的同时，也遭遇到不少不幸和限制。这主要表现在以下六个方面：

第一，在苏俄内战中惨遭杀戮。由于犹太人在十月革命和新生的苏维埃国家中占有举足轻重的地位，所以，在西方，很多人都把苏俄

---

① 〔美〕索尔·弗里德兰德尔：《灭绝的年代：纳粹德国与犹太人，1939—1945》，第204页。
② РЕЧЬ тов. В. М. МОЛОТОВА О НОВОЙ КОНСТИТУЦИИ: III. СССР и мир между народами, ПРАВДА, 30 ноября 1936 г..
③ Из выступлений на первом еврейском митинге, 24 августа 1941 г., Г. В. Костырченко, *Еврейский антифашистский комитет в СССР, 1941-1948: Документированная история*, с. 42.
④ 〔美〕索尔·弗里德兰德尔：《灭绝的年代：纳粹德国与犹太人，1939—1945》，第204页。

革命看成是犹太人的革命，把犹太人、布尔什维克主义、苏维埃俄国混为一谈，甚至给布尔什维克主义贴上"犹太-布尔什维克主义"的标签。①1919年5月，美国总统伍德罗·威尔逊曾经指出，在他看来，布尔什维克是犹太人领导的。德国皇帝威廉二世在一战结束前说："除了列宁之外，布尔什维克的其他领导人都是犹太人。"②1920年7月，希特勒在一次演讲中明确指出，苏维埃俄国"是犹太人的政权"，并默认"布尔什维克"指的就是"犹太人"③。他在《我的奋斗》中说，自从俄国变成布尔什维克的国家后，过去创造和维持俄国生存的少数能干的德国分子已经被整个淘汰了，"代替者乃犹太人"。所以，俄国已经被"国际主义的犹太人"所统治。"俄国之不能以自己的力量脱离犹太人的束缚，恰如犹太人不能长久统治这么一个大帝国一样。"④

由于"犹太布尔什维克"的神话在俄国和全世界广为传播，犹太人被视为一切社会弊端和灾难的源头。苏俄国内的反犹主义再度复活。1918年内战爆发后，反犹主义与反共产主义纠缠在一起，猖獗一时。1919年3月上旬在顿河上游发生的哥萨克暴乱中，暴动者提出了"反对共产党员……反对犹太鬼"的口号。⑤据统计，1918年至1920年，仅在乌克兰战场就有大约10万无辜的犹太人被杀害。⑥西蒙·彼得留拉率领的乌克兰人民共和国军队灭绝了许多犹太人社团，这一暴行甚至在美国引起游行抗议。梅厄夫人就是为了反对西蒙·彼得留拉的大屠杀而献身于犹太复国主义运动的。⑦1919年3月，白俄罗斯的戈梅利、列奇察、鲍里索夫等城市发生了以"打击犹太人""拯救俄罗斯"为名蹂躏犹太人的暴行。1919年4月22日，全俄肃反委员会委员莫罗兹在给俄共（布）中央的报告中说："当前，整个西部边疆区浸透着反犹主义的

---

① 〔英〕伊恩·克肖：《希特勒》（下卷），赖兴等译，世界知识出版社2005年版，第277页。
② 〔德〕拉尔夫·乔治·劳埃特：《大逆转1919——希特勒反犹背后的欧洲史》，第30—31页。
③ 〔德〕拉尔夫·乔治·劳埃特：《大逆转1919——希特勒反犹背后的欧洲史》，第92页。
④ 〔德〕希特勒：《我的奋斗》，董霖、佩萱译，黎明书局1934年版，第348、352页。
⑤ 《顿河局委员司尔佐夫关于顿河地区形势送呈俄共（布）中央的书面报告（1919年4月21日）》，载〔俄〕B.丹尼洛夫等编辑：《菲利普·米罗诺夫（1917—1921年时期的静静的顿河）》，马传衾、温耀平译，人民出版社2010年版，第216页。
⑥ 王天兵：《巴别尔的秘密——中译本序》，参见〔俄〕伊萨克·巴别尔：《骑兵军》，戴骢译，人民文学出版社2004年版，第4页。
⑦ Golda Meir, *My Life*, p.45.

毒素。当你到斯摩棱斯克省、明斯克省、莫吉廖夫省、维捷布斯克省去走一走，你会感到简直透不过气来。在火车车厢里、车站上、食堂里、集市上、俱乐部里，你会听到这样的说法：'到处都是犹太人，犹太人在毁灭俄罗斯，如果不是犹太人，苏维埃政权还可以'，等等。"那些苏维埃政权的敌人往往把犹太人同"资产阶级""老板"或"投机"这类概念混为一谈，并"利用这一切来唆使农村和城市中那些不觉悟的人们去反对苏维埃政权"。1919年4—5月间，俄共（布）中央组织局和政治局为此分别研究了同反犹主义作斗争的问题，认为有必要加强宣传工作，在红军中组建犹太人部队，吸引犹太群众从事农业，派遣干部时应注意当地居民的民族成分等。① 1919年12月初，俄共（布）第八次全国代表大会会议决议颁布的《关于乌克兰的苏维埃政策》中强调说，这个决议应当详细研究关于"不断同反革命播下的反犹太运动毒害作斗争"等问题。② 1919年9月，白俄将军邓尼金为了维护"志愿军"的荣誉，也发布公告抨击反犹主义，以阻止对犹太人的大屠杀。③

反犹主义不仅在苏维埃政权的敌人中盛行，而且在红军中也像瘟疫一样蔓延。1919年8月22日，红军顿河军军长菲利普·米罗诺夫发起反对苏维埃政权的暴动。他在哥萨克群众大会上公开喊出了"打倒共产党员，这些让俄罗斯流洒鲜血的犹太守财奴！打倒列宁、勃朗斯坦④、纳哈姆克斯一伙汪达尔野蛮人！"的口号。他还说，他为在西方战线曾发布反对屠杀犹太人的呼吁书而"表示惋惜"。"不仅在这里，在地方上，而且在勃朗斯坦们、纳哈姆克斯们等等一伙无赖盘踞的中央，都应当消灭犹太守财奴的强暴行为。"⑤ 红军西方面军司令员米·尼·图哈切夫斯

---

① 《莫罗兹致俄共（布）中央的信（1919年4月22日）》，载沈志华总主编：《苏联历史档案选编》，第1卷，第335—337页。
② 《苏联共产党代表大会、代表会议和中央全会决议汇编》（第一分册），中共中央马克思恩格斯列宁斯大林著作编译局译，第586页。
③ 温斯顿·丘吉尔：《第一次世界大战回忆录》，第5卷，吴良健等译，南方出版社2008年版，第1335页。
④ 托洛茨基原姓勃朗斯坦。
⑤ 《顿河师政治部代理主任关于本军事态送呈党中央的书面报告（1919年8月末）》；《顿河军司令部警卫队政委库特列夫关于米罗诺夫在8月22日群众大会上的发言送呈全俄中央执行委员会哥萨克工作部的报告（1919年9月8日）》，载〔俄〕B.丹尼洛夫等编辑：《菲利普·米罗诺夫（1917—1921年时期的静静的顿河）》，第424、457页。

基是一个地地道道的反犹分子,并且对自己憎恨犹太人直言不讳。他声称犹太人"本身就是劣等民族","犹太人是条狗,狗的儿子,走到哪儿臭到哪儿。就是他们在给我们传染文明的瘟疫时最卖力,而且还想强加给我们他们的价值观,金钱的价值观,资本的价值观"①。著名红军将领、苏俄第一骑兵集团军军长布琼尼把犹太人看成是"革命的叛徒"。在1920年4月到10月的苏波战争中,由伏罗希洛夫担任政委、布琼尼担任军长的苏俄第一骑兵集团军"对犹太人进行了史无前例的大屠杀","疯狂残害犹太人",酿成了震惊全国的大丑闻。怒不可遏的犹太人聚集在犹太会堂里,宣布将托洛茨基逐出教门,并斥其为十恶不赦的"叛徒"。在列宁、托洛茨基、加里宁、加米涅夫等人的督办下,153名大屠杀主犯被枪决。②著名犹太作家伊萨克·巴别尔作为战地记者曾跟随红军第一骑兵集团军一起出征,目睹了由嗜杀成性的哥萨克组成的骑兵军对犹太人进行抢劫、奸淫和屠杀的暴行。在吃了败仗后,甚至连红军医生们都在高喊"狠揍犹太佬,拯救俄罗斯"。巴别尔说,"这就是布琼尼的士兵"③。1920年10月20日,南方战线革命军事委员会委员古谢夫在给苏俄革命军事委员会主席托洛茨基的报告中说,第一骑兵集团军在从西南战线调往南方战线的行军途中,经过克列缅丘克省切尔卡斯克县时,喊着"打死犹太人和共产党员"的口号在村庄里横冲直撞,大肆抢劫,甚至杀害和枪毙犹太族苏维埃工作人员④,造成了极其严重的后果。

据估计,1917—1920年内战期间,在乌克兰、白俄罗斯和戈梅利地区,有911个城镇发生了1520次针对犹太人的屠杀,导致20万人丧生,70万人受伤,30万人沦为孤儿,1/3的犹太人家庭遭到破坏。⑤时

---

① 王天兵:《哥萨克的末日》,新星出版社2008年版,第57—58页。
② 〔俄〕尼古拉·津科维奇:《二十世纪最后的秘密》,郅友昌等译,中国书籍出版社1999年版,第9—11页。
③ 〔俄〕伊萨克·巴别尔:《巴别尔马背日记(1920.7—9)》,王天兵,徐振亚译,人民文学出版社2005年版,第117—120、131页。
④ 《古谢夫致托洛茨基的电报(1920年10月20日)》,载沈志华总主编:《苏联历史档案选编》,第1卷,第294页。
⑤ 参见 Allan Laine Kagedan, *Soviet Zion: The Quest for a Russian Jewish Homeland*, London: The Macmillan Press Ltd., 1994, p.10; Феликс Кандель, *Книга времен и событий*, Том 3, История евреев Советского Союза (1917 - 1939), М.: Мосты культуры, 2002, c.109. 内战当中,就连托洛茨基70多岁的老父亲也成为受害者。作为乌克兰赫尔松省的一个富裕的犹太大地主,

任莫斯科及全俄罗斯东正教大牧首吉洪对此痛心疾首。他在致东正教教民书中说："整个俄罗斯都是战场！然而这还不算，更可怕的还在后头。传来了关于虐犹，关于不论年龄、罪过、性别、信念屠杀这个民族的消息……东正教的罗斯啊，但愿你别遭受这一耻辱。但愿你别受到这一谴责。但愿你那浸满呼唤苍天的鲜血的手别变成血红色。可别让基督的仇敌，魔鬼，用复仇的渴望将你诱惑，玷污功绩却不进行自我表白，玷污你因基督的施暴者和迫害者而遭受苦难的价值。记住：虐犹是你敌人的胜利。记住：虐犹是你的耻辱，是神圣教会的耻辱……"① 但是，由于苏俄政府对东正教的打压和迫害，大牧首吉洪自身尚且难保，又怎么可能有效地保护犹太人呢？

国内战争时期，布尔什维克党逐渐与俄国其他政党分道扬镳，建立了一党专政的政权。许多参加非布尔什维克政治组织的人被驱逐出境、流放或者枪毙。1920年7月16日，俄共（布）中央委员会经讨论，批准著名的孟什维克领袖马尔托夫和阿布拉莫维奇移居国外，随后他们旅居柏林。1921年3月，契卡在全国范围内大肆逮捕孟什维克分子，孟什维克遭到镇压。大部分崩得成员与孟什维克一样反对十月革命。大多数崩得领导人在国内战争中站在布尔什维克政权的对立面。但是，也有一部分崩得成员认为"布尔什维克是现在唯一可以反抗大屠杀的力量"，主张同苏维埃政权合作。1920年4月，崩得内部因为对布尔什维克态度不同而分裂为多数派（左派）和少数派（右派）。1921年3月，崩得自行解散。多数派"为了保存崩得的思想"、保存崩得这颗革命火种无条件加入了俄共（布）②，少数派成员则移居美国、波兰等地。俄国犹太人最大的政党崩得就这样从苏联历史上消失了。

（接上页）"红军对他而言很危险"；而作为红军领袖的父亲，"白军又要追捕他"。最后，"十月革命夺去了他积攒的一切"。参见〔俄〕托洛茨基：《托洛茨基自传》，第16页。
① 〔俄〕亚历山大·雅科夫列夫：《雾霭：俄罗斯百年忧思录》，述弢译，社会科学文献出版社2013年版，第182页。
② Zvi Y. Gitelman, *A Century of Ambivalence: The Jews of Russia and the Soviet Union, 1881 to the Present*, Bloomington: Indiana University Press, 2001, pp.72-73. 但是，在随后的60多年里，苏联官方一直认为崩得代表的是犹太分离主义和"小资产阶级民族主义"。在苏联出版物中，崩得被斥为"小资产阶级、民族主义者"甚至"犹太复国主义者"组织。许多崩得成员在加入苏共后仍旧受到怀疑和迫害。

第二，大批犹太商人和手工业者受到迫害和歧视，生活陷入困境。从 1917 年十月革命到 1921 年 3 月，苏俄实行的是军事共产主义政策。"这种军事共产主义是建立在取消商品货币关系上的和把全国资源集中到布尔什维克国家手中的社会经济关系体系。"① 当时，苏维埃国家通过工业国有化法令征用了"矿山、冶金、纺织、电力、木材、烟草、树脂、玻璃及陶瓷、皮革、水泥等产业，以及所有蒸汽动力的磨坊、地方公共事业单位、私营铁路和其他一些小产业"②。1920 年 11 月开始没收小企业，目的是彻底消灭私有制。私营企业最终销声匿迹。私人贸易不断受到打压。其中受到冲击最大的就是犹太人。

当时，在苏俄犹太人当中，大约 30% 的人从事商业，40% 的人从事手工业和工业，20% 的人提供个人服务，只有 3% 的人务农。而且，犹太人主要集中在裁缝业（占 25%）、制鞋业（占 14.4%）和木匠业（占 6%）三大手工业部门。③ 他们"被看成是不适于苏联社会"④。根据法令规定，许多犹太人的财产被没收，或被禁止经商。这对于以经商和从事手工业生产为传统的犹太人而言，无异于被剥夺了生计。

不仅如此，1918 年颁布的《俄罗斯社会主义苏维埃共和国宪法》第六十五条还明确规定："一、以谋取利润为目的而采用雇佣劳动者；二、依靠非劳动之收入如资金生息、企业生息、财产收入等为生者；三、私商、贸易及商业中间人"等均不得参加选举或被选举。⑤ 这些人就是在政治上被打入另类的"被剥夺权利者"（lishentsy）。而犹太人则成为其中数量最大的群体。各类犹太商人和在自己店铺雇佣一个或者多个工人的犹太手艺人都被归入其中。他们得不到食物供给，甚至不能进医院看病，连子女上学都有麻烦。⑥ 1919 年 4 月，全俄肃反委员会委员莫罗兹（犹太人）在给俄共（布）中央的报告中写道："我不想扩大革命对犹太

---

① 郑异凡：《什么是军事共产主义，其后果如何？》，载陆南泉等主编：《苏联真相：对 101 个重要问题的思考》（上），新华出版社 2010 年版，第 106 页。
② 〔美〕尼古拉·梁赞诺夫斯基、马克·斯坦伯格：《俄罗斯史》，第 457 页。
③ Allan Laine Kagedan, *Soviet Zion: The Quest for a Russian Jewish Homeland*, p.10.
④ Arno Lustinger, *Stalin and the Jews: The Red Book: The Tragedy of the Jewish Anti-Fascist Committee and the Soviet Jews*, p.57.
⑤ 辛向阳、辛向前、郑义寅主编：《历史律令——影响人类社会的十大宪法和法典》，第 435 页。
⑥ Allan Laine Kagedan, *Soviet Zion: The Quest for a Russian Jewish Homeland*, p.12.

人经济基础的影响。我想指出的是，最近一个时期，犹太人中有许多人失去了阶级性。被迫做小的投机生意、'背小口袋儿的买卖'等等，以此谋生，就像苏维埃反犹主义指出的那样。"① 1919年秋，俄共（布）中央在《关于乌克兰的提纲草案》中强调指出，要对乌克兰的犹太人严加管束，"把他们调往前线，不准进政权机关（除非占百分之几，在特殊情况下置于阶级监视之下）"。它不愿意看上去像个太肆无忌惮的反犹太主义者，便给这一条加上了羞羞答答的注解："用文雅的说法：犹太小资产阶级。"② 因此，十月革命不仅没有给这些犹太人带来益处，甚至让他们陷入更大的困厄之中。据估计，1918—1921年，70%—80%的俄国犹太人没有固定收入。"投机"成为免遭饥饿的唯一途径。原有的犹太农业殖民地也毁于战争、大屠杀和1921年饥荒。③

为了缓解苏俄犹太人面临的经济危机，在美国犹太人联合分配委员会的资助下，经苏俄政府同意，1920年6月，16个犹太慈善组织联合成立了救助战争、屠杀和自然灾害受害者犹太公共委员会。他们为生活悲惨，啼饥号寒的苏俄犹太人提供了大量食物、衣服和药品。1924年，仅美国犹太人联合分配委员会就为苏联犹太人的救济和重建提供了1000万美元。④ 后来由于联共（布）中央委员会犹太部反对救济犹太人中出身资产阶级以及"被剥夺权利者"，加之苏联政府政策的改变，1924年4月，犹太公共委员会被苏联当局解散。

1921年3月，苏俄开始推行新经济政策。但是，"犹太人的谋生方式与苏维埃国家的垄断趋势格格不入"⑤。由于西方资本主义国家的封锁，布尔什维克党人对新经济政策意见不一，苏联经济恢复比较慢，犹太人的

---

① 《莫罗兹致俄共（布）中央的信（1919年4月22日）》，载沈志华总主编：《苏联历史档案选编》，第1卷，第336—337页。"背小口袋儿的买卖"是指苏俄内战时期背着小口袋把粮食从农村弄到城市去贩卖的投机行为。
② 〔俄〕亚历山大·雅科夫列夫：《雾霭：俄罗斯百年忧思录》，第181页。
③ Zvi Y. Gitelman, *Jewish Nationality and Soviet Politics: The Jewish Sections of the CPSU, 1917-1930*, p.233.
④ Zvi Y. Gitelman, *Jewish Nationality and Soviet Politics: The Jewish Sections of the CPSU, 1917-1930*, pp.237-238.
⑤ Arno Lustinger, *Stalin and the Jews: The Red Book: The Tragedy of the Jewish Anti-Fascist Committee and the Soviet Jews*, p.57.

状况并未从根本上改善。"1923 年失业人数达到顶峰",其中经济状况最糟的地区就是原来的"栅栏区"。在乌克兰的日托米尔市,40% 的失业人口是犹太人。到 1922 年,该市 62% 的犹太鞋匠和 49% 的犹太裁缝没有工作。在白俄罗斯的戈梅利地区,70% 的失业者是犹太人。在俄罗斯的斯摩棱斯克市情况稍好一些,只有 22% 的皮革工人没有工作。①1925 年到 1926 年,多达 81.5% 的乌克兰犹太人沦为"被剥夺权利者"。在苏联,有 100 万犹太商人系"被剥夺权利者",占犹太人总人口的 40%。②1926 年 11 月,苏联中央执行委员会主席加里宁在一次讲话中也坦言,由于消灭小商业,十月革命造成了犹太民众的经济破产。③这成为后来犹太农业垦殖运动兴起的一个重要原因,苏联当局希望通过这种方式把犹太人转化成对苏联社会有用的人。一直到 1926 年苏联工业化开始后,犹太人的经济状况才开始好转。但是,仍旧有许多乡村里贫穷的犹太人 —— 神职人员、小商人和工匠身陷困境,他们被斥为"多余的人"④。

在战乱威胁、反犹浪潮肆虐、生活陷入困境以及政见不同等诸多因素影响下,数十万苏联犹太人移居国外。从 1918 年到 1922 年,有 20 多万苏俄犹太人移民美国、加拿大、南美、西欧和巴勒斯坦。据波兰方面统计,十月革命后从苏俄移居波兰的犹太人有 20 万到 30 万。但十月革命后数年间苏俄犹太人的移居地主要还是西欧,例如在第一次世界大战结束之前大约有 10 万人移居德国。⑤1921 年 2 月,苏俄红军占领格鲁吉亚后,大约 1500 名格鲁吉亚犹太人移民国外,其中半数移居巴勒斯坦。⑥另外,还有上万名苏俄犹太人逃到哈尔滨,使哈尔滨犹太社团猛增到 15000 人,成为当时远东地区最大的犹太社团。⑦

---

① Allan Laine Kagedan, *Soviet Zion: The Quest for a Russian Jewish Homeland*, p. 11.
② Allan Laine Kagedan, *Soviet Zion: The Quest for a Russian Jewish Homeland*, p. 12.
③ Nora Levin, *The Jews in the Soviet Union since 1917, Paradox of Survival*, Volume Ⅰ, p. 147.
④ 〔美〕罗伯特·M·塞尔茨:《犹太的思想》,赵立行、冯玮译,上海三联书店 1995 年版,第 642 页。
⑤ А. И. Солженицы, *Двести лет вместе(1795-1995)*, Часть Ⅱ, с. 160-161.
⑥ 程红泽:《苏俄国内战争时期犹太人对外迁徙述略》,《西伯利亚研究》2007 年第 1 期,第 83 页。
⑦ 参见王志军、李薇:《20 世纪上半期哈尔滨犹太人的宗教生活与政治生活》,人民出版社 2013 年版,第 73—74 页。

第三，犹太人的宗教和文化传统受到压制。"宗教是俄国犹太人生活的支柱。"① 但是，苏俄犹太人在政治上获得解放，法律上享有平等地位的同时，却在宗教和文化传统上备受打压和限制。斯大林说，十月革命胜利后，"世界上没有一个政府象俄国的苏维埃政权这样给予各民族如此充分的民族自由"②。但是，这个时期只不过是昙花一现。1918 年 1 月 23 日，苏俄人民委员会颁布了《关于教会与国家分离和学校与教会分离》的法令。1918 年 7 月，第五次全俄苏维埃代表大会通过了《俄罗斯社会主义苏维埃共和国宪法》，其中第十三条明确规定："为保障劳动者享有真正的信仰自由，实行教会与国家分离，学校与教会分离，并承认全体公民均有进行宗教宣传与反宗教宣传的自由。"③ 从表面上看，似乎苏联人的宗教信仰是完全自由的，但是，由于马克思认为"宗教是人民的鸦片"④，列宁宣称"宗教是一种精神上的劣质酒"⑤，而且明确指出，"马克思主义始终认为现代所有的宗教和教会、各式各样的宗教团体，都是资产阶级反动派用来捍卫剥削制度、麻醉工人阶级的机构"。因此，"绝对无神论""坚决反对一切宗教"就成为布尔什维克党在处理宗教问题上的指导思想。⑥ 在这种形势下，所谓"保障劳动者享有真正的信仰自由"成为一句空话。反宗教宣传的自由压倒并取代了进行宗教宣传的自由，因为"革命所建立起来的新社会已经不需要宗教了"⑦。

苏联当局从意识形态的需要出发，在全国范围内对所有宗教展开了攻击和批判，犹太教自然也在劫难逃。1918 年 1 月，苏俄当局下令封闭了犹太会堂和宗教机构，限制犹太人的宗教生活，严禁公开讲授宗教教义。同时，布尔什维克还在乌克兰和白俄罗斯等犹太人的聚居地开展了一场诋毁犹太教及其拉比的运动，组织各种集会、会议和对犹太教的"示范审判"。"同犹太教宗教界人士斗争周""审判上帝耶和华"（并

---

① Zev Katz, editor, *Handbook of Major Soviet Nationalities*, p. 369.
② 《斯大林选集》，上卷，人民出版社 1979 年版，第 122 页。
③ 辛向阳、辛向前、郑义寅主编：《历史律令——影响人类社会的十大宪法和法典》，第 400 页。
④ 《马克思恩格斯全集》，第 1 卷，人民出版社 1956 年版，第 453 页。
⑤ 《列宁专题文集》（论辩证唯物主义和历史唯物主义），第 220 页。
⑥ 《列宁专题文集》（论无产阶级政党），人民出版社 2009 年版，第 171—172 页。
⑦ 〔苏联〕尼科利斯基：《俄国教会史》，丁士超等译，商务印书馆 2000 年版，第 486 页。

焚烧犹太教上帝的草人），同星期六安息日作斗争等各种批判活动层出不穷。"各种各样的集会往往都以对犹太教会堂的洗劫和流血事件告终。敖德萨、雷宾斯克、辛比尔斯克、明斯克等城市莫不如此。"① 1921 年，俄共（布）中央犹太部的工作人员封闭了很多犹太教机构，将它们改作安置逃离饥荒难民的临时住房。为了清除反对同化的犹太文化复国主义的影响，许多犹太博物馆、学校、报社、出版社被关闭。沙俄时期的犹太文化界人士有的逃往国外，有的被迫中止活动。② 许多反对苏维埃政权的犹太教拉比遭到驱逐、流放或者枪毙。犹太人的传统生活方式受到攻击，甚至连割礼这种最基本的仪式也受到阻碍。

1920 年代后半期到 1930 年代后期，苏联掀起第二次反宗教运动。1929 年 4 月 8 日，全俄中央执行委员会和俄罗斯联邦人民委员会颁布了《关于宗教组织》的决议。一切独立的犹太人团体以及宗教、出版和教育机构都被取消。很多宗教场所被改造成学校或其他基础设施，不少宗教文献被毁。苏联最有影响力的犹太教神秘主义哈巴德教派卢巴维奇支派领袖——大拉比卢巴维奇也被迫离开苏联移居美国。1938 年，在莫斯科，拉比史·梅达烈与其他几个犹太社团成员被法院拘留。③ 大清洗期间，苏联全国有 600 多座犹太会堂被关闭。④ 但是，由于犹太人对犹太教传统十分虔诚，所以，在犹太人聚居区，讲授《托拉》和希伯来语的犹太教师依然存在。

当然，苏俄对宗教的打压和限制政策并非只针对犹太教，所有宗教概莫能免，但事实上，犹太教和犹太教团体的境遇比苏联其他大多数宗教要糟糕得多。⑤ 与沙皇时期相比，苏俄的宗教政策有过之而无不及。

第四，犹太复国主义遭到镇压。布尔什维克与犹太复国主义的矛盾由来已久。⑥ 建党伊始，布尔什维克就与犹太复国主义展开了激烈的

---

① 〔俄〕亚历山大·雅科夫列夫：《雾霭：俄罗斯百年忧思录》，第 182 页。
② 乐峰主编：《俄国宗教史》（下册），社会科学文献出版社 2008 年版，第 806 页。
③ 乐峰主编：《俄国宗教史》（下册），第 807—808 页。
④ 周承：《以色列新一代俄裔犹太移民的形成及影响》，时事出版社 2010 年版，第 64 页。
⑤ Leonard Schapiro, "Introduction"; Joshua Rothenberg, "Jewish Religion in the Soviet Union", *The Jews in Soviet Russia since 1917*, edited by Lionel Kochan, pp.7, 185.
⑥ 〔俄〕尼基塔·谢·赫鲁晓夫：《赫鲁晓夫回忆录》，第 3 卷，第 2706 页。

斗争。双方的矛盾和分歧主要表现在解决"犹太问题"的方式上，而其根源则是为了争夺俄国犹太人。面对沙皇俄国的反犹暴行，犹太复国主义者鼓吹俄国犹太人的唯一出路就是回归巴勒斯坦，建立自己的民族国家；而列宁和布尔什维克党则继承了"最卓越的马克思主义理论家之一"的卡尔·考茨基的观点，认为犹太人问题不可能通过移民巴勒斯坦来解决，只有通过社会主义革命推翻沙皇政府，消灭民族压迫，然后通过同化使犹太人和俄国全体居民融为一体，这才是"解决犹太人问题的唯一可行的办法"①。

犹太复国主义的本质就是反对同化。当时俄国境内有521万犹太人，是俄国第五大民族，并且已经成为俄国革命的一支重要力量。如果听任犹太复国主义自由发展，无疑就会严重削弱俄国革命的力量。所以，1903年11月，列宁就明确指出："这种锡安主义思想实质上是完全错误的和反动的。"②"犹太'民族'思想有着明显的反动性质，不管提出这种思想的是一贯坚持这种思想的人（锡安主义者），还是企图把这种思想和社会民主党的思想结合起来的人（崩得分子）。犹太'民族'思想是和犹太无产阶级的利益对立的，因为这种思想在犹太无产阶级中间直接间接地造成一种敌视同化的情绪，一种建立'犹太人居住区'的情绪。"③托洛茨基也把犹太复国主义看作是彻底反动的。1904年他在《火星报》发表文章，斥责赫茨尔是无耻的冒险家，并且抨击了犹太复国主义的"歇斯底里的啜泣"④。1913年，斯大林把犹太复国主义看成是危害俄国工人运动发展的"民族主义的逆流"和"时疫"⑤，大加鞭挞。不过，1910年4月，列宁在巴黎街头的一家咖啡馆里与世界犹太复国主义运动领导人哈伊姆·魏茨曼邂逅时，曾经明确告诉魏茨曼，布尔什维克虽然反对犹太复国主义，但绝不敌视犹太人。⑥

---

① 参见〔英〕沃尔特·拉克：《犹太复国主义史》，第512、522页；《列宁全集》，第8卷，第67、70页。
② 《列宁全集》，第8卷，第67页。
③ 《列宁全集》，第8卷，第69页。
④ 〔英〕沃尔特·拉克：《犹太复国主义史》，第530页。
⑤ 《斯大林全集》，第2卷，第290页。
⑥ 杨曼苏：《以色列——谜一般的国家》，世界知识出版社1992年版，第189页。

十月革命胜利后，苏俄政府一度容忍了犹太复国主义运动的存在和发展。1917 年 11 月 2 日，英国政府发表了《贝尔福宣言》，公开表示"赞成在巴勒斯坦为犹太人建立一个民族家园，并将竭尽全力促其实现"①，这对俄国犹太复国主义运动的发展产生了前所未有的推动作用。但是，由于犹太复国主义运动从未站出来公开反对苏维埃政权，所以苏俄政府一开始并未限制犹太复国主义运动的发展，甚至允许它在苏俄的偏远城市都建立了分支机构。1918 年，苏俄各地的犹太复国主义组织在乌克兰的哈尔科夫市召开了全俄分散小组第一届代表大会，并且创建了不少犹太青年培训中心，为希望移民的犹太青年男女提供劳动技能培训，以便他们到达巴勒斯坦后能够生存下去。1919 年 7 月，苏维埃全俄中央执行委员会发布指令："鉴于锡安主义组织的文化和教育活动并没有违背共产党的决定，苏维埃全俄中央执委会主席团指示所有苏维埃组织不要妨碍锡安主义党的活动。"② 从 1919 年到 1923 年，总共有 34000 名犹太人移民巴勒斯坦，使得巴勒斯坦犹太人总数从 1919 年的 56000 人增加到 1923 年底的 90000 人。③

但是，1918 年 3 月《布列斯特和约》签订后，英、法、美、日等协约国为了维护自身利益，把新生的布尔什维克政权扼杀在摇篮中，开始对苏俄进行武装干涉。"一年内协约国使用了大量金钱和相当数量军力以反对布尔什维克。"其中英国耗资近 1 亿英镑，它不仅派遣 4 万人的陆军、海军和空军到俄国作战，而且为高尔察克的 30 万人的军队和邓尼金的 25 万人的军队提供了大量武器和装备。④ 随着英苏关系的恶化，苏俄政府对犹太复国主义运动的态度也逐渐趋于怀疑和批评，把它视为大英帝国对外扩张的工具和在中东利益的代表，甚至作为反苏运动加以打压。1919 年苏俄政府通过秘密决议，不仅要求国内犹太复国主义者停止一切

---

① *The Zionist Movement and the Foundation of Israel 1839-1972*, Volume 2, editor, Beitullah Destani, Archive Editions, 2004, p.489.
② 〔英〕狄利斯·希罗：《中东内幕》，第 327 页。由此可见，沃尔特·拉克所谓"苏联对犹太复国主义的态度一贯是敌视的"这一说法显然有失偏颇。参见〔英〕沃尔特·拉克：《犹太复国主义史》，第 529 页。
③ Leslie Stein, *The Hope Fulfilled: The Rise of Modern Israel*, London: Praeger Publishers, 2003, p.158.
④ 温斯顿·丘吉尔：《第一次世界大战回忆录》，第 5 卷，第 1336、1348 页；〔美〕尼古拉·梁赞诺夫斯基、马克·斯坦伯格：《俄罗斯史》，第 461 页。

活动，而且成立了由全俄肃反委员会领导的特别小组，把他们作为"犹太反革命势力"大肆镇压。1920年4月23日，参加全俄犹太复国主义大会的109名代表遭到逮捕，其中包括茨维·别尔克夫斯基教授、医生埃弗拉伊姆·巴尔巴利等一批苏俄犹太复国主义运动领导人，罪名是勾结国外敌对势力，进行反苏宣传。其中19人被判处半年到五年不等的劳役。① 各地的犹太复国主义组织也被勒令解散，大批成员遭到逮捕、流放。所有犹太复国主义者青年团体均被宣布为非法。苏俄国内的犹太复国主义运动遭到重创，从此转入半地下状态，许多领导人和成员逃往国外。此后，全世界的共产党组织都把犹太复国主义视为敌人。1921年2月，苏俄外交人民委员格奥尔基·契切林表示："我们不能在自己需要劳动力的时候允许向外移民。"② 这就等于断了犹太复国主义的生路。

在苏俄当局打压下，1922年，犹太复国工人党（世界犹太工人共产主义协会）发生分裂。退出犹太复国工人党的人放弃了犹太复国主义纲领，要求共产国际同意他们加入俄国共产党（布）。1922年11月30日，共产国际第四次代表大会第二十七次会议研究了他们的申请，并决定把这个问题提交共产国际执委会加以解决。③ 1922年12月1—2日，第三次全俄犹太共产党代表会议召开。会议通过了犹太共产党全部加入俄共（布）的九条具体实施办法。④ 1923年，俄共（布）中央一月全会讨论了这个问题。随后，根据俄共（布）中央的决定，几千名犹太共产党党员全部加入俄共（布）。⑤ 1923年3月9日，《真理报》在头版以"关于犹太共产党加入俄罗斯共产党（布）"为题公布了这一消息。⑥

从1920年代到1930年代中期，苏联一直坚持反对犹太复国主义的

---

① 程红泽：《苏俄国内战争时期犹太人对外迁徙述略》，第83页。
② 〔英〕狄利斯·希罗：《中东内幕》，第327页。
③ 王学东主编：《国际共产主义运动历史文献》，第35卷，中央编译出版社2012年版，第317页。
④ О вступлении евр. коммунистической партии(Поалей-Цион) в РКП, *ПРАВДА*, 9 марта 1923г..
⑤ 〔俄〕弗拉基米尔·卡尔波夫：《大元帅斯大林》（修订版），何宏江等译，社会科学文献出版社2013年版，第50—53页。卡尔波夫的表述存在三个问题：一是《真理报》刊发的文件并没有注明加入俄共（布）的犹太共产党党员的人数，所以无法得知这几千人的数字从何而来；二是该文件并非由中央监察委员会主席瓦-古比雪夫本人签署，而是由古比雪夫的秘书签署；三是该文件刊登在《真理报》的头版中间位置，所以不可谓"不显著"。
⑥ О вступлении евр. коммунистической партии(Поалей-Цион) в РКП, *ПРАВДА*, 9 марта 1923г..

立场。到 1924 年底，苏联的监狱和拘留营关押了数千名犹太复国主义者，他们饱受折磨。①1928 年 7 月到 9 月共产国际第六次代表大会在莫斯科召开。大会通过的决议明确指出："犹太复国主义是犹太资产阶级的剥削和谋求大权的表现形式，它利用东欧对犹太少数民族的迫害，是为确保其统治的帝国主义政策服务的。为了达到这一目的，犹太复国主义通过（英国的）委任统治和'贝尔福宣言'与英帝国主义结成同盟。为了报答英帝国主义者所给予的支持，犹太复国主义已使自己沦为英帝国主义镇压阿拉伯群众民族解放运动的工具。"②所以，苏联在 1929 年 8 月巴勒斯坦阿拉伯人与犹太人的暴力冲突和 1936—1939 年巴勒斯坦阿拉伯人暴动中均支持阿拉伯人。

但是，犹太复国主义与英国的关系并非铁板一块。为了在即将爆发的世界大战中取得阿拉伯人的支持，维护巴勒斯坦地区的稳定，1939 年 5 月 17 日，英国政府发表了《关于巴勒斯坦问题白皮书》，明确宣布"把巴勒斯坦变成一个犹太国并不是它们政策的一部分"；从 1939 年 4 月起，在 5 年之内应接受 75000 名犹太移民入境，"5 年之后，不准有更多的犹太移民入境"；严格禁止和节制阿拉伯人把土地转让给犹太人；英王政府的目的，是在 10 年之内建立一个由阿拉伯人和犹太人共同治理的"独立的巴勒斯坦国"③。这就意味着在巴勒斯坦"再没有建立犹太国家的任何希望"④。世界犹太复国主义组织主席哈伊姆·魏茨曼指出，"白皮书意味着民族家园的毁灭"⑤。英国的这一政策最终毁灭了英、犹之间的合作。从此以后，"越来越多的犹太人把英国看作犹太复国主义的敌人"⑥。犹太复国主义组织转而反对英国，这一变化获得了苏联的赞许，

---

① J. B. Schechtman, "The U.S.S.R., Zionism, and Israel", *The Jews in Soviet Russia since 1917*, edited by Lionel Kochan, p. 108.
② 〔英〕狄利斯·希罗：《中东内幕》，第 327—328 页。但笔者在共产国际第六次代表大会通过的决议中并未找到相关内容，故且存疑。参见王学东主编：《国际共产主义运动历史文献》，第 45—48 卷，中央编译出版社 2013 年版。
③ 《英国政府关于巴勒斯坦问题的白皮书（摘要）（1939 年 5 月 17 日）》，载新华社国际部编：《中东问题 100 年》，新华出版社 1999 年版，第 18、19、23、24 页。
④ 〔英〕阿伦·布雷格曼：《以色列史》，第 33 页。
⑤ 〔英〕沃尔特·拉克：《犹太复国主义史》，第 646 页。
⑥ 〔英〕阿伦·布雷格曼：《以色列史》，第 33 页。

并为二战期间双方关系的缓和与改善提供了条件。

第五,斯大林的民族理论剥夺了苏联犹太人独立的民族地位和建国的权利。尽管犹太人在苏联革命和建设中处于举足轻重的地位,但是,按照斯大林的民族理论,苏联犹太人根本无法享受到作为一个独立民族的权利。

布尔什维克党关于犹太人的民族理论集中反映在斯大林1913年发表的《马克思主义和民族问题》一文中。按照斯大林的理论,"民族是人们在历史上形成的一个有共同语言、共同地域、共同经济生活以及表现于共同文化上的共同心理素质的稳定的共同体"。斯大林特别强调说:"必须着重指出,把上述任何一个特征单独拿来作为民族的定义都是不够的。不仅如此,这些特征只要缺少一个,民族就不成其为民族。"依据这一极其严格的民族定义,斯大林指出:"假定有一些人具有共同的'民族性格',但是他们在经济上彼此隔离,生活在不同的地域,操着不同的语言等等,那么还是不能说他们是一个民族。例如俄国的、加里西亚的、美国的、格鲁吉亚的和高加索山区的犹太人就是如此,在我们看来,他们并不是统一的民族。""如果他们中间还有什么相同之处,那就是宗教、共同的起源和民族性格的某些残余。"① 斯大林据此批判了"俄国的、加里西亚的、美国的、格鲁吉亚的和高加索山区的犹太人"是一个"统一的民族",同时,也否认了俄国犹太人是一个"民族"。

必须指出,斯大林的民族理论并非个人观点,它同时也代表了列宁和布尔什维克党的思想观点。② 10年前,当崩得提出"俄国犹太人是一个特殊民族","这个民族的语言就是依地语,它的地域就是犹太区"时,列宁曾经对此大加挞伐。他指出,"科学上根本站不住脚的特殊犹太民族的思想,从政治上来说是反动的","是和犹太无产阶级的利益对立的","解决犹太人问题的唯一可行的办法"就是打破"犹太区",消除犹太人的"隔绝状态",通过"同化"让犹太人和俄国"全体居民融合在一起"③。列宁完全赞同卡·考茨基和奥·鲍威尔的观点,"文明世界

---

① 《斯大林全集》,第2卷,第294、295、297页。
② 〔俄〕列夫·托洛茨基:《斯大林评传》,齐干译,东方出版社1998年版,第223—226页。
③ 《列宁全集》,第8卷,第68—70页。

的犹太人不是一个民族,他们被同化得最厉害"。"加里西亚和俄国的犹太人不是一个民族",他们"在这里还是帮会"。这就是那些"完全了解犹太人历史"并且考虑到种种事实的人"所作的无可争辩的论断"①。因此,"把犹太人组成一个民族的尝试,就是保存帮会的尝试"②。斯大林的文章发表后,列宁不仅称赞这篇"文章写得很好"③,而且明确指出它阐述了俄国"社会民主党民族纲领的原则"④。所以,它无疑是布尔什维克党"在战前国际舞台上对民族问题所发表的最重要的言论",是布尔什维主义"关于民族问题的理论和纲领宣言"⑤。1929年3月18日,斯大林在《民族问题和列宁主义(答梅什柯夫、柯瓦里楚克及其他同志)》一文中再次明确指出:"俄国马克思主义者早已有了自己的民族理论。依据这个理论,民族是人们在历史上形成的有共同语言、共同地域、共同经济生活以及表现于共同的民族文化特点上的共同心理素质这四个基本特征的稳定的共同体。"而且还特别强调说:"大家知道,这个理论已经是我们党内所公认的了。"⑥ 这个民族定义与1913年定义的不同之处就是斯大林把第四个特征"表现于共同文化上的共同心理素质"修改为"表现于共同的民族文化特点上的共同心理素质",强调了文化的"民族"特性,但就定义本身而言,并无实质性改动。

在苏联,受到斯大林文章影响最大的就是犹太人。以色列历史学家本杰明·平库斯指出,《马克思主义和民族问题》一文"是对犹太民族,崩得和犹太复国主义的集中攻击。即使本文的观点和列宁论述同一问题的相似,很难不感觉到斯大林是在向犹太人发起一场特殊的攻击"⑦。由于斯大林在理论上否认俄国犹太人是一个民族,所以,十月革命胜利后,尽管犹太人总数多达300万,比一些加盟共和国人数还多,但苏联政府自始至终都没有允许他们建立自己的共和国。更有甚者,托洛茨基

---

① 《列宁全集》,第24卷,第131页。
② 《列宁全集》,第23卷,人民出版社1990年版,第334页。
③ 《列宁全集》,第46卷,人民出版社1990年版,第253页。
④ 《列宁全集》,第24卷,第234页。
⑤ 〔苏联〕亚历山大洛夫等编:《斯大林传略》,唯真译,江西新华书店1949年版,第21页。
⑥ 《斯大林全集》,第11卷,人民出版社1955年版,第286页。
⑦ Benjamin Pinkus, *The Jews of the Soviet Union: The History of a National Minority*, p.144.

在多年以后还坚持认为,"作为纯粹的城市民族和极其分散的民族,犹太人不仅不可能奢望建立独立国家,而且不可能实行区域自治"①。

斯大林既然否认俄国犹太人是一个民族,那么就更不可能承认全世界的犹太人属于同一个民族了。1918 年建立的俄共(布)中央委员会犹太部承担的主要责任就是要使苏俄犹太人"实现政治上的布尔什维克化和社会上的苏维埃化。犹太人要认识到他们自己并非全世界犹太社团的一部分,而是苏联民族大家庭的一部分"②。

第六,反犹主义沉渣泛起,犹太人遭到打压迫害。1924 年 1 月列宁去世后,随着布尔什维克党内斗争的加剧,苏联国内的反犹主义开始抬头。

首先是犹太人在政治上受到排挤和打击。由于斯大林最主要的政治对手托洛茨基、季诺维也夫、加米涅夫都是犹太人,所以他在 1920 年代到 1930 年代的权力斗争中充分利用了国内的反犹主义情绪来实现自己的政治目的。苏联时期第一次反犹主义的信号出现在 1924 年年中。列宁身患重病期间,加米涅夫被任命为人民委员会第一副主席、劳动国防委员会副主席及联共(布)中央政治局会议主席,经常主持政治局会议。斯大林对此大为不满。列宁去世后,留下三个副手——秋巴鲁、李可夫和加米涅夫。莫洛托夫后来回忆说,他们当时讨论过任命谁为人民委员会主席。"有些人主张任命加米涅夫,但是,斯大林宁可要李可夫。"虽然有其他政治因素,但"还有一个因素也起了作用:让一个俄罗斯人领导政府"③。斯大林争论说,在一个俄罗斯人的国家里让一个犹太人领导人民委员会、把持这两个重要职位是不明智的。这一建议获得政治局批准后,斯大林在幕后对李可夫说:"我们将摆脱犹太人了。"④ 斯大林"一再声称反对派集团中有许多犹太人。企图把托洛茨基、加米涅夫和季诺维也夫的'联合反对派'说成是'三个心怀不满的犹太知识分子'的反

---

① 〔苏联〕列夫·托洛茨基:《俄国革命史》,第 3 卷,第 909 页。
② Zvi Y. Gitelman, *Jewish Nationality and Soviet Politics: The Jewish Sections of the CPSU, 1917-1930*, p.13.
③ 〔苏联〕费·丘耶夫:《同莫洛托夫的 140 次谈话》,第 239 页。
④ Aron J. Katsenelinboigen, *The Soviet Union: Empire, Nation, and System*, New Brunswick (U.S.A) & London (U.K.): Transaction Publishers, 1990, p.169.

党阴谋"①。在与托洛茨基反对派进行论战中，党报上出现了许多具有反犹性质的讽刺画和打油诗。"斯大林对这种越来越猖狂的反犹主义的态度是友好的中立。"后来他在报纸上发表了一个故意含混的声明说："我们同托洛茨基、季诺维也夫和加米涅夫的斗争，并不是因为他们是犹太人，而因为他们是反对派。"其言外之意却是，"不要忘记，反对派的领袖是犹太人"。托洛茨基认为，"这种说法使反犹分子可以为所欲为"②。到1927年，政治局已经没有一个犹太人了。1927年11月，曾经担任苏联副外交人民委员的越飞因参加"新反对派"、不堪政治上日益加剧的压力自杀身亡。1927年12月，75名"托季联盟"骨干分子被开除出党。同时，党内有不少犹太人被打为"托洛茨基分子"受到迫害。1928年1月，托洛茨基被流放到哈萨克斯坦的阿拉木图，1929年2月12日被苏联政府驱逐出境。十月革命的领袖成了自己亲手缔造的国家的革命对象。1927年，犹太教哈西德派领袖、拉比约瑟夫·什内尔松获释出狱并且被驱逐出苏联。与此同时，许多犹太作家锒铛入狱，或者被流放到中亚。继1923年7月犹太民族事务人民委员会被撤销之后③，1930年3月，联共（布）中央委员会也撤销了犹太部，这意味着苏联官方犹太人中央机构的灭绝。④1938年年中，犹太族劳动者土地规划协会和犹太族劳动者土地规划委员会一样被迫解散。这样，苏联犹太人就没有任何公共机构或国家机构在全国范围内来处理其特殊问题了。⑤

斯大林在反犹问题上往往表现出两面派做法。1931年1月12日，斯大林在答美国犹太电讯社问时明确指出："种族沙文主义的极端形式反犹太主义是人吃人恶习的最危险的残余。""反犹太主义对劳动者是危

---

① 〔俄〕罗伊·梅德韦杰夫：《让历史来审判——论斯大林和斯大林主义》（下册），第968页。
② 〔俄〕列夫·托洛茨基：《斯大林评传》，第560页。
③ 1923年7月，鉴于最初作为苏维埃政府部门的民族事务人民委员会已完成自己的"基本职能"，全俄中央执行委员会代表会议做出决议，撤销民族事务人民委员会，其工作交由苏联中央执行委员会民族院接管。犹太民族事务人民委员会自然也随之撤销。参见华辛芝、陈东恩：《斯大林与民族问题》，中央民族大学出版社2002年版，第141页。
④ Shimon Redlich, *Propaganda and Nationalism in Wartime Russia: The Jewish Antifascist Committee in the USSR, 1941-1948*, p. XIII.
⑤ Mordecai Altshuler, "The Jewish Anti-Fascist Committee in the USSR in the Light of New Documentation", *Studies in Contemporary Jewry*, 1984, No.1, p.254.

险的，因为他是使劳动者离开正路而走入丛莽密林的歧途。因此，作为彻底的国际主义者的共产党人不能不是反犹太主义的势不两立的死敌。"并且宣称，"在苏联，反犹太主义是作为一种极端敌视苏维埃制度的现象而受到法律极严厉的追究的。依照苏联法律，积极的反犹太主义者应判处死刑"①。但是，这一言论在苏联长期秘而不宣，直到1936年11月30日才在《真理报》上刊登的《维·米·莫洛托夫关于新宪法的讲话》一文中公布出来。莫洛托夫在讲话中还对纳粹德国日益猖獗的法西斯主义大加批判，谴责法西斯主义解决民族问题的方法就是"不加区分地消灭一切反对法西斯主义的犹太人，无论老幼，是否有罪"。他明确指出，苏联对犹太民族的态度是"基于列宁斯大林主义的民族政策和犹太人在许多国家所处的被压迫的地位"，"无论法西斯主义的反犹太主义的现代野蛮人怎么说，我们对犹太民族兄弟般的情感都是十分明确的"。他还以提出天才的共产主义学说的马克思为例，盛赞了犹太民族对人类社会和苏维埃国家的贡献，然后表示，"我们对反犹主义者和反犹主义的残暴行为态度鲜明，无论这些在哪里出现"②。但是，对苏联国内的反犹主义而言，这些冠冕堂皇的法律和讲话几乎没有发挥任何遏制作用。在当时，反犹主义文学风靡一时，其代表作就是作家伊凡·舍弗佐夫的小说《以父与子的名义》和《爱情与仇恨》。《爱情与仇恨》把犹太人"描写成为弑母者、骗子、背教者和贩卖毒品者"，其发行量达20万册，在苏联社会造成很大影响。③ 1938年3月7日，列宁夫人克鲁普斯卡娅致函斯大林说，在中学生中甚至都出现了"犹太佬"之类骂人的话。④

1930年代，在苏联大清洗中，犹太共产党员成为最大的牺牲品。"共产党中的犹太成员可能比其他任何一个民族成员遭受的损失都更大。"⑤ 特别是犹太共产党员的精英被大批杀害。1936年8月25日，季

---

① 《斯大林全集》，第13卷，人民出版社1956年版，第28页。
② РЕЧЬ тов. В. М. МОЛОТОВА О НОВОЙ КОНСТИТУЦИИ: III. СССР и мир между народами, *ПРАВДА*, 30 ноября 1936 г..
③ 乐峰主编：《俄国宗教史》（下册），第807—808页。
④ Н. К. Крупская —И. В. Сталину о росте шовинистических настроений среди школьников, 7 марта 1938 г., Г. В. Костырченко, *Государственный антисемитизм в СССР. От начала до кульминации, 1938-1953*, с.14.
⑤ Leonard Schapiro, "Introduction", *The Jews in Soviet Russia since 1917*, edited by Lionel Kochan, p.9.

诺维也夫、加米涅夫等 16 名反对派领导人因被指控进行反苏活动而遭枪毙。随后，成千上万的犹太人被诬告为托洛茨基分子、季诺维也夫分子而被处死，其中包括作家 И. 克纳里克和 М. 库利巴克，另外还有不少犹太人被关入劳改营。苏联著名犹太政治活动家卡尔·拉狄克①在 1936 年被开除出党，1937 年以"间谍罪"被判 10 年徒刑，1939 年 5 月在狱中被殴打致死。1937 年 1 月，曾经担任苏联财政人民委员的索柯里尼柯夫在"托洛茨基反苏总部"案中被判 10 年徒刑，1939 年 5 月同样在狱中遇害。②英国历史学家马丁·吉尔伯特指出，"斯大林本人对犹太人持极端敌视态度"，被他清除和枪决的很多早期布尔什维克领导人都是犹太血统。③原联共（布）中央犹太部的许多领导人和积极分子也沦为大清洗的牺牲品。④"犹太自治州的领导人几乎全都被镇压了，被镇压的还有这个州，以及克里米亚和库班地区犹太人集体农庄的主席。"⑤甚至有人造谣说，一些犹太学者、苏联政府当中的犹太族领导人成立了犹太人"法西斯"组织和全苏犹太人地下组织。每一个这样的传闻都会导致数百人被捕。1938 年，根据斯大林的命令，1000 多名犹太族红军军官和政委被处死。⑥1938 年 11 月，联共（布）中央委员会党领导机关处⑦在对苏联保健人民委员会干部队伍进行检查时发现，有不少犹太人干部曾经受到各种党纪处分，参加过崩得、孟什维克等组织，或者亲属与托洛茨基组织有联系，等等，但却受到重用，甚至被提拔到领导岗位上，因此专门上报联共（布）中央，指出这种"队伍不纯"的现象非常严

---

① 卡尔·拉狄克（1885—1939），苏联政治活动家。1920—1924 年担任共产国际执行委员会书记、委员和主席团委员。1919—1923 年任俄共（布）中央委员。他是托洛茨基反对派的重要成员，1927 年被开除出党。1929 年恢复党籍。1936 年再次被开除出党，后被斯大林迫害致死。
② 1956—1961 年复查表明，贝利亚等人是根据斯大林的指示，对索柯里尼柯夫实施了谋杀。参见郑异凡主编：《谁发动了十月革命——布尔什维克自传》，第 379 页。
③〔英〕马丁·吉尔伯特：《二十世纪世界史》，第 2 卷（下），1933—1951，周启鹏等译，陕西师范大学出版社 2001 年版，第 902 页。
④ Zev Katz, editor, *Handbook of Major Soviet Nationalities*, p. 376.
⑤〔俄〕罗伊·梅德韦杰夫：《让历史来审判——论斯大林和斯大林主义》（下册），第 965 页。
⑥ Martin Gilbert, *The Jews of Russia: Their History in Maps and Photographs*, Merton College, Oxford, 1976, p. 33.
⑦ 联共（布）中央委员会党领导机关处成立于 1934 年，1939 年 3 月 22 日改组为联共（布）中央委员会党干部局。

重,这些犹太干部"不值得组织信任"①。12月11日,联共(布)中央书记处通过决议,责成苏联保健人民委员会领导人普罗别尔-格拉欣科夫(Проппер-Гращенков)把这些"组织不予信任的人员清除出苏联保健人民委员会",并把结果上报中央委员会。②1939年,苏联国家安全人民委员会接到一个口头指示,责成他们"从安全的角度注意那些重要核心机关领导层中的民族成分比例",随后这些机关开始对犹太人实行限额制度。③根据俄国国家档案馆的资料统计,从1937年1月到1940年,在古拉格集中营关押的犹太人分别为11903人(1937年)、12953人(1938年)、19758人(1939年)、21510人(1940年)。④1939年5月,著名犹太作家巴别尔被捕,罪名是"托洛茨基分子、外国间谍和恐怖分子"。根据斯大林亲自签署的命令,1940年1月27日,巴别尔在莫斯科卢比扬卡监狱被枪毙。⑤

1939年年中,苏联出于对英法绥靖政策的怀疑和不满,防止西方国家祸水东引,开始向纳粹德国靠拢。为了配合外交政策的调整,斯大林把反犹矛头指向外交领域。1939年5月,斯大林首先撤换了积极倡导集体安全的亲英派外交人民委员马·马·李维诺夫的职务,理由是他"没能保证在人民委员部贯彻党的路线、中央委员会的路线。把前外交人民委员部确定为非布尔什维克人民委员部是不正确的,但是,在选择和培养干部问题方面,外交人民委员部并非完全是布尔什维克式的,因为李维诺夫同志试用了一批对党和苏联国家持敌对态度的异己分子,而对调

---

① Справка отдела руководящих партийных органов ЦК ВКП(б) о «засоренности» аппарата на ркомздрава СССР, 27 ноября 1938г., Г. В. Костырченко, *Государственный антисемитизм в СССР. От начала до кульминации, 1938-1953*, с.15-16.
② Решение секретариата ЦК ВКП(б) о кадровой чистке в наркомздраве СССР, 11 декабря 1938 г., Г. В. Костырченко, *Государственный антисемитизм в СССР. От начала до кульминации,1938-1953*, с.16.
③ 〔俄〕帕维尔·苏多普拉托夫:《情报机关与克里姆林宫》,魏小明、陆柏春译,东方出版社2000年版,第330页。
④ J. Arch Getty, Gábor T. Rittersporn and Viktor N. Zemskov, Victims of the Soviet Penal System in the Pre-war Years: A First Approach on the Basis of Archival Evidence, *The American Historical Review*, Volume 98, Issue 4, October 1993, p.1028.
⑤ 蓝英年:《巴别尔之死》,参见〔俄〕伊萨克·巴别尔:《骑兵军》,第164—168页。

入人民委员部的新人则表现出了非党的态度"①。苏联人民委员会主席莫洛托夫取而代之。斯大林这么做其实就是为了"消除形式上的障碍",以便与德国"进行某些更认真的谈判"(里宾特洛甫不与犹太人讲话)②。德国驻苏大使馆官员向德国外交部报告说:"莫洛托夫不是犹太人,具有斯大林的'密友和战友'的声誉。对他的任命显然是旨在保证执行斯大林提出的对外政策方针。"③曾经担任苏联部长会议副主席、最高苏维埃主席团主席的阿·伊·米高扬晚年回忆说:"实际上,在打算与希特勒签约时,就已经决定要换掉李维诺夫。他是一个犹太人,并且在国际联盟,以及在整个国际舞台上体现我国与希特勒德国斗争的这么一个人,在这个时刻,担任外交人民委员(部长)的职位显然已经不合适了。"莫洛托夫虽然"对国际事务一窍不通",但却容不下李维诺夫,因而想方设法让斯大林把李维诺夫"彻底解职"④。从此,莫洛托夫成为斯大林对外事务的"主要支柱"⑤。他后来回忆说,1939 年,"我开始从事外交工作。斯大林对我说:'把犹太人从外交人民委员部撵走。'谢天谢地,他终于发话了!问题是,在领导人员和大使中犹太人占绝对多数。这当然是不对的"⑥。根据斯大林的命令,莫洛托夫对外交人民委员会进行了普查和种族大清洗,"不得不严格地撤换了几乎所有的领导者"⑦。苏联驻德国大使雅科夫·苏里茨(犹太人)被召回。那些"不适用的、可疑的和敌对分子"悉遭开除。莫洛托夫的助理弗·伊·叶罗费耶夫后来证实说,当他在外交人民委员会工作时,"在那里实际上只留下了二三个曾经与李维诺夫工作过的人。全体干部都换掉了"⑧。在这一次清洗中,

---

① 〔俄〕列昂尼德·姆列钦:《历届外交部长的命运》,徐葵、张达楠等译,新华出版社 2005 年版,第 178 页。
② 《列伊关于苏德条约给爱沙尼亚外交部的信(节录)(1939 年 8 月 31 日)》,载沈志华总主编:《苏联历史档案选编》,第 21 卷,第 66—67 页。
③ 《德国驻苏临时代办季别里斯基尔赫关于李维诺夫辞职致德国外交部电(1939 年 5 月 4 日)》,载沈志华总主编:《苏联历史档案选编》,第 16 卷,第 29 页。
④ 〔俄〕瓦列金·别列什科夫:《斯大林私人翻译回忆录》,薛福岐译,海南出版社 2004 年版,第 342 页。
⑤ 〔苏联〕安·安·葛罗米柯:《回首往事》(上),苏群译,新华出版社 1989 年版,第 224 页。
⑥ 〔苏联〕费·丘耶夫:《同莫洛托夫的 140 次谈话》,第 331 页。
⑦ 〔苏联〕费·丘耶夫:《同莫洛托夫的 140 次谈话》,第 32 页。
⑧ 〔俄〕列昂尼德·姆列钦:《历届外交部长的命运》,第 179 页。

斯大林和内务人民委员部"消灭了整整一代训练有素的苏联外交官、情报军官"①。后来只能用一批缺乏经验的新人代替他们。几年后，外界才注意到犹太人已经从外交人民委员会中消失。

1939年8月23日《苏德互不侵犯条约》签订后，为了加强与纳粹德国的合作与交流，苏联国内的反犹政策也更加明显。一批担任重要职位的犹太族官员被撤换。根据口头命令，在党政机关内部提出了对犹太人的限额②，而且不允许犹太人进入外交和军事院校。犹太人在外贸人民委员会的地位也明显下降。③ 甚至连莫洛托夫的妻子波林娜·谢苗诺芙娜·热姆丘任娜④也受到冲击。1939年8月10日和10月24日，联共（布）中央政治局接连通过两个决议，以热姆丘任娜"在自己的人际交往中表现出了不谨慎性和不讲原则性"，在其周围"出现了不少敌方间谍分子"，这无意中协助了敌方的间谍工作为由，下令解除了她苏联渔业人民委员的职务。⑤ 1939年8月到1941年5月是苏德关系的"蜜月期"，有关犹太人在德国和被希特勒占领的欧洲地区遭到迫害的情况在苏联新闻媒体上被严禁报道。著名作家康斯坦丁·西蒙诺夫在回忆录中说，"他们仍是相同的法西斯分子，但我们再也不能写出或说出对他们的批评"⑥。犹太作家爱伦堡的反法西斯活动也被迫中断。

---

① 〔俄〕弗拉迪斯拉夫·祖博克、康斯坦丁·普列沙科夫：《克里姆林宫秘史》，徐芳夫译，世界知识出版社2001年版，第121页。

② Arno Lustinger, *Stalin and the Jews: The Red Book: The Tragedy of the Jewish Anti-Fascist Committee and the Soviet Jews*, p.128.

③ А. И. Солженицы, *Двести лет вместе(1795-1995)*, Часть Ⅱ, с.392.

④ 波林娜·谢苗诺芙娜·热姆丘任娜（Полина Семеновна Жемчужина，1897—1970），苏联政治家。她出身于乌克兰扎波罗热州波洛希城一个乡村犹太裁缝家庭。1918年加入布尔什维克党。1921年同莫洛托夫结婚。后成为俄共（布）中央委员。1939年曾担任苏联人民委员会渔业人民委员。1939—1941年，任联共（布）中央委员会候补委员。1939—1948年，担任苏联轻工业部纺织百货业管理总局局长。1949年1月26日被捕，后被流放哈萨克斯坦，1953年3月9日获释。在一些译著中，有时候把波林娜翻译为波莱娜，这是不准确的，为全书统一，本书全部使用波林娜。

⑤ Постановление Политбюро ЦК ВКП(б) о проверке деятельности П. С. Жемчужиной на посту наркома рыбной промышленности СССР, 10 августа 1939 г.; Постановление Политбюро ЦК ВКП(б) о снятии П. С. Жемчужиной с поста наркома рыбной промышленности СССР, 24 октября 1939 г., Г. В. Костырченко, *Государственный антисемитизм в СССР. От начала до кульминации, 1938-1953*, с.161.

⑥ 〔英〕奥兰多·费吉斯：《耳语者：斯大林时代苏联的私人生活》，毛俊杰译，广西师范大学出版社2014年版，第393页。

1939年9月二战爆发后,波兰被苏联和德国联手瓜分。波兰国内原有的330万犹太人也被一分为二:其中210万人居住在德占区,110万人划归苏占区。① 根据苏德之间签订的人员交换协议,滞留在德占区的人可以返回苏占区的原居住地,同样,滞留在苏占区的人也可以返回德占区的老家去。结果,乌克兰共和国内务人民委员伊·亚·谢罗夫发现,不少犹太人在申请人登记处排着长队要求尽快返回德占区的老家,他们"好话说尽,恳求德国人把他们的名字登记上",甚至不惜"向盖世太保进行贿赂",而且在登记入册后"对盖世太保千恩万谢"②。由于苏占区经济状况不断恶化,犹太人的宗教、教育和自治体制被禁止,数以千计的犹太人想方设法返回了德占区。1940年5月10日,纳粹德国派驻波兰占领区的总督汉斯·弗兰克目睹这一现象后不无惊诧地指出:"这真是不可思议,竟然有许多犹太人宁可返回第三帝国(帝国控制的领土)也不愿留在俄国。"③ 毫无疑问,这些不幸的犹太人最后都成为纳粹大屠杀的牺牲品。但这也从反面证明了波兰犹太人对苏联的反犹政策心有余悸,甚至远远超过对纳粹反犹的恐惧。

为了配合德国的反犹政策,1941年,苏联政府对犹太复国主义分子、崩得分子、犹太宗教分子和犹太作家再次进行了大规模逮捕。其中诗人塞利克·阿克塞尔罗德(Selik Axelrod)和记者沃尔夫·赫什(Wolf Hersh)被处死。④ 与此同时,在新兼并过来的波兰、立陶宛、爱沙尼亚、拉脱维亚和摩尔达维亚领土上,苏联又增加了大约200万新的犹太公民。⑤ 其中一部分被苏联当局移交给纳粹,另外有近25万人被发配到西伯利亚的劳改营。

犹太人在政治上遭到迫害的同时,其语言文化也受到限制。1937年10月,联共(布)中央委员会全体会议通过决议,开始研究在各民族共和国及州的中学里实行俄语义务教育法方案。1938年3月13日,苏联

---

① Arno Lustinger, *Stalin and the Jews: The Red Book: The Tragedy of the Jewish Anti-Fascist Committee and the Soviet Jews*, p. 79.
② 〔俄〕尼基塔·谢·赫鲁晓夫:《赫鲁晓夫回忆录》,第3卷,第2434页。
③ 〔美〕索尔·弗里德兰德尔:《灭绝的年代:纳粹德国与犹太人,1939—1945》,第37页。
④ Martin Gilbert, *The Jews of Russia: Their History in Maps and Photographs*, p. 33.
⑤ Zev Katz, editor, *Handbook of Major Soviet Nationalities*, p. 363.

人民委员会及联共（布）中央委员会通过了《关于在民族共和国及州内中学实行俄语义务教育》的决议。1938 年 8 月，苏联政府规定，包括犹太学生在内的所有中学生必须做到在口头和书写方面能够自如、正确地运用俄语，独立阅读一般俄文刊物，通过阅读俄文书刊了解俄罗斯文学。犹太人的语言文字和报刊受到限制。到 1930 年代末，上千所犹太人学校已经被关停的所剩无几，原来作为教学语言的意第绪语也变成了学校的一门学科。曾经繁荣一时的意第绪语书籍和期刊趋于萧条。1938 年 9 月 14 日，主要的共产党意第绪语报纸《真理报》①停刊，俄罗斯联邦只剩下比罗比詹犹太自治州的意第绪语报纸《比罗比詹之星》。整个苏联仅剩下 7 种犹太文期刊，在 300 万人口中发行量仅有 38700 份。"1935 年用意第绪语出版的小册子与书籍还有 437 本，而 1938 年却降至 348 本。"② 尽管少数政府部门还保留着苏联犹太人的研究机构，但已形同虚设。在莫斯科、基辅、明斯克、比罗比詹保留下来的四家专业犹太剧院成了政府对外宣传的"波将金村"。即便如此，到 1937 年，莫斯科国家犹太剧院也已经沦落到令人惨不忍睹的境地。③ 1941 年 5 月，莫斯科国家犹太剧院在苏联犹太人第二大聚居地列宁格勒巡回演出时，观众稀少，备受冷落。在政府的打压下，意第绪语文化的影响力急剧衰退。

直到 1941 年 6 月苏德战争爆发后，苏联的反犹政策才开始改变。

---

① 意第绪语《真理报》（«Дер Эмес»）是 1920—1938 年在莫斯科出版的意第绪语日报，起初是作为联共（布）中央犹太民族事务委员部的出版物。1930 年 3 月联共（布）中央犹太部撤销后，意第绪语《真理报》变为中央执行委员会下属的民族委员会的机关报。它的第一任责任编辑就是后来出任犹太人反法西斯斯委员会责任书记的沙赫诺·爱泼斯坦。

② Mordecai Altshuler, "The Jewish Anti-Fascist Committee in the USSR in the Light of New Documentation", p. 254.

③ Судебное следствие: Допрос подсудимых П. Д. Маркиша, В. П. Наумов, *Неправедный суд, Последний сталинский расстрел(стенограмма судебного процесса над членами Еврейского антифашистского комитета)*, с. 61.

第二章　卫国战争初期的苏联犹太人

第一节　苏联在卫国战争初期的溃败与纳粹对犹太人的大屠杀

一、苏联在卫国战争初期的溃败

1941年6月22日凌晨4时，纳粹德国"在事先未对苏联提出任何要求和未经宣战的情况下"向苏联发动了突然进攻。① 希特勒为此调集了人类战争史上最为庞大的战争力量：181个师和18个旅、48000门大炮和迫击炮、约2800辆坦克和强击炮，以及4950架飞机，总兵力达550万人，其中德军460万。② 法西斯军队兵分三路，在从波罗的海到黑海1500公里长的战线上同时向苏联发起攻击。根据希特勒签署的"巴巴罗萨"作战计划，德国国防军必须在对英战争结束之前"即以一次快速的远征将苏俄击败"③。因此，纳粹领导层普遍把对苏战争看成是"一场闪电战"，德国人"都期望着一次闪电式胜利"④。纳粹德国外交部长里宾特洛甫甚至向意大利外交部长齐亚诺夸口说："斯大林的俄国将

---

① 《莫洛托夫1941年6月22日的广播讲话（定稿）（1942年6月22日）》，载沈志华总主编：《苏联历史档案选编》，第16卷，第225页。
② 其中德国军队152个师（包括19个坦克师，14个摩托化师），占德国现役部队总量的77%；德国仆从国29个师。参见〔美〕格雷弗·弗：《苏共二十大："秘密报告"与赫鲁晓夫的谎言》，马维先译，社会科学文献出版社2015年版，第176页。
③ 《第21号指令："巴巴罗萨"方案》，载〔德〕瓦尔特·胡巴奇编：《希特勒战争密令全集（1939—1945）》，张元林译，军事科学出版社1989年版，第65页。
④ 参见〔德〕亨·埃伯利、马·乌尔编：《希特勒档案》，朱刘华、韩梅译，金城出版社2008年版，第102、106页。德国陆军元帅埃尔德·冯·克莱斯特说："我们没有长期作战的准备，一切都基于在秋季前决胜的设想上。"参见〔英〕李德·哈特：《山的那一边：被俘德国将领谈二战》，张和声译，上海人民出版社2011年版，第163页。

斯大林深知希特勒迟早都会进攻苏联②，但是，他在预判德国发动战争的日期上却出现重大失误。③ 一方面，苏联领导层认为，当时德国进攻苏联的条件尚不成熟。④ 斯大林在苏德战争爆发前一个星期还说："我们同德国签订有互不进攻条约，德国完全陷入了在西方的战争，我相信希特勒不会冒险进攻苏联，给自己形成第二条战线。希特勒不是傻瓜，不至于不明白苏联不是波兰、不是法国，也不是英国这个道理。"⑤ 另一方面，斯大林认为苏联对战争准备不足，因此千方百计地想推迟战争爆发的时间。1940 年 3 月苏芬战争结束后，苏联由于大清洗而造成的军事上的孱弱已经暴露无遗。斯大林知道苏联"比德国弱"⑥，"双方的力量过于悬殊"⑦，所以，他对希特勒产生了一种"本能的恐惧"⑧。他估计，只有到 1943 年，苏联"才能与德国势均力敌"⑨。因此，他不惜委曲求全，"想方设法地讨好希特勒"⑩，乃至一厢情愿地去推迟战争，"哪怕再推迟

---

① 〔美〕威廉·夏伊勒：《第三帝国的兴亡》（下卷），陈廷祐等译，世界知识出版社 2005 年版，第 991 页。
② 参见〔苏联〕费·丘耶夫：《同莫洛托夫的 140 次谈话》，第 35、36、40、45 页。赫鲁晓夫也指出："斯大林比谁都清楚战争不可避免。"参见〔俄〕尼基塔·谢·赫鲁晓夫：《赫鲁晓夫回忆录》，第 2 卷，第 1099 页。1939 年 8 月 23 日《苏德互不侵犯条约》签订后，爱沙尼亚外交官就曾经指出："没有理由认为，莫斯科和柏林马上就会产生信任和友好关系。日复一日互相威胁的匕首只是暂时藏进了怀里，相互攻讦也只是暂时停歇，但是每一方都十分清楚，纳粹主义与布尔什维主义仍然是死对头，一有机会，他们每时每刻都想置对方于死地。"《列伊关于苏德条约给爱沙尼亚外交部的信（节录）（1939 年 8 月 31 日）》，载沈志华总主编：《苏联历史档案选编》，第 21 卷，第 67 页。甚至连苏联普通民众都相信苏联与法西斯德国必有一战。1970 年代，西蒙诺夫回忆说："我这一代——希特勒 1933 年上台前后，我们当中刚满 18 岁的人——始终生活在将与德国开战的等待之中。对我们来说，那场战争开始于 1933 年，而不是 1941 年。"参见〔英〕奥兰多·费吉斯：《耳语者：斯大林时代苏联的私人生活》，第 392 页。
③ 《答读者问》，载〔苏联〕A. M. 华西列夫斯基：《华西列夫斯基元帅战争回忆录》，徐锦栋等译，解放军出版社 2003 年版，第 4 页。
④ 参见〔苏联〕Г. K. 朱可夫：《朱可夫元帅战争回忆录》，徐锦栋等译，解放军出版社 2008 年版，第 256 页；〔苏联〕费·丘耶夫：《同莫洛托夫的 140 次谈话》，第 37—38 页。
⑤ 〔苏联〕Г. K. 朱可夫：《朱可夫元帅战争回忆录》，第 256 页。
⑥ 〔苏联〕费·丘耶夫：《同莫洛托夫的 140 次谈话》，第 36 页。
⑦ 〔苏联〕Г. K. 朱可夫：《朱可夫元帅战争回忆录》，第 252 页。
⑧ 〔俄〕尼基塔·谢·赫鲁晓夫：《赫鲁晓夫回忆录》，第 2 卷，1095 页。
⑨ 〔苏联〕费·丘耶夫：《同莫洛托夫的 140 次谈话》，第 36 页。
⑩ 〔俄〕尼基塔·谢·赫鲁晓夫：《赫鲁晓夫回忆录》，第 2 卷，1095 页。

半年",甚至"推迟几个星期"都在所不惜。①1941年4月13日,斯大林曾公开搂着德国驻苏联大使舒伦堡的肩膀说:"我们必须继续交朋友,你现在必须千方百计维持我们的友谊。"②1941年6月14日,塔斯社发表了驳斥英国等国家报纸渲染苏德战争即将爆发的声明,这既是对希特勒一伙真实意图的"军事和政治的试探",同时也表明苏联政府"力图利用一切机会推迟战争,以便为军队做好反侵略的准备赢得时间"③。所以,时任苏军总参谋长格·康·朱可夫回忆说:"斯大林直到最后时刻,即直到希特勒开始进攻苏联之前,还没有放弃推迟战争的希望。"④

在这种消极避战的思想影响下,苏联领导人虽然早已从多种渠道获悉德国准备在6月22日进攻苏联的情报⑤,但却没有采取任何积极的防御措施。斯大林怀疑这是身陷困境的英国人故意挑拨苏德关系,希望让苏联尽快"跟德国人发生冲突"⑥;或者就是德国外交部门和情报机关散布的"假情报"⑦。为了不让德国有任何借口挑起冲突,发动突然袭击,斯大林给国防人民委员、总参谋部、各边境军区司令员下达了死命令,未经他亲自批准,"绝对不能将军队按掩护计划向前线做任何移

---

① 参见《莫洛托夫会见德国大使舒伦堡(1941年6月22日)》,载沈志华总主编:《苏联历史档案选编》,第16卷,第221—222页;〔英〕温斯顿·丘吉尔:《第二次世界大战回忆录》,第3卷,韦凡译,南方出版社2005年版,第1141、1143页;〔苏联〕费·丘耶夫:《同莫洛托夫的140次谈话》,第36、38、39、40、44、45页;华西列夫斯基元帅也曾经说:"党看到了战争的临近,并竭尽全力来推迟苏联卷入战争的时间。"〔苏联〕A. M. 华西列夫斯基:《华西列夫斯基元帅战争回忆录》,第98页。
② 〔美〕威廉·夏伊勒:《第三帝国的兴亡》(下卷),第984页。
③ 〔苏联〕A. M. 华西列夫斯基:《华西列夫斯基元帅战争回忆录》,第99页。
④ 〔苏联〕Г. К. 朱可夫:《朱可夫元帅战争回忆录》,第316页。
⑤ 这些比较准确的情报来自于苏联红军总司令部4局(负责军事情报工作)派驻日本的特工理查德·佐尔格、苏联派驻捷克的克格勃情报人员、中共情报人员阎宝航和潘汉年、英国首相丘吉尔、德国驻苏联大使冯·德·舒伦堡等。参见〔苏联〕费·丘耶夫:《同莫洛托夫的140次谈话》,第45页;〔苏联〕Г. К. 朱可夫:《朱可夫元帅战争回忆录》,第252—258页;〔俄〕亚历山大·雅科夫列夫:《雾霭:俄罗斯百年忧思录》,第172页;〔美〕格雷弗·弗:《苏共二十大:"秘密报告"与赫鲁晓夫的谎言》,第364—367页;〔美〕威廉·夏伊勒:《第三帝国的兴亡》(下卷),第988—989页;〔英〕温斯顿·丘吉尔:《第二次世界大战回忆录》,第3卷,第1138—1141页。
⑥ 〔苏联〕费·丘耶夫:《同莫洛托夫的140次谈话》,第45页。丘吉尔也指出:"苏联政府态度傲慢,盲目无知,把我们提出的一切警告,只当作是被打败的人想拉别人同归于尽的图谋。"参见〔英〕温斯顿·丘吉尔:《第二次世界大战回忆录》,第3卷,第1145页。
⑦ 〔苏联〕Г. К. 朱可夫:《朱可夫元帅战争回忆录》,第254页。

动"①。结果导致边防部队战备松弛,一些部队指挥人员战争开始后还待在家中。②6月18日,当苏联国防人民委员谢·康·铁木辛哥和苏军总参谋长朱可夫再次试图努力说服斯大林和联共(布)中央政治局让部队进入全面警戒时,斯大林痛斥朱可夫是个战争贩子,铁木辛哥应该被枪毙,并警告铁木辛哥说:"如果你不经过我们同意就调动部队,结果在前线激怒德国人,那么人头就会落地。记住我的话。"③直到德国开战前夕,苏联领导人依然执迷不悟。6月22日零时30分,在铁木辛哥和朱可夫强烈要求下,下达给各边境军区部队进入战斗准备的命令中,斯大林仍要求部队"不要受任何挑衅的影响,以免问题复杂化"。他认为,"也许问题还可以和平解决"④。6月22日凌晨5时30分,直到舒伦堡把宣战照会送交苏联政府后⑤,斯大林才不得不相信战争已经成为事实。因此,丘吉尔不无痛心地指出,"就战略、政策、预见和才能来判断,斯大林和他的人民委员们在当时是第二次世界大战中彻底受骗上当的笨伯"⑥。

  正因为苏联领导人"在同希特勒德国的关系中表现出来的政治上的盲目"⑦,"对形势估计错误,对战争没有准备"⑧,红军在整个战线上都遭

---

① 〔苏联〕Г.К.朱可夫:《朱可夫元帅战争回忆录》,第257页。另外参见〔苏联〕费·丘耶夫:《同莫洛托夫的140次谈话》,第40、49页;
② 《第11集团军政治宣传处给西北方面军政治宣传部的政治报告(1941年7月5日)》,载沈志华总主编:《苏联历史档案选编》,第16卷,第233页。
③ 〔英〕罗德里克·布雷思韦特:《莫斯科1941:战火中的城市和人民》,曹建海译,新星出版社2008年版,第54页。
④ 〔苏联〕Г.К.朱可夫:《朱可夫元帅战争回忆录》,第259—260页。
⑤ 具有讽刺意味的是,1941年6月22日凌晨5时30分,德国政府授权驻苏大使舒伦堡在克里姆林宫向苏联外交人民委员莫洛托夫转达的对苏宣战的照会中仍旧指出:"鉴于因红军武装力量大规模集结和备战而对德国东部边界构成的愈益不能忍受的威胁,德国政府认为自己必须立即采取军事对抗措施。"参见《莫洛托夫会见德国大使舒伦堡(1941年6月22日)》,载沈志华总主编:《苏联历史档案选编》,第16卷,第221页。
⑥ 〔英〕温斯顿·丘吉尔:《第二次世界大战回忆录》,第3卷,第1136页。
⑦ 〔俄〕亚历山大·雅科夫列夫:《雾霭:俄罗斯百年忧思录》,第173页。
⑧ 《朱可夫呈送给赫鲁晓夫的发言稿(1956年5月19日)》,载沈志华总主编:《苏联历史档案选编》,第28卷,第220页。尽管总参谋部6月22日零时30分已经给各军区下达了命令,但朱可夫认为"可能为时过晚"。参见〔苏联〕Г.К.朱可夫:《朱可夫元帅战争回忆录》,第260页。科涅夫元帅也指出,毫无疑问,斯大林"要为战前没有正确判断军事政治形势负直接责任"。其结果是,"尽管有一系列信号和警告(它们都被斯大林否定),我们还是被迫在使我们付出惨重代价的突然情况下开始战争"。〔苏联〕И.С.科涅夫:《科涅夫元帅战争回忆录》,赖铭传译,中国人民解放军出版社2005年版,第422页。

到出其不意的袭击。不仅如此,由于红军在新占领的波罗的海地区匆匆建立的新防线"几乎没有重炮、无线电设备、布雷区"①;大批有才干、具有先进军事思想的高级将领在大清洗中惨遭杀戮②,刚刚提拔起来的年轻的红军指挥员(包括各个方面军司令员)"缺乏足够的作战指挥经验",根本无法应对现代化的战争③;红军缺乏训练,素质太差④;武器、弹药、燃料和粮食供应严重不足⑤。结果,6月22日苏德战争打响后,红军一开始就陷入被动。所有西部边境军区同部队的有线通讯均遭到德国人破坏,苏军整个指挥系统陷入瘫痪。"各军区和各集团军司令部无法迅速传达命令。"前线部队在对敌情一无所知的情况下各自仓皇应战,陷入一片混乱之中。⑥开战第一天深夜,德国空军就摧毁了苏联1/4的空中力量⑦,摧毁了1200架停在机场上的苏联飞机,掌握了制空权。苏联空军司令员科培茨将军经不住打击举枪自杀。⑧赫鲁晓夫后来也指出:"在最初数小时以及最初几天里,敌人在我国边境地区歼灭了我们大量的飞机、大炮和其他军事装备,消灭了我们大量的军事干部,瓦解了部

---

① 〔英〕奥兰多·费吉斯:《耳语者:斯大林时代苏联的私人生活》,第402页。
② 根据时任国防人民委员克·叶·伏罗希洛夫所说,仅在1936—1940年就清洗了4万多名高中级军队指挥人员。因此,在卫国战争爆发前,"苏军已被斯大林搞得群龙无首,丧失战斗力"。参见〔俄〕亚历山大·雅科夫列夫:《雾霭:俄罗斯百年忧思录》,第170—172、194页。科涅夫元帅也指出,"斯大林要为1937—1938年杀害我军大批指挥干部负直接责任,这是没有疑问的"。〔苏联〕И.С.科涅夫:《科涅夫元帅战争回忆录》,第422页。
③ 参见《朱可夫给戈利科夫的答复(1944年8月22日)》,载沈志华总主编:《苏联历史档案选编》,第16卷,第407—409页;〔苏联〕Г.К.朱可夫:《朱可夫元帅战争回忆录》,第266、280页。
④ 据1989年《国际生活》杂志披露,在卫国战争的空战中,苏联损失的45000架飞机中有24000架是被300名德国飞行员击落的,即每名德国飞行员平均击落80架敌机。而苏联飞行员每击落20架敌机就可获得"苏联英雄"称号,其中表现最优秀的飞行员伊·尼·阔日杜布也不过击落了62架敌机。参见〔俄〕尼·亚·津科维奇:《元帅和总书记》,袁坚等译,东方出版社2000年版,第454页。
⑤ 赫鲁晓夫在回忆录中指出:"按照我们的生产水平,完全能够建立必要的储备,进行一两年战争绝无困难。可是开战之初,我们连足够数量的步枪都没有!军队所需的许多最简单的东西也供应不足。"参见〔俄〕尼基塔·谢·赫鲁晓夫:《赫鲁晓夫回忆录》,第2卷,第1018页。
⑥ 〔苏联〕Г.К.朱可夫:《朱可夫元帅战争回忆录》,第264—265页。
⑦ 〔英〕马丁·吉尔伯特:《二十世纪世界史》,第2卷(上),1933—1951,周启鹏等译,陕西师范大学出版社2001年版,第415页。
⑧ 〔俄〕尼·亚·津科维奇:《元帅和总书记》,第453页。

队的管理，从而使我们无力阻挡敌人深入我国腹地的步伐。"①

在德军机械化部队的闪电式攻击下，红军整军整军的被包围、分割和消灭。仅仅一周时间，红军的大部分崭新的机械化部队就损失了 90% 的战斗力。②西方面军司令员巴甫洛夫大将、参谋长克里莫夫斯基赫少将等人成了边界交战惨败的替罪羊，7 月 1 日遭到撤职和逮捕，旋即被斯大林下令枪毙。就在红军已经丧失进攻能力之际，苏联最高统帅部却强令边境部队立刻停止撤退，转入反攻，实施反突击，结果给军队造成了更加惨重的损失。西南方面军陷入德军合围，66 万多人被俘，西南方面军司令员基尔波诺斯上将和司令部人员在突围中牺牲。③

到 1941 年 7 月 3 日，德军已经"侵占了立陶宛全境、拉脱维亚的大部地区、白俄罗斯西部地区、乌克兰西部一部分地区。法西斯空军正在扩大其轰炸区域，对摩尔曼斯克、奥尔沙、莫吉廖夫、斯摩棱斯克、基辅、敖德萨、塞瓦斯托波尔等城市大肆轰炸"。苏联"面临着严重的危险"④。根据联共（布）中央政治局的决定，列宁遗体也在 7 月 3 日从红场上的列宁墓秘密迁出，用专列运到 2000 公里之外的西西伯利亚秋明市保存。⑤7 月中旬，红军被迫放弃了拉脱维亚、立陶宛、摩尔达维亚、爱沙尼亚、白俄罗斯和第聂伯河西岸乌克兰地区的一部分。到 10 月份，德军几乎向前推进了 250 公里。⑥仅仅几个月时间，"西部苏军集群全军覆没，200 多万官兵阵亡，200 万人成为俘虏"。大量武器装备落入敌手。⑦10 月 3 日，希特勒在对德国人民的讲话中骄傲地宣布，苏联"已

---

① 《赫鲁晓夫的秘密报告》，参见〔美〕格雷弗·弗：《苏共二十大："秘密报告"与赫鲁晓夫的谎言》，第 367 页。
② 〔英〕罗德里克·布雷思韦特：《莫斯科 1941：战火中的城市和人民》，第 79 页。
③ 〔俄〕尼·亚·津科维奇：《元帅和总书记》，第 475、490 页。
④ 《斯大林文集（1934—1952）》，人民出版社 1985 年版，第 288 页。
⑤ 〔英〕罗德里克·布雷思韦特：《莫斯科 1941：战火中的城市和人民》，第 86 页。苏联卫国战争期间，为了鼓舞士气，所有奔赴战场杀敌的莫斯科人都会到红场拜谒列宁墓，成为一种仪式。但人们不知道，列宁的遗体已秘密转移到秋明市，安置在农业中等技校内一幢叫"白宫"的二楼会议厅内，一直存放到 1945 年 3 月 23 日才运回红场的列宁墓。苏联官方媒体对此讳莫如深，直到 1980 年代末期，仍然坚称，即使在德军兵临城下的最危险的数月，列宁遗体也从未撤离过列宁墓。参见〔俄〕兹巴尔斯基：《列宁遗体保存者的回忆》，《现代外国哲学社会科学文摘》1994 年第 4 期。
⑥ 〔苏联〕A. M. 华西列夫斯基：《华西列夫斯基元帅战争回忆录》，第 108、131 页。
⑦ 〔俄〕亚历山大·雅科夫列夫：《雾霭：俄罗斯百年忧思录》，第 173 页。

被打垮，再也不能站起来了……在我们部队的后边，已经有了相当于我在1933年执政时德意志国家幅员两倍的土地"。据统计，从1941年6月21日到12月6日，在卫国战争的第一阶段，大约380万苏联士兵被俘。① 朱可夫元帅指出："苏联武装力量，特别是西方面军部队遭受了重大损失，这对以后的战事有严重影响。苏德战场上的兵力兵器对比，变得更加有利于敌。敌人深入我国腹地500到600公里，夺取了重要的经济地区和战略要地。"②

军事上的溃败对苏联经济特别是军工生产造成了重大影响。各个战场不仅急需补充人员，而且武器弹药供不应求。为了打败敌人，坚持长期作战，苏联国家的全部生活转入战时轨道。6月24日，联共（布）中央和苏联政府建立了以尼·米·什维尔尼克为主席的疏散委员会，各人民委员会也都建立了疏散局或委员会，以便把可能被德军占领地区的千余家工厂、储存的原材料、工人和他们的家属全部从西部和南部搬迁到乌拉尔、西伯利亚和中亚地区。"1500多个企业，主要是大型的军事企业在最短期间（从1941年7月到11月）被迁走，并迅速恢复了生产。"③ 这项工作无论从规模和性质上看都是史无前例的。从6月10日到11月20日，有100万辆货车的工业设备从乌克兰、白俄罗斯和波罗的海各国转移出来。火车运输常常需要几个星期的时间才能抵达目的地，而且到达后往往发现没有现成的厂房安置机器设备，甚至连工人最基本的生活条件都无法解决。但是，"大部分工厂在抵达目的地6到8周后就恢复了生产"。全国的工厂都执行统一的生产计划：工人每天两班倒，每个班次11个小时，每个星期工作7天。④ 在一些地方，"工厂还未建成，坦克、飞机、火炮、迫击炮、炮弹及很多其他技术装备的军工产品就从

---

① 〔美〕威廉·夏伊勒：《第三帝国的兴亡》（下卷），第1004、1118页。
② 〔苏联〕Г.К.朱可夫：《朱可夫元帅战争回忆录》，第293页。
③ 〔苏联〕Г.К.朱可夫：《朱可夫元帅战争回忆录》，第295页。事实上，早在1941年春，红军总参谋部就命令西部各军区制订了有关立刻疏散军事目标和最重要工业设施、农业机械、牲畜以及粮食的计划，另外苏联政府的高层领导人也制定了6月3日前疏散莫斯科的计划，但都被斯大林以不合时宜为由予以否决。参见〔英〕罗德里克·布雷思韦特：《莫斯科1941：战火中的城市和人民》，第243页。
④ 〔英〕罗德里克·布雷思韦特：《莫斯科1941：战火中的城市和人民》，第244、252页。

工厂直运前线"①。尽管苏联当局昼夜不停地往西部和西南部运送军队、供给和武器,但是仍旧满足不了前线需要。另外,还有一些重要的飞机制造厂、汽车制造厂、铝工厂因为搬迁工作比较漫长,"在七八个月内还不能在新迁去的地方开工"。这些都削弱了苏联的防御能力,致使其"面临着致命的危险"②。在这种情况下,苏联除了依靠自身力量竭力提高军工生产之外,只能依靠盟国的支持和援助。

红军在战争初期的溃败也引发了民众的恐慌。大量民众开始从西部向东部地区疏散撤退。当时担任《红星报》随军记者的康斯坦丁·西蒙诺夫在白俄罗斯目睹了撤退时的混乱场面:"一路上都是士兵和平民——妇女、儿童、老人,其中很多是犹太人——全部向东,各种类型的大车,还有背上家当的徒步逃难者。"③时任乌克兰共产党(布)中央委员会第一书记赫鲁晓夫写道:"到处是逃难的人流,拖儿带女,抱鸡提鹅,牵羊赶牛。真是令人触目惊心!"④在敖德萨州,州领导人因为恐慌匆忙下令全体居民疏散,结果把几千公顷已经成熟的庄稼扔在田里无人收割。⑤在战争爆发后的头 40 天里,"从俄国西部地区撤离的人超过了 250 万……跟他们一起撤离的,有数十万匹马和数百万头牛、绵羊、山羊和猪……期间出现了大量的恐慌、低效和混乱情形。农民和牲畜被集体农场的领导人们抛弃,相当数量的军事和工业设备既没有转移,也没有摧毁,而是落到了进军中的德军手里"⑥。1941 年 9 月底,著名犹太作家、《红星报》新闻记者瓦西里·格罗斯曼⑦到奥廖尔前线采

---

① 〔苏联〕Г. К. 朱可夫:《朱可夫元帅战争回忆录》,第 295 页。
② 《斯大林总理给丘吉尔首相先生的私人信(1941 年 9 月 3 日发出)》,载苏联外交部编:《1941—1945 年苏联伟大卫国战争期间苏联部长会议主席同美国总统和英国首相通信集》,第 1 卷,潘益柯译,世界知识出版社 1961 年版,第 15 页。
③ 〔英〕奥兰多·费吉斯:《耳语者:斯大林时代苏联的私人生活》,第 403 页。
④ 〔俄〕尼基塔·谢·赫鲁晓夫:《赫鲁晓夫回忆录》,第 1 卷,第 639 页。
⑤ 《斯大林州一集体农庄庄员就敖德萨州的领导人的惊慌失措给斯大林的信(1941 年 8 月 18 日)》,载沈志华总主编:《苏联历史档案选编》,第 19 卷,第 42 页。
⑥ 〔英〕罗德里克·布雷思韦特:《莫斯科 1941:战火中的城市和人民》,第 244 页。
⑦ 瓦西里·格罗斯曼(Василий Гроссман,1905—1964),苏联著名作家。1905 年出生于乌克兰的别尔季切夫市,父母都是犹太人。1929 年毕业于莫斯科大学化学专业。1930 年开始文学创作,曾经得到高尔基、巴别尔等文坛大家赏识。1941 年卫国战争爆发后担任《红星报》战地记者,写作了《主突方向》《特雷布林卡地狱》等名篇。其中《特雷布林卡地狱》是世界上第一篇揭露纳粹死亡集中营的文章。后接替爱伦堡出任《黑皮书》文学委员

访时，亲历了难民撤退时那种类似于《圣经》里《出埃及记》的悲怆场面，以至于恍惚觉得人们"真的已经走进了圣经故事中的灾难时代"①。

在西部大片国土沦陷之后，灾难就降临到了敌占区的民众特别是犹太人身上。由于德军进展神速，大约 2739000 名犹太人因为来不及转移而滞留下来。其中有不少人是自己不愿撤退选择留下的。这些人错误地把纳粹的反犹主义仅仅看作是一种宣传活动，他们"深信自己的生活经验，而不是广播、书籍、报刊"。在老一辈犹太人的记忆中，1918 年德军入侵苏俄期间对犹太人的态度要比对当地其他居民的态度好得多，德军甚至还"以解放者的身份受到欢迎"②。所以，当1941—1942 年纳粹军队席卷沃伦涅日、罗斯托夫、克拉斯诺达尔等城市的时候，不少犹太人依然抱着可以继续当医生、教师、裁缝、鞋匠的希望，"因为他们相信这些职业在任何制度下都是需要的"③。结果，这些犹太人完全成了纳粹的囊中之物。他们不知道，等待他们的将是一场惨绝人寰的种族大屠杀。

二、纳粹对犹太人的大屠杀

希特勒发动侵苏战争的目的就是要占领东方广袤的领土。早在 1920 年代中期出版的《我的奋斗》一书中，希特勒就大肆鼓吹"生存空间"理论，说什么"国家的外交政策，应保障种族的生存，使人口的增加和土地的质量，能得到一个适当的比例。一个国家的自由存在，必须有相当的土地。只有这样，才能够当一个强国的资格"。为了给自己的侵略思想辩护，希特勒赤裸裸地说："上帝并没有给任何国家以方寸的土

（接上页）会主席。1952 年因发表著名小说《为了正义的事业》而遭到迫害，直到他死后小说才全文出版。代表作有《斯捷潘·柯尔丘根》《人民是不朽的》《生活与命运》《一切都在流动》等。其中《生活与命运》被称为"二十世纪的《战争与和平》"。参见〔俄〕瓦西里·格罗斯曼：《生活与命运》，力冈译，广西师范大学出版社 2015 年版，新版序，第 i 页；导读，第 xxv-xxvi 页。

① 〔英〕罗德里克·布雷思特特：《莫斯科1941：战火中的城市和人民》，第198—199 页。
② 〔美〕汉娜·阿伦特：《艾希曼在耶路撒冷：一份关于平庸的恶的报告》，安尼译，译林出版社 2017 年版，第 111 页。
③ А. И. Солженицы, Двести лет вместе(1795-1995), Часть II, c.352-353; Nora Levin, The Jews in the Soviet Union since 1917, Paradox of Survival, Volume II, p.890.

地。一切边界不过是世人的自由更改罢了……只有强力，才有获得的权利。"① 因此，纳粹党"必须敢于团结我国人民及其力量走上这条能够引导我国人民从目前有限的生存空间走向新土地的道路"②。

那么，德国应该向何处扩张呢？在希特勒看来，"领土（扩张）政策是不能在喀麦隆实现的，今天几乎完全只能在欧洲实现"③。即便是欧洲也不能盲目扩张，希特勒明确指出，必须"阻止德国向欧洲西南部发展"，唯一的选择就是"并力东向"④。他毫不隐晦地说，要取得新的领土，"只有在东方才有可能……只有在主要是牺牲俄国的情况下才有可能，这就是说，新帝国必须再一次沿着古代条顿武士的道路向前进军，用德国的剑为德国的犁取得土地，为德国人民取得每天的面包"⑤。所以，"我们一说到在欧洲开拓新地时，我们就不得不想到俄国及其边境的国家"⑥。1933 年希特勒上台后，不止一次地对同僚说："俄国将成为我国的印度。"

"巴巴罗萨"计划的第二部分就是要把苏联变成德国殖民地。⑦ 不仅如此，为了给德意志民族腾出"生存空间"，希特勒还拟定了从肉体上消灭苏联居民的计划。1941 年 3 月初，希特勒在召集三军首脑和重要的陆军战地指挥官开会时明确指出，对俄国的战争"是一场意识形态和种族差别的斗争，必须以空前的、残酷无情的严厉方式进行。……破坏了国际法的德国士兵……应予以宽恕。俄国没有参加海牙公约，因此它不能根据这个公约而享受任何权利"⑧。3 月 27 日，德国陆军总司令、陆军元帅勃劳希契向他的东路军司令宣布，"部队必须清楚，斗争将一个种族一个种族的来，并且会进行得相当残酷"⑨。6 月底，党卫军的"阿道夫·希特勒"旗卫队在跨越苏联边境之前接到特殊命令，"你是这块土

---

① 〔德〕希特勒：《我的奋斗》，董霖、佩萱译，黎明书局 1934 年版，第 341、347 页。
② 〔美〕威廉·夏伊勒：《第三帝国的兴亡》（上卷），第 95 页。
③ 〔美〕威廉·夏伊勒：《第三帝国的兴亡》（上卷），第 95 页。
④ 〔德〕希特勒：《我的奋斗》，第 348 页。
⑤ 〔美〕威廉·夏伊勒：《第三帝国的兴亡》（上卷），第 95 页。
⑥ 〔德〕希特勒：《我的奋斗》，第 348 页。
⑦ 〔俄〕列夫·别济缅斯基：《交战前夕的希特勒和斯大林》，第 370 页。
⑧ 〔美〕威廉·夏伊勒：《第三帝国的兴亡》（下卷），第 974 页。
⑨ 〔英〕伊恩·克肖：《希特勒》（下卷），第 281 页。

地上至高无上的统治者！你手掌民众的生杀大权！""我们需要没有俄罗斯人的辽阔的俄罗斯！"因此，旗卫队的党卫队员们要把苏联的城市和乡村夷为平地，在身后留下一片焦土。① 1941年7月中旬，希特勒召集纳粹领导人开会讨论了第三帝国警察总监、纳粹党卫队帝国长官海因里希·希姆莱负责制定的"'轴心'总计划"，准备在占领"东方领土"后，把3100万—5100万斯拉夫人从德国占领的土地上"迁出"——这是纳粹"屠杀斯拉夫人的一个习惯用语"。而剩下的白俄罗斯、乌克兰和俄罗斯联邦的所有居民都将被"迁往"乌拉尔和西伯利亚，以便为德国人最终在那里定居扫平道路。②

由于纳粹领导人把德国与苏联之间的战争看成是国家社会主义与"犹太-布尔什维克"主义之间的生死较量，甚至"把苏联政府和共产主义思想视为犹太人用来控制世界的工具"③，所以，在实施"轴心"总计划以前，纳粹首先要"彻底解决犹太人问题"④。1941年2月21日，纳粹宣传部门就建议德国军队专门为苏联军队和民众设计宣传册。4月之后，德国人印制的俄文报纸上大肆鼓吹，德军作为解放者帮助俄国人消灭了"犹太共产主义"。纳粹宣传部长戈培尔把攻击目标直接指向斯大林及其犹太支持者，其中米霍埃尔斯首当其冲，他成为纳粹宣传中最憎恶和最鄙视的人物之一。⑤在入侵苏联前3个月，希特勒、希姆莱和第三帝国国家安全总局局长莱因哈德·海德里希扩建了党卫军特别行动队——灭绝行动队。特别行动队受命跟随德国陆军战斗部队一起进入苏联，在作战部队后方不受限制的执行"最后解决"犹太人的任务。

---

① 〔德〕亨·埃伯利、马·乌尔编:《希特勒档案》, 第104页。
② 〔俄〕列夫·别济绵斯基:《交战前夕的希特勒和斯大林》, 第370、372页。The Jewish Black Book Committee, *The Black Book: The Nazi Crime against the Jewish People*, New York: Duell, Sloan and Pearce, 1946, p.305.
③ *The Black Book: The Ruthless Murder of Jews by German-Fascist Invaders Throughout the Temporarily-Occupied Regions of The Soviet Union and in the Death Camps of Poland during the War of 1941-1945*, Prepared under the editorship of Ilya Ehrenburg & Vasily Grossman, Translated from the Russian by John Glad and James S. Levine, New York: Holocaust Library, 1981, p.XV.
④ 〔俄〕列夫·别济绵斯基:《交战前夕的希特勒和斯大林》, 第371页。
⑤ Arno Lustinger, *Stalin and the Jews: The Red Book: The Tragedy of the Jewish Anti-Fascist Committee and the Soviet Jews*, pp.103-104.

1941年5月，这些特别行动队的关键人物在莱比锡东北部普雷奇的一所警察学校里组合完毕。新扩建的特别行动队由来自德国各地的3000名精壮士兵组成①，分为A、B、C、D四个支队。A支队由沃尔特·施塔勒克领导，跟随北方军团，负责波罗的海三个共和国和列宁格勒地区；B支队由阿图尔·内贝领导，附属于中央军团，负责白俄罗斯和通往莫斯科的地区；C支队由奥托·拉施领导，负责西部领域活动（利沃夫、瑞尼、日托米尔、基辅、库尔斯克、波尔塔瓦、哈尔科夫）；D支队由奥托·奥仑道夫领导，跟随第11军团在乌克兰南部、克里木和北高加索活动。②5月下旬，海德里希在对特别行动队进行培训时说："根据帝国的目标，作为东方布尔什维克主义源头的犹太人必须被消灭。"③6月1日，海德里希向120名纳粹党卫军派遣队头目下达命令，"东方的犹太人是布尔什维克的思想库，元首的意思是全部消灭掉"④。奥托·奥仑道夫战后在纽伦堡受审时也坦白，在入侵前几天，他们接到希姆莱和海德里希的命令：必须清除苏联领土上的所有犹太人。⑤所谓"清除"就是"杀死"，包括妇女和儿童在内。⑥

为了最大限度地保密，这四个支队都是由口头命令来指挥完成屠杀犹太人的任务。这些命令由希特勒下达给希姆莱，然后到海德里希的国家安全部，再到保安处的第四分部，接着是艾希曼和他的犹太事务处，最后传

---

① Arno Lustinger, *Stalin and the Jews: The Red Book: The Tragedy of the Jewish Anti-Fascist Committee and the Soviet Jews*, p.102.〔德〕德克劳斯·费舍尔：《德国反犹史》，钱坤译，译林出版社2007年版，第408页。
② 〔德〕德克劳斯·费舍尔：《德国反犹史》，第408页。*The Black Book: The Ruthless Murder of Jews by German-Fascist Invaders Throughout the Temporarily-Occupied Regions of The Soviet Union and in the Death Camps of Poland during the War of 1941-1945*, Prepared under the editorship of Ilya Ehrenburg & Vasily Grossman, Translated from the Russian by John Glad and James S. Levine, p.XVI.
③ 〔英〕伊恩·克肖：《希特勒》（下卷），第301页。
④ 〔英〕马丁·吉尔伯特：《二十世纪世界史》，第2卷（上），1933—1951，第411页。根据德国总理府长官汉斯·拉麦斯战后在纽伦堡审判中交代，希特勒关于"最后解决犹太人问题"的命令是由戈林传达给海德里希的。参见〔美〕威廉·夏伊勒：《第三帝国的兴亡》（下卷），第1133页。
⑤ 〔德〕德克劳斯·费舍尔：《德国反犹史》，第409页。
⑥ 〔美〕威廉·夏伊勒：《第三帝国的兴亡》（下卷），第1126页。

达到特别行动队和负责集中营的骷髅小组。① 由此可见，在对待犹太人的问题上，德国人一开始就是"怀着集体屠杀的念头"入侵苏联的。②

事实上，纳粹对犹太人的屠杀从战争爆发第一天就开始了。在从波罗的海三国到白俄罗斯、乌克兰的广袤的沦陷区，德军烧杀抢掠，无恶不作。③ 而紧随其后的党卫军特别行动队则专门负责围捕追杀犹太人。为了蛊惑当地居民参与消灭犹太人的行动，纳粹主要采取了两项措施：

一是加强反苏和反犹主义宣传。在德占区，反犹宣传是德军的日常工作之一。德军的政治宣传部门为此印发了大量的宣传材料。仅1941年9月发行的一本小册子就印发了1.6亿册，其中写道："揍犹太佬，政治委员！揍他的鼻子！政治委员们强迫你们做无谓的抵抗。赶走政治委员们！跑到德国人这边来！"政治委员自然就画得像个"犹太人"④。纳粹的宣传工作在乌克兰和波罗的海国家最为成功。在乌克兰，部分乌克兰人把德军当作"解放者"来欢迎，并积极加入与德国人合作的行列。9月16日，党卫军特别行动队和乌克兰民兵把几百名犹太人带到乌克兰的乌曼城外，逼着他们一排排站好，脱光身子，然后用机关枪向他们扫射。德国兵从正在给婴儿喂奶的妇女怀中抢走她们的孩子，用手枪柄或枪管将他们砸死，然后扔进沟里的死人堆。⑤

二是建立地方警察组织。在纳粹占领的最初5个多月里，党卫军特别行动队宣传、动员当地的波罗的海人、乌克兰人、俄罗斯人、哥萨克人、白俄罗斯人、鞑靼人等志愿者，建立了170多个机动警察营。乌克

---

① 〔德〕德克劳斯·费舍尔：《德国反犹史》，第410页。希特勒的贴身女秘书克里斯塔·施罗德断言，死亡集中营里发生的一切，希姆莱都明确地告诉过希特勒。但是，希特勒却有意防止把自己的名字与大屠杀联系在一起。他没有签发过一份屠杀犹太人的文件，特别是"最后解决犹太人问题的文件"。"希特勒和希姆莱之间的所有对话都是在关得严严实实的门后面，是在他们两人之间秘密进行的。"为了维护"元首的人格"，希姆莱总是站出来公开承担大屠杀的所有责任。参见〔德〕克里斯塔·施罗德：《在希特勒身边12年——希特勒贴身女秘书回忆录》，王南颖、金龙格译，作家出版社2006年版，第180页。

② 〔德〕德克劳斯·费舍尔：《德国反犹史》，第412页。

③ 《骑兵集群司令部就多瓦托尔骑兵集群的行动给西方面军军事委员会的报告（不早于1941年9月2日）》，载沈志华总主编：《苏联历史档案选编》，第19卷，第85—86页。

④ Arno Lustinger, *Stalin and the Jews: The Red Book: The Tragedy of the Jewish Anti-Fascist Committee and the Soviet Jews*, p.105.

⑤ 〔英〕马丁·吉尔伯特：《二十世纪世界史》，第2卷（上），1933—1951，第435页。

兰的志愿警察身着黑色制服,全副武装。正是在他们帮助下,纳粹才得以顺利的甄别、追捕当地犹太人。这些地方警察帮助德国人监视犹太社区、看守为消灭犹太人而设立的集中营,积极参加对犹太人进行集体迫害、大规模屠杀等各种犯罪活动。在波罗的海三国和比萨拉比亚等地,有 50 万名犹太人因此而遭到杀戮。[①] 当然,这些帮凶也大获其利。他们趁机侵占了犹太人的房子,夺取了犹太人的财产。后来,根据希姆莱的命令,乌克兰的警察被正式编入党卫军分队。

  希特勒非常关注并且随时都要掌握特别行动队屠杀犹太人的进展情况。[②] 这无疑刺激了特别行动队的屠杀欲望。特别行动队指挥官甚至展开了激烈的杀人比赛,争当杀人魔王。1941 年 6 月 27 日上午,德国 309 警察部队魏斯少校率领的摩托化部队占领了比亚韦斯托克,在犹太社区大开杀戒。"他们把犹太人从家里抓出来,靠墙站着,用排枪射死。"德军不仅在大街小巷追杀犹太人,把手榴弹扔进犹太人的房子里,而且纵火焚烧了苏尔霍夫区的犹太大会堂及比邻街区的木房屋,关在犹太大会堂的 800 多名犹太人被活活烧死,同时德国人不断地把犹太人赶进火海。手榴弹的爆炸声、手枪射击声、德国兵的狂叫声、受害者的惨叫声混成一片。2000 名犹太人被烧死或枪杀,其中包括著名的棋手扎布路多斯基和著名喜剧演员奥尔特·斯坦伯格。[③] 1941 年 7 月初,德军攻占斯摩棱斯克的农村小镇什克洛夫镇后,枪杀了几乎所有的犹太居民,共约 6000 名男子、妇女和儿童,然后全部埋入镇外的土坑。[④] 在比萨拉比亚,一支党卫军的特别行动队在 7 月中上旬屠杀了 10000 名犹太人。8 月 28 日,特别行动队在立陶宛的吉戴龙亚镇屠杀了"10 名犹太男人,767 名犹太妇女和 599 名犹太儿童"。[⑤] 1941 年 9 月 19 日,德军占领乌克兰首都基辅。纳粹分子开始洗劫商店,拘留、殴打、枪杀犹太人,并且焚烧犹太人居住的街区,把犹太人驱赶进熊熊大火之中。随后几天,第

---

① Arno Lustinger, *Stalin and the Jews: The Red Book: The Tragedy of the Jewish Anti-Fascist Committee and the Soviet Jews*, pp. 102-103.
② 〔德〕德克劳斯·费舍尔:《德国反犹史》,第 421 页。
③ 〔英〕马丁·吉尔伯特:《二十世纪世界史》,第 2 卷(上),1933—1951,第 418—419 页。
④ 〔英〕奥兰多·费吉斯:《耳语者:斯大林时代苏联的私人生活》,第 403 页。
⑤ 〔英〕马丁·吉尔伯特:《二十世纪世界史》,第 2 卷(上),1933—1951,第 429、433 页。

聂伯河上常常漂浮着被折磨致死的老人和孩子发胀的尸体。9月22日，基辅市的大街上贴满了乌克兰语的报纸，报上鼓吹"犹太人、共产党员、政委和游击队将会被消灭。承诺杀死一个游击队员或共产党员奖励200卢布"。盖世太保们在街上检查、搜捕犹太人，许多被抓到的犹太人不仅遭到殴打，而且当晚就被枪毙了。①

德国军队也绝非善类。他们并非像犹太人当初想象的那么友善。虽然有少数军官反对屠杀犹太人，但大多数纳粹国防军很快就与特别行动队沦为一丘之貉。有一份报告揭露说，从苏德战争爆发第一天开始，特别行动队与国防军的各个部门"就达成了完美的共识"②。为了解除军队的后顾之忧，1941年12月中旬，德国国防军统帅部参谋长威廉·凯特尔元帅根据希特勒的指示下达了一个新的指令，宣称当前打击游击队的战争"与军人之间的友爱精神，以及对《日内瓦公约》的广泛共识毫无关系"。这是一场"没有任何禁忌、没有任何保留的战争"，即为了赢得胜利，允许并实际上鼓励军队可以使用"一切手段甚至杀害妇女和儿童"。而且，"在这场打击土匪及其帮凶的战争中，所有德国士兵都不会因为自己的行为，遭到纪律部门的起诉或军事法庭的审判"③。因此，军官、士兵与承担种族灭绝任务的特别行动队沆瀣一气。德军将领们不仅把犹太人亲手交给特别行动队，而且还与特别行动队密切合作，经常派自己的士兵去协助杀戮。作为德国进攻苏联的胁从国，罗马尼亚、匈牙利等国军队同样也对犹太人大开杀戒。不幸的是，"苏联犹太人经过了好几个月才弄明白这一切，想撤离已经来不及了"④。

纳粹屠杀犹太人的方式触目惊心，其中最残暴的就是集体屠杀。为了方便就地掩埋，特别行动队的刽子手们往往将村镇里的犹太人赶到沟渠或防坦克壕旁一字排开，然后枪杀。犹太人在被杀死前往往还要自掘

---

① *The Black Book: The Ruthless Murder of Jews by German-Fascist Invaders Throughout the Temporarily-Occupied Regions of The Soviet Union and in the Death Camps of Poland during the War of 1941-1945*, Prepared under the editorship of Ilya Ehrenburg & Vasily Grossman, Translated from the Russian by John Glad and James S. Levine, p.3.
② 〔德〕德克劳斯·费舍尔：《德国反犹史》，第417页。
③ 〔美〕戴维·M.克罗：《大屠杀：根源、历史与余波》，第301—302页。
④ 〔美〕汉娜·阿伦特：《艾希曼在耶路撒冷：一份关于平庸的恶的报告》，第111页。

坟墓。这些犹太人"或是坐在卡车里，或是七八十人一组地徒步前行，一路上不断受到残酷的鞭笞。20 至 25 岁的将要被杀死的年轻人会被带到离枪决地点 50 米的地方看守着，直到做好枪杀他们的准备工作。他们赤身裸体地站在坟墓旁……一丝不挂，然后被赶进坟墓，脸朝下躺在里面。德国人用来复枪和轻机枪射杀他们。这样，一组接一组的人被赶到坟墓里，脸朝下趴在上一批被枪杀的人身上"①。

奥托·奥仑道夫讲述了一个典型的杀人场面："特别行动队到了一个村庄或市镇以后，就命令当地犹太人中的头面人物把全体犹太人集合起来，说是要给他们'重新安置'。他们被勒令交出自己的贵重物品，并且在临刑前脱下外衣。他们被装上卡车押往刑场，刑场通常是在反坦克战壕里 —— 往往当场能杀死多少便装上多少。用这种办法是想使被害人从知道死到临头至真正被处决的这段时间越短越好。不一会儿，摆出一副战斗姿态的执刑队人员就枪杀这些站着或跪着的人，然后把尸体扔到壕沟里。我不许执刑的人单独枪决人，而是叫他们几个人放排枪，以避免个人直接承担责任。"

奥托·奥仑道夫还说："别的支队的领导人要求让被害人平伏在地上，从后颈射进子弹。"他不同意这种做法，原因是"这样做会使被害人和执刑的人心理上的负担过重"②。

纳粹集体屠杀犹太人最臭名昭著的事件就是巴比亚（英文名 Babi Yar，又译为娘子谷）大屠杀。1941 年 9 月 27—28 日，纳粹贴出通告，要求基辅市及其周边地区的犹太人在 9 月 29 日早上 7 点带上钱财、文件、贵重物品和暖和的衣服到犹太公墓附近的指定地点集合，未到者处死。9 月 29 日黎明时分，人们带着麻袋、包裹和各种箱子，扶老携幼，从四面八方汇入利沃夫大街。在德国巡逻队监督下，经过三天三夜的死亡行军，最后穿越一条荒山公路到达陡峭的巴比亚大峡谷。德国人每次从人群中分出 30—40 人，拿走了他们的文件和贵重物品。然后强迫每个人脱光衣服：男女老少，无一例外。德国人从赤裸的男人和女人的手

---

① 〔德〕德克劳斯·费舍尔：《德国反犹史》，第 416 页。
② 〔美〕威廉·夏伊勒：《第三帝国的兴亡》（下卷），第 1126—1127 页。

指上把戒指剥下来，随后把他们驱赶到深谷边缘。刽子手在无须瞄准的距离用自动步枪向他们疯狂射击。"人们掉下悬崖，小孩子则被活活地扔下去。许多人走到行刑地时疯掉了。"一批又一批的犹太人就这样被屠杀掉。① 9 月 29—30 日，有 33771 名犹太人惨遭枪杀。② 这是战争开始以来规模最大的一次屠杀。

起初，特别行动队对于妇女儿童的屠杀毫无二致。但是，1941 年 8 月 31 日，希姆莱在明斯克监狱目睹特别行动队行刑的血腥场面后，下令改变处决妇女儿童的方法，把她们装入毒气囚车处死。德国人为此专门研制了形似密闭货车的"毒气车"。特别行动队员以更换地方为由把被害人骗上囚车。车子一开动，司机就把毒气排到车里，不到一刻钟便可使人毙命。③ 但是毒气囚车一次只能处死 15—25 个人，根本无法满足希特勒大规模屠杀犹太人的要求。

在这种情况下，灭绝营和毒气室开始提上议事日程。1941 年夏季，希姆莱和德国红十字会会长、党卫军主任医师恩斯特·格拉维茨开始商讨如何完成对欧洲犹太人的集体屠杀问题，格拉维茨提议使用毒气室。随后，德国人开始选择灭绝营地点，投资研究毒气攻击技术。1941 年 11 月中旬，纳粹宣传部长戈培尔和希姆莱通过报刊和记者团体公开宣布，"对欧洲所有犹太人的生物灭绝行动已经开始了"。④ 1941 年底，第一个灭绝营和毒气室在波兰卢布林附近的乌热茨建立，1942 年 3 月投入使用；

---

① *The Black Book: The Ruthless Murder of Jews by German-Fascist Invaders Throughout the Temporarily-Occupied Regions of The Soviet Union and in the Death Camps of Poland during the War of 1941-1945*, Prepared under the editorship of Ilya Ehrenburg & Vasily Grossman, Translated from the Russian by John Glad and James S. Levine, pp. 5-7.

② Arno Lustinger, *Stalin and the Jews: The Red Book: The Tragedy of the Jewish Anti-Fascist Committee and the Soviet Jews*, p. 103. 娘子谷是位于乌克兰首都基辅西北的峡谷。据统计，二战期间，纳粹德国及其胁从在娘子谷总共杀害了 7 万名犹太人、罗姆人和苏联战俘。但是苏联政府一直反对在娘子谷举行纪念活动。1961 年，苏联著名诗人叶甫根尼·叶甫图申科打破禁忌，发表了诗歌《娘子谷》，反对苏联当局在娘子谷原址修建足球场和停车场。次年，著名作曲家德米特里·肖斯塔科维奇以该诗为基调，创造了《第十三交响曲》。1966 年，乌克兰作家安纳托里·库兹涅佐夫发表了纪实小说《娘子谷》，纪念大屠杀遇难者。直到 1991 年，人们才在这里建立了一座巨大的犹太纪念碑。参见〔美〕戴维·M. 克罗：《大屠杀：根源、历史与余波》，第 307—308 页。

③ 〔美〕威廉·夏伊勒：《第三帝国的兴亡》（下卷），第 1127 页。

④ 〔德〕德克劳斯·费舍尔：《德国反犹史》，第 421、423 页。

第二个灭绝营在波兰东部的索比布尔；第三个在特雷布林卡，位于波兰东北部，它的主要任务是消灭华沙隔都的犹太人；第四个在马伊达内克（距离卢布林1英里）；第五个即臭名昭著的奥斯维辛集中营，位于波兰南方的小城奥斯威辛，它有4个大毒气室和附设的火葬场，处死和焚化能力远超过其他灭绝营。波兰之所以被纳粹选为欧洲犹太人的灭绝中心，主要就是因为"它与欧洲其他地区隔绝，西方世界看不到它。很少有报道传出。世界其他国家将难以充分了解到纳粹的犯罪行为"①。

灭绝营的毒气室看上去与浴室差不多，男女老幼被告知是带他们去洗"淋浴"。受害者并不知道这个可怕的秘密，直到进入"浴室"的那一刻，他们才意识到那里是致命的毒气室。这时，门就会封死，毒气就会从天花板上的小孔里释放出来。大约二三十分钟后，所有的人都会在恐怖和挣扎中死去。然后，由乌克兰人和一些犹太男子组成的特别行动队员就会进去收集战利品（金表、黄金、钻石、戒指、项链、耳环、手镯、珠宝、金牙以及钞票，等等）。接着，特别行动队员便会把这些尸体通过电梯或者轨道货车运往焚尸炉，再将骨渣运到工厂磨成灰。最后，用卡车把骨灰运到河边撒入河水中。到1942年春季，这些灭绝营的毒气室每天可以杀掉25000名犹太人。②

纳粹对犹太人的屠杀已经到了丧心病狂的程度。仅仅5个月时间就有50万犹太人遭到屠杀。③从1941年6月到10月底，来自立陶宛的特别行动队指挥官卡尔·耶格尔率领他的手下在立陶宛和白俄罗斯杀害了133346名犹太人，然后骄傲的宣布，除了工作的犹太人及其家属外，"立陶宛已没有其他犹太人存在"，解决立陶宛犹太人的目标已经实现。而且，耶格尔的部队还是第一支对犹太妇女、婴儿和儿童大开杀戒的部队。④1942年1月31日，特别行动队A支队向希姆莱报告说，他们在波罗的海沿岸地区和白俄罗斯处决了229052名犹太人。犹太人较少的

---

① The Jewish Black Book Committee, *The Black Book: The Nazi Crime against the Jewish People*, p.305.
② 〔德〕德克劳斯·费舍尔：《德国反犹史》，第427页。
③ Nora Levin, *The Jews in the Soviet Union since 1917, Paradox of Survival*, Volume Ⅰ, p.401.
④ 〔德〕德克劳斯·费舍尔：《德国反犹史》，第417页。

爱沙尼亚已"没有犹太人"了。①

　　为了统一部署和落实"最后解决犹太人问题"中的各项工作，1942年1月20日，海德里希在柏林郊区的万湖主持召开了由德国政府各部和党卫队保安处各机构代表参加的一次重要会议，其中包括党卫军一级突击大队长、帝国中央保安局"犹太事务"专家阿道夫·艾希曼，党卫军高级总队长、党卫军"种族与安置事务办公室"负责人奥托·霍夫曼，波兰占领区次长及副总督约瑟夫·布勒博士，德意志帝国司法部次长、"人民法院"院长罗兰德·弗莱斯（Roland Freisler）博士，党卫军联队长、立即执行小组A分组指挥官、拉脱维亚占领区国家秘密警察与帝国保安部首脑鲁道夫·欧文·兰格博士等15人。海因里希明确指出，赫尔曼·戈林已经任命他为制定欧洲"犹太人问题""最终解决"方案的全权代表。该方案就是将犹太人全部驱赶至帝国的东方领土。在驱逐到东方的过程中以及之后，犹太人将被男女隔离，并实行强制劳动，这样很大一部分人将由于自身身体原因而被淘汰和处死，幸存者随后同样被消灭。为了确保"最终解决"方案顺利实施，所有相关中央机构立即启动协同行动。②"在最后解决欧洲犹太人问题的过程中，牵涉到的犹太人近1100万。"除了德国剩下的131800名犹太人外，俄国还有500万犹太人，乌克兰还有300万，波兰总督管辖区225万，法国75万，英国30多万。③15位与会代表虽然没有就到底通过集体屠杀、毒气致死还是以饥饿、疾病和过度劳累致死的屠杀方式达成一致意见，但无一例外"都赞同灭绝所有欧洲犹太人的政策"。这表明"一个更为广泛的政府团体（不仅仅是希特勒和其纳粹党卫军）认可了最终解决方案，并制定出实施的程序和方法"④。

　　因此，欧洲犹太人特别是苏联犹太人的命运到了生死关头。

---

① 〔美〕威廉·夏伊勒：《第三帝国的兴亡》（下卷），第1130页。
② 〔美〕戴维·M.克罗：《大屠杀：根源、历史与余波》，第353—355页。
③ 〔美〕威廉·夏伊勒：《第三帝国的兴亡》（下卷），第1133页。
④ 〔德〕德克劳斯·费舍尔：《德国反犹史》，第426页。

第二节　苏联内政外交政策的变化与犹太人
　　　　反战热情的高涨

一、苏联内政外交政策的变化

苏德战争的爆发和苏联在战争初期的溃败不仅打破了当时的世界格局，而且使苏联面临致命的威胁。这对苏联的内政外交政策产生了重大影响。

在对内政策方面，苏联共产党（布）和苏联政府面临的当务之急就是如何团结全国人民，"迅速动员苏联各族人民的一切力量"[①]，支援红军和红海军，粉碎希特勒德国的进攻，争取卫国战争胜利。1941年6月22日中午12时15分，苏联人民委员会第一副主席、外交人民委员莫洛托夫向全国民众发表了广播讲话。他以苏联政府的名义公开号召苏联男女公民们要更加紧密地团结在光荣的布尔什维克党的周围，团结在苏维埃政府周围，团结在伟大的领袖斯大林同志周围。红军和苏联全体人民要像当年俄国人民打败拿破仑那样，"为了祖国、尊严和自由……再次进行胜利的卫国战争"。莫洛托夫说，苏联政府坚信"我国全体居民，全体工人、农民和知识分子们，男女同胞们，将以应有的觉悟对待自己的义务和自己的劳动。我们全体人民现在应比任何时候都更加团结和统一。为了保障红军、海军和空军的一切需要，为了保障战胜敌人，我们每一个人都应当要求自己和他人具备一个真正的爱国者所应有的纪律性、组织性和献身精神"[②]。由于苏联当局收缴了普通民众的收音机，所以民众只能通过公共场合和挂满大街小巷的圆喇叭去收听日常新闻。正是在莫洛托夫讲话之后，苏联人民才获悉德国进攻了苏联，战争已经全面爆发。6月29日，联共（布）中央和苏联政府颁布训令，其基本思想是"一切为了前线，一切为了胜利"。这是党在战争中提出的团结苏

[①]　《斯大林文集（1934—1952）》，第294页。
[②]　《莫洛托夫1941年6月22日的广播讲话（定稿）》，载沈志华总主编：《苏联历史档案选编》，第16卷，第225—226页。

联民众的口号。训令指出:"现在一切取决于我们是否善于迅速组织起来和行动起来,不浪费一分一秒的时间,不放过任何一个同敌人斗争的机会。"①为了全面有效地领导卫国战争,1941年6月30日,苏联成立了战时拥有全权的特设最高国家机构——国防委员会,斯大林任主席,莫洛托夫任副主席,负责领导国家一切部门及其机构的活动。

1941年7月3日,在苏联历史上最残酷、最血腥的战争爆发12天后,斯大林向全国民众发表了广播讲话。在其亲自撰写的未经任何人修改的讲稿中②,斯大林第一次以"兄弟姊妹们""我的朋友们"这种"异乎寻常"③的亲切称谓来称呼自己的人民,"不再提阶级斗争或意识形态"。当时担任《红星报》前线记者的西蒙诺夫回忆说:"已有很长一段时间没人那样与我们讲话了。这些年来,我们因缺乏友谊而深受危害。"许多前线士兵和普通民众因此"感动得热泪盈眶"④。绝大多数苏联人"都把斯大林精心准备的讲话视为慈父般的鼓励和美好生活的许诺"⑤。

斯大林在讲话中指出,由于希特勒把战争强加于苏联人民,所以苏联"已经同最凶恶而阴险的敌人——德国法西斯主义展开了殊死的搏斗"。绝不能把这场战争"看成普通的战争",它"不仅是两国军队之间的战争","同时是全体苏联人民反对德国法西斯军队的伟大战争"。敌人的目的"是要侵占我们用自己的汗水浇灌出来的土地,掠夺我们用自己的劳动获得的粮食和石油。他们的目的是要恢复地主政权,恢复沙皇制度,摧残俄罗斯人、乌克兰人、白俄罗斯人、立陶宛人、拉脱维亚人、爱沙尼亚人、乌兹别克人、鞑靼人、摩尔达维亚人、格鲁吉亚人、亚美尼亚人、阿塞拜疆人以及苏联其他各自由民族的民族文化和国家制度,把他们德意志化,把他们变成德国王公贵族的奴隶"。因此,"这是苏维埃国家生死存亡的问题,是苏联各族人民生死存亡的问题,是苏联各族人民享受自由还是沦为奴隶的问题"。

---

① 〔苏联〕A. M. 华西列夫斯基:《华西列夫斯基元帅战争回忆录》,第99页。
② 〔苏联〕费·丘耶夫:《同莫洛托夫的140次谈话》,第61页。
③ 〔俄〕伊利亚·爱伦堡:《人·岁月·生活》(下卷),第222页。
④ 〔英〕奥兰多·费吉斯:《耳语者:斯大林时代苏联的私人生活》,第405页。
⑤ 〔俄〕普列沙科夫:《斯大林的失误:苏德战争前十天的悲剧》,王立平、王世华译,宁夏人民出版社2008年版,第265页。

为了消除苏联面临的严重危险，赢得卫国战争的胜利，斯大林要求苏联人必须动员起来，立即按照战时方式改造全部工作，"使一切都服从于前线的利益，都服从于组织粉碎敌人的任务"。"苏联各族人民应当奋起反对敌人，保卫自己的权利和自己的国土。"斯大林说："红军、红海军和苏联全体公民都应当捍卫每一寸苏联国土，应当为保卫我国的城市和乡村战斗到最后一滴血，应当表现出我国人民所固有的勇敢、主动和机智。"他强调指出："我们应当组织对红军的全面支援，保证大力补充红军队伍，保证供应红军一切必需品，组织军队和军用物资的迅速运输，以及广泛救护伤员。"他同样号召全国人民团结在党和政府周围，"以忘我的精神支援红军和红海军，粉碎敌人，争取胜利"①。

在战争爆发当天，苏联政府就下令征募1905—1918年出生的所有男性。1941年6月底，征召的预备役军人已经超过500万，先后组建了将近200个师，以便补充西部被消灭的集团军。在列宁格勒、莫斯科等前线地区，苏联政府开始动员民众修筑反坦克壕沟、战壕和散兵坑、地下掩蔽部、混凝土机枪掩体等一系列大型设施。由于适龄男子已经参军，成千上万的妇女被抽调来从事这些危险的体力活，其中不少人死于德国飞机的扫射和轰炸。6—7月，大约5万名来自莫斯科大学、国家教育学院等高校的男女大学生被派到通往莫斯科的道路上修建防御工事。②1941年10月莫斯科战役打响后，一星期内就有50万莫斯科妇女被动员前来挖掘反坦克壕。③时任西方面军司令员朱可夫回忆说："几十万莫斯科人不分昼夜地构筑环绕首都的防御工事。10月和11月，仅构筑防御内线就有约25万人参加，其中3/4是妇女和少年。"④不仅如此。为了配合红军作战，1941年7月4日，国防委员会下令动员20万莫斯科市民和7万莫斯科州居民加入民兵师，并要求以区为单位动员莫斯科市的工人、职员和学生参加民兵，组建25个师。因为缺乏红军干部，只好选拔各区的工人、职员及学生担任组建的民兵师的士兵、班长、50%的排级指挥

---

① 《斯大林文集（1934—1952）》，第290—294页。
② 〔英〕罗德里克·布雷思韦特：《莫斯科1941：战火中的城市和人民》，第131、117页。
③ 〔英〕马丁·吉尔伯特：《二十世纪世界史》，第2卷（上），1933—1951，第439页。
④ 〔苏联〕Г. К. 朱可夫：《朱可夫元帅战争回忆录》，第433—434页。

员、40%的连级指挥员、医务人员和所有政工人员。① 全国的艺术家和作家也被征召入伍。"许多人被直接招募进了武装部队，很多人都牺牲了。不管是男是女，任何人都不能豁免在莫斯科周围挖防御工事的劳动，也不能逃脱空袭期间在屋顶上负责防火值班的责任。"②

与此同时，纳粹的暴行激起了苏联人民的强烈愤慨。法西斯军队所到之处，尸横遍野，血流成河，千村成灰，万户人绝。因此，"这场战争不仅是两国军队之间的战争。它同时是全体苏联人民反对德国法西斯军队的伟大战争"③。苏联各族人民的反战热情空前高涨。"在工作场所，在大学，在部队的征兵站，在地方党团办公室，人们纷纷报名参战。他们的出身背景各不相同：老知识分子、政府和党的官员构成的'新阶层'、'技术型知识分子'，以及原来的生活方式被集体化运动毁灭后涌进城市的农民。学生、工人、舞蹈演员、演员和音乐家们，跟他们的老师、老板们一起成群结队地自愿报名。"④ 成千上万的工人、集体农庄庄员和知识分子同红军一道奋起反击来犯的各国法西斯军队。"当时绝大多数人都表现出强烈的义务感，在前线，在后方，奋不顾身抗击敌人。"⑤ 莫斯科和列宁格勒的劳动者也"开始成立有成千上万人的民兵队伍来支援红军"⑥。"乌克兰首都数十万劳动人民奋起支援军队。"⑦ 工人、职员、家庭妇女、中学生都要求派他们去保卫基辅。俄国东正教会代理牧首谢尔盖也数次呼吁广大的教会神职人员和全体教徒"为保卫祖国神圣的边界建立功勋"，"为了基督教的文明，为了信仰和宗教的自由"，对希特勒分子"进行圣战"⑧。

斯大林的讲话不仅"激发了士气，坚定了人民抵抗的决心"，而且

---

① 《国防委员会"关于动员莫斯科市及莫斯科州劳动者自愿加入民兵师"的决定（1941年7月4日）》，载沈志华总主编：《苏联历史档案选编》，第19卷，第24—25页。
② 〔英〕罗德里克·布雷思韦特：《莫斯科1941：战火中的城市和人民》，第122页。
③ 《斯大林文集（1934—1952）》，第293页。
④ 〔英〕罗德里克·布雷思韦特：《莫斯科1941：战火中的城市和人民》，第95—96页。
⑤ 李莎：《我的中国缘分：李立三夫人李莎回忆录》，李英男、姜涛编译，外语教学与研究出版社2009年版，第106页。
⑥ 《斯大林文集（1934—1952）》，第293页。
⑦ 〔苏联〕И. X. 巴格拉米扬：《战争是这样开始的》，赖铭传译，解放军出版社1984年版，第207页。
⑧ 乐峰主编：《俄国宗教史》（上册），第146页。

"构成了战争的一个转折点"①。苏联政府很快停止了无神论宣传,放松了对东正教、犹太教及其他宗教的压制和迫害,重新开放了封闭 20 多年的教堂和犹太会堂②,并且鼓励各族人民特别是非俄罗斯族的群众通过表达民族主义感情和宗教情感来激发爱国主义热情。"其目的就是为了加强团结,齐心抗敌。"③ 以色列著名历史学家本杰明·平库斯指出,苏联当局在战争年代"相对放松了正在进行的反对民族主义'分裂'的斗争……这种放松是出于在对德战争中团结所有苏联人民的需要,但它同时也促使苏联各民族的知识分子精英利用这些环境更自由的表达他们自己的民族情感"④。英国学者以赛亚·伯林指出:"党的领导人很清楚这股激昂的民族感情在激励人民抵御外敌方面发挥着不可替代的重要心理作用。局势的发展显然已经不容许像战前那样不遗余力地灌输共产主义的教条;赢得这场战争靠的是对祖国而不是对意识形态的一片赤诚之心。"⑤1941 年 9 月,斯大林曾经坦率地告诉美国驻苏联大使威廉·哈里曼说:"他不存幻想,俄国人民如他们往常做过的那样正在'为他们的祖国,不是为我们'而战,也就是说不是为共产党而战。"⑥ 于是,20 多

---

① 〔英〕罗德里克·布雷思韦特:《莫斯科 1941:战火中的城市和人民》,第 88 页。
② 在推动苏联放松对国内宗教的限制方面,美国总统罗斯福也发挥了重要影响。由于美国的天主教徒不满苏联对教会的打压,极力反对美国在战争期间援助苏联。因此,1941 年 9 月底,英美代表团在莫斯科同苏联领导人协商对苏援助问题时,美国代表团团长哈里曼向斯大林等人多次表明美国舆论对苏联宗教自由的关切。苏联驻美国大使乌曼斯基保证说:"苏联人原已准许宗教礼拜,今后还要减少限制而且会有必要的传布。"并承诺苏联政府将对罗斯福总统关于宗教的公开声明做出回应。斯大林也表示他愿意为此做一些事情。1941 年 10 月,罗斯福采取了许多措施敦促苏联实行宗教自由。结果,1943 年 9 月 5 日,斯大林在克里姆林宫办公室接见了都主教阿列克谢、谢尔盖和尼古拉,进行了一个多小时的会谈。这在苏联历史上是前所未有的事情。参见〔美〕舍伍德:《罗斯福与霍普金斯:二次大战时期白宫实录》(上册),福建师范大学外语系译室译,商务印书馆 1980 年版,第 528—530 页;〔美〕罗伯特·达莱克:《罗斯福与美国对外政策(1932—1945)》(上册),第 429—431 页;《斯大林克里姆林宫办公室来客登记簿(二)》,载沈志华总主编:《苏联历史档案选编》,第 20 卷,第 381—382 页。
③ Bernard D. Weinryb, "Anti-semitism in Soviet Russia", *The Jews in Soviet Russia since 1917*, edited by Lionel Kochan, p.309.
④ Benjamin Pinkus, *The Jews of the Soviet Union: The History of a National Minority*, p.145.
⑤ 〔英〕以赛亚·伯林:《苏联的心灵:共产主义时代的俄国文化》,潘永强、刘北成译,译林出版社 2010 年版,第 104 页。
⑥ 〔美〕W. 艾夫里尔·哈里曼、伊利·艾贝尔:《哈里曼回忆录》,吴世民等译,东方出版社 2007 年版,第 621 页。

年来人们第一次开始感觉到一种前所未有的宽松气氛。尽管身处战争之中，随时可能面对死亡，但人们"却出乎意料地找到了自由，做起自己的主人"，甚至"觉得自己成了真正意义上的公民"，这种感觉"之前没有，之后也没有"。这种"新兴的自由感"在很大程度上就来自于当时苏联当局放宽了"对政治和宗教的控制"[1]。因此，"在战争的苦难中，宗教复活了，并有所发展"[2]。1942年4月，莫斯科、列宁格勒、哈尔科夫的犹太会堂里挤满了祈祷者，苏联犹太人举行了隆重的仪式，庆祝犹太教的传统节日——逾越节。

在对外政策方面，苏联面临的形势更为严峻。曾经担任苏联外交部长的安·安·葛罗米柯指出："从伟大卫国战争最初时日起，苏联对外政策的基本任务是：大力促使保障有利的国际条件，以便组织对敌人的反击，并在今后彻底粉碎法西斯侵略者和把欧洲各国人民从法西斯的奴役下解放出来。苏联及其外交致力于加强反希特勒同盟，开辟第二战场，尽管通向这一目标的道路是漫长而艰难的。"[3] 简而言之，苏联在对外政策方面的主要任务就是如何与英国、美国等反法西斯盟国建立稳定可靠的同盟关系，争取一切可能的国际援助，打败法西斯德国，解放苏联及欧洲各国人民。

苏联在外交领域面临的困扰并非来自英美领导人。对于英美而言，德国突然进攻苏联"看起来几乎像一桩从天上掉下来的幸运的事"[4]。尽管英国首相丘吉尔号称"头号反共人物"，并且坚持认为"纳粹制度同共产主义最坏的特征相比较，并没有什么区别"，在过去25年中，没有一个人像他这样"始终一贯地反对共产主义"，但他明白，希特勒"进攻俄国，只不过是企图进攻不列颠诸岛的前奏"。一旦打败苏联，纳粹德国必然会集中全力进攻英美。所以，帮助苏联并非"同流合污"，其实就是帮助英美自己。[5] 美国政府虽然也认为，"共产独裁政权"与"纳

---

[1] 〔英〕奥兰多·费吉斯：《耳语者：斯大林时代苏联的私人生活》，第453、457页。
[2] 〔南斯拉夫〕米洛凡·吉拉斯：《同斯大林的谈话》，司徒协译，世界知识出版社1989年版，第34页。
[3] 〔苏联〕安·安·葛罗米柯：《回首往事》（上），第99页。
[4] 〔美〕舍伍德：《罗斯福与霍普金斯：二次大战时期白宫实录》（上册），第416页。
[5] 〔英〕温斯顿·丘吉尔：《第二次世界大战回忆录》，第3卷，第1146—1148页。

粹独裁政权的宗旨和学说一样"，都是同合众国人民的信念"不相容和无法接受的"，但是，罗斯福总统指出："希特勒的军队今天是对南北美洲的主要威胁"①，"希特勒是人类公敌，因此他愿意在苏联对德作战中给予援助"②。由此可见，丘吉尔和罗斯福在联苏抗德这一重大问题上是英雄所见略同。

其实，就在苏德战争爆发前一天，丘吉尔和罗斯福已经达成共识：只要德国进攻苏联，英美就将"欢迎俄国为同盟国"。因此，在6月22日德国开战的当天晚上，丘吉尔就通过英国广播公司（BBC）发表演讲，明确表示，"俄国的危难就是我们的危难，也是美国的危难"，"我们将要对俄国和俄国人民进行我们能够给予的一切援助"③。6月24日，罗斯福总统也在记者招待会上保证将向苏联提供一切可能的援助。④ 7月7日，丘吉尔致电斯大林说："我们要在时间、地域和我们日益增长的资源所允许的范围内尽力帮助你们。"⑤ 面对苏联红军的英勇抵抗，罗斯福在基本消除了援苏方面存在的疑虑后，开始紧急向苏联提供其6月30日正式要求提供的17.5亿美元的战争物资。7月10日，罗斯福在会见苏联驻美国大使康斯坦丁·乌曼斯基以及随后在致斯大林信中均明确表示，美国政府将提供一切可能的援助，包括弹药、武器以及其他物资，以应对苏联最迫切的需求，并希望在10月1日前把这批物资运到苏联。⑥ 7月26日到8月1日，根据丘吉尔的建议，罗斯福派他的亲密助手、高级顾问哈里·霍普金斯作为总统特使紧急访问苏联，与斯大林等苏联领导人就美国援苏问题进行了会谈。霍普金斯成为苏德战争期间第一位与苏联领导人会晤的西方使者。他的莫斯科之行成为"英美和苏联战时关系的转折点"。10月1日，英、美、苏三国在莫斯科签订了第一个

---

① 〔美〕富兰克林·德·罗斯福：《罗斯福选集》，关在汉编译，商务印书馆1982年版，第321页注释。
② 〔美〕舍伍德：《罗斯福与霍普金斯：二次大战时期白宫实录》（上册），第444页。
③ 〔英〕温斯顿·丘吉尔：《第二次世界大战回忆录》，第3卷，第1145、1147—1148页。
④ 〔美〕罗伯特·达莱克：《罗斯福与美国对外政策（1932—1945）》（上册），第406页。
⑤ 《丘吉尔先生给斯大林的私人信（1941年7月8日收到）》，载苏联外交部编：《1941—1945年苏联伟大卫国战争期间苏联部长会议主席同美国总统和英国首相通信集》，第1卷，第5页。
⑥ 〔美〕罗伯特·达莱克：《罗斯福与美国对外政策（1932—1945）》（上册），第407—408页。

"秘密议定书"，英美开始向苏联提供从坦克、飞机、驱逐舰到陆军长筒靴的各种援助。10月30日，罗斯福致电斯大林，美国决定向苏联提供10亿美元无息贷款，用于购买向苏联提供的军火和原料，并规定苏联在战争结束5年后再开始偿还。① 斯大林回电说："苏联政府以衷心感谢的心情接受这个决定"，并且认为这是"给予苏联的重大援助"②。11月7日，在德军兵临莫斯科城下之际，罗斯福宣布把苏联正式纳入《租借法案》物资接受者之列。11月29日，第三帝国武装力量和军需部长弗里茨·托特博士告诉希特勒："只要盎格鲁-撒克逊人为苏联提供武器，用其工业优势来支持他们，我们就不可能在军事上赢得这场战争。"③

尽管丘吉尔向斯大林承诺，"我们要在时间、地域和我们日益增长的资源所允许的范围内尽力帮助你们"④，但是，由于英国深受战争摧残，能力有限，甚至就连英国本身都有赖于美国《租借法案》的援助，所以，苏联所需的资源事实上都掌握在美国人手里。⑤ 1941年7月底，斯大林在与霍普金斯会谈时指出，尽管他有信心，苏联军队能够顶得住德国军队，但到来年春天，供应问题将成为一个严重的问题，因此苏联需要美国的帮助。他请霍普金斯把这一情况转告罗斯福总统。同时，斯大林还坦言，"德国力量如此之大，因而就算是俄国可以捍卫自己，但英俄两国联合起来，想要粉碎德国的战争机器，也是戛戛乎其难的"。但是，"靠一件事便能打败希特勒，也许连开一枪都用不着，那就是宣布美国即将参加对德战争"⑥。因此，美国在苏联外交政策中"第一次被提

---

① 〔美〕舍伍德：《罗斯福与霍普金斯：二次大战时期白宫实录》（上册），第463、532、535页。
② 《约·维·斯大林致弗·罗斯福》，载苏联外交部编：《1941—1945年苏联伟大卫国战争期间苏联部长会议主席同美国总统和英国首相通信集》，第2卷，宗伊译，世界知识出版社1963年版，第10页。
③ 〔英〕马丁·吉尔伯特：《二十世纪世界史》，第2卷（上），1933—1951，第445页。
④ 〔英〕温斯顿·丘吉尔：《第二次世界大战回忆录》，第3卷，第1151页。
⑤ 朱可夫在战后与苏联著名作家西蒙诺夫谈话时曾经指出："如果从经济的角度出发，谈论我们对战争的准备情况，不能隐瞒从盟国一方获得援助这一因素。当然，首先要提到的是从美国人那里获得的援助，因为在这方面英国人对我们的帮助很有限。"参见〔俄〕索科洛夫：《二战秘密档案》，张凤译，中国广播电视出版社2005年版，第180页。
⑥ 〔美〕舍伍德：《罗斯福与霍普金斯：二次大战时期白宫实录》（上册），第462—463页。

到了首位"①。

面对共同的敌人,苏联与英美虽然都渴望合作,但是还有两个障碍横在双方之间:

首先,由于历史和现实方面的多种纠葛,双方都有一道心理上的坎需要迈过去。对苏联来说,纳粹入侵的炮火一夜之间摧毁了斯大林苦心经营了近两年的苏德蜜月关系,苏联的亲德政策彻底破产。"按照事态发展的历史逻辑"②,苏联不得不与它多年来一直猜忌和敌视的英美结成盟友。对苏联领导人来说,这是一个非常尴尬的事情。1939年8月《苏德互不侵犯条约》签订后,苏联就背弃了英、法、美等西方民主国家。二战爆发后,苏联不仅为德国的侵略战争提供粮食、石油等各种资源,支持德国与英法作战,而且还与德国沆瀣一气,共同瓜分波兰及东欧国家的领土。更为严重的是,从1940年11月莫洛托夫出访德国到1941年4月《苏日中立条约》签订,苏联当局一直在努力寻求加入德意日法西斯集团,共谋瓜分世界。③ 斯大林曾经告诉日本外相松冈洋右说:"至于盎格鲁撒克逊民族,俄国人从来就不是他们的朋友,当然现在也不再希望同他们交朋友。"④ 1941年6月14日苏联塔斯社发表的辟谣文章中,强烈暗示英国政府及其驻苏大使斯塔福德·克里普斯就是不断制造苏德之间即将爆发战争的谣言的"敌对势力"⑤。

苏联的所作所为不仅加剧了与西方国家的紧张关系,而且为日后双方合作留下阴影。⑥ 美苏贸易锐减。从二战爆发后到苏德战争爆发前,

---

① 〔俄〕列昂尼德·姆列钦:《历届外交部长的命运》,第254页。
② 〔苏联〕安·安·葛罗米柯:《回首往事》(上),第99页。
③ 《斯大林对莫洛托夫柏林之行的指示(1940年11月9日)》《莫洛托夫与德国总理希特勒会谈记录(1940年11月12日)》《莫洛托夫与里宾特洛甫会谈记录(1940年11月13日)》《里宾特洛甫提交给莫洛托夫的关于四大国公约的建议(1940年11月13日)》《莫洛托夫致迈斯基的电文(1940年11月17日)》,载沈志华总主编:《苏联历史档案选编》,第16卷,第107、125、126、143、153、165页;《1941年4月12日斯大林同志与日本外相松冈会谈记录》,载李嘉谷译:《关于1941年苏日签订中立条约谈判的新揭密档案》,《世界历史》1998年第5期,第92—93页。
④ 《斯大林同志与日本外相松冈谈话记录(1941年3月24日)》,载李嘉谷译:《关于1941年苏日签订中立条约谈判的新揭密档案》,《世界历史》1998年第5期,第84页。
⑤ 〔英〕罗德里克·布雷思韦特:《莫斯科1941:战火中的城市和人民》,第53页。
⑥ 〔苏联〕安·安·葛罗米柯:《回首往事》(上),第92页。

罗斯福总统与苏联大使康斯坦丁·乌曼斯基仅会晤过一次。① 1941年9月4日，丘吉尔告诉苏联驻英大使伊万·迈斯基说："请记住，仅仅在4个月以前，我们在这个岛国上还不知道你们会不会加入德国那边来与我们为敌。的确，我们曾认为你们很可能会那样做。"所以，丘吉尔在苏德战争爆发当天发表支持苏联的广播演说后，苏联领导人表现出"令人难堪"的"缄默"。丘吉尔认为出现"这个沉闷局面"是苏联人对自己此前所做的事情，"可能感到"② 心理上还需要一个转变过程。10天后，斯大林才在7月3日的广播讲话中对丘吉尔关于支援苏联的历史性的演说和美国政府关于准备援助苏联的宣言表示"衷心的感谢"③。为了打开苏联人的心结，几天后丘吉尔再次主动致函斯大林，表示英国将竭尽所能帮助苏联。④ 一直到7月18日，斯大林才回复说："你的信为我们两国政府之间达成协议作了开端。现在，正如你怀着充分的理由所说的，苏联和英国在反对希特勒德国的斗争中已成为战斗的盟国。"⑤

不过，双方真正的互信和友谊远未建立起来。丘吉尔试图通过频繁的私人电报在他与斯大林之间建立起像他同罗斯福总统那样的愉快关系，然而在同莫斯科的频繁通讯中，他"受到许多挫折，只偶尔听到一句好话。有许多次，发去的电报完全得不到答复，或是被搁置多日后方才见复"。1941年9月28日，英国供应代表团抵达莫斯科协商对苏援助事宜，"他们受到的接待是冷淡的，会谈中丝毫没有友好的气氛"。以至于丘吉尔愤愤不平地说："好像是我们到莫斯科来请求施予恩惠一样。"⑥ 朱可夫后来指出："斯大林对罗斯福的信任多一些，对丘吉尔则少

---

① 〔美〕罗伯特·达莱克：《罗斯福与美国对外政策（1932—1945）》（上册），第407页。
② 〔英〕温斯顿·丘吉尔：《第二次世界大战回忆录》，第3卷，第1151、1197页。
③ 《斯大林文集（1934—1952）》，第293页。丘吉尔在回忆录中批评苏联政府对其6月22日广播演说"没有表示任何态度"是不正确的。事实上，在他7月7日亲自致电斯大林之前，斯大林在7月3日广播讲话中已经做出公开回应。参见〔英〕温斯顿·丘吉尔：《第二次世界大战回忆录》，第3卷，第1151页。
④ 《丘吉尔先生给斯大林先生的私人信（1941年7月8日收到）》，载苏联外交部编：《1941—1945年苏联伟大卫国战争期间苏联部长会议主席同美国总统和英国首相通信集》，第1卷，第5页。
⑤ 《斯大林给丘吉尔先生的私人信》，载苏联外交部编：《1941—1945年苏联伟大卫国战争期间苏联部长会议主席同美国总统和英国首相通信集》，第1卷，第6页。
⑥ 〔英〕温斯顿·丘吉尔：《第二次世界大战回忆录》，第3卷，第1156、1203页。

一些。"① 这可能与十月革命胜利后丘吉尔的反苏立场不无关系。

其次,西方盟国的民众对援助苏联尚未认可。尽管罗斯福和丘吉尔已经充分认识到"苏联的英勇和坚决的抵抗对打败希特勒主义有着多么巨大的重要性"②,并且在援苏问题上提前达成了共识,但是英美的社会舆论还存在许多不同声音。一方面,美国最优秀的军事家认为苏联不出三个月就会被德国打垮,所以,美国政府和军方有不少人认为,"最好把有限的物资用来支援英国和美国在大西洋的防务能力",特别是美国陆军部强烈不满把大量珍贵的武器和飞机运往苏联,以至于罗斯福总统最后不得不亲自干预并安排专人负责对苏援助问题。另一方面,美国国内舆论"不同情向俄国提供全力援助",甚至还有一部分人把苏德冲突看成是"撒旦同魔王的争夺",认为美国对谁也不应该支持。"虽然几乎3/4的美国人民都希望俄国获胜,但大多数美国人反对像援助英国一样援助莫斯科。"因为罗马教皇庇护十一世在通谕中禁止天主教同共产主义有任何形式的合作,所以,美国的天主教徒反对援助苏联。③ 二战前曾经担任美国驻苏大使的约翰·戴维斯指出,在美国,"有各种各样的人,他们害怕苏联到这种程度,即宁愿希特勒在俄国获得胜利"。1941年8月初霍普金斯访苏回国之后,苏联所有报纸都在头版刊登了他的照片和相关消息,而美国新闻界却反应冷淡。《华尔街日报》甚至不赞成此次访问,说援助俄国这件事是"在道义面前公开竖起反旗"④。1941年8月5日的一次民意测验表明,只有30%的美国人赞成对俄国实行《租借法案》。9月11日,罗斯福总统告诉乌曼斯基说,美国某些在国会内能发挥巨大政治影响力的派系中,"俄国并不得人心"⑤。即便是1941年底日本偷袭珍珠港以后,"美国还有一些政治家希望看到苏德相互大伤

---

① 〔苏联〕Г. К. 朱可夫:《朱可夫元帅战争回忆录》,第472页。
② 《弗·罗斯福和温·丘吉尔致约·维·斯大林(1941年8月15日收到)》,载苏联外交部编:《1941—1945年苏联伟大卫国战争期间苏联部长会议主席同美国总统和英国首相通信集》,第2卷,第6—7页。
③ 〔美〕罗伯特·达莱克:《罗斯福与美国对外政策(1932—1945)》(上册),第406—409、429页。
④ 〔美〕舍伍德:《罗斯福与霍普金斯:二次大战时期白宫实录》(上册),第421、466页。
⑤ 〔美〕罗伯特·达莱克:《罗斯福与美国对外政策(1932—1945)》(上册),第429页。

元气,认为这样就会增加在战争结束时由美国决定一切的机会"①。

为了改善自己在西方盟国民众心目中的形象,加强与西方盟国的团结、争取更多的支持和援助,苏联在对外政策方面双管齐下:

一是通过外交途径争取盟国政府的直接援助。1941年11月,斯大林在苏德战争最危急的时候重新启用已经免职两年的李维诺夫,委派他出任苏联驻美大使。李维诺夫能够东山再起,原因绝非莫洛托夫所说的"只不过是因为全世界都知道此人"②那么简单,而是因为美国人认为李维诺夫虽然是一位老布尔什维克,"但具有一副西方类型的头脑,对罗斯福熟悉的社会的办事方式有所理解"③,同时"他个人作为一个拥护盟国反侵略行动的战士的声誉,被视为俄国人能同美国合作的一种保证"④。在李维诺夫启程前往华盛顿之前,斯大林明确告诉他,他的主要任务就是利用自己的威望和影响力动员美国人给苏联以最大的战争支持,因为强大的美国及其雄厚的经济实力是苏联赢得卫国战争胜利的最重要的保证。

李维诺夫走马上任后,深得美国政府青睐。罗斯福总统经常邀请他到白宫做客,而且他在任何时候都可以直接找总统。李维诺夫成功地使美国的许多政治家相信,美国要打败纳粹德国,就必须真心实意地援助苏联。在出任大使一年半的时间里,李维诺夫不负众望,利用他和罗斯福总统亲密无间的个人关系,很快为苏联争取到反法西斯战争急需的大量武器、粮食和军用物资。时任联共(布)中央政治局委员和国防委员会委员、主管军需物资采购和运输的米高扬后来回忆说:"当我们的事情变得灾难般地糟糕和斯大林抓住任何一根稻草拼命挣扎时,他把李维诺夫派往华盛顿。李维诺夫享有罗斯福和其他美国活动家对他的好感,并且可以说,在那最困难的时刻,他拯救了我们,因为他使《租借法案》的适用范围,扩大到苏联,并得到了10亿美元的借款。"⑤但是,英

---

① 〔苏联〕安·安·葛罗米柯:《回首往事》(上),第98页。
② 〔苏联〕费·丘耶夫:《同莫洛托夫的140次谈话》,第115页。
③ 〔美〕舍伍德:《罗斯福与霍普金斯——二次大战白宫实录》(下册),第152页。
④ 〔美〕威廉·哈代·麦克尼尔:《美国、英国和俄国:它们的合作和冲突:1941—1946年》,叶佐译,上海译文出版社2007年版,第30页。
⑤ 〔俄〕列昂尼德·姆列钦:《历届外交部长的命运》,第183页。

美政府的援助依然满足不了苏联的战争需要。1941年10月，苏联驻英大使伊万·迈斯基在伦敦会见不久将前往美国的世界犹太复国主义组织执委会主席本-古里安时就坦言，本-古里安可以给苏联提供的最好的帮助就是让美国人充分认识到援助苏联的紧迫性，"我们需要坦克、飞机和大炮，多多益善，尤其是越快越好"①。时任苏联最高统帅部成员、西方面军司令员朱可夫在回忆1942年2月和3月的情况时说："总的来说，当时我国的资源极其有限。军队的需要尚得不到满足，距任务和形势的要求差得很远。"其中"弹药的供应情况尤为糟糕"。军队实际得到的供应量往往只有计划供应量的20%—55%，甚至更少。有时候原计划提供的作战物资完全落空。结果导致作战计划受到严重影响。②赫鲁晓夫在回忆录中也说："直到1942年我们还在闹武器荒，痛感高射炮不足，结果在敌人的空袭中遭受了巨大损失。"③

二是通过对外宣传争取盟国政府和民众支持。卫国战争伊始，苏联政府就把对外宣传作为一项主要工作。葛罗米柯指出："在战争年代，建立和发展同苏美之间的同盟关系是苏联对外政治活动的一个极为重要的方面。"④1941年6月24日，苏联政府成立了苏联情报局⑤，统一领导战争期间苏联官方的新闻交流和海外宣传工作。赫鲁晓夫说，成立苏联情报局的目的是尽可能多收集有关苏联、红军的行动和同希特勒德国的

---

① Meeting: D. Ben-Gurion—L. M. Maiskii (London, 9 October 1941), Israel Ministry of Foreign Affairs, Ministry of Foreign Affairs of the Russian Federation etc., *Documents On Israeli-Soviet Relations:1941-1953,* Part I: 1941- May 1949, p. 13.
② 〔苏联〕Г. К. 朱可夫：《朱可夫元帅战争回忆录》，第465—466页。
③ 〔俄〕尼基塔·谢·赫鲁晓夫：《赫鲁晓夫回忆录》，第2卷，第1018—1019页。
④ 〔苏联〕安·安·葛罗米柯：《回首往事》（上），第99页。
⑤ 苏联情报局（Советское информационное бюро）：1941年6月24日正式成立。由外交事务人民委员会归口领导，但重大问题则由联共（布）中央宣传鼓动部、政治局和中央委员会书记处决定。联共（布）中央书记亚·谢·谢尔巴科夫出任局长证明苏联对于意识形态领域宣传工作的重视。其余人员包括联共（布）中央宣传鼓动部部长格·亚历山德罗夫、无线电广播委员会主席波利卡尔波夫、塔斯社总编辑哈温松、全苏对外文化协会主席克梅诺夫和外交人民委员部副秘书长萨克辛。但是，战争期间真正负责情报工作的是苏联内务人民委员会、安全人民委员部（1941年6月至1943年4月作为国家安全总局隶属于内务人民委员会）以及苏军总参谋部情报总局。根据苏联情报局在当时的职能来看，似乎翻译为苏联新闻局更为确切。所以，一些著作中已经改译为苏联新闻局。参见〔俄〕尼基塔·谢·赫鲁晓夫：《赫鲁晓夫回忆录》，第2卷，第983页。

斗争方面的材料,以便在苏联和西方的报刊上加以宣传。① 苏联情报局局长由联共(布)中央书记、中央政治局候补委员亚历山大·谢尔盖耶维奇·谢尔巴科夫②担任,副局长由苏联外交人民委员会副外交人民委员所罗门·阿布拉莫维奇·洛佐夫斯基③担任。谢尔巴科夫是"战争期间最重要、最有影响力的苏联领导人之一",但他"对西方文化一窍不通,并且被西方观察者视为斯大林周围最排外和最反犹的人物之一"。因为斯大林认为"苏联情报局的工作对于苏联的战争努力至关重要",所以才把谢尔巴科夫这个自己最信赖的人任命为局长。④ 同时,由于西方国家的犹太人阶层颇具影响力,所以苏联也有许多身居高位的犹太人进入了苏联情报局。⑤ 特别是洛佐夫斯基,他是犹太人,对西方相当熟悉,掌握好几种欧洲语言,作为一个西方和国际工人运动方面的专家,成为辅佐谢尔巴科夫的最佳人选。⑥

在苏联情报局统筹领导下,苏联不同民族、不同团体的文化代表人物先后发起组织了一系列的反法西斯群众集会。1941年8月初,一个斯拉夫人的反法西斯集会首先举行,随后乌克兰人和其他民族的反法西斯

---

① 〔俄〕尼基塔·谢·赫鲁晓夫:《赫鲁晓夫回忆录》,第2卷,第983页。
② 亚历山大·谢尔盖耶维奇·谢尔巴科夫(Александр Сергеевич Шелбаков,1901—1945),苏联国务和党的活动家。1918年加入俄国共产党(布)。1934年任苏联作家协会第一任书记。1938—1945年任莫斯科州委兼市委第一书记。1939年当选为联共(布)中央委员。1941年起为中央政治局候补委员兼任联共(布)中央书记,是莫斯科保卫战的领导人之一,深得斯大林尊敬和信任。1941年6月任苏联情报局局长。1942年任苏联红军总政治部主任、苏联副国防人民委员。1943年被授予上将军衔,在卫国战争中功勋卓著。1945年5月10日因心脏病发作逝世,葬于克里姆林宫墙下。
③ 所罗门·阿布拉莫维奇·洛佐夫斯基(Соломон Абрамович Лозовский,1878—1952),苏联国务和党的活动家,历史学博士(1939)。出生于俄国第聂伯罗彼得罗夫斯克州一个犹太教师家庭。1901年加入俄国社会民主工党。曾经与流亡的托洛茨基和马尔托夫一起工作。他积极参加了共产国际的活动。1921年担任红色工会国际总书记,领导工会运动。后长期担任共产国际执行委员会委员,1927年当选为联共(布)中央候补委员,1936年底当选中央委员。1937年起任国家文学出版社社长。1939年5月15日担任苏联副外交人民委员。1941年6月24日出任苏联情报局副局长。1946年7月任苏联情报局局长,同时免去外交部的职务。1949年1月因犹委会案被捕,1952年8月被枪毙。
④ Shimon Redlich, *War, Holocaust and Stalinism: A Documented Study of the Jewish Anti-Fascist Committee in the USSR*, p. 5.
⑤ 〔俄〕尼基塔·谢·赫鲁晓夫:《赫鲁晓夫回忆录》,第2卷,第983—984页。
⑥ Shimon Redlich, *War, Holocaust and Stalinism: A Documented Study of the Jewish Anti-Fascist Committee in the USSR*, pp. 5-6.

代表大会也相继举行。

为了争取西方盟国特别是英美的支持，苏联政府把对英美政府和公众舆论具有很大政治影响力的英美犹太人组织列为重点宣传对象。由于"犹太人在全世界金融和政治上的影响远远超过了他们在人数上的力量"①，斯大林确实"需要散居各地的世界犹太人在政治上、精神上和金融上的支持"②，尤其是美国犹太人。在美国，犹太人有500万，占全世界犹太人总数的1/3以上，其中不少人是大资本家，控制着报纸、广播、电视等传媒工具，可以左右社会舆论，影响美国政府决策。所以，英国历史学家理查德·艾伦说："在犹太人流散时期，美国犹太人是最富的和最有实力的社团。"③俄国历史学家H.K.彼得诺娃也指出，流散到美国的犹太人人数众多，在社会上享有盛望，从过去到现在，他们一直在商业领域，尤其是在金融界、传媒界发挥着举足轻重的作用，在立法和行政机关也有强有力的院外活动集团。④因此，美国犹太人"当然会在国家的政治生活中发挥重要作用"⑤。特别是在二战期间，美国犹太人已经"成为世界犹太人中的领袖"⑥。在这种情况下，"世界上两个最大的犹太社团——苏联犹太社团和美国犹太社团的合作具有重要的意义"⑦。

1941年7月3日斯大林讲话之后，苏联政府动员和组织犹太人对外（特别是美国）进行舆论宣传的工作就开始了。"斯大林是密切注意他对同盟国的宣传工作的。"⑧洛佐夫斯基告诉爱伦堡说："斯大林认为对美国和英国的工作极其重要。"⑨谢尔巴科夫也指示洛佐夫斯基，立即用犹太语召开一次对美宣传广播大会，必须让数百万民众行动起来反对希特勒

---

① 〔英〕乔治·柯克：《战时中东》，第11页。
② Arkady Vaksberg, *Stalin Against the Jews*, p.108.
③ 〔英〕理查德·艾伦：《阿拉伯——以色列冲突的背景和前途》，第338页。
④ Н. К. Петрова, *Антифашистские комитеты в СССР: 1941-1945гг.*, с.63.
⑤ Судебное следствие: Допрос подсудимых Л. Я. Тальми, В. П. Наумов, *Неправедный суд, Последний сталинский расстрел(стенограмма судебного процесса над членами Еврейского антифашистского комитета)*, с.247.
⑥ 《大美百科全书》编辑部：《大美百科全书》，第16卷，第55页。
⑦ Н. К. Петрова, *Антифашистские комитеты в СССР: 1941-1945гг.*, с.160.
⑧ 〔俄〕肖斯塔科维奇口述，伏尔科夫记录整理：《见证》，叶琼芳译，花城出版社1998年版，第19页。
⑨ 〔俄〕伊利亚·爱伦堡：《人·岁月·生活》（下卷），第223页。

匪徒的暴行。① 于是，苏联情报局不仅安排苏联犹太人举办以美国犹太人为主要对象的广播大会，而且给了他们一个非同寻常的优遇："鼓励他们像犹太人一样演讲和写作，描述犹太人所遭受的痛苦。"②

在这种形势下，苏联犹太人开始义无反顾地投入到反法西斯战争之中。

二、苏联犹太人反战热情的高涨

在国家需要和民族危难面前，苏联犹太人的反战热情和其他民众一样开始高涨。"很快，苏联所有的犹太人都意识到，他们自身的幸存现在有赖于他们国家的幸存。"③ 卫国战争开始后，大约有50多万犹太人先后应征入伍，参加红军与法西斯军队作战，其参军比例丝毫不亚于苏联其他民族。④ 其中有不少人当时正在上大学，但是，他们却弃笔从戎，奔赴战场。谢苗·弗赖利希（Семён Фрейлих）就是其中的一位。他回忆说："战争一开始，我马上就去了兵役委员会，立刻参军。"他因此没有读完大学。后来，他成为一位智勇双全的军官。⑤ 著名犹太作家格罗斯曼不顾视力不好，健康欠佳，也去报名参军想当一名普通士兵。结果，他被分配到《红星报》当战地记者。著名犹太诗人克维特科在苏联政府发布动员令之后，和所有党员一样，自愿编入民兵组织。即便是疏散到阿拉木图后，他还给联共（布）中央宣传鼓动部写信，请求给自己分配工作。⑥ 新闻兼翻译工作者列昂·雅科夫列维奇·塔尔米（Леон Яковлевич Тальми）在7月2日就积极报名参加民兵，随后背着

---

① Судебное следствие: Допрос подсудимых С. А. Лозовского, В. П. Наумов, *Неправедный суд, Последний сталинский расстрел(стенограмма судебного процесса над членами Еврейского антифашистского комитета)*, с. 146-147.
② *Stalin's Secret Pogrom: The Postwar Inquisition of the Jewish Anti-Fascist Committee*, Edited and with introductions by Joshua Rubenstein and Vladimir P. Naumov, p. 11.
③ 〔美〕索尔·弗里德兰德尔：《灭绝的年代：纳粹德国与犹太人，1939—1945》，第204页。
④ Valery Vorobiev, "the USSR and the Establishment of the State of Israel", p. 287.
⑤ А. И. Солженицы, *Двести лет вместе(1795-1995)*, Часть II, с. 359.
⑥ Судебное следствие: Допрос подсудимых Л. М. Квитко, В. П. Наумов, *Неправедный суд, Последний сталинский расстрел(стенограмма судебного процесса над членами Еврейского антифашистского комитета)*, с. 97.

行囊准备奔赴前线。① 1941 年 8 月 16 日,著名人民演员所罗门·米霍埃尔斯教授,著名作家达·贝格尔森,著名诗人佩·马尔基什、莱·克维特科,著名新闻记者沙·爱泼斯坦等 8 位苏联犹太文化名人联名致函苏联情报局副局长洛佐夫斯基,倡议"组织一次针对美国、英国及其他国家犹太人的犹太人集会",目的是"动员世界犹太人舆论参加反法西斯主义斗争,并积极支持苏联进行伟大的卫国解放战争"。信中列出了将在大会上发言的犹太人院士、作家、演员和红军战士的名单,并指出这样的集会"将在国外产生巨大影响"。洛佐夫斯基在征得谢尔巴科夫同意后批准了这一请求,但对发言人名单做了一些调整。②

1941 年 8 月 24 日晚,第一次犹太人反法西斯群众大会在莫斯科中央公园举行。有 1000 多人参加。米霍埃尔斯被推选为大会主席。他率先上台向全世界犹太人发表了慷慨激昂的演讲,不仅愤怒控诉了纳粹分子对欧洲各国特别是苏联犹太人正在进行的史无前例的血腥大屠杀,而且明确告诉全世界的犹太人,希特勒在自己的战旗上赤裸裸地写着"彻底灭绝犹太民族"。因此,他呼吁英国、美国以及整个美洲的犹太同胞积极紧密团结在由苏联进行的这场解放战争的伟大事业周围,为消灭法西斯主义并肩战斗。著名作家爱伦堡在演讲中直言:"我在一座俄国城市长大。我的母语是俄语。我是一名俄国作家。现在,我像所有俄国人一样,正在保卫我的祖国。但是,纳粹向我点醒了另外一个方面:我的母亲名叫汉娜(Ханой)。我是一个犹太人。谈及于此我很自豪。希特勒对我们的仇恨无与伦比,但这却使我们与众不同。"作家贝格尔森,诗人马尔基什,红军战士叶罗尼姆·库兹涅佐夫,苏联科学院院士、英国皇家协会会员卡皮察教授,功勋艺术活动家、著名电影导演艾森斯坦,斯大林奖金获得者、建筑学院士约凡,德国作家普利维耶,新闻记者爱泼斯坦等人也先后作了发言。这些犹太社会名流的演讲"充满激

---

① Судебное следствие: Допрос подсудимых Л. Я. Тальми, В. П. Наумов, *Неправедный суд, Последний сталинский расстрел(стенограмма судебного процесса над членами Еврейского антифашистского комитета)*, с.256.

② Предложение об организации еврейского митинга в Москве, 16 августа 1941 г., Г. В. Костырченко, *Еврейский антифашистский комитет в СССР, 1941-1948: Документированная история*, с.35-36.

情,鼓舞人心"。他们呼吁"全世界的犹太人投入到反对正在血洗欧洲所有城乡居民的法西斯暴徒和压迫者的神圣斗争中"①。所以,美国学者指出,正是1941年6月22日德国入侵把这些本来已经"不是犹太人的犹太人"转变成为苏联犹太人,"让他们突然意识到他们的根——并作为犹太人而自豪"②。许多来自党政机关、文化科学机构及部队的重要人士出席了会议。大会通过了由米霍埃尔斯、爱伦堡、卡皮察、马尔基什等26位苏联犹太名流签署的呼吁书——《致全世界犹太人兄弟》,强烈谴责了希特勒分子以最野蛮、最肆无忌惮的方式折磨和屠杀犹太人的暴行,热情讴歌了苏联红军与法西斯军队浴血奋战的牺牲精神,并且向全世界的犹太同胞发出了最诚恳、最迫切的呼吁:

"全世界犹太人同胞们!……我们对你们的滔滔陈词如同一声号角,唤起你们进行抵抗和复仇。……请你们在所有地方用各种语言揭露希特勒吃人匪帮在其血腥之路上犯下的闻所未闻的暴行!……请你们在所有地方为了团结而奋斗,并积极援助正在对那些带来死亡和毁灭的恶魔进行英勇抵抗的苏联。"③

苏联政府不仅对当天的大会进行了国际直播,而且在8月25日的《真理报》第三版全文刊登了所有发言者的演说稿,并且附有米霍埃尔斯、马尔基什、约凡、卡皮察、韦尼阿明·利沃维奇·祖斯金④等人并排坐在一起的照片。塔斯社也对会议情况进行了报道。⑤

由于这次集会上每个人的发言稿都经过谢尔巴科夫、洛佐夫斯基、联共(布)中央宣传鼓动部部长格·费·亚历山德罗夫的严格审查,所

---

① БРАТЬЯ ЕВРЕИ ВСЕГО МИРА! Выступления представителей еврейского народа на митинге, состоявшемся в Москве 24 августа 1941 г., ПРАВДА, 25 августа 1941г..
② 〔美〕索尔·弗里德兰德尔:《灭绝的年代:纳粹德国与犹太人,1939—1945》,第205页。
③ БРАТЬЯ ЕВРЕИ ВО ВСЕМ МИРЕ! ПРАВДА, 25 августа 1941г..
④ 韦尼阿明·利沃维奇·祖斯金(Вениамин Львович Зускин, 1899—1952),苏联犹太人演员,1899年生于立陶宛。1921年起在莫斯科国立犹太剧院演出,荣获"俄罗斯联邦人民演员""乌兹别克共和国功勋演员"的称号,是斯大林奖金的获得者、莫斯科戏剧艺术学校副教授。米霍埃尔斯遇害后,接任莫斯科国家犹太剧院艺术总监。据苏联戏剧史学家利季亚·沙图诺夫斯卡娅说,他是苏联安全机关设在戏剧界的特务。参见〔美〕利季亚·沙图诺夫斯卡娅:《克里姆林宫内幕》,张俊岩,魏卓丽译,中国盲文出版社1988年,第159页。
⑤ Окончание отчета о ммшга пдотавтмй мрейшо народа, состоявшемся в Москве 24 августа 1941 г., Правдв, 25 августа 1941г..

以，当这些演讲者作为苏联犹太人的代表向"全世界犹太人同胞们"发出呼吁，伸出团结之手时，这就意味着苏联政府第一次承认了全世界的犹太人属于同一个民族。而在此之前，或者说自从1917年十月革命以来，"苏联否认苏联犹太人和国外犹太人属于同一群体——即他们是一个民族"①。因此，这一举措"标志着苏联以前否认犹太人为一个民族的政策发生了根本转变。这是革命以来，犹太人首次获准与西方的兄弟姊妹们进行联系"②。

苏联犹太人的爱国热情和苏联政府的政策变化为后来犹太人反法西斯委员会的成立奠定了良好的政治基础和群众基础，同时也对苏联犹太人的命运产生了重大影响。

三、苏联犹太人大疏散

卫国战争期间，苏联犹太人不仅享受到诸多难得的自由，而且也得到了苏联政府的一些特别关照，尤其是在大疏散过程中。

1941年6月苏德战争爆发时，苏联境内有500多万犹太人。其中原苏联境内大约有308万犹太人（东部犹太人），他们主要居住在乌克兰、白俄罗斯、拉脱维亚、爱沙尼亚、立陶宛和比萨拉比亚；1939—1940年在苏联新兼并的地区有188.5万犹太人（西部犹太人）。东部犹太人中只有90万人生活在苏德战争中未被占领的地方，另外218万人后来落入德军占领区，他们当中成功逃脱纳粹魔掌的有100万—110万。西部犹太人在纳粹军队的闪击战面前几乎失去了一切逃生的机会，只有大约10%—12%得以逃命和撤离。③

---

① Zev Katz, editor, *Handbook of Major Soviet Nationalities*, pp.380-381.
② Arno Lustinger, *Stalin and the Jews: The Red Book: The Tragedy of the Jewish Anti-Fascist Committee and the Soviet Jews*, p.99.
③ А. И. Солженицы, *Двести лет вместе(1795-1995)*, Часть II, с.345. 关于二战爆发前苏联犹太人的居住地参见 The Jewish Black Book Committee, *The Black Book: The Nazi Crime against the Jewish People*, p.304. 苏联犹委会认为，来自乌克兰和白俄罗斯西部各州、波罗的海沿岸诸国、比萨拉比亚和布拉维纳以及波兰的犹太人大约有150万，参见 Письмо ЕАК в СНК СССР о создании еврейской республики в Крыму, 15 февраля 1944г., Г. В. Костырченко, *Еврейский антифашистский комитет в СССР, 1941-1948: Документированная история*, с.136.

由于纳粹的反犹主义宣传以及战争开始后对犹太人的疯狂屠杀，"苏联政府完全意识到犹太人是受威胁最大的人种"①。1941年11月6日，斯大林在纪念十月革命24周年的讲话中就曾经指出，希特勒分子"很乐意像沙皇制度那样制造中世纪式的虐杀犹太人的大暴行"，希特勒的党"是中世纪式的反动势力和制造黑帮大暴行的党"②。因为"犹太人肯定将被德国人杀死，而俄罗斯人得以幸免的机会较大"③，所以，苏联犹太人成为最早被疏散离开城市的人。④

　　根据现有资料来看，苏联政府在疏散方面可能采取了一些特殊措施：

　　一是下令撤离受到敌人威胁地区的居民时，优先考虑犹太人，以免纳粹把他们赶尽杀绝。按照1941年6月27日联共（布）中央和苏联人民委员会制定的秘密撤离计划和原则，优先向东部运输重要的工业原料和粮食，肩负重任的苏联党政工作人员、技能娴熟经验丰富的工人、工程师职员。在剩下的居民中首先撤出适合参军的青年人，同时还有妇女和儿童。⑤与他们相比较，犹太人在大撤退中占有绝对优势。例如，在切尔尼格夫市，战前有7万犹太人，德军到达之前还剩1万；第聂伯罗彼得罗夫斯克市，原来有10万犹太人，在德军抵达之前还剩下3万；在日托米尔市，5万犹太人中撤退的不少于4.4万人。⑥

　　二是为犹太人撤离提供交通便利。战争爆发后，尽管运送军队和军用物资的列车非常紧张，但是苏联政府还是为犹太人提供了力所能及的交通工具。1946年1月，纽约《今日报》记者本·莱恩·戈德堡⑦在访

---

① А. И. Солженицы, *Двести лет вместе(1795-1995)*, Часть Ⅱ, с.343.
② 《斯大林文集（1934—1952）》，第304页。
③ 〔美〕安娜·路易丝·斯特朗：《斯大林时代》，石人译，世界知识出版社1979年版，第156页。
④ 1942年5月28日，在犹委会第一次全体会议上，努西诺夫教授在发言时指出，每个人都知道犹太人是最先被疏散离开城市的。至于为何如此，这是显而易见和可以理解的。参见 Из стенограммы заседания первого пленума ЕАК, 28 мая 1942 г., Г. В. Костырченко, *Еврейский антифашистский комитет в СССР, 1941-1948: Документированная история*, с.69.
⑤ Г. В. Костырченко, *Тайная политика Сталина, власть и антисемитизм*, с.223.
⑥ А. И. Солженицы, *Двести лет вместе(1795-1995)*, Часть Ⅱ, с.343.
⑦ 本·莱恩·戈德堡（Ben Zion Goldberg, 1895—1972），美国著名意第绪语记者。出生于立陶宛一个犹太人拉比家庭，12岁移民美国。1917年与当时已经移民美国的俄国著名犹太作家肖洛姆·阿莱赫姆（1859—1916)的小女儿玛丽·韦芙（Marie Waife）结婚。因为这一姻亲关系，戈德堡与苏联（包括斯大林本人）联系甚广。1934年，他对苏联进行了一次典型的半官方性质的访问，由于他相信苏联对犹太文化的推动及其对反犹主义的谴

问苏联期间，曾专门就此事对乌克兰当地的犹太人、基督徒、军人及被撤离的人进行了调查。结果表明，苏联政府特意为犹太人大撤退准备了数千辆火车。这种方法可以避免轰炸，更安全。后来移居国外的苏联游击队员莫申·卡冈诺维奇（Моше Каганович）在回忆录中指出，苏联政府为撤离犹太人提供了所有可能的交通工具：除了火车之外，还有四轮马车。① 而在当时，许多莫斯科的普通百姓都享受不到官方的交通工具，他们带着家当财产，塞满了生活必需品的包裹行李和年幼的孩子，推着小推车，徒步挣扎地逃离城市。②

在撤离的苏联犹太人中，东部犹太人有 100 万—110 万，西部犹太人有 20 多万，这还不包括俄罗斯联邦许多没有被纳粹占领的城市（特别是莫斯科和列宁格勒这两座城市）及地区的犹太人。③ 犹太人的疏散地主要集中在哈萨克斯坦、乌兹别克斯坦、土库曼斯坦、乌拉尔、西西伯利亚、伏尔加沿岸和俄罗斯联邦腹地各州。④

苏联在战争时期的大疏散一直持续到 1941 年 11 月 25 日结束，总人口达 1200 万。其中大约有 1000 万人通过火车疏散，另有 200 万人通过水路转移。⑤ 依此计算，苏联犹太人疏散的人数在 1200 万人口中所占的比例最少在 10% 以上。如果按照 1944 年 2 月苏联犹委会提供的资料，在 500 万苏联犹太人当中，除了在法西斯占领地区被杀害的 150 万人和在红军队伍中参战的数十万犹太族战士之外，其余苏联犹太居民大

（接上页）责，所以成为苏联"最完美的宣传家"。他支持苏联将犹太人移民比罗比詹的政策。长期为纽约的犹太人日报《今日报》撰稿，1924—1940 年担任其主笔。二战期间，他利用自己担任《今日报》专栏作家的便利和在美国犹太社团中的影响，做了大量的亲苏宣传工作。1946 年、1959 年再次访问苏联。尽管他不是共产党人，但却是苏联宣传活动中的一个宝贵人才。

① А. И. Солженицы, *Двести лет вместе(1795-1995)*, Часть II, с. 343-344.
② 〔英〕罗德里克·布雷思韦特：《莫斯科 1941：战火中的城市和人民》，第 246 页。
③ А. И. Солженицы, *Двести лет вместе(1795-1995)*, Часть II, с. 347.
④ Обращение ЕАК к А. С. Щербакову, 4 марта 1942 г.; Г. В. Костырченко, *Еврейский антифашистский комитет в СССР, 1941-1948: Документированная история*, с. 52, 136; А. И. Солженицы, *Двести лет вместе(1795-1995)*, Часть II, с. 346.
⑤ Valery Vorobiev, "the USSR and the Establishment of the State of Israel", p. 286. А. И. Солженицы, *Двести лет вместе(1795-1995)*, Часть II, с. 347. 〔英〕罗德里克·布雷思韦特：《莫斯科 1941：战火中的城市和人民》，第 244—245 页。

第二章　卫国战争初期的苏联犹太人　125

多数得到了疏散，那么苏联犹太人的疏散比例就更大了。①

与其他被疏散的民众相比，有一部分苏联犹太人还经历了二次疏散。例如，战争爆发后，许多来自乌克兰、摩尔多瓦和立陶宛的犹太人被疏散到斯大林格勒。1942年7月，当德军开始向斯大林格勒进攻时，他们不得不再次从斯大林格勒撤离。②

但是，从1948年苏联全国性的反犹运动开始到1980年代，有关苏联在战争期间优先疏散犹太人的说法受到怀疑和批判，甚至有一些学者认为这是一个"政治神话"③，纯属子虚乌有。C.施瓦茨、瓦西里·沃罗别夫等人指出：在苏联新闻界，没有任何关于撤离犹太人的命令或指示的报道，也从未出现过任何相关措施的通知；另外，疏散委员会也没有就撤离犹太人发布单独的或特殊的指令，这就意味着专门撤退犹太人的事情从未发生过。④但是也不尽然。我们至少可以找到一些间接证据。例如，1944年5月18日，犹委会就乌克兰幸免于难的犹太人的不幸命运，在给莫洛托夫的报告中就曾经指出："本委员会所掌握的资料表明，当初被苏维埃政权暂时疏散到国家大后方的犹太人劳动者，在迁回故乡方面遭遇重重困难。"⑤据统计，到1939年，整整71%的苏联犹太人是国家机关和社会团体的工人和职员⑥，在白俄罗斯，36%的工人都是犹太人。因此，这些学者认为，由于犹太人在乌克兰共和国的党政机关、科技以及重工业领域占据显著地位，所以在国家优先疏散的人员中，犹

---

① Письмо ЕАК в СНК СССР о создании еврейской республики в Крыму, 15 февраля 1944 г., Г. В. Костырченко, *Еврейский антифашистский комитет в СССР, 1941-1948: Документированная история*, с.136.

② "Jews help in the rebuilding of Stlingrad", in The West London Branch of Jewish Fund for Soviet Russia eds, *Calling All Jews: Cables Received from the Jewish Anti-Fascist Committee of the Soviet Union*, London, 1943, p.27.

③ Г. В. Костырченко, *Тайная политика Сталина, власть и антисемитизм*, с.223.

④ А. И. Солженицы, *Двести лет вместе(1795-1995)*, Часть Ⅱ, с.346-349; Valery Vorobiev, "the USSR and the Establishment of the State of Israel", p.286; Г. В. Костырченко, *Тайная политика Сталина, власть и антисемитизм*, с.222; Nora Levin, *The Jews in the Soviet Union since 1917, Paradox of Survival*, Volume Ⅱ, p.890.

⑤ Записка ЕАК В. М. Молотову о судьбе евреев, уцелевших на Украине, 18 мая 1944 г., Г. В. Костырченко, *Еврейский антифашистский комитет в СССР, 1941-1948: Документированная история*, с.117.

⑥ Zev Katz, editor, *Handbook of Major Soviet Nationalities*, p.358.

太人所占的比例才会高于其他城市居民的比例。① 在大疏散过程中,苏联当局既没有优先照顾犹太人,也没有歧视犹太人。简单地说,在被撤退的人中,根本就没有特意提到犹太人。② 俄国历史学家 Г. В. 科斯特尔琴科认为,根据苏联当局制定的疏散原则,在当时非常混乱的形势下,苏联当局在疏散居民时根本就"没有考虑民族因素","民族因素实际上并没有起任何作用"③。1941 年 7 月初,白俄罗斯共产党(布)中央第一书记潘·康·波诺马连科在给斯大林的报告中甚至断言,在向东逃离的难民中城市犹太人之所以"占很大比例",这是由于他们对希特勒"充满了本能的惊恐,不做任何反抗斗争,而只是逃跑"的结果。④

但是,无论如何,数以百万计的苏联犹太人疏散到大后方,并且有大约222.6万犹太人(其中东部犹太人200万,西部犹太人22.6万)在苏德战争中幸免于难却是一个不争的事实。⑤

第三节 苏联犹太人反法西斯委员会的建立

苏联犹委会的酝酿和建立经历了一个复杂而漫长的过程。1941 年 6 月卫国战争爆发前后,苏联内务人民委员会曾经主导,试图筹建一个国际性的犹太人反希特勒委员会。在该委员会夭折后,由苏联情报局领导成立的犹委会才应运而生。

一、犹太人反希特勒委员会的夭折

犹太人反希特勒委员会是苏联内务人民委员拉·贝利亚试图利用

---

① 1944年5月18日,犹委会在给莫洛托夫的报告中也指出,在被疏散者中有许多技术干部。参见 Записка ЕАК В. М. Молотову о судьбе евреев, уцелевших на Украине, 18 мая 1944 г., Г. В. Костырченко, *Еврейский антифашистский комитет в СССР, 1941-1948: Документированная история*, с. 117.
② А. И. Солженицы, *Двести лет вместе(1795-1995)*, Часть Ⅱ, с. 348-349.
③ Г. В. Костырченко, *Тайная политика Сталина, власть и антисемитизм*, с. 223.
④ Г. В. Костырченко, *Тайная политика Сталина, власть и антисемитизм*, с. 222.
⑤ А. И. Солженицы, *Двести лет вместе(1795-1995)*, Часть Ⅱ, с. 345.

两个享有国际声望的波兰犹太人领袖、著名社会活动家亨利克·埃利希（Henryk Erilch）和维克多·阿尔特（Victor Alter）建立的一个国际性的犹太人反战援苏组织。

亨利克·埃利希，1882年5月12日出生于波兰卢布林一个富裕的犹太商人家庭。1903年在华沙大学法律系上学期间就加入了当地的崩得组织。1904年因参加反对沙皇统治的革命斗争被捕入狱，被学校开除。1912年，受崩得中央委托，出任俄国社会民主工党（孟什维克中央委员会）中的崩得代表。1913年初入选崩得中央委员会。1917年俄国二月革命爆发后，当选为彼得格勒苏维埃及全俄苏维埃执行委员会代表，在彼得格勒苏维埃提出了关于波兰独立的著名建议。十月革命后，因和孟什维克一起坚决反对布尔什维克夺权愤而辞职，返回波兰，从此成为苏俄政权的批判者。他宣称苏俄政府根本不是工人阶级的政府，"布尔什维克政权的共产主义与无产阶级的社会主义毫无关系"[①]。从1920年开始，埃利希成为崩得中央委员会和华沙城市杜马中最著名的活动家，领导崩得与各种反动势力进行斗争。他不但是一个深孚众望的演讲家和著名律师，而且也是波兰最好的政治作家，曾任崩得中央机关报《人民报》的编辑，撰写了大量有关崩得主义、犹太问题和社会主义革命的论著。1930年崩得正式加入社会党国际[②]后，埃利希和阿尔特成为社会党国际执行委员会的代表。通过参加社会党国际的活动，他不但给崩得带来了超越波兰国界的声誉，同时也使他本人成为波兰及国际社会主义运动中备受尊敬的杰出人物。

维克多·阿尔特，1890年2月2日出生于波兰姆拉沃（Mlawa）一个富裕的犹太木材商人家庭。15岁时就因参加华沙革命运动被捕，后被学校开除。1906年到1910年在比利时列日（Liege）理工学院学习电力和机械工程。1912年加入崩得，返回华沙开展地下工作。1913年被

[①] *Henryk Erlich and Victor Alter: Tow Heroes and Martyrs for Jewish Socialism*, Translated from the Yiddish with Notes by Samuel A. Portnoy, Ktav Publishing House, Inc. 1990, p.25.

[②] 社会党国际即1889年7月在巴黎成立的第二国际，是各国社会党和工会的联盟。一战期间发生分裂。1923年，第二国际的信徒与社会党国际联合会（1921年在维也纳成立）合并，组成了新的工党和社会党国际，有30个国家41个党参加。二战期间遭到希特勒的镇压和破坏。1951年，社会党国际在德国法兰克福重新建立。

流放西西伯利亚，后逃亡比利时、英国，继续参加革命活动，与英国社会党结下深厚友谊。1917年二月革命爆发后，返回俄国。8月在崩得第八次代表大会上，当选为中央委员。1918年和1921年，因在俄国参加社会主义活动两度被捕入狱。两次大战之间的20年里，阿尔特是波兰工会中享有盛誉的领导人，曾任波兰工会全国委员会主席，犹太工会民族委员会领导人。他长期担任华沙城市杜马代表，不顾反动派的威胁恐吓，领导犹太工人与法西斯主义、反犹主义进行了顽强斗争。1924年12月，他支持崩得退出共产国际，并在1930年加入社会党国际。希特勒上台后，他在波兰海岸组建秘密广播站，对德国人民进行反法西斯主义宣传。阿尔特不仅是一名杰出的演说家，而且编辑出版了许多刊物，针砭时弊，宣传社会主义主张。他和埃利希一样，反对布尔什维克专政，认为苏联所实行的共产主义是反自由的极权主义统治，与信奉自由观念的社会主义毫无共同之处。

　　埃利希和阿尔特命运的转折点始于二战初期波兰被瓜分之际。1939年9月1日纳粹德国入侵波兰后，他们立即发表声明，号召波兰犹太工人拿起武器进行武装抵抗，同时对苏联9月17日进攻波兰和兼并波兰领土提出了正式抗议①，因此成为苏德共同追捕的对象。在崩得中央委员会安排下，他们成功躲过了盖世太保的魔掌，但是，最终却没有逃出苏联秘密警察的罗网。9月底10月初，两人在波兰东部苏占区先后被捕。苏联政府无视国际法中有关政治避难权的规定，将他们在内务人民委员会的监狱里关押了近两年之久。他们和其他囚犯一样过着地狱般的生活，忍饥挨饿，备受折磨。内务人民委员会的审判官软硬兼施，威逼他们承认能想象到的各种反苏罪行。1941年7月20日和8月2日，内务人民委员会军事法庭捏造罪名，先后将阿尔特和埃利希判处死刑。他们对判决充满了鄙视，并且拒绝向最高苏维埃乞求宽恕。苏联当局无计可施，不久只好自行宣布将死刑改判为在集中营监禁10年。② 事实上，苏

---

① *Henryk Erlich and Victor Alter: Tow Heroes and Martyrs for Jewish Socialism*, Translated from the Yiddish with Notes by Samuel A. Portnoy, p.366.
② "A letter from Henryk Erlich to his comrades", in *Henryk Erlich and Victor Alter: Tow Heroes and Martyrs for Jewish Socialism*, Translated from the Yiddish with Notes by Samuel A. Portnoy, pp.181, 183.

联当局自导自演的这出滑稽剧只不过是为了迫使埃利希和阿尔特屈服，以便在未来的合作中能够按照苏联当局的旨意行事。

1941年6月苏德战争爆发后，苏联领导人把对英美政府和公众舆论具有很大影响力的英美劳工组织列为对外宣传的重点对象之一。由于埃利希和阿尔特与英美劳工组织（特别是美国犹太劳工组织）关系极为密切，在国外犹太人中享有盛望，所以他们在苏联的对外宣传计划中一下子变成了举足轻重的人物，两人的命运也随之发生了戏剧性的变化。1941年7月30日，苏联与流亡伦敦的波兰临时政府签署了苏波互助协议，同时恢复了两国的外交关系。为了加强双方在反法西斯战争中的政治和军事合作，1941年8月12日，苏联最高苏维埃主席团颁布法令，"释放现在或是作为战俘，或是其他原因仍关押在苏联领土上的所有波兰公民"①。9月11日和14日，苏联政府先后释放了埃利希和阿尔特，并且把他们安置到莫斯科最豪华的大都会饭店。他们从阶下囚一下子变成了座上宾，享受的礼遇简直难以言表。②

埃利希和阿尔特出狱后所从事的最重要的工作就是组建犹太人反希特勒委员会。根据新近解密的档案材料来看，建立这个世界性的犹太人反法西斯组织的动议最早是由苏联内务人民委员会提出，并经过苏联最高领导人讨论的。在埃利希和阿尔特获释之前，双方就已经进行过沟通。③ 埃利希和阿尔特获释后，他们同苏联内务人民委员会的高层领导

---

① 吴伟：《苏联与"波兰问题"（1939—1945）》，世界知识出版社2002年版，第125页。
② "A letter from Henryk Erlich to his comrades", in *Henryk Erlich and Victor Alter: Tow Heroes and Martyrs for Jewish Socialism*, Translated from the Yiddish with Notes by Samuel A. Portnoy, pp.181, 183.
③ *Henryk Erlich and Victor Alter: Tow Heroes and Martyrs for Jewish Socialism*, Translated from the Yiddish with Notes by Samuel A. Portnoy, pp.100, 104; Из жалобы арестованного Г. Эрлиха в Президиум Верховного Совета СССР, 27 декабря 1941 г., Г. В. Костырченко, *Еврейский антифашистский комитет в СССР, 1941-1948: Документированная история*, с.24;〔俄〕帕维尔·苏多普拉托夫：《情报机关与克里姆林宫》，第331页；贝利亚的儿子谢尔戈·贝利亚在回忆录中说："我父亲确实是建立犹太反法西斯委员会的积极倡导者"，"由我父亲倡议成立的犹太反法西斯委员会直到1942年初才开始工作，由苏联人民演员米霍埃尔斯主持"。他可能把犹太人反希特勒委员会与犹委会搞混了。参见〔乌克兰〕谢尔戈·贝利亚：《我的父亲贝利亚》，王志华、徐延庆、刘玉萍译，新华出版社2001年版，第361、363页。

乃至贝利亚本人又进行了多次协商、讨论。①1941 年 10 月，根据贝利亚的授意，埃利希和阿尔特以犹太人反希特勒委员会发起小组的名义正式致函苏联人民委员会主席斯大林，请求斯大林"批准在苏联领土上建立这样一个委员会"②。该委员会的"主要任务（此外还有其他重要任务）是在美国、英国及其他国家的犹太人社团中竭力宣传为苏联在反对纳粹入侵的斗争中提供最广泛地援助的必要性"③。埃利希和阿尔特还为委员会制定了详细的组建原则和工作计划，并得到苏联内务人民委员会的首肯。内务人民委员会已经安排专人为委员会寻找房屋，不少获得提名的委员也开始从苏联的四面八方向莫斯科集中。

但是，正当委员会的筹建工作紧锣密鼓地开展之际，德军进攻莫斯科的"台风"战役打响了。由于形势危急，1941 年 10 月 15 日，斯大林下令苏联党政部门和各国外交使团紧急向古比雪夫疏散。古比雪夫随后就成为苏联的战时首都。10 月 20 日，埃利希和阿尔特随同波兰大使馆的一批工作人员抵达古比雪夫，并被安置在专门接待外交使团成员和新闻记者的格兰德饭店。他们一边供职于波兰大使馆，一边焦急地等待着斯大林的批示。12 月 3 日午夜，内务人民委员会的官员以莫斯科来人商谈有关犹太人反希特勒委员会的事宜为名，把两人秘密召至古比雪夫内务人民委员会办公室，然后根据莫斯科的指示，宣布将他们暂时拘留，罪名是苏联内务人民委员会收到了他们与德国人相互勾结的材料。④波兰大使馆在次日发现埃利希和阿尔特失踪后，要求苏联外交人民委员会

---

① Письмо Г. Эрлиха и В. Альтера в НКВД СССР, Октябрь 1941 г., Г. В. Костырченко, *Еврейский антифашистский комитет в СССР, 1941-1948: Документированная история*, с. 21-22.

② "To the Chairman of the Council of People's Commissars of the Soviet Union, J.V. Stalin, by H.Erlich and V. Alter, October 1941", in *Henryk Erlich and Victor Alter: Tow Heroes and Martyrs for Jewish Socialism*, Translated from the Yiddish with Notes by Samuel A. Portnoy, pp. 184-185.

③ Из жалобы арестованного Г. Эрлиха в Президиум Верховного Совета СССР, 27 декабря 1941 г., Г. В. Костырченко, *Еврейский антифашистский комитет в СССР, 1941-1948: Документированная история*, с. 24-25.

④ Из жалобы арестованного Г. Эрлиха в Президиум Верховного Совета СССР, 27 декабря 1941 г.; Рапорт об аресте Г. Эрлиха и В. Альтера, Февраль 1943 г., Г. В. Костырченко, *Еврейский антифашистский комитет в СССР, 1941-1948: Документированная история*, с. 23-25.

做出解释。几天后，苏联副外交人民委员安·亚·维辛斯基通知波兰驻苏大使科特（Stanislaw Kot）说，埃利希和阿尔特被捕是因为"他们系苏联公民，赦免有误，并暗示他们与德国人有联系"①。

事实上，埃利希和阿尔特功败垂成的真正原因是他们的许多想法和活动在斯大林看来是非常危险的。仔细研读埃利希和阿尔特给斯大林呈交的备忘录就可以发现，他们准备建立的犹太人反希特勒委员会是一个能够在苏联和西方国家享有很高的权威性、让苏联犹太人与欧美国家政府和犹太人组织进行广泛合作与自由交流的真正独立的国际犹太人组织，其中包括在美国组建犹太兵团赴苏参战、把苏联变成战时各国犹太难民的收容救助中心，等等。委员会工作由三人主席团全权负责：埃利希担任主席，阿尔特任书记，米霍埃尔斯拟任副主席。拟定的委员会成员不仅包括7个来自希特勒控制下的国家的犹太人代表，苏联、美国、英国的犹太人代表各一名，而且还要吸收苏联政府及波兰、英国、美国三国大使馆的代表们担任荣誉成员。②最重要的是，这个委员会不受苏联政府控制，埃利希和阿尔特仍将效忠于波兰临时政府。③

对于斯大林而言，这样的委员会肯定被看作是政治上的危险物。"斯大林并不打算建立一个真正独立的犹太人组织，更不用说一个具有国际权利的犹太人组织了。"④在与内务人民委员会的代表会谈时，埃利希和阿尔特不仅要求苏方立即释放仍被关押在监狱和集中营中的崩得成员，而且还希望赦免那些囚禁在劳改营中忍饥挨饿的苏联社会主义者，以便让这些人都能参加委员会的工作。他们在给波兰驻苏大使科特的信中指出："……犹太人反希特勒委员会的建立将率先打破苏联禁止社会主义者参与任何公开活动的惯例。"对于苏联这样一个一党专政的国家

---

① Рапорт об аресте г. Эрлиха и В. Альтера, Февраль 1943г., Г. В. Костырченко, *Еврейский антифашистский комитет в СССР, 1941-1948: Документированная история*, с. 24.

② "To the Chairman of the Council of People's Commissars of the Soviet Union, J. V. Stalin, by H. Erlich and V. Alter, October 1941", in *Henryk Erlich and Victor Alter: Tow Heroes and Martyrs for Jewish Socialism*, Translated from the Yiddish with Notes by Samuel A. Portnoy, pp. 184-190.

③ Shimon Redlich, *War, Holocaust and Stalinism: A Documented Study of the Jewish Anti-Fascist Committee in the USSR*, p. 12.

④ *Stalin's Secret Pogrom: The Postwar Inquisition of the Jewish Anti-Fascist Committee*, Edited and with introductions by Joshua Rubenstein and Vladimir P. Naumov, p. 10.

来说，这些计划的实施无疑会冲击现有的政治体制。更为严重的是，埃利希和阿尔特还试图利用特殊的战争形势迫使苏联在国内立即实行特赦，放松对人们思想的控制，以便对斯大林政权的本质进行改革。① 显然，这已威胁到了苏联当局的统治。因此，当他们翘首以待莫斯科的最后答复之时，做梦也不会想到，斯大林在他们呈送的备忘录上做出的批示竟会是"枪毙这两人"②。时任苏联内务人民委员会第四局（即情报-颠覆局）局长帕维尔·苏多普拉托夫认为，除掉埃利希和阿尔特，一是为了掩盖苏联领导层与有影响力的国外犹太社团代表秘密的非正式联系；二是因为斯大林害怕他们的独立性和政治影响力，他们的名望早已超越了苏联国界。③ 1941 年 12 月 3 日，波兰临时政府总理瓦·埃·西科尔斯基抵达莫斯科访问。当天中午，埃利希和阿尔特前往波兰大使馆商谈与西科尔斯基会晤事宜。这时，有传言说埃利希可能会乘坐西科尔斯基的飞机离开苏联。与此同时，埃利希和阿尔特"还同美国和英国大使馆就他们前往美国一事进行了会谈"④。据此分析，斯大林和贝利亚很有可能是想阻止埃利希和阿尔特与西科尔斯基会面，并防止他们远走高飞，逃出苏联的掌控之外，所以才在 12 月 3 日紧急下令逮捕了他们。

埃利希和阿尔特再次被捕标志着苏联当局正式放弃了正在组建的犹太人反希特勒委员会。苏联内务人民委员会利用国外犹太人领袖建立国际性的犹太人反战组织的计划也因此胎死腹中。⑤ 随后，苏联当局开始筹建自己的犹太人反法西斯组织。

---

① Shimon Redlich, *War, Holocaust and Stalinism: A Documented Study of the Jewish Anti-Fascist Committee in the USSR*, p. 12.
② Arno Lustinger, *Stalin and the Jews: The Red Book: The Tragedy of the Jewish Anti-Fascist Committee and the Soviet Jews*, p. 92.
③ Pavel Sudoplatov and Anatoli Sudoplatov, *Special tasks: The Memoirs of an Unwanted Witness—A Soviet Spymaster*, Boston: Little, Brown and Company, 1994, pp. 290-291.
④ Рапорт об аресте Г. Эрлиха и В. Альтера, Февраль 1943 г., Г. В. Костырченко, *Еврейский антифашистский комитет в СССР, 1941-1948: Документированная история*, с. 23.
⑤ 详见宋永成：《埃利希-阿尔特事件及其对苏联外交政策的影响》，《陕西师范大学学报》2007 年第 2 期。

二、苏联犹太人反法西斯委员会的建立

犹太人反希特勒委员会虽然夭折了，但苏联当局利用犹太人的民族认同感进行战时宣传的总体思路并未改变。由于苏联领导人充分认识到广大人民群众在同侵略者的斗争中发挥着决定性的作用，所以在1941年7月到10月开始广泛动员各种社会力量建立群众组织以便支持卫国战争。1941年10月，受莫斯科战役影响，洛佐夫斯基和苏联情报局一起撤到古比雪夫，相关宣传组织工作也因此陷于停顿。直到12月上旬，红军打退了德军进攻，希特勒的闪电战宣告失败①，莫斯科脱险之后，组建各种反法西斯群众组织的工作才重新提上日程。洛佐夫斯基后来回忆说："1941年底，在通过高频电话同谢尔巴科夫谈话时，我们萌生了成立几个反法西斯委员会的想法。我们立即就建立起几个来：斯拉夫人的、犹太人的、妇女的、青年的委员会，还有一个科学家反法西斯委员会。顾名思义，这些委员会并不是只在工人当中进行宣传的阶级性组织，而是为了唤起所有愿意并可以为反法西斯斗争做些事情的人的组织。"② 这5个反法西斯委员会是根据苏联情报局的倡议，经联共（布）中央批准成立的。③ 犹委会就是其中的一个。

关于犹委会成立的时间，目前有三种说法：

一是认为1941年8月成立。英国犹太人援苏基金会出版的小册子《唤起所有犹太人》（1944）④、《苏联大百科字典》（1991）⑤、中国学者蓝

---

① 英国著名历史学家泰勒明确指出："12月5日，'闪电战'完蛋了。"参见〔苏联〕И. А. 基里林主编：《国际关系和苏联对外政策史（1917—1945）》，邢书纲等译，中国社会科学出版社1990年版，第320页。

② Судебное следствие: Допрос подсудимых С. А. Лозовского, В. П. Наумов, *Неправедный суд, Последний сталинский расстрел(стенограмма судебного процесса над членами Еврейского антифашистского комитета)*, с.147.

③ Из записки С. А. Лозовского в ЦК ВКП(б) о ЕАК, Июль 1945 г., Г. В. Костырченко, *Еврейский антифашистский комитет в СССР, 1941-1948: Документированная история*, с.178.

④ "The Jews of the Soviet Union", in The West London Branch of Jewish Fund for Soviet Russia eds, *Calling All Jews: Cables Received from the Jewish Anti-Fascist Committee of the Soviet Union*, p.5.

⑤ Arkady Vaksberg, *Stalin Against the Jews*, p.108.

英年的《比罗比詹的噩梦》（2003）①即持此观点。显然，这是把1941年8月24日在莫斯科召开的第一次犹太人反法西斯群众大会作为犹委会成立的标志。

二是认为1941年底成立。1946年9月，联共（布）中央专门小组在一份给联共（布）中央对外政策部部长米·安·苏斯洛夫的报告中指出："根据犹委会前责任书记爱泼斯坦的报告，该委员会是苏联情报局按照谢尔巴科夫同志的指示成立的，在1941年底开始活动。"②1941年12月15日，苏联情报局副局长洛佐夫斯基从古比雪夫致电疏散到塔什干的米霍埃尔斯说："您已被批准担任犹委会主席。请平常与我们保持直接联系。"③1952年，洛佐夫斯基在受审时指出："1941年底，5个委员会建立起来了。"④由此推断，苏联情报局的倡议和联共（布）中央委员会的决定最迟在12月15日就已经做出。洛佐夫斯基所说的"1941年底"不晚于12月15日。但是，事实上，这时联共（布）中央委员会只是批准成立犹委会而已。批准成立并不意味着犹委会已经真正建立起来。

三是认为1942年4月成立。依据是1942年4月，洛佐夫斯基在古比雪夫正式对外宣布了犹委会及其他反法西斯委员会成立的消息。直到这时，犹委会才为人所知。不少有关犹委会的苏联档案文献⑤和大部分

---

① 蓝英年：《比罗比詹的噩梦》，载蓝英年、朱正：《从苏联到俄罗斯》，东方出版社2007年版，第309页。
② Из справки комиссии ЦК ВКП(б) о деятельности ЕАК и «Эйникайт», Сентябрь 1946 г., Г. В. Костырченко, *Еврейский антифашистский комитет в СССР, 1941-1948: Документированная история*, с.326.
③ Телеграмма Совинформбюро С. М. Михоэлсу, 15 декабря 1941 г., Г. В. Костырченко, *Еврейский антифашистский комитет в СССР, 1941-1948: Документированная история*, с.56.
④ Судебное следствие: Допрос подсудимых С. А. Лозовского, В. П. Наумов, *Неправедный суд, Последний сталинский расстрел(стенограмма судебного процесса над членами Еврейского антифашистского комитета)*, с.148.
⑤ Из записки Отдела внешней политики ЦК ВКП(б) в Секретариат ЦК о работе ЕАК, 19 ноября 1946 г.; Из записки М. А. Суслова и Г. Ф. Александрова с предложением прекратить деятельность ЕАК и Антифашистского комитета советских ученых, 7-8 января 1947 г.; Г. В. Костырченко, *Еврейский антифашистский комитет в СССР, 1941-1948: Документированная история*, с.336, с.344; Обвинительное заключение по «делу ЕАК», 3 апреля 1952 г., Г. В. Костырченко, *Государственный антисемитизм в СССР. От начала до кульминации, 1938-1953*, с.183.

学者①即持此论。例如，1952年7月18日苏联最高法院军事审判庭对洛佐夫斯基等犹委会领导人的判决书中就写道："经预审及法庭审理查实，为了动员国外犹太人参加反法西斯主义的斗争以及在国外报刊上宣传苏联的成就，1942年4月，在苏联情报局支持下成立了犹委会。"②

实际上，在当时特殊的战争环境下，犹委会是在苏联犹太人所进行的一系列反法西斯活动的基础上逐渐酝酿成熟的。正如俄国学者彼得罗娃所言，1941年8月24日第一次犹太人反法西斯群众大会之后，"犹委会作为一个组织没有马上成形。会议的参与者分散到苏联各个城市"③。即是说，先有活动，后建组织。因此，笔者认为它成立的时间应该是1942年4月。最有说服力的证据就是1942年3月4日米霍埃尔斯和爱泼斯坦给谢尔巴科夫的报告。其中写道："让去年8月24日在莫斯科举行的世界犹太人反法西斯大会的参加者以及下列在海外犹太人中享有盛望的人参加犹委会是可行的……如果可以通过著名犹太人作家和社会名流在电台发表演讲来祝贺犹委会的成立，必将在国外产生巨大影响。"④

那么，犹委会到底是如何建立起来的？

（一）成立组织

犹委会的建立是与1941年8月24日第一次犹太人反法西斯群众大会的召开和《告世界犹太人书》发表后国外犹太人的强烈反响密不可分的。"文献证明，这次集会在整个美洲国家和英国得到了广泛的响应。有关大会的消息发表在国外许多政治立场不同的报纸上。"⑤

英国、巴勒斯坦和其他国家的许多城市都由犹太人宗教组织、社团

---

① *Stalin's Secret Pogrom: The Postwar Inquisition of the Jewish Anti-Fascist Committee*, Edited and with introductions by Joshua Rubenstein and Vladimir P. Naumov, p.7; Arkady Vaksberg, *Stalin Against the Jews*, p.112.
② Приговор Военной Коллегии Верховного Суда СССР, В. П. Наумов, *Неправедный суд,Последний сталинский расстрел(стенограмма судебного процесса над членами Еврейского антифашистского комитета)*, с.376.
③ Н. К. Петрова, *Антифашистские комитеты в СССР: 1941-1945гг.*, с.64.
④ Предложение о составе и функциях ЕАК, 4 марта 1942 г., Г. В. Костырченко, *Еврейский антифашистский комитет в СССР, 1941-1948: Документированная история*, с.58.
⑤ Н. К. Петрова, *Антифашистские комитеты в СССР: 1941-1945гг.*, с.64.

和工会团体出面组织了声援莫斯科第一次犹太人反法西斯群众大会的团结大会。伦敦和耶路撒冷的犹太社团率先建立了统一的"犹太教援俄委员会"。即便是那些原来和苏联没有任何关系的英国犹太人组织也用行动做出了回应。一些原来的反苏人士，诸如世界犹太复国主义组织主席哈伊姆·魏茨曼、犹太民族基金会主席梅纳赫姆·乌西施金（Menahem Ussishkin）等人均对莫斯科犹太人反法西斯群众大会表示祝贺，并对红军反对法西斯侵略者的英勇斗争表示热诚支持。他们呼吁全世界犹太人放弃政治和宗教分歧，千方百计地帮助苏联。1941年9月2日，刚从美国回到伦敦的魏茨曼拜访了苏联驻英国大使伊万·迈斯基，对苏联犹太人在这场战争中率先发出反对法西斯的呼吁"感到非常高兴"，并希望以犹太复国主义运动的名义致函回应。[1] 经迈斯基同意，9月8日，魏茨曼代表巴勒斯坦犹太代办处致函莫斯科犹委会。他在信中对苏联犹太人的呼吁做出公开响应，对他们所遭受的苦难"深感悲痛"，同时对他们在苏联军队中参加战斗感到自豪。最后，他代表巴勒斯坦的犹太人向苏联犹太人致以兄弟般的问候，并希望他们给予国外的同胞以充分的信任，因为"全世界的犹太人都不会背弃自己的事业"[2]。

在巴勒斯坦，1941年10月3日，《耶路撒冷之声》广播电台播发了梅纳赫姆·乌西施金抱病录制的对苏联犹太人的广播演说："亲爱的兄弟姐妹们！我们已经分开22年了。但是，我们对你们的热爱和我们的精神联系并未减弱。"首席拉比伊萨克·赫尔佐克（Isaac Herzog）鼓励苏联犹太人此时要从"我们神圣的《托拉》中汲取勇气、希望和信心"[3]。10月9日，世界犹太复国主义组织执委会主席、犹太代办处执委会主席本-古里安代表拥有125000名会员的巴勒斯坦犹太工人总工会

---

[1] Телеграмма посла СССР в Великобритании И. М. Майского в НКИД СССР, 2 сентября 1941 г., Министерство иностранных дел Российской Федерации, Министерство иностранных дел Государства Израиль, *Советско-израильские отношения: Сборник документов, Том I: 1941-1953, Книга 1: 1941-май 1949*, Москва: Международные отношения, 2000, с.20-21.

[2] Письмо президента Всемирной сионистской организации Х. Вейцмана послу СССР в Великобритании И. М. Майскому, 8 сентября 1941 г., Министерство иностранных дел Российской Федерации, Министерство иностранных дел Государства Израиль, *Советско-израильские отношения: Сборник документов, Том I: 1941-1953, Книга 1: 1941-май 1949*, с.21-22.

[3] Yehoshua A. Gilboa, *The Black Years of Soviet Jewry: 1939-1953*, p.59.

（Histadrut）在伦敦会见了迈斯基。本-古里安指出，尽管巴勒斯坦仅有50万犹太人，但他们"完全明白这场战争对于犹太人、全世界工人运动以及对苏联生存的意义"。为了共同的胜利，他们迫切希望竭尽所能帮助苏联，并提议派出由两三个人组成的代表团前往莫斯科进行调研。① 事实上，犹太工人总工会在10月初已经宣布发起为苏联军队募集医疗用品的援俄运动。② 不久，它又发起了为支援红军募集首批10000英镑的活动。③ 1941年10月之后，由亲苏的秘密共产党记者什洛莫·齐鲁列尼科夫（Shlomo Tsirulnikov）、从德国迁居巴勒斯坦的犹太小说家和剧作家阿诺尔德·茨威格（Arnold Zweig，1887—1968）等一批激进的社会主义者和自由知识分子在巴勒斯坦创建了援助苏联反法西斯战争公共委员会④，它"拥有2500名成员"⑤。巴勒斯坦犹太人不仅为苏联红军建立了一座野战医院，而且集资购买了救护车，途经伊朗转交给红军。

在拉丁美洲，1941年10月，阿根廷政界和知识界的犹太名流在首都布宜诺斯艾利斯召开了一次响应苏联犹太人呼吁的大型团结会议。著名诗人凯撒·廷波、议会代表埃里克和马克斯·迪克曼、乔治娅·埃尔曼教授等人联名发表了一项声援苏联的会议公告。1941年秋，墨西哥犹太人在首都墨西哥城举行了声援苏联的集会。与会者包括议会代表玛格丽特·涅列根，法国反法西斯女作家西蒙·泰丽，社会主义律师联盟负责人胡里奥·卡斯特罗，墨西哥犹太青年代表鲍里斯·罗森，世界犹太文化联盟⑥墨西哥分部代表C.马吉坦。随后由商人兼记者的莫迪

---

① Meeting: D. Ben-Gurion—L. M. Maiskii (London, 9 October 1941), Israel Ministry of Foreign Affairs, Ministry of Foreign Affairs of the Russian Federation etc., *Documents On Israeli-Soviet Relations:1941-1953,* Part I: 1941- May 1949, pp.11-12.

② Shimon Redlich, *Propaganda and Nationalism in Wartime Russia: The Jewish Antifascist Committee in the USSR,1941-1948*, p.140.

③ Предложение ЕАК о направлении своих представителей в Великобританию и Палестину, 18 августа 1942 г., Г. В. Костырченко, *Еврейский антифашистский комитет в СССР, 1941-1948: Документированная история*, с.204.

④ Shimon Redlich, *Propaganda and Nationalism in Wartime Russia: The Jewish Antifascist Committee in the USSR, 1941-1948*, p.140.

⑤ Г. Г. Исаев, Урок истории: советско-израильские отношения в 1948-1951гг., *Политэкс*, 2006, Том 2, № 3, с.114.

⑥ 世界犹太文化联盟英文名称为World Alliance of Jewish Culture，简称IKUF。其宗旨是利用犹太文化，特别是意第绪语，为对发展意第绪语文化感兴趣的共产主义者和犹太进步人士创建一个公共平台。

凯（马科斯）·科罗纳领导建立了一个"犹太人援助苏联战争受难者委员会"，并且与苏联驻美大使馆及李维诺夫大使保持着联系。古巴首都哈瓦那，巴西、智利、乌拉圭的许多城市也都举行了类似的集会。无论在哪里举行集会，与会者都向苏联致意，并通过了给予苏联红军援助的决议。①

美国犹太社团是世界上最大、实力最雄厚的犹太社团。②所以，苏联第一次犹太人反法西斯群众大会"在美国引起了特别强烈的反响"③。仅这次集会的速记记录就在美国发行了10万份（英语和希伯来语各5万份）。④哈伊姆·日特洛夫斯基博士听到苏联犹太人的呼吁后非常激动。他相信这个呼吁为犹太民族在苏联的生存开辟了新的前景，同时也为世界上两个最大的犹太社团的联系创造了条件。他公开发表文章声援苏联，积极筹划支持苏联的活动。甚至像苏联政权过去的反对者、美国著名犹太复国主义领袖斯蒂芬·怀斯博士⑤领导的世界犹太人代表大会也做出专门决议，祝贺莫斯科犹太人反法西斯群众大会的召开，并承诺给红军提供大量援助。

1941年9月初，一批美国犹太知识分子在纽约宾夕法尼亚宾馆集会，向美国犹太知识界发出呼吁，敦促他们对苏联犹太人的呼吁做出有组织的回应。在几周之内，就有大约200名社会名流签名支持，其

---

① Н. К. Петрова, *Антифашистские комитеты в СССР: 1941-1945гг.*, с.160-161; Shimon Redlich, *Propaganda and Nationalism in Wartime Russia: The Jewish Antifascist Committee in the USSR, 1941-1948*, p.121.
② 苏德战争爆发后，由于数十万犹太人惨遭纳粹屠杀，所以苏联犹太人总数很快就少于美国犹太人。
③ Информация и предложения по деятельности ЕАК, 13 апреля 1942 г., Г. В. Костырченко, *Еврейский антифашистский комитет в СССР, 1941-1948: Документированная история*, с.60.
④ Н. К. Петрова, *Антифашистские комитеты в СССР: 1941-1945гг.*, с.64.
⑤ 斯蒂芬·怀斯（Stephen Samuel Wise，1874—1949），美国犹太教拉比与犹太教救国运动领导人。出生于匈牙利布达佩斯，1岁时随父移居美国。1901年获得哥伦比亚大学哲学博士。从1906年开始，终其一生在纽约"改革派犹太教"会堂——以马内利会堂担任拉比。他是美国犹太复国主义者联盟的创始人之一，1936—1938年担任该组织主席。在他影响下，美国许多政界要人（包括威尔逊总统）对于犹太复国主义采取了同情和支持态度。1917年创建了美国犹太人代表大会。1922年在纽约创建了犹太宗教学院。为了维护全世界犹太人的权益，在1936年组建了世界犹太人代表大会，一直担任该组织主席，并且因此成为全世界公认的反希特勒主义领袖。有许多著作传世。

中包括著名科学家阿尔伯特·爱因斯坦、全美拉比办公室代表拉比约瑟夫·卢克斯坦和美国犹太人联合分配委员会代表约瑟夫·A.罗森博士等人。随后，他们在纽约曼哈顿第109大街西段租房4间，成立了美国犹太人作家艺术家科学家委员会①，由委员会的创始人日特洛夫斯基博士出任主席，爱因斯坦担任名誉主席，并且在美国所有大城市设立了分会。该委员会宣称自己有双重目的，"帮助动员对苏物质援助，在美国犹太社团内部培养亲苏态度"②。

1941年10月26日，当法西斯军队兵临莫斯科城下之时，该委员会举行了声援苏联的广播大会，通过纽约和波士顿的两家国家电台用英语和意第绪语向苏联进行了实况转播，同时向欧洲国家进行转播。参加广播大会的包括美国著名演员莫里斯·卡诺夫斯基、塞缪尔·沃纳梅克、马丁·沃尔夫森和弗兰克·巴特伦。日特洛夫斯基博士、罗森博士、著名作家沃尔多·弗兰克以及拉比卢克斯坦发表了演讲，他们表示要与苏联紧密团结在一起，竭尽全力援助红军夺取胜利。大会宣读了由爱因斯坦、著名意第绪语作家肖洛姆·阿施和利昂·科布林、德国著名犹太人小说家和剧作家利翁·福伊希特万格、艺术家B.阿龙松、电影演员保罗·穆尼和约翰·加菲尔德等200多名来自科学、文学、艺术界的著名代表签署的宣言，宣布"美国犹太人准备做出最大牺牲来援助苏联"③。这次广播大会"在美国犹太人历史上是一件前所未有的大事"④。它"不仅加强了西半球犹太人对苏联的同情，还帮助了红军的扩编，甚至还以杂志的形式用英语和希伯来语出版了关于集会的报告，题目为《我们对苏联犹太兄弟的回应》"⑤。所以，苏联驻美大使康斯坦丁·乌曼斯基⑥在

---

① 其英文名称为 The American Committee of Jewish Writers, Artists and Scientists（缩写为 ACJWAS），有时简称 The Writers's Committee，即作家委员会。
② Shimon Redlich, *Propaganda and Nationalism in Wartime Russia: The Jewish Antifascist Committee in the USSR,1941-1948*, p.105.
③ Н. К. Петрова, *Антифашистские комитеты в СССР:1941-1945гг.*, с.87-88.
④ Информация и предложения по деятельности ЕАК, 13 апреля 1942 г., Г. В. Костырченко, *Еврейский антифашистский комитет в СССР, 1941-1948: Документированная история*, с.60.
⑤ Н. К. Петрова, *Антифашистские комитеты в СССР:1941-1945гг.*, с.88.
⑥ 康斯坦丁·乌曼斯基（Константин Уманский），苏联著名新闻记者和外交家，犹太人。1920年代在塔斯社工作。1931年步入苏联外交界。1939年担任苏联驻美大使，1941年11月离任。苏联与墨西哥复交后，他在1943年出任苏联驻墨西哥大使。1945年1月死于空难。

总结第一次对美宣传工作的经验时指出："只有犹太人（在莫斯科）的集会（在美国）反响最大，所有的媒体都刊登了文章，甚至连对我们持敌对态度的媒体也对此次集会有所反应。"① 1941年12月8日，米霍埃尔斯、马尔基什、剧作家和评论家伊·莫·多布鲁申、俄罗斯联邦人民演员韦·利·祖斯金等苏联犹太知识界的代表向美国犹太人作家艺术家科学家委员会致电问候，号召美国犹太人和苏联并肩作战，消灭德国法西斯。

1941年12月，美国犹太人作家艺术家科学家委员会在世界最大的大厅——纽约麦迪逊广场花园再一次组织了20000人参加的群众集会。美国著名参议员亚伯拉罕·卡普兰担任大会主席，罗斯福夫人致开幕辞。美国副总统亨利·华莱士、新泽西州州长查尔斯·爱迪生、爱因斯坦等许多人为大会发来了贺词。肖洛姆·阿施、本·莱恩·戈德堡、国会代表索尔·布卢姆、拉比卢克斯坦、捷克斯洛伐克外交部长扬·马萨里克等人做了热情洋溢的演讲。苏联新任驻美大使李维诺夫到会并发表讲话。与会者起立欢呼，并且有节奏地呼喊"苏联万岁！"和"红军万岁！"② 这些盛况空前的集会无疑都通过苏联驻外使节反馈给了苏联情报局。

苏联犹太人的反法西斯热情为犹委会的建立创造了良好的条件，而国外犹太人的积极回应则使这一工作变得刻不容缓。显然，没有相应的组织对苏联今后的宣传工作是十分不利的。洛佐夫斯基后来说，他与谢尔巴科夫在1941年底通话时，两人产生了成立几个反法西斯委员会的想法，并立刻得到谢尔巴科夫的口头批准。③ 随后，根据苏联情报局的倡议，联共（布）中央委员会批准成立了全斯拉夫人反法西斯委员会④、

---

① Н. К. Петрова, *Антифашистские комитеты в СССР:1941-1945гг.*, с.56, 88.
② Arno Lustinger, *Stalin and the Jews: The Red Book: The Tragedy of the Jewish Anti-Fascist Committee and the Soviet Jews*, p.122.
③ Судебное следствие: Допрос подсудимых С. А. Лозовского, В. П. Наумов, *Неправедный суд, Последний сталинский расстрел(стенограмма судебного процесса над членами Еврейского антифашистского комитета)*, с.147.
④ 全斯拉夫人反法西斯委员会于1947年改组为苏联斯拉夫委员会，并在基辅和明斯克各设有一个分会。1962年它的职能转交给了苏联保卫和平委员会。Н. К. Петрова, *Антифашистские комитеты в СССР:1941-1945гг.*, с.208.

苏联妇女反法西斯委员会①、苏联青年反法西斯委员会②、苏联科学家反法西斯委员会③和犹委会等5个反法西斯群众组织。④但是,洛佐夫斯基当时远在古比雪夫,而谢尔巴科夫则留在莫斯科,两人之间的沟通协商没有留下任何正式文件。因此,战后联共(布)中央专门小组在对犹委会存在的问题进行调查时特意指出,苏联党政机关"从未做出一个关于成立犹委会及其任务的正式决定。根据犹委会前责任书记爱泼斯坦的报告,犹委会是苏联情报局按照谢尔巴科夫同志的指示成立的,自1941年底开始活动"⑤。

  一下子要成立这么多反法西斯委员会,苏联情报局面临的当务之急就是如何确定各委员会的领导人。洛佐夫斯基为此和谢尔巴科夫进行过多次协商。就犹委会而言,谢尔巴科夫希望由一个党外人士担任其主席,而米霍埃尔斯则是最佳人选。

  米霍埃尔斯原名所罗门·米哈伊洛维奇·沃夫西,1890年3月4日出生于俄国维捷布斯克州德文斯克市(今拉脱维亚共和国陶格夫匹尔斯市)一个传统的犹太人家庭。早年接受了系统的犹太教育,包括学习意第绪语、希伯来语和犹太教法典。1915—1918年,在圣彼得堡大学法律系学习。1918年底,进入著名犹太戏剧导演格拉诺夫斯基在彼得格勒创办的犹太剧院工作室,次年开始演艺生涯。1920—1921年,与格

---

① 苏联妇女反法西斯委员会(Антифашиский комитет советских женщин),1956年改称苏联妇女委员会,代表苏联妇女参加国际民主妇女联合会,同世界120个国家的进步妇女组织建立了联系。出版《苏联妇女》杂志。1973年获各族人民友谊勋章。参见 А. М. Прохоров, *Советский энциклопедический словарь*, Москва: Советская энциклопедия, 1986, с.64, 609.
② 苏联青年反法西斯委员会(Антифашиский комитет советской молодёжи),1956年改名为苏联青年组织委员会,代表苏联青年同外国青年进行合作,在国际学生联合会书记处和世界民主青年联盟常设局派有代表。参见 А. М. Прохоров, *Советский энциклопедический словарь*, с.65, 609.
③ 苏联科学家反法西斯委员会于1948年被悄然关闭。参见 Н. К. Петрова, *Антифашистские комитеты в СССР: 1941-1945гг.*, с.208.
④ Из записки С. А. Лозовского в ЦК ВКП(б) о ЕАК, Июль 1945 г., Г. В. Костырченко, *Еврейский антифашистский комитет в СССР, 1941-1948: Документированная история*, с.178-179.
⑤ Из справки комиссии ЦК ВКП(б) о деятельности ЕАК и «Эйникайт», Сентябрь 1946 г., Г. В. Костырченко, *Еврейский антифашистский комитет в СССР, 1941-1948: Документированная история*, с.326.

拉诺夫斯基一起在莫斯科创建了举世闻名的国家犹太剧院（ГОСЕТ）。1929 年出任该剧院艺术总监。作为一个典型的俄罗斯化的犹太知识分子，他融犹太文化和俄罗斯文化于一身。其舞台艺术具有深刻的哲理性和热情的气质，形式明快壮观。"他塑造了勇敢的苏联爱国者尤利斯（Юлис）和奥瓦迪斯（Овадис），充满人民乐观主义智慧的反抗者捷维耶（Тевье），悲剧式的开明君主李尔王"等一系列具有鲜明艺术特色的著名角色；导演过《好汉博特勒》《奥瓦迪斯一家》《奶工捷维耶》等许多戏剧；并且演出过电影《犹太人的幸福》《月亮石》《马戏团》等。①苏联著名犹太作家爱伦堡多年后对米霍埃尔斯扮演的李尔王仍旧赞不绝口："他变得令人不敢认了——平常他的个子并不显高，脸也不像国王，凸出的前额和鼓出的下唇，倒很像一个好嘲笑人的知识分子。但是在舞台上，高高的和悲哀的李尔王在自己的不幸和愤怒中却是难以形容的优美。各种流派的演员都很景仰米霍埃尔斯的才能。"就连那些不懂犹太语的观众也常来国家犹太剧院观看演出。②鉴于米霍埃尔斯对戏剧艺术所做出的巨大贡献，1939 年，苏联政府授予他"苏联人民艺术家"称号，后来又授予列宁勋章。他是斯大林文学艺术奖金委员会成员之一。除了演艺工作外，米霍埃尔斯还在国家犹太剧院附属学校担任教学工作，是公认的莎士比亚研究权威。1930 年代，他已跻身苏联文化精英阶层。1938 年 11 月，苏联政府在莫斯科音乐学院举行过一次苏联知识界反法西斯大会，并向全世界做了转播。米霍埃尔斯在大会上的讲话非常成功，连联共（布）中央委员会都知道他的名字。1941 年，他被授予教授的学术头衔。米霍埃尔斯从未加入过任何党派，他和苏联名人、知识分子特别是大多数犹太作家和诗人关系密切，在苏联文化艺术界非常活跃，并且享有极高的威望。所以，谢尔巴科夫便推荐米霍埃尔斯担任犹委会主席。③

至于犹委会责任书记，苏联情报局选择了布尔什维克党的资深新闻

---

① С. М. МИХОЭЛС, *ПРАВДА*, 15 января 1948 г..
② 〔俄〕伊利亚·爱伦堡：《人·岁月·生活》（下卷），第 466 页。
③ Судебное следствие: Допрос подсудимых С. А. Лозовского, В. П. Наумов, *Неправедный суд, Последний сталинский расстрел(стенограмма судебного процесса над членами Еврейского антифашистского комитета)*, с.148.

人士沙赫诺·爱泼斯坦（1883—1945）。爱泼斯坦出生于立陶宛一个犹太教拉比家庭，早年曾参加过犹太复国主义运动。1903 年在华沙加入崩得，先后在维也纳和瑞士的崩得分支机构担任过秘书职务。1909—1917 年寓居美国，并加入共产党，在美国共产党犹太分部报刊《自由报》① 从事编辑工作。他积极参加工人运动，热衷于社会主义的新闻宣传和报刊出版事业。1919 年，爱泼斯坦在苏俄加入布尔什维克党，并成为俄共（布）中央犹太民族事务委员部领导人之一。1920 年夏，出任意第绪语党报《真理报》责任编辑。1921—1929 年，受共产国际委派再次前往美国纽约，在犹太新闻出版界从事共产主义宣传工作，但其真正使命则是去"把几个彼此争斗不休的秘密共产主义小组联合成一个整体"②。爱泼斯坦旅美期间与戈德堡建立了亲密关系。1930 年代，他在欧洲和美国从事新闻宣传活动过程中，曾连续数年为苏联的海外情报和安全部门工作，对布尔什维克党绝对忠诚。因此，爱泼斯坦便成为责任书记的最佳人选。

1941 年 12 月 15 日，洛佐夫斯基通知米霍埃尔斯，他已经被正式委任为犹委会主席。③ 随后，米霍埃尔斯被洛佐夫斯基从国家犹太剧院的疏散地塔什干召到古比雪夫，在苏联情报局工作人员埃·伊·捷乌明（Э. И. Теумин）等人协助下开始工作。④ 犹委会的组建就是从这时正式启动的。很快，苏联情报局就给它选定了办公地址：古比雪夫州首府，文采克大街 37 号。

作为犹委会主席和责任书记，米霍埃尔斯和爱泼斯坦的首要任务就是筹建委员会。经过与洛佐夫斯基协商，他们在 1942 年 2 月初共同草拟了犹委会的任务草案：

---

① 《自由报》（*Freibeit*）后来改名为《自由晨报》（*Morning Freiheit*）。
② Судебное следствие: Допрос подсудимых Л. Я. Тальми, В. П. Наумов, *Неправедный суд, Последний сталинский расстрел*(стенограмма судебного процесса над членами Еврейского антифашистского комитета), с. 246.
③ Телеграмма Совинформбюро С. М. Михоэлсу, 15 декабря 1941 г., Г. В. Костырченко, *Еврейский антифашистский комитет в СССР, 1941-1948: Документированная история*, с. 56.
④ Судебное следствие: Допрос подсудимых Э. И. Теумин, В. П. Наумов, *Неправедный суд, Последний сталинский расстрел*(стенограмма судебного процесса над членами Еврейского антифашистского комитета), с. 49.

1. 收集相关被希特勒匪帮占领的欧洲国家及暂时被其占领的苏联地区犹太人处境的具体资料。

2. 收集有关犹太人在卫国战争中的作用及贡献的详细资料。

为此目的在苏联各地组建犹太作家、记者和社会名流采访组，并在国外建立通讯员网络。

这些资料将进行适当整理并刊发在英美报刊上。

3. 想方设法在国外建立犹委会。

4. 出版新闻快报、宣传册、小册子以及文学作品集，既可以用新闻形式，也可以用文学形式，反映希特勒匪帮反犹暴行并详细报道犹太人在卫国战争中的贡献。

5. 出版艺术海报和漫画，均配以犹太诗人就同一主题创作的作品。

6. 特别重视出版伟大卫国战争中犹太英雄的小传和故事。

7. 用俄语、意第绪语和英语出版附有插图的题为"伟大卫国战争中的犹太人"的作品集。

8. 出版附有插图的题为"法西斯分子正在灭绝犹太民族"的作品集。

9. 在国外的犹太人中广泛开展反法西斯运动。

10. 通过犹太作家和社会名流组织针对国外进行反法西斯广播呼吁。

11. 与苏联及国外电影公司合作，拍摄关于法西斯分子反犹暴行和犹太民众反法西斯斗争的系列影片。

12. 委托犹太作家撰写有关犹太民众从事反法西斯斗争和犹太人在卫国战争中的贡献的电影脚本。

13. 与犹太出版商合作出版原创的和翻译的反法西斯歌曲集，并把世界上最好的反法西斯文学作品翻译成意第绪语出版。

14. 定期出版关于犹委会活动的报道。

15. 组织筹款活动，重点在美国，以便给红军和从德国占领地区疏散出来的民众购买药品和棉衣。①

---

① Проект основных направлений деятельности ЕАК, 5 февраля 1942 г., Г. В. Костырченко, *Еврейский антифашистский комитет в СССР, 1941-1948: Документированная история*, с. 57-58.

从中可以看出，犹委会的工作重心集中在宣传和募捐两个方面。1942年2月5日，洛佐夫斯基将该草案转呈给谢尔巴科夫审定，并强调说："最重要的是第15点，因为无须费力，我们就可以得到数百万美元来给红军和被疏散人口购买药品和棉衣。"这一草案很快就得到谢尔巴科夫批准。①

1942年3月4日，米霍埃尔斯、爱泼斯坦就犹委会的组成、职能、经费预算和工作人员配备等问题致函谢尔巴科夫，提出让1941年8月24日在莫斯科举行的第一次世界犹太人反法西斯大会的参加者以及在国外犹太人当中享有声望的犹太诗人克维特科、伊萨克·所罗门诺维奇·费费尔②、С.加尔金、祖斯金、多布鲁申、拉脱维亚的沙茨·阿宁博士、杰出的犹太人散文作家尼斯捷尔、鲍马什医生和意第绪语《真理报》出版社经理 Л.斯特龙金等人参加犹委会。为了在国外引起广泛的响应，他们建议通过著名的犹太作家和社会活动家在电台发表讲话来祝贺犹委会的成立，并且在古比雪夫或莫斯科举行一次有苏联犹太名流、卫国战争中的犹太战士、犹太英雄参加的代表会议。他们还主张犹委会在国外的犹太人出版物上刊登被疏散的犹太人信息，以提高犹委会的威望，加强与美国、英国、加拿大、拉丁美洲等国外大批有影响的犹太人社会组织的联系，促使它们对红军及被疏散居民给予支援。另外，还要求提供经费、一名技术工、一名意第绪语-英语打字员。③

1942年4月13日，爱泼斯坦把犹委会的活动计划上报给谢尔巴科夫。"为了扩大和推动国际犹太人与苏联团结的日益高涨的运动"，他提出了5点具体措施：

---

① Проект основных направлений деятельности ЕАК, 5 февраля 1942 г., Г. В. Костырченко, *Еврейский антифашистский комитет в СССР, 1941-1948: Документированная история*, с.57.

② 伊萨克·所罗门诺维奇·费费尔（Исаак Соломонович Фефер，1900—1952），苏联犹太诗人。1900年生于乌克兰基辅州什波拉镇一个乡村教师家庭。高等学校肄业。1919年加入俄共（布）。作品有颂扬建立新生活豪迈精神的诗集，如《木屑》《关于我自己以及像我这样的人》《诗集》和长诗等。

③ Предложение о составе и функциях ЕАК, 4 марта 1942 г., Г. В. Костырченко, *Еврейский антифашистский комитет в СССР,1941-1948: Документированная история*, с.58-59.

1. 近期在莫斯科或者古比雪夫组织第二次世界犹太人反法西斯广播大会；

2. 针对国外听众组织每周一次（周五或周六），每次半小时的意第绪语无线电广播；

3. 从速出版意第绪语报纸，每月最少两期，作为犹委会机关报；

4. 通过宣传犹委会的人员构成以及赋予第一次大会如同即将在莫斯科或者古比雪夫召开的第二次世界犹太人反法西斯广播大会同样的地位，提高犹委会在国外的声誉和威信；

5. 通过建立由犹委会内部积极分子组成的坚强核心，扩大委员会的组织和活动。①

在一切准备就绪后，1942年4月23日，苏联情报局在古比雪夫市召开新闻发布会，洛佐夫斯基向外国记者正式宣布了犹委会、全斯拉夫人反法西斯委员会等5个反法西斯委员会成立的消息。洛佐夫斯基后来说："这些委员会并非专门的组织。其任务是与所有有意支持反法西斯斗争和帮助苏联的民主的、进步的、甚至资产阶级的组织建立联系。"②他在回答一名外国记者的书面提问时特别指出："犹委会的主要目的是争取各国犹太人积极参加反法西斯战斗，并发起一个最大限度地帮助在反法西斯战争中肩负重任的苏联及红军的运动。为此它承担着两大主要任务：第一，要让全世界的犹太人了解法西斯主义令人难以置信的犯罪本质及其绝对恐怖的兽性，特别是在对待暂时被占领的苏联地区和被占领国家的犹太人方面；第二，要让犹太民众了解包括苏联犹太人在内的苏联各民族的胆量、勇气和英雄主义典范，并且展示苏联犹太人在国内如何通过忘我的和创造性的工作，就如同在前线直接与法西斯主义战斗

---

① Информация и предложения по деятельности ЕАК, 13 апреля 1942 г., Г. В. Костырченко, *Еврейский антифашистский комитет в СССР,1941-1948: Документированная история*, с.60-61.

② Судебное следствие: Допрос подсудимых С. А. Лозовского, В. П. Наумов, *Неправедный суд, Последний сталинский расстрел(стенограмма судебного процесса над членами Еврейского антифашистского комитета)*, с.148.

一样。"①

　　随后，根据谢尔巴科夫和联共（布）中央国际宣传部副部长德·扎·马努伊尔斯基②的指示，犹委会的职责被归纳为以下三项："首先，向全世界犹太人揭露法西斯主义的凶残本性及其恐怖暴行，特别是对被其暂时占领的苏联地区和被占领国家的犹太人犯下的恐怖暴行；其次，以苏联各民族包括犹太人为典范，向国外犹太民众展示应当如何同法西斯主义进行战斗；第三，在民主国家促进建立犹太人联合委员会，以动员民众对苏联各族人民史无前例的战斗表示同情。"③后来担任犹委会领导人的费费尔说，苏联当局给犹委会分配的基本任务就是"把全世界的犹太人团结起来，与法西斯主义进行战斗"④。英国历史学家马丁·吉尔伯特认为，斯大林建立犹委会的目的"是向西方进行亲苏宣传，为苏联反对希特勒的斗争赢得支持"⑤。另一位英国学者伦纳德·夏皮罗也指出："战争中设立犹委会乃是一种宣传，其唯一目的是为了动员非苏联犹太人从政治上和财力上支持苏联的战争。"⑥

（二）创办《团结报》

　　在创建犹委会的同时，米霍埃尔斯和爱泼斯坦的另一项重要工作就是筹划出版犹太人报纸。早在1941年7月，马尔基什、加尔金、贝格尔

---

① Statement on the the JAFC's Activities, in Arno Lustinger, *Stalin and the Jews: The Red Book: The Tragedy of the Jewish Anti-Fascist Committee and the Soviet Jews*, p.100.
② 德·扎·马努伊尔斯基（1883—1959），1926年担任联共（布）驻共产国际代表，实际上是受斯大林控制的代理人。他逃脱了大清洗但却失宠。曾经担任联共（布）中央国际宣传部副部长，乌克兰共和国外交人民委员。1952年被开除出苏共中央委员会。
③ Из справки комиссии ЦК ВКП(б) о деятельности ЕАК и «Эйникайт», Сентябрь 1946 г., Г. В. Костырченко, *Еврейский антифашистский комитет в СССР, 1941-1948: Документированная история*, с.326.
④ Судебное следствие: Допрос подсудимых И. С. Фефера, *Неправедный суд, Последний сталинский расстрел(стенограмма судебного процесса над членами Еврейского антифашистского комитета)*, с.25.
⑤ 〔英〕马丁·吉尔伯特：《二十世纪世界史》，第2卷（下），1933—1951，第902页。还有一位英国学者也认为，苏联建立犹委会的目的是"为了培养国内外犹太人的亲苏感情"。参见 Bernard D. Weinryb, "Anti-semitism in Soviet Russia", *The Jews in Soviet Russia since 1917*, edited by Lionel Kochan, p.309.
⑥ 〔美〕罗伯特·康奎斯特：《最后的帝国——民族问题与苏联的前途》，刘靖北等译，华东师范大学出版社1993年，第348页。

森、克维特科、努西诺夫教授和Э.菲宁贝格6位苏联著名意第绪语作家就联名上书苏联情报局,呼吁在莫斯科创办一份意第绪语报纸,并且指出它将在"组织犹太群众支持祖国方面发挥重要作用"。但是,未获批准。① 1941年9月,米霍埃尔斯、贝格尔森、克维特科、马尔基什、爱泼斯坦、祖斯金、加尔金、努西诺夫、Б.奥尔尚斯基和斯特龙金10人再次联名上书谢尔巴科夫,指出在莫斯科创办一份意第绪语报纸对于团结和动员600万苏联犹太人积极参加伟大卫国战争的政治意义,以及对于加强英美等国家的犹太社团在同情和支持苏联方面将会产生的巨大影响。这一次,谢尔巴科夫批准了这一要求,并指示联共(布)中央宣传鼓动部副部长A.普津,意第绪语报纸可以一周或者10天出一期,限量发行,看看效果如何。随后,普津做出决定,从1941年10月15日开始在莫斯科出版意第绪语《真理报》,周报,标准开本,印数10000份。② 但是,在10月15日苏联党政机关紧急迁往古比雪夫之后,此事竟不了了之。

1942年3月4日,米霍埃尔斯和爱泼斯坦以犹委会的名义再次致函谢尔巴科夫,重申出版犹太人报纸的必要性。他们陈述了苏联犹太民众和红军战士中的犹太人对阅读意第绪语报纸的渴望,指出对600万犹太人(其中绝大多数人只懂意第绪语)缺乏舆论引导可能给隐蔽的敌对分子和国外的反苏势力以可乘之机,因此,"出版意第绪语报纸既是在政治上影响苏联犹太群众,也是唤起和加强国外特别是美国犹太人同情苏联的迫切需要"。因为在美国,"犹太人在社会和政治生活中发挥着重要作用"。同时,此举"还将极大地促进犹委会的工作"。谢尔巴科夫记得此前已经批准出版一份限量发行、10天一期的报纸。所以,他一方面追问亚历山德罗夫当时是否落实?一方面再次批示"同意"。③ 这一消息可

---

① Обращение группы советских еврейских писателей, Июль 1941 г., Г. В. Костырченко, *Еврейский антифашистский комитет в СССР, 1941-1948: Документированная история*, с. 50.

② Вторичное обращение группы еврейских писателей в Совинформбюро, Сентябрь 1941 г., Г. В. Костырченко, *Еврейский антифашистский комитет в СССР, 1941-1948: Документированная история*, с. 50-51.

③ Обращение ЕАК к А. С. Щербакову, 4 марта 1942 г., Г. В. Костырченко, *Еврейский антифашистский комитет в СССР, 1941-1948: Документированная история*, с. 52-53; An Appeal to Shcherbakov Concerning the Necessity of a Yiddish Newspaper, March 4, 1942, Shimon Redlich, *War, Holocaust and Stalinism, A Documented Study of the Jewish Anti-Fascist Committee in the USSR*, p. 191.

能没有及时传达给犹委会领导人，以至于爱泼斯坦在 1942 年 4 月 13 日给谢尔巴科夫呈交的犹委会活动计划中旧事重提，要求"从速出版意第绪语报纸，每月最少两期，作为犹委会机关报"①。

1942 年 4 月 6 日，洛佐夫斯基紧急致电远在莫斯科的联共（布）中央宣传鼓动部部长亚历山德罗夫，就这份拟议之中的意第绪语报纸的名称、规格、出版周期、印数、编辑部人员组成提出了详细建议，同时希望亚历山德罗夫尽快定夺，以便立即召集编委会成员，着手出版报纸。正是在这份电报中，洛佐夫斯基提议把报纸定名为《埃尼凯特报》（《团结报》），并且认为用"Эйникайт"（Единение）比"Эйнахйт"（Единство）要好一些。② 普津原来拟定的名称被放弃。4 月 27 日，联共（布）中央委员会书记处根据洛佐夫斯基的提议做出决定：批准出版犹委会机关报——意第绪语中央级报纸《团结报》（*Единение*），发行周期为每月 3 期，每期发行量为 10000 份，半标准开张，版面四版；批准贝格尔森、加尔金、多布鲁申、克维特科、А. Д. 库什尼罗夫、米霍埃尔斯、斯特龙金、费费尔和爱泼斯坦为《团结报》编委会成员。爱泼斯坦任责任编辑。③ 费费尔被委任为副编辑，成为爱泼斯坦主管《团结报》的副手，贝格尔森负责主持《团结报》文艺部工作。④

作为犹委会的机关报，爱泼斯坦从一开始就对《团结报》做出了明确定位：《团结报》是苏联犹太人的报纸，它的特点是阐释犹太人的生活和文化。加尔金后来回忆说，在《团结报》第 1 期付诸编排时，爱泼斯坦明确提出："《团结报》是一份苏联意第绪语报纸，它的一大特点就

---

① Информация и предложения по деятельности ЕАК, 13 апреля 1942 г., Г. В. Костырченко, *Еврейский антифашистский комитет в СССР, 1941-1948: Документированная история*, с. 60.
② Телеграмма С. А. Лозовского Г. Ф. Александрову, 6 апреля 1942 г., Г. В. Костырченко, *Еврейский антифашистский комитет в СССР, 1941-1948: Документированная история*, с. 53-54.
③ Решение Секретариата ЦК ВКП(б), 27 апреля 1942 г., Г. В. Костырченко, *Еврейский антифашистский комитет в СССР, 1941-1948: Документированная история*, с. 54.
④ Судебное следствие: Допрос подсудимых И. С. Фефера; Допрос подсудимых Л. М. Квитко; Дополнительные показания подсудимых, В. П. Наумов, *Неправедный суд, Последний сталинский расстрел* (стенограмма судебного процесса над членами Еврейского антифашистского комитета), с. 23, 99, 351.

是报道犹太人的生活和文化。"① 这也是《团结报》编委会所有成员的共识。由于各种原因,《团结报》第 1 期未能赶在第二次全世界犹太人广播大会召开之际出版。直到 1942 年 6 月 17 日,它才第一次与读者见面。从此,苏联犹太人就有了自己的全国性报纸。

《团结报》是在非常困难的条件下出版的。最初,犹委会的机关设在古比雪夫,而报纸则在莫斯科出版发行。所以,版样都是在古比雪夫准备的,由爱泼斯坦和他的助手们进行审校并加工,克维特科帮助拼版,然后再送到莫斯科排印。当时没有工作人员,留在莫斯科的加尔金和斯特龙金等人不顾寒冷,排除困难,一连两三个昼夜守在印刷厂。他们自己搬运东西,自己做出校样并当场进行修订。② 直到 1943 年夏,犹委会和《团结报》编辑部迁回莫斯科后,这种状况才得到改善。

(三) 人员构成和组织机构

犹委会是在战争期间仓促建立起来的。其成员基本上都是由苏联情报局和犹委会的领导人推荐的,推荐的主要依据是被推荐者的知名度和社会影响力。除了犹委会主席米霍埃尔斯和责任书记爱泼斯坦之外,他们当中还有著名犹太人作家爱伦堡、贝格尔森,诗人费费尔,著名生物学家、苏联科学院唯一的女院士莉·所·什泰恩③,科学院院士弗鲁姆金,比罗比詹犹太人自治州州委书记库什尼尔,著名电影导演谢尔盖·艾森斯坦和埃姆勒,著名剧作家、电影大师阿·卡普列尔④,著名

---

① Судебное следствие: Допрос подсудимых Д. Р. Бергельсона, В. П. Наумов, *Неправедный суд, Последний сталинский расстрел(стенограмма судебного процесса над членами Еврейского антифашистского комитета)*, с. 88.

② Из стенограмм выступлений на пленуме ЕАК, 18-20 февраля 1943 г., Г. В. Костырченко, *Еврейский антифашистский комитет в СССР, 1941-1948: Документированная история*, с. 73.

③ 按照当时人的说法,只要列举 3 个生理学家的名字,其中就少不了什泰恩。参见 Судебное следствие: Допрос подсудимых Л. С. Штерн, В. П. Наумов, *Неправедный суд, Последний сталинский расстрел(стенограмма судебного процесса над членами Еврейского антифашистского комитета)*, с. 321。

④ 阿·卡普列尔 (А. Я. Каплер, 1904—1978), 苏联著名导演、剧作家和散文家。他是电影《列宁在十月》和《列宁在一九一八》的编剧。1943 年 3 月,因为与斯大林的女儿斯维特兰娜恋爱而被捕,罪名是反苏维埃和反革命言论,以及为英国人提供情报。他的名字也因此从犹委会的出版物中消失。斯大林死后,他于 1953 年 7 月恢复自由,1978 年去世。参见〔苏联〕斯维特兰娜·阿利卢耶娃:《致友人的二十封信》,赵洵译,中国社会科学出版社 1979 年版,第 191—201 页;〔俄〕帕维尔·苏多普拉托夫:《情报机关与克里姆林宫》,第 171 页;〔德〕马尔塔·萨德:《斯大林的女儿》,王青燕译,东方出版社 2008 年版,第 86—89 页。

莫斯科包特金临床医院主任医师鲍里斯·阿布拉莫维奇·希梅利奥维奇（Борис Абрамович Шимелиович），莫斯科大学著名医学教授 М. С. 沃夫西，画家和雕塑家纳坦·阿尔特曼，著名音乐家大卫·奥伊斯特拉赫教授，著名航空工程师谢苗·拉沃奇金，红军女飞行员和苏联英雄波林娜·格里曼，还有苏联英雄、潜艇艇长以色列·菲萨诺维奇等。所以，"委员会的成员名单看起来就像是一份苏联犹太人名人录"①。洛佐夫斯基后来指出，之所以选出 70—80 位犹太社会名流成立这个大型委员会，目的是让这些事传到美国、英国和全世界，以便让那里的人们看到，不仅米霍埃尔斯和爱泼斯坦强烈呼吁他们与法西斯主义进行斗争，而且还有许多院士、作家、诗人和政府官员，他们都在呼吁国外民众为反对法西斯主义而斗争。②

战争期间，犹委会的人数有一个由少到多的发展过程。1942 年，犹委会成员共有 23 人，1944 年共有 63 人。③1945 年 5 月共有 68 人。④1946 年 6 月 21 日，犹委会主席米霍埃尔斯和主席团成员费费尔在写给联共（布）中央对外政策部部长苏斯洛夫的信中说，委员会有 70 位成员。⑤在 1941 年 8 月莫斯科第一次犹太人代表大会《告世界犹太人书》上签名的共有 26 人，在 1942 年 5 月第二次犹太人代表大会《告世界犹太人书》上签名的共有 47 人，在 1944 年 4 月第三次犹太人代表大会发布的一个文件中签名的共有 64 人。由此可见，签名者未必都是犹委会成员。根据希蒙·雷德利克教授统计，从 1942—1948 年，既在犹委会文件中署

---

① Arno Lustinger, *Stalin and the Jews: The Red Book: The Tragedy of the Jewish Anti-Fascist Committee and the Soviet Jews*, p.101.

② Судебное следствие: Допрос подсудимых С. А. Лозовского, В. П. Наумов, *Неправедный суд, Последний сталинский расстрел(стенограмма судебного процесса над членами Еврейского антифашистского комитета)*, с.150.

③ Н. К. Петрова, *Антифашистские комитеты в СССР:1941-1945гг.*, с.282-285. 具体名单详见附录。

④ Arno Lustinger, *Stalin and the Jews: The Red Book: The Tragedy of the Jewish Anti-Fascist Committee and the Soviet Jews*, pp.385-387.

⑤ To Comrade M. Suslov, Director of the Section for Foreign Policy of the Central Committee of the Communist Party, 21 June 1946, see http://www.loc.gov/exhibits/archives/m2antfac.html. 阿尔卡季·瓦克斯堡在书中误把 1946 年写成了 1945 年，参见 Arkady Vaksberg, *Stalin Against the Jews*, p.149.

名又直接参加其活动的总人数前后共计 123 人。其中文学界 35 人，戏剧电影界 12 人，艺术界 15 人，军队、游击队 16 人，政府官员 10 人，新闻、出版界 9 人，管理界 7 人，医疗卫生界 5 人，科学家 3 人，党的官员 3 人，历史学界 2 人，哲学界 2 人，法律、宗教界 1 人，另有 2 人身份不详。① 知识分子占了总人数的 3/4。出现这种情况的原因：一是联共（布）党内的犹太领导人大多在大清洗中已经罹难；二是作家、艺术家、科学家更适合于战时对外宣传的需要。另据德国犹太裔历史学家阿龙·勒斯蒂格统计，犹委会有 70 名成员，其中主席团成员共 19 名。从 1942—1948 年，犹委会成员中有 44 名作家和记者，12 名戏剧、电影界成员，16 名士兵、军官及游击队员。他们包括 3 名苏联英雄，2 名将军。另外还有 15 名艺术家，18 名党政官员和 14 名科学家。②

犹委会并不是一个组织纪律十分严密的机构。许多人都是临时从全国各地招来的。例如达维德·瑙莫维奇·戈夫施泰因③ 是 1942 年从乌法来到古比雪夫的，克维特科是洛佐夫斯基和爱泼斯坦通过电报和信件从阿拉木图召来的，费费尔是 1942 年 4 月被爱泼斯坦用洛佐夫斯基签署的电报叫到古比雪夫的。克维特科虽然在犹委会工作，但是却"不知道它有哪些成员"，也"不知道还有会籍"④。费费尔虽然是《团结报》副编辑，但一开始并不是犹委会委员。希梅利奥维奇直到 1952 年受审时才第一次看到犹委会成员名单，他大为惊讶地发现和自己在一起工作的沃夫西教授竟是犹委会成员。⑤ 祖斯金直到 1944 年 4 月接到参加第三

---

① Shimon Redlich, *Propaganda and Nationalism in Wartime Russia: The Jewish Antifascist Committee in the USSR, 1941-1948*, pp.175-177.

② Arno Lustinger, *Stalin and the Jews: The Red Book: The Tragedy of the Jewish Anti-Fascist Committee and the Soviet Jews*, p.101.

③ 达维德·瑙莫维奇·戈夫施泰因（Давид Наумович Гофштейн，1889—1952），1889 年生于乌克兰基辅州一个小店主家庭，犹太人。1940 年加入联共（布）。职业是诗人。曾经获得"荣誉"勋章和"1941—1945 年伟大卫国战争中忘我劳动"奖章各 1 枚。

④ Судебное следствие: Допрос подсудимых Л. М. Квитко, В. П. Наумов, *Неправедный суд, Последний сталинский расстрел(стенограмма судебного процесса над членами Еврейского антифашистского комитета)*, с.98.

⑤ Судебное следствие: Допрос подсудимых Б. А. Шимелиовича, В. П. Наумов, *Неправедный суд, Последний сталинский расстрел(стенограмма судебного процесса над членами Еврейского антифашистского комитета)*, с.214.

次犹太人反法西斯大会的请柬时，才从爱泼斯坦那里获悉自己是犹委会成员。在此之前没有任何人通知他被吸收进委员会，也没有给他寄送任何材料，但是在1942年5月发表的《告世界犹太人书》上却有他的签名。① 什泰恩院士不仅是犹委会成员，而且还是妇女反法西斯委员会、科学家反法西斯委员会以及青年反法西斯委员会的成员②。

在犹委会内部，有些人只是挂名而已。其中有9—10位成员与犹委会的直接工作没有任何关系。弗鲁姆金（Фрумкин）院士从未去过委员会，但其大名却一直被犹委会使用着。③ 并不是所有成员都参加委员会的具体工作。在古比雪夫参加犹委会工作的只有米霍埃尔斯、爱泼斯坦、费费尔、贝格尔森和克维特科等少数人。据克维特科说："米霍埃尔斯嗜酒如命，实际工作都由爱泼斯坦负责。"④ 贝格尔森也证实，米霍埃尔斯只是偶尔到犹委会来一下⑤。爱泼斯坦是责任书记，伊利亚·谢苗诺维奇·瓦滕贝格（Илья Семенович Ватенберг）是他手下专管翻译校对材料的人员，克维特科是他主管犹委会和广播工作的副手，加尔金挑选寄往莫斯科的材料，奥尔良德是犹委会的主编，费费尔是爱泼斯坦主管《团结报》事务的助手。尽管犹委会管理比较松散，人员流动性较大，但是，它却为苏联对外宣传、与国外犹太人交流合作提供了一个重要平台。

---

① Судебное следствие: Допрос подсудимых В. Л. Зускина, В. П. Наумов, *Неправедный суд, Последний сталинский расстрел(стенограмма судебного процесса над членами Еврейского антифашистского комитета)*, с. 299, 306.

② Судебное следствие: Допрос подсудимых Л. С. Штерн, В. П. Наумов, *Неправедный суд, Последний сталинский расстрел(стенограмма судебного процесса над членами Еврейского антифашистского комитета)*, с. 312.

③ Судебное следствие: Допрос подсудимых С. А. Лозовского, В. П. Наумов, *Неправедный суд, Последний сталинский расстрел(стенограмма судебного процесса над членами Еврейского антифашистского комитета)*, с. 151.

④ Судебное следствие: Допрос подсудимых Л. М. Квитко, В. П. Наумов, *Неправедный суд, Последний сталинский расстрел(стенограмма судебного процесса над членами Еврейского антифашистского комитета)*, с. 100.

⑤ Судебное следствие: Дополнительные показания подсудимых, В. П. Наумов, *Неправедный суд, Последний сталинский расстрел(стенограмма судебного процесса над членами Еврейского антифашистского комитета)*, с. 351.

（四）苏联当局对犹委会的管控

在斯大林统治时期，苏联没有任何独立的社会组织，"每一个这样的组织都依附于某一个国家机构或者隶属于党的各级组织"[①]。犹委会等5个反法西斯委员会自然也不例外。1945年7月，洛佐夫斯基在给联共（布）中央书记格·马·马林科夫的报告中指出，这些反法西斯委员会在组织上并不是独立存在的，根据谢尔巴科夫的指示，它们均隶属于苏联情报局。苏联情报局不得不对它们的日常工作进行监督。造成这种现象的原因是，"首先，这是战争时期，我们必须进行广泛的反对希特勒德国的宣传；其次，苏联情报局归属联共（布）中央委员会书记领导，他负责一切国际宣传，其中包括这些反法西斯委员会的宣传"[②]。就犹委会而言，它的每一个成员人选都是经亚历山德罗夫、洛佐夫斯基和谢尔巴科夫严格审查后批准的[③]，日常工作也受到苏联情报局的严密监控。这主要表现在：

（1）未经苏联情报局批准，所有反法西斯委员会均不得向国外寄发文章；

（2）发送国外的信件和电报均须经苏联情报局批准；

（3）会见外宾、拜访各国大使馆、举办宴会及招待会均须经苏联情报局审批；

（4）在群众大会和全体会议上的发言，首先必须由苏联情报局审查并经过联共（布）中央宣传鼓动部批准……[④]

[①] Ж. А. Медведев, Сталин и «дело врачей», Новые материалы, *Вопросы истории*, 2003, № 1, с.89.

[②] Из записки С. А. Лозовского в ЦК ВКП(б) о ЕАК, Июль 1945г., Г. В. Костырченко, *Еврейский антифашистский комитет в СССР, 1941-1948: Документированная история*, с.179.

[③] Судебное следствие: Допрос подсудимых С. А. Лозовского, В. П. Наумов, *Неправедный суд, Последний сталинский расстрел(стенограмма судебного процесса над членами Еврейского антифашистского комитета)*, с.149.

[④] Из записки С. А. Лозовского в ЦК ВКП(б) о ЕАК, Июль 1945г., Г. В. Костырченко, *Еврейский антифашистский комитет в СССР, 1941-1948: Документированная история*, с.179.

第二章　卫国战争初期的苏联犹太人　155

　　根据这一规定，犹委会和其他反法西斯委员会最初几年寄往国外的所有材料都必须经过留在莫斯科的苏联情报局责任书记负责审查。一开始是克鲁日科夫（Кружков），后来是孔达科夫（Кондаков），再后来是卡尔梅科夫（Калмыков）。① 作为苏联情报局副局长，洛佐夫斯基直接负责指导和监督犹委会的工作。"委员会的一切实际活动，委员会收到的全部文件，均须经洛佐夫斯基过目并签名。"② 但是，洛佐夫斯基的权力实际上也是十分有限的，决定权掌握在联共（布）中央书记、苏联情报局局长谢尔巴科夫手中。每一次广播大会上每一个人的发言稿都要送交亚历山德罗夫和洛佐夫斯基审阅，然后再送给谢尔巴科夫批准。大会产生的全部文稿都要由中央委员会机关、苏联情报局和谢尔巴科夫进行审查。③ 贝格尔森后来指出，两次莫斯科犹太人反法西斯群众大会的呼吁书都是联共（布）中央宣传鼓动部甚至亚历山德罗夫本人授命他写的。④

　　在苏联，"任何一个创作团体或者社会组织的另外一个特点就是其副主席或者责任书记同时兼任国家安全机关的工作人员"⑤。犹委会也不例外。它的责任书记爱渡斯坦就是国家安全总局（当时隶属于内务人民委员会）的特工。洛佐夫斯基曾经指出，爱渡斯坦"是那个名为苏联的大国的特务，即是说，他是内务人民委员会的特务"⑥。1945 年 7 月爱渡斯坦去世后继任犹委会代理责任书记的所罗门·施皮格格拉兹、副责任

---

① Судебное следствие: Допрос подсудимых Э. И. Теумин, В. П. Наумов, *Неправедный суд, Последний сталинский расстрел(стенограмма судебного процесса над членами Еврейского антифашистского комитета)*, с. 50.

② Судебное следствие: Допрос подсудимых С. А. Лозовского, В. П. Наумов, *Неправедный суд, Последний сталинский расстрел(стенограмма судебного процесса над членами Еврейского антифашистского комитета)*, с. 156-157.

③ Судебное следствие: Допрос подсудимых С. А. Лозовского, В. П. Наумов, *Неправедный суд, Последний сталинский расстрел(стенограмма судебного процесса над членами Еврейского антифашистского комитета)*, с. 151.

④ Судебное следствие: Допрос подсудимых Д. Р. Бергельсона, В. П. Наумов, *Неправедный суд, Последний сталинский расстрел(стенограмма судебного процесса над членами Еврейского антифашистского комитета)*, с. 84.

⑤ Ж. А. Медведев, Сталин и «дело врачей», Новые материалы, *Вопросы истории*, 2003, № 1, с. 89.

⑥ Судебное следствие: Допрос подсудимых С. А. Лозовского, В. П. Наумов, *Неправедный суд, Последний сталинский расстрел(стенограмма судебного процесса над членами Еврейского антифашистского комитета)*, с. 148.

书记格里戈利·海费茨和费费尔概莫能外。他们本来就"肩负向国家安全部汇报一切情况的职责"①。曾经担任苏共中央宣传部长的雅科夫列夫院士指出,"像其他社会组织中一样,安全部门的在编工作人员或者谍报员"爱泼斯坦、费费尔、海费茨曾在不同时期当过犹委会的责任书记或者责任书记的副手,"他们报告了委员会的每个步骤和成员的意见"②。所以,犹委会始终处于苏联内务人民委员会监控之下。它的所有活动,特别是与人事有关的问题,都必须征得内务人民委员会的同意和批准。③因此,如果说谢尔巴科夫是斯大林设在苏联情报局的忠实守门人,那么爱泼斯坦无疑就是苏联国家安全部门设在犹委会的大管家。④米霍埃尔斯虽然是犹委会的主席,有行动自由,但是,这种自由是限制在一定范围之内的。在犹委会成立之初,爱泼斯坦就毫不隐讳地告诉克维特科,犹委会的领导人名义上是米霍埃尔斯,但主要负责人即实际管事的人却是他。爱泼斯坦每天早上都要去洛佐夫斯基的办公室汇报工作,如果有什么重大问题,都要找洛佐夫斯基商量。⑤事实上,正是通过洛佐夫斯基和爱泼斯坦的领导,苏联当局才将犹委会牢牢地掌控在自己手中。

犹委会是苏联国内"自1917年以来第一个'有代表性的'犹太人团体"⑥,是继20世纪二三十年代一切独立的犹太人政治、宗教和文化机构被取缔之后成立的唯一合法的犹太人组织。从犹太人反希特勒委员会到犹太人反法西斯委员会,尽管名称只有3字之差,但其性质却发生了根本变化。

---

① 〔俄〕列昂尼德·姆列钦:《历届克格勃主席的命运》,第398页。
② 〔俄〕亚历山大·雅科夫列夫:《雾霭:俄罗斯百年忧思录》,第183—184页。
③ Arno Lustinger, *Stalin and the Jews: The Red Book: The Tragedy of the Jewish Anti-Fascist Committee and the Soviet Jews*, p.101. 阿尔卡季·瓦克斯堡也指出:"内务人民委员会指导它的活动,任命和批准全体工作人员,并审批所有事宜。"参见 Arkad Vaksberg, *Stalin Against the Jews*, p.113.
④ Shimon Redlich, *Propaganda and Nationalism in Wartime Russia: The Jewish Antifascist Committee in the USSR, 1941-1948*, p.85.
⑤ Судебное следствие: Допрос подсудимых Л. М. Квитко; Судебное следствие: Дополнительные показания подсудимых, В. П. Наумов, *Неправедный суд, Последний сталинский расстрел(стенограмма судебного процесса над членами Еврейского антифашистского комитета)*, с.98-100, 351.
⑥ Zev Katz, editor, *Handbook of Major Soviet Nationalities*, p.363.

首先是领导人不同。在犹委会领导人当中，米霍埃尔斯已由犹太人反希特勒委员会内定的副主席变成了主席，从配角变成了主角；责任书记则由爱泼斯坦出任。苏联犹太人掌握了犹委会的领导权。

其次是权限不同。犹太人反希特勒委员会只是与苏联政府进行合作，并不受其领导，具有很大的独立性；而犹委会则是苏联情报局下属的5个反法西斯委员会当中的1个，从组织机构到一切活动均受到苏联当局的严密监控。把米霍埃尔斯和爱泼斯坦起草的犹委会的任务草案与埃利希和阿尔特呈报给斯大林的备忘录加以比较就可以发现，两者的核心目标虽无多大差别，但是犹委会的工作计划中已明显取消了那些对苏联政治体制可能带来威胁的内容。它从一个侧面反映了斯大林在战时对犹太人政策方面既利用又控制的微妙变化。事实上，新成立的犹委会已经成为苏联政府的一个附属机构，成为一个"在世界犹太人当中进行亲苏宣传的主要工具"[①]。

---

① Shimon Redlich, *War, Holocaust and Stalinism: A Documented Study of the Jewish Anti-Fascist Committee in the USSR*, p.96.

第三章 卫国战争中的苏联犹太人反法西斯委员会

犹委会是应卫国战争的需要而建立的半官方的苏联犹太人反战组织。战争期间，它利用自己的社会影响开展了一系列具有鲜明的民族特色的活动，在动员国内外犹太人积极参战和支援苏联卫国战争等方面做出了重大贡献。同时，作为苏联国内唯一合法的具有代表性的犹太人组织，它在关注犹太民族的悲惨遭遇、救危扶困、复兴犹太文化等方面也做了许多力所能及并且值得称道的工作。

第一节 犹太人反法西斯委员会的反战活动

犹委会的反战活动既包括在国内组织的重大的宣传活动，也包括犹委会代表团有声有色的海外之行。不仅如此，它还为世人留下了一部全面揭露纳粹屠犹暴行的《黑皮书》，把法西斯永远钉到反人类罪、战争罪和种族灭绝罪的耻辱柱上。

一、犹太人反法西斯委员会在战争期间的宣传活动

犹委会建立伊始，苏联情报局就向它提出了一项主要任务：在西方国家的犹太人当中为苏联争取援助。1942年美国犹太人作家艺术家科学家委员会和俄国战争救济犹太委员会一成立，洛佐夫斯基就指示犹委会通过这两个美国反法西斯组织与富有的犹太人取得联系，借助他们来为苏联国防预算募集资金。谢尔巴科夫和加里宁也给犹委会提出了同样的

任务。① 为了动员全世界的犹太人同胞支援苏联的卫国战争，犹委会全力以赴投入到宣传工作中。

（一）第二次犹太人反法西斯群众大会与犹委会第一次全体会议

1942年1月—4月，苏联红军在莫斯科会战中重创德军。"德军总共损失了50多万人，1300辆坦克，2500门火炮，15000多辆汽车和很多其他技术装备。德军被从莫斯科向西击退了150—300公里。"这一辉煌胜利向全世界宣告，"希特勒'闪击战'计划已经破产"，苏维埃国家"是不可战胜的"，苏德战线"所有地段的战略主动权已转入苏联统帅部手中"②。但是，它并没有完全扭转战局。1942年4月5日，希特勒下达了第41号作战指令，要求东线德军"再次赢得行动的主动权，迫使敌人就范"，并"最终歼灭苏军残存的有生力量，尽可能多地夺取它的最重要的战争经济资源"③。朱可夫指出，德军这一时期的政治和军事战略目标是："粉碎我南方部队，攻占高加索地区，进到伏尔加河，夺取斯大林格勒和阿斯特拉罕，从而为消灭苏联创造条件。"为此，到1942年5月，德国统帅部把600万人（其中仆从军有81万）、3229辆坦克和强击火炮、57000门火炮和迫击炮、3395架作战飞机投入苏德战场，其参战兵力和武器装备在数量上占据优势地位。④ 5月上旬，德军攻陷刻赤半岛，并且在哈尔科夫战役中重创红军。5月中旬，德军在东乌克兰发动了"系紧苏联口袋"战役，俘获苏军214000人，缴获坦克1200辆。⑤苏德战场形势再次恶化。5月22日，斯大林派莫洛托夫紧急出访英美，要求盟国在最近几周或者最近几个月开辟欧洲第二战场，以便能够拖住40个德军精锐师团，减轻苏德战场的压力。正是在这种形式下，犹委会开始筹备召开第二次犹太人反法西斯群众大会。洛佐夫斯基指出："第

---

① Судебное следствие: Допрос подсудимых С. А. Лозовского, В. П. Наумов, *Неправедный суд, Последний сталинский расстрел*(стенограмма судебного процесса над членами Еврейского антифашистского комитета), с.152, 157.
② 〔苏联〕Г. К. 朱可夫：《朱可夫元帅战争回忆录》，第467—468页。
③ 《第11号指令（东线作战）》，载〔德〕瓦尔特·胡巴奇编：《希特勒战争密令全集（1939—1945）》，第140页。
④ 〔苏联〕Г. К. 朱可夫：《朱可夫元帅战争回忆录》，第471页。
⑤ 〔英〕马丁·吉尔伯特：《二十世纪世界史》，第2卷（上），1933—1951，第490页。

二次群众大会问题的提出是与支持和反对苏联的斗争变得更加激化这一事实有关。"① 显然，此次大会是为了配合苏联政府争取英美援助的外交活动。

1942年5月24日，第二次犹太人反法西斯群众大会在莫斯科广播委员会礼堂举行。犹委会主席米霍埃尔斯、责任书记爱泼斯坦、贝格尔森、弗鲁姆金等人通过无线电广播向美国、英国、加拿大、巴勒斯坦、南非、澳大利亚、拉丁美洲的犹太人同胞发表了慷慨激昂的演说。米霍埃尔斯在演讲中说："全世界的犹太同胞们！虽然大西洋和太平洋把我们分开了，但是纳粹用我们的母亲们和孩子们、兄弟们和姐妹们的鲜血汇成的海洋——这些无辜的人们的鲜血汇成的海洋巩固了我们之间的血缘关系。"贝格尔森把犹太人在古罗马暴君尼禄统治时期和中世纪所遭受的迫害与希特勒对犹太人史无前例的大屠杀进行了比较，再一次向全世界的犹太人大声疾呼："血海深仇我们必须自己报！我们没有人能免除这一神圣责任！我们没有人能够逃避参加自我牺牲的反法西斯主义斗争的责任！"爱泼斯坦在演说中号召全世界的犹太人以苏联红军和游击队中的犹太战士为榜样，与伟大的苏联紧密团结在一起。他明确指出："向正在把自由带给世界人民的英勇红军提供具体援助是美国和所有其他国家每一个犹太人的神圣责任。"弗鲁姆金呼吁"所有国家的犹太知识分子，伦敦的和纽约的、芝加哥的和耶路撒冷的犹太人，加倍努力，倾其所有，尽其所能，……以便在1942年能够打败希特勒的军队"。②

大会发表了由47名苏联犹太名流签署的《告世界犹太人书》。文章指出，纳粹军队已经把数百座城市夷为平地，杀害了成千上万的人，其中犹太民族的劫难最为深重。希特勒分子在其侵占的城市里残酷杀戮犹太人，不分男女老幼。在不少城市和乡村，犹太人已经被屠杀殆尽。尽管苏联红军经过浴血奋战已经给希特勒军队以沉重打击，但是敌军仍然十分强大。"它依然占领着欧洲的10个国家。它依然占据着苏联的大片

---

① Судебное следствие: Допрос подсудимых С. А. Лозовского, В. П. Наумов, *Неправедный суд, Последний сталинский расстрел(стенограмма судебного процесса над членами Еврейского антифашистского комитета)*, с.150.

② ВТОРОЙ МИТИНГ ПРЕДСТАВИТЕЛЕЙ ЕВРЕЙСКОГО НАРОДА, *ПРАВДА*, 25 мая 1942 г..

领土。它依然试图向前进攻并把新的地区化为灰烬。"因此，苏联犹太民族的代表们再次向全世界的犹太人发出呼吁："拿起武器，参加战斗！"并特别指出："大不列颠和美国的犹太人！在这场战争中没有彷徨的余地。从约翰内斯堡到蒙特利尔，从亚历山大到旧金山，犹太人，请参加战斗！"他们在最后大声疾呼："全世界的犹太同胞们！1942年夏天即将来临。它将决定人类的命运。它将决定犹太民族的命运。这个夏季必须彻底打败已经支离破碎的希特勒军队！"大会向全世界犹太人提出了一个明确的奋斗目标："募集钱财为红军购买1000辆坦克和500架飞机！"[1]

1942年5月25日，《真理报》在第三版以"第二次犹太人集会"为题刊登了塔斯社对此次大会的专题报道，并把参加这次大会的红军战士、著名艺术家、作家和学者称为"犹太民族最优秀的儿子"。文章说，此次大会的目的就是"为了再一次呼吁他们在全世界的兄弟们支持反对希特勒刽子手和暴徒的神圣斗争！"该报道突出强调了犹委会主席米霍埃尔斯的呼吁，并且附有米霍埃尔斯演讲的照片。[2] 同时，在《亲爱的斯大林同志！》一文中，与会的犹太民族的代表还向苏联最高统帅斯大林表示，所有犹太人都做好了为保卫苏维埃祖国和敌人血战到底的准备，并且发誓将完成斯大林的一切命令，"和伟大的俄罗斯人民及苏联各族人民一起，在1942年粉碎德国法西斯军队，从苏联土地上扫清法西斯侵略者"[3]。

此次大会在国外犹太人中间引起了强烈共鸣。许多国外犹太媒体用各种语言发表了大会的呼吁，不少报刊将其作为头版头条新闻。

1942年5月28日，在第二次犹太人反法西斯群众大会结束4天后，犹委会召开了第一次全体会议。会议由米霍埃尔斯主持。他开宗明义地指出，犹委会有两项任务：

第一，它"必须成为一个战斗单位，必须服务于战争"，而且"不能仅仅用语言、文章、演讲这样的武器进行战斗"。他把全力以赴完成第二次犹太人反法西斯群众大会提出的奋斗目标——"为红军募集

---

[1] К евреям всего мира! ПРАВДА, 25 мая 1942 г..
[2] ВТОРОЙ МИТИНГ ПРЕДСТАВИТЕЛЕЙ ЕВРЕЙСКОГО НАРОДА, ПРАВДА, 25 мая 1942 г..
[3] Дорогой товарищ Сталин! ПРАВДА, 25 мая 1942 г..

1000 辆坦克和 500 架飞机"列为犹委会当前最重要的任务之一。

第二，同反犹太主义进行斗争。米霍埃尔斯强调说："我们犹委会应当特别着重于同反犹太主义的斗争，不论它在什么地方和以什么形式出现。"

根据会议安排，第一次全体会议的议程有两项：(1) 由责任书记爱泼斯坦就犹委会在第一次全体会议之前的活动作总结报告。(2) 讨论犹委会的两项工作计划：第一是如何完成"为红军募集 1000 辆坦克和 500 架飞机"这一具体任务；第二是如何广泛宣传犹太人在卫国战争中的作用及其贡献，以及如何全力以赴、义无反顾地同国内外反犹太主义进行斗争。

与会代表各抒己见。其中文学批评家努西诺夫教授表现得最为突出。他就犹太青年参加红军、与反犹主义进行斗争、被疏散的犹太人的境遇、在美国的宣传鼓动工作、把犹太人的英雄主义事迹载入史册等问题提出了诸多建议。作为犹太社会名流，与会代表对同反犹主义作斗争的问题普遍比较关注。此外，什泰恩、扎斯拉夫斯基、努西诺夫等人还提出了在苏联境外组建犹太人志愿者军团来苏联参战的问题。[1] 但最后一个问题都没有得到苏联政府的回应。事实上，这已经超出了犹委会的职责范围。

1942 年 6 月 22 日，适逢德国法西斯入侵苏联一周年。在这个特殊的日子里，犹委会再次向全世界犹太人发出呼吁："希特勒已经杀害了我们数百万的兄弟。其毒手直指我们每一个人，直到消灭最后一个犹太人，无论他置身何处。"为了挽救犹太民族所面临的生存危机，苏联犹太人呼吁全世界的犹太兄弟共同努力，给红军购买 1000 辆坦克和 500 架飞机，并"宣布 1942 年 6 月 22 日是全世界犹太人的心一起跳动的日子。这是调动一切力量和手段在 1942 年最终消灭法西斯主义的日子。这是调动一切力量和手段拯救人类文明的日子。这是调动一切力量和手段捍卫犹太民族生存的日子"。全世界的犹太人都应当立下神圣的誓言，

---

[1] Из стенограммы заседания первого пленума ЕАК, 28 мая 1942 г., Г. В. Костырченко, *Еврейский антифашистский комитет в СССР, 1941-1948: Документированная история*, с. 67-70.

向犹太民族的仇敌讨还血债，不消灭希特勒及其刽子手们誓不罢休。①

（二）犹委会第二次全体会议

1942年12月30日，爱泼斯坦致函谢尔巴科夫，提出了召开犹委会第二次全体会议的问题。他明确表示，会议不能放在古比雪夫举行，而必须放在首都，因为"此时此刻从苏联首都莫斯科发出的犹委会的声音能够引起特别强烈的反响"。谢尔巴科夫就此征求亚历山德罗夫的意见，后者表示在莫斯科召开全体会议是"正确的选择"。② 于是，谢尔巴科夫批示同意，但强调会议只能有一个议题："关于委员会的报告及近期目标。"③ 爱泼斯坦拟在大会上讨论的一些问题，如派遣犹委会代表团出国访问等均遭否决。

1943年2月18日至20日，犹委会第二次全体会议在莫斯科举行。这时，苏联红军已经在斯大林格勒战役中取得了决定性胜利，世界反法西斯战争的形势已经大为改观。会议总结了前一阶段的工作，并制定了今后的工作计划。爱泼斯坦在大会上作了主题报告。大会通过了爱泼斯坦提出的工作纲要。犹委会明确提出要在世界各国的犹太人社团中加强宣传，推动和加强支援苏联红军的运动，同时，还要与英美犹太社团中那些试图阻碍或削弱这一运动的反动势力进行斗争。④

在大会讨论过程中，戈夫施泰因、卢里耶、休帕克、努西诺夫、马尔基什等人都提出，犹委会不能把自己的主要工作仅仅局限于对外宣传。因为"犹太人没有任何其他的机构代表他们"，所以犹委会应当扩展自己的活动，向那些在刚刚被红军解放的城市里残存下来的犹太人提供实实在在的帮助和温暖，研究和解决大量疏散的犹太人遇到的诸多难题。爱泼斯坦和扎斯拉夫斯基则认为，犹委会重任在肩，不能给它冠以

---

① Arno Lustinger, *Stalin and the Jews: The Red Book: The Tragedy of the Jewish Anti-Fascist Committee and the Soviet Jews*, pp.114-116.
② Н. К. Петрова, *Антифашистские комитеты в СССР: 1941-1945гг.*, с.209.
③ Shimon Redlich, *War, Holocaust and Stalinism: A Documented Study of the Jewish Anti-Fascist Committee in the USSR*, p.26.
④ Записка информационной службы исполкома Коминтерна о втором пленуме ЕАК, 7 апреля 1943 г., Г. В. Костырченко, *Еврейский антифашистский комитет в СССР, 1941-1948: Документированная история*, с.75-76.

"犹太人代表机构"等名称，不能越俎代庖。爱泼斯坦指出，"犹委会的主要任务过去是并依然是动员和促进全世界的犹太民众支持反法西斯主义的斗争"，这也是它未来的工作核心。费费尔强调犹委会未来的主要任务是在国外的工作，不可能要求它承担其他苏维埃组织的职能。但对犹太人遇到的困难也不能置若罔闻，委员会应当采取必要的行动，帮助犹太人解决困难，例如把疏散者寄到委员会的信件转交给有关当局。菲宁贝格、爱伦堡等人提出，犹委会应该大量发行俄文期刊、简报或者文集，揭露希特勒的暴行，广泛宣传犹太人红军将士在前线殊死搏斗的英雄事迹，以驳斥国内流传的有关前线没有犹太人的谣言。斯特龙金还谈到了《团结报》在编印过程中遇到的困难和发行量不足的问题。

米霍埃尔斯在大会上作了总结发言。他指出，把犹太人作家、社会名流、艺术家派往已被红军解放了的城市和乡村的建议得到全体与会者一致赞同，无须表决，已经通过。犹委会将采取一切措施落实这个议案。对于有人提出的犹委会没有成为犹太人期望的重要核心以及应该承担更多的社会责任的问题，米霍埃尔斯指出，犹委会有其特定的职能和活动范围，它是一个战斗单位，"它的唯一目的是集中全力参加反法西斯斗争。这是它唯一的任务。这是规范其一切活动的基本原则"。犹委会的工作和职责不是照顾被疏散者。但是，犹委会对于犹太人在战争中遭遇的疾苦也不能视而不见，置之不理，而应当设身处地为他们着想。每一个犹委会成员，作为社会活动家，都可以去找相应的机构来反映这些问题。但"这些都是枝节问题"，犹委会的主要任务仍旧是"消灭希特勒政权"。[①] 所以，费费尔后来说，妥善安置犹太人是米霍埃尔斯个人关注的问题，这与犹委会主席团的活动毫无关系。[②]

（三）第三次犹太人反法西斯群众大会与犹委会第三次全体会议

1943年8月底，德军在库尔斯克战役中大败，丧失了东线的战争主

---

① Из стенограмм выступлений на пленуме ЕАК, 18-20 февраля 1943 г., Г. В. Костырченко, *Еврейский антифашистский комитет в СССР, 1941-1948: Документированная история*, с.75-78.
② Протокол закрытого судебного заседания 10 июля 1952 г., В. П. Наумов, *Неправедный суд, Последний сталинский расстрел(стенограмма судебного процесса над членами Еврейского антифашистского комитета)*, с.365.

动权,并且从乌克兰重镇哈尔科夫撤退出去。由于苏德战场形势完全好转,犹委会和苏联政府其他部门一起从古比雪夫迁回莫斯科。其新的办公地点设在莫斯科市中心克鲁泡特金大街10号的一座二层大楼里。大楼归苏联情报局所属的5个反法西斯委员会共同使用。犹委会因为人多、规模大,所以占了大楼一层和二层的一部分。这一时期它有64名带薪工作人员,另外还有349名志愿者。① 主要活动包括:出版《团结报》;写作和上演戏剧;制作一周4次的无线电广播节目(特别是针对英美);出版犹太人抵抗纳粹的著作;寻找失踪者等。② 为了适应国内外形势的需要,犹委会内部建立了许多下属委员会,分别从事犹太人参加战争的材料收集、纳粹屠杀犹太人的资料整理等工作。从这时开始,犹委会逐渐步入辉煌时期,先后召开了盛况空前的第三次犹太人反法西斯群众大会和犹委会第三次全体会议。

1944年4月2日,在苏联红军已经把德军赶出乌克兰、推进到波兰东南的东加利西亚和罗马尼亚边境,取得辉煌胜利的日子里,第三次犹太人反法西斯群众大会在莫斯科最大最有名的工会大厦圆柱大厅开幕。出席大会的有3000多人。主席台上悬挂着斯大林的巨幅肖像,犹委会领导人和苏联犹太名流比肩而坐。尤其引人注目的是,莫斯科犹太教首席拉比所罗门·米哈伊洛维奇·施利费尔作为犹委会委员第一次出现在群众大会上。

会议由犹委会主席米霍埃尔斯主持。大会宣读了来自12个国家、具有代表性的犹太人团体的50份贺词,其中包括来自世界犹太人代表大会、由拉比斯蒂芬·怀斯和瑙姆·戈尔德曼(Nahum Goldmann)博士签署的电报;来自极端正统派国际宗教组织以色列正教党③、由拉比雅各

---

① Arno Lustinger, *Stalin and the Jews: The Red Book: The Tragedy of the Jewish Anti-Fascist Committee and the Soviet Jews*, p.136. 希蒙·雷德利克认为犹委会"有80名工作人员,一半以上是意第绪语作家"。参见 Shimon Redlich, *Propaganda and Nationalism in Wartime Russia: The Jewish Antifascist Committee in the USSR, 1941-1948*, p.49.
② Louis Rapoport, *Stalin's War Against the Jews: The Doctors' Plot and the Soviet Solution*, p.72.
③ 以色列正教党(Agudas Israel)是联合成政党的世界犹太正统运动。其宗旨是在《哈拉卡》的基础上维系犹太宗教和犹太社会传统,主张只能以《托拉》律法为基础建立犹太国。1912年由正统派犹太人在俄属波兰卡托维茨城和巴勒斯坦同时建立,领导权一直掌握在极端正统派犹太人手中。二战前其中心在波兰,战争爆发后转到巴勒斯坦,积极参与了伊休夫的生活,并转而支持世俗的犹太国家。1948年以色列建国后仍旧活跃在政治舞台上。参见徐新、凌继尧主编:《犹太百科全书》,第114—115页。

布·罗森海姆签署的电报以及来自巴勒斯坦犹太民族委员会、由本-兹维（Ben-Zvi）签署的电报。另外，苏联国内的8个非正式团体的犹太人也发来了贺电，例如"乌法的一批犹太人作家"、某工厂的一批青年男女工人以及一些知名人士，等等。①

大会的主题是颂扬苏联犹太人在卫国战争中的英雄业绩，揭露纳粹的反犹暴行，激发全世界犹太人参加反法西斯战争的热情。米霍埃尔斯在演讲中"讲述了苏联人民坚不可摧的团结，赞扬了伟大的斯大林与德国法西斯侵略者的斗争"。他指出，"犹太民族的儿子与俄罗斯、乌克兰、白罗斯、格鲁吉亚、哈萨克斯坦和苏联所有民族的代表一起，在为我们的祖国并肩战斗"，并骄傲地宣布，"在卫国战争的前线因军功受勋的犹太人的人数在苏联各民族中位居第四"。米霍埃尔斯同时谴责了纳粹的屠犹暴行。他指出，在纳粹对各民族所犯的滔天罪行和暴力行为中，最臭名昭著的就是对犹太民族犯下的罪行。在欧洲包括暂时被德国人占领的苏联地区，"超过400万的我们的兄弟姊妹，即是说我们民族的大约四分之一，在仅仅几年的战争中已经惨遭杀害"。他以犹太人的名义向美国、大不列颠、加拿大和墨西哥的犹太人发出呼吁："压迫越大，反抗就越强烈，反希特勒的力量就越强大，消灭万恶的敌人的时刻就越接近。"

费费尔愤怒声讨了纳粹分子从基辅撤退之前刨开巴比亚谷地被屠杀的犹太人的坟墓，焚尸扬灰的罪恶行径。他指出："法西斯分子不仅想要消灭我们的人民，而且还想在我们的身上烙下懦夫的印记。"因此，"如果我们不能用我们仇恨的刺刀消灭这些吃人魔鬼；如果我们不能把他们烧死在我们复仇的熊熊烈火中；如果我们不能把我们的眼泪转化为纷飞的炸弹，我们就不配活在这世上"。他呼吁全世界的犹太人"以苏联各族人民为榜样、以苏联犹太人为榜样、以华沙犹太区那些我们可以骄傲地称之为我们战友的英雄们为榜样，积极投身到反对这些哈曼②的

---

① B. Z. Goldberg, *The Jewish Problem in The Soviet Union: Analysis and Solution*, p.48.
② 哈曼（Haman）是波斯宰相。据《圣经·旧约》中《以斯贴记》记载，哈曼为人残暴，他骗取波斯国王的同意，要杀死波斯全境127个省内的全体犹太人，并用抽签方式，确定屠杀日为亚达月13日，命令已下达全国，犹太人处境十分危急。波斯王后以斯贴（犹太人）得知这一消息后，与其堂兄末底改设谋，及时粉碎了哈曼的阴谋，并将哈曼及其同党斩尽杀绝，使犹太人转危为安。

战争中"。费费尔表示:"在红军队伍里的犹太军人和苏联各族人民的儿女都相信伟大的苏联必胜,社会主义祖国必胜。"

爱伦堡赞扬了斯大林带领红军从高加索地区挺进喀尔巴阡山、取得节节胜利的伟大功绩,并指出"德国即将面临不可避免的惩罚"。他还用一个叫巴维尔·谢尔盖维奇·津琴科的会计在一个小村庄冒死救助 30 名犹太人的鲜活事例,歌颂了苏联各族人民在战争中用鲜血凝成的友谊。爱伦堡指出,残忍的德国人常常把犹太人看成活靶子来射击,甚至相互讨论屠杀犹太人的经验。所以,他呼吁俄罗斯人和格鲁吉亚人,乌克兰人和犹太人,亚美尼亚人和鞑靼人"一起并肩投入战斗"。他痛批希特勒使反犹主义死灰复燃,并希望"苏维埃国家把法西斯主义烧成灰烬",防止它像病毒一样四处蔓延。

拉比施利费尔则正告全世界犹太人同胞,与古埃及法老、阿马列克和哈曼这些犹太民族最古老时代的迫害者相比,希特勒"超越了犹太民族的所有敌人",因为"他无情地开始灭绝整个犹太民族——孩子、老人、男人和女人"。

苏联英雄、近卫军中校 P. 米尔纳在发言中说:"在卫国战争的战场上,苏联人民团结一致,用鲜血为祖国而战斗。"二级大尉 Г. 戈利特别尔克(Г. Гольдберга)以红军官兵的名义向这次集会致意,并且指出,"我们所有人民的斗争都是为了捍卫自己的荣誉、自由和独立"。

社会主义劳动英雄 Л. 戈诺尔在发言中引用斯大林的话,肯定了苏联军工部门和后勤保障部门为保障前线胜利所做的重大贡献,指出在后方工作的人和在前线战斗的人一样都在为保卫祖国建功立业。他强调说:"犹太民族的儿女和我国各族人民一起积极地投身其中。"

在集会上发言的还有爱泼斯坦、克维特科、希梅利奥维奇、什泰恩、游击队诗人苏茨科维尔、苏联最高苏维埃代表特尔拉索科夫(Тпрасонков)和犹太自治州代表戈利特玛霍尔(Гольдмахор)等人。

另外,米霍埃尔斯和费费尔还在大会上发表了长篇演讲,带着凯旋的喜悦详细讲述了他们在 1943 年 6 月至 12 月作为犹委会代表对美国、加拿大、墨西哥、英国等西方盟国犹太社团进行的长达半年的成功访问,引起与会代表的强烈兴趣。

这次集会气氛热烈,"掌声经久不息",与会者向斯大林表示致敬。集会结束时向全世界犹太人发出了号召。整个集会都通过广播进行了转播。①

莫斯科电台和《真理报》对这次大会作了宣传报道。苏联犹太人对此反应强烈。1944 年 4 月 13 日,奔萨炮兵学校教师、陆军中尉 А. Э. 吉特尔曼致函米霍埃尔斯说:"这次集会对我触动很深。我也是一个犹太人,我和希特勒匪帮之间有个人的账要算。德国暴徒们残忍地杀害了我住在敖德萨的亲人,毁掉了我们的幸福、宁静的生活。我想为此复仇。"他对自己留在后方"感到尴尬、羞愧",并请求米霍埃尔斯呈请中央炮兵管理局领导人雅科夫列夫元帅,把他派往前线。②

第三次犹太人反法西斯群众大会结束后,犹委会紧接着在 1944 年 4 月 8 日至 11 日举行了第三次全体会议。爱泼斯坦作了大会报告。他指出,在消灭了人剥削人现象的苏联"已经没有了反犹主义繁殖的土壤",已经不存在"犹太人问题",在这方面苏联甚至超过了"最民主的国家"。他批评一些犹太人和作家对战争期间死灰复燃的反犹主义现象夸大其词,认为这样做"只会给敌人以可乘之机",给周围人带来消极影响。所以,他认为:"我们委员会最重要的任务之一就是与所有不健康的、狭隘的民族主义情绪作无情的斗争。"这是他赋予犹委会的一项新任务。同时,爱泼斯坦还指出,自从第二次全体会议以来,犹委会在对外宣传工作中曾经竭力扩大自己的选题范围,但是国外犹太人报刊,包括左派的、甚至共产主义的报刊,都更喜欢从犹委会得到那些仅仅与犹太人主题相关的材料。所以,犹委会对其刊发的材料要"提高警惕,严格要求",以便"最真实地表现"犹太人在苏联民族友爱的大家庭中的生活。③

会后犹委会又吸收了一批新成员,其中有著名犹太人作家格罗斯曼、犹太难民小说家和诗人 X. 格拉季、来自维尔纽斯的犹太诗人和游

---

① Митинг представителей еврейского народа, *ПРАВДА*, 5 апреля 1944г.; Из выступлений на митинге, 2 апреля 1944г., Г. В. Костырченко, *Еврейский антифашистский комитет в СССР, 1941-1948: Документированная история*, с. 78-80; B. Z. Goldberg, *The Jewish Problem in The Soviet Union: Analysis and Solution*, p. 48. 米霍埃尔斯和费费尔出国访问一事详见下文。
② Письмо А. Э. Гительмана С. М. Михоэлсу, 13 апреля 1944г., Г. В. Костырченко, *Еврейский антифашистский комитет в СССР, 1941-1948: Документированная история*, с. 102.
③ Из доклада Ш. Эпштейна на третьем пленуме ЕАК, 8-11 апреля 1944г., Г. В. Костырченко, *Еврейский антифашистский комитет в СССР, 1941-1948: Документированная история*, с. 81-82.

击队员 A. 苏茨凯维尔等人。

由于犹委会的规模越来越大，在国内外的影响日隆，苏联情报局开始担心它的管理问题。在洛佐夫斯基看来，"委员会是一种模棱两可的组织"，它有一个主席、一个书记，还有一些工作人员，仅此而已。"没有组织对主席和书记进行控制。"而且，犹委会中的作家、诗人等文人骚客是世界上最没有纪律性的人。他们只关心自己的诗、书，以及如何多发表一些作品。因此，洛佐夫斯基和谢尔巴科夫商量后决定有必要在犹委会内部成立一个主席团，以便加强对委员会的管理。①

1944 年 4 月犹委会第三次全体会议结束后，根据洛佐夫斯基的提议，并报经谢尔巴科夫批准，成立了犹委会主席团。主席团成员共 15 个人②，名单由爱泼斯坦和米霍埃尔斯拟定③。洛佐夫斯基初审后，送交谢尔巴科夫最后审定④。后来，主席团逐渐扩大到 19 人⑤，包括了犹委会中所有重要人物。其中爱泼斯坦、费费尔、贝格尔森、加尔金、克维特科和马尔基什代表文学界；米霍埃尔斯、祖斯金代表戏剧界；什泰恩、弗鲁姆金和希梅利奥维奇代表科学界和医学界；约瑟夫·西吉兹蒙多维奇·优素福维奇⑥代表政府官员；雅科夫·克赖泽尔和以色列·菲萨诺

---

① Судебное следствие: Допрос подсудимых С. А. Лозовского, В. П. Наумов, *Неправедный суд, Последний сталинский расстрел(стенограмма судебного процесса над членами Еврейского антифашистского комитета)*, c. 151.

② Н. К. Петрова, *Антифашистские комитеты в СССР: 1941-1945гг.*, c. 283.

③ Судебное следствие: Допрос подсудимых С. А. Лозовского; Протокольная запись (последнего слова подсудимых), В. П. Наумов, *Неправедный суд, Последний сталинский расстрел(стенограмма судебного процесса над членами Еврейского антифашистского комитета)*, c. 166, 370.

④ Судебное следствие: Допрос подсудимых С. А. Лозовского, В. П. Наумов, *Неправедный суд, Последний сталинский расстрел(стгнограмма судебного процесса над членами Еврейского антифашистского комитета)*, c. 151.

⑤ 1946 年 6 月 21 日，米霍埃尔斯在写给联共（布）中央对外政策部部长米·苏斯洛夫的信中说犹委会主席团有 19 位成员。To Comrade M. Suslov, Director of the Section for Foreign Policy of the Central Committee of the Communist Party, 21 June 1946, see http://www.loc.gov/exhibits/archives/m2antfac.html.

⑥ 约瑟夫·西吉兹蒙多维奇·优素福维奇（Иосиф Сигизмундович Юзефович，1890—1952），苏联工会活动家。1905 年起参加革命运动。1917 年 5 月加入布尔什维克党。1924 年起任皮革工业协会中央委员会主席。1928 年起任红色工会国际书记。1933 年起任水运工会中央委员会主席。1939 年起从事科学工作。先后担任全俄中央执行委员会委员、苏联中央执行委员会委员等职务。

维奇代表军人；Л. 戈诺尔和 Г. 纳格列尔代表企业界。其中什泰恩是根据谢尔巴科夫的提议，作为一名科学院女院士被吸收进主席团的①。费费尔后来指出，主席团成员的挑选是以每个人的知名度为依据的②。贝格尔森也解释说，主席团成员都是在国外有一定知名度的人，目的是防止国外把犹委会看成"是一个政治组织"③。

　　主席团设立后，谢尔巴科夫和洛佐夫斯基对犹委会的管理工作还是心存疑虑。事实上，在犹委会第三次全体会议召开期间，他们就从不同渠道听到了一些不良反映。洛佐夫斯基告诉谢尔巴科夫，"委员会里有一些不健康的氛围"。谢尔巴科夫也指出，委员会里的人全都是作家、诗人、记者和科学家，应该派一些"既不是作家又未曾在专门的犹太人组织中工作过"的人到那里去，最好是找上四五个比较合适的工会工作者④。按照这一要求，1944 年 7 月，曾经在全苏工会中央理事会工作过、时任俄罗斯联邦国家监督部副部长的老布尔什维克所罗门·列昂季耶维奇·布雷格曼（Соломон Леонтьевич Брегман）、列夫·亚历山德罗维奇·舍伊宁⑤、古别利曼⑥和布里克尔等 5 个从未参加过任何其他党派的人受命加入犹委会主席团。谢尔巴科夫认为，这样做"有利于把党性带到犹委会，消除所有的诽谤"。他对布雷格曼等人念念不忘，去世前在

---

① Судебное следствие: Допрос подсудимых С. А. Лозовского, В. П. Наумов, *Неправедный суд, Последний сталинский расстрел(стенограмма судебного процесса над членами Еврейского антифашистского комитета)*, c.178.
② Протокол закрытого судебного заседания 10 июля 1952 г., В. П. Наумов, *Неправедный суд, Последний сталинский расстрел(стенограмма судебного процесса над членами Еврейского антифашистского комитета)*, c.365.
③ Протокольная запись (последнего слова подсудимых), В. П. Наумов, *Неправедный суд, Последний сталинский расстрел(стенограмма судебного процесса над членами Еврейского антифашистского комитета)*, c.370.
④ Судебное следствие: Допрос подсудимых С. А. Лозовского, В. П. Наумов, *Неправедный суд, Последний сталинский расстрел(стенограмма судебного процесса над членами Еврейского антифашистского комитета)*, c.166.
⑤ 列夫·亚历山德罗维奇·舍伊宁（Лев Александрович Шейнин, 1895— ），苏联高级官员。1914 年入党，1930—1941 年担任乌克兰机械建筑工业学院院长，随后担任过拉·莫·卡冈诺维奇铁路高级讲习所所长。1944 年 7 月加入犹委会主席团，1949 年在犹委会案中受牵连而被捕，被判处 10 年监禁。
⑥ 古别利曼（М. И. Губельман, 1882—1968），联共（布）党员，长期在党的机关工作，曾任国家商业工作者中央委员会主席。

病榻上还问洛佐夫斯基这几个人"干得怎么样"。①

布雷格曼等5人擅长政治工作。他们来到犹委会之后对全部工作进行了整顿，提出了必须建立犹委会领导人向主席团汇报工作的制度②。实际上，委员会的主要工作还是由爱泼斯坦、米霍埃尔斯、费费尔等常驻委员会的主席团成员负责处理，他们更多地倚重海费茨、海金等编辑们来开展工作。那些非常驻的主席团成员既没有承担固定职责，还常常被排除在委员会的日常工作之外。主席团开会也经常有人缺席，弗鲁姆金作为主席团成员甚至从未参加过主席团会议③。尽管存在诸多问题，费费尔在给美国友人戈德堡的信中仍然充满乐观地表示："我们委员会的活动正在扩大，前途一片光明。"④

（四）犹委会的对外宣传工作及其反响

犹委会对外宣传工作的另一个方面就是广泛利用国外报刊和电台进行宣传。在委员会成立之前，除少数左翼出版物以外，世界上绝大多数犹太人报刊都处于犹太复国主义者和第二国际直接影响之下。大多数意第绪语和希伯来语报刊刊载的都是反苏报道。在英国和美国，许多用英文出版的影响很大的犹太人报刊同样千方百计地漠视和排斥苏联。因此，犹委会的任务就是"设法在世界犹太人报刊界打破对苏'封锁'"⑤。

犹委会专门创办了自己的新闻通讯社（ISPA），主要负责为国外的报刊和通讯社提供各种有关苏联犹太人的资料。爱泼斯坦指出，共产党

---

① Судебное следствие: Допрос подсудимых С. А. Лозовского, В. П. Наумов, *Неправедный суд, Последний сталинский расстрел(стенограмма судебного процесса над членами Еврейского антифашистского комитета)*, с. 166-167.

② Судебное следствие: Допрос подсудимых С. Л. Брегмана, В. П. Наумов, *Неправедный суд, Последний сталинский расстрел(стенограмма судебного процесса над членами Еврейского антифашистского комитета)*, с. 239-240.

③ Судебное следствие: Допрос подсудимых С. Л. Брегмана, В. П. Наумов, *Неправедный суд, Последний сталинский расстрел(стенограмма судебного процесса над членами Еврейского антифашистского комитета)*, с. 223.

④ Shimon Redlich, *War, Holocaust and Stalinism: A Documented Study of the Jewish Anti-Fascist Committee in the USSR*, p. 29.

⑤ Записка ЕАК в ЦК ВКП(б) с разъяснением своей позиции по вопросам пропаганды, 23 ноября 1943 г., Г. В. Костырченко, *Еврейский антифашистский комитет в СССР, 1941-1948: Документированная история*, с. 169.

员工人以及美国或其他国家同情苏联的工人并不需要犹委会的材料，宣传的重点应该是那些阅读敌视苏联的意第绪语报纸的犹太小资产阶级群众。对于这些人而言，"吸引他们的唯一方式就是展示苏联犹太人所取得的成就以及法西斯分子对犹太人的屠戮"①。为了做到这一点，"就必须利用犹太人报刊的独特性，在犹太人问题的掩护下，我们可以让国外的犹太民众对苏联在所有领域的丰富多彩的创造性生活，对苏联人民在战场上反对法西斯侵略者的英勇斗争、在劳动战线和文化建设中的忘我精神，以及法西斯主义对全人类的罪恶行径和威胁有一个最清晰的认识"②。

犹委会在宣传工作方面的这一政治路线得到了第一、第二次犹委会全体会议和苏联情报局的批准，并且在1943年8月得到了谢尔巴科夫的赞同③。犹委会寄往国外的文章、资料都突出了犹太人特色。结果，犹委会的材料以其目的性强、精确、具体在美国、英国、加拿大、墨西哥、南非、古巴、乌拉圭、阿根廷等许多国家广受欢迎，一举取得巨大成功。由于国外犹太人对正在与纳粹进行殊死搏斗的苏联的同情与日俱增，不仅是犹太人和共产主义的报刊要求犹委会提供有关苏联犹太人生活情况的材料，甚至连最保守的资产阶级报刊也不得不刊载犹委会的材料。因此，爱泼斯坦在1943年11月23日致函谢尔巴科夫说："苏联犹委会自成立以来，已经在用各种语言发行的世界犹太人报刊界树立了牢固的地位。没有一家国外的犹太人报纸或杂志未曾在显著位置刊发过本委员会的材料。在用英语、西班牙语和其他语言发行的犹太人报刊上刊发的本委员会的印刷品数量也不断增加，这一点并非无关紧要。总的来说，它是呈上升趋势，非犹太人报刊界也不例外。"④

---

① Судебное следствие: Дополнительные показания подсудимых, В. П. Наумов, *Неправедный суд, Последний сталинский расстрел(стенограмма судебного процесса над членами Еврейского антифашистского комитета)*, c. 351.

② Записка ЕАК в ЦК ВКП(б) с разъяснением своей позиции по вопросам пропаганды, 23 ноября 1943 г., Г. В. Костырченко, *Еврейский антифашистский комитет в СССР, 1941-1948: Документированная история*, c. 168-169.

③ Из стенограммы совещания Совинформбюро, 9 ноября 1943 г., Г. В. Костырченко, *Еврейский антифашистский комитет в СССР, 1941-1948: Документированная история*, c. 167-168.

④ Записка ЕАК в ЦК ВКП(б) с разъяснением своей позиции по вопросам пропаганды, 23 ноября 1943 г., Г. В. Костырченко, *Еврейский антифашистский комитет в СССР, 1941-1948: Документированная история*, c. 168.

《团结报》是犹委会在国内外进行宣传的主要工具之一。它在刊登一般新闻和进行有关战争宣传的同时,也把大量版面用于与犹太人相关的主题。作为责任编辑,爱泼斯坦一方面动员了将近 300 名记者从前线采集新闻①,及时报道有关纳粹对犹太人进行大屠杀和犹太人进行抵抗的消息;另一方面,又在《团结报》上设立了一些固定栏目,例如"我们的儿女""我们的英雄"和"我们的科学家"等,集中反映犹太人在战场上的英雄事迹以及在后方(特别是在军工生产中)为夺取战争胜利所做出的贡献,"凸显了前线和后方功勋卓著的犹太人的作用"②,因此深得读者喜爱。而这恰恰是绝大多数苏联报刊所忽视的地方。此外,《团结报》还发表了许多犹太作家的文章和文学作品。这些特色在苏联犹太人当中引起了极大的共鸣。编辑部平均每月收到的读者来信多达 500 余封。不论在国内还是在国外,《团结报》都非常受欢迎,经常供不应求。1942 年至 1943 年,《团结报》收到的 5000 多封国内读者来信中有 1000 封都抱怨它发行量不足。③

与此同时,犹委会还开展了对美国和英国的无线电广播,在古比雪夫和莫斯科用俄语、意第绪语和英语来播发有关犹太士兵、游击队员、诗人和作家们的消息。

犹委会的宣传不负众望,成效显著。它在打破国外犹太新闻界对苏封锁的同时,就像燎原星火,很快点燃了西方犹太人的亲苏热情,在世界各地形成了一呼百应的感人场面,引发了同情苏联、支援苏联的热潮。

在巴勒斯坦,"伊休夫"④对犹委会的呼吁反应最为热烈。这不仅是

---

① Arno Lustinger, *Stalin and the Jews: The Red Book: The Tragedy of the Jewish Anti-Fascist Committee and the Soviet Jews*, p. 123.
② Судебное следствие: Допрос подсудимых Д. Р. Бергельсона, В. П. Наумов, *Неправедный суд, Последний сталинский расстрел*(стенограмма судебного процесса над членами Еврейского антифашистского комитета), с. 86.
③ Shimon Redlich, *War, Holocaust and Stalinism: A Documented Study of the Jewish Anti-Fascist Committee in the USSR*, pp. 37, 51.
④ "伊休夫"(Yishuv)是希伯来语"定居"的意思,指犹太人在巴勒斯坦建立的定居点,同时也代指巴勒斯坦的犹太社团。

"因为犹太人的生存以及犹太国家的建立都有赖于战胜德国"①,而且巴勒斯坦犹太人还"抱着与'失散的部族'重新恢复联系的希望"②。1942年8月24日,胜利联盟③在耶路撒冷召开了巴勒斯坦犹太人代表会议,共有250名代表出席,目的就是为红军募集坦克和轰炸机。苏联政府首次派两名来自安卡拉的外交官米哈伊洛夫和彼得连科参加了这次大会。④

在墨西哥,"犹太人援助苏联战争受难者委员会"在1942年年中改名为"援苏联盟"(The League for the Soviet Union)。其主要目的就是为苏联筹集资金和物资。1943年6月,乌曼斯基出任苏联驻墨西哥大使后,积极推动当地犹太人的援苏活动。科罗纳成了苏联大使馆的常客,援苏联盟与苏联的联系更加密切。

1942年5月,第二次犹太人反法西斯群众大会召开后,英国犹太人中最知名的作家、学者和社会活动家联手创立了犹太人援苏基金会(Jewish Fund for Soviet Russia)。它附属于丘吉尔夫人领导的红十字援俄基金会,领导人包括内森勋爵、作家约瑟夫·莱夫特威克、犹太共产党人海曼·利瓦伊教授等人。著名科学家和社会活动家雷德克利夫·萨拉曼担任会长。为了响应向红军捐赠坦克和轰炸机的号召,它与苏联驻英大使馆和犹委会保持着密切联系。1942年8月30日,它在伦敦召开了英国犹太人代表会议,专门讨论向苏联提供援助的问题。1943年2月,在苏联红军建军节(2月23日)来临之际,英国犹太教首席拉比J. H. 赫兹(Hertz)发布谕令,要求所有犹太执事们"在下个星期天做

---

① Arno Lustinger, *Stalin and the Jews: The Red Book: The Tragedy of the Jewish Anti-Fascist Committee and the Soviet Jews*, p.169.
② Murray Friedman and Albert D. Chernin, Editors, *A Second Exodus: The American Movement to Free Soviet Jews*, Brandeis University Press, 1999, p.70.
③ 1942年5月,援助苏联反法西斯战争公共委员会更名为胜利联盟,主席由巴勒斯坦犹太社会名流、温和的俄裔社会主义—犹太复国主义者、以色列理工学院院长什洛莫·卡普兰斯基(Shlomo Kaplansky)担任,秘书由锡安工人党的主要成员L. 塔尔诺波乐(L. Tarnopoler)担任,其支持者包括各色社会主义者及伊休夫中的著名人物。英文名称为The League for Victory(后来常被称为The V. League),俄文名称为Лиге «V»。
④ Предложение ЕАК о направлении своих представителей в Великобританию и Палестину, 18 августа 1942г., Г. В. Костырченко, *Еврейский антифашистский комитет в СССР, 1941-1948: Документированная история*, с.204, 235; Arno Lustinger, *Stalin and the Jews: The Red Book: The Tragedy of the Jewish Anti-Fascist Committee and the Soviet Jews*, p.169.

礼拜时,为正在同残暴的侵略者奋勇抗战的苏联盟军继续获得胜利而祈祷",并提供了给犹太人援苏基金会捐款捐物的具体地址。①

美国犹太社团和苏联犹太社团是世界上最大的两个犹太社团,它们的合作有着极为重要的意义。因此,对美国犹太人的宣传工作一直是犹委会工作的重中之重。"世界犹太文化联盟"是美国最早接受和积极宣传犹委会理念的组织之一②。它出版、发表了大量苏联犹太作家的书籍和文章。美国犹太人作家艺术家科学家委员会是苏联最主要的支持者之一。1942 年年中,它成立了执行委员会,形成了强有力的领导班子。其主要领导人日特洛夫斯基和戈德堡参加了各种声援苏联的公开活动,参与创立了许多支持苏联的犹太人组织,并积极筹划了苏联犹委会代表团对美国的访问。戈德堡与苏联驻美大使馆,尤其是驻纽约总领事馆保持着密切联系,他与犹委会的通信通过苏联的外交邮袋直接传递。1943 年夏,日特洛夫斯基去世后,戈德堡成为该委员会主席。委员会的其他领导成员有梅纳什·昂格尔(秘书)、R.梅勒博士、鲁本·萨尔茨曼和N.迈塞尔等人。同时,它还吸引和团结了一大批美国和世界犹太名流,其中有著名作家肖洛姆·阿施、亚瑟·米勒和福伊希特万格等人,流亡美国的世界艺术大师马克·夏加尔,美国演员领袖莫里斯·施瓦兹,历史学家拉斐尔·梅勒,著名共产党员、《自由晨报》编辑保罗·诺维克,国际工人团的鲁本·萨尔茨曼等人。委员会还出版了自己的意第绪语期刊《团结》和英语期刊《新潮》,主要发表有关苏联的文章,其中大部分是犹委会发来的。许多苏联犹太作家的文章都在这里发表。美国一些意第绪语报刊的新闻记者也为它撰稿。委员会自认为是犹委会在美国的对应组织,双方建立了极为密切的联系。③

1942 年 2 月,在日特洛夫斯基和戈德堡积极倡导下,美国主要的犹

---

① "Pray for Russia's Success", in The West London Branch of Jewish Fund for Soviet Russia eds, *Calling All Jews: Cables Received from the Jewish Anti-Fascist Committee of the Soviet Union*, p.22. 据笔者请教南京大学徐新教授,Jewish minister 应译为犹太执事,是一种在军队中设立的神职职位。
② Shimon Redlich, *Propaganda and Nationalism in Wartime Russia: The Jewish Antifascist Committee in the USSR,1941-1948*, p.102.
③ Shimon Redlich,*Propaganda and Nationalism in Wartime Russia: The Jewish Antifascist Committee in the USSR,1941-1948*, p.105.

太组织联合成立了俄国战争救济犹太分部①——即著名的俄国战争救济犹太委员会②。主席由具有社会主义理想的犹太商人路易·莱文（Louis Levine）担任，斯蒂芬·怀斯和爱因斯坦共同担任荣誉主席。它最积极的成员有全美拉比办公室著名拉比约瑟夫·卢克斯坦、美国希伯来语委员会主席和费城的拉比伊弗雷姆·约尔斯、美国犹太复国主义组织主席伊斯雷尔·戈尔茨坦博士、"红色"拉比亚伯拉罕·比克、《今日报》编辑威廉·艾德林、《晨刊》记者 D. L. 梅克勒、《自由晨报》编辑保罗·诺维克等人。尽管一些犹太组织和个人在开展援苏活动上还有分歧，但该委员会还是得到了美国犹太人作家艺术家科学家委员会、国际工人团犹太分部、美国犹太人代表大会和世界犹太人代表大会等组织的鼎力支持。1943 年 2 月，它举办了第一次周年纪念大会，有来自 500 多个犹太组织的大约 1000 名代表出席，其号召力之大由此可见一斑。后来，支持它的各种社会组织和同乡会达到 2364 个。③

为了配合援助苏联的宣传工作，英国、加拿大以及南美洲国家的一些犹太人组织用意大利语、波兰语、犹太语和其他多种语言发行了数十种报纸，用来刊登来自苏联尤其是来自犹委会的文章。洛佐夫斯基在给谢尔巴科夫的报告中说："在这些报纸中，有很多东西我们可以……加以利用，从而显示红军的解放角色、苏联人在与希特勒法西斯主义斗争

---

① 英文名称为 The Jewish Section of the Russian War Relief。俄国战争救济组织（the Russian War Relief）也被称为"俄国战争救济基金会"（the Russian War Relief Fund）和"美国对俄战争救济委员会"（The American Committee for Russian War Relief），是二战期间美国最大的外国战争救济机构和主要的亲苏组织，得到 500 多位美国各界著名人士的支持。它建立的初衷是给苏联提供物质援助，但也经常涉及有关苏联的宣传问题。1941 年 8 月，一批美国商界、宗教界和社会保障界的领袖在纽约聚会，建立了援俄医疗委员会（Committee for Medical Aid to Russia）。10 月，更名为俄国战争救济组织，主席由美国著名社会活动家爱德华·克拉克·卡特（Edward Clark Carter, 1878—1954）担任。参见 Edward Clark Carter, the Russian War Relief, *The Slavonic and East European Review,* American Series, Aug., 1944, Vol. 3, No. 2, pp. 61-74; Shimon Redlich, *Propaganda and Nationalism in Wartime Russia: The Jewish Antifascist Committee in the USSR,1941-1948*, pp. 8-10.
② 英文名称为 The Jewish Council for Russian War Relief，英文缩写为 JCRWR，俄文档案中称为 Рашен Релиф，是 Russian Relief 的音译。
③ Письмо ЕАК в ЦК ВКП(б) об организации материальной помощи советским евреям, 28 августа 1945 г., Г. В. Костырченко, *Еврейский антифашистский комитет в СССР, 1941-1948: Документированная история*, с. 128.

中的任务以及苏联在这场战争中所起的作用。"①

西方犹太人对犹委会呼吁的热情回应不仅促使各种亲苏友好组织像雨后春笋一样涌现出来，而且它们还代表苏联指导各种援助活动，在许多国家形成了声势浩大的援苏热潮，从而为苏联犹太人代表团的出访以及双方进一步的交流铺平了道路。

二、犹太人反法西斯委员会代表团出访海外

二战期间，苏联与西方盟国的密切合作不仅表现在政府层面，而且活跃在民众之间。与政府层面的合作相比较，民众之间的交流与互动或许显得更加真诚，更加热情，并且留下许多感人至深的历史记忆，成为二战当中不可或缺的一道靓丽的风景线。1943 年 6 月至 11 月，苏联犹委会代表团对美国、英国、加拿大、墨西哥等西方盟国犹太社团的成功访问就是一个典型案例。

从表面上看，犹委会代表团的盟国之行是苏联犹太人与西方犹太人之间的一次民间交流活动。但实际上，整个访问事宜自始至终都是在苏联当局领导下进行的。

首先是出访时间的确定。1942 年 4 月犹委会成立后不久，西方犹太人组织就产生了邀请犹委会代表团出国访问的想法。1942 年 8 月，英国犹太人援苏基金会和巴勒斯坦胜利联盟为了开展"募集钱财为红军购买 1000 辆坦克和 500 架飞机"的运动，曾主动邀请苏联犹委会派代表团出席他们于同年 8 月下旬分别在伦敦和巴勒斯坦举行的犹太人代表会议。8 月 18 日，犹委会责任书记爱泼斯坦为此专门致函谢尔巴科夫、亚历山德罗夫和洛佐夫斯基，建议犹委会派代表团参加这两次会议，但苏联当局概予否决，甚至禁止犹委会将之列入来年的工作计划。② 1942 年，美国犹太人作家艺术家科学家委员会和俄国战争救济犹太委员会多次到苏

---

① Н. К. Петрова, *Антифашистские комитеты в СССР: 1941-1945 гг.*, с. 143-144.
② Предложение ЕАК о направлении своих представителей в Великобританию и Палестину, 18 августа 1942 г., Г. В. Костырченко, *Еврейский антифашистский комитет в СССР, 1941-1948: Документированная история*, с. 204; Shimon Redlich, *War, Holocaust and Stalinism: A Documented Study of the Jewish Anti-Fascist Committee in the USSR*, p. 26.

联驻纽约总领事馆询问能否派苏联犹太人代表团赴美访问。苏联驻美大使馆和总领事馆在一年之内好几次用密码电报将这一情况向外交人民委员会做了汇报。后来，这两个美国犹太人组织又直接与犹委会联系，甚至在电报里列出了他们请求派出的代表团成员名单。犹委会本身也跃跃欲试，但仍然没有得到苏联当局批准。1943年初，美国犹太人作家艺术家科学家委员会名誉主席爱因斯坦在与苏联驻美大使李维诺夫会晤时，再次建议犹委会派代表团赴美访问，同时向犹委会发来了由其亲自签名的邀请函，并指出这次访问的目的是给美国犹太人作家艺术家科学家委员会"以新气象，吸引更多、更广泛的美国犹太社团参加反法西斯运动"①。洛佐夫斯基为此专门和谢尔巴科夫进行了协商。谢尔巴科夫认为，在斯大林格勒战役结束之前派出代表团对苏联不利，要求"等一等"再说。②直到1943年2月底3月初，苏联当局才把此事正式提上议事日程。

其次是代表团成员的选定。由于派遣代表团的想法最初是由美国犹太人组织提出的，所以他们自然就开列出了自己所希望的人选名单，其中包括红军总政治部主任列·扎·梅利斯③、米霍埃尔斯、爱伦堡、马尔基什、爱泼斯坦、贝格尔森等6人。但斯大林只同意派两个人去。④1943年初，谢尔巴科夫从莫斯科打电话给远在古比雪夫的洛佐夫斯基协商代表团人选事宜。他拿着美国犹太人开列的名单说："梅利斯划掉。他是一个将军，让他继续去打仗。爱伦堡划掉。他写得好，每天都在写，不可能派他去。马尔基什划掉。他脑子糊涂，有点歇斯底里；他自己都拿不准两分钟后会说出什么话。"至于爱泼斯坦，洛佐夫斯基表示反对。

---

① Из выступлений С. М. Михоэлса и И. С. Фефера на Митинге, Апрель 1944г., Г. В. Костырченко, *Еврейский антифашистский комитет в СССР, 1941-1948: Документированная история*, с. 80.

② Судебное следствие: Допрос подсудимых С. А. Лозовского, В. П. Наумов, *Неправедный суд, Последний сталинский расстрел(стенограмма судебного процесса над членами Еврейского антифашистского комитета)*, с. 169.

③ 列·扎·梅利斯（Лев Захарович Мехлис，1889—1953），犹太人，1918年加入俄共（布）。国内战争时期在红军中担任政委。1937—1940年任红军总政治部主任。1939年当选为联共（布）中央委员。翌年任国家监察人民委员。1941年复任红军总政治部主任，副国防人民委员。战争期间担任多个方面军政委。1944年获上将衔。战后任国家监察部长。1953年2月13日去世。

④ Arkady Vaksberg, *Stalin Against the Jews*, p. 117.

理由是爱泼斯坦在美国当过几年共产党报纸的编辑。如果派他去，还不等他到那里，整个美国就会掀起一股声势浩大的反苏宣传浪潮。美国人会大喊大叫说苏联派了一个共产党员来搞鼓动宣传了。谢尔巴科夫认为言之有理。当谈到米霍埃尔斯时，谢尔巴科夫说："米霍埃尔斯是一个有理智的人，熟谙政治"，另外，"他还是一位出色的演讲家和一流的演员"。因为谢尔巴科夫认为"代表团成员中务必有一位党外人士"①，所以，米霍埃尔斯就第一个被确定下来。

最费周折的是第二个人选。马尔基什期望能陪同米霍埃尔斯前去，但是却没有得到批准。苏联政府特别是内务人民委员会希望有一个自己可以信赖、可以依靠的人与米霍埃尔斯同行，以便监督后者的所有活动。经过长时间的讨论和幕后斗争，最后选中了费费尔。这并非因为费费尔作为一个宣传员有什么特殊才能（例如美国人的传统和品味），而是因为他是"一个正统的信徒和一个从1919年以来就没有不良记录的党员"②，特别是他得到了苏联国家安全机关的青睐。③

名单确定下来后，苏联情报局随即呈送内务人民委员会进行政治审查，再上报联共（布）中央。④ 美国历史学家路易斯·拉波波特认为，费费尔被安全机关派去参加犹委会代表团"无疑得到了斯大林亲自批准"⑤。过了几天，谢尔巴科夫打电话通知洛佐夫斯基，中央委员会已经

---

① Судебное следствие: Допрос подсудимых С. А. Лозовского, В. П. Наумов, *Неправедный суд, Последний сталинский расстрел(стенограмма судебного процесса над членами Еврейского антифашистского комитета)*, с.169-170.

② Arkady Vaksberg, *Stalin Against the Jews*, pp.117-118.

③ 1943年6月费费尔一到美国，苏联国家安全部就派扎鲁宾将军召见了他，并把他吸收为安全部的密探，化名"佐林"（Зорин）。根据扎鲁宾的命令，费费尔的一切行动都要征得他和他的助手克拉林同意，并要同他们经常保持联系。费费尔的任务就是在陪同作为非党人士的米霍埃尔斯访问期间对后者进行秘密监视，并把他们的所有活动向扎鲁宾汇报，然后再由扎鲁宾上报内务人民委员会和苏联最高领导人。回国后，费费尔在向联共（布）中央委员会提交有关代表团详细活动的报告同时，还专门向国家安全机构提交了一份秘密报告。参见 Протоколы закрытых судебных заседаний 6 июня 1952 г., В. П. Наумов, *Неправедный суд, Последний сталинский расстрел(стенограмма судебного процесса над членами Еврейского антифашистского комитета)*, с.233-234.

④ Судебное следствие:Допрос подсудимых С. А. Лозовского, В. П. Наумов, *Неправедный суд, Последний сталинский расстрел(стенограмма судебного процесса над членами Еврейского антифашистского комитета)*, с.170.

⑤ Louis Rapoport, *Stalin's War Against the Jews: The Doctors' Plot and the Soviet Solution*, p.88.

做出决定,选出了两个候选人,米霍埃尔斯和费费尔。① 随后,根据谢尔巴科夫的安排,洛佐夫斯基在 1943 年 3 月 10 日起草了一份关于派遣由米霍埃尔斯和费费尔组成的犹委会代表团"到美国进行一次 3—4 个月的正式访问"的报告,呈交给谢尔巴科夫和莫洛托夫。莫洛托夫批示同意,但把访问时间压缩为 2—3 个月。② 苏联外交人民委员会随即把这一决定通知了苏联驻美大使馆和驻纽约总领事馆。与此同时,犹委会也正式致电美国犹太人作家艺术家科学家委员会和俄国战争救济犹太委员会,通报了准备派遣米霍埃尔斯-费费尔代表团访美一事。尽管一些美国犹太作家对费费尔颇有微词,米霍埃尔斯也认为不能指望他对此次访问提供什么帮助,但苏联政府不为所动。

那么,苏联政府在此时决定派犹委会代表团出访美国,目的何在呢?

(一)苏联犹委会代表团的三重使命

根据现有资料分析,犹委会代表团受命出访美国负有三重使命。

1. 公开使命:在苏美犹太人之间建立合作关系,为苏联红军争取援助。

1943 年 2 月,苏联虽然取得了斯大林格勒战役胜利,但是国内外形势依然非常严峻。尽管苏联已经度过了卫国战争中"最艰苦的阶段",并从此掌握了苏德战场的战略主动权,法西斯德国开始走向总崩溃③,但是,斯大林清醒地认识到,不能就此得出结论说,"希特勒军队已经不足为患","希特勒德国的覆灭已经到来了"。事实上,苏联人民和红军"还面临着彻底战胜希特勒恶魔的严重和艰苦的斗争","反对德国法

---

① Судебное следствие: Допрос подсудимых С. А. Лозовского, В. П. Наумов, *Неправедный суд, Последний сталинский расстрел(стенограмма судебного процесса над членами Еврейского антифашистского комитета)*, с.170.

② Записка заместителя народного комиссара иностранных дел СССР С. А. Лозовского народному комиссару иностранных дел СССР В. М. Молотову и секретарю ЦК ВКП(б) А. С. Щербакову, 10 марта 1943 г., Министерство иностранных дел Российской Федерации; Министерство иностранных дел Государства Израиль, *Советско-израильские отношения: Сборник документов, Том I: 1941-1953, Книга 1:1941-май 1949*, с.68. 根据这份文件的时间和此前的讨论来看,希蒙·雷德利克认为苏联是 1943 年 4 月才开始正式筹划米霍埃尔斯-费费尔代表团出访一事显然有误。参见 Shimon Redlich, *Propaganda and Nationalism in Wartime Russia: The Jewish Antifascist Committee in the USSR,1941-1948*, p.36.

③ 〔苏联〕Г. К. 朱可夫:《朱可夫元帅战争回忆录》,第 317—318 页。

西斯侵略者的战争要求红军得到更多的火炮、坦克、飞机、机枪、自动枪、迫击炮、弹药、装备和粮食"①。

总的来看，当时苏联面临着两大困难：

一是经济形势非常严峻。由于战争带来的严重破坏和巨大消耗，在苏联国内，无论是军用物资还是生活用品都供不应求，人民生活异常困苦。"如果不能立即注入大量资金和增加武器、食物、衣服和药品的供给，这个饱受战争蹂躏和掠夺的国家就可能无法生存下去。"②

二是苏联人梦寐以求的第二战场仍渺无踪影。自从1941年6月苏德战争爆发以来，红军已经付出了数百万人的代价，但英美承诺在1942年开辟的第二战场迟迟未能兑现。③ "由于欧洲没有第二战场，红军正单独担负着战争的全部重担。"④ 就在苏联人"眼巴巴地盼着"⑤ 盟国援助的时候，丘吉尔却代表英美政府在1943年2月9日和3月30日先后通知斯大林：第二战场的开辟需要推迟至8月或9月以后；因为护航能力不足，英美在9月以前不得不停发给苏联提供军事援助的运输船队。⑥ 对于苏联而言，这不啻是雪上加霜。⑦ 与此同时，在美国和其他西方国家依然存在着反对支持苏联的声音。时任苏联驻美大使馆参赞葛罗米柯指出，即便是在战争出现转折之后，一些大金融家和大商业集团的代表人物仍然"坚定地相信，苏联同希特勒德国之间的战争只会对自己有利"。

---

① 《斯大林文集（1934—1952）》，第368、373、374页。
② Arkady Vaksberg, *Stalin Against the Jews*, p. 118.
③ 参见〔美〕舍伍德：《罗斯福与霍普金斯——二次大战白宫实录》（下册），第153—155页。按照朱可夫的说法，斯大林并不完全相信丘吉尔和罗斯福1942年在欧洲开辟第二战场的保证，但仍然希望他们在其他地区能多多少少采取点行动。参见〔苏联〕Г. К. 朱可夫：《朱可夫元帅战争回忆录》，第472页。
④ 《斯大林文集（1934—1952）》，第365页。
⑤ 〔苏联〕费·丘耶夫：《同莫洛托夫的140次谈话》，第79页。
⑥ 《温斯顿·丘吉尔首相先生给斯大林先生的私人绝密信（1943年2月12日收到）》；《温斯顿·丘吉尔首相先生给约·维·斯大林元帅的私人绝密信（1943年3月30日）》，载苏联外交部编：《1941—1945年苏联伟大卫国战争期间苏联部长会议主席同美国总统和英国首相通信集》，第1卷，第89—90、107—108页。
⑦ 罗斯福也把运输船队的停运称之为"噩耗"。参见《罗斯福总统致前海军人员（1943年3月20日）》，〔英〕温斯顿·丘吉尔：《第二次世界大战回忆录》，第4卷，冯刚等译，南方出版社2005年版，第1915页。

他们断定，苏联"必将遭到失败，这样，共产主义也就被消灭了"。① 这说明，苏联对西方盟国的宣传和争取援助的工作仍需加强。

最新解密的档案表明，犹委会代表团的主要使命就是通过公开宣传为红军募捐。这不仅是美国犹太组织的初衷，而且也是苏联政府的一个主要目的。1943年3月初，俄国战争救济犹太委员会在邀请米霍埃尔斯和费费尔访美的电报中强调说，它"能够募集到巨额资金，并且可以促进犹太民族的团结"。② 5月22日，洛佐夫斯基在《给犹委会代表米霍埃尔斯和费费尔的指示草案》中再次强调，犹委会代表团的主要目的是在共同反对希特勒德国及其盟国的基础上，建立苏联犹太人和美国犹太人之间的合作关系（反苏组织除外），并在美国开展支援苏联红军的运动。代表没有任何其他的权力和任务。③ 由此可见，为红军争取援助就是派犹委会代表团出访的最重要的原因。洛佐夫斯基后来说，苏联政府是绝不会派徒劳无益的人出国旅行的，在战时尤其如此。④ 费费尔也证实，在他和米霍埃尔斯赴美前夕，谢尔巴科夫和洛佐夫斯基均向他们面授机宜，指示他们同犹太资产阶级组织建立联系，争取金钱和物质上的援助以满足战争需要。⑤

2. 秘密使命：为苏联获取西方原子弹情报服务。

在外界看来，犹委会代表团出访美国就是为了加强苏美两国犹太人

---

① 〔苏联〕安·安·葛罗米柯：《回首往事》（上），第126页。
② Записка заместителя народного комиссара иностранных дел СССР С. А. Лозовского народному комиссару иностранных дел СССР В. М. Молотову и секретарю ЦК ВКП(б) А. С. Щербакову, 10 марта 1943 г., Министерство иностранных дел Российской Федерации; Министерство иностранных дел Государства Израиль, *Советско-израильские отношения:Сборник документов, Том I: 1941-1953, Книга 1: 1941-май 1949*, с.68.
③ Проект директивы делегатам Еврейского антифашистского комитета тт. Михоэлсу и Феферу, Министерство иностранных дел Российской Федерации; Министерство иностранных дел Государства Израиль, *Советско-израильские отношения: Сборник документов, Том I: 1941-1953, Книга 1: 1941-май 1949*, с.75.
④ Судебное следствие: Допрос подсудимых С. А. Лозовского, В. П. Наумов, *Неправедный суд, Последний сталинский расстрел(стенограмма судебного процесса над членами Еврейского антифашистского комитета)*, с.170-171.
⑤ Судебное следствие: Допрос подсудимых И. С. Фефера, В. П. Наумов, *Неправедный суд, Последний сталинский расстрел(стенограмма судебного процесса над членами Еврейского антифашистского комитета)*, с.24.

之间的关系，动员美国犹太人援助苏联的反法西斯战争。① 但事实上，在这冠冕堂皇的公开使命背后，犹委会代表团还肩负着另一项重要的秘密使命——为苏联获取西方原子弹情报提供服务。

二战爆发前后，有关原子弹的研究和制造就引起了德国、日本、法国、美国、英国等国家科学家和政府的关注。1939年春，法国原子物理学家约里奥-居里和匈牙利人斯齐拉尔德在解析铀-235核子时，发现有发射自由中子的现象，并预测可以产生链式反应，而且在这种反应的作用下可以产生巨大的能量。② 1939年9月26日，二战爆发不到一个月，希特勒就签发了研制原子弹的"U计划"命令。随后，纳粹德国动员了200名国内最杰出的科学家，其中包括诺贝尔奖获得者、物理学家维尔纳·海森堡、著名物理学家卡尔·弗里德里希·冯·魏茨泽克等一大批世界顶级的科学家，开始秘密研制这种威力巨大的新式武器。消息传出后，许多反法西斯国家科学家忧心如焚。他们意识到，如果像希特勒这样的战争狂人掌握了原子弹，那么人类的未来将不堪设想。1941年8月，英国在经过长期研究论证后也制定了代号为"合金管"的原子弹研制计划。

在著名科学家爱因斯坦和国内一大批有识之士的敦促下，美国也加快了研制原子弹的步伐。1942年6月，丘吉尔与罗斯福在华盛顿会晤期间，决定两国联合研制原子弹。在此之前，由于法国败降而逃亡到英国的一些物理学家如约里奥-居里等，也加入到了盟国的原子弹研究计划中来。"在战争期间，只有美国有发展这一工程必要的物质条件，因为全世界只有美国的领土没有战火蔓延，它的大学和科研所的正常生活方式没有遭到破坏。充分利用这些有利条件，在许多国家主要科学家参与下，美国便开始了实现链式核反应工程。"③ 1942年8月11日，美国原子弹研究计划正式启动，取名为"曼哈顿工程"。为了赶在德国人前面制造出原子弹，并且在战争结束之前提供给美国军队使用，美国国会拨

---

① Benjamin Harshav, *Marc Chagall and His Times: A Documentary Narrative*, Stanford University Press, Stanford, California, 2004, pp.531, 526.
② 〔俄〕奥列格·察列夫：《克格勃特工在英国》，卢敬利等译，吉林人民出版社2003年版，第316页。
③ 彼·列·卡皮察：《论核能》（1955年1月11日），载沈志华总主编：《苏联历史档案选编》，第26卷，第469页。

款20亿美元作为研究经费。同时，罗斯福总统还赋予该工程有"高于一切行动的特别优先权"。"曼哈顿工程"的技术总负责人是美国著名理论物理学家罗伯特·奥本海默①，他在新墨西哥州的沙漠地区洛斯·阿拉莫斯建立了有15万人参加的原子弹研制工厂，并且聘请了近百名国内外最优秀的核科学家来从事这一史无前例的研究工作。1942年12月2日，来自意大利的著名物理学家恩瑞科·费米在芝加哥大学的实验室首传捷报，成功完成了人类历史上第一次由人工控制的链式反应，"这一有重要意义的科学成果为完成爆炸的链式反应开辟了道路"②，它"标志着制造原子弹的道路已经走完了一半"③。1943年有4000名科学家进驻洛斯·阿拉莫斯实验室，其中像费米、尼尔斯·玻尔、约里奥-居里这样的诺贝尔奖获得者就有12人。"曼哈顿工程"的总负责人、美国陆军少将格罗夫斯（Groves）称之为"有史以来最庞大的金头脑组合"④。

与西方国家相反，苏联政府一开始对原子弹的发展前景并未重视。据时任苏联内务人民委员贝利亚的儿子谢尔戈·贝利亚回忆，早在1939年年中或年底，苏联情报部门就从法国得到了第一批关于铀裂变的材料。因此，贝利亚在这时可能就已经注意到这个问题。1939年底，罗伯特·奥本海默秘密进入苏联，在贝利亚家住了大约两周时间，目的就是为了建议苏联人实施研究原子弹的计划方案。⑤ 1940年秋，苏联物理学家弗列罗夫和彼得扎克发现了铀-235的自然分解现象。1939—1941年，苏联科学院院士尤里·哈里顿与泽利多维奇一起首次完成了铀裂变的链

---

① 罗伯特·奥本海默（Robert Oppenheimer, 1904—1967），世界著名理论物理学家，美国原子弹之父。1904年4月22日出生于美国纽约一个富裕的犹太人移民家庭。在量子力学、黑洞理论方面做出过开创性的贡献，对1930年代美国物理学的迅速崛起发挥了重要作用。1929年美国发生大萧条后，开始对共产主义理论感兴趣。1940年，跟生物学家凯瑟琳·哈利生结婚。凯瑟琳是左翼分子，她和她弟弟等人都和共产党有各种关系。1942年8月，奥本海默被美国政府任命为研制原子弹的"曼哈顿工程"实验室主任。在他领导下，1945年7月16日，世界上第一颗原子弹在美国新墨西哥的阿拉莫戈多空军基地附近的沙漠中试爆成功。
② 彼·列·卡皮察：《论核能》（1955年1月11日），载沈志华总主编：《苏联历史档案选编》，第26卷，第469页。
③ 〔美〕舍伍德：《罗斯福与霍普金斯——二次大战白宫实录》（下册），第284页。
④ 杨庆余：《罗伯特·奥本海默——美国原子弹之父》，《大学物理》，2003年8期，第35页。
⑤ 〔乌克兰〕谢尔戈·贝利亚：《我的父亲贝利亚》，第305—307页。贝利亚说，如果美国方面知道罗伯特·奥本海默秘密来过苏联，可能就不会让他出任"曼哈顿工程"的负责人了。

式反应计算。① 但是，在德国入侵之前，苏联国防人民委员部认为研制原子弹是超前计划而没有给予其支持。② 1941 年 9 月底 10 月初，苏联派驻英国的特工瓦季姆（阿·维·戈尔斯基）发回了两份重要情报，报告说 9 月 16 日，英国召开了铀委员会会议（军事办公厅铀委员会）。会上通报说："两年时间完全有可能研制出铀炸弹，如果责成帝国化学工业公司在短时间内完成这件事的话，就更没有问题。"戈尔斯基在密电中还通报道：1941 年 9 月 20 日，英国各指挥部领导委员会召开会议决定，"立即在英国着手成立一家铀炸弹制造厂"。在另一份密电中，戈尔斯基简单介绍了一下铀委员会的工作报告，包括炸弹中铀的预计爆炸值和用天然气扩散法提取铀-235 的工业程序的问题。③ 同时，苏联政府在 1941 年 9 月还收到了英国核物理学家呼吁丘吉尔制造核武器的一份备忘录拷贝，它引起了苏联高层的一片惊慌。④ 但是，一些很有影响力的苏联学者认为，即便有可能制造原子弹，那么也要等到遥远的未来才能实现。所以，贝利亚仍旧对这些有关国外原子弹制造工作的情报持怀疑态度，他认为，"一些敌对势力试图用假情报把苏联拖进耗费大量资金和精力的死胡同"。甚至在苏联已经向原子弹规划开放绿灯的时候，贝利亚还警告给他就原子弹问题作例行报告的内务人民委员会科技侦查处的列·罗·克瓦斯尼科夫亚说："如果这是假情报的话，——我就把你们都关进牢房去。"⑤ 1941 年 10 月 12 日，著名物理学家卡皮察在莫斯科的一次反法西斯群众大会上发表演说，公开指出利用原子能制造原子弹的现实性，依然没有引起苏联政府的重视。

但是，英美在战争生死攸关之际不惜投入巨大的人力物力来从事核武器研究，足见"原子弹计划的意义非常重大，而且在实践中是可行的"⑥。英美的行动逐渐打消了苏联领导人对原子弹问题重要性和紧迫性

---

① 〔俄〕奥列格·察列夫：《克格勃特工在英国》，第 316—317 页；〔乌克兰〕谢尔戈·贝利亚：《我的父亲贝利亚》，第 291 页。
② 〔俄〕帕维尔·苏多普拉托夫：《情报机关与克里姆林宫》，第 205 页。
③ 〔俄〕奥列格·察列夫：《克格勃特工在英国》，第 317 页。
④ 宋鸿兵：《货币战争文集》，第 2 卷，长江文艺出版社 2011 年版，第 226 页。
⑤ 〔俄〕奥列格·察列夫：《克格勃特工在英国》，第 318—319 页。
⑥ 〔俄〕帕维尔·苏多普拉托夫：《情报机关与克里姆林宫》，第 201 页。

的怀疑。在苏联情报部门和一批科学家的推动下，1942年9月28日，国防委员会主席斯大林签署了《关于组织铀研究》的第2352号国防委员会密令，莫洛托夫被任命为国防委员会和政府方面"铀问题"的总负责人。① 然而，由于战争的影响，真正的研制工作直到1943年才开始进行。② 1943年2月11日，国防委员会正式任命伊·瓦·库尔恰托夫为铀研究工作的学术领导人。3月10日，苏联科学院成立了秘密的原子能科学研究所——"2号实验室"，库尔恰托夫受命出任这个实验室的"首长"。斯大林和国防委员会不仅赋予他调动解决问题所必需的人力、物力资源的特命全权，而且，他还享有编制"希望从国外获得"的资料的详细清单，并要求据此"给情报机关下达指示"的巨大权力。③

为了配合国内的原子弹研制，苏联在英美情报部门的工作重心也随之转移。此前，斯大林给苏联驻华盛顿情报站站长扎鲁宾（代号"库珀尔"，以使馆秘书"祖比林"的身份作掩护）和驻旧金山情报站站长格里戈利·海费茨（他以苏联副领事的身份作掩护）下达的主要任务是"通过间谍活动在政治上影响美国"，"使在美国的白匪侨民反苏活动中立化"，以确保苏联根据《租借法案》从美国继续得到援助④。在苏联做出研制原子弹的决定后，内务人民委员会在"1942年11月26日向纽约，11月28日向伦敦下达了有关原子弹问题的具体任务"⑤。由于英美在研制原子弹方面加紧合作，不让自己的盟友苏联获取核秘密，所以"苏联的核间谍活动成为苏联情报机关最重要的一项工作"⑥。苏联情报侦察工作的首要任务变为以获取英美的原子弹情报为主，其他一切工作"随之退居次要地位"⑦。二战期间，美国反间谍机关的重点防范对象是德

---

① 〔俄〕罗伊·麦德维杰夫、若列斯·麦德维杰夫：《斯大林：鲜为人知的剖面》，王桂香、陈爱茹、刘显忠译，新华出版社2004年版，第149页。
② 〔苏联〕费·丘耶夫：《同莫洛托夫的140次谈话》，第97页；又见〔俄〕帕维尔·苏多普拉托夫：《情报机关与克里姆林宫》，第205页。
③ 〔俄〕罗伊·麦德维杰夫、若列斯·麦德维杰夫：《斯大林：鲜为人知的剖面》，第149—150页。
④ 〔俄〕帕维尔·苏多普拉托夫：《情报机关与克里姆林宫》，第199—200页。
⑤ 〔俄〕奥列格·察列夫：《克格勃特工在英国》，第320页。
⑥ 〔俄〕鲁·格·皮霍亚：《苏联政权史（1945—1991）》，第15页。
⑦ 〔俄〕帕维尔·苏多普拉托夫：《情报机关与克里姆林宫》，第200页。

第三章　卫国战争中的苏联犹太人反法西斯委员会

国人和日本人，所以，"苏联的情报人员能够相对自由地开展工作"①。扎鲁宾、海费茨和苏联驻墨西哥情报站站长华西列夫斯基等人犹如八仙过海，各显神通，通过各种方式与奥本海默、费米、玻尔、克劳斯·富克斯、布鲁诺·蓬泰科尔沃（费米的助手）、列奥·西拉德等一大批参与"曼哈顿工程"的核心人物建立了联系，源源不断地将美国在原子弹研制方面的最新绝密资料传回国内。

苏联政府在此时决定派遣犹委会代表团出访盟国绝非时间上的巧合。斯大林在一次与苏联科学家就原子弹问题座谈时曾经指出，要想指望西方政府给苏联提供有关将来可能主宰世界的武器的情报，那在政治上是极其幼稚的。但是，西方的科学家却不然，其中有许多人"真诚地希望将原子弹的秘密情报提供给苏联，这样可以联合努力，可能会赶在德国之前造出原子弹"②。许多西方科学家不仅把苏联看成是反法西斯战争的中流砥柱，而且还把苏联视为社会主义浪漫思想的第一个产物，对新型的苏维埃文明寄予厚望，对苏联持同情态度。"一般说具有亲共产主义情绪是当时西方许多知识分子的特点。"③为苏联提供原子弹情报的英国战时内阁大臣汉基勋爵的秘书约翰·凯恩克罗斯、蓬泰科尔沃、奥本海默的妻子凯瑟琳等人就政治信仰来说都是共产主义者。而富克斯本人则是德国共产党员。根据苏联情报机关的请求，奥本海默、费米和西拉德还把一批著名的左派专家和持反法西斯观点的科学家安插进了橡树岭、洛斯·阿拉莫斯和芝加哥实验室。他们把原子弹资料转交给苏联不仅是自愿的，而且还是主动的。"他们把苏联视作自己的第二祖国，不是为金钱，而是为理想而工作。"④曾经担任苏联内务人民委员会专门负责核情报搜集工作的"С"处处长帕维尔·苏多普拉托夫认为："在玻尔、费米、奥本海默和西拉德之间有一条君子协定：与反法西斯左派科学家交流有关原子武器的秘密研究成果。"⑤

作为"曼哈顿工程"的领导人，奥本海默从小就被教导要生活在一

---

① 〔俄〕列昂尼德·姆列钦：《历届外交部长的命运》，第 254 页。
② 〔俄〕帕维尔·苏多普拉托夫：《情报机关与克里姆林宫》，第 198 页。
③ 〔乌克兰〕谢尔戈·贝利亚：《我的父亲贝利亚》，第 308 页。
④ 〔俄〕弗拉迪斯拉夫·祖博克、康斯坦丁·普列沙科夫：《克里姆林宫秘史》，第 21 页。
⑤ 〔俄〕帕维尔·苏多普拉托夫：《情报机关与克里姆林宫》，第 219 页。

个公正、和平的社会中。他和玻尔、费米一样,都是暴力的反对者。这些杰出的科学家一开始就预见到原子武器可能给人类文明带来灾难。为了防止核战争,他们认为,最好的办法就是通过让各方同时掌握原子能秘密的途径形成力量平衡。许多核物理学家都深信,"如果斯大林掌握核武器,将有利于世界和平的维护"。只有这样才可以从根本上影响世界各国的政策和改变历史的进程。约里奥-居里主动向苏联大使提供了他和友人在原子计划中所取得的所有信息,并通过联络人向莫洛托夫的一名助手保证:"法国的科学家们……将随时向你们提供一切,而不会向你们索取什么东西作为回报。"① 因此,与其说他们是给苏联提供情报,毋宁说他们是在捍卫自己作为科学家的崇高信念,是在履行自己对于人类和社会应负的责任。

苏联情报部门认为:"与奥本海默及其他知名科学家的接近应该建立在友谊之上,而不是建立在情报合作上。"尽管奥本海默、费米在苏联的资料中充当了代号为"自然保护区总管""期票""野兔""斯达尔"的情报提供者,但他们并非苏联"情报机构招募的间谍"②。作为资深情报专家,海费茨、扎鲁宾、华西列夫斯基等人十分清楚,要想取得这些科学家的好感,靠金钱、威胁、恫吓或者物质诱惑是无济于事的。最好的方式就是利用好奥本海默、玻尔和费米都是暴力的反对者这一条件来博得他们的好感,从思想感情上感化他们,以便与他们建立崇高的友谊。犹委会代表团恰好就扮演了这样一个道德感化者的角色。

犹委会代表团之所以参与到此项工作中来,最重要的原因就是参加"曼哈顿工程"的许多著名科学家都是犹太人。犹太人在原子能领域内是先行者和佼佼者。敦促美国研制原子弹的爱因斯坦是犹太人,"曼哈顿工程"的技术总负责人奥本海默是犹太人,费米的夫人是犹太人,西拉德是从匈牙利流亡到美国的犹太人……由于纳粹德国对犹太人实行残酷的种族迫害,先后有2000多位犹太科学家和工程师离开德国和欧洲移居美国,并且成为美国科技文化界的生力军。"奥本海默领导下的许多科

---

① 〔俄〕弗拉迪斯拉夫·祖博克、康斯坦丁·普列沙科夫:《克里姆林宫秘史》,第21页。
② 〔俄〕帕维尔·苏多普拉托夫:《情报机关与克里姆林宫》,第214、223页。

学家都是从希特勒魔掌下逃出的德国犹太难民。"① "据说在洛斯·阿拉莫斯实验室的犹太科学家人数如此之多，以至于他们的非犹太同事被幽默地起了希伯来语或意第绪语名字。"② 出于对纳粹屠犹的憎恶和对苏联的同情，这些犹太科学家非常乐意给正在与纳粹血战的苏联提供帮助。

为了利用犹太人的民族认同感来为苏联获得原子弹情报服务，苏联内务人民委员贝利亚在米霍埃尔斯和费费尔临行前亲自会见了他们，"指示其在美国广泛宣传犹太人民在苏联科学文化发展中所做贡献的重大意义，并向美国舆论界证实由于执行了斯大林的民族政策，反犹太主义在苏联已被彻底消灭"③。而负责米霍埃尔斯和费费尔访问及其与美国犹太团体联络保障工作的不是别人，正是苏联驻旧金山情报站站长、犹太人海费茨。由此可见，犹委会代表团的盟国之行并非仅仅为了争取西方犹太人的援助。洛佐夫斯基之所以声称他们"没有任何其他的权力和任务"，个中原因大概是他未必知道这些由内务人民委员会布置的特殊任务。

3. 客观目的：平息埃利希-阿尔特事件对苏联外交造成的冲击。

在公开使命与秘密使命之外，犹委会代表团出访的另外一个客观目的则是为了平息埃利希-阿尔特事件对苏联外交造成的重大冲击。

1941年12月3日，阿尔特和埃利希第二次被捕后，按照斯大林、莫洛托夫和贝利亚的指示，古比雪夫内务人民委员会内部监狱对他们实行了完全隔离，两人被关进单人牢房，囚号分别为41和42，禁止对其进行审讯和登记，甚至连监狱工作人员也不知道他们的姓名。④ 12月中下旬，阿尔特和埃利希先后向贝利亚和苏联最高苏维埃主席团提出申诉，但是，杳无回音。1942年5月14日，埃利希在牢房的窗闩上自缢身亡。⑤ 不久，阿尔特在绝望中也产生了以死抗争的念头。7月10日，

---

① 〔英〕马丁·吉尔伯特：《二十世纪世界史》，第2卷（下），1933—1951，第530页。
② Jacob Rader Marcus, *The American Jew, 1585-1990: A History*, Brooklyn, New York: Carlson Publishing Inc, 1995, p. 325.
③ 〔俄〕帕维尔·苏多普拉托夫：《情报机关与克里姆林宫》，第214页。
④ 〔俄〕帕维尔·苏多普拉托夫：《情报机关与克里姆林宫》，第332页。
⑤ Донесение руководству НКВД СССР о самоубийстве Г. Эрлиха, 18 мая 1942 г., Г. В. Костырченко, *Еврейский антифашистский комитет в СССР, 1941-1948: Документированная история*, с. 25.

他向监狱医生助理索要氰化物。贝利亚获悉后下令监狱管理员对其保持严密监视,同时改善生活待遇。1943 年 2 月 17 日,根据苏联内务人民委员会副人民委员弗·尼·梅尔库洛夫的命令,阿尔特在狱中被秘密枪决,所有物品均被焚毁。①

埃利希和阿尔特再次被捕后,世界上许多国家的政府组织、政党、工会、新闻机构和社会名流立即掀起了广泛而强大的营救运动。其中包括波兰流亡政府,美国国务院,英国外交部,美国第一夫人埃莉诺·罗斯福,著名政治活动家、前共和党总统候选人伍德罗·威尔基,英国工党最著名的领袖、副首相克·艾德礼,美英驻苏大使,捷克流亡政府外交部长简·迈瑟瑞,美国劳工联合会主席威廉姆·格林,产业工会联合会主席菲利普·默里,犹太劳工委员会主席阿道夫·赫尔德,国际总工会主席、英国工会总书记沃尔特·斯崔尼爵士,澳大利亚和比利时社会主义运动领袖尹·阿德勒,爱因斯坦等人。他们或者与苏联当局直接进行交涉,或者敦促本国政府进行干预,为解救埃利希和阿尔特奔走呼号,在西方形成了一股声势浩大的营救浪潮。迫于国际舆论压力,1943 年 2 月 23 日,苏联驻美大使李维诺夫根据莫洛托夫的指示,在给威廉姆·格林的复函中宣称,由于埃利希和阿尔特在 1941 年 9 月获释后继续从事敌对行动,"包括呼吁苏联军队停止流血牺牲,立即与德国缔结和约",故于 1942 年 12 月再次被苏联最高法院军事法庭判处死刑,并已执行(1943 年 4 月底李维诺夫又将行刑日期修改为 1941 年 12 月)。②

苏联处死埃利希和阿尔特的消息立即在国际上引起轩然大波。几乎所有国家的报纸都报道了关于埃利希和阿尔特被谋杀的事件。人们不仅对苏联当局这种悖逆国际舆论、亵渎《联合国家宣言》的暴行感到非常震惊,而且对其恶意诽谤这两个著名的反法西斯战士声誉的行径极为愤慨。许多国家的政党、工会和犹太组织发表公开声明,强烈谴责苏联对埃利希和阿尔特的谋杀和诽谤。美国、英国、加拿大和墨西哥等国家的

---

① Донесение о казни В. Альтера,17 февраля 1943 г., Г. В. Костырченко, *Еврейский антифашистский комитет в СССР, 1941-1948: Документированная история*, с.26.

② *Henryk Erlich and Victor Alter: Tow Heroes and Martyrs for Jewish Socialism*, Translated from the Yiddish with Notes by Samuel A. Portnoy, pp. 166-167, 169.

许多大城市还爆发了一系列声势浩大的抗议集会。其中 1943 年 3 月 28 日在伦敦举行的大规模的国际性抗议集会和 3 月 30 日在纽约麦加神殿举行的大型抗议集会把整个抗议运动推向了高潮。不少著名的政党领袖和犹太名流在集会上发表了演讲,对苏联的犯罪行为表示强烈的谴责和抗议。美国舆论界的反应尤为激烈,数百家英语和意第绪语报纸掀起了长达 3 个多月的抗议浪潮。①

埃利希-阿尔特事件不仅打乱了苏联制定的战时对外宣传计划,而且严重损害了它作为世界反法西斯战争的主要盟国的形象和声誉②,使其在国际舆论界和道义上陷于非常尴尬、非常孤立的境地。③ 为了消除这一事件带来的巨大的负面影响,苏联政府授命李维诺夫与俄国战争救济犹委员会进行紧急协商,敦促后者再次邀请犹委会代表团赴美访问④,以求灭火。可能正是因为这一点,美国犹太人作家艺术家科学家委员会主席戈德堡认为,米霍埃尔斯和费费尔访美不是由美国人而是由莫斯科一手操纵的。⑤ 洛佐夫斯基在给米霍埃尔斯和费费尔的指令草案中也指出,如果波兰人和苏联的犹太敌人试图在某些集会上提出埃利希-阿尔特事件,米霍埃尔斯和费费尔应该坚决为苏联的政策辩护,声称消灭第五纵队是击败纳粹德国必不可少的先决条件,无论其参加者是哪个民族。⑥

正是由于以上三个原因,苏联政府对此次访问非常重视。出访之前,米霍埃尔斯、费费尔与爱泼斯坦、洛佐夫斯基、谢尔巴科夫多次进

---

① *Henryk Erlich and Victor Alter: Tow Heroes and Martyrs for Jewish Socialism*, Translated from the Yiddish with Notes by Samuel A. Portnoy, pp. 201, 209, 327.
② *Henryk Erlich and Victor Alter: Tow Heroes and Martyrs for Jewish Socialism*, Translated from the Yiddish with Notes by Samuel A. Portnoy, p. 221.
③ 关于这一事件的研究,详见宋永成:《"埃利希-阿尔特事件"及其对苏联外交政策的影响》,《陕西师范大学学报》2007 年第 3 期。
④ Записка заместителя народного комиссара иностранных дел СССР С. А. Лозовского народному комиссару иностранных дел СССР В. М. Молотову и секретарю ЦК ВКП(б) А. С. Щербакову, 10 марта 1943 г., Министерство иностранных дел Российской Федерации; Министерство иностранных дел Государства Израиль, *Советско-израильские отношения: Сборник документов*, Том I:1941-1953, Книга 1:1941-май 1949, с. 68.
⑤ B. Z. Goldberg, *The Jewish Problem in The Soviet Union: Analysis and Solution*, p. 144.
⑥ Проект директивы делегатам Еврейского антифашистского комитета тт. Михоэлсу и Феферу, Министерство иностранных дел Российской Федерации; Министерство иностранных дел Государства Израиль, *Советско-израильские отношения: Сборник документов*, Том I:1941-1953, Книга 1:1941-май 1949, с. 76.

行沟通交流。苏联情报局领导要求犹委会代表团竭尽所能在国外报刊上刊发材料,不仅是有关犹太人的材料,还有关于苏联工业、农业和文化的材料,并且争取就此与美国的进步刊物和资产阶级报刊达成协议。①从1943年3月开始,米霍埃尔斯和费费尔用了两个月的时间收集所需资料,以便为参加各种大会、进行各种会谈做好准备。② 这些资料包括苏联在战争之中所遭受的巨大损失、被疏散人员的状况、后方的军工生产、苏联犹太人的生活特别是比罗比詹犹太自治州所取得的成就等。尽管这些材料已经经过有关方面的严格审查,但是米霍埃尔斯和费费尔在出境时仍旧受到几个小时的检查,然后才被获准放行。③ 在米霍埃尔斯和费费尔出发之前,洛佐夫斯基多次叮嘱他们,他们首先是苏联人,然后才是犹太人。他们到美国后会引起美国整个新闻界的关注,事关苏联声誉。因此,他们的言行举止必须符合苏联人的身份,时刻提防在英国和美国的政治活动中被人拉下水。④ 莫洛托夫、贝利亚、谢尔巴科夫都在莫斯科分别召见了他们,给他们做了重要指示。1943年5月下旬,洛佐夫斯基亲自拟定了犹委会代表团在出访期间处理各种问题的原则,并上报莫洛托夫批准。⑤ 出发之前,苏联最高苏维埃主席加里宁亲自在克里姆林宫为米霍埃尔斯和费费尔送行。斯大林也出乎意料地从一扇侧门

---

① Судебное следствие: Допрос подсудимых И. С. Фефера, В. П. Наумов, *Неправедный суд, Последний сталинский расстрел(стенограмма судебного процесса над членами Еврейского антифашистского комитета)*, с. 24-25.

② Из письма С. М. Михоэлса жене накануне отъезда в США, Март 1943 г., Г. В. Костырченко, *Еврейский антифашистский комитет в СССР, 1941-1948: Документированная история*, с. 197.

③ Arkady Vaksberg, *Stalin Against the Jews*, pp. 118-119. 又见Судебное следствие: Допрос подсудимых И. С. Фефера, В. П. Наумов, *Неправедный суд,Последний сталинский расстрел(стенограмма судебного процесса над членами Еврейского антифашистского комитета)*, с. 25.

④ Судебное следствие: Допрос подсудимых С. А. Лозовского, В. П. Наумов, *Неправедный суд, Последний сталинский расстрел(стенограмма судебного процесса над членами Еврейского антифашистского комитета)*, с. 171.

⑤ Записка заместителя народного комиссара иностранных дел СССР С. А. Лозовского народному комиссару иностранных дел СССР В. М. Молотову, 22 мая 1943 г., Министерство иностранных дел российской федерации, Министерство иностранных дел государства Израиль, *Советско-израильские отношения: Сборник документов, Том I:1941-1953, Книга 1:1941-май 1949*, с. 74-76.

走进来，轻轻拍着两人的背，祝愿他们成功。①

苏联政府对米霍埃尔斯和费费尔出访提出了各种限制。洛佐夫斯基在《给犹委会代表米霍埃尔斯和费费尔的指示草案》中明确指出：他们在公开讲话中不能把自己局限于犹太人所关心的问题，必须讲苏联各民族的友谊，讲所有民族争先恐后地参加反希特勒的斗争，讲红军的英雄主义等；在任何情况下都不应干涉美国内部事务，或者介入不同犹太组织之间的斗争；不能对国际政治例如自由巴勒斯坦的犹太国家问题发表任何意见；必须拒绝与反苏的犹太团体进行任何接触或讨论；在和美国犹太人联合分配委员会等犹太组织的代表会晤时，未经大使馆同意，不能承担任何义务等。②米霍埃尔斯和费费尔只能会见报刊界和社会组织的领导人，不能跟政党领袖接触。③苏联外交人民委员会指示苏联驻美国大使馆和领事馆在犹委会代表团访美期间必须全力配合，实际上是进行监督。米霍埃尔斯和费费尔有权会见他们指明的一切人，但是必须征得大使和领事的同意。任何会谈都必须在官方代表的监督下进行，由官方派出译员，重要事情必须请示莫斯科批准。④

1943 年 5 月 8 日前后，米霍埃尔斯和费费尔乘坐美国军用飞机离开莫斯科。途经中东、非洲、英国，花了 40 天时间⑤，于 1943 年 6 月 17 日抵达美国。

---

① B. Z. Goldberg, *The Jewish Problem in The Soviet Union: Analysis and Solution*, p.47. 戈德堡告诉耶霍舒亚·吉勒博阿说，这个消息是米霍埃尔斯本人告诉他的。参见 Yehoshua A. Gilboa, *The Black Years of Soviet Jewry: 1939-1953*, p.360.

② Проект директивы делегатам Еврейского антифашистского комитета тт. Михоэлсу и Феферу, Министерство иностранных дел Российской Федерации; Министерство иностранных дел Государства Израиль, *Советско-израильские отношения:Сборник документов, Том I:1941-1953, Книга 1:1941-май 1949*, с.75-76.

③ Судебное следствие: Допрос подсудимых И. С. Фефера, В. П. Наумов, *Неправедный суд, Последний сталинский расстрел(стенограмма судебного процесса над членами Еврейского антифашистского комитета)*, с.25.

④ Судебное следствие: Допрос подсудимых С. А. Лозовского, В. П. Наумов, *Неправедный суд, Последний сталинский расстрел(стенограмма судебного процесса над членами Еврейского антифашистского комитета)*, с.172.

⑤ Из письма И. С. Фефера семье, 3 ноября 1943 г., Г. В. Костырченко, *Еврейский антифашистский комитет в СССР, 1941-1948: Документированная история*, с.200.

（二）犹委会代表团对美国、墨西哥、加拿大、英国犹太社团的访问

犹委会代表团此次出访的重点是美国，对墨西哥、加拿大、英国的访问是在这些国家犹太组织反复邀请下成行的。

1. 犹委会代表团对美国的访问。

犹委会代表团是第一个来自战时盟国苏联的犹太人代表团。他们不仅仅代表犹委会，而且代表着苏联犹太人。① 所以，美国的主流犹太组织对此次访问十分重视。为了迎接代表团的到来，美国犹太人作家艺术家科学家委员会和俄国战争救济犹委员会专门成立了一个阵容庞大、由各界人士组成的民族接待委员会，统筹安排相关事宜。接待委员会主席由爱因斯坦亲自挂帅，戈德堡具体负责。成员包括世界犹太人代表大会主席斯蒂芬·怀斯、世界犹太人代表大会执行委员会主席戈尔德曼、美国犹太人联合分配委员会领导人詹姆斯·罗森贝格、俄国战争救济犹太委员会主席莱文、美国犹太复国主义组织主席伊斯雷尔·戈尔茨坦、国际工人组织犹太分部领导人鲁本·萨尔茨曼、著名作家肖洛姆·阿施、著名作家福伊希特万格等数十名犹太名流，在美国犹太社团中具有广泛的代表性。美国犹太组织之所以如此积极热情，首先，是希望通过犹委会代表团的来访与苏联犹太同胞建立密切联系，打开与之交往的大门；其次，是希望借此与苏联建立正常联系，影响苏联对世界犹太人的政策，以便赢得战后苏联对犹太复国主义和巴勒斯坦犹太人政治实体的支持。② 为了确保这次访问取得成功，尽量营造苏联的良好形象，戈尔德曼和爱因斯坦均要求把埃利希-阿尔特事件置于议事日程之外。③

1943 年 6 月 17 日到 10 月 20 日，在民族接待委员会的安排下，米

---

① Записка заместителя народного комиссара иностранных дел СССР С. А. Лозовского народному комиссару иностранных дел СССР В. М. Молотову, 22 мая 1943 г., Министерство иностранных дел российской федерации, Министерство иностранных дел государства Израиля и др, *Советско-израильские отношения: Сборник документов, Том I:1941-1953, Книга 1:1941-май 1949*, c.75. 戈德堡认为，犹太民族"代表"与犹委会"代表"之间并没有明显区别。当然也没有一个犹太民族机构去选举代表。参见 B. Z. Goldberg, *The Jewish Problem in The Soviet Union: Analysis and Solution*, p.48。

② Shimon Redlich, *Propaganda and Nationalism in Wartime Russia: The Jewish Antifascist Committee in the USSR, 1941-1948*, pp.117, 126.

③ Shimon Redlich, *Propaganda and Nationalism in Wartime Russia: The Jewish Antifascist Committee in the USSR,1941-1948*, p.118.

霍埃尔斯和费费尔在美国各地进行了紧张而又热烈的巡回宣传活动。他们参观访问了华盛顿、纽约、洛杉矶、旧金山等 15 座美国大城市①，会见了美国政界、科技界、文化界、艺术界的大批社会名流，与美国犹太人作家艺术家科学家委员会、俄国战争救济犹太委员会、世界犹太人代表大会、美国犹太人联合分配委员会等许多重要犹太人组织进行了会谈，接待了无数家新闻媒体的采访，在广播电台和大型群众集会上发表了多次讲演。他们不仅向美国民众尤其是犹太人广泛宣传了苏联红军在反法西斯战争中的英雄事迹，而且与许多犹太名流和主要犹太组织达成谅解，建立了密切的合作关系。总的来说，代表团的活动包括以下几个方面：

第一，利用新闻媒体，充分发挥美国犹太名流的社会影响力，争取各种力量支援苏联。

新闻媒体是宣传的最佳途径。1943 年 6 月 22 日是纳粹德国入侵苏联的第二个周年纪念日。米霍埃尔斯和费费尔在纽约 WEVD 广播电台用意第绪语向美国的犹太同胞发表了演讲，他们反复宣传一个主题，"苏联是东欧犹太人的救星"。7 月 4 日是美国国庆节，经美国著名女演员、奥斯卡奖获得者海伦·海斯（Helen Hayes）引荐，米霍埃尔斯和费费尔通过全国性的哥伦比亚广播网发表了"我们这个民族"的演讲。②

为了充分发挥美国犹太名流的影响，米霍埃尔斯和费费尔竭力争取扩大接触面。他们先后访问和拜会了一大批在美国具有很大号召力的政界、文艺界、科学界人士。在苏联大使馆和领事馆的安排下，他们会晤了纽约市市长菲奥雷洛·亨利·拉瓜迪亚（Fiorello Henry La Guardia），芝加哥市市长爱德华·凯利（Edward Kelly）等美国许多大城市的市长；在纽约，会见了美国布业工人联合会主席西德尼·赫尔曼，美国著名黑人歌唱家保罗·罗伯逊（Paul Robeson），著名演员里斯·威廉，世界犹太文化联盟著名活动家、《自由晨报》主编保罗·诺维克等；在好莱坞，会见了从德国流亡到美国的诺贝尔文学奖获得者托马斯·曼、福伊希特

---

① Из стенограммы заседания Совинформбюро, посвященного поездке делегации ЕАК в США, 27 декабря 1943 г., Г. В. Костырченко, *Еврейский антифашистский комитет в СССР, 1941-1948: Документированная история*, с.202.

② Shimon Redlich, *Propaganda and Nationalism in Wartime Russia: The Jewish Antifascist Committee in the USSR, 1941-1948*, p.118.

万格，美国著名小说家西奥多·德莱塞、厄普顿·辛克莱，著名电影艺术家查尔斯·卓别林，著名电影演员爱德华·罗宾逊，著名小提琴家、艺术大师叶赫迪·梅纽因。为了动员美国最著名的犹太作家肖洛姆·阿施加入美国共产党的《自由晨报》支持苏联，米霍埃尔斯和费费尔在苏联驻纽约总领事尤金·基谢廖夫陪同下，到阿施的庄园登门造访。他们听说阿施喜欢烹饪，就和他一起系上白围裙做肉排。阿施大为感动，3天后就在《自由晨报》上刊发公开信，声明他将供职于该报，"因为它是美国最诚实、最可信的报纸"①。

不论是作为犹太人还是科学家，爱因斯坦都是美国和全世界最有影响力的人物之一。他全力支持犹委会代表团来访，并且指出在反法西斯战争的严峻时刻，维护犹太民族的团结具有特别重要的意义，因为"这样的团结也将有助于加深俄国人和美国人民之间的合作与相互理解"。他在给欢迎犹委会代表团的群众集会发去的贺信中说："祝你们代表团从美国人民那里得到友善的响应，这是值得我们两国共同拥有的道德理想，它也表达了我们对俄国在与曾威胁人类的最卑鄙的罪犯斗争中所取得的英雄业绩的感激之情。"② 1943年夏，米霍埃尔斯和费费尔专程赴普林斯顿高等研究院拜访了爱因斯坦。这不仅是因为爱因斯坦极力主张援助苏联，而且因为爱因斯坦周围的专家学者们当时正在从事原子弹的研究。这些专家学者包括奥本海默、费米等人，他们经常和与爱因斯坦家比较亲近的俄罗斯侨民科年科夫夫妇在普林斯顿大学会面，讨论有关原子弹研究的前景问题。通过他们的谈话，苏联获得了有关原子弹前景的重要情报。海费茨、扎鲁宾等人都参与了苏联在美情报线的这一协调工作。③

应米霍埃尔斯和费费尔的要求，爱因斯坦在家中通过临时安装的麦克风发表了广播演说。他谈到了苏联所取得的胜利，以及人们应该如何

---

① Дополнительные показания подсудимых, В. П. Наумов, *Неправедный суд, Последний сталинский расстрел(стенограмма судебного процесса над членами Еврейского антифашистского комитета)*, с.335.
② Otto Nathan and Heinz Norden ed, *Einstein on Peace*, New York: Simon and Schuster, 1960, pp.324-325.
③ 〔俄〕帕维尔·苏多普拉托夫：《情报机关与克里姆林宫》，第335页。

帮助苏联。① 在会谈期间，爱因斯坦再一次提出了编辑出版纳粹屠杀犹太人罪行的《黑皮书》计划。米霍埃尔斯和费费尔为此给苏联情报局连发数封电报，请求尽快给予指示。谢尔巴科夫和洛佐夫斯基考虑到犹委会与美国犹太组织共同编纂《黑皮书》对反法西斯斗争有利，于是复电批准了这一计划。② 此后，海费茨和扎鲁宾还通过可信赖的人向爱因斯坦和奥本海默通报了苏联犹太人的状况。有关斯大林计划在反法西斯战争胜利后将在克里木建立犹太自治共和国的消息也传到奥本海默和爱因斯坦那里。与欧洲犹太人惨遭杀戮的境遇相比较，爱因斯坦和奥本海默对犹太人在苏联安居乐业深表感动。

米霍埃尔斯和费费尔与马克·夏加尔的会晤特别感人。夏加尔对故国有强烈的认同感。他曾经说，即使来到巴黎，他的鞋上仍沾着俄罗斯的泥土；在远隔千里的异乡，从他意识里伸出的那只脚使他依然站在滋养过他的土地上，他不能也无法把俄罗斯的泥土从他的鞋上掸掉。1943年夏天，米霍埃尔斯和费费尔在纽约拜访了夏加尔。夏加尔非常激动。尽管当时犹太文化界的一些重要人物对米霍埃尔斯和费费尔的访问存有批评和疑忌，但夏加尔却置若罔闻。他还鼓励美国友人摒除偏见和分歧，热情接待苏联犹太人代表团。7月24日，夏加尔在给友人的信中写道："我与我的'学生'——米霍埃尔斯（和费费尔）见过几次面。仔细观察，他们是很好的犹太人。……在任何情况下，我认为都没必要'批评'他们——他们是和我们一样犹太人。"③ 夏加尔和女儿伊达经常陪伴在米霍埃尔斯和费费尔左右，为代表团提供了很大帮助。双方的密切关系引起美国联邦调查局的关注。联邦调查局在一份关于夏加尔的机密报告中指出："调查表明，米霍埃尔斯对一篇由一位俄裔物理学家事先准备好的、用俄文撰写的有关原子结构理论的科

---

① Дополнительные показания подсудимых, В. П. Наумов, *Неправедный суд, Последний сталинский расстрел(стенограмма судебного процесса над членами Еврейского антифашистского комитета)*, с. 335.
② Судебное следствие: Допрос подсудимых С. А. Лозовского, В. П. Наумов, *Неправедный суд, Последний сталинский расстрел(стенограмма судебного процесса над членами Еврейского антифашистского комитета)*, с. 189.
③ Benjamin Harshav, *Marc Chagall and His Times: A Documentary Narrative*, p. 534.

学报告很感兴趣。"①作为一个戏剧演员,米霍埃尔斯在繁忙的访问中竟然对与自己的职业风马牛不相及、高深莫测的原子科学研究报告"感兴趣",如果不是受命为之,他怎么会有这种"闲情逸致"呢?美国学者根据美国联邦调查局的报告断定,"米霍埃尔斯其实是个更重要的间谍"②。由此可见,犹委会代表团访美不仅是为了从感情上营造感化参加原子弹研制工作的犹太人科学家的良好氛围,而且米霍埃尔斯本人也亲自参与了原子情报的搜集活动。尽管这可能令人费解,但却正好证明了犹委会代表团所肩负的秘密使命。

世界犹太复国主义组织主席哈伊姆·魏茨曼是在全世界犹太人当中享有崇高威望的伟人之一。不论在美国还是英国,他都有着巨大的影响力。由于纳粹在欧洲对犹太人实行的种族灭绝政策,美国大批反犹太复国主义者变成了犹太复国主义者,从而导致犹太复国主义者在美国势力大增。苏联政府要想取得美国犹太人的帮助,自然就不能轻视犹太复国主义者的力量。犹委会代表团与魏茨曼的会晤可能是由魏茨曼本人提出的。费费尔把此事报告了苏联驻美大使葛罗米柯,后者请示莫洛托夫后,批准代表团与魏茨曼会晤。③ 魏茨曼对代表团非常友好。1943年6月25日,他曾在纽约欢迎代表团的午宴上发表了热情洋溢的演讲,盛赞了苏联红军和犹太人对于反法西斯战争的贡献和苏联对犹太人的救助。他明确表示,"我们已经援助并将继续从物质上援助苏联,给它提供医疗设备、服装、食品和其他战争救济必需品"④。7月下旬,代表团同魏茨曼再次进行了长达3个多小时激动人心的会谈。⑤ 魏茨曼询问了

---

① Security Information (Confidential) Secret, January 3, 1952, Marc Chagall, 转引自 Benjamin Harshav, *Marc Chagall and His Times: A Documentary Narrative*, p.531。
② Benjamin Harshav, *Marc Chagall and His Times: A Documentary Narrative*, pp.526-528。
③ Судебное следствие: Допрос подсудимых И. С. Фефера; Судебное следствие: Допрос подсудимых С. А. Лозовского, В. П. Наумов, *Неправедный суд, Последний сталинский расстрел(стенограмма судебного процесса над членами Еврейского антифашистского комитета)*, c.25, 172.
④ Ch. Weizmann to the Soviet Jewish Delegation, New York, 25 June 1943, Israel Ministry of Foreign Affairs, Ministry of Foreign Affairs of the Russian Federation etc., *Documents On Israeli-Soviet Relations:1941-1953, Part I:1941- May 1949*, p.67.
⑤ Shimon Redlich, *Propaganda and Nationalism in Wartime Russia: The Jewish Antifascist Committee in the USSR,1941-1948*, p.145.

苏联犹太文化的境况，并对苏联犹太人对犹太复国主义者的态度很感兴趣。米霍埃尔斯和费费尔回答说，犹太文化境况不佳，并谈到了法西斯分子的暴行。他们明确指出，苏联犹太人将不会去巴勒斯坦。魏茨曼恳请他们转告苏联政府，"如果在巴勒斯坦建立一个犹太国家而不是阿拉伯国家，那么这个国家永远不会采取任何反对苏联的敌对行动"①。米霍埃尔斯和费费尔会见魏茨曼的目的是利用他来敦促那些美国著名社会活动家加入到接待犹委会代表团的委员会中来。②在此之前，不少美国犹太人活动家拒绝参加苏联大使馆开展的宣传工作。在犹委会代表团与魏茨曼会晤之后，他们的立场迅速改变，并且积极投身到亲苏宣传活动中，支持团结一切力量反对法西斯。

第二，参加各种群众集会，发动美国犹太民众支援苏联。

在犹委会代表团访问期间，美国犹太人组织举办了各种形式的欢迎晚会和盛大的群众集会，其中大多都是由民族接待委员会的领导人戈德堡负责筹办的。③"这些集会成为宣传苏联成就的平台。"④ 美国民众的热情之高远远超出了米霍埃尔斯和费费尔的想象。在几个社交场合，一个布满弹孔的犹太战士的大衣被剪成了小块，并像纪念物一样分发掉。无论代表团到哪里访问，都会有募捐的晚宴及无数的礼物欢迎他们。国际皮裘制革工人工会（International Fur and Leather Workers Union）在纽约为代表团举行的欢迎会上，把三件特意制作的豪华皮大衣和皮帽子作为礼物赠送给米霍埃尔斯、费费尔和斯大林。送给斯大林的皮大衣是一位美国百万富翁让纽约最好的犹太毛皮商制作的。由于斯大林的身高对

---

① Судебное следствие: Допрос подсудимых И. С. Фефера, В. П. Наумов, *Неправедный суд, Последний сталинский расстрел(стенограмма судебного процесса над членами Еврейского антифашистского комитета)*, с.25.

② Дополнительные показания подсудимых, В. П. Наумов, *Неправедный суд, Последний сталинский расстрел(стенограмма судебного процесса над членами Еврейского антифашистского комитета)*, с.335.

③ Судебное следствие: Допрос подсудимых И. С. Юзефовича, В. П. Наумов, *Неправедный суд, Последний сталинский расстрел(стенограмма судебного процесса над членами Еврейского антифашистского комитета)*, с.127.

④ Дополнительные показания подсудимых, В. П. Наумов, *Неправедный суд, Последний сталинский расстрел(стенограмма судебного процесса над членами Еврейского антифашистского комитета)*, с.333.

外严格保密，他们只好根据猜测来完成。据说缝纫工人们在给斯大林缝制皮大衣的时候，为了争取到缝上一条缝子的机会还交了一笔钱，后来这笔钱转交给了援助俄国基金会。① 同时，在皮大衣的反面，"每一小块毛皮板上都签上了赠送者的名字"②。这件昂贵的皮大衣在代表团回国后经莫洛托夫转交给了斯大林。③ 此次欢迎会上悬挂着巨大的横幅，为了加速反法西斯战争的胜利，与会代表呼吁美国立即开辟欧洲第二战场。④ 而这正是苏联人迫切需要的。在纽约卡耐基大厅举行的欢迎仪式上，由于大批激动的群众涌上舞台去拥抱米霍埃尔斯，以至于踩塌了地板，致使不少人受伤。米霍埃尔斯也摔伤了脚，不得不到纽约一家医院住院治疗。伤势稍有好转后，他开始坐在轮椅上坚持访问。随着代表团到访的城市和参加的集会不断增多，其听众范围也越来越大：不光有犹太人，还有波兰人、意大利人和美国人。在数百次的集会中，令人最难忘怀、反响最大的则是1943年7月8日在纽约市马球场举行的大型群众集会。

马球场集会是美国历史上最著名的一次亲苏群众集会。这次集会主要由美国犹太人作家艺术家科学家委员会和俄国战争救济犹太委员会组织主办，大约有5万人参加，规模和范围之大远远超出了代表团的预料。苏联犹太人代表团受到"前所未有的热烈欢迎"⑤。这充分显示了犹太人在美国特别是在纽约政治经济生活中的巨大影响力，反映了美国民

---

① Судебное следствие: Допрос подсудимых И. С. Юзефовича, В. П. Наумов, *Неправедный суд, Последний сталинский расстрел(стенограмма судебного процесса над членами Еврейского антифашистского комитета)*, c.127. 援助俄国基金会可能就是指俄国战争救济基金会。
② 〔苏联〕斯维特兰娜·阿利卢耶娃：《仅仅一年》，刘白岚译，外文出版局《编译参考》编辑部1980年，第140页。
③ Louis Rapoport, *Stalins' War Against the Jews: The Doctors' Plot and the Soviet Solution*, p.92.
④ 参见1943年国际皮裘制革工人工会在纽约为米霍埃尔斯和费费尔举办的欢迎会照片，*Stalin's Secret Pogrom: The Postwar Inquisition of the Jewish Anti-Fascist Committee*, Edited and with introductions by Joshua Rubenstein and Vladimir P. Naumov, pp. 64-65.
⑤ B. Z. Goldberg, *The Jewish Problem in The Soviet Union: Analysis and Solution*, p.47. 关于参加此次集会的人数，《真理报》在1943年7月15日报道是47000人，7月16日又报道说在场听众近5万人。戈德堡指出，登记的到会人数是46000人。因为是民间集会，所以有不少到会的人可能未必会登记。因此，5万人的数字还是可能的。参见Митинг в Нью-Йорке в честь Михоэлса и Фефера, *ПРАВДА*, 15 июля 1943 г.; Митинг в Нью-Йорке в честь Михоэлса и Фефера, *ПРАВДА*, 16 июля 1943 г.; Из стенограммы заседания Совинформбюро, посвяшенного поездке делегации ЕАК в США, 27 декабря 1943 г., Г. В. Костырченко, *Еврейский антифашистский комитет в СССР,1941-1948: Документированная история*, c.202.

众支持苏联反法西斯战争的热情。会场上到处悬挂着美苏两国国旗和犹太复国主义的旗帜,以显示盟国的团结并表达犹太人的民族愿望。戈德堡作为美国犹太人作家艺术家科学家委员会主席主持了这次盛大的欢迎会。会上宣读了温德尔·威尔基、爱因斯坦和纽约州前州长、美国国务院对外救济和重建行动署署长赫伯特·亨利·莱曼等人发来的贺电,莱曼在电报中表达了对苏联人民英勇无畏地反抗希特勒侵略的赞赏与感激。美国所有重要的犹太人组织——世界犹太人代表大会、美国犹太人代表大会、约言之子(B'nai B'rith)和美国大的工会都出席了集会。到会的还有美国著名的领导人、科学家、作家、艺术家和画家。纽约市议会议长纽博尔德·莫里斯代表市政府出席了集会。[1] 米霍埃尔斯、费费尔与怀斯、戈尔德曼、罗森贝格、阿施等人在前排就座。

米霍埃尔斯和费费尔用意第绪语所做的演讲给广大听众留下深刻的印象。他们讲述了苏联人民在斯大林领导下为彻底击败法西斯军队所进行的伟大而艰苦卓绝的卫国战争,讲述了苏联各族人民之间的友谊,讲述了希特勒将苏联的领土变成邪恶的希特勒军营,并再一次指出,苏联不仅在东欧,而且在中东同样也把犹太人从绝境中拯救出来。其含义很明显,"任何犹太人,不论他置身何处,都应当认为他自己得到了苏联潜在的拯救和保护"[2]。费费尔在发言时说:"我们,苏联的犹太人和美国的犹太人占犹太民族中很大一部分,我们加在一起共有1000万人,我们肩负着犹太民族命运的责任。"[3]

许多著名人物发表了支持苏联的演讲。纽博尔德·莫里斯在讲话中说:"苏联军队之所以能够表现出如此强大的战斗力,反复进攻并且击退希特勒的军队",就是因为俄国发动的一场人民战争,所有俄国人都参与到了这场总体战中。美国虽然在工业领域取得了巨大成就,但却并

---

[1] 参见 B. Z. Goldberg, *The Jewish Problem in The Soviet Union: Analysis and Solution*, p. 48; Митинг в Нью-Йорке в честь Михоэлса и Фефера, *ПРАВДА*, 15 июля 1943 г.. 1943年7月16日《真理报》在报道中称纽博尔德·莫里斯是纽约市副市长有误。其实,纽博尔德·莫里斯当时担任的是纽约市市长菲奥雷洛·亨利·拉瓜迪亚领导下的纽约市议会议长(1938—1945)。

[2] Митинг в Нью-Йорке в честь Михоэлса и Фефера, *ПРАВДА*, 16 июля 1943 г.; Shimon Redlich, *Propaganda and Nationalism in Wartime Russia: The Jewish Antifascist Committee in the USSR, 1941-1948*, p. 119.

[3] Н. К. Петрова, *Антифашистские комитеты в СССР:1941-1945гг.*, с. 160.

没有完全团结起来。他强调说,民族团结对于消灭敌人是十分重要的。他明确指出:"我们每个人都期望在明天就开辟第二战场,但仍有一些公民至今不理解总体战的意义。"

怀斯强烈谴责了对犹委会代表团怀有敌意、反对与苏联合作的一小撮残存的托洛茨基分子。他指出:"难道因为苏联明天有可能会成为我们的敌人,我们对待它就该像今天托洛茨基主义者那样对待自己的同志和盟友吗?威尔基和戴维斯建议我们与苏联坦诚相待。"他还进一步表示,苏联的战争牺牲要求英美两国开辟"再也无法拖延的"第二战场。作为此次集会的主要发起人之一,戈尔德曼不顾美国犹太敌对势力的威胁,在集会上公开宣布支持犹委会代表团。他建议犹太人不要害怕这些反对者的攻击,并且要表达自己的愿望。他指出:"米霍埃尔斯和费费尔来到美国就是为了密切苏联犹太人与其他国家犹太人的关系。"①

阿施赞扬苏联第一个摧毁了反犹主义。罗森贝格则宣称:"苏联不仅给了广大犹太民众新的生活和政治庇护,还为他们提供了面包和栖身之地。"②

在这些美国犹太名流的支持下,对苏联友好的声音成为此次集会的主旋律。每次提到斯大林的名字,会场都会爆发出特别热烈的欢呼。最后,保罗·罗伯逊演唱了俄语和意第绪语歌曲。

会后进行的募捐场面更是感人至深。人们拿着辛勤劳动赚来的带有汗渍的美元排着长队,希望亲自交到米霍埃尔斯和费费尔手上。有一位妇女捧着100美元跑上前对苏联客人说:"拿着,这是我全部的家底!"女人们都摘下并献上她们的珠宝首饰和手表。所有在场的人都捐了款。米霍埃尔斯回国后在谈到这次集会时说,它给人的印象简直难以形容,如此宏大的集会"证明了我们作为苏联公民所引起的非凡兴趣"③。

无论是美国的组织者还是苏联领导人,都把马球场集会看成是一

---

① Митинг в Нью-Йорке в честь Михоэлса и Фефера, ПРАВДА, 15 июля 1943 г..
② Shimon Redlich, *Propaganda and Nationalism in Wartime Russia: The Jewish Antifascist Committee in the USSR,1941-1948*, p.119.
③ Из стенограммы заседания Совинформбюро, посвященного поездке делегации ЕАК в США, 27 декабря 1943 г., Г. В. Костырченко, *Еврейский антифашистский комитет в СССР, 1941-1948: Документированная история*, с.202.

次巨大的成功。苏联新闻界欣喜若狂。1943年7月15日和16日,《真理报》连续两期在第四版以"纽约为欢迎米霍埃尔斯和费费尔举行集会"为题对这一事件进行了报道,并且指出:"像这样为苏联举办,并且对苏联人民和苏联政府充满善意的大型集会在美国还从未有过,更不必说这在美国犹太人的生活中完全是历史上第一次人数众多和盛大的集会。"①《团结报》也对这一盛况表示祝贺,并阐明了在美苏两个最大的犹太社团之间建立密切联系的必要性。

第三,与美国犹太人组织洽谈援苏合作事宜。

同美国重要的犹太人组织洽谈援助和合作事宜是犹委会代表团此行的主要任务之一。在这方面,它也是成绩斐然。

美国犹太人联合分配委员会是苏联犹太人的传统援助者之一。在犹委会代表团赴美之前,它就曾致函米霍埃尔斯,提出要援助犹太人战争受害者。②为了取得它对苏联反法西斯战争的援助,莫洛托夫亲自致电犹委会代表团,指示他们会见罗森贝格,就援助事宜进行谈判。③米霍埃尔斯获准以苏联政府的名义向美国犹太人联合分配委员会提出:不分民族、并且在其代表不进入苏联的情况下,通过红十字会向苏联全体居民提供援助。④1943年9月的后半月,在基谢廖夫的协助下,米霍埃尔斯和费费尔与美国犹太人联合分配委员会的领导人罗森贝格、路易斯·海因曼等人举行了多次会晤。援助对象成为双方争执的焦点。按照多年来形成的传统,美国犹太人联合分配委员会和美国所有的慈善机构一样,在对外提供援助时基本上只向本民族的人提供帮助。因此,它在开始会谈时明确表示,只向苏联犹太人同胞提供援助。但是,犹委会代

---

① Митинг в Нью-Йорке в честь Михоэлса и Фефера, ПРАВДА, 16 июля 1943 г..
② Судебное следствие: Допрос подсудимых С. А. Лозовского, В. П. Наумов, *Неправедный суд, Последний сталинский расстрел(стенограмма судебного процесса над членами Еврейского антифашистского комитета)*, с.25.
③ Судебное следствие: Допрос подсудимых С. А. Лозовского' В. П. Наумов, *Неправедный суд, Последний сталинский расстрел(стенограмма судебного процесса над членами Еврейского антифашистского комитета)*, с.172.
④ Судебное следствие: Допрос подсудимых И. С. Фефера, В. П. Наумов, *Неправедный суд, Последний сталинский расстрел(стенограмма судебного процесса над членами Еврейского антифашистского комитета)*, с.25. 1952年5月8日费费尔在法庭上说,由于不懂英语,他们同罗森贝格只举行了一次短时间的会谈,显然是不合事实的。

表团认为，把苏联犹太人从正在为这次战争做出巨大牺牲的苏联各民族大家庭中分离出来是不可能的。他们阐述了苏联各民族间不可分割的友谊，并指出："如果不是这种以红军为基础所建立的友谊，苏联犹太人早就像波兰、罗马尼亚、匈牙利、捷克斯洛伐克、德国的兄弟姐妹一样消亡了。"① 经过反复磋商，美国犹太人联合分配委员会最终改变了立场，提出了一个"区域性"援助概念。双方据此签署了合作协议，即在苏联境内犹太居民较多的地区，通过"红十字会"，不分民族向苏联全体居民提供援助。② 米霍埃尔斯后来不无骄傲地说："在这方面，我们国家的精神战胜了美国人的观念，赢得了巨大的意识形态胜利。"③ 后来，美国援助比罗比詹犹太移民委员会④、俄国犹太殖民组织⑤、美国乌克兰同乡会等许多组织在援苏问题上也如法炮制。

与此同时，米霍埃尔斯和费费尔还与罗森贝格就在克里木地区重新安置犹太人问题进行了讨论。1943 年 6 月底，双方在纽约郊区的别墅里进行了第一次会晤，"其中谈到了克里木的未来以及在这里建立一个犹太人自治区"⑥。罗森贝格承诺说，如果苏联把犹太人迁往克里木，美国犹太人联合分配委员会就给予物质援助。⑦ 由于会谈卓有成效，米霍埃

---

① Из выступлений С. М. Михоэлса и И. С. Фефера на Митинге, Апрель 1944 г., Г. В. Костырченко, *Еврейский антифашистский комитет в СССР, 1941-1948: Документированная история*, с. 81.
② Письмо ЕАК В. М. Молотову о недостатках в распределении иностранной помощи евреям, 28 октября 1944 г., Г. В. Костырченко, *Еврейский антифашистский комитет в СССР,1941-1948: Документированная история*, с.121.
③ Из выступлений С. М. Михоэлса и И. С. Фефера на Митинге, Апрель 1944 г., Г. В. Костырченко, *Еврейский антифашистский комитет в СССР,1941-1948: Документированная история*, с.81.
④ 美国援助比罗比詹犹太移民委员会的英文名称为 The American Committee for Settlement of Jews in Birobidzhan, 简称 Ambidzhan。1935 年成立于美国，目的是为把犹太人安置到苏联远东地区的犹太人自治州筹集资金。比较活跃的成员包括本·莱恩·戈德堡、约瑟夫·布雷等人。
⑤ 俄国犹太殖民组织英文名称为 The Organization for Jewish Colonization in Russia, 俗称 ICOR。它是由美国犹太工人组织、文化组织、共产党组织等诸多民间团体发起，1924 年 12 月 21 日在纽约成立的一个无党派群众组织，目的是支持比罗比詹的犹太移民。第一任书记是伊利亚·谢苗诺维奇·瓦滕贝格，发起人包括哈伊姆·日斯洛夫斯基博士、本·莱恩·戈德堡、约瑟夫·布雷、沙赫诺·爱泼斯坦等人。1946 年并入美国援助比罗比詹犹太移民委员会。
⑥ Г. В. Костырченко, *В плену у красного фараона:Политические преследования евреев в СССР в последнее сталинское десятилетие, Документальное исследование*, с.33.
⑦ Судебное следствие: Допрос подсудимых С. А. Лозовского В. П. Наумов, *Неправедный суд, Последний сталинский расстрел(стенограмма судебного процесса над членами Еврейского антифашистского комитета)*, с.174.

尔斯和费费尔回国后受到了莫洛托夫亲切接见。莫洛托夫与他们谈了两个多小时。①1944年1月3日，米霍埃尔斯和费费尔致电罗森贝格说："我们和犹委会准备在所有方面与你们合作。"②1944年4月费费尔在第三次犹太人群众集会上所作的报告中指出，与美国犹太人联合分配委员会所举行的这些成功会谈"无疑会促进我们国外的兄弟姐妹更加积极地投身到这场史无前例的战争中，并且有助于我们在战后的进一步合作"③。

犹委会代表团在纽约与世界犹太人代表大会的官员也举行了多次会晤。后者对通过犹委会与苏联犹太人建立和保持联系寄予厚望，并且提议由犹委会充当它与苏联政府谈判的中间人。双方讨论的内容相当广泛。在谈到有关犹太人救济的问题时，米霍埃尔斯和费费尔依然强调苏联政府倡导的不分种族和宗教，向苏联所有居民提供援助的原则。应世界犹太人代表大会的要求，米霍埃尔斯和费费尔向其提供了在苏联西部已解放领土上的部分犹太幸存者的名单。但是对其提出的释放被苏联关押的外国犹太战俘以及有关苏联犹太战争难民的移民等问题，犹委会代表团却爱莫能助。即便如此，世界犹太人代表大会的官员在1943年9月17日给米霍埃尔斯和费费尔的信中仍然表示，"我们对于未来与你们和所有苏联犹太人保持联系怀有浓厚的兴趣"④。世界犹太人代表大会是一个由世界各地"选择联合起来捍卫犹太人权利的犹太人代表"⑤组成的最具代表性和影响力的世界犹太人组织，它在许多国家和地区都设有分部。在犹委会代表团访美期间，戈尔德曼充分发挥自身的影响力，对在西方犹太人当中形成亲苏舆论做出了重要贡献，受到米霍埃尔斯和费费尔的高度赞扬。

---

① Судебное следствие: Допрос подсудимых С. А. Лозовского· В. П. Наумов, *Неправедный суд,Последний сталинский расстрел(стенограмма судебного процесса над членами Еврейского антифашистского комитета)*, с.173-174.

② Shimon Redlich, *Propaganda and Nationalism in Wartime Russia:The Jewish Antifascist Committee in the USSR,1941-1948*, p.131.

③ Из выступлений С. М. Михоэлса и И. С. Фефера на Митинге, Апрель 1944г., Г. В. Костырченко, *Еврейский антифашистский комитет в СССР, 1941-1948: Документированная история*, с.81.

④ Shimon Redlich,*Propaganda and Nationalism in Wartime Russia:The Jewish Antifascist Committee in the USSR*,1941-1948, p.128.

⑤ "World Jewish Congress Set to Open Tonight; 8 Point Program Mapped, August 9, 1936", see Jewish Telegraphic Agency website, http://archive.jta.org/1936/08/09/archive/world-jewish-congress-set-to-open-tonight-8-point-program-mapped.

另外，米霍埃尔斯和费费尔还与俄国战争救济犹太委员会主席莱文举行了两次会谈。在犹委会成立之前，外国报刊上鲜有关于苏联犹太人的报道，莱文对此颇有微词。米霍埃尔斯和费费尔告诉他说，犹委会将定期向美国寄送关于苏联犹太人生活、工作和活动的报道、文章和消息。①

犹委会代表团在美国的宣传工作并未局限于犹太人。米霍埃尔斯指出："我们的目标之一是团结周围所有人的力量与法西斯主义作斗争，而不仅仅是那些在美国非常有影响力的犹太人。"② 所以，他们也出席了不少非犹太人的集会，会见了一些斯拉夫和黑人团体。1943 年 7 月 8 日，在苏联驻纽约总领事馆协助下，美国斯拉夫代表大会组织旅美白俄侨民举行了一场欢迎犹委会代表团的大型集会。集会的组织者强调了各民族之间团结起来、并肩作战的必要性，明确表现出相互合作的愿望。在谈到犹委会代表团此次访问的重要性时，他们说："你们能来到这里，意味着一股多么巨大的力量与我们团结在一起了，团结是我们取得胜利的关键。"与会者再次呼吁美国尽快开辟第二战场，呼吁美国和苏联军队团结起来，共同作战，击败敌人。③ 米霍埃尔斯应邀用俄语作了关于苏联人民抗击纳粹德国的斗争的报告。④ 8 月 16 日，代表团在发给犹委会的通报中说："普佳京（Путятин）公爵在自己的发言中说，英勇的红军挽救了俄罗斯。梅舍尔斯基（Мещерский）公爵也发表了援助苏联的文章。广播评论员 К.哈分析了当前的形势，得出结论——苏联人民是不可战胜的。老将军亚洪托夫则要求开辟第二战场。"⑤ 由此可见，犹委会代表团不仅赢得了美国犹太同胞的支持，而且帮助苏联政府化解了许多政治宿怨，把不少过去的敌人变成了支持者和朋友。

---

① Судебное следствие: Допрос подсудимых И. С. Фефера, В. П. Наумов, *Неправедный суд, Последний сталинский расстрел*(стенограмма судебного процесса над членами Еврейского антифашистского комитета), с.28.

② Из стенограммы заседания Совинформбюро, посвящённого поездке делегации ЕАК в США, 27 декабря 1943г., Г. В. Костырченко, *Еврейский антифашистский комитет в СССР, 1941-1948: Документированная история*, с.202.

③ Н. К. Петрова, *Антифашистские комитеты в СССР:1941-1945гг.*, с.140.

④ Судебное следствие: Допрос подсудимых С. А. Лозовского, В. П. Наумов, *Неправедный суд, Последний сталинский расстрел*(стенограмма судебного процесса над членами Еврейского антифашистского комитета), с.173.

⑤ Н. К. Петрова, *Антифашистские комитеты в СССР:1941-1945гг.*, с.143.

2. 犹委会代表团对墨西哥、加拿大、英国的访问。

犹委会代表团在访美期间，墨西哥、古巴、加拿大、英国和巴勒斯坦的犹太组织直接向代表团和犹委会发出了一系列邀请。

1943 年 8 月中旬，在墨西哥援苏联盟领导人莫迪凯（马科斯）·科罗纳和苏联驻墨西哥大使乌曼斯基邀请下，犹委会代表团抵达墨西哥城访问。战时亲苏宣传的中心也随即转到中美洲。为了迎接代表团来访，科罗纳像美国的犹太组织一样，成立了一个专门的接待委员会，由墨西哥人和犹太社团领袖共同组成，他亲自担任秘书。为了广泛团结墨西哥的犹太团体，乌曼斯基还动员墨西哥城的首席拉比和当地犹太复国主义领袖加入到此次访问活动中来。在犹委会代表团抵达机场时，那里悬挂着犹太复国主义的旗帜，以赢得犹太复国主义者的支持。

代表团抵达墨西哥城后，许多犹太组织和知名人士都参加了各式各样的援苏活动。米霍埃尔斯和费费尔此行的重头戏就是在苏联大使馆官员和科罗纳的陪同下，出席了一个由墨西哥犹太人中央委员会举办的会议。他们在会上强调了苏联的战争需要和犹委会代表团的战时目标，但却不愿意奢谈苏联政府对犹太复国主义和犹太人事务的宏观政策。为了避免与犹太复国主义者对立，他们表示在有关犹太复国主义问题上已经与魏茨曼、怀斯和戈尔德曼达成了完全的谅解，"我们不谈论犹太复国主义，但那并不意味着我们采取反对它的立场"[①]。不论在公开还是秘密会议上，米霍埃尔斯都重申了犹委会代表团的民族特性，声称苏联犹太人在战场上不仅是作为苏联公民，而且是作为犹太民族的儿子而战。他们坚信，犹太民族虽然惨遭纳粹杀戮，但绝不会灭亡。在涉及苏联境内的犹太难民与纳粹德国合作（暗指埃利希-阿尔特事件）的问题上，他们与苏联政府的立场完全一致。通过这次访问，墨西哥的犹太组织和犹委会的联系大为加强。米霍埃尔斯还邀请科罗纳访问苏联。在援苏联盟的协助下，犹委会的宣传材料在墨西哥广为传播。

1943 年 9 月初，在离开美国之前，米霍埃尔斯和费费尔由阿施陪

[①] Shimon Redlich, *Propaganda and Nationalism in Wartime Russia: The Jewish Antifascist Committee in the USSR,1941-1948*, pp. 122-123.

同，到加拿大进行了简短访问，同样受到热烈欢迎。

按照原定计划，米霍埃尔斯和费费尔对美国的访问已经超期。洛佐夫斯基和莫洛托夫经过协商，认为应该结束访问了。于是，他以副外交人民委员的名义电告他们从速回国。①1943年10月15日，俄国战争救济犹太委员会执行委员会在纽约科摩达罗饭店为米霍埃尔斯和费费尔举行了欢送宴会。回国途中，在英国犹太人援苏基金会的一再邀请下，他们又顺道访问了英国。

犹委会代表团在英国同样受到盛情欢迎。此次为期几周的访问由犹太人援苏基金会负责操办。米霍埃尔斯和费费尔在英国的宣传内容与在美国相差无几。在伦敦的一次活动中，英国首席拉比约瑟夫·赫兹（J. H. Hertz）博士把他们当作"以色列人的失声大使"来欢迎。②赫兹在他的呼吁中说，目前斗争的结果将决定欧洲犹太民族的生死存亡，欧洲数百万犹太人的生命取决于苏联军队的胜利。因此，"俄国犹太人向英国犹太人发出的求救信号应该得到所有犹太人的回应"。不论双方在共产主义、宗教或犹太复国主义问题上有什么分歧，现在都是次要的，"都必须放到一边，直到取得胜利"。他指出，如果英国犹太人竭尽全力，不仅能够帮助粉碎希特勒主义，"还可以把俄国犹太人带回以色列的教会"③。米霍埃尔斯和费费尔在英国既有公开活动，也有秘密会谈。他们与英国犹太人代表委员会和世界犹太人代表大会英国分部的官员举行了秘密会晤，并且与英国共产党犹太人委员会就埃利希-阿尔特事件和巴勒斯坦的未来等一些敏感问题交换了意见。米霍埃尔斯向英国犹太人介绍了犹委会对苏联犹太人的重要作用，明确表示："我们是作为我们国家犹太人社团的代表对你们讲话的……我们希望与你们建立更密切更

---

① Судебное следствие: Допрос подсудимых С. А. Лозовского, В. П. Наумов, *Неправедный суд, Последний сталинский расстрел(стенограмма судебного процесса над членами Еврейского антифашистского комитета)*, с. 173.

② Arno Lustiger, *Stalin and the Jews: The Red Book: The Tragedy of the Jewish Anti-Fascist Committee and the Soviet Jews*, p. 127.

③ "A call from the Chief Rabbi", in The West London Branch of Jewish Fund for Soviet Russia eds, *Calling All Jews: Cables Received from the Jewish Anti-Fascist Committee of the Soviet Union*, p. 14.

持久的合作。"① 米霍埃尔斯和费费尔特别关心犹委会的资料在英国的传播情况。在他们返回苏联后不久，犹太人援苏基金会就发行了一本名为"唤起所有犹太人"的小册子，以纪念此次访问。

由于苏联政府的限制，犹委会代表团与对巴勒斯坦的访问失之交臂。1943年7月，戈尔德曼和魏茨曼先后邀请米霍埃尔斯和费费尔访问巴勒斯坦。1943年8月初，以色列总工会驻美代表伊斯拉埃尔·梅里明斯基（Israel Meriminsky）亲自前往米霍埃尔斯在纽约治疗脚伤的医院拜访，邀请他和费费尔在回国途中访问"伊休夫"。尽管米霍埃尔斯对与"伊休夫"的代表直接会面非常感动，对巴勒斯坦的犹太人怀有难以言表的深厚感情，但是，由于没有得到苏联政府批准，他不得不表示无论是他本人，还是犹委会都无权做出这个重大决定。他建议梅里明斯基向莫斯科发出一个正式邀请，并且与苏联驻美国大使馆联系。当犹委会代表团访问英国时，胜利联盟也向犹委会发出热诚邀请，希望米霍埃尔斯和费费尔能亲临巴勒斯坦支持其援苏活动。但是，犹委会以急召米霍埃尔斯回国参加委员会改组为名婉拒了这一要求。米霍埃尔斯和费费尔在回国途中经停开罗时，一位记者追问他们有没有可能访问巴勒斯坦，他们却回答说："我们很乐意访问巴勒斯坦……，不过，我们没有收到这样的邀请。"② 尽管米霍埃尔斯在巴勒斯坦停留时，内心受到强烈的震撼，但是，他们接到莫斯科的指示，不得离开卢德机场。胜利联盟后来对米霍埃尔斯和费费尔对记者的回答提出了抗议。1944年，犹委会在一份电报中为这次中途停留做了辩护，声称胜利联盟已经背离了它的初衷。事实上，其真实原因可能是苏联政府对胜利联盟在提供援助时附加的条件不满，因为后者在其章程中明确规定，在援苏工作中，"联盟将努力确保苏联对犹太复国主义的同情"。犹委会的机关报《团结报》在报道1942年8月的胜利联盟宪章时，有意删掉了这一规定。胜利联盟为此还提出了抗议。1942年9月3日，洛佐夫斯基在给谢尔巴科夫的报

---

① Shimon Redlich, *Propaganda and Nationalism in Wartime Russia: The Jewish Antifascist Committee in the USSR,1941-1948*, p.124.
② Shimon Redlich, *Propaganda and Nationalism in Wartime Russia: The Jewish Antifascist Committee in the USSR,1941-1948*, pp.146-147.

告中指出，这一规定是"愚蠢的"。胜利联盟的活动虽然能对苏联提供一些有益的援助，但洛佐夫斯基认为那不过是"被迫顺从民意"而已，况且这种援助与美国、英国、墨西哥、加拿大的犹太人所能提供的援助相比，其规模和活动范围皆不可同日而语。① 如果说苏联与这些大国的犹太组织交流是出于战争需要不得已为之，那么它在巴勒斯坦则没有这种燃眉之需，更何况访问巴勒斯坦还有激活苏联国内犹太复国主义之虞。因此，苏联政府从骨子里就不希望看到犹委会与巴勒斯坦的犹太人建立直接的联系。

1943年12月27日，犹委会代表团结束了长达8个月的海外之行，回到莫斯科。

（三）苏联犹委会代表团海外之行的影响

犹委会代表团对西方盟国犹太社团的访问在苏联历史上可以说是空前绝后的。米霍埃尔斯和费费尔在美国、墨西哥、加拿大和英国的46个城市②的300多次③群众集会上做了演讲，至少有50万人当面聆听了他们的报告。④ 这次访问的结果和影响主要表现在四个方面：

第一，重新建立了十月革命后中断的苏联犹太社团与美国、英国等西方国家犹太社团之间的联系，大大加强了双方之间的民族认同感。在西方舆论界形成了占主导地位的亲苏氛围，有效地化解、遏制和孤立了西方的反苏势力。

不论在苏联还是在国外，人们都把这次访问看成是一次巨大的成功。爱因斯坦在给犹委会代表团的一封信里写道："你们加强了我们与

---

① Сопроводительное письмо С. А. Лозовского с информацией о Лиге «V» в Палестине, 3 сентября 1942г., Г. В. Костырченко, *Еврейский антифашистский комитет в СССР, 1941-1948: Документированная история*, с. 205.

② Arno Lustiger, *Stalin and the Jews: The Red Book: The Tragedy of the Jewish Anti-Fascist Committee and the Soviet Jews*, p.126.

③ Судебное следствие: Допрос подсудимых С. А. Лозовского, В. П. Наумов, *Неправедный суд, Последний сталинский расстрел(стенограмма судебного процесса над членами Еврейского антифашистского комитета)*, с.173.

④ Из стенограммы заседания Совинформбюро, посвященного поездке делегации ЕАК в США, 27 декабря 1943г., Г. В. Костырченко, *Еврейский антифашистский комитет в СССР, 1941-1948: Документированная история*, с.202.

苏联犹太同胞的联系……并且，因此也对苏美之间建立一种真诚合作的良好氛围做出了贡献。"① 戈德堡也认为，"米霍埃尔斯和费费尔对他们的苏维埃祖国贡献良多，同时也打破了与海外同胞长期的隔离"。通过这两位苏联使者的访问，"苏联犹太人和美国犹太人在战争期间建立了联系。随后，这些联系通过他们及其在犹委会的同事得以继续下去"②。1943 年 9 月 19 日，拉比伊斯雷尔·戈尔茨坦在与米霍埃尔斯和费费尔告别的演说中说，他们的访问已经把"对苏联的善意推向了高潮的顶峰"③。在代表团访问期间，美国的犹太组织积极地参与了争取开辟欧洲第二战场的斗争。④1943 年 9 月 21 日，一位不到 15 岁的俄裔美国犹太女学生朱丽娅·法因贝格在给米霍埃尔斯的信中说："我不能记住你说的每一个字母，但是你发自肺腑的思想和话语将永远铭记在我的心里。……我们，美国的孩子们，羡慕并且敬仰俄国人民勇敢战斗的精神。当德国和日本被从地图上消灭的时候，我们大家才会感到快乐与和平。"⑤

西方新闻界对这次访问的反应也极为热烈。1943 年 12 月 27 日，苏联驻纽约总领事馆举办了一个有关犹委会代表团访问美国、加拿大和墨西哥的文献展览。在这些国家的意第绪语报纸上发表的 260 篇有关此次访问的文章和报道中，仅有 30 篇是批评性的报道和评论，而且几乎都是由反苏的《前进报》（*Forward*）总编 A. 卡恩撰写并发表在该报上的。7 个犹太诗人用诗篇表达了自己的感情。⑥ 在代表团访问过的国家中，有 700 多篇文章得以发表。⑦ 纽约犹太电讯社总裁雅各布·兰多把犹委

---

① Shimon Redlich, *Propaganda and Nationalism in Wartime Russia: The Jewish Antifascist Committee in the USSR, 1941-1948*, p. 114.
② B. Z. Goldberg, *The Jewish Problem in The Soviet Union: Analysis and Solution*, pp. 48, 140.
③ Shimon Redlich, *Propaganda and Nationalism in Wartime Russia: The Jewish Antifascist Committee in the USSR, 1941-1948*, p. 123.
④ Н. К. Петрова, *Антифашистские комитеты в СССР: 1941-1945гг.*, с. 160.
⑤ Письмо американской школьницы-еврейки С. М. Михоэлсу, 21 сентября 1943 г., Г. В. Костырченко, *Еврейский антифашистский комитет в СССР, 1941-1948: Документированная история*, с. 200.
⑥ Yehoshua A. Gilboa, *The Black Years of Soviet Jewry: 1939-1953*, p. 53.
⑦ Arno Lustiger, *Stalin and the Jews: The Red Book: The Tragedy of the Jewish Anti-Fascist Committee and the Soviet Jews*, p. 136.

会的文章分发给全世界300家犹太报纸。①

在苏联国内,《团结报》在一篇社论中总结说,代表团此次出国访问是一个巨大的成功,加强了对国外犹太人、公众舆论及主要犹太组织的影响。1943年12月27日,米霍埃尔斯在苏联情报局会议上汇报说:"我们在美国做了大量的工作。还有一些人将会在那边帮助我们进一步阐释我们的工作。……我可以告诉你们——意味着巨大丰收的种子已经种下了。人民大众已经被激发起来了,现在是收获的时候了。"②费费尔后来也指出:"在我和米霍埃尔斯去美国之后,那里对苏联的兴趣增加了。"③洛佐夫斯基随后证实:"我们收到了大使和我们驻纽约的领事发回的报告,这些报告都呈送给党的领导人。这些通报清楚地表明,大使和领事均认为米霍埃尔斯和费费尔正在美国从事的工作是积极和有益的。……民众开始同仇敌忾。美国资产阶级和我们结成了反希特勒同盟。罗斯福——美帝国主义利益的代表——相信,与苏联结盟比与希特勒德国结盟更为有利。群众集会和我们的代表与艺术家、诗人以及其他知识界的人士会晤都是对苏联有益的。"④1944年4月2日,在莫斯科召开的第三次犹太人反法西斯群众大会上,米霍埃尔斯和费费尔宣布"他们创建了一个世界犹太人反法西斯联合体"⑤。

尽管美国犹太劳工运动、犹太劳工委员会、犹太工人界和《前进报》等组织以埃利希-阿尔特事件为借口,对犹委会代表团进行了猛烈攻击,大肆进行反苏宣传,但是,他们的行为遭到了怀斯和戈尔德曼等

---

① Дополнительные показания подсудимых, В. П. Наумов, *Неправедный суд, Последний сталинский расстрел(стенограмма судебного процесса над членами Еврейского антифашистского комитета)*, с.335. 雅各布·兰多（Jacob Landau, 1892—1952）,著名记者和出版家。1940年在纽约创建了犹太通讯社。

② Из стенограммы заседания Совинформбюро, посвященного поездке делегации ЕАК в США, 27 декабря 1943г., Г. В. Костырченко, *Еврейский антифашистский комитет в СССР, 1941-1948: Документированная история*, с.202.

③ Дополнительные показания подсудимых, В. П. Наумов, *Неправедный суд, Последний сталинский расстрел(стенограмма судебного процесса над членами Еврейского антифашистского комитета)*, с.333.

④ Судебное следствие: Допрос подсудимых С. А. Лозовского, В. П. Наумов, *Неправедный суд, Последний сталинский расстрел(стенограмма судебного процесса над членами Еврейского антифашистского комитета)*, с.173.

⑤ B. Z. Goldberg, *The Jewish Problem in The Soviet Union: Analysis and Solution*, p.48.

有识之士的公开谴责。面对共同的敌人德国法西斯，美国犹太人和苏联犹太人的团结是大势所趋，人心所向。在众多美国犹太名流的支持下，犹委会代表团通过广泛的宣传，不仅有效地遏制了这些反苏势力，而且在美国广大犹太人当中引起了极大的共鸣。1943年7月15日，洛佐夫斯基在给联共（布）中央的报告中指出，犹委会代表团访美"在孤立反苏分子方面发挥了至关重要的作用。总的看来，《前进报》以及一小撮孟什维克分子和崩得分子遭到冷落，对于援苏运动而言，这无疑是一个有利因素"①。随后，支持苏联和苏联的反法西斯战争、给苏联军民提供援助，成为美国犹太人的主流民意。1943年接替李维诺夫担任苏联驻美大使的葛罗米柯在回忆录中说："战争期间，美国文化界的一些人士对苏联及其人民可以说是突然感起兴趣来了。"他们"在战争年代里曾发表声明，呼吁同苏联友好"。其中有在美国享有极大声誉并且享誉世界的著名黑人歌唱家和戏剧演员保罗·罗伯逊，他拥护罗斯福对苏联的方针、赞同两国人民之间的友好；卓别林也支持苏联。②这从一个侧面反映了犹委会代表团访美的成就。

第二，为苏联红军和民众争取到大量的金钱和物资援助。

犹委会代表团的盟国之行极大地推动了西方犹太人的援苏活动。在此之前，势单力薄的拉丁美洲犹太社团比强大富裕的美国犹太社团给红军募集的购买坦克和轰炸机的资金还要多。③但此后形势迅速发生了变化。作为此次访问的直接成果，"在美国、英国和巴勒斯坦，数以百计的为苏联提供援助的委员会建立起来。在西方为红军募集了4500万美元"。因为这些钱均来自于私人捐赠，所以，其数目可谓巨大。④在芝加哥，米霍埃尔斯和费费尔演讲后，当地犹太人组织就决定成立专门机

---

① Записка С. А. Лозовского в ЦК ВКП(б) о зарубежной поездке Михоэлса-Фефера, 15 июля 1943 г., Г. В. Костырченко, *Еврейский антифашистский комитет в СССР, 1941-1948: Документированная история*, с.198.

② 〔苏联〕安·安·葛罗米柯：《回首往事》（上），第146—153页。

③ Записка информационной службы исполкома Коминтерна о втором пленуме ЕАК, 7 апреля 1943 г., Г. В. Костырченко, *Еврейский антифашистский комитет в СССР, 1941-1948: Документированная история*, с.76-77.

④ Arno Lustiger, *Stalin and the Jews: The Red Book: The Tragedy of the Jewish Anti-Fascist Committee and the Soviet Jews*, p.136.

构，为苏联红军募捐 1000 辆救护车。① 美国犹太人联合分配委员会给苏联提供的"区域性"援助的第一笔资金就达 50 万美元，并在 1944 年被用完。② 1944 年 12 月底，俄国战争救济犹太委员会主席莱文宣布他的组织当年已经向苏联转交了 200 万美元。③ 在米霍埃尔斯和费费尔访英之后，英国友人捷利姆（Тельм）为遭受法西斯分子之害的苏联公民募集了 200 万套衣服。代表团会见了当时正在伦敦出席生产商代表大会的英国服装加工业巨头蒙塔古（Монтегю），希望他慷慨解囊。米霍埃尔斯和费费尔回国后，蒙塔古就寄来了大约 200 包衣服，地址为"红十字会，米霍埃尔斯及费费尔收"④。同时，英国犹太人援苏基金会主席雷德克利夫·萨拉曼（Redcliffe Salaman）也大声疾呼，希望每一个英国犹太男女都加入为苏联军队捐赠 25 台 X 光机的援助行动。⑤ 加拿大犹太人的援苏运动在代表团访问之后也得到发展。加拿大一共有 25 万犹太人。1944 年中期，经加拿大政府批准，加拿大俄罗斯犹太侨民会开始建立了一些小的组织，在犹太居民中为苏联募捐。⑥ 洛佐夫斯基后来也指出，代表团访美后，"钱财滚滚而来"⑦，大量的食品、衣物、包裹、药品、机器设备、救护车等从世界各地不断地提供给苏联红军和普通民众。所以，可以毫不夸张地说，当访问结束时，米霍埃尔斯和费费尔已经圆满完成了为 1000 辆坦克和 500 架飞机募集资金的任务。⑧

不仅如此。米霍埃尔斯和费费尔还初步落实了苏联当局试图利用在

---

① Митинг в Нью-Йорке в честь Михоэлса и Фефера, *ПРАВДА*, 16 июля 1943г..
② Shimon Redlich, *Propaganda and Nationalism in Wartime Russia: The Jewish Antifascist Committee in the USSR, 1941-1948*, p.132.
③ Arno Lustiger, *Stalin and the Jews: The Red Book: The Tragedy of the Jewish Anti-Fascist Committee and the Soviet Jews*, p.162.
④ Дополнительные показания подсудимых, В. П. Наумов, *Неправедный суд, Последний сталинский расстрел(стенограмма судебного процесса над членами Еврейского антифашистского комитета)*, с.335.
⑤ The West London Branch of Jewish Fund for Soviet Russia eds, *Calling All Jews: Cables Received from the Jewish Anti-Fascist Committee of the Soviet Union*, p.1.
⑥ Н. К. Петрова, Антифашистские комитеты в СССР: 1941-1945гг., с.161.
⑦ Судебное следствие: Допрос подсудимых С. А. Лозовского, В. П. Наумов, *Неправедный суд, Последний сталинский расстрел(стенограмма судебного процесса над членами Еврейского антифашистского комитета)*, с.173.
⑧ Arkady Vaksberg, *Stalin Against the Jews*, p.118.

克里木建立犹太共和国，吸引美国犹太组织支持战后苏联经济重建的战略构想。美国犹太人联合分配委员会承诺为此提供援助。正因为如此，米霍埃尔斯和费费尔回国后，受到了莫洛托夫和贝利亚的亲切接见。①

第三，对苏联获取原子弹情报、加速原子弹研制进程功不可没。

原子弹研制是一项长期而艰巨的工程。与美国相比，苏联的原子弹研制工作不仅起步较晚，而且受到战争环境的严重干扰和影响。但是，苏联的国家利益却不容许有任何时间上的拖延。②为了弥补与美国之间的巨大差距，除了依靠苏联科学家自身的努力之外，借鉴并利用美国的最新核技术成果就成为一条终南捷径。而要做到这一点，首先就必须赢得西方科学家特别是犹太科学家对苏联的同情和支持。因此，当埃利希-阿尔特事件在英美等国激起强烈的反苏浪潮的时候，它对西方科学家尤其是犹太科学家在心理上产生的负面影响是可想而知的。犹委会代表团的出访不仅及时驱散了这些阴霾，而且加强了这些科学家与苏联的感情联系，对维系和推动双方在原子弹研究领域的情报合作做出了独特贡献。苏多普拉托夫指出："在接近爱因斯坦周围学者——专家圈的情报活动中，米霍埃尔斯和费费尔同样发挥了重要的作用。"③事实上，"如果不是这些'友人'的帮助，斯大林根本不可能如此迅速、完整地获得有关'曼哈顿原子弹计划'的机密情报"④。苏联之所以能够在1949年8月29日造出自己的第一颗原子弹，迅速打破美国的核垄断，比美国预计的时间至少提前了18个月，甚至3到10年⑤，其中最重要的原因之一就是靠西方科学家提供的情报。苏联原子弹的总设计师尤里·鲍里索维奇·哈里顿院士后来坦言，"我们的第一颗原子弹是美国原子弹的复制

---

① Судебное следствие: Допрос подсудимых С. А. Лозовского, В. П. Наумов, *Неправедный суд, Последний сталинский расстрел(стенограмма судебного процесса над членами Еврейского антифашистского комитета)*, с.173-174；〔俄〕帕维尔·苏多普拉托夫：《情报机关与克里姆林宫》，第335页。
② 〔俄〕奥尔洛夫：《超级大国的秘密决战》，朱志顺译，上海译文出版社2003年版，第59页。
③ 〔俄〕帕维尔·苏多普拉托夫：《情报机关与克里姆林宫》，第335页。
④ 〔俄〕弗拉迪斯拉夫·祖博克、康斯坦丁·普列沙科夫：《克里姆林宫秘史》，第21页。
⑤ 〔英〕H·蒙哥马利·海德：《原子弹间谍》，张光远等译，新华出版社1987年版，第127页；谢尔戈·贝利亚：《我的父亲贝利亚》，第316页。

品"①，并且明确表示："情报对苏联核计划的贡献无可争议。"原苏联情报人员 B. B. 巴尔科夫斯基也指出，从 1941 年苏联收到来自英国的第一份核情报到 1945 年美国第一颗原子弹试验成功，苏联派驻英国和美国的情报机构共搜集了近万页的核情报，内容涉及原子弹研制的重要理论和技术问题，后在苏联第一颗原子弹研制过程中均被采用。② 尽管犹委会代表团在其中所从事的只是辅助性的宣传工作，但其作用与意义同样是不容低估的。

第四，大大提高了犹委会在国内外的声誉和地位，并且使之成为西方犹太人和犹太人组织与苏联政府和苏联犹太人交流合作的桥梁。

在没有走出国门之前，米霍埃尔斯和费费尔对于犹委会在国外的影响还认识不足。出国之后才发现，在他们去过的所有国家，"犹委会都特别受欢迎——在美国、加拿大（略逊一点）、墨西哥，在英国更是如此"③。1944 年 1 月 13 日和 3 月 30 日，爱泼斯坦在《团结报》上撰文说，在代表团出国访问之后，犹委会"变成了一支更重要的力量"，"我们代表团的访问在委员会的活动中是一个转折点"④。在苏联犹太人心目中，犹委会成为他们"唯一合法的代表"⑤，成为维护犹太人利益、复兴犹太文化的中心。1944 年初，莫洛托夫夫人波林娜·热姆丘任娜还邀请米霍埃尔斯到她主管的苏联轻工业人民委员会纺织百货业总管理局去做了一次关于美国之行的报告。⑥ 西方犹太舆论界的许多人"都倾向于重新评价犹委会的作用，并把它视为有影响力的组织，同时与它一起制定了关

---

① 〔俄〕奥尔洛夫：《超级大国的秘密决战》，第 59 页。另据俄国《祖国历史》提供的材料，哈里顿院士在 1993 年披露说，苏联的原子弹是根据情报部门获取的美国原子弹的情报资料复制而成的。参见《揭秘：苏联第一颗原子弹是如何研制成功的？》，http://www.china.com.cn/military/txt/2012-06/15/content_25659777.htm。

② 刘玉宝、张广翔：《国外核情报与苏联原子弹的研制——基于俄罗斯解密档案文献的研究》，《历史研究》2015 年第 1 期，第 140、151 页。

③ Из доклада И. С. Фефера в Совинформбюро, 1944 г., Г. В. Костырченко, *Еврейский антифашистский комитет в СССР, 1941-1948: Документированная история*, с. 203.

④ Shimon Redlich, *Propaganda and Nationalism in Wartime Russia: The Jewish Antifascist Committee in the USSR, 1941-1948*, p. 124.

⑤ Benjamin Harshav, *Marc Chagall and His Times: A Documentary Narrative*, p. 524.

⑥ Из протокола допроса П. С. Жемчужиной и её очной ставки с С. А. Лозовским, 10 февраля 1949 г., Г. В. Костырченко, *Государственный антисемитизм в СССР. От начала до кульминации, 1938-1953*, с. 163.

于苏联犹太人未来的计划"①。世界犹太人代表大会多次邀请犹委会加入世界犹太人代表大会的协商会,并试图让犹委会加入到东欧犹太人善后复兴计划中。罗森贝格表示,美国犹太人联合分配委员会将来在涉及任何援苏项目上均应与犹委会联系。美国犹太人作家艺术家科学家委员会给苏联发放的援助物资中大多数都是通过犹委会分发的。1945年4月,当美国乌克兰同乡会在救助苏联居民的工作中遇到问题时,就直接致函犹委会进行磋商。由此可见,犹委会在西方犹太人组织与苏联犹太人的交流中扮演了愈来愈重要的角色。双方的这种合作一直持续到战后。

米霍埃尔斯-费费尔代表团的海外之行是在世界反法西斯战争的大背景下进行的一次卓有成效的民间外交活动。它充分证明了犹委会在拓展对外联系、争取国际援助方面的巨大作用。这次访问不仅有效地配合了苏联政府的战时对外宣传政策,而且从一个侧面见证了苏联犹太人对苏联卫国战争和世界反法西斯战争的胜利所做出的独特贡献,堪称二战期间"公众外交"的一个成功典范。

三、犹太人《黑皮书》的编纂

《黑皮书》是由犹委会和国外犹太人组织联袂编纂,揭露纳粹德国及其帮凶在欧洲、特别是在苏联被占领土上大规模迫害、屠杀犹太人罪行的资料汇编。编写和出版《黑皮书》是犹委会与海外犹太人组织合作的主要项目之一,也是犹委会最重要的活动之一。这一历史过程不仅反映了犹委会的兴衰,而且也折射出苏联对犹太人政策的变化,成为苏联犹太人历史不可或缺的一个组成部分。

(一)《黑皮书》计划的缘起

早在1942年2月,米霍埃尔斯和爱泼斯坦在给联共(布)中央提交的有关犹委会的任务草案中就已经提出收集希特勒匪帮在欧洲被占领国家和苏联被侵占地区屠犹暴行材料,以"新闻快报、宣传册、小册子

---

① Л. Люкс, Еврейский вопрос в политике Сталина, с. 46.

以及文学作品集"和"附有插图的题为'法西斯分子正在灭绝犹太民族'的作品集"出版的计划。①1942年5月底,犹委会在第一次全体会议结束后不久就成立了两个委员会:一个负责收集有关纳粹反犹暴行的材料;另一个专门收集犹太人参战的材料。②这为后来《黑皮书》计划的实施奠定了基础。

但是,最早明确提出编纂《黑皮书》构想的则是美国著名科学家爱因斯坦。③1942年底,美国犹太人作家艺术家科学家委员会获悉犹委会设立专门委员会收集纳粹对犹太人进行大屠杀的资料后,非常重视。为了揭露法西斯的罪恶本质,唤醒更多的人支持反法西斯战争,爱因斯坦、阿施和戈德堡联名致电犹委会,指出"苏联是唯一一收集了法西斯分子对犹太人进行所有大屠杀的翔实资料的国家。这些记录现在就放在犹委会和苏联其他官方机构的档案室里。让美国政府、所有与法西斯主义进行战斗的国家的政府以及全世界的犹太人了解这些事实是完全必要的"。因此,他们提议"对所有有价值的素材进行收集、加工并以'犹太人黑皮书'为名的正式文献的形式出版"④。犹委会收到这个建议后,立即把它列入议事日程。1943年2月,在犹委会第二次全体会议上,不少委员在发言时指出,犹委会应当派犹太作家、社会活动家、艺术家到已解放的城市和乡村去,"了解德国人的杀戮,并将其全部记录下来"。由于犹太人再没有任何其他机构代表他们,因而犹委会义不容辞,应当承担这一重任。这个建议得到全体与会者一致赞同。⑤

---

① Проект основных направлений деятельности ЕАК, 5 февраля 1942 г., Г. В. Костырченко, *Еврейский антифашистский комитет в СССР, 1941-1948: Документированная история*, с. 57.

② Shimon Redlich, *War, Holocaust and Stalinism, A Documented Study of the Jewish Anti-Fascist Committee in the USSR*, p. 96.

③ Из стенограммы заседания президиума Еврейского антифашистского комитета, 25 апреля 1946 г., Г. В. Костырченко, *Еврейский антифашистский комитет в СССР, 1941-1948: Документированная история*, с. 258.

④ Из записки ЕАК в ЦК ВКП(б) по поводу издания «Черной книги», 23 апреля 1943 г.; Из стенограммы заседания президиума Еврейского антифашистского комитета, 25 апреля 1946 г., Г. В. Костырченко, *Еврейский антифашистский комитет в СССР,1941-1948: Документированная история*, с. 246, 258.

⑤ Из стенограмм выступлений на пленуме ЕАК, 18-20 февраля 1943 г., Г. В. Костырченко, *Еврейский антифашистский комитет в СССР, 1941-1948: Документированная история*, с. 71-74.

1943年4月23日，犹委会领导人把出版《黑皮书》的计划上报给谢尔巴科夫。他们认为接受美国犹太人作家艺术家科学家委员会的建议，以便"获得在英国、巴勒斯坦和其他国家的公共组织对出版《黑皮书》的赞助是明智之举"。同时指出，犹委会"不仅必须向编委会派出代表，而且必须实际控制这个极其重要的出版物"。他们还列出了参加《黑皮书》编委会的人名单。① 但是没有得到批准。直到1943年夏犹委会代表团访美期间，在爱因斯坦敦促下，这个问题才最终得到解决。洛佐夫斯基后来说，当苏联情报局收到米霍埃尔斯和费费尔发来的关于编辑出版《黑皮书》的电报时只知道一件事情，"那就是此书应包括希特勒在欧洲暴行的材料，这样这些材料就可以服务于反法西斯主义斗争"。他把这一建议向谢尔巴科夫做了汇报。谢尔巴科夫指出，"如果可以一起收集这些材料并用来反对希特勒，那就必须做"。随后，洛佐夫斯基复电米霍埃尔斯和费费尔，批准犹委会与美国犹太人作家艺术家科学家委员会共同编辑出版《黑皮书》。由此可见，正是考虑到让犹委会和美国犹太人作家艺术家科学家委员会共同编纂《黑皮书》对反法西斯战争有利，苏联当局才批准了该计划。②

随后，经过犹委会代表团与世界犹太人组织反复磋商，最终确定由犹委会、美国犹太人作家艺术家科学家委员会、世界犹太人代表大会和巴勒斯坦犹太民族委员会共同负责有关《黑皮书》的编辑出版工作。所有参与者共同搜集材料、统一整理，未来该书将在苏联以俄文出版，在巴勒斯坦以希伯来语出版，在美国以英语和意第绪语出版，此后还会翻译成其他语言出版。③ 由此可见，《黑皮书》计划就是苏联打算调动国外犹太人舆论来为卫国战争服务的"整体"宣传战略的一部分。④

---

① Из записки ЕАК в ЦК ВКП(б) по поводу издания «Черной книги», 23 апреля 1943 г, Г. В. Костырченко, *Еврейский антифашистский комитет в СССР, 1941-1948: Документированная история,* с.246.

② Судебное следствие: Допрос подсудимых С. А. Лозовского, В. П. Наумов, *Неправедный суд, Последний сталинский расстрел*(стенограмма судебного процесса над членами Еврейского антифашистского комитета), с.189.

③ B. Z. Goldberg, *The Jewish Problem in The Soviet Union: Analysis and Solution,* p.48.

④ Shimon Redlich, *Propaganda and Nationalism in Wartime Russia: The Jewish Antifascist Committee in the USSR, 1941-1948,* p.66.

1943年7月，《黑皮书》的材料搜集和整理工作在苏联、美国等地同时启动。在苏联国内，苏联情报局刚一批准，《黑皮书》的宣传和组织工作就正式开始了。1943年7月27日，《团结报》开始大张旗鼓地报道犹委会与国外犹太人组织合作编辑《黑皮书》的消息，并且呼吁广大读者提供有关纳粹屠杀犹太人暴行的证明材料。不久，经谢尔巴科夫和亚历山德罗夫批准，犹委会成立了《黑皮书》编纂委员会，成员包括米霍埃尔斯、贝格尔森、费费尔、马尔基什、克维特科、加尔金、希梅利奥维奇和法利科维奇①，他们均是犹委会的核心人物。米霍埃尔斯和费费尔回国后，《黑皮书》计划在莫斯科紧锣密鼓地实施起来。犹委会变成了纳粹反犹暴行的文献中心。《团结报》的记者、红军战士和犹太人幸存者络绎不绝地带来了大量关于纳粹占领下犹太人命运的材料。人们经常来到克鲁泡特金大街的犹委会办公室，向犹委会成员和工作人员讲述他们的个人经历，倾诉他们的悲痛。1944年4月，爱泼斯坦在犹委会第三次全体会议上所作的报告中宣布，《黑皮书》将用俄语、英语、意第绪语、希伯来语、西班牙语、德语和其他语言出版。②

　　早在犹委会筹划编纂《黑皮书》之前，著名作家和新闻记者爱伦堡就已经开始独立搜集法西斯分子屠杀犹太人暴行的材料。作为深受前线官兵喜爱的《红星报》著名记者，爱伦堡每天都会收到许多来信。他经常到前线采访，是法西斯匪徒大量兽行的目击者。战争伊始，爱伦堡就着手收集有关纳粹战争罪行的文件和材料。"红军战士把在毁灭的城镇和村庄里发现的日记、遗嘱、照片、歌曲和文件带给了他。游击队员们也把许多证明纳粹罪行的文件和材料交给了他。"③ 到1943年，他已积攒了

---

① Arno Lustiger, *Stalin and the Jews: The Red Book: The Tragedy of the Jewish Anti-Fascist Committee and the Soviet Jews*, p.158.
② Mikholes and Sh. Epshteyn to the Writers' Committee, October 5,1944, ACJWAS Files, 转引自 Shimon Redlich, *Propaganda and Nationalism in Wartime Russia: The Jewish Antifascist Committee in the USSR, 1941-1948*, p.67。
③ *The Black Book: The Ruthless Murder of Jews by German-Fascist Invaders Throughout the Temporarily-Occupied Regions of The Soviet Union and in the Death Camps of Poland during the War of 1941-1945*, Prepared under the editorship of Ilya Ehrenburg & Vasily Grossman, Translated from the Russian by John Glad and James S. Levine, p.XIX.

上千封信，成为"掌握着极其丰富的关于法西斯分子反犹暴行材料"的人。①1943年之初，爱伦堡就已定出计划，准备出版三本有关战争期间犹太人命运的书。其中第一本将要讲述的就是苏联犹太人的不幸遭遇。②尽管没有入选《黑皮书》正式编委（犹委会第一次推荐的编委会里有爱伦堡，后来不知为什么没有获得谢尔巴科夫的批准），但他还是积极参与了《黑皮书》的编纂工作。爱伦堡在回忆录中指出："1943年底，我同瓦·谢·格罗斯曼一起动手编写一部我们预先称之为《黑书》的文献集。"③1944年1月中旬，在犹委会组织的一次大会上，爱泼斯坦称爱伦堡是"《黑皮书》最积极的发起人之一"④。

由此可见，《黑皮书》计划在苏联国内一开始就形成了两个中心。这就为后来犹委会与爱伦堡在《黑皮书》编纂问题上的冲突埋下了隐患。

（二）《黑皮书》编纂过程中的矛盾与冲突

《黑皮书》计划的实施过程并不是一帆风顺的。在苏联国内外，围绕着《黑皮书》的编纂内容和出版发行等问题产生了一系列的矛盾与冲突。其结果在很大程度上又影响了《黑皮书》后来的命运。

在苏联，第一次冲突发生在犹委会内部。《黑皮书》编委会成立后，由于组织不力，工作进度缓慢。1944年春天，犹委会又成立了以爱伦堡为主席的《黑皮书》文学委员会，"为《黑皮书》的出版做准备"⑤。爱伦堡走马上任后，先后把格罗斯曼、谢芙琳、克维特科等24位著名作

---

① Записка ЕАК в ЦК ВКП(б) о подготовке «Черной книги» на русском языке, 23 августа 1944 г., Г. В. Костырченко, *Еврейский антифашистский комитет в СССР, 1941-1948: Документированная история*, с. 247.

② *The Black Book: The Ruthless Murder of Jews by German-Fascist Invaders Throughout the Temporarily-Occupied Regions of The Soviet Union and in the Death Camps of Poland during the War of 1941-1945*, Prepared under the editorship of Ilya Ehrenburg & Vasily Grossman, Translated from the Russian by John Glad and James S. Levine, p.XX.

③〔俄〕伊利亚·爱伦堡:《人·岁月·生活》（下卷），第341页。《黑书》即《黑皮书》。

④ Shimon Redlich, *War, Holocaust and Stalinism: A Documented Study of the Jewish Anti-Fascist Committee in the USSR*, p.98.

⑤ Из стенограммы заседания президиума Еврейского антифашистского комитета, 25 апреля 1946 г., Г. В. Костырченко, *Еврейский антифашистский комитет в СССР, 1941-1948: Документированная история*, с. 256.

家吸收进了文学委员会,其中还包括 3 位俄罗斯作家[①],其目的是"避免给人留下这本书纯粹是由犹太人在编纂的印象",并且"需要赋予这本书以友谊和团结的特性"[②]。文学委员会与原来的《黑皮书》编委会在职能上并没有明确的划分,有些人员还是重叠的。从表面上看,《黑皮书》编委会主要从事的是文件材料的收集工作,而文学委员会既要收集文件资料,又要对之进行编辑整理和文学加工。

随着时间的推移,犹委会和爱伦堡的矛盾逐渐暴露出来。双方不仅都以《黑皮书》计划的领导者自居,而且在该书内容上也产生了分歧。爱伦堡认为《黑皮书》主要应当记录"有关德国人在苏联领土上的暴行",而犹委会则相信《黑皮书》应当是一部囊括"德国人无论在哪里所犯暴行的书"[③]。按照最初的计划,犹委会编纂的《黑皮书》只是"在美国出版的总的《黑皮书》的一部分"[④],并且仅用于在国外出版。但是,爱伦堡领导的文学委员会则规定,《黑皮书》的基本文本是俄文版,他们不仅希望《黑皮书》用多种文字在国外出版,而且还要求同时用俄语在苏联国内发行。由于分歧较大,犹委会很可能在爱伦堡毫不知情的情况下,撇开文学委员会开始按照自己的意图编纂《黑皮书》。这样,就在事实上形成了两个编委会:原来的《黑皮书》编委会在犹委会的领导下,以在国外出版该书为目的;而以爱伦堡为首的文学委员会则继续为出版俄文版的《黑皮书》而工作。不过,犹委会对于在苏联国内出版俄文版的《黑皮书》仍持积极的支持态度。

---

① *The Black Book: The Ruthless Murder of Jews by German-Fascist Invaders Throughout the Temporarily-Occupied Regions of The Soviet Union and in the Death Camps of Poland during the War of 1941-1945*, Prepared under the editorship of Ilya Ehrenburg & Vasily Grossman, Translated from the Russian by John Glad and James S. Levine, pp.571-574. 其实,还应该包括 A. 苏茨科维尔,他在 1947 年移居巴勒斯坦后,名字就被从《黑皮书》中删掉了。

② Из стенограммы заседания литературный комиссии ЕАК, 13 октября 1944г., Г. В. Костырченко, *Еврейский антифашистский комитет в СССР, 1941-1948: Документированная история*, c.251.

③ Из стенограммы заседания президиума Еврейского антифашистского комитета, 25 апреля 1946 г., Г. В. Костырченко, *Еврейский антифашистский комитет в СССР, 1941-1948: Документированная история*, c.258.

④ Судебное следствие: Допрос подсудимых Э. И. Теумин, В. П. Наумов, *Неправедный суд, Последний сталинский расстрел(стенограмма судебного процесса над членами Еврейского антифашистского комитета)*, c.54.

文学委员会成立后，在半年多时间里，既没有职员，也没有合适的办公地点——当其他人在刚解放的地区忙着采访和收集纳粹屠杀犹太人的罪证时，往往只有爱伦堡一个人留在临时设在监狱里的办公室坚持工作。1944年8月23日，米霍埃尔斯和爱泼斯坦致函谢尔巴科夫，正式提出在国外出版《黑皮书》的同时，也在国内出版俄文版《黑皮书》，以满足苏联广大读者的需要。为此，他们提议单独设立一个以爱伦堡为主席的文学委员会，并成立一个由秘书、顾问、文学编辑、女打字员（速记员）4人组成的专门机构来负责此项工作。① 尽管这个机构很小，但是它却解决了文学委员会的燃眉之急。为了扩大材料来源，文学委员会复印了一个标准信件寄给了数十名通讯记者，请求他们提供有关屠杀犹太人的所有证明文件。② 1944年9月6日，爱伦堡受命提交了一份阐明《黑皮书》的编纂目的和内容的书面报告，并且阐述了出版该书的重要性，但是却没有收到直接答复。后来有人通过犹委会转告他："编吧！如果好就会出版。"爱伦堡对此非常不满。他在10月13日召开的文学委员会会议上指出："这本书的作者不是我们自己，而是德国人。它的意义是显而易见的。我不明白'如果好'是何含义。这不是一本内容不详的小说。"③ 直到这时，爱伦堡对《黑皮书》能否用俄文在国内出版仍然心存疑虑。

不久，发生了一件出乎爱伦堡意料的事情，彻底激化了爱伦堡与犹委会之间的矛盾。1944年秋天，犹委会接到苏联驻美大使葛罗米柯发来的一封电报，"催促寄发为《黑皮书》准备的材料。否则该书将在没有苏联材料的情况下在美国出版"。由于担心犹委会的工作前功尽弃，爱

---

① Записка ЕАК в ЦК ВКП(б) о подготовке «Черной книги» на русском языке, 23 августа 1944г., Г. В. Костырченко, *Еврейский антифашистский комитет в СССР, 1941-1948: Документированная история*, с.247.
② Из стенограммы заседания президиума Еврейского антифашистского комитета, 25 апреля 1946 г., Г. В. Костырченко, *Еврейский антифашистский комитет в СССР, 1941-1948: Документированная история*, с.257.
③ Из стенограммы заседания литературный комиссии ЕАК, 13 октября 1944г., Г. В. Костырченко, *Еврейский антифашистский комитет в СССР, 1941-1948: Документированная история*, с.249.

泼斯坦"只好给美国寄去一批没有经过充分批评分析的材料"①。这些材料大约 552 页，包括爱伦堡收集的证词。由于此事根本没有征得爱伦堡和文学委员会的同意，爱伦堡获悉后怒不可遏。这表明犹委会不仅抛开文学委员会在编辑另外一本《黑皮书》，而且没有给予爱伦堡和文学委员会应有的尊重。他无法想象自己被犹委会举荐来编辑《黑皮书》，并且为之"花费了不少时间、精力和心血"②之后，竟然得到的是这样一个结果。况且，该书第一卷的出版准备工作这时已接近尾声。1945 年 1 月 30 日，爱伦堡在给犹委会的信中以带有最后通牒式的口气指出："不可能有两种《黑皮书》来分别供给国内市场和用于出口，……从美国发来另一部有关苏联部分的内容与我们的材料不相符合的《黑皮书》，将使我们的工作失去意义。"因此，他坚决要求制止未经他和文学委员会同意而在美国发表《黑皮书》中苏联方面的材料，并且声明，否则他就将不得不放弃由他负责进行的《黑皮书》编纂工作，"而此事的全部责任将由犹委会承担"③。

爱伦堡与犹委会之间的冲突惊动了洛佐夫斯基。为了解决双方的矛盾，洛佐夫斯基任命了一个以布雷格曼为主席，由优素福维奇、A. A. 谢韦林④、列夫·罗曼诺维奇·舍伊宁⑤和米·马·鲍罗廷⑥ 5 人组成的

---

① Из стенограммы заседания президиума Еврейского антифашистского комитета, 25 апреля 1946 г., Г. В. Костырченко, *Еврейский антифашистский комитет в СССР, 1941-1948: Документированная история*, с.258; Судебное следствие: Допрос подсудимых И. С. Фефера, В. П. Наумов, *Неправедный суд, Последний сталинский расстрел*(стенограмма судебного процесса над членами Еврейского антифашистского комитета), с.31.
② 〔俄〕伊利亚·爱伦堡：《人·岁月·生活》（下卷），第 341 页。
③ Протест И. Г. Эренбурга против отправки материалов «Черной книги» в США, 30 января 1945 г., Г. В. Костырченко, *Еврейский антифашистский комитет в СССР,1941-1948: Документированная история*, с.251-252. 爱伦堡在回忆录中说《黑皮书》"于 1944 年初编成"显然有误。参见〔俄〕伊利亚·爱伦堡：《人·岁月·生活》（下卷），第 345 页。
④ A. A. 谢韦林（A. A. Северин），苏联情报局下属部门领导人。
⑤ 列夫·罗曼诺维奇·舍伊宁（Лев Романович Шейнин, 1906—1967），苏联著名侦探小说作家、戏剧家、法律顾问和侦探，享有"苏联的福尔摩斯"的美誉。曾经接受过文学和司法教育。名著有《调查员手记》等。1935 年，担任苏联总检察长办公室刑事调查部领导人。1945 年在纽伦堡审判中曾经担任过苏联总检察长的助手。1951 年 10 月因被指控与犹委会领导人合作而被捕。1953 年 11 月被释放。
⑥ 米·马·鲍罗廷（М. М. Бородин, 1884—1951），苏联著名政治家。出生于俄国西部一个犹太人家庭。1903 年加入俄国社会民主工党，追随列宁参加革命。1923 年 9 月担任共产

审查委员会，对爱伦堡和犹委会为编纂《黑皮书》而准备的材料进行了长达 3 周的仔细审查。1945 年 2 月 26 日，审查委员会做出了最后的结论：由爱伦堡编辑的书稿大部分都写得不错，包含了有价值的材料，但是因为对客观材料进行了文学加工从而有损于作为文献汇编的《黑皮书》的形象，而且评估委员会认为，书稿中有关乌克兰人、白俄罗斯人以及其他人当中叛国者的卑鄙活动叙述过多，它削弱了重在谴责德国人的力量，而这才应当是本书首要的和明确的目的；犹委会准备的《黑皮书》材料均系原始文献：纳粹屠杀犹太人暴行目击者的证词、信件、来自游击队员渠道的报告、德国战犯的口供等。尽管材料缺乏完整性，选择的基本原则也存在严重缺陷，并且没有得到很好地编辑，但是这些材料更适合于编辑一本真正的《黑皮书》。犹委会所从事工作的最高目标应该是出版一本真正的《黑皮书》，以便控诉德国人的反犹暴行及其对物质和文化价值的毁灭。爱伦堡领导下的作家们所从事的工作的最高目标可以是出版一系列关于德国人反犹暴行的、具有政治和文学意义的小册子。两本书稿都需要附上原始照片，经认真修改后均可以出版，各有其读者，可以相辅相成。①

洛佐夫斯基在与布雷格曼讨论后，决定亲自出面调解爱伦堡与犹委会之间的矛盾。1945 年 3 月 5 日，洛佐夫斯基致函爱伦堡，指出由文学委员会编纂的《黑皮书》"不仅可以服务于复仇事业，而且也将成为根除遍布于全世界的法西斯政策和法西斯意识形态的战斗武器"。他建议爱伦堡继续完成这项未竟的重要事业，并且承诺"将用世界上所有的语言出版这本书"。但是，这毕竟是一部经过文学润色的材料。为了避免英美敌对势力提出异议，同时"还需要一部由证明文件、目击者的证据以及专家的结论等编成的书籍"。而这本正式的《黑皮书》将交由犹委会编纂出

（接上页）国际驻中国代表，苏联政府驻广州国民政府全权代表。协助孙中山完成了国民党的改组工作，创建了黄埔军校。大革命失败后，于 1927 年 10 月返回苏联，担任劳动人民委员，英文《莫斯科新闻》报主编。1949 年被捕，1951 年 5 月 29 日死于伊尔库茨克的集中营。

① Заключение комиссии по рассмотрению материалов «Черной книги», 26 февраля 1945 г., Г. В. Костырченко, *Еврейский антифашистский комитет в СССР, 1941-1948: Документированная история*, с. 252-254.

版。这两本不同的《黑皮书》可以相辅相成，而且，"两本书将比一本书要好，……这只会有助于我们的事业"①。但是，这并没有解开爱伦堡的心结。爱伦堡一怒之下辞去了文学委员会主席的职务，并宣布停止文学委员会的一切活动。② 1945 年春，爱伦堡和犹委会之间的冲突达到了顶峰。他在猛烈抨击犹委会的同时，也遭到犹委会和苏联情报局的严厉批评。

尽管《黑皮书》计划在苏联国内一波三折，但在国外却搞得有声有色，非常顺利。1944 年秋，美国犹太人作家艺术家科学家委员会、世界犹太人代表大会和巴勒斯坦民族委员会联合成立了《黑皮书》委员会。成员包括瑙姆·戈尔德曼、约瑟夫·布雷宁（Joseph Brainin）、拉斐尔·马勒（Raphael Mahler）博士、鲁宾·索尔特曼（Rubin Saltzman）、A. 塔尔塔科维尔（A. Tartakower）博士和巴鲁克·朱克曼（Barnch Zucherman）。戈德堡和世界犹太人代表大会政治部领导人拉比莫里斯·珀尔兹韦格（Maurice Perlzweig）同时出任主席。③ 犹委会在给联共（布）中央的报告中说，福伊希特万格、英国首席拉比赫兹博士、英国犹太人社团联合会主席布罗杰茨基教授、肖洛姆·阿施等也参加了《黑皮书》的编辑出版工作，并均为编委会成员。④

1944 年 12 月 27 日，《黑皮书》国际代表大会在纽约举行。来自美国、英国、法国、澳大利亚、摩洛哥、突尼斯、阿根廷、乌拉圭、古巴等 9 个国家的犹太人代表出席了大会。来自美国各城市的《黑皮书》委员会代表报告说他们已经募捐到数千美元。爱因斯坦、托马斯·曼、埃莉诺·罗斯福（她是应爱因斯坦的邀请支持这一计划的）和斯蒂芬·怀斯当选为《黑皮书》委员会的荣誉成员。苏联犹委会主席团拍发了一封

---

① Письмо С. А. Лозовского И. Г. Эренбургу о необходимости издания документальной «Черной книги», 5 марта 1945г., Г. В. Костырченко, *Еврейский антифашистский комитет в СССР, 1941-1948: Документированная история*, с.255-256.

② Письмо И. Г. Эренбурга А. Г. Суцкеверу, Март 1945 г., Г. В. Костырченко, *Еврейский антифашистский комитет в СССР, 1941-1948: Документированная история*, с.256. 从新的档案资料看，文学委员会并没有完全解散，只是更换了领导者。

③ B. Z. Goldberg, *The Jewish Problem in The Soviet Union: Analysis and Solution*, p.65.

④ Записка ЕАК в ЦК ВКП(б) о подготовке «Черной книги» на русском языке, 23 августа 1944г., Г. В. Костырченко, *Еврейский антифашистский комитет в СССР, 1941-1948: Документированная история*, с.247.

由其16名成员共同签名的贺电。①该书的筹备和出版经费由世界犹太人代表大会和美国犹太人作家艺术家科学家委员会平摊，许多费用靠募捐而来。②

因为国外的《黑皮书》计划是由一批在国际上具有重大社会影响力的犹太社会名流负责操办，并且是以民间方式进行运作，加上来自美国政府的支持，所以《黑皮书》的编纂工作进行得顺风顺水，这也成为后来《黑皮书》在国外先于苏联国内完成付梓的主要原因。

第二节　犹太人反法西斯委员会对犹太人命运的关注

众所周知，犹太人是第二次世界大战中遭受灾难最为深重的民族。而苏联犹太人则首当其冲。即便是那些疏散到苏联内地的犹太人和大屠杀的幸存者，也都面临严重的生存危机。战争期间，所有疏散者都被疏散地原来的居民视为不受欢迎的人。③当地人"常常十分憎恨外来人员的大量涌入，憎恨人们给他们已经十分紧张的处境增添了负担"。个人疏散者情况更糟，他们在不熟悉的环境中找不到住处，许多人则只能住在帐篷或者地洞里，直到想出更好的办法。④大多数被疏散的犹太人在战争当中失去了原有的住宅和财物，返乡困难，无法安置。除了那些跟随单位一起疏散的人外，许多人都找不到工作，食不果腹，死亡率很高。因此，"名为'疏散'，实为逃难"⑤。苏联政府部门尤其是社会福利机构对犹太人的困境往往漠不关心，或者敷衍塞责，致使犹太人求助无门，生活陷入绝境。例如，乌克兰共和国卡缅涅茨-波多利斯基州波隆诺耶城的犹太居民在给犹委会的电报中说："把我们从饥饿中拯救出来

---

① Arno Lustinger, *Stalin and the Jews: The Red Book: The Tragedy of the Jewish Anti-Fascist Committee and the Soviet Jews*, pp. 162-163; Shimon Redlich, *Propaganda and Nationalism in Wartime Russia: The Jewish Antifascist Committee in the USSR, 1941-1948*, p. 68.
② Shimon Redlich, *Propaganda and Nationalism in Wartime Russia: The Jewish Antifascist Committee in the USSR, 1941-1948*, p. 68.
③ 〔美〕安娜·路易丝·斯特朗：《斯大林时代》，第156页。
④ 〔英〕罗德里克·布雷思韦特：《莫斯科1941：战火中的城市和人民》，第247—248页。
⑤ 李莎：《我的中国缘分：李立三夫人李莎回忆录》，第109页。

吧。请寄一包衣服和食物来。向你们请求兄弟般的援助深感羞愧，但我们别无出路。"①

不仅如此，犹太文化在战争期间也备受摧残。仅有的一些犹太文化机构也陷于停顿，犹太民族的未来发展受到严重影响。与此同时，苏联国内的反犹主义沉渣泛起，甚嚣尘上。在反法西斯盟国中，"只有苏联一个国家在战争期间出现反犹主义"②。这使本来就遭遇种种不幸的犹太人无端受辱，处境更加艰难。

在这些生计维艰的犹太人心目中，犹委会享有特殊的地位。"因为犹太人在苏联没有他们自己的领土，所以他们不被看成是一个民族，不能拥有独立的犹太组织（除了一些文化机构）。"因此，犹委会就变成了苏联犹太人唯一合法的代表。③ 当苏联犹太人在生活上陷入困顿或者在政治上受到迫害、歧视时，都不约而同地把目光集中到犹委会的身上。不论是公开还是私下里，他们都把犹委会视为苏联犹太社团的代表，并且向它发出求助呼吁，希望它代表自己同政府交涉，救同胞于水火之中。1944年10月24日，米霍埃尔斯在犹委会主席团会议上指出："我们想尽量少揽事，可是我们做不到。每天都会收到数百封来信，每天都有数百人……（向我们）求助。人们不断地敲打着我们的门户。……我们无法摆脱大量的犹太人问题。……不管我们把他们赶走多少次，他们依然会回来。"④ 这种状况迫使犹委会不得不对犹太同胞的命运给予关注。

同时，由于犹委会在动员国内外犹太人支援红军作战方面发挥了重要作用，为卫国战争的胜利做出了重要贡献，这也提高了它的自信心和民族责任心。犹委会成员不愿意把自己"仅仅看作是斯大林的宣传员——只有战争期间才需要"，而对战争给犹太民族带来的空前灾难却熟视无睹，置若罔闻。作为犹太民族的文化精英，这有悖于他们的良知。因此，在从事对外宣传工作的同时，他们也"希望像苏联犹太人的

---

① Телеграмма Е. Б. Варковецкого в ЕАК, Без даты., Г. В. Костырченко, *Еврейский антифашистский комитет в СССР, 1941-1948: Документированная история*, с.104.
② B. Z. Goldberg, *The Jewish Problem in The Soviet Union: Analysis and Solution*, p.56.
③ Benjamin Harshav, *Marc Chagall and His Time: A Documentary Narrative*, p.524.
④ *Stalin's Secret Pogrom: The Postwar Inquisition of the Jewish Anti-Fascist Committee*, Edited and with introductions by Joshua Rubenstein and Vladimir P. Naumov, p.23.

正式代表一样得到理解和尊重"①。事实上，从1942年5月第一次犹委会全体会议开始，米霍埃尔斯、努西诺夫、马尔基什、戈夫施泰因等绝大多数犹委会委员就不断要求犹委会关心苏联犹太人的疾苦，关心犹太民族的生存和发展问题，研究和解决犹太人所遇到的诸多难题，向饱受折磨的犹太居民提供力所能及的具体帮助，与国内反犹主义展开斗争。因此，对犹太人命运的关注就成为犹委会一种无法回避的社会责任。这主要表现在以下四个方面。

一、设法救助面临危难的犹太同胞

犹太人在疏散地所面临的生活问题是犹委会关注的一个核心问题。1942年2月，米霍埃尔斯和爱泼斯坦在草拟犹委会的任务草案时，就已经明确提出要在美国组织筹款活动，"以便给红军和从德国占领地区疏散出来的民众购买药品和棉衣"②。其中"从德国占领地区疏散出来的民众"自然也包括犹太居民。在犹委会中，马尔基什、戈夫施泰因、努西诺夫、休帕克等人都耳闻目睹了许多来自城市和乡村的被疏散的犹太人所遭受的巨大苦难。米霍埃尔斯和费费尔等人也感同身受。因此，虽然犹委会并没有受命去安置被疏散者，但是委员会成员们仍然认为"应该对遭受苦难的犹太民众和被疏散者表现出更多的体恤和关注"③。

犹委会对苏联境内犹太人的救助范围非常广泛。大体上可以归纳为四种状况：

第一，针对一些比较普遍的重大问题，犹委会主动寻求苏联领导人给予帮助。战争期间，许多被疏散的犹太居民与国外的亲友失去了联系，生死未卜，海外犹太人对此极为关注。犹委会向谢尔巴科夫提议，在犹委会下面设立一个寻亲局，这样既可以增加犹委会的社会凝聚力，

---

① Arno Lustinger, *Stalin and the Jews: The Red Book: The Tragedy of the Jewish Anti-Fascist Committee and the Soviet Jews*, pp.177, 118.
② Проект основных направлений деятельности ЕАК, 5 февраля 1942 г., Г. В. Костырченко, *Еврейский антифашистский комитет в СССР, 1941-1948: Документированная история*, с.58.
③ Из стенограмм выступлений на пленуме ЕАК, 18-20 февраля 1943 г., Г. В. Костырченко, *Еврейский антифашистский комитет в СССР, 1941-1948: Документированная история*, с.72.

也会促进所有国家特别是美国犹太人援助红军的活动。这一建议很快得到谢尔巴科夫的批准。①

面对在大屠杀中幸存下来的犹太人极其艰难的生存环境,以及在许多地区发生的有关针对犹太居民的不正常事件,犹委会领导人向苏联人民委员会副主席莫洛托夫、内务人民委员贝利亚等人呈交了报告。他们提出了归还被疏散的犹太人的住房和财产;为其安排工作并提供急需的物质帮助;消除由某些地方政权机关设置的各种障碍,为被疏散的犹太人重返故里提供便利;向"红十字会"下达专门的指示,让它既向被疏散在外的、也向刚解放地区的犹太居民提供经常性援助;在犹委会或苏联其他机构之下,设立一个负责向蒙受战争苦难的犹太人提供帮助的专门委员会等建议。②莫洛托夫、贝利亚批示要求予以解决。1944年,贝利亚指示乌克兰共产党(布)中央委员会第一书记和乌克兰共和国人民委员会主席赫鲁晓夫"采取必要措施,给已解放地区曾遭受德国占领者(集中营、隔都等)特别镇压的犹太人提供工作和日常生活必需品。首先而且最重要的是把孤儿和父母生活无着的儿童安置到幼儿园";向切尔诺夫策和莫吉廖夫-波多利斯克派出一名乌克兰共产党(布)中央委员会和乌克兰共和国人民委员会的代表,以便"查清大批犹太居民聚集该地的原因,并帮助他们找到居住地";同时,为尚未解放地区的犹太居民指定安置地点,并在安置他们时提供帮助。③1944年5月,当正在前线作战的红军战士家属的居住权受到侵害时,米霍埃尔斯致函苏联总检察长康·彼·戈尔舍宁,请求他对诸如此类违反苏联法律精神及意义的令人愤慨的事件加以阻止。④

---

① Из записки ЕАК в ЦК ВКП(б) об организации при ЕАК бюро по розыску пропавших во время войны родственников, 18 января 1943 г., Г. В. Костырченко, *Еврейский антифашистский комитет в СССР, 1941-1948: Документированная история*, с.115-116.

② Записка ЕАК В.М.Молотову о судьбе евреев, уцелевших на Украине, 18 мая 1944г., Г. В. Костырченко, *Еврейский антифашистский комитет в СССР, 1941-1948: Документированная история*, с.116-118.

③ Распоряжение Л. П. Берия о помощи евреям, уцелевшим на Украине, Май-октябрь 1944г., Г. В. Костырченко, *Еврейский антифашистский комитет в СССР,1941-1948: Документированная история*, с.119.

④ Письмо ЕАК в Генеральную прокуратуру СССР, 18 мая 1944г., Г. В. Костырченко, *Еврейский антифашистский комитет в СССР, 1941-1948: Документированная история*, с.118.

对一些比较具体的问题，犹委会则向苏联政府主管部门提出具体建议。例如，当时犹委会收到许多来自地方的信件，控诉地方机关压制犹太人，阻挠犹太人返回，诉说犹太人疏散归来难以安排工作，许多犹太族集体农庄庄员处境十分悲惨，得不到帮助。这种情况在克里木最为严重。于是，犹委会派克维特科前往克里木进行调查。在摸清情况后，犹委会专门开会讨论了这一问题，并且派希梅利奥维奇、米霍埃尔斯、古别利曼、克维特科作为代表拜会了苏联农业人民委员伊·亚·贝内迪克托夫（Бенедиктов）。后者接见了他们，答应对此事进行调查并给予帮助。①

第二，犹太人作家和艺术家是犹委会关注的重点对象之一。由于意第绪语书籍和报刊的出版急剧减少，许多犹太作家在疏散地生活极其困难，没有住处，没有衣服，没有任何收入，连生计都难以维持。尤其是那些来自乌克兰和白俄罗斯西部地区、摩尔达维亚以及波罗的海沿岸共和国的犹太作家，其中有不少人是在苏联国内外享有盛誉的著名诗人和散文家，如Р. 科尔纳、Х. 格拉多、Э. 卡加诺夫斯基、Б. 黑勒等人。他们不断地致函犹委会，请求给予紧急救助。犹委会多次敦促苏联作家协会和文学基金会对他们的处境予以关注，但毫无结果。在这种情况下，犹委会于1943年4月11日致函谢尔巴科夫，请求他"指示苏联作家协会和当地党和苏维埃组织尽快对最贫困的作家提供援助"，并且附上了需要救助的犹太作家名单。② 根据谢尔巴科夫的指示，在联共（布）中央委员会、联共（布）中央宣传鼓动部和苏联作家协会的共同参与、共同努力下，乌兹别克斯坦和哈萨克斯坦共和国共产党（布）中央有关部门不但为这些犹太作家安排了工作，而且苏联文学基金会还给所有作家一次性预支了钱款。③

---

① Судебное следствие: Допрос подсудимых И. С. Фефера, В. П. Наумов, *Неправедный суд, Последний сталинский расстрел(стенограмма судебного процесса над членами Еврейского антифашистского комитета)*, с. 29.

② Письмо ЕАК в ЦК ВКП(б) об оказании материальной помощи еврейским писателям, Апрель 1943 г., Г. В. Костырченко, *Еврейский антифашистский комитет в СССР, 1941-1948: Документированная история*, с. 143-145.

③ A Request to Shcherbakov concerning Material Assistance to Yiddish Writers, April 11, 1943, Shimon Redlich, *War, Holocaust and Stalinism: A Documented Study of the Jewish Anti-Fascist Committee in the USSR*, p. 273; Записка Управления пропаганды и агитации в ЦК ВКП(б) о помощи еврейским писателям, Июль 1943 г., Г. В. Костырченко, *Еврейский антифашистский комитет в СССР,1941-1948:Документированная история*, с. 145.

此外，犹委会还通过各种方式为犹太作家提供物质和文化方面的资助。戈德堡证实说，费费尔"曾经友好地、慷慨地对待犹太作家，其中很多人是从波兰和罗马尼亚来的难民。在艰难的战争年代，他为他们创造工作机会"。一位睿智年长的犹太作家告诉戈德堡，费费尔"有一颗金子般的心"①。为了给苏联著名评论家古尔维奇·阿布拉姆·所罗门诺维奇治病，米霍埃尔斯犹豫再三，最后还是决定致函莫洛托夫夫人波琳娜·热姆丘任娜，请她出面帮助安排古尔维奇到苏联最好的克里姆林宫医院住院治疗。② 苏联犹太艺术家和演讲者阿格涅萨·达维多夫娜·鲁宾奇克一直与巡回演出团一起在前线工作。当她因病（心脏病，慢性衰竭）返回莫斯科后，却发现自己失去了永久性住房，生活和工作都受到严重威胁。古比雪夫地方苏维埃对此漠不关心。米霍埃尔斯以莫斯科苏维埃代表的名义致函最高苏维埃主席团主席加里宁，请求他"帮助这位勤勉的、才华横溢的文艺演讲者"③。

第三，对于那些上门求助的普通犹太人，犹委会也是竭尽所能提供帮助。米霍埃尔斯的同事、著名戏剧演员祖斯金说，米霍埃尔斯访美回来后，求助者络绎不绝地跑到国家犹太剧院去找他。他们就像在找牙科大夫看病一样，坐在米霍埃尔斯的办公室里排队等候。这个人没有被学校录取，那个人没有被录用工作，往往都是诸如此类的事情。米霍埃尔斯经常在早上和排练结束后接待求助者，有时忙得连饭也顾不得吃。他不仅帮助一些犹太人办理户口登记，还写信要求为他们安排工作。由于人越来越多，致使剧院的正常工作都受到严重影响，1946年国家犹太剧院没有演出一部新戏。④ 爱伦堡在回忆录中说，卫国战争胜利后，"有数以千计的人来向米霍埃尔斯求助——在他们的心目中他依然是被侮辱

---

① B. Z. Goldberg, *The Jewish Problem in The Soviet Union: Analysis and Solution*, p.60.
② Письмо С. М. Михоэлса П. С. Жемчужиной-Молотовой, 18 апреля 1945 г., Г. В. Костырченко, *Еврейский антифашистский комитет в СССР, 1941-1948: Документированная история*, с.126.
③ Обращение С. М. Михоэлса к М. И. Калинину, Без даты, Г. В. Костырченко, *Еврейский антифашистский комитет в СССР, 1941-1948: Документированная история*, с.126-127.
④ Судебное следствие: Допрос подсудимых В. Л. Зускина, В. П. Наумов, *Неправедный суд, Последний сталинский расстрел(стенограмма судебного процесса над членами Еврейского антифашистского комитета)*, с.301-302.

者的保护人"①。克维特科在犹委会工作期间，对上门求助的妇女给予了极大的帮助。他给妇女们搞来了葡萄糖、各种各样的药品、热水袋，等等，以至于当时有很多人说他把犹委会变成了卫生所。②虽然这些事情繁杂琐碎，但却充分表现了犹委会对苏联犹太人命运的关注和高尚的人道主义精神。

第四，当犹太人在国外救援物资的分配中被忽视时，犹委会挺身而出，全力维护其权益。根据苏联政府与国外犹太人组织达成的"区域性"援助方案，一切捐赠给苏联的救援物资和金钱均由苏联"红十字会"在犹太人居住相对集中的地区不分民族统一分配。显而易见，国外犹太人组织还是希望能够尽量照顾到犹太同胞的利益。但是，在实际分配过程中，"'红十字会'从各国接收的给被疏散者和回返者提供的食品和物资援助很少到达需要帮助的犹太人手中"③。除了极少数的犹太人外，"犹太民众在此类援助物资分配中完全被地方当局所忽视。甚至连白俄罗斯、乌克兰及其他共和国的犹太游击队员都一无所得"。苏联驻纽约总领事基谢廖夫和一些国外友好组织不止一次地告知犹委会，这些不正常的现象在美国和其他一些国家已经广为人知。以《前进报》为首的反苏势力趁机抹黑苏联，煽动犹太人联合分配委员会等主要犹太组织停止援苏运动。④犹委会获悉后把这些问题向苏联捐赠物资分配委员会主席克鲁季科夫作了反映，并提出具体的改进措施。克鲁季科夫给乌克兰和白俄罗斯人民委员会下达的指示不痛不痒，并未特别强调犹太人被忽视的现象，也没有进行监督落实，所以问题毫无改善。为此，犹委会在1944年5月18日致函苏联人民委员会副主席莫洛托夫，请求他向"红

---

① 〔俄〕伊利亚·爱伦堡：《人·岁月·生活》（下卷），第467页。
② Судебное следствие: Допрос подсудимых Л. М. Квитко, В. П. Наумов, *Неправедный суд, Последний сталинский расстрел(стенограмма судебного процесса над членами Еврейского антифашистского комитета)*, с.107.
③ Записка ЕАК В. М. Молотову о судьбе евреев, уцелевших на Украине, 18 мая 1944 г., Г. В. Костырченко, *Еврейский антифашистский комитет в СССР, 1941-1948: Документированная история*, с.117.
④ Письмо ЕАК В. М. Молотову о недостатках в распределении иностранной помощи евреям, 28 октября 1944г., Г. В. Костырченко, *Еврейский антифашистский комитет в СССР, 1941-1948: Документированная история*, с.121.

十字会"下达专门的指示,让他们向疏散地和刚解放地区的犹太居民提供经常的援助。5月20日和26日,莫洛托夫、马林科夫先后做出批示,要求内务人民委员会等部门查明情况。①

与此同时,国外许多犹太人社会组织、同乡会和个人不断致电犹委会,表示准备通过它"向已经解放地区的某些乡镇和城市的犹太人提供各种援助"。考虑到波兰人、亚美尼亚人以及其他一些民族此前一直都在直接负责分配其国外同胞发来的救援物资,犹委会领导人在1944年8月初致函苏联情报局,提议在犹委会内部设立一个专门委员会,负责同国外的犹太人团体和同乡会进行联系,以便有效解决援救物资分配中存在的问题。谢尔巴科夫要求洛佐夫斯基"澄清情况之后,把问题交付内务人民委员会处理"②。但是,最后仍没有下文。

1944年10月28日,犹委会再次致函莫洛托夫,请求他"亲自参与解决这一令人痛苦的问题,结束上面提到的这些不正常现象",并提出"让国家中部和一些省份的犹太人社会团体代表参加犹太民众救援物资的派发和分配"。这一次,莫洛托夫格外重视。他在10月29日直接给国家监察人民委员波波夫做出两点批示,一是"要求国家监察人民委员部认真、从速调查米霍埃尔斯和爱泼斯坦同志报告的可信性,并追究有罪者的责任"。同时限令在11月15日之前把调查结果上报人民委员会。二是在调查结束之后,对米霍埃尔斯和爱泼斯坦提出的让相关犹太人社会团体代表参加犹太民众救援物资分配工作的要求进行研究。③为了证明犹太居民在获得国外捐赠物品分配过程中受到漠视的事实,米霍埃尔斯和爱泼斯坦在同波波夫会谈时还提供了15份犹太人寄给苏联犹委会的信件。

---

① Записка ЕАК В. М. Молотову о судьбе евреев, уцелевших на Украине, 18 мая 1944 г., Г. В. Костырченко, *Еврейский антифашистский комитет в СССР, 1941-1948: Документированная история*, с. 117-118.
② Записка ЕАК в Совинформбюро об организации материальной помощи евреям, 1 августа 1944 г., Г. В. Костырченко, *Еврейский антифашистский комитет в СССР, 1941-1948: Документированная история*, с. 120-121.
③ Письмо ЕАК В. М. Молотову о недостатках в распределении иностранной помощи евреям, 28 октября 1944 г., Г. В. Костырченко, *Еврейский антифашистский комитет в СССР, 1941-1948: Документированная история*, с. 121-122.

1944年11月21日，波波夫把国家监察人民委员部会同乌克兰、白俄罗斯、俄罗斯三个共和国国家监察人民委员部进行调查的结果向莫洛托夫做了汇报。根据统计数据来看，调查的对象主要是这三个共和国的一些组织机构中的工作人员。从表面看，得到各种捐赠物品的犹太族工作人员不论是在获得捐赠物品总人数方面，还是同非犹太族的工作人员相比，比例都比较高。波波夫据此得出结论：米霍埃尔斯和爱泼斯坦的报告"缺乏可信度"，是综合了一些有失偏颇的个案所得出的结论。但是，在这些公职人员之外的普通犹太人则根本没有进入调查之列，在情况最为严重的乌克兰共和国更是如此。波波夫在给莫洛托夫的报告中还指出，苏联国家监察人民委员部以前就已经向各加盟共和国国家监察人民委员部发出指示，要求它们"对从国外收到的赠品分配的正确性进行系统检查"①。事实上，这就等于变相否决了犹委会提出的让相关犹太人社会团体代表参加犹太民众救援物资分配工作的建议。

在这种情况下，为了维护犹太民众的利益，犹委会有时不得不直接出面与"红十字会"或者捐赠物资分配委员会进行交涉。1945年4月5日，米霍埃尔斯、爱泼斯坦和费费尔联名致函苏联国家计划委员会副主席兼国外捐赠物资分配委员会主席弗拉索夫，请求他为维尔纽斯和考纳斯市在大屠杀中幸存的600名犹太孤儿"提供教学人员（总计30人，他们本身就是犹太居民区的幸存者）以及由美国捐赠的必要的衣服和鞋袜"②。这些孤儿在解放后一直集中在幼儿园和学校里，生活非常贫困。

这些事例充分说明了犹委会对于苏联犹太同胞的关心。

二、力争保留和复兴犹太文化

苏德战争不仅给苏联犹太人带来了巨大灾难，而且对犹太人的文化

---

① Из справки о помощи евреям на Украине, в Белоруссии и в РСФСР, 21 ноября 1944 г., Г. В. Костырченко, *Еврейский антифашистский комитет в СССР, 1941-1948: Документированная история*, с. 123-125.

② Обращение ЕАК о помощи еврейским детям-сиротам, 5 апреля 1945 г., Г. В. Костырченко, *Еврейский антифашистский комитет в СССР, 1941-1948: Документированная история*, с. 125.

设施和机构也造成了严重破坏。整个苏联仅剩下几家犹太国家剧院（其中包括迁到塔什干的莫斯科国家犹太剧院）；一家意第绪语周报（《团结报》）；一家在战争年代出版了大约 30 本小册子的意第绪语《真理报》出版社；一所犹太戏剧学校；一家乌克兰共和国科学院下属的犹太文化研究中心。一份杂志也没有留下。这种局面即使大批苏联犹太作家的作品难以发表，也无法满足 300 多万犹太居民的文化需求。"从根本上来说，用本民族语言在犹太群众中进行的政治教育和文化启蒙工作已经终止。"① 许多最好的犹太遗迹和文化科学成就毁于战火。战前，伟大的意第绪语文学经典作家门德勒·莫凯尔·塞弗里姆② 在敖德萨的陵墓曾经是苏联犹太人的朝觐之地，后来也被德国占领者摧毁。因此，犹太文化面临严重的生存危机。

事实上，保存和复兴犹太文化的问题早就引起了犹委会的关注。它在动员西方犹太人支持苏联卫国战争的同时，也开始关注犹太人的文化生活。犹委会领导人米霍埃尔斯、费费尔、马尔基什"无疑把促进和传播犹太文化看成是他们的首要任务"③。1942 年夏天，犹委会与幸存下来的大约 70 位意第绪语作家建立了联系，表达了出版他们著作的愿望。"战争期间，犹委会雇用了一大批意第绪语作家——诗人、小说家、批评家和记者为它工作，既有当地人也有难民。"④ 这些人在为犹委会撰写宣传材料的同时，继续从事他们的创作，从而使生活得到保障。迁回莫斯科后，犹委会资助意第绪语《真理报》出版社重新开张。从 1943 年 9 月开始，犹委会还在自己的办公大楼里组织"文学之夜"沙龙。大批

---

① Письмо ЕАК в СНК СССР о создании еврейской республики в Крыму, 15 февраля 1944 г., Г. В. Костырченко, *Еврейский антифашистский комитет в СССР, 1941-1948: Документированная история*, с. 137.

② 门德勒·莫凯尔·塞弗里姆（Менделе-Мойхер-Сфорим，1835—1917），即阿布拉莫维茨，俄国希伯来语和意第绪语作家，现代希伯来文学的奠基人之一。"门德勒在创作中一并采用社会实用主义与形而上学扩大化方式（纲领），将多种文学类型、世界文学传统与源于犹太传统的文体成分与象征融合在一起，创作了一种完全独特的文体。"其代表作有《乞丐书》《瘸子非什卡》《便雅悯三世游记》等。他的创作不仅影响了几代人，而且为犹太复国主义奠定了文化基础，被称为"现代希伯来文学的第一人"。参见〔以色列〕格尔绍恩·谢克德：《现代希伯来小说史》，钟志清译，商务印书馆 2009 年版，第 27—28、30 页。

③ Benjamin Pinkus, *The Jews of the Soviet Union: The History of a National Minority*, p. 195.

④ B. Z. Goldberg, *The Jewish Problem in The Soviet Union: Analysis and Solution*, p. 64.

犹太作家每天晚上聚在一起讨论文学和社会问题。这一沙龙不仅吸引了犹太文化名人,也有犹太战士和游击队员,甚至还有非犹太人作家参加。作为苏联唯一的犹太人组织,同时也因为战争时期的特殊性,"犹委会在苏联历史上第一次成功地把与意第绪语文化关系密切的最优秀的作家、艺术家和研究者团结在一起,同时也成功地把直到那时一直远离犹太文化和活动的犹太族作家、艺术家、科学家和公众人物凝聚到一起"①。在已经解放的地区,它还竭力帮助搜寻和保存犹太人原来的文化遗产,例如档案和书籍。费费尔就曾设法安置里加犹太人区的档案和著名历史学家杜布诺夫的手稿。因为意第绪文化成为加强苏联犹太人和国外犹太人团结的桥梁,有利于苏联的卫国战争,所以,它在战时得到了苏联政府的支持。

犹委会在复兴犹太文化的过程中还竭力扮演领导者的角色。"犹委会变成了意第绪语文化和文学的信息中心。"它出版了 65 本书,以及许多文章、文件和小册子,真实地反映了犹太人在被占领的欧洲国家遭受迫害以及他们进行抵抗的情况。②与此同时,它还与苏联国内所有残存下来的犹太文化机构如意第绪语《真理报》出版社、国家犹太剧院、犹太戏剧学校、乌克兰共和国科学院下属的犹太文化研究中心建立了密切联系,共同为复兴犹太文化而努力。犹委会还通过《团结报》发表社论,抱怨政府对复兴犹太文化关注不够。

犹委会在开展各种文化活动的同时,还努力争取创办意第绪语日报和杂志。《团结报》借读者之口提出了出版犹太人日报的要求。随后,犹委会在 1945 年 3 月 13 日召开的主席团会议上再次对这一问题进行了讨论,并决定向联共(布)中央领导人拉·莫·卡冈诺维奇求助。"尽管受到种种限制,犹委会在发展犹太文化的过程中仍旧发挥了决定性的作用。"③

---

① Benjamin Pinkus, *The Jews of the Soviet Union:The History of a National Minority*, p.195.
② Arno Lustinger, *Stalin and the Jews: The Red Book: The Tragedy of the Jewish Anti-Fascist Committee and the Soviet Jews*, p.119.
③ Benjamin Pinkus, *The Jews of the Soviet Union: The History of a National Minority*, p.195.

三、提议建立克里木犹太共和国

卫国战争期间,犹委会为了解决疏散到内地的大量犹太人在战后的安置问题,正式向苏联政府提出了"在克里木地区建立犹太族苏维埃社会主义共和国"的方案。尽管这一方案最终因为种种原因未能实现,但却在苏联国内外引起很大反响,并且对犹委会和苏联犹太人的命运产生了重大影响。

(一)"克里木方案"产生的背景

1944年2月,经过近三年的浴血奋战,苏联卫国战争的形势已经发生了彻底变化。在西线,红军已经攻入战前的波兰境内,并把德国人赶出罗夫诺和卢茨克等几个重要的城市。在南线,苏联红军也开始筹划对克里木半岛展开进攻。正是在这种胜利在望的形势下,1944年2月15日,犹委会主席米霍埃尔斯、责任书记爱泼斯坦、主席团成员费费尔联名向苏联人民委员会主席斯大林递交了《关于在克里木建立犹太共和国致斯大林的信》[①],即"克里木方案"(Crimean Proposal)。那么,犹委会领导人为什么要提出建立犹太族共和国?又为何偏偏选中克里木呢?

1. 随着卫国战争的胜利推进,一系列与犹太人生活和安置息息相关的问题凸现出来。1941年6月卫国战争开始后,犹太人成为希特勒种族灭绝的主要受害者。据犹委会领导人当时估计,500万苏联犹太人当中有150万人在法西斯分子占领区惨遭杀戮。"除了数十万在红军队伍中奋不顾身作战的犹太族战士之外,其余苏联犹太居民均被分散到中亚各共和国、西伯利亚、伏尔加河沿岸和俄罗斯联邦一些地区。"随着大片沦陷地区的收复,被疏散者返回故乡便成了一个亟待解决的严峻问题。但是,对于大部分被疏散的犹太人来说,家园要么已经被毁,要么已经被法西斯分子变成了他们没有撤走的家庭成员和亲朋好友的集体墓地,

---

① Письмо ЕАК в СНК СССР о создании еврейской республики в Крыму, 15 февраля 1944 г., Г. В. Костырченко, *Еврейский антифашистский комитет в СССР, 1941-1948: Документированная история*, с. 136-139.

从而"失去了其物质上和心理上的重要性"①。

与此同时，苏联国内的反犹主义也在战争中沉渣泛起。一些苏联当地人不仅参与了纳粹对犹太人的屠杀②，而且还趁战乱之机抢占犹太人的住房，劫掠犹太人的财产。当犹太人从疏散地返回已经解放的家乡要求归还自己的住宅和财物时，他们和当地居民的关系就紧张起来。在这种情况下，不少地方政权对于犹太人幸存者的悲惨处境置若罔闻，拒绝向犹太人提供帮助，不少城镇和集体农庄公然阻挠犹太人返回家园。加里宁多尔夫犹太区前主席告诉返回者："你们为什么要回来？这里没有人需要你们！没有人叫你们！"③即便是那些技能熟练、在重建被毁的城市和乡村工作中十分急需和有用的人才也不让返回。

对于刚刚经历了纳粹大屠杀的苏联犹太人来说，这在他们的内心深处造成的痛苦是难以想象的。不少犹太人致函犹委会，"迫切希望到克里木重新定居"，为恢复那里的犹太人集体农庄而工作，并且要求犹委会给予帮助，甚至还有一些人自发前往克里木考察。④犹太共产党员Я. 坎托尔为此致函犹委会说："我直接向你们请求的原因是：首先，犹委会是目前唯一能够代表苏联犹太社团承担这项任务的组织；其次，因为消除法西斯对犹太居民实施暴行所造成的后果、减轻他们的痛苦是犹委会的当务之急。"⑤在克里木解放前几个月，因为成千上万的犹太人无家可归，这个问题愈显紧迫。为了让所有犹太居民的经济状况尽快恢复正常化，达到同各兄弟民族完全相当的水平，犹委会领导人于是提出了建立犹太族苏维埃社会主义共和国的方案。

2. 犹委会领导人之所以选择克里木，乃是出于对各种历史因素和现

---

① Письмо ЕАК в СНК СССР о создании еврейской республики в Крыму, 15 февраля 1944 г., Г. В. Костырченко, *Еврейский антифашистский комитет в СССР, 1941-1948: Документированная история*, с.136.
② 参见〔俄〕伊利亚·爱伦堡：《人·岁月·生活》（下卷），第345页。
③ Arno Lustinger, *Stalin and the Jews: The Red Book: The Tragedy of the Jewish Anti-Fascist Committee and the Soviet Jews*, p.131.
④ Письмо в ЕАК из Магнитогорска, Без даты, Г. В. Костырченко, *Еврейский антифашистский комитет в СССР, 1941-1948: Документированная история*, с.139.
⑤ Из письма Я. Кантора в ЕАК, 25 марта 1945 г., Г. В. Костырченко, *Еврейский антифашистский комитет в СССР, 1941-1948: Документированная история*, с.140.

实因素综合考虑的结果。克里木是俄国犹太人的传统聚居区之一。19 世纪，沙皇政府就已经在这里建立了犹太人农业殖民地。1920 年代，在苏联政府支持下，美国犹太人联合分配委员会附属的美国犹太人联合农业公司、美国犹太人农业定居协会等慈善组织曾投资数百万美元在克里木开发土地，帮助建设苏联犹太人社区。① 1930 年代，苏联政府在克里木北部地区建立了 3 个犹太自治区。到 1939 年，居住在克里木半岛的犹太人多达 85000 名。② 1938 年，由于国内政策的变化，苏联当局把美国犹太人联合分配委员会的代表礼送出境。但是双方在战前所建立的良好关系却为日后合作奠定了基础。

　　二战爆发后，苏联保护了欧洲几乎一半犹太居民的生命。犹太人联合分配委员会为此致函犹委会主席米霍埃尔斯，提出要给遭受战争之害的犹太人以资助。③ 1943 年 9 月，米霍埃尔斯和费费尔在访美期间，受苏联政府之命与犹太人联合分配委员会的主要领导人罗森贝格、美国犹太人作家艺术家科学家委员会领导人戈德堡等人讨论了在克里木安置犹太人的计划。由于当地犹太人已经被纳粹屠杀殆尽，资源遭到严重破坏，犹太人联合分配委员会的领导人认为至少在不久的将来克里木并不是安置犹太人的理想之地。④ 但是在与米霍埃尔斯和费费尔会谈后，罗森贝格还是提出保证，如果苏联提出把犹太人迁移到克里木，犹太人联合分配委员会就给予物质援助。⑤ 这就为犹太共和国的建立提供了物质

---

① Судебное следствие: Допрос подсудимых Л. Я. Тальми, В. П. Наумов, *Неправедный суд, Последний сталинский расстрел*(стенограмма судебного процесса над членами Еврейского антифашистского комитета), с. 247-249.

② Arno Lustinger, *Stalin and the Jews: The Red Book: The Tragedy of the Jewish Anti-Fascist Committee and the Soviet Jews*, p. 147. 但是，希蒙·雷德利克认为，战前克里木有 6 万犹太人，占总人口的 7.4%，其中 1/3 居住在犹太人聚居区。参见 Shimon Redlich, *Propaganda and Nationalism in Wartime Russia: The Jewish Antifascist Committee in the USSR, 1941-1948*, p. 53.

③ Судебное следствие: Допрос подсудимых И. С. Фефера, В. П. Наумов, *Неправедный суд, Последний сталинский расстрел*(стенограмма судебного процесса над членами Еврейского антифашистского комитета), с. 25.

④ *Stalin's Secret Pogrom: The Postwar Inquisition of the Jewish Anti-Fascist Committee*, Edited and with introductions by Joshua Rubenstein and Vladimir P. Naumov, p. 19.

⑤ Судебное следствие: Допрос подсудимых И. С. Фефера, В. П. Наумов, *Неправедный суд, Последний сталинский расстрел*(стенограмма судебного процесса над членами Еврейского антифашистского комитета), с. 25.

保证。因为没有国外的援助,未来的犹太共和国几乎无法自立。

3. 苏联犹太人渴望建立自己的民族国家。在构成苏联的 17 个主要民族中,除了犹太人与鞑靼人之外,其余 15 个民族都有自己的加盟共和国。即便是克里木鞑靼自治共和国撤销后,鞑靼人还有一个喀山自治共和国,而犹太人只有一个设在远东的比罗比詹犹太自治州。这个犹太自治州不仅从 1934 年建立之日起就徒有虚名,而且,"这个地区的地位早就规定了是自治州,而不是共和国"①。因此,它是一个并不成功的试验。② 为了"以布尔什维克的方式、按照列宁-斯大林民族政策的精神,一劳永逸地解决犹太民族国家-法律地位及其古老文化进一步发展的问题",犹委会领导人于是提出了在克里木建立犹太族苏维埃共和国的方案。③ 这也意味着在苏联建立一个名副其实的犹太苏维埃社会主义共和国来取代比罗比詹犹太自治州。④

4. 在当时,克里木成为解决犹太人难民问题的唯一选择。克里木半岛位于黑海和亚速海之间,属温带草原气候,景色优美,气候宜人,是黑海著名的旅游胜地,面积 27000 平方公里,靠近东欧犹太人的传统聚居区,是犹太人向往的安居之地。特别是在二战期间,英国和美国既反对成千上万的犹太难民移居巴勒斯坦⑤,同时也以种种理由限制犹太难民进入其本土。整个战争期间,英国和美国接收的犹太移民分别为 10000

---

① 〔俄〕帕维尔·苏多普拉托夫:《情报机关与克里姆林宫》,第 331 页。
② 1945 年 2 月 10 日,斯大林在雅尔塔告诉罗斯福,苏联在比罗比詹建立犹太人家园的尝试失败了,因为犹太人散布到别的城市去了。参见〔美〕查尔斯·波伦:《历史的见证(1929—1969 年)》,刘裘、金胡译,商务印书馆 1975 年版,第 252 页。1956 年 8 月,赫鲁晓夫在接见加拿大劳工进步党代表团时还说:"我们曾经建起一个比罗比詹市。在这件事上投入了很多资金,糟糕的是犹太人在比罗比詹市只留下了一些犹太语的标记。如果正视这件事,那就不能不承认,犹太人不想到那里去。"参见《赫鲁晓夫与加拿大劳工进步党代表团的谈话记录(1956 年 8 月 29 日)》,载沈志华总主编:《苏联历史档案选编》,第 26 卷,第 521 页。1958 年,赫鲁晓夫在接受法国媒体采访时正式承认,"比罗比詹方案"是不成功的。
③ Письмо ЕАК в СНК СССР о создании еврейской республики в Крыму, 15 февраля 1944г., Г. В. Костырченко, *Еврейский антифашистский комитет в СССР, 1941-1948: Документированная история*, с.138.
④ Ж. А. 49, Сталин и «дело врачей», Новые материалы, *Вопросы истории*, 2003, № 1, с.93.
⑤ 1939 年 5 月 17 日,英国政府颁布《关于巴勒斯坦问题白皮书》,规定从 1939 年 4 月起 5 年内只允许 7.5 万犹太人进入巴勒斯坦,所以把大批犹太难民挡在巴勒斯坦之外。战争期间,美国为了维护中东这一战略要地的稳定,也不愿干预英国在巴勒斯坦问题上的政策。

人和 70000 人。1943 年 4 月，英美在百慕大就战后解决犹太难民问题举行了会谈，最后确定的解决方案是将其在原住国重新安置，而不是向外迁移。① 这样，遭到希特勒种族灭绝的欧洲犹太人即便能够侥幸逃脱纳粹的魔掌，也别无立足之地。建立克里木犹太共和国的想法就是在这种背景下产生的。②

5. 苏联政府决定撤销克里木鞑靼自治共和国为犹太人建国提供了机遇。克里木鞑靼自治共和国是 1921 年 10 月 18 日根据俄罗斯联邦苏维埃和中央执委会的决议成立的。到 1938 年，该共和国人口数量增至 1126429 人，其中俄罗斯族 558481 人（占 49.6%），鞑靼族 218179 人（19.8%），乌克兰族 154120 人（13.7%），另外还有德意志族人等其他一些民族。③ 但是克里木地区鞑靼人的民族主义活动却非常活跃。1941 年 10 月，德军占领克里木半岛大部分地区。1942 年 7 月，德军在塞瓦斯托波尔战役中获胜，完全占领克里木半岛。德国人实行分而治之的策略，对鞑靼人优抚有加，并联合鞑靼民族主义者对付俄罗斯人。在纳粹的宣传和利诱下，许多鞑靼人特别是权贵和富人都投靠了德国人，建立自卫队和警察组织，协助德国人修筑工事与红军和游击队作战，并且在后方建立了反革命活动集团反对苏维埃政权，而鞑靼自治共和国的居民对这些叛国者也没有予以反对。④ 因此，1943 年 12 月 27 日，苏联部长会议通过了撤销克里木鞑靼自治共和国的决议。这就为犹太人移民克里木提供了机遇。

6. 斯大林希望以通过建立克里木犹太共和国的方式在战后取得西方的经济援助。1941 年 6 月德国入侵给苏联的国民经济造成了严重破坏，克里木也不例外。为了重建被战争破坏的经济，斯大林亲自抛出"克里木方案"，目的就是通过奉行讨好犹太人的政策预先取得美国社会的支持，以援助苏联犹太人的名义获得大量资金，用来发展苏联的冶金和煤

---

① 全克林：《英美与"10 万犹太难民进入巴勒斯坦"问题》，《广西师范大学学报》（哲学社会科学版）2009 年第 4 期，第 117—118 页。
② Ж. А. Медведев, Сталин и «дело врачей», Новые материалы, *Вопросы истории*, 2003, № 1, с.93.
③ 师建军：《苏联特殊移民问题研究》，陕西师范大学博士论文，2008 年，第 41 页。
④ Закон Об упразднении Чечено-Ингушской АССР и о преобразовании Крымской АССР в Крымскую область, *ПРАВДА*, 28 июнь 1946 г..

炭工业。苏联驻美国旧金山情报站站长海费茨和驻华盛顿情报站站长扎鲁宾负责协调执行斯大林的这一计划。正是他们两人负责安排了1943年犹委会代表团对美国的访问。而引进美国犹太人资金乃是米霍埃尔斯和费费尔访美的主要任务之一。①

（二）"克里木方案"的诞生

1943年12月，米霍埃尔斯和费费尔结束访问返回莫斯科后，立即把与美国犹太人联合分配委员会会谈结果向洛佐夫斯基做了汇报，并且受到莫洛托夫和贝利亚的接见。洛佐夫斯基支持在克里木建立犹太人共和国的想法。接着犹委会开会讨论了这一问题。

由于犹委会内部对在克里木还是在伏尔加德意志人自治共和国②地区建立犹太共和国存在分歧，而且这个问题事关重大，所以他们开始寻求国家对这个问题的原则性决定。在洛佐夫斯基安排下，米霍埃尔斯、爱泼斯坦和费费尔一同拜见了苏联人民委员会副主席莫洛托夫。③莫洛托夫认为，把过去的德意志共和国变成犹太共和国听起来不错，但是缺乏可行性，因为犹太人是城市居民，不能简单地让他们去开拖拉机。因此，他否决了在伏尔加地区建立犹太人共和国的想法，但是他说："至于克里木，你们写封信。我们研究一下。"④于是，根据莫洛托夫的提议，犹委会领导人开始草拟给斯大林的呈文。⑤

---

① 〔俄〕帕维尔·苏多普拉托夫：《情报机关与克里姆林宫》，第333—336页。
② 1941年9月3日至20日，苏联政府为防止伏尔加德意志共和国的德意志人投敌和从事破坏活动，下令将其整体迁移到哈萨克斯坦等地。
③ Г. В. Костырченко, *В плену у красного фараона, Политические преследования евреев в СССР в последнее сталинское десятилетие, Документальное исследование*, с.34.
④ Судебное следствие: Допрос подсудимых И. С. Фефера, В. П. Наумов, *Неправедный суд,Последний сталинский расстрел(стенограмма судебного процесса над членами Еврейского антифашистского комитета)*, с.28. 爱泼斯坦后来曾参与起草关于克里木呈文草稿的希梅利奥维奇说，这是按照"上面"的指示做的。参见 Протокольная запись(последнего слова подсудимых), В. П. Наумов, *Неправедный суд,Последний сталинский расстрел(стенограмма судебного процесса над членами Еврейского антифашистского комитета)* с.371.
⑤ 现在仍不清楚是谁最早提出"克里木方案"的。据说，犹委会里由中央委员会机关任命的几名编内工作人员积极地推动了这个主意，并有意把莫洛托夫拉了进来。后来才清楚，这几个人是国家安全部的秘密工作人员。参见〔俄〕列昂尼德·姆列钦：《历届外交部长的命运》，第344页。还有人认为这个议案是莫洛托夫和卡冈诺维奇在克里姆林宫召见米霍埃尔斯和费费尔时提出来的，并授意他们给斯大林写信。参见 Louis Rapoport, *Stalin's War*

由于犹委会第三次全体会议召开在即（拟于 1944 年 2 月 27 日召开），所以犹委会领导人决定加快这个事情的步伐。米霍埃尔斯把草拟呈文的任务交给了希梅利奥维奇，但是后者拟定的呈文因为言辞过于激烈而被否定。① 因此，费费尔和爱泼斯坦又另外起草了一份呈文。草稿完成后，他们交给洛佐夫斯基审阅。洛佐夫斯基看后指出，他们把犹太人所受的苦难写得太多了，这些情况本来就是众所周知的，没有必要赘述。所以，他建议把那些感情色彩太浓的语句删掉，把提出移民的主要理由留下。费费尔和爱泼斯坦于是按照洛佐夫斯基的意见进行了修改。② 后来洛佐夫斯基因为参与修订这一草案而付出了沉重的代价。1944 年 2 月 15 日，洛佐夫斯基把由米霍埃尔斯、爱泼斯坦和费费尔共同署名的呈文提交给莫洛托夫。莫洛托夫看后又作了一些修改，并建议把信直接发给他。这样，他就有机会亲自向斯大林汇报此事，然后根据斯大林的意见做出回应。他想亲自帮助犹太人完成这项似乎很实际也没有多少危险的事业。而如果信直接寄给斯大林，他就可能失去发表意见的机会。所以，这封信的称呼就由开始的"亲爱的约瑟夫·维萨里昂诺维奇"变成了"亲爱的维亚切斯拉夫·米哈伊洛维奇"，落款日期也由 1944 年 2 月 15 日改为 1944 年 2 月 21 日。③ 2 月 24 日，莫洛托夫办公室签收了

（接上页）*Against the Jews: The Doctors' Plot and the Soviet Solution*, p.91. 不过有一点是明确的，斯大林和其他最高领导人早就知道"克里木方案"并对这个问题进行了讨论，否则他们不会让其他党政高层领导在这件事上忙碌，而且鼓励犹委会领导人提交正式议案。参见 Shimon Redlich, *War, Holocaust and Stalinism: A Documented Study of the Jewish Anti-Fascist Committee in the USSR*, p.48.

① Г. В. Костырченко, *В плену у красного фараона, Политические преследования евреев в СССР в последнее сталинское десятилетие, Документальное исследование*, с. 34-35.

② Судебное следствие: Допрос подсудимых С. А. Лозовского, В. П. Наумов, *Неправедный суд, Последний сталинский расстрел(стенограмма судебного процесса над членами Еврейского антифашистского комитета)*, с. 174-175.

③ 还有另外两种说法。一是犹委会领导人 1944 年 2 月 15 日把"关于克里木问题的报告"呈交到斯大林办公室后，担心报告未必会呈报到斯大林手里。所以，一周以后，米霍埃尔斯把同一份报告通过热姆丘任娜转交给莫洛托夫。于是，报告的抬头变成了"致苏联人民委员会副主席维·米·莫洛托夫同志"。报告文本上有莫洛托夫和谢尔巴科夫的标注。二是认为第二次将"关于克里木问题的报告"呈交给莫洛托夫是一个有意制造的"阴谋"。根据俄国学者 A.M. 博尔夏戈夫斯基的看法，如果这不是斯大林的点子（"让我们瞧瞧维亚切斯拉夫怎么做"），那么就是马林科夫、贝利亚、日丹诺夫等嫉妒莫洛托夫长期占据斯大林接班人位置的那些人当中某个人的点子。参见 Ж. А. Медведев, Сталин и «дело врачей», Новые материалы, *Вопросы истории*, 2003, № 1, с. 93, 95.

此信，编号为 M 2314 号。同日，莫洛托夫把该信批转联共（布）中央书记马林科夫、米高扬、谢尔巴科夫和国家计划委员会主席沃兹涅先斯基，要求他们进行研究。①

在给苏联领导人的信中，犹委会领导人从被疏散的犹太人返乡存在的困难、犹太人散居苏联各地对国家建设和犹太文化发展带来的不利影响、国内反犹主义的余烬复燃、犹太人在比罗比詹犹太自治州建设中表现出来的超凡本领和能力、世界犹太人可能提供的重要帮助等方面论述了建立犹太共和国的可行性。他们指出："为了所有阶层犹太居民经济状况的正常化和苏联犹太文化进一步的成长与发展，为了最大程度地动员犹太人的全部力量造福于苏维埃祖国，为了让犹太民众在各兄弟民族中达到完全均衡的程度，我们相信本着解决战后问题的目的，提出建立犹太苏维埃社会主义共和国的问题是适时的和有益的。"并且表示，无论是在安置所需的空间方面，还是在犹太民族区域发展的经验方面，克里木地区都能最大程度地满足这些要求，都是最合适的地方。因此，他们在最后正式提议：

（1）在克里木地区建立犹太苏维埃社会主义共和国。
（2）在克里木解放之前，及时委派一个政府委员会解决该问题。②

这就是"克里木方案"的来历。目前还无法确定莫洛托夫把该信转交给斯大林的时间。但是档案材料表明，斯大林收到的版本不止一个。③

---

① Arkady Vaksberg, *Stalin Against the Jews*, pp. 122, 125-126；〔俄〕帕维尔·苏多普拉托夫：《情报机关与克里姆林宫》，第 333—334 页。但苏多普拉托夫列出的该信文件编号为 M-23314，参见 Pavel Sudoplatov and Anatoli Sudoplatov, *Special tasks: The Memoirs of an Unwanted Witness - A Soviet Spymaster*, p. 286.

② Письмо ЕАК в СНК СССР о создании еврейской республики в Крыму, 15 февраля 1944г., Г. В. Костырченко, *Еврейский антифашистский комитет в СССР, 1941-1948: Документированная история*, с. 138-139.

③ Arno Lustinger, *Stalin and the Jews: The Red Book: The Tragedy of the Jewish Anti-Fascist Committee and the Soviet Jews*, p. 149. 由于目前无法看到其他版本，所以本文依据的是 1944 年 2 月 15 日的版本。参见 Письмо ЕАК в СНК СССР о создании еврейской республики в Крыму, 15 февраля 1944 г., Г. В. Костырченко, *Еврейский антифашистский комитет в СССР, 1941-1948: Документированная история*, с. 136-139.

建立犹太国家是许多世纪以来都没人能够解决的一大难题。因此,"克里木方案"立即在苏联国内外引起广泛关注。尽管这一方案最初是在一个很小的圈子里并且是在极其保密的情况下讨论的,但是相关消息很快就不胫而走。该方案"不仅在莫斯科的犹太居民中公开谈论,在政权上层中也广为谈论"①,并且受到苏联广大犹太民众以及其他民族优秀代表人物的广泛欢迎。到1944年3月,整个莫斯科都知道了即将在克里木建立犹太族苏维埃共和国的事情,甚至在一些学校里人们还开玩笑地讨论起政府部门的部长职务分配问题。但是,这个方案也遭到一些人的抵制。除了党内的反对者之外,也包括爱伦堡和李维诺夫等一些头脑清醒、比较理智、在政治上具有先见之明的犹太知识分子的代表人物。不过,在当时,他们的声音很快就被淹没了。②

1944年5月12日,克里木半岛全部解放。克里木鞑靼人因"积极从事反对苏联人民的背叛活动"受到严惩。根据苏联国防委员会的决议,1944年5月18日至20日,191044名鞑靼人被整体放逐到乌兹别克共和国、马里自治共和国等地。③随后,这里变成了一个对居民实行严密监控的边境地区,不论是鞑靼人还是其他一些民族的人都禁止在克里木居住,即便是后来从红军部队退伍的克里木鞑靼人也不允许回来定居。这就为犹太共和国的建立提供了一个难得的机遇。当时在莫斯科,犹委会、犹太文学界和文化界对"克里木方案"都满怀希望和期待。

与此同时,美国犹太人对此也极为关心。1944年6月,美国商会主席埃里克·约翰斯通和美国驻苏大使威廉·埃夫里尔·哈里曼在拜会斯大林时,专门讨论了在白俄罗斯的主要犹太居民点恢复州和向克里木进行犹太移民的问题。"约翰斯通向斯大林描绘了一幅令人高兴的蓝图,如果达成这件事情,苏联在战后可获得美国的长期贷款。"④罗森贝格也

---

① 〔俄〕帕维尔·苏多普拉托夫:《情报机关与克里姆林宫》,第336页。
② Arkady Vaksberg, *Stalin Against the Jews*, pp.126-127.
③ 师建军:《苏联特殊移民问题研究》,第43—44页。有人认为犹委会领导人之所以能够在克里木鞑靼人被放逐之前两个月就拿出"克里木方案",很可能是他们通过洛佐夫斯基早就获悉了这个只有克里姆林宫高层领导人才知道的计划,否则他们是不会贸然行事的。参见 Arkady Vaksberg, *Stalin Against the Jews*, pp.124-125.
④ 〔俄〕帕维尔·苏多普拉托夫:《情报机关与克里姆林宫》,第336页。

把苏联,特别是克里木看成是"战后全欧洲犹太难民的一个可能的避难所"①。在筹备雅尔塔会议时,哈里曼还向苏方询问过关于建立犹太共和国以争取美国贷款的计划进展情况。②

犹委会领导人非常乐观。克维特科曾受犹委会委派前往克里木进行调研。费费尔向米霍埃尔斯保证,"克里木方案"会得到莫洛托夫、卡冈诺维奇和伏罗希洛夫的支持。③时任乌克兰共产党中央第一书记赫鲁晓夫在回忆录中说,莫洛托夫就这个问题给他"打过电话,交换过看法"④。贝利亚曾在秘宅亲自接见费费尔,与他研究有关成立克里木犹太共和国的问题。⑤洛佐夫斯基明确通知犹委会领导人,苏联领导人有可能同意在克里木建立犹太人共和国。1944年年中或1945年,苏联国家计划委员会副主席鲍里索夫的办公室曾收到指示,"审查用于筹建未来克里木犹太共和国的财政需求"⑥。以至于当时传言米霍埃尔斯有可能担任犹太共和国苏维埃主席,爱泼斯坦将担任部长会议主席,犹委会领导人已经开始"分配部长职位"⑦。

但是,苏联当局更看重的是借此取得西方的经济援助。1945年,苏联官方散布传言说:"在克里木将建立一个犹太自治共和国,全世界的犹太人都可到那里去,尤其是深受法西斯主义迫害的欧洲犹太人。"其目的是"想弄清是否可以借此从西方获取资本,以重建遭战争破坏的国民经济"。根据贝利亚的指示,化名马特维耶夫的苏多普拉托夫在与哈

---

① Shimon Redlich, *Propaganda and Nationalism in Wartime Russia: The Jewish Antifascist Committee in the USSR, 1941-1948*, p.130.
② 〔俄〕帕维尔·苏多普拉托夫:《情报机关与克里姆林宫》,第336页。
③ Shimon Redlich, *War, Holocaust and Stalinism: A Documented Study of the Jewish Anti-Fascist Committee in the USSR*, p.48.
④ 〔俄〕尼基塔·谢·赫鲁晓夫:《赫鲁晓夫回忆录》,第2卷,第985页。
⑤ 〔俄〕帕维尔·苏多普拉托夫:《情报机关与克里姆林宫》,第336页。
⑥ Shimon Redlich, *War, Holocaust and Stalinism: A Documented Study of the Jewish Anti-Fascist Committee in the USSR*, p.45.
⑦ 〔俄〕帕维尔·苏多普拉托夫:《情报机关与克里姆林宫》,第335页;Arno Lustinger, *Stalin and the Jews: The Red Book: The Tragedy of the Jewish Anti-Fascist Committee and the Soviet Jews*, p.149; Судебное следствие: Допрос подсудимых И. С. Ватенберга, В. П. Наумов, *Неправедный суд, Последний сталинский расстрел*(стенограмма судебного процесса над членами Еврейского антифашистского комитета), с.280.

里曼大使会晤时，曾试探过美国人对这个问题的态度。① 甚至在二战胜利后，斯大林还与美国参议员代表团就在克里木建立犹太共和国和在白俄罗斯犹太人曾聚居的地区恢复戈麦尔州的问题进行了会谈，并请求他们不要将贷款和技术仅限于这两个地方，不要受具体计划的束缚。"斯大林想通过这种方式从西方筹集100亿美元的资金以重建被战争破坏的经济。"② 按照斯大林的估计，苏联要恢复西部被严重破坏的区域需要6—7年或更多的时间。因此，他在1946年10月23日回答美国合众社社长休·贝利提出的问题"俄国是否还愿意取得美国的借款"时，依然明确表示："愿意。"③ 俄国学者也认为："苏联为反法西斯同盟的共同胜利付出了最大牺牲，做出了那么重要和宝贵的贡献，是有理由期待西方盟友帮助自己重建被破坏的经济的。"④

一直到1946年年中，"克里木方案"都左右着苏联犹太文学界和文化界。"犹委会的领导人天天都在等待正面回应。"⑤

四、与国内反犹主义进行斗争

反犹主义是犹太人的死敌。所以，对犹委会来说，同反犹主义进行斗争义不容辞。

苏德战争爆发后，由于众所周知的原因，苏联政府在疏散西部地区居民时，给了犹太人一些优先权。但是，这一政策却引起俄罗斯族和其他民族的不满和非议。战争期间，尽管有50万犹太人在红军和游击队里浴血奋战，但是，苏联国内却广泛流传着一种说法：犹太人太"胆

---

① 〔俄〕帕维尔·苏多普拉托夫：《情报机关与克里姆林宫》，第310—311、336、357页。1945年1月，莫洛托夫曾经在给哈里曼的一份照会里提出希望美国给苏联提供60亿美元长期贷款，用于战后国家重建。双方在雅尔塔会议期间还就这一问题进行了讨论，但一直没有谈妥。参见〔美〕查尔斯·波伦：《历史的见证（1929—1969年）》，第232页。
② 〔俄〕帕维尔·苏多普拉托夫：《情报机关与克里姆林宫》，第335页。
③ 《斯大林文集（1934—1952）》，第514—515页。
④ 〔俄〕亚·维·菲利波夫：《俄罗斯现代史（1945—2006年）》，吴恩远等译，中国社会科学出版社2009年版，第1页。
⑤ Arno Lustinger, *Stalin and the Jews: The Red Book: The Tragedy of the Jewish Anti-Fascist Committee and the Soviet Jews*, p.151.

小",他们"躲避上前线参加战争"①。犹委会主席团成员贝格尔森在古比雪夫的电车上就听到有人"妖言惑众",说"前线上没有犹太人"②。1942年8月17日,共产国际总书记季米特洛夫在会见明斯克共青团书记马尔恰夫斯基时,听后者说,德国人几乎杀害了白俄罗斯的所有犹太居民,但"犹太人没有进行任何抵抗,他们就像被赶去屠宰的羊。他们当中很多人认为这是'上帝的惩罚',只有一部分犹太人参加了游击队,甚至犹太人中的共青团员都不愿逃离遭屠杀的地方。他们不想离开自己的家人"③。在公交汽车、有轨电车上,在电话中或者其他地方,人们随处都可以听到关于犹太人如何"在西伯利亚作战"或"在车间保卫祖国"④等风凉话。一些人公然造谣说,犹太人的勋章都是在远离前线的亚洲黑市上购买的。⑤那些佩带军功勋章的犹太老兵在大街上经常受到羞辱。人们一看见他们就会在后面追着喊:"犹太佬,你从哪里买的奖章?"⑥

事实上,有关犹太人逃避作战的传闻与官方的舆论导向不无关系。1941年12月初,斯大林在莫斯科与波兰流亡政府总理瓦·西科尔斯基会谈建立波兰军队时,他两次重复说,犹太人是"不合格的、差劲的士兵"⑦。据斯维特兰娜回忆,斯大林在一次和她谈话中曾指责她的第一任犹太人丈夫说:"你的那个年轻人太会打算了。你看,前方打得多么可怕,那里是枪林弹雨,你看他,躲在后方享清福……"⑧1945年2月10日,斯大林与罗斯福在雅尔塔会议期间闲聊时,把犹太人称作"掮客、奸商和寄生虫"⑨,并在秘密会谈时说,"犹太人仿佛是很糟糕的士兵"⑩。

---

① Л. Люкс, Еврейский вопрос в политике Сталина, с. 43-44.
② Судебное следствие: Допрос подсудимых Д. Р. Бергельсона, В. П. Наумов, *Неправедный суд, Последний сталинский расстрел(стенограмма судебного процесса над членами Еврейского антифашистского комитета)*, с. 85.
③ 〔保〕季米特洛夫:《季米特洛夫日记选编》,第209页。
④ Письмо Я. Кантора в ЕАК, Без даты Г. В. Костырченко, *Еврейский антифашистский комитет в СССР, 1941-1948: Документированная история*, с. 111-112.
⑤ Arno Lustinger, *Stalin and the Jews: The Red Book: The Tragedy of the Jewish Anti-Fascist Committee and the Soviet Jews*, p. 131.
⑥ Louis Rapoport, *Stalin's War Against the Jews: The Doctors' Plot and the Soviet Solution*, pp. 84-85.
⑦ Benjamin Pinkus, *The Jews of the Soviet Union: The History of a National Minority*, pp. 140, 340.
⑧ 〔苏联〕斯维特兰娜·阿利卢耶娃:《致友人的二十封信》,第205页。
⑨ 〔美〕查尔斯·波伦:《历史的见证(1929—1969年)》,第252页。
⑩ Л. Люкс, Еврейский вопрос в политике Сталина, с. 57.

因此，苏联国家安全部特别重大案件侦查处副处长弗·科马罗夫上校在战后曾经直言不讳："我们鼓励甚至自己也散布，在战争期间犹太人从前线上逃下来，跑到大后方，在部队他们在司令部或军需部门闲待着，他们是不中用的士兵，是投机分子。"他声称这是党和国家对犹太人的政策。①

戈德堡指出，战争期间，苏联是反法西斯同盟国中"唯一出现反犹主义的国家"。在英美等国，反犹分子在1930年代中期曾经嚣张一时，不过战争爆发后均销声匿迹，"因为反犹主义等同于纳粹主义，而纳粹主义等同于叛国"。但是在苏联，过去几十年内不敢抬头的反犹分子现在却公开侮辱犹太人，常常威胁甚至殴打犹太人。宣布反犹主义是叛国罪的法令赫然在册，但是警察却对这些反犹事件熟视无睹，任由反犹分子逍遥法外。对苏联犹太人来说，这些绝非区区小事。"这冲击到他们在这片土地上的立身之本。"②

更为严重的是，反犹主义不仅在苏联普通民众当中死灰复燃，而且在一些苏联党政部门内部也复活了。其主要表现就是解除犹太人的职务、公开羞辱犹太人。1942年8月17日，联共（布）中央宣传鼓动部部长亚历山德罗夫向中央委员会书记马林科夫、谢尔巴科夫和安德烈耶夫提交了一份就艺术领域内的干部政策问题给联共（布）中央书记处的备忘录，详细列举了在莫斯科和列宁格勒的音乐、电影、戏剧界占据统治地位的犹太人名单，声称真正的俄罗斯艺术家已遭到"封杀"，就连艺术委员会的领导职位也被犹太人窃据。③结果，从1942年到1944年，苏联文化界的数十名犹太人因为年龄、疾病、工作调整等各种理由被俄罗斯族人取代，其中包括著名电影导演谢尔盖·尤特科维奇，莫斯科音乐学校校长、钢琴家亚历山大·戈尔丹维泽尔（其职位被俄罗斯作曲家维萨里昂·舍巴林取代）等。1943年10月，苏联著名女演员法·格·拉涅夫斯卡娅因为"闪米特人特征十分明显，尤其是在特写镜

---

① 〔美〕利季亚·沙图诺夫斯卡娅：《克里姆林宫内幕》，第215—216页。
② B. Z. Goldberg, *The Jewish Problem in The Soviet Union: Analysis and Solution*, pp. 56-57.
③ Управление пропаганды и агитации ЦК ВКП(б) — в секретариат ЦК ВКП(б) о кадровой политике в области искусства, 17 августа 1942 г., Г. В. Костырченко, *Государственный антисемитизм в СССР. От начала до кульминации*, 1938-1953, с. 27-30.

头里",就被禁止出演《伊凡雷帝》中的一个角色。①

1942年,苏联保健人民委员米捷列夫(Митерев)在两个半月的时间里,就把医学杂志编辑中的犹太人全部辞掉了。②1943年春,莫斯科大学③校长以"在罗蒙诺索夫学院由犹太人来领导一个系所是令人尴尬的"为由,建议施托尔(Штор)教授辞去领导职务。校长列举了许多已经被解除职务的人,并解释说"据说有这么一项规定"。他还承诺可以保留施托尔教授的实验室和工资待遇。

1943年,苏联医学科学院院士、研究所所长谢尔盖耶夫要求什泰恩换掉由她担任主编的医学杂志编委会的两名犹太人秘书,理由是这两人的姓氏一看就是非俄罗斯人的姓氏。他说,必须减少编辑部中犹太人的人数。因为有一项规定,要求减少犹太人的数量——领导人员、主任医师差不多要减掉90%。他甚至扬言:"希特勒正在撒传单说苏联遍地都是犹太人,这有辱于俄罗斯民族的文化。"什泰恩表示,果真如此,那就先把她撤掉,因为她也不是俄罗斯人的姓氏。谢尔盖耶夫马上回应说,她在国外影响太大,不在此列。后来什泰恩根据叶梅利扬·雅罗斯拉夫斯基(Емельян Ярославский)院士的建议给斯大林写信反映了此事。斯大林委托马林科夫进行处理。马林科夫随后在联共(布)中央书记处召见了什泰恩,并且与她进行了两个小时的座谈。由于当时苏联官方的反犹主义还不敢明目张胆地公开进行,所以,马林科夫告诉什泰恩,她要毫不犹豫地怀疑这是敌人干的事,甚至发出这一指示的敌对分子就隐藏在中央委员会机关内部。现在有各种各样的间谍被秘密派到苏联来搞破坏活动。马林科夫肯定了什泰恩的做法,同时对谢尔盖耶夫大

---

① 〔俄〕亚历山大·雅科夫列夫:《雾霭:俄罗斯百年忧思录》,第183页。法·格·拉涅夫斯卡娅(1896—1984),1915年开始舞台生涯。1949年以后在莫斯科苏维埃剧院演出。扮演过高尔基的《瓦萨·热列兹诺娃》中的瓦萨、赫尔曼的《小狐狸》中的伯德等许多角色。
② Судебное следствие: Допрос подсудимых Б. А. Шимелиовича, В. П. Наумов, *Неправедный суд, Последний сталинский расстрел*(стенограмма судебного процесса над членами Еврейского антифашистского комитета), с.209.
③ 莫斯科大学全称"莫斯科国立罗蒙诺索夫大学"。1755年由俄国伟大的化学家、语言学家和哲学家米哈伊尔·瓦西里耶维奇·罗蒙诺索夫倡议并创办。它是俄国最早和最著名的综合性大学,也是苏联高等学校中最大的学府和苏联最大的教学、科研、文化中心。

加训斥，最后叫停了这一反犹行动。①

1943年9月，《红星报》总编Д. И. 奥滕贝格（犹太人）在没有犯任何错误、没有任何历史污点的情况下被联共（布）中央委员会革职。他不解其故，去问谢尔巴科夫。后者回答说"没有理由"，然后给他完整地宣读了中央决议："任命塔连斯基为《红星报》总编，撤销奥滕贝格的职务。"谢尔巴科夫补充道："就是这么说的——没有理由。"②事实上，奥滕贝格是因为不愿遵循克里姆林宫要求他开除手下犹太同仁的命令才被解职的。他甚至还上书党组织，对某些军队和许多后方地区"肆无忌惮的反犹主义"表示不满。③

1944年5月，当犹太人在克里木地区的安置出现问题时，一些党政部门官员对犹太人说："你们为什么不回到你们的比罗比詹去！"④甚至连洛佐夫斯基这样的政府要员都遭到诽谤和侮辱。在苏联情报局一位女职员家举办的新年聚会上，苏联情报局英国司党委书记沃尔科夫喝醉后肆无忌惮地叫骂，"所有的犹太佬都是混蛋！洛佐夫斯基是个混蛋，托洛茨基分子，孟什维克，是个犹太佬！所有的犹太佬都是商人"⑤。

白俄罗斯解放后，反犹主义在党的领导层风行一时，先后担任白俄罗斯共产党中央委员会第一书记的潘·康·波诺马连科和尼古拉·古萨罗夫都大肆攻击犹太人的民族主义。⑥

苏联官方反犹主义的另一表现就是刻意淡化纳粹对犹太人的大屠杀。1942年11月，苏联成立了调查和审判法西斯德国侵略者罪行非常

---

① Судебное следствие: Допрос подсудимых Л. С. Штерн, В. П. Наумов, *Неправедный суд, Последний сталинский расстрел (стенограмма судебного процесса над членами Еврейского антифашистского комитета)*, с. 317-318.
② Д. И. Ортенберг—И. В. Сталину с просьбой разъяснить причину своего снятия в 1943 году с должности ответственного редактора «Красной звезды», 6 мая 1949 г., Г. В. Костырченко, *Государственный антисемитизм в СССР. От начала до кульминации, 1938-1953*, с. 318-319.
③ 〔英〕奥兰多·费吉斯：《耳语者：斯大林时代苏联的私人生活》，第529页。
④ Arkady Vaksberg, *Stalin Against the Jews*, p. 130.
⑤ Судебное следствие: Допрос подсудимых И. С. Юзефовича, В. П. Наумов, *Неправедный суд, Последний сталинский расстрел(стенограмма судебного процесса над членами Еврейского антифашистского комитета)*, с. 130.
⑥ Shimon Redlich, *Propaganda and Nationalism in Wartime Russia: The Jewish Antifascist Committee in the USSR, 1941-1948*, p. 163.

委员会，最高苏维埃民族院主席、联共（布）中央政治局候补委员什维尔尼克出任主席。1943年11月基辅解放后，该委员会在12月25日完成了关于纳粹罪行的第一份调查报告。原文指出："希特勒匪徒屠杀了大量犹太人。1941年9月29日，他们宣布，所有的犹太人都必须带着自己的档案、现金和贵重物品去梅尼可夫和多克特列夫大街的拐角处报到。屠夫们把他们赶到巴比亚谷，抢走了他们的财物，随后把他们赶尽杀绝。"但经官方审查后修改为："希特勒匪徒把数以千计的市民带到梅尼可夫和多克特列夫大街的拐角处。屠夫们把他们赶到巴比亚谷，抢走了他们的财物，随后把他们赶尽杀绝。"1943年，该委员会公布了7份关于德国占领者的野蛮暴行的通报，只有一份提到犹太人。①

同时，苏联当局对有关宣传纳粹屠杀犹太人的文章审查也极为严格。1943年11月，格罗斯曼根据自己在乌克兰的见闻写了一篇名为"没有犹太人的乌克兰"的文章，揭露纳粹屠杀犹太人的暴行，但是却被《红星报》退稿，后来只能刊登到发行量有限、只有犹太人阅读的《团结报》上。②有一次，亚历山德罗夫审阅调查和审判法西斯德国侵略者罪行非常委员会准备在报刊上发表的关于法西斯占领者在基辅的犯罪暴行的通报，把"犹太人"一词全部改成了"和平公民"，并得到莫洛托夫、谢尔巴科夫等人的批准。苏联官方认为，纳粹大屠杀针对的是所有苏联公民，而不仅仅是对全体犹太人实行种族灭绝。从此，"和平公民"就成了苏联官方文件里描述被纳粹屠杀的犹太人的代名词。③

苏联是苏联犹太人的祖国。发生在苏联国内的反犹主义不仅严重伤害了苏联各阶层犹太人特别是大部分犹太知识分子的自尊心，让他们感到比"德国人灭绝了400万犹太人和他们亲朋好友死亡"更为痛苦压抑④，而且常常让他们在社会生活中无端受辱、难以工作和生活下去。因

---

① Л. Люкс, Еврейский вопрос в политике Сталина, с.44.
② 《没有犹太人的乌克兰》刊登于《团结报》1943年11月25日和12月2日。参见〔俄〕瓦西里·格罗斯曼：《生活与命运》，导读，第 xxv 页。
③ Л. Люкс, Еврейский вопрос в политике Сталина, с.44.
④ Судебное следствие: Допрос подсудимых Б. А. Шимелиовича, В. П. Наумов, *Неправедный суд, Последний сталинский расстрел*(стенограмма судебного процесса над членами Еврейского антифашистского комитета), с.209.

此,他们迫切希望犹委会采取措施,维护犹太人的权益。

其实,犹委会本身对反犹主义行为也早已忍无可忍。1942年5月28日,在犹委会第一次全体会议上,米霍埃尔斯就明确指出,委员会的活动不能仅限于为红军募集1000辆坦克和500架轰炸机,还应当"特别着重于同反犹主义的斗争",不论它在什么地方和以什么形式出现。米霍埃尔斯把宣传介绍犹太人在卫国战争中的作用及其贡献、同反犹主义进行斗争列为委员会的第二项重大任务。努西诺夫和什泰恩也强调了"同反犹主义作斗争的问题",并要求委员会在国内外的宣传鼓动活动中广泛宣传苏联犹太人在卫国战争中的英雄事迹和伟大的献身精神。①1942年11月,爱伦堡在文章中愤然写道:"犹太人曾经向往着乐土。现在,犹太人已经拥有这样的乐土:阵地前沿。"②

随着红军的胜利推进和沦陷区的不断收复,反犹主义也日趋严重。为了更加有效地批驳那些把犹太人看成是逃避战争责任的胆小鬼的反犹主义论调,在1943年2月召开的犹委会第二次全体会议上,以爱伦堡为首,包括菲宁贝格、马尔基什等人在内的犹委会成员倡议编辑出版一本直观地展示犹太人红军将士在卫国战争中的英雄业绩的俄文版汇编文集。爱伦堡表示,这本文集只印几千份是远远不够的,为了扩大它的影响力,就必须"加大发行量"。只有这样才能让那些犹太人红军将士在前线安心打仗,这"不是为了炫耀,而是为了我们共同的利益"。但是,这些观点遭到爱泼斯坦和费费尔的批评,他们坚决反对把与反犹主义的斗争包括在犹委会的活动之中。③不过爱泼斯坦和费费尔的意见并没有得到犹委会大多数成员的认可。作为在苏联国内外享有盛誉的记者和作家,爱伦堡利用自己的特殊地位与爱泼斯坦等人进行了公开的斗争。他甚至宣称,"就在国外犹太人中进行反法西斯主义宣传来说,犹委会一

---

① Из стенограммы заседания первого пленума ЕАК, 28 мая 1942 г., Г. В. Костырченко, *Еврейский антифашистский комитет в СССР, 1941-1948: Документированная история*, с. 68-70.

② Л. Люкс, Еврейский вопрос в политике Сталина, с. 43-44.

③ Из стенограмм выступлений на пленуме ЕАК, 18-20 февраля 1943 г., Г. В. Костырченко, *Еврейский антифашистский комитет в СССР, 1941-1948: Документированная история*, с. 72-74.

直无用武之地,因为犹太人最不需要反法西斯宣传。犹委会的主要任务必须包括与我们国内的反犹主义进行斗争"①。但是,他出版弘扬犹太人在卫国战争中的英雄业绩的《红皮书》的计划在1944年仍然被苏联当局"埋葬"。②

对于那些漠视犹太人对反法西斯战争贡献的行为,犹委会同样予以坚决回击。1945年5月22日,在苏联情报局召开的会议上,米霍埃尔斯表示,人们指控犹委会在具有历史意义的柏林战役中沽名钓誉是恐惧过度,"没人会认为是两个犹太人兄弟攻占了柏林……我们非常明白伟大的俄罗斯民族所发挥的重大作用和犹太民族所发挥的有限作用。我们义无反顾地这么做,目的就是为了让那些散布犹太人没有参战、在红军中没有犹太人的人闭嘴"③。

事实上,犹委会和爱伦堡这时正在呕心沥血编纂的《黑皮书》也是反对反犹主义的重大举措之一。但是,苏联犹太人没有料到,与战后苏联国内掀起的反犹浪潮相比,这一时期的反犹主义只不过是小巫见大巫而已。

第三节 犹太人反法西斯委员会对卫国战争胜利的贡献

卫国战争期间,在苏联情报局所建立的5个反法西斯委员会中,犹委会的工作最为活跃,对战争胜利做出的贡献也最大。主要表现在以下三个方面:

---

① Из справки комиссии ЦК ВКП(б) о деятельности ЕАК и «Эйникайт», Сентябрь 1946 г., Г. В. Костырченко, *Еврейский антифашистский комитет в СССР, 1941-1948: Документированная история*, с. 327.

② *The Black Book: The Ruthless Murder of Jews by German-Fascist Invaders Throughout the Temporarily-Occupied Regions of The Soviet Union and in the Death Camps of Poland during the War of 1941-1945*, Prepared under the editorship of Ilya Ehrenburg & Vasily Grossman, Translated from the Russian by John Glad and James S. Levine, p.XXIII.

③ Из стенограммы совещания в Совинформбюро по отчету ЕАК, 22 мая 1945 г., Г. В. Костырченко, *Еврейский антифашистский комитет в СССР, 1941-1948: Документированная история*, с. 177.

一、对外宣传成就非凡

犹委会的主要任务就是对外宣传。战争期间,犹委会里著名作家、艺术家、科学家、军人云集,他们是委员会在国内外进行宣传的骨干力量。但是,仅靠他们和委员会的数十名工作人员是不可能完成紧张而又繁重的宣传任务的,其中许多工作都是靠大批志愿者、战地记者、翻译、作家和新闻记者义务完成的。因为所有的文章都要经过采集、编辑、翻译、校对、送审、邮寄等许多环节,工作量之大可想而知。据统计,仅为犹委会提供文章的作家就多达4015人。① 正是这成千上万犹太人的爱国热情和奉献精神成就了犹委会在宣传方面的辉煌业绩。据洛佐夫斯基战后估算,在他领导犹委会的4年零2个月时间里,犹委会发往国外去的文章大约1.5万—1.6万篇。② 但根据阿龙·勒斯蒂格统计,犹委会新闻通讯社在战争期间总共给国外的通讯社提供了23000篇(册)文章和书籍、3000多张照片,这些材料"由8家通讯社发表在12个国家的264种期刊上"③。

犹委会的宣传不仅赢得了国外广大犹太人对苏联的支持和同情,充分调动了他们支援红军作战的热情,为红军募集了大量军用物资,为饱受战争之苦的苏联居民募集了诸多救济物资,而且有效地配合了苏联在政治、军事和外交方面的行动,为卫国战争的胜利做出重要贡献。1945年5月22日,爱泼斯坦在苏联情报局召开的会议上总结犹委会的工作时,不无骄傲地说:"犹委会在分配给他们的奋斗目标上,已经取得了巨大的成绩。"④ 联共(布)中央委员会在战后的许多文件中也不止一次

---

① Arno Lustinger, *Stalin and the Jews: The Red Book: The Tragedy of the Jewish Anti-Fascist Committee and the Soviet Jews*, p.136.
② Судебное следствие: Допрос подсудимых С. А. Лозовского, В. П. Наумов, *Неправедный суд, Последний сталинский расстрел(стенограмма судебного процесса над членами Еврейского антифашистского комитета)*, с.150.
③ Arno Lustinger, *Stalin and the Jews: The Red Book: The Tragedy of the Jewish Anti-Fascist Committee and the Soviet Jews*, p.136.
④ Из стенограммы совещания в Совинформбюро по отчету ЕАК, 22 мая 1945 г., Г. В. Костырченко, *Еврейский антифашистский комитет в СССР, 1941-1948: Документированная история*, с.174.

地表示,在伟大卫国战争期间,"犹委会在鼓励外国犹太人建立援苏委员会以及抵制反苏宣传方面卓有成就"①,"犹委会发挥了积极的作用,有助于动员国外犹太居民参加反对德国法西斯的斗争"②。赫鲁晓夫后来在回忆录中也指出,苏联情报局和犹委会的活动"显然有利于我们的国家、我们的政策和共产党,理当被视作有益的和必不可少的"③。曾经担任苏共中央宣传部部长的著名历史学家亚·尼·雅科夫列夫院士指出,犹委会"对于揭露法西斯的思想和政策做出了不可估量的贡献"。它的国际交往"有助于在国外募集食品、衣服、药品和外汇资金,这都是对我国无报酬的帮助"④。俄国学者也认为,"在大战期间,'公众外交'机构极富成效,其中包括'犹委会'"等。⑤

二、激发鼓舞了广大苏联犹太人的爱国热情

尽管犹委会是出于对外宣传的需要而建立的,但是,作为苏联国内唯一具有官方性质的中央犹太人组织,它在苏联犹太同胞中也形成了强大的凝聚力,成为苏联犹太人的团结核心,在动员苏联犹太人支援和参加卫国战争方面发挥了不可替代的作用。

犹委会建立后,有近一年的时间都是在国内开展活动的。犹委会的每一次反法西斯群众集会、每一次呼吁都在苏联犹太人当中引起了强烈反响。"在苏联社会的所有层面,犹太人成为反纳粹斗争的最活跃参与者。"⑥ 不论是在炮火纷飞的前线,还是在紧张生产的后方,苏联犹太人

---

① Из справки комиссии ЦК ВКП(б) о деятельности ЕАК и «Эйникайт», Сентябрь 1946 г., Г. В. Костырченко, *Еврейский антифашистский комитет в СССР, 1941-1948: Документированная история*, с. 326.
② Из записки М. А. Суслова и Г. Ф. Александрова с предложением прекратить деятельность ЕАК и Антифашистского комитета советских ученых, 7-8 января 1947 г., Г. В. Костырченко, *Еврейский антифашистский комитет в СССР, 1941-1948: Документированная история*, с. 345.
③ 〔俄〕尼基塔·谢·赫鲁晓夫:《赫鲁晓夫回忆录》,第2卷,第984—985页。
④ 〔俄〕亚历山大·雅科夫列夫:《雾霭:俄罗斯百年忧思录》,第183页。
⑤ 〔俄〕弗拉迪斯拉夫·祖博克、康斯坦丁·普列沙科夫:《克里姆林宫秘史》,第164—165页。
⑥ 〔美〕索尔·弗里德兰德尔:《灭绝的年代:纳粹德国与犹太人,1939—1945》,第205页。

都竭尽所能，为国奉献。

首先，犹太人在后方为支援卫国战争做出重要贡献。事实上，在苏联的大后方，为满足前线的需要而进行的工作非常艰苦和繁重。那些跟随所在的企事业单位疏散到内地的犹太人积极投身于新型武器和军事装备的设计，航空、坦克和船舶制造，科学研究，工业、能源、冶金、运输等领域的企业建设和发展。他们在极其困难的条件下，"以充沛的精力和最大的奉献精神在众多企业和机构里工作着"①。1941—1945年，在支援前线的工作中，有18万名犹太科学家、工程师、各级管理人员和工人因其卓越的贡献获得勋章与奖牌。其中超过200名犹太人获得了列宁勋章；近300名犹太人因其在科技领域的贡献获得斯大林奖金；12名犹太人获得了社会主义劳动英雄的称号；在科学院物理数学、化学、技术部门有8名犹太人是正式院士，13名犹太人为通讯院士。②

犹委会成员以及与其相关的政府官员也获得了诸多荣誉。其中洛佐夫斯基和马尔基什荣获列宁勋章；洛佐夫斯基和希梅利奥维奇荣获卫国战争一级勋章；洛佐夫斯基、布雷格曼和希梅利奥维奇荣获"保卫莫斯科"奖章；希梅利奥维奇、克维特科和什泰恩荣获"劳动红旗"勋章；费费尔、戈夫施泰因和捷乌明获得"荣誉"勋章；希梅利奥维奇和马尔基什获得"1941—1945年伟大卫国战争战胜德国"奖章；洛佐夫斯基、费费尔、布雷格曼、优素福维奇、希梅利奥维奇、克维特科、马尔基什、贝格尔森、戈夫施泰因、祖斯金、什泰恩、塔尔米、捷乌明和瓦滕贝格-奥斯特洛夫斯卡娅获得"1941—1945年伟大卫国战争中忘我劳动"奖章；什泰恩获得斯大林奖金。③

其次，犹太人在新闻宣传工作中也表现突出。爱伦堡从卫国战争一开始到1945年4月一直在《红星报》担任战地记者。他经常冒着生命

---

① Из стенограммы заседания первого пленума ЕАК, 28 мая 1942 г., Г. В. Костырченко, *Еврейский антифашистский комитет в СССР, 1941-1948: Документированная история*, с. 69.
② А. И. Солженицы, *Двести лет вместе(1795-1995)*, Часть II, с. 357-358.
③ Протокол закрытого судебного заседания Военной Коллегии Верховного Суда СССР (стенограмма), 8 мая-18 июля 1952 г., В. П. Наумов, *Неправедный суд, Последний сталинский расстрел(стенограмма судебного процесса над членами Еврейского антифашистского комитета)*, с. 13-16.

危险进行采访,编写新闻。他和红军指战员"就像一个连里的战士那样亲密无间"。卫国战争期间,苏联的《真理报》《消息报》《红星报》等许多报纸及广播电台几乎每天都发表和广播他撰写的反法西斯政论文章或通讯特写。他的文章成为激励红军战争奋勇作战的精神力量。一位战士在写给爱伦堡的信中说:"您的声音即使在最困难的时刻也是同我在一起,因为前线的战士们信任您。"① 格罗斯曼出任《红星报》战地记者后,很快便赢得各方好评,其坚韧勇敢给几乎所有人留下了深刻的印象。"他报道了所有的主要战役,从莫斯科保卫战到攻克柏林,普通士兵和高级将领都爱看他的文章。成群的前线士兵聚集在一起,而其中一人从唯一一份《红星报》大声朗读报纸的内容;作家维克多·涅克拉索夫曾在斯大林格勒参加战斗,他记得'登载着格罗斯曼和爱伦堡文章的报纸被读了又读,直到报纸已经变得破破烂烂'。"② "莫斯科广播电台"的首席播音员尤里·列维坦也为卫国战争胜利做出特殊贡献。他不但在1941年6月22日向全国播报了卫国战争开始的消息,而且在1945年5月9日宣读了纳粹德国的投降书。战争期间,苏联最高统帅斯大林的各项命令、苏联政府所有的重要声明、文件和战报均为列维坦播报。他总共播报了2000多份战时公报和120多份快报。"人民一听到他的声音便受到鼓舞,增添力量,敌人一听到他的声音胆战心惊,恨之入骨。1941年冬,德军兵临莫斯科近郊时,拟定的13人黑名单中,第一名是斯大林,第二名便是列维坦。"③ 纳粹德国宣传部部长戈培尔曾悬赏10万马克要拿下列维坦的人头。苏联著名作家西蒙诺夫写道:"卫国战争期间,无论在硝烟弥漫的战壕,还是在沦陷区,一到播放战事新闻的时候,人们总能听到列维坦深厚、沉稳的男中音。在失利的时候,他给人以希望;在胜利的时候,他给人以欢乐。"④ 苏联元帅罗科索夫斯基宣称,列维坦的声音抵得上一个整编师。1944年,米·伊·加里宁在克里姆林宫授予列维坦劳动红旗勋章。

---

① 参见〔俄〕伊利亚·爱伦堡:《人·岁月·生活》(下卷),第259页。
② 〔俄〕瓦西里·格罗斯曼:《生活与命运》,导读,第 xxiv 页。
③ 〔苏联〕弗·马祖林著,赵水福摘译:《麦克风旁——记苏联卫国战争中的著名播音评论员列维坦》,《新闻大学》1981年第1期。
④ 范靖国:《广播与战争》,《国际新闻界》1993年Z1期。

卫国战争期间，"苏联的战争开支超过了 5500 亿卢布，其中很大一部分是通过抽彩、战争贷款、人们的捐款和捐赠筹到的"[①]。而犹委会在其中也发挥了重要作用。在它宣传号召下，苏联犹太人非常踊跃地参加了在全国各地开展的各种为苏联国防基金募捐的活动。为此，斯大林在 1943 年 4 月 19 日亲自致电在古比雪夫的犹委会：

> 致苏联犹委会主席、苏联人民艺术家米霍埃尔斯同志，抄送责任书记沙·爱泼斯坦同志，抄送作家贝格尔森、费费尔、克维特科、加尔金同志，抄送雕塑家萨布赛同志，抄送包特金医院总医师希梅利奥维奇同志，抄送国防工厂分部负责人纳格列尔同志：请把我兄弟般的问候和红军的谢意传达给苏联的犹太劳动者，他们为建造"斯大林民族友谊"号空军中队和"苏联比罗比詹"号坦克纵队额外捐赠了 33294823 卢布。约·斯大林。[②]

在犹委会收到的成千上万封电报当中，这是唯一一封带有苏联最高领导人传真签名的感谢电报。这无疑是对犹委会工作的最大肯定。1946 年 2 月 23 日，斯大林在庆祝红军建军 28 周年时发布的命令中说："如果没有工人、农民、知识分子的忘我劳动，如果没有他们在物质上和精神上的支援，红军是不可能战胜敌人的。"[③] 这其中自然离不开苏联犹太人的竭诚奉献。

第三，苏联犹太人在战场上也立下汗马功劳。卫国战争期间，有 420000 名犹太人在陆军服役，65000 人在空军服役，40000 人在海军服役，即是说，有 525000 名犹太人在战场上浴血奋战，奋勇杀敌。[④] 在

[①] Arno Lustinger, *Stalin and the Jews: The Red Book: The Tragedy of the Jewish Anti-Fascist Committee and the Soviet Jews*, p.117.

[②] Arkady Vaksberg, *Stalin Against the Jews*, p.116. 阿龙·勒斯蒂格所言 3294823 卢布可能有误。该材料出自 1945 年在莫斯科出版的一本意第绪语书籍。参见 Arno Lustinger, *Stalin and the Jews: The Red Book: The Tragedy of the Jewish Anti-Fascist Committee and the Soviet Jews*, p.117.

[③]《斯大林文集（1934—1952）》，第 485—486 页。

[④] Salo W. Baron, *The Russian Jew Under Tsars and Soviet*, New York: Schocken Books, 1987, p.259. 另有学者统计，在苏联军队中参战的犹太士兵达 55 万人。参见 Isaac Kowalski, ed.,

苏联西部的德军占领区，犹太人很快就建立了抵抗组织，并且在游击队当中发挥了重要作用。大约有 20000 多名犹太游击队员在沦陷区坚持战斗。从奥斯维辛集中营逃出来的犹太人弗拉基米尔·爱泼斯坦率领一支 70 人的游击支队，打死了 120 名纳粹党卫军。游击队消灭了数千名纳粹及其合作者，捣毁了他们的战争物资。[1] 18 岁的犹太女青年玛莎·布鲁斯金纳可能是苏联最早最有名的抵抗斗士之一。1941 年 10 月 26 日，她和其他两位战友在明斯克被德国人公开绞死。1943 年 9 月，犹太妇女耶莱娜·马扎尼科在明斯克用埋下的炸弹炸死了第三帝国专员威廉·库贝。比尔斯基兄弟在战争中获得了传奇性声誉。[2] 水鱼雷团中队长施伊克·克尔顿斯基（Шик Кордонский）"开着燃烧的飞机冲向了敌人的运输船"，成为苏联不朽的英雄。维克多·哈辛（Виктор Хасин）是航空大队指挥员，组织参加了 257 场空战，他亲自击落了 10 架敌机，并在机场摧毁了 10 架飞机。[3] 18 岁的犹太士兵哈伊姆·德什金在全身受伤 40 处的情况下，依然摧毁了 5 辆德军坦克，被授予"苏联英雄"称号，后来又荣获列宁勋章和红星勋章。这样的犹太英雄不胜枚举。在卫国战争中，有 50 名犹太军官被提升为将军，20 万人战死沙场。[4] 按照人口总数，苏联犹太人排在俄罗斯人、乌克兰人、白俄罗斯人、乌兹别克人、鞑靼人之后，居第 6 位。但是，根据 1944 年 5 月苏联国防人民委员部总干部统计，在 2952 名红军将军中，犹太族将军共 102 人，仅次

（接上页）*Anthology on Armed Jewish Resistance, 1939-1945*, New York: Jewish Combatants Publishers House, 1984, p.15. 这还不包括那些积极参加地下斗争、帮助盟军收集情报、建立秘密交通线、破坏德军设施等的犹太人。但据俄国国防部中央档案馆的资料，卫国战争期间应征入伍的犹太人总数为 434000 人。参见 А. И. Солженицы, *Двести лет вместе(1795-1995)*, Часть Ⅱ, с.363.

[1] Hilary L. Rubinstein, Dan Cohn-Sherbok, Abraham J. Edelheit and William D. Rubinstein, *The Jews in the Modern World: A History Since 1750*, London: Arnold, 2002, p.190.

[2] 参见〔美〕索尔·弗里德兰德尔：《灭绝的年代：纳粹德国与犹太人，1939—1945》，第 205 页。

[3] А. И. Солженицы, *Двести лет вместе(1795-1995)*, Часть Ⅱ, с.359.

[4] 参见〔美〕索尔·弗里德兰德尔：《灭绝的年代：纳粹德国与犹太人，1939—1945》，第 205 页。另有学者认为，战死沙场的犹太人大约有 16 万到 20 万，具体数字很难统计准确。参见 Hilary L. Rubinstein, Dan Cohn-Sherbok, Abraham J. Edelheit and William D. Rubinstein, *The Jews in the Modern World: A History Since 1750*, p.190.

于俄罗斯人、乌克兰人、白俄罗斯人,居第4位。① 在盟军的任何军队里,甚至是在美国军队里,犹太人在高层所占据的位置都没有像在苏联军队里这么显赫。② 犹太人当中涌现出的战斗英雄和所获得的勋章数量也是惊人的。在11000多名荣获苏联军队最高荣誉称号——"苏联英雄"的红军指战员之中,犹太人占157人③,仅次于俄罗斯族(8160人)、乌克兰族(2069人)、白俄罗斯族(309人)、鞑靼族(161人)④,居第5位,是苏联各民族中英雄比例最高的民族之一。⑤ 根据2001年的最新档案资料,在整个战争中,获得勋章与奖牌的犹太人有123822人。⑥ 荣获苏联勋章的犹太士兵总共有60000名。⑦ 在苏联所有的民族中,犹太人荣获勋章的人数排名第五。⑧

在这些战斗英雄当中,有18人是犹委会成员。其中米哈伊尔·普洛特金机长是第一名轰炸柏林的苏联飞行员(1941年8月7日)。雅科夫·克赖泽尔是红军里军阶最高的犹太将军,他在保卫莫斯科的战役中屡建奇功,是第一个荣获"苏联英雄"勋章的犹太人。1942年8月31日,他在莫斯科召开的犹委会会议上说:"我们的民族给世界提供了

---

① 其中不包括海军、内务人民委员部、国家安全人民委员部和其他人民委员部材料。参见《苏联国防人民委员部总干部部长戈利科夫关于苏军将领的统计资料给斯大林的报告(1944年5月18日)》,载沈志华总主编:《苏联历史档案选编》,第16卷,398页。
② А. И. Солженицы, *Двести лет вместе(1795-1995)*, Часть Ⅱ, с.356.
③ Valery Vorobiev, "the USSR and the Establishment of the State of Israel", p.287;德国犹太裔历史学家阿龙·勒斯蒂格认为荣获"苏联英雄"称号的犹太人共146人,参见 Arno Lustinger, *Stalin and the Jews: The Red Book: The Tragedy of the Jewish Anti-Fascist Committee and the Soviet Jews*, p.138;索尔·弗里德兰德尔认为是123人,参见〔美〕索尔·弗里德兰德尔:《灭绝的年代:纳粹德国与犹太人,1939—1945》,第205页;还有学者统计是145人,参见 Hilary L. Rubinstein, Dan Cohn-Sherbok, Abraham J. Edelheit and William D. Rubinstein, *The Jews in the Modern World: A History Since 1750*, p.190.
④ 张建华:《简论苏联的犹太人问题》,《当代世界与社会主义》2003年第2期,第118页。
⑤ Zev Katz, editor, *Handbook of Major Soviet Nationalities*, p.363. 俄国学者瓦西里·沃罗别夫说,犹太人在"苏联英雄"中所占比例最大,这一说法显然有误。他可能是把犹太人获得"苏联英雄"称号的人数在当时苏联犹太人口总数中所占的比率,与犹太人获得"苏联英雄"称号的人数在整个苏联英雄总数中所占比率搞混了。参见 Valery Vorobiev, "the USSR and the Establishment of the State of Israel", p.287.
⑥ Г. В. Костырченко, *Тайная политика Сталина, власть и антисемитизм*, с.245.
⑦ Hilary L. Rubinstein, Dan Cohn-Sherbok, Abraham J. Edelheit and William D. Rubinstein, *The Jews in the Modern World: A History Since 1750*, p.190.
⑧ 排在前四位的依次是:俄罗斯人,乌克兰人,白俄罗斯人,鞑靼人。参见 А. И. Солженицы, *Двести лет вместе(1795-1995)*, Часть Ⅱ, с.357.

许许多多的智者和杰出的思想家,它同时也是一个为其自由而战的民族……作为一名红军将领以及犹太人民的儿子,我发誓,在最后一个法西斯主义者从地球表面消失之前,我不会放下武器。"[1]1944年5月,他率军收复了克里木半岛,并且在库兰德(Kurland)接受了德国武装部队的投降条约,他获得了5枚列宁勋章、4枚红旗勋章、苏沃洛夫和库图佐夫勋章,并且在战后荣升为陆军上将。阿龙·卡茨是苏联最出色的坦克专家之一,也是陆军军官学校的装甲武器教授,经常为犹委会接待外国客人。波林娜·格里曼上尉是犹委会中最著名、最受欢迎的成员之一,作为女子夜间轰炸团的机长,多次参加对德军阵地的轰炸,出色地完成了869次飞行任务,并且为犹委会接待外宾,后来荣获"苏联英雄"称号。伊斯拉埃尔·菲萨诺维奇是苏联著名的潜水艇指挥官,1942年4月荣获"苏联英雄"勋章,1944年夏天在执行任务时为国捐躯。[2]许多人的英雄事迹都在《团结报》上报道过。事实上,"犹太人在战争中的卓越功勋远非数字所能表现"[3]。

三、为苏联军民争取了大量的金钱和物资援助

德国历史学家阿龙·勒斯蒂格指出,在苏联情报局所属的5个反法西斯委员会中,"犹委会开展的与苏联生存有关的活动数量最多"[4]。在犹委会的大力宣传和争取下,国外犹太人对苏联的援助一直从战时延续到战后,不仅持续时间长、范围广,而且名目繁多。援助的东西包括现金、食品、衣物、药品、医疗设备、机器设备、救护车等,不一而足。因此,要统计出一个具体的数目,或者折合成一个准确的金额是非常困难的。

---

[1] Arno Lustinger, *Stalin and the Jews: The Red Book: The Tragedy of the Jewish Anti-Fascist Committee and the Soviet Jews*, pp. 138-139.

[2] Arno Lustinger, *Stalin and the Jews: The Red Book: The Tragedy of the Jewish Anti-Fascist Committee and the Soviet Jews*, pp. 140-142.

[3] Arno Lustinger, *Stalin and the Jews: The Red Book: The Tragedy of the Jewish Anti-Fascist Committee and the Soviet Jews*, p. 138.

[4] Arno Lustinger, *Stalin and the Jews: The Red Book: The Tragedy of the Jewish Anti-Fascist Committee and the Soviet Jews*, p. 112.

国外犹太人的援助意义重大。俄国历史学家彼得罗娃说："犹太因素在第二次世界大战中发挥了重要作用。……必须提到，美国犹太人中包括许多最富有的企业家、金融家、商人。他们对苏联的积极帮助是我国克服战时巨大的物质损失的重要因素。英国、加拿大和其他反希特勒盟国中的犹太人也是富有而且具有影响力的。"①

根据希蒙·雷德利克教授和阿龙·勒斯蒂格的统计，战争期间，俄国战争救济犹太委员会总共为援助红军基金成功地筹集了1000多万美元。②1946年，戈德堡来苏联访问，费费尔给苏联犹太人介绍说，美国的俄国战争救济组织为苏联募捐了6000万美元，戈德堡在其中发挥了重要作用。③但1952年洛佐夫斯基却说俄国战争救济组织为苏联募捐了9300万美元。④考虑到洛佐夫斯基的身份和地位，这个数字可能更可信。但是，这也只是俄国战争救济犹太委员会和俄国战争救济组织募集的金钱数目。

1945年，俄国犹太殖民组织给苏联发送了价值19万美元的货物。1946年，该组织并入美国援助比罗比詹犹太移民委员会。1946—1948年，美国援助比罗比詹犹太移民委员会将价值50万美元的货物和机器设备运往比罗比詹。⑤该组织主席 J. M. 布迪什（Budish）为帮助斯大林格勒的孤儿募集了100万美元。⑥据洛佐夫斯基说，直到1951—1952年苏联政府才禁止比罗比詹接受美国援助比罗比詹犹太移民委员会的款项。⑦

---

① Н. К. Петрова, *Антифашистские комитеты в СССР:1941-1945гг.*, с.233-234.
② Shimon Redlich, *War, Holocaust and Stalinism: A Documented Study of the Jewish Anti-Fascist Committee in the USSR*, p.73; Arno Lustinger, *Stalin and the Jews: The Red Book: The Tragedy of the Jewish Anti-Fascist Committee and the Soviet Jews*, p.124.
③ B. Z. Goldberg, *The Jewish Problem in The Soviet Union: Analysis and Solution*, p.78.
④ Судебное следствие: Допрос подсудимых С. А. Лозовского, В. П. Наумов, *Неправедный суд, Последний сталинский расстрел(стенограмма судебного процесса над членами Еврейского антифашистского комитета)*, с.159.
⑤ Shimon Redlich, *War, Holocaust and Stalinism: A Documented Study of the Jewish Anti-Fascist Committee in the USSR*, pp.223-224.
⑥ Arkady Vaksberg, *Stalin Against the Jews*, p.123.
⑦ Судебное следствие: Допрос подсудимых С. А. Лозовского, В. П. Наумов, *Неправедный суд, Последний сталинский расстрел(стенограмма судебного процесса над членами Еврейского антифашистского комитета)*, с.174. 需要指出的是，洛佐夫斯基早在1949年1月26日已经被捕，不知他的这一信息是如何获悉的。

国外犹太人对苏联的捐赠物资从战时到战后一直呈上升趋势。在这方面，最引人注目的是从美国、英国和巴勒斯坦寄到苏联的邮包日益增多。1943年寄到苏联的邮包总共有30000多个。1946年大约90000个左右。到了1947年则已超过180000个。① 而其准确价值则是无法估算的。

如果把所有项目统计在一起，国外犹太人在战时和战后的援苏总额达到数亿美元应该是不成问题的。事实上，假如不是苏联政府在接受和发放援助资金和物资方面存在的技术问题，以及过多地考虑了其中的政治因素，那么国外犹太人所能提供的援助资金和物资无疑会更多，苏联民众特别是犹太人无疑也能得到更多的实惠。

斯大林曾经指出："一项好的对外政策比前线的两三个集团军还重要。"② 苏联政府通过民间外交不仅从政治上加强了盟国之间的合作，而且也取得了可观的经济效果，可谓一举两得。正是由于犹委会对苏联卫国战争做出了重大贡献，它才为自己在战后的生存赢得了希望和机遇。

---

① Докладная записка МГБ СССР о Еврейском антифашистском комитете, 26 марта 1948 г., Г. В. Костырченко, *Еврейский антифашистский комитет в СССР, 1941-1948: Документированная история*, с. 368-369.
② 〔苏联〕安·安·葛罗米柯：《回首往事》（上），第235页。

第四章 冷战初期的苏联犹太人

1945年5月9日,世界反法西斯战争以同盟国的胜利和德意日法西斯的败亡而结束。但是,战争的结束并没有给世界带来真正的和平。随着美苏冷战的爆发,苏联犹太人再次被卷入新的矛盾和冲突中。

第一节 战后初期的犹太人反法西斯委员会

一、犹太人反法西斯委员会的对外交流与对内维权

卫国战争胜利后,犹委会的最初使命也基本完成。但是,不论是犹委会领导人还是苏联情报局,都希望它在新的形势下能够继续发挥作用。

1945年5月,犹委会给美国和世界其他国家的犹太人发去了一份名为"迈向新生活"的通讯稿,在苏联和盟国彻底打败纳粹德国之际,向全世界的兄弟姐妹们表示衷心的问候。文章表示,尽管犹太民族遭到史无前例的大屠杀,损失惨重,但是仍然"对全世界人民新纪元的开始充满希望和信心"。为了后代的幸福和自由,为了迈向建立在自由、平等、友爱基础上的新生活,犹委会希望在战后进一步加强与所有国家的犹太人团体之间的团结和友谊,以便在"与犹太社团中任何形式的反动行为作战,与公开或隐藏着的法西斯主义保护者作战"中取得更大的胜利。[①]

1945年5月22日,苏联情报局召开专门会议,讨论犹委会的工作问题。洛佐夫斯基这时已经放弃了在战争结束后撤销所有反法西斯委员

---

① Arno Lustinger, *Stalin and the Jews: The Red Book: The Tragedy of the Jewish Anti-Fascist Committee and the Soviet Jews*, pp. 134-135.

会的初衷。所以，他在会上强调说，考虑到阶级斗争即将激化，苏联将会遭到比预期更加激烈的攻击，"我们每一个部门、每一个委员会都将承担一项明确的任务"。因此，犹委会和其他反法西斯委员会一样，到了"现在该是问问我们自己应如何开始行动——如何加强与各类反动势力的斗争的时候了"。①1945年7月，洛佐夫斯基就所有反法西斯委员会的去留问题致函联共（布）中央委员会书记马林科夫，指出这些反法西斯委员会在战时为苏联建立了非常有益的关系，故建议让它们在战后继续从事自己的工作，"但必须要求所有反法西斯委员会领导人在工作上对联共（布）中央委员会直接负责"②。由于战后国内外形势正处于过渡时期，犹委会和其他反法西斯委员会的去留问题暂时被搁置下来。

1945年7月，犹委会责任书记爱泼斯坦因病去世。在犹太人事务中并不出名的所罗门·施皮格格拉兹被任命为犹委会代理责任书记。内务人民委员会的高级官员、在获取原子情报中表现出色的海费茨回国后受命出任犹委会副责任书记（1948年5月担任代理责任书记），成为犹委会的实际领导人。③尽管犹委会前途未卜，但是它的工作并未停止，甚

---

① Из стенограммы совещания в Совинформбюро по отчету ЕАК, 22 мая 1945 г., Г. В. Костырченко, *Еврейский антифашистский комитет в СССР, 1941-1948: Документированная история*, с.177. 关于洛佐夫斯基撤销5个反法西斯委员会的初衷，参见 Судебное следствие: Допрос подсудимых С. А. Лозовского, В. П. Наумов, *Неправедный суд, Последний сталинский расстрел*(стенограмма судебного процесса над членами Еврейского антифашистского комитета), с.167.

② Из записки С. А. Лозовского в ЦК ВКП(б) о ЕАК, Июль 1945 г., Г. В. Костырченко, *Еврейский антифашистский комитет в СССР, 1941-1948: Документированная история*, с.179.

③〔俄〕列昂尼德·姆列钦：《历届克格勃主席的命运》，第398页。苏多普拉托夫在回忆录里说，海费茨担任的是犹委会外联部书记的职务，参见〔俄〕帕维尔·苏多普拉托夫：《情报机关与克里姆林宫》，第339页。另外，在与犹委会有关的一些文件、档案以及研究著作中经常称费费尔是犹委会的责任书记或者代理责任书记，这一说法可能有误。例如苏共中央等《关于所谓"犹太人反法西斯委员会案件"》，载沈志华总主编：《苏联历史档案选编》，第28卷，第594页。经笔者查证，从1945年7月爱泼斯坦去世后到1948年11月犹委会被查封，费费尔在犹委会的文件上一直署名犹委会主席团成员，从未署名犹委会责任书记或者代理责任书记。1947年7月，《联共（布）中央关于改组犹委会的决定（草案）》中提名的犹委会责任书记候选人是利夫希茨（Лившиц），也非费费尔。参见 Проект постановления ЦК ВКП(б) о реорганизации Еврейского антифашистского комитета, Июль 1947 г., Г. В. Костырченко, *Еврейский антифашистский комитет в СССР, 1941-1948: Документированная история*, с.349. 尽管1952年7月10日费费尔在最高法院军事审判庭做补充供述时曾宣称自己"就任责任书记职务"，但这不足为凭。由于责任书记职位长期空缺，所以费费尔成为实际的负责人，但却一直没有得到苏联官方的正式任命。1946年

至工作范围还日渐扩大,不仅涉及与国外犹太人的交流与合作,而且对国内犹太人事务的关注也日渐增多。

(一)与西方犹太人的交流合作

戈德堡指出:"长期以来,犹委会一直是反法西斯战争的武器,现在它则试图成为建立反法西斯和平的工具。这项工作可能再一次影响到国际交流和对苏联善意的建立。"① 而这恰恰是苏联政府当时所需要的。"在1945年和1946年,把世界划分为共产主义地区和非共产主义地区的分界线也还没有明确地划出。"② 所以,1945年11月,艾森豪威尔将军向美国众议院的一个委员会报告说:"指导俄国外交政策的,莫过于俄国想同美国和平相处的愿望。"③ 俄国历史学家也认为,二战刚刚结束时,斯大林的初衷"并不是单方面地、不受羁绊地推行扩张主义政策,而是希望避免与西方发生冲突,为了建立自己的势力范围、解决国际事务争端,他甚至把与西方列强进行合作作为首选途径"④。所以,从1945年3月底到1946年1月下旬,斯大林在克里姆林宫办公室先后13次接见美国驻苏联大使哈里曼,这充分表明了"斯大林在战后初期与美国合作的政策取向"⑤。

1946年初,美苏关系开始发生蜕变。当德国和日本的法西斯政权

(接上页)6月21日,米霍埃尔斯在给联共(布)中央对外政策部部长米·苏斯洛夫的报告中就指出,爱泼斯坦死后,委员会责任书记的职责由费费尔履行。1952年5月8日,费费尔在法庭上也表示:"爱泼斯坦死后,我应该对一切负责。"参见 Судебное следствие: Допрос подсудимых И. С. Фефера; Протокол закрытого судебного заседания 10 июля 1952 г., В. П. Наумов, Неправедный суд, Последний сталинский расстрел(стенограмма судебного процесса над членами Еврейского антифашистского комитета), с.31,365; To Comrade M. Suslov, Director of the Section for Foreign Policy of the Central Committee of the Communist Party, 21 June 1946, http://www.loc.gov/exhibits/archives/m2antfac.html. 费费尔之所以直到最后都没有获得正式任命,可能与其资历较浅有一定关系。

① B. Z. Goldberg, *The Jewish Problem in The Soviet Union: Analysis and Solution*, p.61.
② 〔美〕威廉·哈代·麦克尼尔:《美国、英国和俄国:它们的合作和冲突:1941—1946年》,第83页。
③ 〔美〕安娜·路易丝·斯特朗:《斯大林时代》,第148页。
④ 〔俄〕弗拉迪斯拉夫·祖博克、康斯坦丁·普列沙科夫:《克里姆林宫秘史》,第377页。
⑤ 《斯大林克里姆林宫办公室来客登记簿(二)》,参见沈志华总主编:《苏联历史档案选编》,第20卷,第2、483、486、487、498、499、500、502、514、517、528、529、534页。

被击败后，盟国之间的合作也开始走向瓦解。莫洛托夫曾经指出："罗斯福善于隐藏对我们的态度，而杜鲁门却根本不会隐藏，公开地非常敌视我们。"① 因此，"美国和苏联都在寻找两国之间的未来关系模式"②。在这种形势下，"斯大林把目标从原来的建立帝国主义伙伴关系转变为努力实现单边安全"③。1946年2月9日，斯大林在莫斯科市斯大林选区的选民大会上发表演说，指出"在现今资本主义世界经济发展的条件下"，新的世界大战是无法避免的。他提出，苏联必须继续加速发展重工业，加强国防力量，只有这样，才有"足以应付各种意外事件的保障"④。斯大林的演说在西方引起轩然大波。美国自由派的领袖之一、最高法院法官威廉·道格拉斯断定斯大林的演讲是"第三次世界大战的宣言"⑤。1946年3月5日，丘吉尔在美国发表了著名的"铁幕"演说，号召英美联合起来共同对付苏联共产主义的扩张。斯大林公开谴责丘吉尔的方针"是进行战争的方针，即号召同苏联开战"⑥。1946年10月18日，美国国务卿贝尔纳斯在广播讲话中表示，"苏美关系日益紧张"⑦。因此，两国关系已经出现恶化迹象。

尽管如此，斯大林仍然认为，这些只是丘吉尔及英美有同类思想的"新战争挑拨者"所进行的"'新战争'喧嚣"，目前并不存在新战争的实际危险。⑧ 1946年12月21日，富兰克林·罗斯福的儿子埃利奥特·罗斯福到苏联拜访斯大林。他问道，像美国这样的民主制与苏联这样的共产主义政体能否在世界上和平共处，互不干涉内政？斯大林回答说：

---

① 〔苏联〕费·丘耶夫：《同莫洛托夫的140次谈话》，第91页。
② 〔俄〕鲁·格·皮霍亚：《苏联政权史（1945—1991）》，第18页。
③ 〔俄〕弗拉迪斯拉夫·祖博克、康斯坦丁·普列沙科夫：《克里姆林宫秘史》，第75页。
④ 《斯大林文集（1934—1952）》，第473、483页。美国历史学家威廉·哈代·麦克尼尔曾经指出："从一开始，布尔什维主义就是一种战争的信条。……布尔什维克经常想到战争，并且致力于这种主张，认为直到世界革命改变了人类社会的基础以前，战争是不可避免的而且是绝对的。"这句话可以看成是对斯大林演讲的一个注解。参见〔美〕威廉·哈代·麦克尼尔：《美国、英国和俄国：它们的合作和冲突：1941—1946年》，第112页。
⑤ 〔美〕沃尔特·拉费伯尔：《美国、俄国和冷战》，牛可、翟韬、张静译，世界图书出版公司2014年版，第35页。
⑥ 《斯大林文集（1934—1952）》，第498页。
⑦ 《斯大林论战后国际形势（一九四五——一九五三）》，人民出版社1956年版，第43页。
⑧ 《斯大林论战后国际形势（一九四五——一九五三）》，第41、44页。

"这不仅是可能的,而且是合理的,完全可以实现的。在战时最紧张的时候,政体的不同并没有妨碍我们两国联合起来并战胜我们的敌人。在和平时期,维持这种关系就更加可能了。"① 直到1947年4月9日,斯大林在会见美国共和党领袖史塔生的时候还指出:"两种不同的制度既然在战时能够合作,在和平时期又为什么不能合作呢?这里当然是指,如果有合作的愿望,那么,尽管经济制度不同,合作是完全可能的。……合作并不需要各国人民具有同样的制度。"② 由此可见,虽然苏联与西方民主国家存在思想上的分歧,但斯大林这时仍然希望双方能建立长期的友好合作关系。以赛亚·伯林指出,这时的苏联实行的是一种"隔离"而非"孤立"的对外政策,"她乐于参与国际交往,但她希望别的国家不要干预她的内部事务:也就是说,把自己与世界其他国家隔离开,但又不把自己孤立起来"③。

在这种形势下,调动西方的亲苏力量继续为苏联的对外宣传服务就成为苏联外交政策的一个重要内容。苏联政府"不断鼓励亲苏的美国犹太组织与苏联及犹委会保持关系"④。苏联驻西方国家的外交官也竭尽全力推动海外犹太人对苏联的积极态度。而犹委会作为苏联对外宣传的工具,自然可以在对西方犹太人特别是亲苏犹太人组织的宣传中继续发挥重要作用。

战后,犹委会收到很多来自不同国家的著名犹太公众人物要求帮助安排来苏旅行的申请。其中包括世界犹太人代表大会执行委员会主席戈尔德曼、美国犹太人大会主席斯蒂芬·怀斯、俄国战争救济犹太委员会主席路易·莱文、巴黎《新报》总编赖斯基等。⑤ 经过苏联政府的选择安排,一批重要的西方犹太组织及其领导人、著名记者纷至沓来,先后对苏联进行了访问。1945年5月,欧洲战场刚一取得胜利,加拿大共产

---

① 《斯大林文集(1934—1952)》,第516页。
② 《斯大林文集(1934—1952)》,第523、525页。
③ 〔英〕以赛亚·伯林:《苏联的心灵:共产主义时代的俄国文化》,第88页。
④ Shimon Redlich, *Propaganda and Nationalism in Wartime Russia: The Jewish Antifascist Committee in the USSR,1941-1948*, p.149.
⑤ Из докладной записки С. М. Михоэлса и И. С. Фефера в ЦК ВКП(б), 21 июня 1946 г.,Г. В. Костырченко, *Еврейский антифашистский комитет в СССР,1941-1948: Документированная история*, с.181.

党中央委员雷蒙德·戴维斯就以加共中央机关报记者的身份受派来苏进行了为期数月的访问，受到了犹委会责任书记爱泼斯坦等人的接待。爱泼斯坦告诉戴维斯，在苏联"不可能有反犹主义现象"①。1945年10月，俄国战争救济犹太委员会的高管们访问了苏联，米霍埃尔斯和费费尔表示希望他们"继续从事其出色的工作"②。1946年，路易·莱文专程来苏联访问，并特地与米霍埃尔斯举行了会晤。1946年7月，一个英国犹太人代表团访问了犹委会，代表团成员西尔韦尔曼在与米霍埃尔斯和费费尔会谈中表示，希望双方建立更加密切的联系。③在这些来访者中，最重要、最引人注目的无疑是美国犹太人作家艺术家科学家委员会主席戈德堡和美国共产党中央机关报《自由晨报》主编诺维克。

1946年1月11日，戈德堡抵达莫斯科访问。他是苏联的老朋友，早在1934年就曾造访苏联。这次是受《今日报》的委派来苏联访问的，其主要目的是了解战后苏联犹太人的政治、经济和文化生活，加强美苏犹太人之间的联系。苏联驻纽约总领事基谢廖夫给他办理了赴苏签证。④按照戈德堡的说法，他"实际上是犹委会的非官方客人"⑤。苏联方面对此次访问相当重视，制定了专门的接待计划。按照惯例，苏联情报局副局长洛佐夫斯基拨了5万—6万卢布作为招待会费用。⑥1月14日，犹委会主席团召开专门会议迎接这位来自美国的贵客。米霍埃尔斯在会上

---

① Судебное следствие: Допрос подсудимых Ч. С. Ватенберг-Островской, В. П. Наумов, *Неправедный суд, Последний сталинский расстрел(стенограмма судебного процесса над членами Еврейского антифашистского комитета)*, с. 291.

② Shimon Redlich, *Propaganda and Nationalism in Wartime Russia: The Jewish Antifascist Committee in the USSR, 1941-1948*, p. 150.

③ Докладная записка МГБ СССР о Еврейском антифашистском комитете, 26 марта 1948 г., Г. В. Костырченко, *Еврейский антифашистский комитет в СССР, 1941-1948: Документированная история*, с. 369.

④ Судебное следствие: Допрос подсудимых И. С. Фефера, В. П. Наумов, *Неправедный суд, Последний сталинский расстрел(стенограмма судебного процесса над членами Еврейского антифашистского комитета)*, с. 44.

⑤ B. Z. Goldberg, *The Jewish Problem in The Soviet Union: Analysis and Solution*, p. 3.

⑥ 洛佐夫斯基指出，苏联有一个规矩，每当国外对苏联有用的人来访，相应的组织都要为其举行招待会。招待会的规模大小视来人的级别、形势等安排。参见 Судебное следствие: Допрос подсудимых С. А. Лозовского, В. П. Наумов, *Неправедный суд, Последний сталинский расстрел(стенограмма судебного процесса над членами Еврейского антифашистского комитета)*, с. 184.

致辞，就戈德堡在 1943 年对他和费费尔访美国期间的热情接待表示感谢，并称赞戈德堡为"美国犹太人中进步力量的团结"做出巨大贡献。1 月 24 日，在米霍埃尔斯陪同下，戈德堡晋见了躺在病榻上的苏联最高苏维埃主席加里宁。加里宁告诉他说，比罗比詹随后可能会变成一个犹太共和国。戈德堡当日就向美国发回电报，报道了这一重要消息。[①] 随后，戈德堡还拜访了苏联人民委员会副主席卡冈诺维奇和苏联情报局副局长洛佐夫斯基。在戈夫施泰因陪同下，戈德堡到犹太会堂参加了逾越节，并用意第绪语向穿着节日盛装的人们发表了即兴讲话，表达了美国犹太人对苏联犹太人的问候。[②] 苏联作家协会为戈德堡举行了欢迎宴会。戈德堡在苏联深受尊敬和欢迎，因为他不仅是美国亲苏阵营的领袖，而且是俄国著名犹太作家肖洛姆·阿莱赫姆的女婿。1946 年 5 月 25 日，苏联方面在莫斯科工会大厦圆柱大厅举行了纪念阿莱赫姆的大会。戈德堡到会发言，声称他的岳父从没把美国当作自己真正的家，他一直希望可以回到苏联。

在苏联政府的精心安排下，戈德堡参观了苏联国内的许多地方，与各地政府官员和犹太人进行了座谈，收集了许多关于苏联犹太人的宣传资料。由于苏联当时没有国内旅行服务，所以戈德堡到各地参观均由犹委会负责安排。在费费尔陪同下，戈德堡参观了乌克兰、白俄罗斯和波罗的海沿岸共和国，受到了当地高层领导人的接待。他询问了当地工农业生产的恢复情况，与一些犹太人宗教社团主席交谈过。每到一个城市，当地的广播都会播放戈德堡到来的消息。他们首先要拜访市长，发表演讲，同时也会受到后者的精心接待。他们还要礼节性地拜访地方要人——党的书记、大企业负责人等。另外，戈德堡还挤出时间，参观犹太会堂，访问拉比和战后开始运行的意第绪语文化机构。在基辅，戈德堡参观了巴比亚谷地，并被告知那儿不久将建立一座受害者纪念碑。

---

① Судебное следствие: Допрос подсудимых Б. А. Шимелиовича, В. П. Наумов, *Неправедный суд, Последний сталинский расстрел(стенограмма судебного процесса над членами Еврейского антифашистского комитета)*, c.216.

② Судебное следствие: Допрос подсудимых Д. Н. Гофштейна, В. П. Наумов, *Неправедный суд, Последний сталинский расстрел(стенограмма судебного процесса над членами Еврейского антифашистского комитета)*, c.118.

比罗比詹犹太人自治州是戈德堡最关心的地方之一。那个时候，苏联远东地区事实上是禁止外国人参观的。只有外交部长莫洛托夫有权批准外国人到那里旅行。但是苏联政府却给了戈德堡这一殊遇。在费费尔陪同下，他仔细参观了比罗比詹。为了显示苏联人民（不管是犹太人还是非犹太人）开发犹太自治区的热情，戈德堡在每一处停留都受到盛情接待。他和费费尔在比罗比詹的全部旅程都被拍摄成影像，作为向犹太自治区移民的宣传资料在苏联国内放映。费费尔曾想把它作为对外宣传品让戈德堡拷贝并带回美国放映，但却没有获得批准。①

戈德堡对犹委会的前途和命运尤为关心，并且试图以自己的影响力加强它在苏联的地位。他对委员会的活动进行了一段时间的观察后告诉洛佐夫斯基，"犹委会似乎正在变为一种苏联犹太人代表大会，像美国犹太人代表大会一样。它可能将正式地承担这项职责"。既然战争已结束，它就应该相应地改变名称。②事实上，戈德堡把维护苏联犹太人的利益，加强苏联犹太人与世界犹太人之间的联系等许多希望都寄托在犹委会身上。1946年6月7日，他在离开苏联前夕致函洛佐夫斯基，再次强调了犹太人在世界舆论界的重要影响，并指出犹委会在苏联大有用武之地。为了扩大犹委会在西方的声誉和影响，他建议说，委员会不仅应该关注苏联犹太人生活的各个方面，而且应该与世界犹太人组织建立一种更紧密、更直接的联系。③在访问期间，戈德堡代表美国犹太人作家艺术家科学家委员会与犹委会达成了一系列合作协议，包括出版苏联犹太人文学年鉴和一本有关犹太人在卫国战争中的英雄业绩的书。他希望充分发挥犹委会对苏联犹太人社团的领导作用。1946年6月3日，犹委会为戈德堡举行了欢送宴会。戈德堡发现，尽管由于不同的社会制度把美苏两国犹太人划分在对立的阵营里，但是犹委会中的犹太知识分子和专家仍然认为"犹太人就是分布在世界上每个角落的所有犹太人"，并且相信应该抛开政治分歧，在共同的犹太基础上，"像犹委会一样与全

---

① B. Z. Goldberg, *The Jewish Problem in The Soviet Union: Analysis and Solution*, pp. 204-205.
② B. Z. Goldberg, *The Jewish Problem in The Soviet Union: Analysis and Solution*, p. 59.
③ Shimon Redlich, *Propaganda and Nationalism in Wartime Russia: The Jewish Antifascist Committee in the USSR, 1941-1948*, p. 152.

世界所有犹太人勠力合作"①。

　　苏联官方希望这次苏联之行能给戈德堡留下一个美好印象，以便这位富有影响力的作家在返回美国后能与读者和观众分享他在苏联的见闻。为此，苏联情报局给戈德堡提供了关于苏联对外政策、东欧新民主国家的状况及苏联政府对这些国家的态度的材料。犹委会给他提供了苏联工业恢复情况的材料。布雷格曼提供了关于苏联文化和经济建设成就的资料。捷乌明提供了关于波罗的海三个共和国的主要城市、纳粹德国所造成的损失、经济和工业恢复成就的资料。在旅行过程中，戈德堡还了解了各种企业的情况，会见了曾任拉脱维亚共和国部长会议主席的B. 拉齐斯（Лацис）和国家计委主任，向他们了解过一种新型建筑材料；在爱沙尼亚共和国，他会见了国家计划委员会主任，了解了爱沙尼亚工业和农业恢复的情况；在敖德萨，他会晤了犹太人宗教社团主席。这样，戈德堡就收集了不少有关苏联工业、农业、文化和宗教的材料。②

　　戈德堡没有辜负苏联政府的厚望。回国后，不论在公开场合还是新闻媒体上，他都对苏联大加褒扬。在其出版的小册子《苏联：朋友还是敌人》中，他对苏联的对外政策给予了充分肯定，并且批评了美国的政策。《团结报》也对此书进行了介绍。事实上，戈德堡对苏联日益猖狂的反犹主义和犹太文化面临的重重危机并非视而不见，而是把解决问题的希望寄托在苏联犹太社团与世界犹太人的交往之中。他希望通过自己不懈地努力"能够架起苏联犹太人与世界犹太人之间的桥梁"。为了推动美苏犹太人之间的交流，戈德堡在给米霍埃尔斯和费费尔的信中指出，美国普通犹太人远比整个美国舆论对苏联友好。由于戈德堡对苏联一往情深，以至于美国官方和一些犹太人在1947年怀疑他是苏联的"红色间谍"。美国联邦调查局和移民局差点吊销了他的美国公民身份。③

　　诺维克同戈德堡一样是美国著名的亲苏人士。美国共产党主席福斯

---

① B. Z. Goldberg, *The Jewish Problem in The Soviet Union: Analysis and Solution*, p.72.

② Судебное следствие: Допрос подсудимых И. С. Фефера; Допрос подсудимых Э. И. Теумин; Допрос подсудимых С. Л. Брегмана, В. П. Наумов, *Неправедный суд, Последний сталинский расстрел(стенограмма судебного процесса над членами Еврейского антифашистского комитета)*, с.26-27, 51, 55, 227.

③ Shimon Redlich, *Propaganda and Nationalism in Wartime Russia: The Jewish Antifascist Committee in the USSR,1941-1948*, pp.153-154.

特称赞他"是一个可信赖的人,在美国为捍卫苏联而战,成效卓著"①。1920 年代和 1930 年代,他曾访问过苏联,与苏联许多作家和记者私交甚笃,并且在 1943 年米霍埃尔斯和费费尔访美期间与之建立了密切关系。1946 年 9 月底至 1947 年 1 月初,诺维克对苏联进行了友好访问。他此次访问的目的是为了"批驳美国犹太人的反苏观念,特别是关于战后苏联的反犹主义"②。联共(布)中央对外政策部部长苏斯洛夫拨了 4 万卢布作为其专项接待费用。③

诺维克在苏联颇受优遇。犹委会为他举行了官方招待会。洛佐夫斯基接见了他。经苏斯洛夫批准,诺维克访问了乌克兰。在基辅,他会见了犹太人和乌克兰的知识分子,他们请求他传达乌克兰人与犹太人之间的友谊,并承诺竭尽全力消除纳粹反犹主义在乌克兰的流毒。他目睹了基辅被战争破坏后的惨状,发现人们住得很拥挤,因为房子大多毁于战火。④ 他还参观了巴比亚谷地。在明斯克,他会见到了当地白俄罗斯作家及白俄罗斯犹太剧院的演员,发现白俄罗斯和乌克兰政府一样支持犹太文化复兴。在维尔诺,他走访了那些在大屠杀中幸存的犹太青年以及当地唯一一所犹太学校的学生们。在犹委会主席团成员阿龙·库什尼罗夫和当地意第绪语诗人涅申·奥舍罗维奇陪同下,诺维克晋见了立陶宛共和国总统鲁斯塔斯·帕列茨斯基。双方讨论了"美国社会对于立陶宛人在纳粹占领期间反犹暴行的批评"。帕列茨斯基急于改变这种不良形象,"因为它影响了美国大众对立陶宛的态度"⑤。诺维克对比罗比詹也颇感兴趣,并且在贝格尔森的陪同下到比罗比詹游历了一段时间。苏联方

---

① Судебное следствие: Допрос подсудимых С. А. Лозовского, В. П. Наумов, *Неправедный суд, Последний сталинский расстрел(стенограмма судебного процесса над членами Еврейского антифашистского комитета)*, с.184.

② Shimon Redlich, *Propaganda and Nationalism in Wartime Russia: The Jewish Antifascist Committee in the USSR, 1941-1948*, p.154.

③ Судебное следствие: Допрос подсудимых С. А. Лозовского, В. П. Наумов, *Неправедный суд, Последний сталинский расстрел(стенограмма судебного процесса над членами Еврейского антифашистского комитета)*, с.185.

④ Судебное следствие: Допрос подсудимых Ч. С. Ватенберг-Островской, В. П. Наумов, *Неправедный суд, Последний сталинский расстрел(стенограмма судебного процесса над членами Еврейского антифашистского комитета)*, с.292.

⑤ Shimon Redlich, *Propaganda and Nationalism in Wartime Russia: The Jewish Antifascist Committee in the USSR, 1941-1948*, p.155.

面希望通过比罗比詹来展示苏联的民族政策，引起美国犹太人的关注及其对犹太劳动者和苏联的同情。① 另外诺维克还会见了老朋友塔尔米和瓦滕贝格夫妇。诺维克像戈德堡一样，每到一地都会受到热情欢迎，当地犹太人还请求他与苏联当局交涉以复兴犹太文化。

20多年来，诺维克在《自由晨报》上一次次地击退了美国犹太人当中的反苏分子对苏联的攻击。因此，苏联方面对他此次访问也寄予厚望。犹委会在为诺维克举行的告别会上毫不隐讳地多次请求他在返回美国后对苏联进行正面宣传。因此，尽管诺维克目睹了许多令人深感忧虑的反犹主义现象，但是他在回国后发表的文章中依然对苏联大唱赞歌，刻意掩盖了事实真相。而这正是苏联当局所期待的结果。

如果说战时犹委会的对外交流活动主要是"走出去"的话，那么战后则可以称之为"迎进来"。就犹委会本身而言，它非常渴望能够维持与世界犹太人组织在战争中建立起来的来之不易的联系，积极参与犹太人的国际活动，以便让苏联犹太人重新回到世界犹太人大家庭中去。

（二）维护苏联犹太人的权益和犹太文化的发展

基于国内犹太人的信任和需要，犹委会在战后对国内犹太人事务的关注越来越多。其重点仍旧集中在苏联犹太人的衣食住行和文化生活等方面。

犹太人在战后面临的困境是犹委会无法回避的社会问题。犹委会经常给苏维埃各级机关发去公函，请求给犹太公民提供帮助。1945年9月，当犹太籍红军战士的遗孤无人抚养时，费费尔请求莫斯科市福利部将其妥善安置。② 1946年9月23日，当在卫国战争中致残的医疗团退伍少校 A. M. 普赫利科急需衣物时，米霍埃尔斯又以犹委会主席的身份亲自致函红十字会主席 C. A. 科列斯尼科夫，请求他想方设法给予帮

---

① Судебное следствие: Дополнительные показания подсудимых, В. П. Наумов, *Неправедный суд, Последний сталинский расстрел*(стенограмма судебного процесса над членами Еврейского антифашистского комитета), c.352.

② Просьба ЕАК об устройстве еврейских детей-сирот в детдом, 9 ноября 1945 г., Г. В. Костырченко, *Еврейский антифашистский комитет в СССР, 1941-1948: Документированная история*, c.130.

助。① 为了给一些犹太公民争取物质帮助，犹委会不仅向苏维埃机关，还向莫斯科宗教团体的代表乔布鲁茨基（Чобруцкий）不断提出要求。②

犹太人返乡问题是困扰犹委会的一大难题。著名犹太作家肖洛姆·阿莱赫姆的弟弟一家在卫国战争前一直住在别尔季切夫市。1946年肖洛姆·阿莱赫姆的侄女 A.B.拉比诺维奇因病（患有肺结核）和她母亲暂住在莫斯科。她们和许多犹太人一样遇上了返乡问题。米霍埃尔斯和费费尔为此致函乌克兰共和国人民委员会副主席巴然，请求他做出指示，以便让她们返回别尔季切夫市，并且责成该市苏维埃归还肖洛姆·阿莱赫姆的家人在战前拥有的住宅。③ 与此相比，那些在战争期间疏散到中亚等地的犹太人遇到的返乡问题则更为严峻，甚至连政府部门都深感棘手。直到1947年，时任乌克兰共产党中央第一书记的赫鲁晓夫还打电话给乌兹别克斯坦共产党中央第一书记乌斯曼·尤苏波夫，抱怨那些战时被疏散到塔什干和撒马尔罕的犹太人"像乌鸦一样集体飞向乌克兰"。由于城市被毁，乌克兰已经没有地方安置所有的人了，那时给返回基辅的犹太知识分子找住所都很困难，所以赫鲁晓夫声称如果挡不住这股潮流，"基辅将发生针对犹太人的不利行为"④。

犹太文化在战后的生存和发展一直是犹委会关注的核心问题。1945年10月23日，费费尔在犹委会主席团会议上谈到委员会在国内的任务时指出，"在我们看来，目前我们存在不少非常严重的问题，例如文化问题。鉴于我们现在的状况，这些问题从未如此迫在眉睫。包括疆域问题、出版报刊问题、俱乐部大楼问题"⑤。基辅是战前乌克兰共和国

---

① Письмо ЕАК в Союз обществ Красного Креста и Красного Полумесяца СССР, 23 сентября 1946 г., Г. В. Костырченко, *Еврейский антифашистский комитет в СССР, 1941-1948: Документированная история*, с. 131.

② Из записки Отдела внешней политики ЦК ВКП(б) в Секретариат ЦК о работе ЕАК, 19 ноября 1946 г., Г. В. Костырченко, *Еврейский антифашистский комитет в СССР, 1941-1948: Документированная история*, с. 342.

③ Ходатайство ЕАК об оказании помощи семье брата Шолом-Алейхема, 13 февраля 1946 г., Г. В. Костырченко, *Еврейский антифашистский комитет в СССР, 1941-1948: Документированная история*, с. 131.

④ 〔俄〕帕维尔·苏多普拉托夫：《情报机关与克里姆林宫》，第339页。

⑤ Из записки Отдела внешней политики ЦК ВКП(б) в Секретариат ЦК о работе ЕАК, 19 ноября 1946 г., Г. В. Костырченко, *Еврейский антифашистский комитет в СССР, 1941-1948: Документированная история*, с. 343.

最大的意第绪语文化中心之一,但是,战后那里的"犹太文化几乎荡然无存"。没有意第绪语出版物,到处找不到一本意第绪语书籍。没有任何用意第绪语举行的文化活动,甚至连在基辅举办的纪念肖洛姆·阿莱赫姆逝世30周年的文学晚会也使用的是俄语。整个乌克兰的状况都是一样。①苏联犹太人对犹太文化的灾难和困境深感忧虑。他们不能允许这个为世界奉献了无数伟大人物的优秀民族就此消亡。他们认为只有保存犹太文化,"才可以进一步保存这个拥有预言家,改革者和先烈的伟大民族"。他们反对同化,希望保存自己民族的特性,实现民族文化自治。②乌克兰犹太人的反应最为强烈。他们纷纷致函犹委会,对"在其母语方面缺少文化教育活动"表示不满,提出了恢复出版意第绪语报纸或文学杂志,恢复基辅的意第绪语出版机构,设立定期的意第绪语广播,系统地组织文学晚会等要求。③

犹委会对苏联犹太人所反映的有关犹太文化的问题非常重视。当乌克兰的犹太居民抱怨在其母语方面缺少文化教育活动时,《团结报》代理总编格利高里·日茨④立即把这个问题转告了乌克兰共产党中央委员会,并且要求它把解决结果通报犹委会。⑤当敖德萨犹太人对当地政府机关没有采取措施修复门德勒·莫凯尔·塞弗里姆的陵墓表示不满时,米霍埃尔斯和日茨又联名致函敖德萨市工人代表苏维埃执行委员会主席,敦促

---

① Из письма Б. С. Купермана в редакцию «Эйникайт», Июнь 1946 г., Г. В. Костырченко, *Еврейский антифашистский комитет в СССР, 1941-1948: Документированная история*, с. 148.

② Письмо А. М. Лифица в ЕАК, Без даты.; Письмо Б.Гольденберга С. М. Михоэлсу, 27 июля 1946 г.; Г. В. Костырченко, *Еврейский антифашистский комитет в СССР, 1941-1948: Документированная история*, с. 113-115.

③ Из письма Б. С. Купермана в редакцию «Эйникайт», Июнь 1946 г., Г. В. Костырченко, *Еврейский антифашистский комитет в СССР, 1941-1948: Документированная история*, с. 148.

④ 格利高里·日茨(Г. Жиц, 1903—1954),苏联记者和编辑。曾经在乌克兰编辑过各种意第绪语报纸和期刊。1945年7月爱泼斯坦去世后,接任《团结报》代理总编,直到1948年该报被查封。他是犹委会主席团成员,1949年被捕。1950年受到审问和判刑。1954年10月死于监狱医院。

⑤ Correspondence concerning the State of Yiddish Culture in the Ukraine, June 18, 1946, Shimon Redlich, *War, Holocaust and Stalinism: A Documented Study of the Jewish Anti-Fascist Committee in the USSR*, p. 276.

他们关注此事，协助修复陵墓，并要求把落实措施通知犹委会。①

战争结束后，苏联开始恢复国民经济建设和文化建设。苏联300万犹太居民对犹太文化的发展表现出极大的兴趣。他们需要大量的意第绪语政治和文学资料。对于那些来自波罗的海沿岸、乌克兰和白俄罗斯西部地区、摩尔多瓦共和国，只会阅读意第绪语的犹太人来说更是如此。在这种状况下，每周出版3期、发行量只有10000份的《团结报》根本无法满足犹太人口日益增长的需要。②因此，日茨和编委会成员米霍埃尔斯、费费尔、克维特科等9人联名致函斯大林，提出把《团结报》改组成发行量为50000份的意第绪语中央日报，把《祖国》报改为苏联犹太劳动者的报纸。尽管他们相信意第绪语日报的发行将会受到苏联犹太居民的热烈欢迎，并且列举了它对苏联政治经济建设的诸多好处，但是，该信并未引起联共（布）中央的重视。③1946年12月11日，克维特科、费费尔和马尔基什等5人又以苏联作家协会犹太作家组的名义联名致函日丹诺夫，提出创办一份意第绪语文学－社会－政治月刊杂志的要求。他们把这看成是"复兴被战争摧毁的犹太文化中心的第一步"，并且表示，无论是通过文学作品对国内的犹太劳动者进行思想教育工作，还是加强对居住在波兰、罗马尼亚、保加利亚、捷克斯洛伐克和欧洲其他国家，倾听苏联文学之声的犹太群众的影响力，都迫切需要创建一个意第绪语苏联文学机构。他们请求日丹诺夫亲自出面"解决这个关系到苏联犹太文学命运的严肃问题"④。在犹委会和犹太作家们的热诚呼吁下，联共（布）中央书记处在1947年7月28日终于批准在莫斯科和

---

① Ходатайство ЕАК о приведении в порядок могилы писателя Менделе-Мойхер-Сфорима, 11 июля 1947 г., Г. В. Костырченко, *Еврейский антифашистский комитет в СССР, 1941-1948: Документированная история*, с.151.

② 1945年2月24日，《团结报》改为一周3期。参见 Yehoshua A. Gilboa, *The Black Years of Soviet Jewry: 1939-1953*, p.187.

③ Письмо ЕАК в ЦК ВКП(б) о создании еврейской ежедневной газеты, Весна 1946 г., Г. В. Костырченко, *Еврейский антифашистский комитет в СССР, 1941-1948: Документированная история*, с.145-147.

④ Просьба московских еврейских писателей в ЦК ВКП(б) о создании ежемесячного журнала на еврейском языке, 11 декабря 1946 г., Г. В. Костырченко, *Еврейский антифашистский комитет в СССР, 1941-1948: Документированная история*, с.148-150.

基辅两个城市出版意第绪语文学-艺术丛刊。①1947年至1948年间，莫斯科的《祖国》和基辅的《星》两个犹太文学期刊先后出版。发行量远远超过了战前苏联犹太人报纸和期刊的发行量。通过犹委会的不懈努力，莫斯科取代乌克兰和白俄罗斯成为苏联意第绪语文学和出版活动的新中心。

二、犹太人反法西斯委员会与苏联当局之间的龃龉

犹委会是在苏联卫国战争中应运而生的，并且为苏联战胜纳粹德国做出了重要贡献。但是，它与苏联政府龃龉不断，甚至在战争正酣之际苏联政府内部就已经出现了攻击犹委会的论调。战后，随着苏联当局对国内思想控制日趋严酷，战时人们所享受到的相对自由和宽松的气氛逐渐消失。犹委会与苏联体制原来所存在的种种不和谐因素开始凸显出来。

总的来说，苏联党政部门对犹委会的攻讦主要集中在两个方面：

首先，指责犹委会在对外宣传方面过分突出了犹太人在卫国战争和苏联社会生活中的作用，带有民族主义倾向。犹委会成立后，所面临的主要任务就是"设法在世界犹太人报刊界打破对苏'封锁'"。尽管它曾不止一次地试图把犹太人话题之外的一般性材料寄给国外犹太人新闻界，但却屡屡受挫。最后，它不得不拿苏联犹太人的生活作为突破口，来向国外犹太民众展示苏联红军和苏联人民在战场上同法西斯侵略者进行的英勇斗争及其在劳动战线和文化建设中的创造性生活，并且因此取得巨大成功。②虽然这一宣传方针得到谢尔巴科夫批准，但仍然引起苏联一些党政部门官僚的强烈不满。早在1943年4月7日，共产国际执行委员会报刊出版管理局局长弗里德里希就在一份秘密报告里指出，犹委会第二次全体会议在讨论苏联犹太人在卫国战争中的作用方面"表露

---

① Постановление Секретариата ЦК ВКП(б), 28 июля 1947 г., Г. В. Костырченко, *Еврейский антифашистский комитет в СССР, 1941-1948: Документированная история*, с.151.

② Записка ЕАК в ЦК ВКП(б) с разъяснением своей позиции по вопросам пропаганды, 23 ноября 1943 г., Г. В. Костырченко, *Еврейский антифашистский комитет в СССР,1941-1948: Документированная история*, с.169.

出一种令人无法容忍的自负和傲慢"①。苏联情报局责任书记孔达科夫虽然承认犹委会的宣传材料质量较高,但却断言犹委会趋于迎合犹太复国主义分子,甚至认为它的存在是多余的。②1943年夏天,苏联情报局邀请爱伦堡就纳粹军队的暴行和消灭第三帝国的迫切性给美国犹太人撰写了一篇通讯,但却遭到孔达科夫的痛批,他声称"对红军当中犹太士兵的英雄事迹大书特书是言过其实,自吹自擂"。谢尔巴科夫虽然认为孔达科夫反应过度,但仍要求爱伦堡删除了文章中的某些段落。③孔达科夫还背着洛佐夫斯基给谢尔巴科夫打小报告,指责犹委会进行民族主义活动。④1945年5月22日,在苏联情报局召开的会议上,许多情报局官员对犹委会在文章选题方面的局限性横加指责。费费尔反驳说,指责犹委会的人本身"就是以一种狭隘的方式衡量委员会工作的",那些"声称犹委会是片面的,或是表现出民族狭隘性的同志们都是错误的"⑤。尽管犹委会领导人进行了申诉和辩解,但依然无法消除人们的偏见。

如果说战争期间苏联当局对这个问题尚能容忍的话,那么战后这却被视为犹委会工作当中的一个严重错误。1946年8月1日,犹委会和其他4个反法西斯委员会一起从苏联情报局划归联共(布)中央对外政策部领导。这意味着它今后将直接置于中央委员会的严密监控之下,所遇到的问题也将由党的高层领导人亲自处理。一开始直接领导犹委会的是中央对外政策部部长苏斯洛夫,后来是巴拉诺夫。犹委会从此进入多事之秋,它的活动中的民族主义特性也成为苏联诸多党政部门攻击的主要

---

① Записка информационной службы исполкома Коминтерна о втором пленуме ЕАК, 7 апреля 1943 г., Г. В. Костырченко, *Еврейский антифашистский комитет в СССР, 1941-1948: Документированная история*, с. 77.

② Записка ЕАК в ЦК ВКП(б) с разъяснением своей позиции по вопросам пропаганды, 23 ноября 1943 г., Г. В. Костырченко, *Еврейский антифашистский комитет в СССР, 1941-1948: Документированная история*, с. 170.

③ Arno Lustinger, *Stalin and the Jews: The Red Book: The Tragedy of the Jewish Anti-Fascist Committee and the Soviet Jews*, p. 130.

④ Судебное следствие: Допрос подсудимых С. А. Лозовского, В. П. Наумов, *Неправедный суд, Последний сталинский расстрел(стенограмма судебного процесса над членами Еврейского антифашистского комитета)*, с. 181.

⑤ Из стенограммы совещания в Совинформбюро по отчету ЕАК, 22 мая 1945 г., Г. В. Костырченко, *Еврейский антифашистский комитет в СССР,1941-1948: Документированная история*, с. 176.

目标。1946年9月,联共(布)中央专门小组在给苏斯洛夫的秘密报告中指出,通过对战后犹委会发往国外的文章、书信和材料进行综合分析发现,犹委会领导人"没有就其在战后时期所面临的新的任务得出正确的结论,并且成了国外大多数犹太人所特有的资产阶级犹太复国主义思想意识的俘虏"。犹委会在对外宣传的许多文章中"包含毫无必要地过分强调犹太人在卫国战争和社会主义建设中的活动和作用的重大政治错误和偏见"。犹委会不仅"在很大程度上已经陷入民族主义情绪影响之下",而且助长了国内犹太知识分子当中的犹太复国主义和狭隘民族主义倾向。[1]1946年10月,苏联在思想宣传领域"首次将犹太资产阶级民族主义中一些可怕的东西上纲上线为对共产主义思想的威胁"[2]。1946年10月12日,苏联国家安全部向联共(布)中央委员会和苏联部长会议提交了一份《关于犹委会一些工作人员的民族主义表现》的报告。国家安全部部长阿巴库莫夫竭力想证明,米霍埃尔斯、马尔基什、科维特科等人与国外犹太人建立联系,在对外宣传中夸大犹太人在苏联科学、技术和文化领域的成就和贡献,犹委会试图充当犹太人事务的主要代表和犹太居民与党政机关的中间人等就是民族主义的表现。他最后得出结论说,犹委会的活动已经超出其职能范围并且带来了一系列的政治危害,因此提议解散犹委会。[3]1946年11月19日,联共(布)中央对外政策部在给中央书记处的报告中批评犹委会发往国外及其在《团结报》上刊登的文章和材料仅限于犹太人方面,对苏联其他民族避而不谈;片面夸大犹太人在卫国战争和社会主义建设中的作用,以至于给世人造成了一种错误印象,即犹太人在苏联社会生活的一切领域都在发挥决定性或主导性的作用。该报告还指控犹委会"不论在国外还是在苏联国内的工作中都表现出不断增长的犹太复国主义-民族主义特性",甚至是和

---

[1] Из справки комиссии ЦК ВКП(б) о деятельности ЕАК и «Эйникайт», Сентябрь 1946 г., Г. В. Костырченко, *Еврейский антифашистский комитет в СССР, 1941-1948: Документированная история*, с.326-329.

[2] 〔俄〕帕维尔·苏多普拉托夫:《情报机关与克里姆林宫》,第338页。

[3] Н. К. Петрова, *Антифашистские комитеты в СССР:1941-1945гг.*, с.218; Arkady Vaksberg, *Stalin Against the Jews*, p.195.

犹太复国主义者及崩得分子一起为建立一个单独的犹太人国家而斗争。①

面对来自各方面的责难和攻击，犹委会领导人诚惶诚恐，如履薄冰。尽管他们使出浑身解数为自己辩解，但是仍旧得不到应有的理解和认同。在当时民族主义被视为洪水猛兽的特定历史环境下，犹委会不可避免地成为苏联诸多官僚的眼中钉、肉中刺，陷入了一种动辄得咎、进退维谷的境地。

其次，指控犹委会干预职权范围之外的事情，试图把该组织变成某种负责犹太人事务的人民委员部。按照苏联政府的初衷，在创建犹委会的时候，并未赋予它在苏联犹太居民中开展任何工作的权限。② 而这恰恰成为苏联有关党政部门指责犹委会擅自扩大对内职能、插手国内犹太人事务的主要原因。早在1943年5月，时任苏联情报局责任书记的克鲁日科夫在给谢尔巴科夫的报告中，就对犹委会领导人为苏联犹太公民的各种物质、家庭事宜同党和苏维埃各机关进行交涉提出了批评，认为这是越俎代庖，"在政治上是有害的"，并希望谢尔巴科夫向远在古比雪夫的洛佐夫斯基发出指示予以纠正。③ 1944年10月28日，米霍埃尔斯和爱泼斯坦致函苏联人民委员会副主席莫洛托夫，请求他出面解决国外捐赠物品分配工作中存在的漠视犹太人利益的问题。莫洛托夫一方面指示国家监察人民委员部从速查办处理，另一方面又在给克鲁日科夫、米霍埃尔斯和爱泼斯坦的批示中不无警告地说："我认为必须有言在先，犹委会不是为处理这些事情而建立的，该委员会显然并未完全正确地理解自己的职能。"④ 这无疑是对犹委会提出的一次警告。犹委会给苏联领导人的这些呼吁看起来似乎平平常常，合情合理，但是在当时等级森严

---

① Из записки Отдела внешней политики ЦК ВКП(б) в Секретариат ЦК о работе ЕАК, 19 ноября 1946 г., Г. В. Костырченко, *Еврейский антифашистский комитет в СССР, 1941-1948: Документированная история*, с. 336-344.

② Записка Отдела внешней политики и Управления пропаганды и агитации ЦК ВКП(б) в Секретариат ЦК с критикой ЕАК, 19 июля 1947 г., Г. В. Костырченко, *Еврейский антифашистский комитет в СССР, 1941-1948: Документированная история*, с. 347.

③ Записка В. С. Кружкова в ЦК ВКП(б), 11 мая 1943 г., Г. В. Костырченко, *Еврейский антифашистский комитет в СССР, 1941-1948: Документированная история*, с. 167.

④ Письмо ЕАК В. М. Молотову о недостатках в распределении иностранной помощи евреям, 28 октября 1944 г., Г. В. Костырченко, *Еврейский антифашистский комитет в СССР, 1941-1948: Документированная история*, с. 122.

的苏联官僚体制下，却不啻越过雷池，铤而走险。①

二战结束后，英美许多犹太人社会团体向犹委会提出准备向苏联提供援助，帮助重建被纳粹分子毁坏的苏联城市和乡村。他们唯一希望的是在不分民族地向遭受战争之害的苏联居民提供援助时，给他们确定一些具体的援助对象。②为了解决援助物资分配中出现的问题，扩大援助的规模，进一步加强国外犹太居民对苏联的同情，犹委会按照国外的犹太人慈善团体的要求与苏联政府机关进行了反复交涉。但是，得到的答复要么是援助问题应通过其他组织（"红十字会"及其他机构）而非犹委会解决③，要么是认为国外慈善组织有可能利用慈善事业作为在苏联进行资产阶级意识形态宣传的工具④，或者在苏联犹太居民中进行犹太复国主义活动⑤，故建议摒弃这些援助。

另外，犹委会有时还不得不承接一些分外之事。1946年12月，美国及加拿大拉比理事会致函犹委会，请求犹委会转呈苏联政府和最高统帅斯大林，能够赦免已经在监狱中关押了近两年之久、与平斯克比邻地区的拉比阿龙·拉比诺维奇，还其自由。尽管犹委会未必能够解决这一问题，但是，费费尔还是及时把信件转交给了联共（布）中央对外政策部部长苏斯洛夫。⑥

犹委会的越权行为引起苏联不少党政部门日趋激烈的批评。因为犹

---

① *Stalin's Secret Pogrom: The Postwar Inquisition of the Jewish Anti-Fascist Committee*, Edited and with introductions by Joshua Rubenstein and Vladimir P. Naumov, p. 24.

② Письмо ЕАК в ЦК ВКП(б) об организации материальной помощи советским евреям, 28 августа 1945 г., Г. В. Костырченко, *Еврейский антифашистский комитет в СССР, 1941-1948: Документированная история*, с. 128.

③ Письмо ЕАК в ЦК ВКП(б) об организации материальной помощи советским евреям, 26 ноября 1946 г., Г. В. Костырченко, *Еврейский антифашистский комитет в СССР, 1941-1948: Документированная история*, с. 132.

④ Записка Г. Ф. Александрова в Секретариат ЦК ВКП(б) о распределении помощи зарубежных еврейских организаций, 17 октября 1945 г., Г. В. Костырченко, *Еврейский антифашистский комитет в СССР, 1941-1948: Документированная история*, с. 130.

⑤ Записка заведующего сектором Отдела внешней политики ЦК ВКП(б) в секретариат А. А. Жданова, 19 февраля 1947 г., Г. В. Костырченко, *Еврейский антифашистский комитет в СССР, 1941-1948: Документированная история*, с. 135.

⑥ Обращение союза раввинов США и Канады в ЕАК с ходатайством за арестованного раввина А. Рабиновича, Декабря 1946 г., Г. В. Костырченко, *Государственный антисемитизм в СССР. От начала до кульминации, 1938-1953*, с. 263-264.

委会在战后提出了新的任务，所以它开始考虑更名问题，例如"犹太民族委员会"①。但是，这却遭到联共（布）中央监察委员会的非难。1945年12月25日，联共（布）中央监察委员会在给联共（布）中央书记马林科夫的报告中指责米霍埃尔斯和费费尔没有正确地看待犹委会未来的工作，因为他们认为他们的任务还包括在苏联犹太居民中从事文化-教育工作的问题（出版、俱乐部等）。报告明确指出，犹委会工作人员"把该组织变成一种负责犹太人事务的人民委员部的意图在政治上是有害的，是对犹委会建立时所制定的目标的曲解"②。1946年9月，联共（布）中央专门小组在给苏斯洛夫的报告中状告犹委会"开始承担起既代表生活在苏联领土上的犹太人的利益，又代表外国犹太组织利益的任务"③。1946年11月，联共（布）中央对外政策部在给中央书记处的报告中指责说，犹委会未经允许就承担起犹太人事务首席代表、犹太人和党政机关调解人以及正在努力通过《团结报》来实现的犹太群众政治和文化领导者等三项职能。不仅如此，按照费费尔此前的设想，犹委会还认真地计划将来在苏联国内拓展自己的活动和权力，"甚至计划向苏联政府提出犹太人的领土问题（显然是除比罗比詹之外的新领土），从此事就可以看出它在这方面的意图已经走得有多远"④。1947年7月，联共（布）中央对外政策部在改组犹委会的决定（草案）中，把"在苏联犹太人中开展工作这一不合时宜的任务视为己任"看成是犹委会工作中"严重的政治错误和缺点"之一，并且在有关改进犹委会工作的决定中明确指出，"在苏联犹太人中开展工作不在其职责之内"⑤。由此可见，在

---

① Shimon Redlich, *War, Holocaust and Stalinism: A Documented Study of the Jewish Anti-Fascist Committee in the USSR*, p.69.

② Из записки КПК при ЦК ВКП（б）с критикой ЕАК, 25 декабря 1945 г., Г. В. Костырченко, *Еврейский антифашистский комитет в СССР, 1941-1948: Документированная история*, с.180.

③ Из справки комиссии ЦК ВКП（б）о деятельности ЕАК и «Эйникайт», Сентябрь 1946 г., Г. В. Костырченко, *Еврейский антифашистский комитет в СССР, 1941-1948: Документированная история*, с.327.

④ Из записки Отдела внешней политики ЦК ВКП（б）в Секретариат ЦК о работе ЕАК, 19 ноября 1946 г., Г. В. Костырченко, *Еврейский антифашистский комитет в СССР, 1941-1948: Документированная история*, с.343.

⑤ Проект постановления ЦК ВКП（б）о реорганизации Еврейского антифашистского комитета, Июль 1947 г., Г. В. Костырченко, *Еврейский антифашистский комитет в СССР, 1941-1948: Документированная история*, с.348-349.

苏联这种一党专政、等级森严、各部门职能划分极其严格的体制下，犹委会成了一个令诸多党政部门感到不快的异类。它们没有谁愿意看到犹委会真的发展成为"犹太人事务人民委员部"。

由于犹委会与苏联党政部门之间存在着诸多龃龉，所以，从1945年底至1947年初，在仅仅一年多的时间里，联共（布）中央监察委员会、联共（布）中央国际情报局、联共（布）中央宣传鼓动部、联共（布）中央对外政策部和苏联国家安全部等5个部门领导人先后8次上书斯大林、莫洛托夫等党和国家领导人，要求解散犹委会，必欲置之死地而后快。① 不仅如此，从1946年8月至1947年6月，犹委会的全部档案材料连续三次遭到联共（布）中央委员会的没收和审查。② 但是，因为冷战开始，犹委会在苏联对外宣传工作中仍有用武之地，特别是斯大林在当时并不准备关闭它③，所以，联共（布）中央对外政策部在几次碰壁之后，最终放弃了撤销犹委会的想法。④ 犹委会在风雨飘摇中勉强保留下来。

1947年2月3日，联共（布）中央对外政策部部长苏斯洛夫打电话给费费尔，要求犹委会像以前一样，继续工作，不会有什么变化。费费尔诚惶诚恐地问他有什么指示，苏斯洛夫回答说没有。随后，米霍埃尔斯和费费尔一起拜会了联共（布）中央对外政策部副部长巴拉诺夫，希

---

① 参见 Из записки КПК при ЦК ВКП（б）с критикой ЕАК, 25 декабря 1945 г.; Из справки комиссии ЦК ВКП（б）о деятельности ЕАК и «Эйникайт», Сентябрь 1946 г., Из записки Отдела внешней политики ЦК ВКП（б）в Секретариат ЦК о работе ЕАК, 19 ноября 1946 г.; Из записки М. А. Суслова и Г. Ф. Александрова с предложением прекратить деятельность ЕАК и Антифашистского комитета советских ученых, 7-8 января 1947 г., Г. В. Костырченко, *Еврейский антифашистский комитет в СССР, 1941-1948: Документированная история*, с. 180, 326, 344, 345; Судебное следствие: Допрос подсудимых П. Д. Маркиша, В. П. Наумов, *Неправедный суд, Последний сталинский расстрел(стенограмма судебного процесса над членами Еврейского антифашистского комитета)*, с. 73.

② Судебное следствие: Допрос подсудимых П. Д. Маркиша, В. П. Наумов, *Неправедный суд, Последний сталинский расстрел(стенограмма судебного процесса над членами Еврейского антифашистского комитета)*, с. 73; Arno Lustinger, *Stalin and the Jews: The Red Book: The Tragedy of the Jewish Anti-Fascist Committee and the Soviet Jews*, pp. 180-181.

③ Arkadi Vaksberg, *Stalin Against the Jews*, pp. 195-196.

④ Судебное следствие: Допрос подсудимых П. Д. Маркиша, В. П. Наумов, *Неправедный суд, Последний сталинский расстрел(стенограмма судебного процесса над членами Еврейского антифашистского комитета)*, с. 73.

望了解犹委会工作中是否出现了什么错误。巴拉诺夫同样没有提出什么意见，但要求犹委会努力撰写反对战争贩子的文章，并且要具有更强烈的反法西斯主义的性质。犹委会迅速撰写了一批这样的文章，并且在3个月后的一次会议上得到中央对外政策部代表舒梅科的表扬。舒梅科号召其他反法西斯委员会向犹委会学习。[1]尽管如此，由于犹委会成员对自己命运的担忧，联共（布）中央委员会频繁的搜查，犹委会的工作已经受到严重影响。[2]

第二节　苏联当局对犹太人政策的转变

随着战后国际形势的发展变化，斯大林的战略也在不断地进行调整。"由于西方和苏联在民主、自由、人权和自决权问题上存在不可调和的观念上的矛盾，所以又一场具有世界历史意义的战争——冷战——开始了。"[3]1947年3月12日，杜鲁门主义出炉；6月5日，马歇尔计划发表。苏联领导人认为，尽管两者"在反映美国奴役欧洲这同一意图的提法上不一样"，但它们"反映的是同一种政策"，都是"美国扩张主义意图的具体表现"[4]。于是，斯大林的外交战略"就由大国合作转向了集团对抗的政策"[5]。9月7日，斯大林在给莫斯科建城800周年的贺词中明确表示，"帝国主义的代理人正在竭力用各种方法挑起新的战争"[6]。9月25日，日丹诺夫在华沙召开的九国共产党情报局会议上发表演讲，正式宣布"世界舞台上现有的政治力量分成了两个基本的阵

---

[1] Судебное следствие: Допрос подсудимых П. Д. Маркиша, В. П. Наумов, *Неправедный суд, Последний сталинский расстрел(стенограмма судебного процесса над членами Еврейского антифашистского комитета)*, c.73-74.

[2] Н. К. Петрова, *Антифашистские комитеты в СССР:1941-1945гг.*, c.222.

[3] 〔德〕泰奥·索梅尔：《1945——大转折的一年》，任翔、徐洋译，中央编译出版社2006年版，引言，第1页。

[4] 《日丹诺夫在情报局会议上关于国际形势的报告（1947年9月25日）》，载沈志华总主编：《苏联历史档案选编》，第24卷，第457页。

[5] 张盛发：《雅尔塔体制的形成与苏联势力范围的确立》，《历史研究》2000年第1期，第119页。

[6] 《斯大林论战后国际形势（一九四五——一九五三）》，第67页。

营：一方是帝国主义的和反民主的阵营,一方是反对帝国主义的和民主的阵营"①。作为苏联"冷战的鼓手",日丹诺夫的这篇著名演讲"构成了苏联对外政策史上的一个清晰的转折点",表明斯大林所追求的目标之一就是"从意识形态角度为苏联的卫星国及全世界共产主义者指明与美国展开全球性冲突的前景"②。在随后的年代里,它向全世界证明,"冷战时期是意识形态对立最激烈的阶段,两个阵营的分垒和对峙是以社会制度和意识形态的对立为特征的",这次斗争"已经不是国与国之间的斗争,而是表现为阵营与阵营之间的斗争,每一个阵营都将维护本阵营的制度作为重要的任务,认为自身的制度才是最好的制度"③。因此,苏联的内外政策日趋严酷,犹委会的活动也越来越多地受到打压。

冷战伊始,美英及其他国家形形色色的犹太社会政治集团都开始加入了反苏大合唱。与此同时,世界上许多进步的犹太组织又都在争取与犹委会建立更加密切的关系,以便配合犹委会的活动。所以,犹委会认为,"在现阶段党和政府发动所有国家的犹太人进步民主力量对反动势力展开进攻的斗争中,犹委会可以发挥更广泛更积极的作用"④。为此,米霍埃尔斯专门拜会了联共(布)中央对外政策部副部长巴拉诺夫,并向他提交了关于扩大犹委会活动的建议。⑤ 不久,根据犹委会主席团的决议,米霍埃尔斯又向日丹诺夫提出了在向国外新闻界发送犹委会材料之外的六点工作计划。其中包括：帮助创建一个由犹太人反法西斯组织、苏联的友好联盟及其他进步民主组织组成的国际协会；不断地给国外进步民主组织派遣苏联犹太文学和艺术代表,并把这些代表组成代表团派往海外；组织第四次莫斯科犹太人代表集会；用意第绪语出版反宣

---

① 《日丹诺夫在情报局会议上关于国际形势的报告(1947年9月25日)》,载沈志华总主编：《苏联历史档案选编》,第24卷,第449页。
② 〔俄〕弗拉迪斯拉夫·祖博克、康斯坦丁·普列沙科夫：《克里姆林宫秘史》,第153—154页。
③ 杜正艾：《俄罗斯外交传统研究》,上海人民出版社2007年版,第163页。
④ Из записки С. М. Михоэлса А. А. Жданову о дальнейшей деятельности ЕАК, 1947 г., Г. В. Костырченко, Еврейский антифашистский комитет в СССР, 1941-1948: Документированная история, с. 225.
⑤ Shimon Redlich, War, Holocaust and Stalinism: A Documented Study of the Jewish Anti-Fascist Committee in the USSR, p. 126.

传的月刊杂志；派苏联犹太社团代表到国外向全世界宣传有关犹太难民们的悲惨状况；邀请美国、法国、波兰、保加利亚、巴勒斯坦和罗马尼亚的犹太人进步民主运动的各种著名人物组成一个总代表团，参加伟大十月革命30周年纪念活动等。① 但是，这些竭忠尽智、雄心勃勃的计划并未得到联共（布）中央的认可。② 没有一条建议得到实施。

不仅如此，犹委会提出的出访计划也屡屡碰壁。跟战争期间犹委会代表团盛极一时、长达7个月的盟国之行相比，战后犹委会的外访活动黯然失色。从1946年5月至1948年4月，犹委会先后12次提出出访或者对外交流申请。除1946年1月31日经联共（布）中央政治局会议讨论，斯大林同意犹委会接受罗马尼亚犹太组织的提议，批准米霍埃尔斯出访罗马尼亚一个月之外③，不论是对西方资本主义国家犹太组织（包括亲苏的犹太组织）的访问，还是与东欧社会主义国家犹太组织的交流，都被联共（布）中央以各种理由或借口驳回。

事实上，战后苏联国内的反犹主义政策随着美苏关系的紧张和国内形势的严酷逐渐抬头。1946年春，日丹诺夫逐级传达了斯大林的命令：要加快速度，把"有世界主义倾向的"干部，主要是犹太裔干部从国家机构中清除出去。这既包括情报和安全警察部门，也包括宣传、意识形态、文化部门与教育机构在内的关键岗位。④ 苏斯洛夫心领神会，立即对来自上层的命令做出反应。6月1日，苏斯洛夫在给日丹诺夫的报告中明确提出，鉴于波兰、奥地利和罗马尼亚等国"对闪米特人（指阿拉伯人和犹太人）存在相当强烈的抵触情绪"，在那里开展宣传工作时不应再利用犹委会。他同时还报告说，苏联情报局的编写人员和技术工作

---

① Из записки С. М. Михоэлса А. А. Жданову о дальнейшей деятельности ЕАК,1947 г., Г. В. Костырченко, *Еврейский антифашистский комитет в СССР, 1941-1948: Документированная история*, с.225-226.
② Записка Отдела внешней политики ЦК ВКП(б) о приглашении в СССР представителей зарубежных еврейских организаций, 25 октября 1947 г., Г. В. Костырченко, *Еврейский антифашистский комитет в СССР, 1941-1948: Документированная история*, с.229-230.
③ Решение Политбюро ЦК ВКП(б) о поездке Михоэлса в Румынию, 31 января 1946 г., Г. В. Костырченко, *Еврейский антифашистский комитет в СССР,1941-1948: Документированная история*, с.217-218.
④ 〔美〕弗拉季斯拉夫·祖博克：《失败的帝国：从斯大林到戈尔巴乔夫》，第79页；〔俄〕弗拉迪斯拉夫·祖博克、康斯坦丁·普列沙科夫：《克里姆林宫秘史》，第170页。

者中"充斥着素质低、政治上不可靠的人",为此建议向该局调派新人。于是,苏联当局的第一波打击矛头直指苏联情报局。不久,日丹诺夫召见了鲍里斯·波诺马廖夫(俄罗斯人),告诉他说将把他派到苏联情报局去,因为洛佐夫斯基快要把那里变成犹太会堂了。① 对于自己主管的部门中不能准确理解"有世界主义倾向"的敌人是谁的那些官员,日丹诺夫直言不讳地告诉他们,"拆掉那里的犹太会堂"②。苏多普拉托夫也指出,"1947年,情况变得更加恶化"。国家安全部主管干部工作的副部长奥布鲁奇尼科夫有个口头指示,"国家安全机关禁止任命犹太人担任军官职务。我当时无法想象这么露骨的反犹指示会出自斯大林,以为这都是阿巴库莫夫干的"。后来才逐渐明白,"利用苏联犹太知识分子加强与世界犹太界合作的宏伟计划已被中止","反犹运动已成为国家政策的一个重要组成部分"。因此,在1947年斯大林正式发动反世界主义运动后③,苏联党政机关的中层领导和一般干部就开始"将反犹主义当作党的一项正式路线"④。1947年12月2日,美国驻苏大使馆代办德布罗向美国国务卿乔治·马歇尔专门汇报了苏联国内的最新反犹动态。他指出,反犹主义在苏联逐渐出现已经有一段时间了,美国大使馆经常听到有关苏联社会反犹表现的报道。所以,他断言,"现在,把犹太人排除在与外国人、军事活动或群众关系有关的职位之外是苏联政府的一项明确的半官方政策"。这一政策包括把犹太人排除在外交部、外交学院、外国语学院、军事学院之外,但在与原子能研究相关的工作、党和政府委员会主席职位以及戏剧学校中,也有少数特殊的例外。⑤

犹委会领导人对苏联国内反犹主义的复活洞若观火。在经过一连串

---

① 〔俄〕弗拉迪斯拉夫·祖博克、康斯坦丁·普列沙科夫:《克里姆林宫秘史》,第170—171页。
② 〔美〕弗拉季斯拉夫·祖博克:《失败的帝国:从斯大林到戈尔巴乔夫》,第79页。
③ Jonathan Brent and Vladimir P. Naumov, *Stalin's Last Crime: The Doctors' Plot*, p.94.
④ 〔俄〕帕维尔·苏多普拉托夫:《情报机关与克里姆林宫》,第340页。
⑤ The Chargé in the Soviet Union (Durbrow) to the Secretary of State, December 2, 1947, *Foreign Relations of the United States*, 1947, Volume IV, Washington: United States Government Printing Office, 1972, pp.628-629. 德布罗还指出,美国大使馆自身的经历证明,过去8年中苏联外交人民委员部重要岗位上的犹太人数量锐减,只有担任苏联驻巴西大使的雅科夫·苏里茨是个明显的例外。

的碰壁之后，他们终于明白：苏联当局根本无意让苏联犹太人与国外犹太人建立密切的关系。所以，当1948年4月犹委会再次收到世界犹太人代表大会邀请其参加有关会议的通知时，他们主动向联共（布）中央领导人提出了谢绝与会的理由。不过，他们还是恳请能够派一位《团结报》的记者前去了解情况，但是就连这个小小的要求也没有得到苏斯洛夫的批准。[①] 犹委会处境之艰难由此可见一斑。

当然，这还不是最重要的。对于苏联犹太人而言，厄运已经接踵而至。

一、"克里木方案"的终结

1946年至1947年是美苏开始酝酿冷战的关键一年。就在苏联犹太人翘首期待着来自克里姆林宫的福音时，形势却在悄悄发生变化。

尽管"克里木方案"得到了莫洛托夫、卡冈诺维奇和伏罗希洛夫的支持，并且在苏联国内炒得沸沸扬扬，但是，联共（布）中央政治局并没有对这一问题进行讨论，特别是斯大林一直没有做出任何批示。[②] 一直到1945年，犹委会领导人都没有放弃最后的努力，但是形势却变得越来越糟。1945年6月，俄罗斯最高苏维埃主席团发布指示，决定将克里木自治共和国转为克里木州。随后，大批在战争中失去家园的俄罗斯人、白俄罗斯人和乌克兰人源源不断地搬进了鞑靼人留下的空房子。这是一个不祥的征兆。1945年11月，斯大林拒绝接见哈里曼并与他讨论"克里木方案"。与此同时，苏联国内鼓吹犹太人定居比罗比詹的舆论开始复活了。1946年1月24日，苏联最高苏维埃主席加里宁在接见戈德堡

[①] Записка Отдела внешней политики ЦК об участии ЕАК в сессии ВЕК в Швейцарии, 15 мая 1948 г., Г. В. Костырченко, *Еврейский антифашистский комитет в СССР, 1941-1948: Документированная история*, с. 217.

[②] 一些人认为斯大林读过1944年2月15日犹委会领导人写给他的信，但是出于谨慎他没有将自己的意见记下来。不管怎么说，没有斯大林的首肯，事情是无法决定的。参见 Ж. А. Медведев, Сталин и «дело врачей». Новые материалы, *Вопросы истории*, 2003, № 1, с. 95. Г. В. 科斯特尔琴科甚至认为，早在1944年夏天，斯大林就委托卡冈诺维奇召见了犹委会领导人米霍埃尔斯、费费尔和爱泼斯坦。卡冈诺维奇花了两三个小时，向他们解释了斯大林对于"克里木方案"的否定态度，建议他们忘掉这一方案，并对其完全保密。参见 Г. В. Костырченко, *Тайная политика Сталина, власть и антисемитизм*, с. 436.

时表示，"比罗比詹在不远的将来就会变成一个苏联犹太人共和国"①。这就等于变相否定了"克里木方案"。两年多时间过去了，犹委会仍然没有收到斯大林对这一问题的正面答复。由于"克里木方案"长期悬而未决，加上苏联西北地区大量的犹太难民亟待安置，犹委会不得不满腹狐疑地把注意力转向了比罗比詹，并成立了比罗比詹附属委员会，专门推动犹太移民的安置问题。1946 年 6 月 25 日，俄罗斯苏维埃联邦社会主义共和国最高苏维埃主席团颁布了《关于撤销车臣 - 印古什苏维埃社会主义自治共和国和把克里木苏维埃社会主义自治共和国改为克里木州的法令》，决定"把克里木鞑靼苏维埃自治共和国改为克里木州"②。于是，被苏联国内外犹太人寄予厚望、在两年多时间里悬而未决的"克里木方案"就此寿终正寝。

那么，斯大林为什么最终放弃"克里木方案"呢？

首先，战后国际形势发生了重大变化，苏联和英美由合作开始走向对立。出于国家安全考虑，斯大林这时不得不谨慎对待在克里木建立犹太共和国的问题。1946 年 2 月 9 日，斯大林在莫斯科市斯大林选区的选民大会上发表的演说中就已经暴露了对美苏未来冲突的隐忧。③1946 年 3 月 5 日，丘吉尔发表了轰动一时的"铁幕"演说。3 月 14 日，斯大林就在《真理报》上公开指出，丘吉尔是在煽动类似于一战后西方 14 国讨伐俄国的战争，是在号召英美同苏联开战。④1946 年 5 月 1 日，斯大林在《苏联武装力量部部长命令》中更是明确宣布，"我们一分钟也不能忘记国际反动派的阴谋诡计。他们在策划新战争"⑤。因为克里木"是外国船只加以通行的海疆"，斯大林认为，在这种情况下，"从国防的观

---

① Shimon Redlich, *Propaganda and Nationalism in Wartime Russia: The Jewish Antifascist Committee in the USSR,1941-1948*, p.153; Судебное следствие: Допрос подсудимых Б. А. Шимелиовича, В. П. Наумов, *Неправедный суд, Последний сталинский расстрел*(стенограмма судебного процесса над членами Еврейского антифашистского комитета), с.216.
② Закон Об упразднении Чечено-Ингушской АССР и о преобразовакии Крымской АССР в Крымскую область, *ПРАВДА*, 28 июнь 1946 г..
③ 《斯大林文集（1934—1952）》，第 473、483 页。
④ Интервью тов. И. В. Сталина с корреспондентом « Правды» относительно речи г. Черчилля, *ПРАВДА*, 14 марта 1946 г..
⑤ 《斯大林文集（1934—1952）》，第 506 页。

点出发",绝不能容许在克里木建立一个犹太自治共和国。赫鲁晓夫说:"这里也表现出斯大林的'警惕性',他制止了世界犹太复国主义的图谋及其在我国建立美帝国主义针对我们的据点的尝试。"①1956 年 8 月 29 日,时任苏共中央第一书记的赫鲁晓夫在会见加拿大劳工进步党代表团成员时指出:"当鞑靼人从克里木迁出来时,一些犹太人开始提出犹太人向那里迁移的思想,以便在克里木建立一个犹太人国家。这会是一个什么样的国家呢?这会是美国在我国南方的基地。我当时就反对这个思想,在这个问题上我同意斯大林的意见。"②

的确,克里木对苏联南部安全的重要性是不容置疑的。早在 1762 年 7 月,沙皇俄国总理大臣米·沃龙佐夫就给女皇叶卡捷琳娜二世上奏说:"克里木半岛的地位是如此重要,的确可以看作是俄国和土耳其领地的钥匙;当它属于土耳其的时候,对于俄国始终是危险的;当它属于俄国或不属于任何别人时,那么俄国的安全不但可靠而且是巩固的;那时亚速海和黑海就会处于俄国的统治之下。"③俄国人不会忘记 1853—1856 年的克里木战争,正是这次战争的失败导致了"俄国在东南欧和近东地位的显著衰落,一般而言也标志着俄国的世界地位的下降"④。在二战爆发前,克里木半岛上的塞瓦斯托波尔就是苏联在黑海的一个主要海军基地。1940 年 11 月 13 日,斯大林在给正在柏林与希特勒谈判的莫洛托夫的电报中指出:"从上个世纪克里木战争到 1918 年和 1919 年外国军队在克里木和敖德萨登陆,所有事件都表明,海峡问题得不到调整就不能说苏联黑海地区的安全是有保障的。所以说,苏联对黑海问题的兴趣是苏联海岸防御和它的安全保障问题。"⑤因此,作为一位在外交政策上"最冷静的算计者"⑥,斯大林自然深谙其中的利害,这就是问题的症结。同时也不能忘记,1920 年代在克里木建立犹太自治州的方案也是因

---

① 〔俄〕尼基塔·谢·赫鲁晓夫:《赫鲁晓夫回忆录》,第 2 卷,第 986 页。
② 《赫鲁晓夫与加拿大劳工进步党代表团的谈话记录(1956 年 8 月 29 日)》,载沈志华总主编:《苏联历史档案选编》,第 26 卷,第 524 页。
③ 王绳祖主编:《国际关系史》,第 1 卷,世界知识出版社 1995 年版,第 295 页。
④ 〔美〕尼古拉·梁赞诺夫斯基、马克·斯坦伯格:《俄罗斯史》,第 313 页。
⑤ 《斯大林关于与希特勒谈判方针给莫洛托夫的电报》,载沈志华总主编:《苏联历史档案选编》,第 4 卷,第 575 页。
⑥ 〔美〕亨利·基辛格:《大外交》,海南出版社 1998 年版,第 294 页。

为斯大林反对而废弃的。①

其次，由于美苏对抗的加剧，苏联吸引犹太人资本的愿望落空。美国犹太人甚至包括犹太复国主义者也不敢贸然向苏联提供援助了。戈德堡和诺维克等积极从事有利于苏联活动的美国进步人士遭到美国侦查机关的调查。②苏联领导人开始明白，"指望犹太商界提供援助和投资是不可能的了"。苏多普拉托夫认为，关于在苏联框架范围内建立犹太共和国的问题，"像是一种对西方的试探"，以便借此弄清西方在战后向苏联提供经济援助的计划"到底能实施到什么程度"③。现在，既然西方提供援助的希望已经破灭，斯大林怎么可能继续支持"克里木方案"呢？

最后，斯大林心中可能还有一个更长远的疑虑。根据现有资料来看，斯大林设想成立的只是一个犹太自治共和国。④但是，按照1936年11月25日斯大林在全苏苏维埃第八次（非常）代表大会报告中提出的把自治共和国改为加盟共和国的三个标志⑤，犹太自治共和国可能很快就会提出向加盟共和国过渡的问题：

第一，克里木半岛位于苏联欧洲部分南部边疆，西、南滨黑海，东临亚速海，北以8公里宽的彼列科普地峡与大陆相连。面积2.7万平方公里（正好和巴勒斯坦面积相等），四周没有被苏联领土环绕着。

第二，克里木地区原住居民基本上已经被迁走。如果在此建立犹太共和国，那么世界各地的犹太人就会源源不断地流向这个犹太人传统聚居地，并在总人口中占居多数。

---

① 王晓菊：《俄罗斯远东的"犹太民族家园"》，第97页。
② ВЕРХОВНЫЙ СУД СОЮЗА ССР ОПРЕДЕЛЕНИЕ № 0065/52, ВОЕННАЯ КОЛЛЕГИЯ ВЕРХОВНОГО СУДА СССР, В. П. Наумов, *Неправедный суд, Последний сталинский расстрел*(стенограмма судебного процесса над членами Еврейского антифашистского комитета), с.391.
③ 〔俄〕帕维尔·苏多普拉托夫：《情报机关与克里姆林宫》，第341、335页。
④ 苏联政府文件和米霍埃尔斯等人的呈文对拟成立的克里木犹太共和国到底是加盟共和国还是自治共和国并无明确说明，但根据相关资料，可以断定是自治共和国。参见 Судебное следствие: Допрос подсудимых Д. Р. Бергельсона; Допрос подсудимых И. С. Юзефовича; Допрос подсудимых Б. А. Шимелиовича, В. П. Наумов, *Неправедный суд, Последний сталинский расстрел*(стенограмма судебного процесса над членами Еврейского антифашистского комитета), с.86, 127, 208.
⑤ 《斯大林文集（1934—1952）》，第123—124页。

第三，尽管苏联犹太人在战争中惨遭屠戮，但是，疏散到内地和幸存下来的犹太人仍有 230 多万。① 在当时的条件下，如果允许他们向克里木自由迁徙，当地人口超过 100 万是不成问题的。②

这样，它很快就可能满足斯大林提出的把自治共和国改为加盟共和国的条件。1936 年 11 月 25 日，在全苏苏维埃第八次（非常）代表大会上讨论修改宪法草案时，斯大林再次强调保留宪法草案第 17 条关于各加盟共和国自由退出苏联的权利。③ 因此，1936 年 12 月颁布的《苏维埃社会主义共和国联盟宪法》第 17 条明确规定，"每一加盟共和国均有自由退出苏联的权利"④。万一犹太共和国将来因为种种原因提出退出联盟的要求，那么就会对苏联的国家安全带来无法估量的威胁。作为一位深谙地缘政治的大国领导人，斯大林对此不能不加以防范。

正是由于以上种种原因，"克里木方案"最终被斯大林所抛弃。⑤ 但是，斯大林并没有忘记此事。几年后，他便利用这个早就放弃的方案作为主要"罪证"之一，策划了震惊世界的"犹委会案"。

二、《黑皮书》的禁毁

在爱伦堡愤然辞去《黑皮书》文学委员会主席后不久，格罗斯曼受命接任俄文版《黑皮书》主编。《黑皮书》也由原来的两个版本合而为一。⑥ 1945 年 5 月，洛佐夫斯基下令成立新的编委会并接收了编辑《黑

---

① Hilary L. Rubinstein, Dan Cohn-Sherbok, Abraham J. Edelheit and William D. Rubinstein, *The Jews in the Modern World: A History Since 1750*, pp.190-191.
② 2014 年克里木自治共和国人口即达 250 万。
③ 《斯大林文集（1934—1952）》，第 122 页。
④ 《苏维埃社会主义共和国联盟宪法（节选）（苏联第八次非常苏维埃代表大会，1936 年 12 月 5 日）》，参见中国社会科学院苏联东欧研究所、国家民族事务委员会政策研究室编：《苏联民族问题文献选编》，第 147 页。
⑤ Г. В. 科斯特尔琴科认为，斯大林放弃"克里木方案"还有另外一个原因，就是担心把克里木变成犹太共和国可能会引发当地俄罗斯人和乌克兰人的普遍不满。这种因素固然存在，但是，对斯大林和苏联当局而言，如果下决心为之，一部分人的意见根本不可能成为羁绊。参见 Г. В. Костырченко, *Тайная политика Сталина, власть и антисемитизм*, с.436.
⑥ Shimon Redlich, *War, Holocaust and Stalinism: A Documented Study of the Jewish Anti-Fascist Committee in the USSR*, p.101.

皮书》的所有材料。新的编委会由鲍罗廷任主席，包括特罗扬诺夫斯基、优素福维奇和谢韦林等人。编委会阅读了《黑皮书》的材料，针对一些特殊的细节提出了修改意见，然后向洛佐夫斯基提交了一份报告，积极赞同出版该书。1945年6月，另一个特别顾问又对所有材料进行了审查，对于其中有关当地人帮助德国人消灭犹太人的材料提出了强烈批评。1945年7月9日，编委会接受了这些批评，删除了几乎所有关于当地人与敌人合作的内容。他们还决定从纳粹罪行调查国家委员会采集文献和照片补充《黑皮书》。在这之后，由格罗斯曼领导的《黑皮书》文学委员会一边整理旧资料，一边从源源不断地涌来的新资料中挑选有特性的证词。由于《黑皮书》在纽伦堡审判期间（1945年11月20日—1946年10月1日）将被苏联检举人当作证据来使用，所以它必须尽快完成。1945年秋天，俄文版《黑皮书》的编辑工作终于完成，并且通过了最后审查。1946年初，俄文版《黑皮书》的副本通过苏联情报局的书籍部发给美国、英国、保加利亚、法国、意大利、墨西哥、澳大利亚、波兰、罗马尼亚、捷克斯洛伐克、匈牙利和巴勒斯坦对苏联友好的组织出版。在苏联国内，文学和出版事务管理总局（Главлит）批准出版《黑皮书》并表示了赞同意见。该书列入了1946年的出版计划，并且在同年4月交由意第绪语《真理报》出版社出版。①

与此同时，1945年9月，英文版《黑皮书》的准备工作也已经完成。爱因斯坦用德文为该书撰写了前言，并且四个合作者均收到了一份用他们母语写的副本。英文版《黑皮书》是在犹委会配合下编纂的，因为它提供了有关苏联犹太人的材料，所以深受苏联人信任的戈德堡立即把序言和英文校样寄到莫斯科交由犹委会进行审查。1945年9月7日，他致函米霍埃尔斯和费费尔说："我们能够做到你们所要求的所有变更"，并询问"我们是否可以先行出版？"②

但是，犹委会对爱因斯坦的序言提出了很大异议。爱因斯坦在序言

---

① Из письма ЕАК в ЦК ВКП(б) об издании «Черной книги», 28 ноября 1946 г., Г. В. Костырченко, *Еврейский антифашистский комитет в СССР, 1941-1948: Документированная история*, с.259-260；又见 Arno Lustinger, *Stalin and the Jews: The Red Book: The Tragedy of the Jewish Anti-Fascist Committee and the Soviet Jews*, p.161.

② Shimon Redlich, *Propaganda and Nationalism in Wartime Russia: The Jewish Antifascist Committee in the USSR,1941-1948*, p.68.

中指出，出版《黑皮书》的目的就是为了让读者相信，"一个保护生存安全的国际组织如果不是仅限于确保国家免遭军事进攻，而是允许借此保护帮助各国少数民族时，它才能够有效地实现其目标。归根到底，每一个人都应该受到保护以免遭杀害和非人待遇"。爱因斯坦认为，只有"放弃在过去几十年里发挥着决定性作用的不干涉原则"，才有望真正做到这一点。对于在最近几年战争中受害最大的犹太民族来说，鉴于他们在欧洲一些地方已经无法生存下去，所以各参战国政府和国际机构不仅应当履行既定协议，支持犹太人在巴勒斯坦故国建立一个安全的避难所，而且要求"巴勒斯坦在经济能力许可的范围内向犹太移民开放"[1]。这不仅直接触及到了苏联政府对卡尔梅克人、车臣人、印古什人、克里木鞑靼人等一批少数民族多达数百万人的强制迁移，而且可能冲击到苏联对于国内犹太人的政策，给西方国家将来插手苏联国内民族事务提供借口。因此，尽管犹委会对爱因斯坦非常尊敬，"但是却不敢苟同"他的观点。[2] 经过与洛佐夫斯基协商，犹委会向美国犹太人作家艺术家科学家委员会提出对这个序言进行修改。随后，米霍埃尔斯、格罗斯曼和费费尔联名致函戈德堡说："当持有不同信仰的人参加《黑皮书》编纂的时候，所有有争议的部分都必须删除。对我们来说，只有那些包含无可争辩的事实的内容才可保留。就关于迫害犹太人的序言来说，我们相信像这样一个内容削弱了我们对法西斯主义的指控。"[3]

为了消除争执，爱因斯坦同意对序言做一些修改。但是，1946年3月，经过修改的序言仍未得到犹委会认可。洛佐夫斯基指出："我们委员会发现其中有犹太复国主义倾向和一些从耶路撒冷被攻陷谈起的犹太民族的历史问题。这份材料和反法西斯斗争没有任何关系。我只好发电报

---

[1] The Foreword by Albert Einstein, Arno Lustinger, *Stalin and the Jews: The Red Book: The Tragedy of the Jewish Anti-Fascist Committee and the Soviet Jews*, pp.168-169. 同时参见〔美〕阿尔伯特·爱因斯坦：《爱因斯坦晚年文集》，方在庆等译，海南出版社2000年版，第250页。

[2] Из стенограммы заседания президиума Еврейского антифашистского комитета, 25 апреля 1946 г., Г. В. Костырченко, *Еврейский антифашистский комитет в СССР, 1941-1948: Документированная история*, с.258.

[3] Arno Lustinger, *Stalin and the Jews: The Red Book: The Tragedy of the Jewish Anti-Fascist Committee and the Soviet Jews*, p.163; Shimon Redlich, *Propaganda and Nationalism in Wartime Russia: The Jewish Antifascist Committee in the USSR,1941-1948*, pp.68-69.

要求别把这篇文章排进去。"① 1946 年初，正在莫斯科访问的戈德堡致电美国犹太人作家艺术家科学家委员会约瑟夫·布雷宁说："该序言必须取消。"结果，几经交涉之后，这个被美国犹太人作家艺术家科学家委员会称为"我们时代最伟大的犹太人"②所撰写的序言最终还是没有被采用。③

不仅如此，洛佐夫斯基还指示犹委会鲍罗廷和特罗扬诺夫斯基（他们两个人懂英语）对《黑皮书》英文校样进行了审阅，删掉了一些苏联方面不能容许出版的内容。在拖延了 3 个月后，犹委会才把校样寄到美国，并发出了准予付印的电报。④ 1946 年春，英文版《黑皮书：纳粹反犹暴行》在纽约出版。⑤ 它不仅记录了纳粹在西欧、南欧、东南欧、波兰和苏联屠杀犹太人的罪行，而且展现了犹太人在这些地方顽强抵抗纳粹的英勇事迹。除了纽伦堡审判记录之外，《黑皮书》是当时"能够找到的对纳粹暴行最翔实的记录和最刻骨铭心的控诉"⑥。犹委会收到了从美国寄来的 10 册书，分发给了洛佐夫斯基、米霍埃尔斯、什泰恩、希梅利奥维奇、优素福维奇和贝格尔森等人。⑦ 1946 年 2 月 19 日，约瑟

---

① Судебное следствие: Допрос подсудимых С. А. Лозовского, В. П. Наумов, *Неправедный суд, Последний сталинский расстрел(стенограмма судебного процесса над членами Еврейского антифашистского комитета)*, c.190; 参见 Из стенограммы заседания президиума Еврейского антифашистского комитета, 25 апреля 1946 г., Г. В. Костырченко, *Еврейский антифашистский комитет в СССР,1941-1948: Документированная история*, c.258-259.

② Shimon Redlich, *Propaganda and Nationalism in Wartime Russia: The Jewish Antifascist Committee in the USSR, 1941-1948*, p.200.

③ 尽管如此，爱因斯坦对此却表现得非常大度。1946 年 5 月 14 日，在爱伦堡访美期间，爱因斯坦还特意邀请他到普林斯顿会晤。爱伦堡知道爱因斯坦对《黑皮书》的出版感兴趣，所以给他带去了一些发表过的材料和照片。爱因斯坦仔细端详后满含悲痛地说："我生平说过不止一次，认识的可能性是无限的，我们应该知道的事物也是无限的。现在我认为卑鄙和残酷也是无限的……"参见〔俄〕伊利亚·爱伦堡：《人·岁月·生活》（下卷），第 431 页。

④ Судебное следствие: Допрос подсудимых С. А. Лозовского; Продолжение допроса подсудимого С. Л. Брегмана, В. П. Наумов, *Неправедный суд, Последний сталинский расстрел(стенограмма судебного процесса над членами Еврейского антифашистского комитета)*, c.190, 236.

⑤ The Jewish Black Book Committee, *The Black Book: The Nazi Crime against the Jewish People*, New York: Duell, Sloan and Pearce,1946.

⑥ Frederic Ewen, Review, *Science & Society*, Vol. 11, No. 4 (Fall, 1947), p. 392.

⑦ Судебное следствие: Допрос подсудимых И. С. Фефера, В. П. Наумов, *Неправедный суд, Последний сталинский расстрел(стенограмма судебного процесса над членами Еврейского антифашистского комитета)*, c.45.

夫·布雷宁致函米霍埃尔斯和费费尔，邀请犹委会派代表参加1946年春为英文版《黑皮书：纳粹反犹暴行》举行的大型发行仪式，但犹委会并未派代表出席。

英文版《黑皮书：纳粹反犹暴行》在美国出版后，立即在新闻界和公众当中引起了强烈反响，同时还举行了一些集会和会议。1946年3月27日，由美国犹太人作家艺术家科学家委员会、犹委会、世界犹太人代表大会和巴勒斯坦民族委员会联合举办的《黑皮书：纳粹反犹暴行》首发仪式在纽约麦迪逊广场花园举行，有15000人参加了这一盛大的群众集会。会场的横幅上写着："为600万被杀害的犹太人伸张正义。一个历史性的证明。犹太人的控告。"著名犹太人领袖斯蒂芬·怀斯担任大会主席，罗斯福总统的代表、苏联驻纽约总领事尤金·基谢廖夫、纽约市长和许多要员都出席了这一盛会。① 最为重要的是，有数千册书立即被专门空运到纽伦堡分发一空，因为那儿云集着大批来自世界各国的记者，这就意味着让全世界都注意到法西斯匪徒的屠犹暴行。洛佐夫斯基后来指出，"在纽伦堡审判期间，《黑皮书》的确发挥了很大作用……它是打到坐在被告席上的那些人脸上的一记耳光"，甚至承担了类似于第6名控诉人发言的特殊任务。② 俄文版《黑皮书》复印本也送到参加纽伦堡审判的苏联诉讼团领导人Л. В. 斯米尔诺夫手中，他在发言中使用了书中的材料。③ 而作为《黑皮书》编委会成员之一的舍伊宁也参加了纽伦堡审判，为希特勒匪徒的受害者进行辩护。同时参加审判的还有

---

① B. Z. Goldberg, *The Jewish Problem in The Soviet Union: Analysis and Solution*, p. 66; Arno Lustinger, *Stalin and the Jews: The Red Book: The Tragedy of the Jewish Anti-Fascist Committee and the Soviet Jews*, p. 163. 阿龙·勒斯蒂格在这个地方显然把1946年3月27日误写成1945年3月27日。同时，他认为第一本英文版《黑皮书：纳粹反犹暴行》的正式发行仪式是1946年7月26日在华盛顿国会主会厅举行的。许多参议员和众议员都出席了这个仪式。所有重要的新闻机构都参加了随后的新闻发布会。参见 Arno Lustinger, *Stalin and the Jews: The Red Book: The Tragedy of the Jewish Anti-Fascist Committee and the Soviet Jews*, p. 164. 这有可能是美方为英文版《黑皮书：纳粹反犹暴行》举办的第二次大型宣传活动。

② Судебное следствие: Допрос подсудимых С. А. Лозовского, В. П. Наумов, *Неправедный суд, Последний сталинский расстрел(стенограмма судебного процесса над членами Еврейского антифашистского комитета)*, с. 190.

③ Из письма ЕАК в ЦК ВКП(б) об издании «Черной книги», 28 ноября 1946 г., Г. В. Костырченко, *Еврейский антифашистский комитет в СССР, 1941-1948: Документированная история*, с. 260.

《黑皮书》编辑 A.苏茨科维尔，他是作为苏联检方证人出席的。《黑皮书》的社会价值由此可见一斑。

俄文版《黑皮书》送进出版社后，犹委会依然雄心不减。他们不仅想看到该书用俄文出版，而且希望用意第绪语出版。美国的《黑皮书》编委会预告说，纳粹德国在波兰东部和苏联犯下的滔天罪行规模之大，英文版《黑皮书》第一卷已经难以囊括。所以，俄文版《黑皮书》将作为英文版《黑皮书》第二卷在海外出版。① 1946年4月25日，米霍埃尔斯在犹委会主席团会议上也通报和确认了这一消息。由于新的资料源源而来，为了能够把所有的文献材料收录进去，米霍埃尔斯在会上提出了一个宏伟的设想，即犹委会必须倡议把这项工作继续进行下去。格罗斯曼也认为，"这项工作应该坚持下去"，而且他已经将这一点告诉了洛佐夫斯基。他要求大家精诚团结，共同支持这一宏伟计划。"只要《黑皮书》一日不摆上桌子，我们的工作就是绝对必要的。即便是《黑皮书》出版之后，犹委会也必须有一个人负责收集资料。"② 由此可见，犹委会已经不满足于出版一本《黑皮书》，他们还想接着编辑出版第二本、第三本……但是，他们没有料到，不幸正在一步步地悄然逼近。

1946年3月，《黑皮书》交付意第绪语《真理报》出版社后，本来很快（最迟在1946年下半年）就应该完成的出版工作，因为出版社技术设备落后而一拖再拖。无奈之下，犹委会决定向联共（布）中央书记日丹诺夫求助。这时，爱伦堡也抛开与犹委会之间的宿怨，伸出援助之手。1946年11月28日，米霍埃尔斯、费费尔、格罗斯曼和爱伦堡联名上书日丹诺夫，请求他帮助加快《黑皮书》的出版，在1947年第一季度为该书出版调拨一批急需的物资。③ 12月3日，日丹诺夫把此信批转

---

① 不过，美国《黑皮书》编委会还明确表示，英文版《黑皮书》第二卷同时也将收录纳粹屠杀欧洲东部和苏联非犹太人的资料。参见 The Jewish Black Book Committee, *The Black Book: The Nazi Crime against the Jewish People*, p.305.

② Из стенограммы заседания президиума Еврейского антифашистского комитета, 25 апреля 1946 г., Г. В. Костырченко, *Еврейский антифашистский комитет в СССР,1941-1948: Документированная история*, с.256-259.

③ Из письма ЕАК в ЦК ВКП(б) об издании «Черной книги», 28 ноября 1946 г., Г. В. Костырченко, *Еврейский антифашистский комитет в СССР,1941-1948: Документированная история*, с.260.

亚历山德罗夫处理。不料联共（布）中央宣传鼓动部在对《黑皮书》的内容进行了两个月的审查后竟然做出结论：此书不宜在苏联出版。①

尽管如此，意第绪语《真理报》出版社在 1947 年 6 月还是根据文学和出版事务管理总局的指示，批准印刷厂排版并印刷 30000 册《黑皮书》。就在该书大部分已经装配和印刷完毕（总共 42 个印张已经印好 36 个）之时，8 月 20 日，文学和出版事务管理总局突然发布命令，勒令意第绪语《真理报》出版社停止印刷。作为犹委会主席和《黑皮书》计划最热情的支持者，米霍埃尔斯并不甘心功亏一篑。1947 年 9 月 18 日，他再次上书日丹诺夫，指出《黑皮书》并没有过时，"反动新闻界正在试图摆脱德国法西斯在临时占领地区灭绝犹太人的责任，把对这些罪行的严厉谴责强加到当地非犹太人身上"。在目前与反动势力的斗争中，《黑皮书》的出版"无疑会扮演一个反宣传的证明文件的角色"。因此，他代表犹委会请求日丹诺夫"指示完成这个及时的、重要的出版物"②。日丹诺夫再次把信批转联共（布）中央宣传鼓动部处理。1947 年 10 月 7 日，中央宣传鼓动部出版署主任 M. 莫罗佐夫致函日丹诺夫秘书处说，"宣传鼓动部字斟句酌地研究了《黑皮书》"，认为它含有严重的政治错误，故"不能出版"③。日丹诺夫还是有点犹豫不决，遂把此事交由斯大林最后定夺。斯大林明确表示："当我们所有民族都在受难的时候，为什么要突出这一（犹太人）苦难？"④这就等于给《黑皮书》正式宣判了死刑。

---

① Из записки Г. Ф. Александрова о нецелесообразности издания «Черной книги», 3 февраля 1947 г., Г. В. Костырченко, *Еврейский антифашистский комитет в СССР, 1941-1948: Документированная история*, с. 261-262.

② Письмо С. М. Михоэлса А. А. Жданову о завершении издания «Черной книги», 18 сентября 1947 г., Г. В. Костырченко, *Еврейский антифашистский комитет в СССР, 1941-1948: Документированная история*, с. 262-263.

③ Информация Управления пропаганды и агитации ЦК ВКП(б), 7 октября 1947 г., Г. В. Костырченко, *Еврейский антифашистский комитет в СССР, 1941-1948: Документированная история*, с. 263.

④ Shimon Redlich, *War, Holocaust and Stalinism: A Documented Study of the Jewish Anti-Fascist Committee in the USSR*, p.104. 苏联官方的宣传口径是，"在希特勒统治下，各族人民的苦难是一样的"。如果有人说，"犹太人所受苦难最为深重"，苏联官方就会用一个标准答案来反驳，"死人都一样，不要做区分"。参见〔俄〕瓦西里·格罗斯曼：《生活与命运》，导读，第 xxvi 页。

米霍埃尔斯闻讯后大为震惊。他与马尔基什等人设法拜会了卡冈诺维奇和莫洛托夫，试图挽回颓局，但无果而终。① 随后，尚未印完的《黑皮书》被遗弃在印刷厂潮湿的仓库里，无人问津。② 1948年2月13日，费费尔致函中央宣传鼓动部第一副部长德·特·谢皮洛夫，希望在《黑皮书》原定发行量被取消后，允许把剩余的几个印张印完，以便能装订150—200本成书。"这些书可以存放在各图书馆的密藏室、德国法西斯罪行调查特别委员会以及各反法西斯委员会。"③ 但是，就是这样一个可怜的要求也没有得到批准。"1948年底，随着犹委会被查封，此书也被销毁了"④。

那么，《黑皮书》为什么在苏联遭到查封和销毁？主要原因有两点：

其一，国际国内形势发生重大变化，《黑皮书》已经失去利用价值。从苏联方面来看，《黑皮书》计划一开始就是为苏联的战时对外宣传政策服务的，其目的就是通过揭露纳粹屠犹暴行唤起海外犹太人支持苏联卫国战争，而并非出于对犹太人悲惨命运的同情。从这一点来说，苏联当局本身就是醉翁之意不在酒。战争结束后的一年半时间里，美苏之间的冲突还没有公开，所以，《黑皮书》计划得以继续运行。但是，当美苏冷战爆发，特别是反犹主义已经成为苏联的官方政策后，《黑皮书》就失去了原有的利用价值。

另外，苏联对德政策的调整也成为影响《黑皮书》命运的一个重要因素。1947年11月，苏联与西方在战后处置德国问题上公开决裂后，双方在各自的占领区开始筹建独立的中央政府。为了把未来的东德政府纳入到苏联的轨道并与之建立友好关系，斯大林对德国的政策突然发生了重大转变。他不仅下令解散了调查和审判法西斯德国侵略者罪行非常委员会，而且下令终结所有与德国人罪行有关的案件（包括纳粹屠

---

① Arkady Vaksberg, *Stalin Against the Jews*, p.198.
② Отношение типографии ВПШ при ЦК ВКП(б) в издательство «Дер Эмес», 15 ноября 1947 г., Г. В. Костырченко, *Еврейский антифашистский комитет в СССР, 1941-1948: Документированная история*, с.264.
③ Записка ЕАК в ЦК ВКП(б) о завершении работы над «Черной книгой», 13 февраля 1948 г., Г. В. Костырченко, *Еврейский антифашистский комитет в СССР, 1941-1948: Документированная история*, с.264-265.
④ 〔俄〕伊利亚·爱伦堡：《人·岁月·生活》（下卷），第345页。

犹）。因此，《黑皮书》在苏联的政治生活中就变成了一大障碍，它的出版"毫无疑问是和苏联的整个政策相冲突的"①。

其二，《黑皮书》的内容已经不合苏联当局的胃口，成为不合时宜的出版物。大体来说，《黑皮书》的材料可以分为三类：一是死里逃生的法西斯暴行的见证人和受害者留下的信件、日记、速记报道和证词；二是苏联作家所写的文章，这些文章是根据《黑皮书》的编辑们能够得到的证词、信件、日记和速记报道加工而成的；三是由调查和审判法西斯德国侵略者罪行非常委员会提供给《黑皮书》编委会的材料。②根据苏联当局的旨意，大量有关巴比亚谷地大屠杀、对死亡集中营境况的描写、遍及苏联各地的当地人（特别是波罗的海共和国和西乌克兰的居民）与德国人勾结残害犹太人、趁机掠夺犹太人的住宅和财物以及叙述苏联政权对已解放地区的犹太人大屠杀幸存者漠不关心的内容都被删掉。③与此同时，增加了大量讲述苏联公民是如何拯救犹太人的材料，但是到头来它还是不能合乎苏联领导人的要求。

1947年2月3日，亚历山德罗夫在给日丹诺夫的报告中指出，《黑皮书》在思想内容方面存在两大严重问题：一是贯穿全书的主导思想是错误的，它给人留下的印象是德国人在对苏战争中"劫掠和消灭的仅仅是犹太人"；二是格罗斯曼臆造了一个德国人"屠杀苏联各个民族的某种次序"，而事实上，"希特勒分子在同一时间无情屠杀的是苏联的各个民族"，并非像该书中宣扬的，只要得到"俄罗斯人身份证"、相貌长得不像犹太人等就能够幸免于难。④斯大林也认为该书过分渲染了犹太人

---

① *The Black Book: The Ruthless Murder of Jews by German-Fascist Invaders Throughout the Temporarily-Occupied Regions of The Soviet Union and in the Death Camps of Poland during the War of 1941-1945*, Prepared under the editorship of Ilya Ehrenburg & Vasily Grossman, Translated from the Russian by John Glad and James S. Levine, pp.XXIII, XXVI.

② *The Black Book: The Ruthless Murder of Jews by German-Fascist Invaders Throughout the Temporarily-Occupied Regions of The Soviet Union and in the Death Camps of Poland during the War of 1941-1945*, Prepared under the editorship of Ilya Ehrenburg & Vasily Grossman, Translated from the Russian by John Glad and James S. Levine, p.XI.

③ Arno Lustinger, *Stalin and the Jews: The Red Book: The Tragedy of the Jewish Anti-Fascist Committee and the Soviet Jews*, p.104.

④ Из записки Г. Ф. Александрова о нецелесообразности издания «Черной книги», 3 февраля 1947 г., Г. В. Костырченко, *Еврейский антифашистский комитет в СССР, 1941-1948: Документированная история*, с. 261-262.

的灾难。根据1941年7月海因里希·希姆莱制定的"'轴心'总计划"和1942年"占领东方领土"事务帝国部所制定的文件，纳粹为了把苏联变成德国的殖民地，给德国人腾出生存空间，的确有屠杀数千万斯拉夫人的计划。但是，希特勒实施这一计划的大前提是首先"彻底解决犹太人问题"，即消灭欧洲犹太人。① 因此，《黑皮书》所言并非杜撰。

其实，谁都知道欧洲犹太人是纳粹大屠杀的主要受害者，是希特勒种族灭绝的首要对象。奥斯威辛、特雷布林卡、马伊达内克、索比堡、贝尔赛克和切姆诺等地的灭绝营就是明证，"其目的就是要灭绝以色列民族"②。俄国学者И.阿拉特指出，"在解放德占区的过程中……苏联红军几乎没有遇到犹太人"，因为德占区的犹太人"几乎无一生还"③。其中包括米霍埃尔斯及其堂弟、红军著名内科大夫М.С.沃夫西在白俄罗斯老家的几乎所有的家庭成员④、格罗斯曼的母亲⑤、费费尔的父亲（曾在乌克兰的什波拉镇担任希伯来语教师）、希梅利奥维奇的兄弟、祖斯金在立陶宛的第一任妻子、戈夫施泰因的母亲和弟弟（死于巴比亚大屠杀）、苏联英雄大·阿·德拉贡斯基上校的父母兄弟和两位姐妹以及其他70位亲属。⑥ 赫鲁晓夫曾经目睹了红军收复基辅时的景象："整座城市让人感到毛骨悚然。昔日热闹、欢快的南方大都市，突然间却变得阒无一人！我们走在十字大街上时，只能听见自己的脚步声……忽然听见一声

---

① 〔俄〕列夫·别济缅斯基：《交战前夕的希特勒和斯大林》，第369—372页。
② 〔德〕迪特里希·施万尼茨：《欧洲：一堂丰富的人文课》，刘锐、刘雨生译，山西人民出版社2008年版，第179页。战争期间，当墨索里尼等人试图劝说希特勒对犹太人采取更加通融的态度时，希特勒就会以最恐怖的语言来描绘犹太人的危险，并且在长篇大论后宣称，"要不惜一切代价消灭犹太人"。当罗马尼亚首相扬·安东内斯库告诉希特勒比萨拉比亚的犹太人已经消失时，希特勒对其尊敬之情油然而生。参见〔德〕克里斯塔·施罗德：《在希特勒身边12年——希特勒贴身女秘书回忆录》，第185页。
③ А. И. Солженицы, Двести лет вместе(1795-1995), Часть II, с.386.
④ Ж. А. Медведев, Сталин и «дело врачей», Новые материалы, Вопросы истории, 2003, № 1, с.83.
⑤ 卫国战争前夕，格罗斯曼曾向妻子奥尔加·米哈伊洛夫娜提出想把母亲接到他们在莫斯科的家里居住，奥尔加·米哈伊洛夫娜却说地方太小，不方便。结果，1941年9月，在乌克兰犹太人最大的聚居地之一的别尔季切夫市，格罗斯曼的母亲叶卡捷琳娜·萨韦列夫娜与30000多犹太人一起被纳粹杀害。格罗斯曼后来为此深感自责，精神极度痛苦，几乎难以自拔。参见〔俄〕瓦西里·格罗斯曼：《生活与命运》，导读，第xxiii页。
⑥ *The Unknown Black Book, the Holocaust in the German-Occupied Soviet Territories*, edited by Joshua Rubenstein and Ilya Altman, translated by Christopher Morris and Joshua Rebenstein, Bloomington and Indianapolis: Indiana University Press, 2010, p.xx.

歇斯底里的叫喊，一个年轻人朝我们跑来。我不知道是怎么回事，只记得他嘴里反复不停地说：'我是基辅唯一还活着的犹太人。'我尽量安慰他，并问：'您还想说什么？'而他仍然重复着同样的话。我看出来了，他处于一种特殊状态，精神已接近崩溃。"原来他一直躲藏在屋顶层里，靠在食堂工作的妻子（乌克兰人）送饭才侥幸活了下来。①

纳粹对犹太人的大屠杀一直持续到战争结束。在欧洲各国生活的1100万犹太人当中，有600万人惨死在法西斯的屠刀之下②，其中将近一半是苏联犹太人。③ "没有民族经历过如此痛苦、屈辱和残暴的杀戮；

---

① 〔俄〕尼基塔·谢·赫鲁晓夫：《赫鲁晓夫回忆录》，第1卷，第664页。
② 〔德〕克劳斯·费舍尔：《德国反犹史》，第425页。世界犹太人大会和纽伦堡审判的起诉书上认为被杀害的犹太人是570万。参见〔美〕威廉·夏伊勒：《第三帝国的兴亡》（下卷），第1149页。但现在最流行的说法是600万。这个数字是1945年11月26日纽伦堡法庭在审判党卫军军官威廉·赫特尔时得出的。威廉·赫特尔引证了1944年8月底在匈牙利首都布达佩斯与纳粹"最终解决犹太人问题"计划的参与者、帝国保安总部4B分局（负责将犹太人驱逐出境并予以消灭）的头目阿道夫·艾赫曼的一次谈话。阿道夫·艾赫曼说："屠杀犹太人的数字是国家秘密。但根据现有的资料，我认为在各个死亡集中营里杀死了近400万人。除此之外，还有200万人死于其他手段和俄国远征期间党卫军所采取的种种行动。希姆莱对我的回答不满意。因为据他估计，杀死的犹太人应超过600万……"后来据德国学者在《种族灭绝规模》一书中做出的结论：消灭犹太人的最低数字为529万，最高数字比600万稍多一点。参见〔俄〕列夫·别济缅斯基：《交战前夕的希特勒和斯大林》，第371—372页；Г. В. Костырченко, *Тайная политика Сталина, власть и антисемитизм*, с.223. 另据统计，被屠杀者有150万是14岁以下的儿童。参见〔美〕索尔·弗里德兰德尔：《灭绝的年代：纳粹德国与犹太人，1939—1945》，第541页。世界犹太人代表大会主席斯蒂芬·怀斯则认为，希特勒消灭了620万犹太人，占全世界犹太人口的37%—40%。参见 Stephen S. Wise, *Challenging Years: The Autobiography of Stephen Wise*, New York: G. P. Putnam's Sons, 1998, p.235. 事实上，战争期间谁也没有对屠杀犹太人进行过准确统计。各国学者很难确定那些数据——一些数据是根据党卫军的报告，另一些是数据通过对德军入侵前有关犹太居民数量的原始资料对比得出的。此外，需要补充说明的是，马伊达内克、奥斯威辛等集中营主要用来消灭从西方各国运来的犹太人，还有波兰犹太人，而苏联沦陷区的犹太人在原地就被消灭了。参见 Ж. А. Медведев, Сталин и «дело врачей», Новые материалы, *Вопросы истории*, 2003, № 1, с.93.
③ 关于苏联犹太人在二战中死亡的数字，不少学者看法不同。以色列学者本杰明·平库斯经过研究认为，二战中苏联犹太人的损失占苏联所有死于战争的人数的12.5%—15%，即在2000万遇难者中占250万—300万。参见 Benjamin Pinkus, *The Soviet Government and the Jews: 1948-1967, A Documented Study*, p.23. 但是，2005年，俄罗斯总统普京宣布有2700多万苏联军民死于卫国战争，占当时整个苏联人口的14%。如果按照本杰明·平库斯的观点计算，就意味着有337.5万—405万苏联犹太人死于战争，显然有点匪夷所思。据德国学者研究，有280万苏联犹太人死于纳粹之手。参见〔俄〕列夫·别济缅斯基：《交战前夕的希特勒和斯大林》，第372页。C. 施瓦茨认为，苏联犹太人死亡总数应该是280万—290万人。И. 阿拉特认为，在德占区的"2750000—2900000犹太人几乎无一生还"，另外还应该加上

没有民族遭到过对妇女、老人和儿童如此大规模的杀戮；没有民族丧失过三分之一的人口；也没有任何一个民族经历过甚至不容许一个人逃生的如此周密的计划。"① 这是继中世纪的西欧、19 世纪末的俄国之后，犹太人所遭受的第三次，也是规模最大、手段最残暴的一次迫害与屠杀。美国历史学家劳伦斯·迈耶指出，任何言辞都不足以表达 600 万人被屠杀是多么令人恐怖。"整个整个的家庭、村庄和城镇被灭绝了。欧洲犹太民族的精华被消灭了。"② 英国学者塞西尔·罗斯表示："在犹太人的生活中，这是一场无与伦比的巨大灾难，恐怕也是有史以来全体人类生活中的一场最大的灾难。"它"同时漫卷了从北冰洋直到地中海南岸，从大西洋直到伏尔加河的广大地区。有近一半的世界上的犹太人同时受到了侵扰；惨死的人数至少是他们这个民族历史上任何其他可比时期的 20 倍"③。美国著名犹太学者雅各·瑞德·马库斯则断言："纳粹屠犹是三千年有文字记载的犹太史上最大的灾难。"④

所以，对犹太人而言，《黑皮书》可以作为一部新的《耶利米哀歌》，"一座纪念碑……一块冰冷的墓碑，每个犹太人都可以借此来哭祭自己受到伤害的亲朋好友"⑤。1945 年 3 月 14 日，莫斯科犹太大会堂

（接上页）大约 12 万犹太人（其中包括红军中的阵亡者，大约 8 万名在战俘营中被处死者，几万名在列宁格勒、敖德萨和其他城市被围困期间以及在偏远的疏散地由于生活条件恶劣死亡者）。人口学家 M. 库普维茨基推算，1941—1945 年间，苏联犹太人的死亡总数为 273.3 万（除了纳粹屠杀的牺牲者，还包括红军和游击队中的牺牲者，在前线附近死亡的平民，在疏散和驱逐出境过程中死亡的犹太人以及战时在苏联集中营里的死难者），占 496.5 万犹太人（1941 年 6 月）的 55%。参见 А. И. Солженицы, *Двести лет вместе(1795-1995)*, Часть II, с. 385-386. 美国历史学家路易斯·拉波波特认为，有 300 万苏联犹太人死于纳粹之手。参见 Louis Rapoport, *Stalin's War Against the Jews: The Doctors' Plot and the Soviet Solution*, p. 88.

① *A History of the Jewish People*, edited by H. H. Ben-Sasson, Cambridge, Massachusetts: Harvard University Press, 1999, p. 1033.
② 〔美〕劳伦斯·迈耶：《今日以色列：一个不安宁国家的画像》，钱乃复等译，新华出版社 1987 年版，第 24 页。
③ 〔英〕塞西尔·罗斯：《简明犹太民族史》，黄福武等译，山东大学出版社 2004 年版，第 551 页。
④ 〔美〕雅各·瑞德·马库斯：《美国犹太人：1585—1990 一部历史》，第 232 页。
⑤ *Stalin's Secret Pogrom: The Postwar Inquisition of the Jewish Anti-Fascist Committee*, Edited and with introductions by Joshua Rubenstein and Vladimir P. Naumov, p. 18. 《耶利米哀歌》是公元前 586 年巴比伦王尼布甲尼撒率军攻陷耶路撒冷，并把圣城掳掠一空，夷为平地后，当时著名的大先知耶利米为悼念犹太民族这一灾难所作的 5 首哀歌。参见《圣经·旧约全书》中的《耶利米哀歌》。

专门为二战中被法西斯分子杀害的数百万犹太人举行了隆重的安息日祈祷仪式，莫洛托夫夫人波林娜·热姆丘任娜，苏联科学院院士特赖宁、叶·维·塔尔列①、塞缪尔·魏茨曼②，著名演员赖森、赫罗姆琴科、祖斯金，著名作家贝格尔森、科维特克、费费尔，还有一些教授、将军、老党员都出席了这一仪式。③

但是，此一时也，彼一时也，苏联当局已经不再需要纳粹屠犹的宣传了。就连苏联情报局领导人洛佐夫斯基后来都认为："当中央委员会禁止在苏联出版该书时，那也是正确的，因为苏联人并不需要这样一本书。在我们国家所有民族都遭受了希特勒分子侵略所带来的灾难……"④1945年到1963年，苏联官方出版物中甚至没有提到犹太人是纳粹侵略者的受害者。战后在德国人实施大屠杀的地方建立的一座座纪念碑也没有谈及绝大多数的受害者是犹太人，只指明了"俄国人""乌克兰人"或其他民族。⑤所以，无论犹委会领导人和《黑皮书》编辑们如何强调该书对于苏联读者是多么的重要，在苏联领导人的眼里，它已经变得有害无益，甚至"冒犯了当局"⑥。特别是当斯大林和苏联当局决

---

① 叶·维·塔尔列（1875—1955），苏联著名历史学家、苏联科学院院士，著有《拿破仑传》《拿破仑入侵俄国》等著作。
② 塞缪尔·魏茨曼（1882—？），以色列第一任总统哈伊姆·魏茨曼的弟弟，曾经参与指导苏联的工业计划。二战后被捕，并死于劳动集中营。《苏联历史档案选编》中错把他当成了哈依姆·魏茨曼。参见沈志华总主编：《苏联历史档案选编》，第25卷，第388页注释①。
③ Из показаний Д. Н. Гофштейна о связях ЕАК и П. С. Жемчужиной с синагогой и об обстоятельствах инициации проекта еврейской республики в Крыму, 5 января 1949 г.; М. Ф. Шкирятов и В. С. Абакумов — И. В. Сталину о результатах проверки обвинительных материалов против П. С. Жемчужиной, 27 декабря 1948 г., Г. В. Костырченко, *Государственный антисемитизм в СССР. От начала до кульминации,1938-1953*, с.150,159; Судебное следствие: Допрос подсудимых Д. Н. Гофште, В. П. Наумов, *Неправедный суд, Последний сталинский расстрел(стенограмма судебного процесса над членами Еврейского антифашистского комитета)*, с.115-116.
④ Судебное следствие: Допрос подсудимых С. А. Лозовского, В. П. Наумов, *Неправедный суд, Последний сталинский расстрел(стенограмма судебного процесса над членами Еврейского антифашистского комитета)*, с.190.
⑤ Hilary L. Rubinstein, Dan Cohn-Sherbok, Abraham J. Edelheit and William D. Rubinstein, *The Jews in the Modern World: A History Since 1750*, p.191. 美国历史学家戴维·M. 克罗认为，苏联当局这么做，真正的原因一是斯大林的反犹主义思想，二是企图掩盖苏联确切的战争死亡人数。但苏联官方解释却是，根据国家政策，对"伟大的卫国战争"期间被法西斯所杀害的人将不做族群上的区分。参见〔美〕戴维·M. 克罗：《大屠杀：根源、历史与余波》，第307页。
⑥ 〔英〕罗德里克·布雷思韦特：《莫斯科1941：战火中的城市和人民》，第125页。

定在国内开始掀起新的反犹浪潮、并且决定拿犹委会开刀时,出版《黑皮书》更有搬起石头砸自己的脚之虞。①

俄文版《黑皮书》虽然没有面世,但是,当斯大林开始策划"犹委会案"时,它却成为苏联当局指控犹委会的主要罪证之一。

第三节 米霍埃尔斯之死

1947—1948年,苏联当局在国内掀起了一场反对"世界主义"运动,"目的是加强与外界的隔绝并在知识分子中清除任何外来意识形态的影响"②,在苏联民众当中"灌输对西方的反感和敌意",当预期的冲突发生时这一情感能够培养出一种好战的精神。③于是,苏联社会进入了一个"吹捧本民族,猛烈抨击过去与现在的一切外来影响的时期"④。苏联犹太人因为和西方联系最广、受西方影响最大而沦为重点打击对象。俄罗斯著名历史学家罗伊·梅德韦杰夫指出:"反对'世界主义'的斗争具有明显的反犹性质。在当时的日常政治用语中,'世界主义者'、'犹太复国主义者'、'犹太人'几乎就是同义词。"⑤因此,所谓"反世界

---

① 曾经为编纂《黑皮书》呕心沥血的爱伦堡在1960—1964年出版的回忆录中指出:"我希望出版《黑书》,……应该记得过去发生的事,这是使人们不许历史重演的保证之一。"参见〔俄〕伊利亚·爱伦堡:《人·岁月·生活》(下卷),第341页。但是,直到1980年代末,在戈尔巴乔夫改革的推动下,随着苏联档案馆日渐开放,伊利亚·阿尔特曼博士在其供职的苏联十月革命国家中央档案馆(即今天的俄罗斯联邦国家档案馆)才发现了丢失已久、当初未经审查的《黑皮书》手稿。它是1955年苏联检察院和苏联最高法院在给"犹委会案"受害者恢复名誉过程中由克格勃转交过来的。经伊利亚·阿尔特曼博士努力,1993年,该书以《不为人知的黑皮书》为名在立陶宛出版,这是第一个完整的俄文版《黑皮书》。同年,俄罗斯联邦国家档案馆和以色列大屠杀纪念馆合作,在莫斯科和耶路撒冷出版了《不为人知的黑皮书》。随后,该书译本先后在德国(1995)、意大利(1999)和美国(2002)出版。参见 The Unknown Black Book, the Holocaust in the German-Occupied Soviet Territories, p.xxxvii.
② 〔俄〕帕维尔·苏多普拉托夫:《情报机关与克里姆林宫》,第365页。
③ Yehoshua A. Gilboa, The Black Years of Soviet Jewry: 1939-1953, p.147.
④ 〔英〕以赛亚·伯林:《苏联的心灵:共产主义时代的俄国文化》,第106页。
⑤ 〔俄〕罗伊·梅德韦杰夫:《让历史来审判——论斯大林和斯大林主义》(下册),第966页。世界主义者最早是由19世纪俄国著名文学评论家维·格·别林斯基创造的,泛指缺乏或者拒绝民族风格的作家("无根的世界主义者")。参见〔英〕奥兰多·费吉斯:《耳语者:斯大林时代苏联的私人生活》,第516页。

主义者运动","几乎就是反犹太人运动"①。斯大林的女儿斯维特兰娜也坦承,反对"世界主义"运动"具有公然反犹太主义性质"②。米霍埃尔斯就是在这种背景下,被推向了潮头浪尖。

一、苏联国家安全部为什么要除掉米霍埃尔斯?

作为著名演员和享誉世界的社会活动家,米霍埃尔斯无论对于苏联犹太戏剧艺术的发展还是卫国战争的胜利都做出了重要贡献。那么,他为什么会成为苏联当局铲除的对象呢?这主要缘于以下三方面的原因:

一是斯大林对犹太人在苏联科学界、文化艺术界所占的优势地位早已不满,他试图借机清除犹太文化的影响。于是,"粗暴的反犹运动一而再、再而三地出现了"③。在苏联当局的支持下,不论是政界,还是科技文化界,大批犹太人遭到开除或者免职的厄运。作为犹太文化的领军人物,并享有"苏联第一犹太人"④美誉的米霍埃尔斯自然就成为苏联当局打击的首要目标。

不仅如此,米霍埃尔斯还成为苏联反犹运动的绊脚石。当反犹浪潮席卷全国之时,身为犹委会主席的米霍埃尔斯为了维护犹太人的权益,曾和费费尔一起专程拜会了苏联人民委员会副主席莫洛托夫,对官方的反犹政策提出抗议,莫洛托夫承诺政府在适当的时候将会采取措施。苏联犹太人相信此事还可能得到联共(布)中央政治局委员卡冈诺维奇的帮助,他同样承诺政府在合适的时候将采取措施。⑤米霍埃尔斯这种不识时务的干预明显将自己置于政府的对立面。苏联当局明白,"应该

---

① Jonathan Brent and Vladimir P. Naumov, *Stalin's Last Crime: The Doctors' Plot*, p. 94.
② 〔苏联〕斯维特兰娜·阿利卢耶娃:《仅仅一年》,第140页。
③ 〔俄〕肖斯塔科维奇口述,伏尔科夫记录整理:《见证》,第20页。作为苏联著名的作曲家,肖斯塔科维奇对于国内当时在社会各阶层蔓延的反犹主义非常愤懑,并且创作了《第一小提琴协奏曲》、声乐套曲《犹太民间诗歌选》和《第四四重奏》,对犹太人的命运寄予深切的同情。
④ Shimon Redlich, *Propaganda and Nationalism in Wartime Russia: The Jewish Antifascist Committee in the USSR, 1941-1948*, p. 82.
⑤ The Chargé in the Soviet Union (Durbrow) to the Secretary of State, December 2, 1947, *Foreign Relations of the United States*, 1947, Volume IV, p. 629.

首先除掉米霍埃尔斯，因为不除掉他，就不可能清除犹太民族文化的残余，就不能有计划地从肉体上消灭受他支配的苏联犹太人"①。

二是苏联对外政策发生变化。1947年5月，苏联突然改变了坚持多年的反犹太复国主义政策，开始在联合国转而支持犹太人在巴勒斯坦建国。苏联此举的目的是为了打击英国在中东的势力，但它同时又担心国内沉寂多年的犹太复国主义势力乘机复活。所以，就在苏联1947年11月29日在联合国大会上投票赞成巴勒斯坦分治决议前三周，联共（布）中央对外政策部部长苏斯洛夫和联共（布）中央宣传鼓动部部长亚历山德罗夫即前往莫洛托夫和联共（布）中央书记阿·亚·库兹涅佐夫处商讨打击犹太复国主义事宜。联合国大会《关于巴勒斯坦将来治理（分治计划）问题的决议》通过后，斯大林的战略是"决不允许在苏联境内出现一个公认的、享有世界声望和尊敬的犹太民族运动领导人"②。而犹委会主席米霍埃尔斯恰恰就是斯大林最为担心的那种苏联犹太人的精神领袖。斯大林知道，许多苏联犹太人都把米霍埃尔斯"视为他们非正式的民族领袖"③。他"担心米霍埃尔斯巨大的个人声望会被国际犹太复国主义组织利用来达到自己的目的"④。所以，在承认以色列之前，斯大林就开始采取措施，"消除他想象中的苏联国内潜在的犹太复国主义阴谋"⑤。其实，斯大林就是为了防止苏联犹太人在犹太复国主义的旗帜下形成一股强大的反政府力量，因此，他就必须消灭能够把苏联犹太人团结在一起的精神领袖。卡冈诺维奇曾说，斯大林的主要原则就是："只要对谁产生怀疑，就把他干掉，甚至不必有确凿的具体事实作为证据。只要一个人很有力量、个性鲜明、很有威望，有能力号召人们，这就足够了。"⑥

由于米霍埃尔斯在国内外已经成为苏联犹太人利益的代言人，因此他面临的威胁也越来越大。1947年，当莫斯科国家犹太剧院在筹备

---

① 〔美〕利季亚·沙图诺夫斯卡娅：《克里姆林宫内幕》，第161页。
② Arkady Vaksberg, *Stalin Against the Jews*, p.153. 作为联共（布）中央书记，阿·亚·库兹涅佐夫负责对各行政机关、内务部、国家安全部以及军队进行监督。
③ 〔美〕弗拉季斯拉夫·祖博克：《失败的帝国：从斯大林到戈尔巴乔夫》，第80页。
④ 〔俄〕帕维尔·苏多普拉托夫：《情报机关与克里姆林宫》，第341页。
⑤ 〔美〕弗拉季斯拉夫·祖博克：《失败的帝国：从斯大林到戈尔巴乔夫》，第80页。
⑥ 〔俄〕菲·博布科夫：《克格勃与政权——克格勃第一副主席的回忆》，王仲宣译，东方出版社2008年版，第138页。

十月革命 30 周年庆祝活动时，米霍埃尔斯把他的同事、著名艺术家韦·利·祖斯金单独叫到办公室，用李尔王的那种戏剧手势指着自己的艺术总监的座椅说："你很快就要坐到这个位置上了。"然后他从衣袋里掏出一封匿名信，读给祖斯金听。信上写道："你这个犹太人渣！你飞得太高了。小心把脑袋飞掉了！"① 1946 年到 1947 年上半年，莫斯科国家犹太剧院每晚演出观众都会爆满，但在米霍埃尔斯死前几个月，演员们演出时观众席上几乎空无一人。这是一个明显的不祥的信号。1947 年 12 月下旬，苏联报纸在刊载米霍埃尔斯在一次大会上的讲话时，删去了其中有关巴勒斯坦犹太人的现实教育以及他对此表示欣赏的言论。米霍埃尔斯忧心忡忡。12 月 27 日上午，他告诉在路上邂逅的戏剧评论家利季亚·沙图诺夫斯卡娅（犹太人）说："这——意味着末日！"② 同一天，犹太戏剧界在莫斯科工艺博物馆礼堂举行晚会，纪念已故犹太作家门德勒·莫凯尔·塞弗里姆诞辰。米霍埃尔斯即兴表演了塞弗里姆的作品《便雅悯三世游记》当中的几幕戏。他在开场白中说，便雅悯启程去寻找"应许之地"时问一个陌生人，"通往以色列故土的路怎么走？""刚好就在这个时候葛罗米柯同志给了我们那个问题的答案。"米霍埃尔斯说，他指的是苏联在联合国支持巴勒斯坦分治和犹太国家的建立。结果，整个礼堂群情激动，人们狂喊着表示支持。米霍埃尔斯的女儿尼娜·沃夫西后来回忆说："好像他告诉他们所有人都去以色列似的，每个人都从他们的座位上跳起来，疯狂鼓掌，超过 10 分钟。"③ 这种情景完全出乎米霍埃尔斯的意料，他大惊失色。晚会结束后，指定转播该节目的广播电台以磁带丢失为由拒绝转播。米霍埃尔斯惶恐不安，认为这是一个坏兆头。尼娜和她的姐姐纳塔莉亚甚至认为正是这次晚会决定了父亲的命运。10 天后，当米霍埃尔斯踏上前往明斯克的死亡之旅时，这种不祥的预感更为强烈。据他的家人和挚友回忆，在悲剧发生前几周，一些人就警告

---

① Судебное следствие: Допрос подсудимых В. Л. Зускина, В. П. Наумов, *Неправедный суд, Последний сталинский расстрел*(стенограмма судебного процесса над членами Еврейского антифашистского комитета), с. 308.
② 〔美〕利季亚·沙图诺夫斯卡娅：《克里姆林宫内幕》，第 178 页。
③ Louis Rapoport, *Stalin' War Against the Jews, The Doctors' Plot and the Soviet Solution*, pp. 90-91.

他大限将至，而且他不时会收到带有死亡威胁的匿名信。①

三是斯大林私生活泄密事件成为米霍埃尔斯遇害的直接诱因。1947年12月上旬，美国报刊上出现了有关斯大林个人生活和家庭生活的细节报道。苏联驻美国大使安·安·葛罗米柯指出："斯大林从来没有跟任何人，包括外国人，主动地谈起过自己的家庭——妻子、儿女。……在国外发表的有关斯大林同妻子和儿女、亲戚的关系问题的文章，多数是些无聊的臆造。"②因为"在斯大林时代，政治局成员的家庭情况、个人爱好、对这样或那样的大小问题所持的态度，都属于国家的绝密材料"。所以，"斯大林的整个生活几乎像被裹尸布那样密不透风地包裹着"③。但是，现在，美国的报刊竟然把斯大林私生活的细节都挖出来了。这些细节表明存在着一个接近斯大林的"内部"消息来源，甚至有几个消息来源。在苏联，这被视为"泄露国家机密"④。斯大林闻讯勃然大怒，立即下令国家安全部部长阿巴库莫夫追查泄密者。国家安全部找不到真正的消息来源，于是便嫁祸于斯大林第二任妻子阿利卢耶娃的家人。12月10日，经斯大林批准，国家安全部逮捕了阿利卢耶娃哥哥的遗孀叶夫根尼娅·阿利卢耶娃。

受审期间，叶夫根尼娅交代说：苏联科学院世界政治经济研究所研究员、著名经济学家伊萨克·戈尔德施泰因（Исаак Гольдштейн）对于斯大林的家庭，特别是对斯维特兰娜和格里戈里·莫罗佐夫的家庭感兴趣。1929年至1933年，戈尔德施泰因与叶夫根尼娅及其丈夫帕维尔·阿利卢耶夫一起在苏联驻柏林商务代办处工作过，所以和阿利卢耶夫的家人、斯维特兰娜及其第一任丈夫莫罗佐夫都很熟悉。1947年12月19日，

---

① Arkadi Vaksberg, *Stalin Against the Jews*, p. 165.
② 〔苏联〕葛罗米柯：《难忘的岁月——葛罗米柯谈世界风云人物》，柴兴文等译，首都师范大学出版社1993年版，第10—11页。
③ 〔俄〕德·安·沃尔科戈诺夫：《斯大林》（下册），张慕良等译，国际文化出版公司2009年版，第783页。
④ Ж. А. Медведев, Сталин и «дело врачей», Новые материалы, *Вопросы истории*, 2003, № 1, с. 88. 斯大林对公开他的个人隐私或者私生活是绝不容忍的。1947年，斯大林的妻姐安娜·谢尔盖耶夫娜出版了一本反映阿利卢耶夫一家生活和革命的回忆录，斯大林大怒，1948年1月30日把她打入囹圄。当斯维特兰娜问父亲自己的姨妈犯了什么罪时，斯大林说："她们太喜欢说。她们知道的事情太多，说的也太多。这对敌人有好处……"参见〔苏联〕斯维特兰娜·阿利卢耶娃：《致友人的二十封信》，第215页。

未经检察长批准，阿巴库莫夫即下令逮捕了戈尔德施泰因。参加侦办和审讯戈尔德施泰因案件的国家安全部特别重大案件侦查处副处长科马罗夫后来供认，对戈尔德施泰因审过几次之后，阿巴库莫夫说："戈尔德施泰因对苏联政府领导人及其家人的私生活感兴趣并非出于一时兴起，而是因为他的活动背后有外国情报机关。"但是，国家安全部并未掌握任何相关材料。于是，按照阿巴库莫夫的指示，特别重大案件侦查处副处长科马罗夫、利哈乔夫和侦查员索罗金开始朝这个方向审问戈尔德施泰因。他们对戈尔德施泰因进行整天整夜的审问折磨和毒打，最终逼迫他在由阿巴库莫夫秘书处工作人员布罗韦尔曼一手伪造的审讯记录上签了字。①

根据戈尔德施泰因的"口供"，他与米霍埃尔斯私交甚笃。米霍埃尔斯一直在从事间谍活动，并且对斯维特兰娜及其犹太人丈夫莫罗佐夫的家庭事务尤其感兴趣。他受米霍埃尔斯的委派，从阿利卢耶夫家族那里收集有关斯大林私生活的情报。② 这样，国家安全部就在叶夫根尼娅—戈尔德施泰因—米霍埃尔斯之间建立了一个犯罪链。阿巴库莫夫对戈尔德施泰因的口供没有表态，只是说他不能把戈尔德施泰因的证词扣下，必须报告上级部门。③ 随后国家安全部在向斯大林提交的报告中称："全世界是通过米霍埃尔斯了解到他的私生活的。"④ 因为米霍埃尔斯在战争期间访问过美国，与美国犹太人联系甚广，而且犹委会就是根据苏联情报局的规定负责向国外报刊提供关于苏联人民生活的文章的。所以，这

---

① ВЕРХОВНЫЙ СУД СОЮЗА ССР ОПРЕДЕЛЕНИЕ № 0065/52, ВОЕННАЯ КОЛЛЕГИЯ ВЕРХОВНОГО СУДА СССР, В. П. Наумов, *Неправедный суд, Последний сталинский расстрел*(стенограмма судебного процесса над членами Еврейского антифашистского комитета), c.389-390. 1949 年 10 月 29 日，戈尔德施泰因未经审判即被法庭判处 25 年监禁，1953 年 10 月 2 日被释放。

② Shimon Redlich, *War, Holocaust and Stalinism: A Documented Study of the Jewish Anti-Fascist Committee in the USSR*, p.128.

③ ВЕРХОВНЫЙ СУД СОЮЗА ССР ОПРЕДЕЛЕНИЕ № 0065/52, ВОЕННАЯ КОЛЛЕГИЯ ВЕРХОВНОГО СУДА СССР, В. П. Наумов, *Неправедный суд, Последний сталинский расстрел*(стенограмма судебного процесса над членами Еврейского антифашистского комитета), c.389-390.

④ 〔俄〕列昂尼德·姆列钦：《历届克格勃主席的命运》，第 354 页。根据《斯大林克里姆林宫办公室来客登记簿》判断，阿巴库莫夫带领国家安全部特别重要案件侦查处处长列昂诺夫、副处长利哈乔夫、侦查员索罗金等人可能是在 1948 年 1 月 10 日晚到克里姆林宫向斯大林提交了有关这一案件的调查报告的。参见《1948 年斯大林办公室访问者登记录（1948 年 1 月 2 日至 12 月 28 日）》，载沈志华总主编：《苏联历史档案选编》，第 20 卷，第 637 页。

一报告正好满足了斯大林的多疑心理。于是,他断然下令除掉米霍埃尔斯。① 俄罗斯历史学家瑙莫夫指出,美国报刊上出现的斯大林私生活泄密事件对米霍埃尔斯之死"起了推波助澜的作用"②。

二、米霍埃尔斯之死与苏联当局的应对措施

根据新解密的档案资料来看,斯大林在1947年12月底做出了处死米霍埃尔斯的决定。阿巴库莫夫后来供认说:"我记得在1948年,苏联政府领导人约·维·斯大林交给我一项紧急任务——从苏联国家安全部的工作人员中选派专人,尽快完成除掉米霍埃尔斯的任务。"③ 时任苏联国家安全部副部长谢·伊·奥戈利佐夫后来交代说:"1947年11月到12月期间(具体日期已经记不清)",阿巴库莫夫和他一起应召到克里姆林宫晋见斯大林,部署国家安全部下一步的工作问题。在谈话期间,"斯大林同志提到了米霍埃尔斯的姓名,谈话的最后,他给阿巴库莫夫下令,务必对米霍埃尔斯采取特殊措施"④。查阅斯大林克里姆林宫办公室来客登记簿,这一天正好是1947年12月27日。⑤ 即是说,斯大林是在12月27日做出除掉米霍埃尔斯的决定的。由于米霍埃尔斯在国际上享有盛誉,并且能言善辩、个性强烈、有着坚强的意志力,所以苏联当局"不可能通过法院审判这块遮羞布对他按常规方式进行逮捕和审讯"⑥。经过

---

① 事实上,斯大林早在接到这份报告之前就已经决定处死米霍埃尔斯,该报告的作用可能不过是坚定了斯大林尽快采取行动的决心而已。因此俄罗斯学者列昂尼德·姆列钦所谓斯大林拿到这份报告后"勃然大怒",才下令立即在明斯克除掉米霍埃尔斯的说法是不准确的。参见〔俄〕列昂尼德·姆列钦:《历届克格勃主席的命运》,第354页。
② 〔俄〕列昂尼德·姆列钦:《历届克格勃主席的命运》,第354页。
③ Л. П. Берии — в президиум ЦК КПСС о привлечении к ответственности лиц, виновных в убийстве С. М. Михоэлса и В. И. Голубова-Потапова, 2 апреля 1953 г., Г. В. Костырченко, *Государственный антисемитизм в СССР. От начала до кульминации, 1938-1953*, с.117. 贝利亚在这份文件中把米霍埃尔斯遇害时间误写为1948年2月。
④ С. И. Огольцов — Л. П. Берии о подготовке и осуществлении «спецоперации» по устранению С. М. Михоэлса, 18 марта 1953 г., Г. В. Костырченко, *Государственный антисемитизм в СССР. От начала до кульминации,1938-1953*, с.110-111.
⑤ 《1947年斯大林办公室访问者登记录(1947年1月7日至12月31日)》,载沈志华总主编:《苏联历史档案选编》,第20卷,第632—633页。
⑥ 〔俄〕帕维尔·苏多普拉托夫:《情报机关与克里姆林宫》,第341页。

第四章　冷战初期的苏联犹太人　　315

反复权衡，斯大林最后选择了一种最为省事的惯用手段——秘密处死。

阿巴库莫夫不敢怠慢，立即进行部署。1948年1月2日，米霍埃尔斯接到通知，要求他作为斯大林文学艺术奖金委员会戏剧组负责人前往白俄罗斯首都明斯克国家犹太剧院，对获得本年度斯大林奖金① 提名的戏剧《康斯坦丁·扎斯洛诺夫》进行评审。而陪同他前去的则是苏联国家安全部第二总局安插在苏联戏剧界的特工、在明斯克长大的戏剧评论家戈卢博夫-波塔波夫。② 戈卢博夫名义上是为了给自己的杂志写评论文章，实则负责监视米霍埃尔斯，配合国家安全部行动。③

1948年1月7日晚，米霍埃尔斯和戈卢博夫从莫斯科乘火车出发，次日早晨抵达明斯克。在出行之前，米霍埃尔斯就有一种不祥的预感。1947年12月28日犹委会成员、历史学家、苏联科学院世界文学研究所高级研究员扎哈尔·格林贝格被捕加重了他的疑虑。④ 出发当天，他把

---

① 斯大林奖金是1939年12月根据苏联人民委员会决议设立的一项奖金，旨在鼓励科学技术发明和文学艺术创作。从1941年起开始颁发，一年一次。由有关单位和各方面的著名人士组成委员会，对已提出的候选人进行评选，在十月革命节时颁发。其中一等奖10万卢布，二等奖5万卢布，三等奖2.5万卢布（旧币）。1953年斯大林逝世后，这项奖金随之停止。1966年4月，苏共中央和苏联部长会议做出决定，将"斯大林奖金"改名为"苏联国家奖金"。

② 戈卢博夫-波塔波夫（1908—1948），苏联戏剧评论家，生前担任一家戏剧杂志的责任书记。他曾经为米霍埃尔斯导演的名剧《非常快乐》（Freylekhs）写过一篇有名的剧评，与米霍埃尔斯私交不错。根据阿尔卡季·瓦克斯堡的说法，1948年斯大林戏剧奖的提名作品有两部，一部来自列宁格勒，一部来自明斯克。米霍埃尔斯在艺术家亚历山大·特施勒的建议下，起初计划去列宁格勒。但是国家安全部让戈卢博夫游说米霍埃尔斯去明斯克，因为戈卢博夫在明斯克人熟地熟，便于行动。Arkady Vaksberg, *Stalin Against the Jews*, p.160.〔俄〕列昂尼德·姆列钦：《历届克格勃主席的命运》，第353页。Г. В. Костырченко, *Тайная политика Сталина, власть и антисемитизм*, с.389. 关于戈卢博夫的特工身份，参见 Ф. Г. Шубняков — Л. П. Берии о соучастии в убийстве С. М. Михоэлса, 18 марта 1953 г., Г. В. Костырченко, *Государственный антисемитизм в СССР. От начала до кульминации,1938-1953*, с.115-116.

③ 〔俄〕帕维尔·苏多普拉托夫：《情报机关与克里姆林宫》，第342页。在获悉米霍埃尔斯准备去明斯克出差后，马尔基什夫妇提出要陪同米霍埃尔斯，随便去看望他们的好朋友、白俄罗斯军区司令员谢尔盖·特罗菲缅科上将。马尔基什的出现无疑会打乱甚至破坏国家安全部的计划。因此，就在1月7日出发前几个小时，费denior尔突然通知马尔基什去校对他的书稿。这样，马尔基什就不得不放弃了这次旅行。参见 Arkadi Vaksberg, *Stalin Against the Jews*, pp.162-163.

④ 格林贝格被捕后，他的女儿曾经请求米霍埃尔斯进行干预，米霍埃尔斯告诉她爱莫能助。Shimon Redlich, *War, Holocaust and Stalinism: A Documented Study of the Jewish Anti-Fascist Committee in the USSR*, p.129.

大部分时间都用来处理剧院事务，显得依依不舍。他还出乎意料地去向自己的好友、苏联科学院院士彼得·卡皮察告别，两人长谈了两三个小时。原来计划从剧院直接去火车站，但是在最后一分钟他却改变主意，回家去向妻子告别①，并且同意妻子和两个女儿、他的同事祖斯金、格罗斯曼、诗人谢苗·利普金、戏剧评论家亚历山大·博尔夏戈夫斯基等人到火车站为他送行。他的同时代人后来回忆说："那天米霍埃尔斯的脸'像希波克拉底似'（Hippocrates-like）的，就是说，显出死亡的迹象。"②这种说法可能言过其实。但是，无论如何，他给亲朋好友留下的那种大难临头的感觉却是千真万确的。

与此同时，苏联国家安全部也紧急行动起来。阿巴库莫夫把米霍埃尔斯和戈卢博夫抵达明斯克的消息报告斯大林后，斯大林"立即下令就在明斯克以意外事故为幌子除掉米霍埃尔斯。换句话说，米霍埃尔斯和其同伴要死于车祸"③。曾经担任斯大林私人翻译的瓦列金·别列什科夫指出，"安排车祸原来是'领袖'的专长"，斯大林以"车祸"的方式秘密处死了一批他想除掉的人。④正是在这次谈话中，斯大林和阿巴库莫夫逐个精心挑选了执行这一行动的人员名单：苏联国家安全第一副部长奥戈利佐夫、第二总局局长舒布尼亚科夫上校以及白俄罗斯国家安全部部长拉·察纳瓦中将。⑤随后，阿巴库莫夫把舒布尼亚科夫召到奥戈利

---

① 米霍埃尔斯的家就在莫斯科内环附近，距离国家犹太剧院步行只需五分钟。这里所说的米霍埃尔斯的妻子是其第二任妻子波托斯卡娅（Pototzskaja），她是一个波兰贵族的女儿。米霍埃尔斯的第一任妻子是女演员叶尼娅·列维塔斯，死于1934年，给他留下了两个年幼的女儿纳塔莉亚和尼娜。

② Arkadi Vaksberg, *Stalin Against the Jews*, p.165. 另外，当时年轻的戏剧评论家亚历山大·博尔夏戈夫斯基后来证实，他也曾经在1月7日晚到火车站为米霍埃尔斯送行。参见〔俄〕列昂尼德·姆列钦：《历届克格勃主席的命运》，第351页。

③ Л. П. Берии—в президиум ЦК КПСС о привлечении к ответственности лиц, виновных в убийстве С. М. Михоэлса и В. И. Голубова-Потапова, 2 апреля 1953г., Г. В. Костырченко, *Государственный антисемитизм в СССР. От начала до кульминации, 1938-1953*, с.117-118.

④ 这些人包括米霍埃尔斯，曾担任苏联驻新疆总领事的阿普列祥，苏联驻中国大使 И. Т. 博夫昆-卢加茨基及其妻子（他们先被用大锤猛击头部，然后制造车祸）等人。所以，皮霍亚指出，有预谋的暗杀是苏联内务人民委员部和国家安全部的惯用手法。参见〔俄〕瓦列金·别列什科夫：《斯大林私人翻译回忆录》，第339、343页；〔俄〕鲁·格·皮霍亚：《苏联政权史（1945—1991）》，第96页。

⑤ Л. П. Берии—в президиум ЦК КПСС о привлечении к ответственности лиц, виновных в убийстве С. М. Михоэлса и В. И. Голубова-Потапова, 2 апреля 1953г., Г. В. Костырченко, *Государственный антисемитизм в СССР. От начала до кульминации, 1938-1953*, с.118.

第四章　冷战初期的苏联犹太人　317

佐夫的办公室，向他们宣布了"除掉米霍埃尔斯的特殊任务"：该行动将由奥戈利佐夫和察纳瓦负责，在明斯克"通过安排车祸事故"的方式完成。参加这一行动的有舒布尼亚科夫、奥戈利佐夫的秘书科瑟列夫少校、列别杰夫上校、科鲁格洛夫上尉。为了保密，他们必须乘汽车前往明斯克，然后待在察纳瓦的城郊公寓里。① 紧接着，阿巴库莫夫通过高频电话询问察纳瓦，白俄罗斯国家安全部是否有能力执行"政府的重要决议和斯大林个人的命令"。察纳瓦答复说没有问题。当天晚上，阿巴库莫夫再次打电话给察纳瓦说，为了完成此项任务，奥戈利佐夫和"苏联国家安全部行动小组"即将抵达明斯克，察纳瓦要协助他们完成任务。两天后（1月8日左右），奥戈利佐夫带领"苏联国家安全部行动小组"，开着两辆汽车直奔察纳瓦在明斯克东北部郊区斯列皮扬卡（Слепянке）的公寓。他们把车停放在距公寓不远的白俄罗斯国家安全部的车库里，并安排两个司机守护。然后，奥戈利佐夫从公寓打电话给察纳瓦，通知他回家。双方会面后，奥戈利佐夫给察纳瓦介绍了"苏联国家安全部行动小组"的四位成员，并告诉他，他们此行是为了完成"政府的决议"和"斯大林的命令"——"除掉米霍埃尔斯"。察纳瓦问米霍埃尔斯犯了什么罪，为什么要用这种方式惩罚他？奥戈利佐夫回答说，美国人对米霍埃尔斯寄予厚望，但逮捕他不合适，因为他在国外享有盛名。②

苏联国家安全部为此煞费苦心。直接坐镇指挥此次行动的奥戈利佐夫后来供认，"苏联国家安全部行动小组"曾试图采取措施在莫斯科除掉米霍埃尔斯，但没有成功。因为只要米霍埃尔斯在大街上一露面，就会被成群的女戏迷所包围。所以，必须选择在米霍埃尔斯逗留明斯克期

---

① Ф. Г. Шубняков—Л. П. Берии о соучастии в убийстве С. М. Михоэлса, 18 марта 1953 г., Г. В. Костырченко, *Государственный антисемитизм в СССР. От начала до кульминации, 1938-1953*, с. 115-116.

② Показания Л. Ф. Цанавы об обстоятельствах подготовки и проведения «спецоперации» по ликвидации С. М. Михоэлса, 16 апреля 1953 г.; Л. П. Берии—в президиум ЦК КПСС о привлечении к ответственности лиц, виновных в убийстве С. М. Михоэлса и В. И. Голубова-Потапова, 2 апреля 1953 г., Г. В. Костырченко, *Государственный антисемитизм в СССР. От начала до кульминации, 1938-1953*, с. 113-114, 118. 按照奥戈利佐夫的说法，他们是1948年1月6—7日从莫斯科出发的。参见С. И. Огольцов — Л. П. Берии о подготовке и осуществлении «спецоперации» по устранению С. М. Михоэлса, 18 марта 1953г., Г. В. Костырченко, *Государственный антисемитизм в СССР. От начала до кульминации, 1938-1953*, с. 111.

间干掉他。奥戈利佐夫、察纳瓦、舒布尼亚科夫和列别杰夫为此先后设计了三套行动方案：一是制造"车祸"。由于"行动小组"对"车祸"顺利完成没有把握，担心这会导致有关工作人员罹难，所以放弃。二是用卡车在人迹罕至的街道上进行冲撞。尽管这比第一套方案要好，但是仍然不能做到万无一失，特别是它缺乏可行性。根据阿巴库莫夫和奥戈利佐夫的命令，舒布尼亚科夫、列别杰夫以及科鲁格洛夫对米霍埃尔斯跟踪观察了3天，结果发现米霍埃尔斯周围总是有很多当地的知识分子，他经常使用白俄罗斯部长会议提供的汽车，并且总有文艺事务委员会的工作人员陪同。"行动小组"找不到下手的机会。所以，最后只好重新设计了第三套方案。

根据阿巴库莫夫的指示，奥戈利佐夫安排舒布尼亚科夫与戈卢博夫在秘密接头地点进行会晤。因为戈卢博夫一直陪在米霍埃尔斯身边，掌握他的所有行踪和日程安排，所以，舒布尼亚科夫要求戈卢博夫设法帮助把米霍埃尔斯引诱到察纳瓦的城郊公寓里，以便下手。为了绝对保密，阿巴库莫夫要求处死米霍埃尔斯的行动必须得到他和戈卢博夫的批准。因此戈卢博夫完全清楚他所做的一切。① 同时，国家安全部还把费费尔从莫斯科紧急抽调到明斯克来配合这一行动。1948年1月7日，米霍埃尔斯在出差前夕，曾经专门打电话给费费尔，让他暂时代理自己犹委会主席一职。费费尔欣然答应。但是，1月11日早晨，米霍埃尔斯却突然发现费费尔在自己所住的那家宾馆的餐厅吃早餐。费费尔当时正在埋头看报纸，并且装作没有看到他。米霍埃尔斯感到非常吃惊，当天晚上他在最后一次给妻子和女儿打电话时还特别提到这件事情。而更让人费解的是1月12日晚上，费费尔还和米霍埃尔斯、戈卢博夫一起在外面的饭店吃饭。② 他们为什么会在一起吃饭？期间谈了什么？这一切都

---

① С. И. Огольцов — Л. П. Берии о подготовке и осуществлении «спецоперации» по устранению С. М. Михоэлса, 18 марта 1953 г.; Ф. Г. Шубняков — Л. П. Берии о соучастии в убийстве С. М. Михоэлса, 18 марта 1953 г., Г. В. Костырченко, *Государственный антисемитизм в СССР. От начала до кульминации, 1938-1953*, с.110-112, 115-116.

② 1948年1月16日，在米霍埃尔斯的追悼会上，费费尔代表犹委会致悼词时说："我记着他最后那几天……当事故发生时我就在明斯克。我们大约是在傍晚、那天晚上6点钟分手。"但是，这个保留下来的发言稿副本已经明显的经过剪贴和修改。参见 Arkadi Vaksberg, *Stalin Against the Jews*, p.171. 1948年2月5日，费费尔在《团结报》上发表的一篇纪念米

成为一个不解之谜。①

分手之后，米霍埃尔斯和戈卢博夫回到下榻的宾馆。然后，戈卢博夫邀请米霍埃尔斯到"居住在明斯克的私人朋友那里做客"。生性好客的米霍埃尔斯不知是计，穿着美国犹太人送给他的貂皮大衣，欣然赴会。大约晚上9点钟，舒布尼亚科夫和科鲁格洛夫（作为司机）一起开车前往事先约好的地点。戈卢博夫介绍米霍埃尔斯和他的"朋友"舒布尼亚科夫认识后，便乘车前往舒布尼亚科夫的"寓所"——实际上就是察纳瓦的城郊寓所。晚上10点钟左右，汽车抵达察纳瓦寓所的院子里。奥戈利佐夫立即用高频电话向阿巴库莫夫做了汇报，阿巴库莫夫下令开始行动。舒布尼亚科夫、列别杰夫和科鲁格洛夫立即把米霍埃尔斯和戈卢博夫从车上拖下。为了制造假象，他们强迫米霍埃尔斯与戈卢博夫喝了大量的伏特加，等两人喝醉后，用卡车把他们轧死——先是戈卢博夫，后是米霍埃尔斯。戈卢博夫虽然是国家安全部的秘密特工，但是因为没有得到信任，并且是米霍埃尔斯之死的危险见证人，所以最终也沦为这一谋杀行动的殉葬品。

大约夜里12点，当明斯克夜深人静、车流量最小的时候，"行动小组"把米霍埃尔斯和戈卢博夫的尸体拉到城里，在距离他们所住宾馆不远的季纳莫体育场旁边的一条偏僻的街道上摆好，然后用卡车的前轮

（接上页）霍埃尔斯的文章再次写道："悲剧发生的前几个小时……1月12号，礼拜一……我们大约在下午6点分别。只不过几个小时的工夫，米霍埃尔斯那颗富有活力的心脏，便在沉重的卡车车轮下永远地停止了跳动……"参见 Shimon Redlich, *Propaganda and Nationalism in Wartime Russia: The Jewish Antifascist Committee in the USSR,1941-1948*, p.162. 这明显是为了维护官方的"车祸"之说。但是在1948年5月，费费尔却亲口告诉到莫斯科访问的英国犹太共产党员亚历克·沃特曼说，米霍埃尔斯是被谋杀的，并非死于车祸。参见 Shimon Redlich, *War, Holocaust and Stalinism: A Documented Study of the Jewish Anti-Fascist Committee in the USSR*, p.129.

① 米霍埃尔斯死后，1月19日，费费尔去看望当时正处于悲痛之中的米霍埃尔斯的妻子和女儿。她们都期望他能说出最后一次和米霍埃尔斯会面的详情。但是费费尔一直忧郁地坐在米霍埃尔斯的扶手椅上，一言不发，甚至不敢正视她们。米霍埃尔斯的女儿纳塔莉亚后来回忆说："这种令人压抑的沉默持续的时间越长，就越明显地看出问什么都没有用了……我们从未斗胆去问为什么他会突然出现在明斯克。"参见 Arkadi Vaksberg, *Stalin Against the Jews*, p.173. 但是，无论如何，种种迹象表明，费费尔不仅一开始就知道这一暗杀行动，而且他秘密来到明斯克，显然就是为了配合苏联安全机关的暗杀行动。因此，毫无疑问，费费尔"在这个伟大演员以及苏联犹太人的领导人之死里扮演了一个罪犯的角色"。参见 Louis Rapoport, *Stalin's War Against the Jews: The Doctors' Plot and the Soviet Solution*, p.92.

和后轮再次从他们身上轧过去。这样就制造了一副米霍埃尔斯和戈卢博夫赴宴归来不幸被汽车撞死的逼真"画面"。此类事故当时在明斯克屡见不鲜。在整个行动的准备和执行过程中,奥戈利佐夫通过高频电话把事情的进展情况及时向阿巴库莫夫汇报了两三次,"所有命令都是阿巴库莫夫亲自下达的"。与此同时,阿巴库莫夫通过克里姆林宫的自动电话交换台向"上级"进行汇报。考虑到此次行动的绝密性,这里的"上级"可能就是斯大林本人。为了保密,此次行动没有留下任何文件资料。① 犹委会主席、一代著名演员就这样惨死在苏联国家安全部的手里。斯大林接报后高度评价了这一行动,后来还专门下令嘉奖这一行动的参加者。②

由于当晚下雪,直到1月13日早上7点10分,米霍埃尔斯和戈卢博夫的尸体才被一些路过的行人发现,并报告了警察局。鉴于死者在国

---

① С. И. Огольцов — Л. П. Берии о подготовке и осуществлении «спецоперации» по устранению С. М. Михоэлса, 18 марта 1953 г.; Ф. Г. Шубняков — Л. П. Берии о соучастии в убийстве С. М. Михоэлса, 18 марта 1953 г., Г. В. Костырченко, *Государственный антисемитизм в СССР. От начала до кульминации, 1938-1953*, с.110-112, 115-116. 但是,事情可能并不像奥戈利佐夫、舒布尼亚科夫说的那么简单。随后被派去调查该案的苏联总检察长办公室的高级官员列·罗·舍伊宁后来指出:"米霍埃尔斯死前遭到了毒打和折磨。"参见 Shimon Redlich, *Propaganda and Nationalism in Wartime Russia: The Jewish Antifascist Committee in the USSR, 1941-1948*, p.163. 苏多普拉托夫说,米霍埃尔斯被诱骗到察纳瓦的别墅后被注射了剧毒。参见〔俄〕帕维尔·苏多普拉托夫:《情报机关与克里姆林宫》,第342页。但是,此说值得怀疑。因为斯大林和苏联国家安全部一直是按照"车祸"的方式来设计除掉米霍埃尔斯的。如果注射剧毒,势必会在随后警察局调查车祸、进行尸检的过程中节外生枝,引起不必要的麻烦。另外,直接参加谋杀行动的奥戈利佐夫、舒布尼亚科夫、察纳瓦均未提及注射剧毒一事。

② 1948年10月28日,联共(布)中央政治局批准了最高苏维埃主席团有关嘉奖在处死米霍埃尔斯特别行动中参与人员的命令:察纳瓦获得红旗勋章;舒布尼亚科夫、列别杰夫上校、科鲁格洛夫获得卫国战争一级勋章;另外还有两人获得红星勋章。1953年4月,根据贝利亚给苏共中央主席团的报告,奥戈利佐夫和察纳瓦均被逮捕,所有人的勋章和奖章都被撤销。参见 Решение политбюро ЦК ВКП(б) об одобрении указа президиума Верховного Совета СССР о награждении участников «спецоперации» по ликвидации С.М. Михоэлса, 28 октября 1948 г.; Л. П. Берии — в президиум ЦК КПСС о привлечении к ответственности лиц, виновных в убийстве С. М. Михоэлса и В. И. Голубова-Потапова, 2 апреля 1953 г., Г. В. Костырченко, *Государственный антисемитизм в СССР. От начала до кульминации, 1938-1953*, с.110, 119. 1955年察纳瓦在狱中畏罪自杀。奥戈利佐夫后来在贝利亚本人被捕后获释,但在1958年因为参与伪造"列宁格勒案件"而被开除党籍,并被剥夺了将军军衔。舒布尼亚科夫1951年因"阿巴库莫夫案"被捕,1953年释放,没有被追究责任,并且在1954年升任克格勃第二总局副局长。

内外享有盛名,所以此事非同小可。白俄罗斯警察总局局长克拉斯年科立即向自己的上级白俄罗斯内务部部长别利琴科做了汇报。别利琴科极为震惊,亲临现场进行调查。根据事发现场勘察和法医专家初步鉴定,米霍埃尔斯和戈卢博夫死于车祸。他们脸朝下爬在雪地里,尸体旁淌满鲜血,衣物、文件以及手表(米霍埃尔斯的是一块金表)均未丢失。两具尸体看起来好像肋骨断裂,戈卢博夫右胳膊肘弯曲。在尸体的近旁发现了肇事货车的痕迹,因为有雪所以看起来很明显。①

为了查明真相,别利琴科严令所有手下"在最短时间内找出肇事车辆"。当天下午,内务部侦查员报告说,在共和国国家安全部的车库里发现了肇事车辆。别利琴科询问克拉斯年科"这是不是搞错了",克拉斯年科说,他的人也怀疑是不是调查错了,"但国家安全部的工作人员不允许他们进一步细查"。别利琴科"觉得事情不对劲",马上给苏联国家内务部部长谢·尼·科鲁格洛夫打电话做了汇报。科鲁格洛夫也很震惊,命令他积极展开对罪犯的抓捕行动。随后,别利琴科被召到白俄罗斯共产党(布)中央委员会,其中一位中央书记敦促他"采取一切措施将杀人者抓捕归案"。紧接着,察纳瓦也来到中央委员会。他非常客气地挽着别利琴科的胳膊把他拉到一边说:"我知道,你的人曾到过我们部里的车库,这可不是什么好主意。我请求你不要再做类似的对我的人不利的举动了,人们可能会把我们想得很坏。你做你的事,抓你的杀人犯,但不要随便去不允许你去的地方。"别利琴科满腹狐疑,再次打电话给科鲁格洛夫,汇报了在白俄罗斯国家安全部车库里发现肇事车辆的事情。科鲁格洛夫听完汇报后不仅没有大发雷霆,而且很平静地嘱咐别利琴科继续抓捕罪犯,但不要声张。别利琴科感觉自己的上司并不想尽快知道结果,而且最令他吃惊的是,科鲁格洛夫最后还特意告诫他,"别在那地方下太大功夫",说完就挂了电话。② 根据各种情况判断,可能就是在1月13日下午,斯大林接到了苏联内务部打来的电话汇报米

---

① Оперативная информация министра внутренних дел СССР советскому руководству о смерти С. М. Михоэлса, 14 января 1948 г., Г. В. Костырченко, *Государственный антисемитизм в СССР. От начала до кульминации, 1938-1953*, с. 106.

② А. Ю. Попов, 15 Встреч с генералом КГБ Бельченко, М., 2002. с. 274-275.

霍埃尔斯的死讯。他以肯定的语气像下结论似的说了一句："好吧，汽车车祸。"并且随口告诉前来看望他的斯维特兰娜说："米霍埃尔斯因汽车车祸撞死了。"①

米霍埃尔斯的死讯立即震惊了苏联国内外。1948年1月13日上午，米霍埃尔斯的家人和莫斯科国家犹太剧院接到明斯克方面的通知后，消息马上传播开来。当天，由莫斯科犹太戏剧学校校长莫伊谢·别列尼基（Moisey Belenky）、马尔基什、М.С.沃夫西等6人组成的小组立即赶往明斯克去搬运米霍埃尔斯的灵柩。在白俄罗斯火车站，数以千计的民众自发地集结起来为米霍埃尔斯的遗体送行。14日上午11时，米霍埃尔斯的遗体被安放在镀锌棺材里运回莫斯科国家犹太剧院。祖斯金等人看到米霍埃尔斯"鼻梁断裂，左脸颊有一大片瘀伤"②。苏联著名生理学家、曾经负责为列宁处理遗体的鲍里斯·伊里奇·兹巴尔斯基院士（犹太人）受命把米霍埃尔斯的遗体拉到他的研究所进行了精心的整容化妆。即便

---

① 〔苏联〕斯维特兰娜·阿利卢耶娃:《仅仅一年》，第140—141页。如上所述，"车祸"是斯大林在下令除掉米霍埃尔斯之前早就谋划好的。斯维特兰娜自然不可能知道内情。俄罗斯学者阿尔卡季·瓦克斯堡认为，斯维特兰娜在回忆录中的这段没有说明具体时间的谈话可能是臆造的，因为斯大林无疑是在1月12日晚上（可能已很晚）接到国家安全部的报告的，那样斯维特兰娜就没有可能听到斯大林的谈话。见 Arkadi Vaksberg, *Stalin Against the Jews*, pp.168-169. 但笔者通过研究《斯大林克里姆林宫办公室来客登记簿》发现，1948年1月12日没有斯维特兰娜的到访记录。当天晚上11点30分到13日凌晨1点40分，斯大林一直都和莫洛托夫、日丹诺夫、卡冈诺维奇等政治局委员们在一起。由于谋杀米霍埃尔斯的行动到1月12日晚上12点左右才结束，所以斯大林可能是在13日凌晨更晚一些时候接到阿巴库莫夫报告的。因为《斯大林克里姆林宫办公室来客登记簿》没有1月13日的会客记录（参见沈志华总主编:《苏联历史档案选编》，第20卷，第637页），所以，斯大林很可能在下班后离开了克里姆林宫。况且斯维特兰娜说她是在别墅（而不是在克里姆林宫）和父亲会面的，所以无法排除父女两人在别墅见面的可能性。再说，除掉米霍埃尔斯的方式是斯大林和国家安全部预先商量好的，他根本用不着在电话中重复"车祸"一说。因此，很可能是不知内情的苏联内务部或其他领导人在13日上午（只能是7点以后）获悉米霍埃尔斯死于"车祸"后给斯大林进行了汇报。按照斯大林的作息时间，他是半个白天睡觉，下午3点吃早餐，晚上9点进午餐，然后一直工作到快天亮（参见〔苏联〕斯维特兰娜·阿利卢耶娃:《致友人的二十封信》，第208页），这一汇报只能是在13日下午3点以后。据此分析，俄罗斯历史学家罗伊·梅德韦杰夫认为斯维特兰娜听到的是斯大林同阿巴库莫夫在进行电话交谈显然是错误的。见 Ж. А. Медведев, Сталин и «дело врачей», Новые материалы, *Вопросы истории*, 2003, № 1, с.83.

② Судебное следствие: Допрос подсудимых В. Л. Зускина, В. П. Наумов, *Неправедный суд, Последний сталинский расстрел*(стенограмма судебного процесса над членами Еврейского антифашистского комитета), с.308.

如此，透过化妆仍然可以看清米霍埃尔斯眼睛下面的青紫色伤疤。"一个奇怪的、吓人的微笑冻结在他的嘴上。"① 晚上6点半，米霍埃尔斯的灵柩安放到国家犹太剧院的大厅里，供人们吊唁。但是，米霍埃尔斯"残破不堪、淤血斑斑的头"依然格外引人瞩目。② 苏联部长会议文艺事务委员会艺术理事会成立了一个由莫斯科所有剧院领导组成的治丧委员会。③ 而早就开始为米霍埃尔斯的葬礼做好了准备的犹委会却被冷落一旁。

1月15日，《真理报》报道了米霍埃尔斯的死讯。文章说："苏联戏剧界遭受巨大损失——所罗门·米哈伊洛维奇·米霍埃尔斯去世了。"文章高度评价了米霍埃尔斯对苏联戏剧艺术所做出的巨大贡献，称赞他"将毕生奉献给了为苏联人民服务的事业"，同时列举了米霍埃尔斯在卫国战争期间所创作的一系列饱含苏维埃爱国主义深情、深得苏联观众喜爱的剧目及其在舞台上所创造的李尔王等一系列著名艺术角色。文章指出，米霍埃尔斯为苏联培养了一大批才华横溢的演员和导演，是"一位杰出的演员、艺术家、导演和一位伟大的社会活动家"。只有一个地方提到他是苏联犹委会主席，但却没有任何相关报道。对其死因更是讳莫如深，只字未提。④ 因此，苏联舆论界"并不知道这个人是如何身亡的"⑤。《真理报》发表了有60位苏联作家和艺术家签名的声明，其中并未注明犹委会主席团成员的名字。而犹委会主席团成员递交的同样声明，也未见报。⑥ 由此可见，犹委会已经被苏联当局边缘化了。

1月16日，苏联官方为米霍埃尔斯举行了隆重的追悼会和盛大的葬礼。米霍埃尔斯的灵柩周围摆满了花圈。追悼会由共和国人民艺术家别

---

① Louis Rapoport, *Stalin's War Against the Jews: The Doctors' Plot and the Soviet Solution*, p.96.
② Ж. А. Медведев, Сталин и «дело врачей», Новые материалы, *Вопросы истории*, 2003, № 1, с.82.
③ Судебное следствие: Допрос подсудимых В. Л. Зускина, В. П. Наумов, *Неправедный суд, Последний сталинский расстрел(стенограмма судебного процесса над членами Еврейского антифашистского комитета)*, с.308.
④ С. М. Михоэлс, *ПРАВДА*, 15 января 1948г..
⑤〔俄〕尼基塔·谢·赫鲁晓夫：《赫鲁晓夫回忆录》，第2卷，第986页。
⑥ 1948年4月20日，在犹委会主席团会议上，希梅利奥维奇愤愤不平地说："我们是以人民艺术家而非我们的主席埋葬他的。"他还抱怨犹委会"躲在艺术委员会后面"。参见 Shimon Redlich, *War, Holocaust and Stalinism: A Documented Study of the Jewish Anti-Fascist Committee in the USSR*, pp.131-132.

尔谢涅夫主持。苏联部长会议艺术委员会副主席苏林在讲话中把米霍埃尔斯称为"一个杰出的、积极的、多才多艺的苏联文艺工作者，一位伟大的艺术家"。苏联作家协会总书记、斯大林艺术和文学奖金委员会主席法捷耶夫在讲话中说，米霍埃尔斯"是最困难的艺术职业中最卓越的大师之一"，"是一个具有杰出的奉献精神、热爱生活和赤子之心的人。他在艺术方面的权威性是不容置疑的"。苏联艺术工作者联盟中央委员会主席塔拉绍夫代表几千名艺术家、音乐家和画家发表了讲话。苏联斯拉夫委员会的贡多罗夫中将、共和国人民艺术家祖斯金、祖博夫、泰罗夫、格里戈里耶夫教授和犹委会诗人费费尔等人在追悼会上做了发言。数以万计的莫斯科人排着长龙走过米霍埃尔斯的灵柩，向这位伟大的演员表示最后的敬意。①"队伍从马雅可夫斯基广场一直延伸到特维尔大街的塔斯社大楼。尽管那天的气温在零度以下，还是有很多吊唁者穿着羊皮大衣和毡皮靴子排队等待了几个小时。"②年长的犹太妇女抱着她们的孩子，老人和成百上千的犹太学生挤在一起，来为米霍埃尔斯送行。"追悼会持续了6个小时。"③下午4点，米霍埃尔斯最亲密的朋友们抬着灵柩走向火葬场举行了火化仪式。这个漫长的追悼会和规模宏大的葬礼表明苏联民众，特别是犹太人对米霍埃尔斯是多么的崇敬和爱戴！但是，在后来的"犹委会案"中，这却被诬称为由犹委会煽动的犹太民族主义的表现。④

与此同时，犹委会也收到不少来自国内外的唁电。1948年1月21日，费费尔把这些电报汇总起来呈交给苏联部长会议副主席卡冈诺维奇。⑤当时正在秘鲁访问的美国犹太人作家艺术家科学家委员会主席戈德

---

① Похороны С. М. Михоэлса, *ПРАВДА*, 17 января 1948г..
② Louis Rapoport, *Stalin's War Against the Jews: The Doctors' Plot and the Soviet Solution*, p.96.
③ Ж. А. Медведев, Сталин и «дело врачей», Новые материалы, *Вопросы истории*, 2003, № 1, с.82.
④ Судебное следствие: Допрос подсудимых Л. М. Квитко, В. П. Наумов, *Неправедный суд, Последний сталинский расстрел(стенограмма судебного процесса над членами Еврейского антифашистского комитета)*, с.101.
⑤ Записка Л. М. Кагановичу о поступивших в ЕАК соболезнованиях, 21 января 1948 г., Г. В. Корченко, *Еврейский антифашистский комитет в СССР, 1941-1948: Документированная история*, с.354.

堡代表海外友人发来了唁电。① 在纽约,《自由晨报》花了一个月时间来报道米霍埃尔斯的死讯。2月17日,美国犹太人作家艺术家科学家委员会在曼哈顿中心举行了一场大型纪念晚会。马克·夏加尔代表米霍埃尔斯在各地的数百位朋友给晚会发去了一封长达170字的悼念电报,但是纽约的共产党人却压制了这位艺术家"不合适"的声音,晚会的主持人约瑟夫·布雷宁"不仅没有读它,而且没有提它"②。1948—1949年出版的《美国犹太年鉴》对米霍埃尔斯的去世也进行了报道,其中写道:"米霍埃尔斯多年来都是苏联犹太戏剧界的中心人物,1948年1月去世。"③

尽管苏联官方宣称米霍埃尔斯死于"车祸"④,但是关于米霍埃尔斯被谋杀的传言还是不胫而走。1月13日的下午,莫斯科国家犹太剧院接到一个匿名电话说:"米霍埃尔斯死了,犹太戏剧最杰出的犹太人被杀害了。现在,这对所有犹太人来说都是个转折点。"⑤诗人马尔基什后来在法庭上说,米霍埃尔斯死去的第一天,艺术委员会里就有人说他是被杀死的,而且马尔基什一直有一种感觉,米霍埃尔斯是遇害身亡的。⑥ "事故"发生两天后,白俄罗斯军区司令员谢尔盖·特罗菲缅科上将的犹太人妻子伊琳娜·特罗菲缅科告诉马尔基什的妻子以斯贴·马尔基什说,米霍埃尔斯是被谋杀的,并且要她发誓保密。马尔基什悲愤难抑,奋笔疾书,写下了一首悼念米霍埃尔斯的长诗。其中有多处明确表示,米霍埃尔斯脸上的每一处伤痕都是谋杀的罪证。显然,马尔基什有意把米霍埃尔斯的死"描绘成一场暗杀,把他同对犹太人的迫害行动的牺牲者相

---

① B. Z. Goldberg, *The Jewish Problem in The Soviet Union: Analysis and Solution*, p.141.
② Benjamin Harshav, *Marc Chagall and His Times: A Documentary Narrative*, pp.630-631.
③ Murray Friedman and Albert D. Chernin, Editors, *A Second Exodus: The American Movement to Free Soviet Jews*, p.15.
④ 根据1980年担任苏联最高法院院长、曾经在赫鲁晓夫解冻时期察看过一些秘密案卷的弗拉基米尔·捷列比洛夫(Vladimir Terebilov)的说法,大约在1948年3月,斯大林又改变了初衷,提出了一个取代车祸说法的新版本,即把米霍埃尔斯之死说成是犹太复国主义分子所为,因为米霍埃尔斯是一个诚实的苏联爱国主义者,拒绝加入这些恐怖主义分子的阴谋,所以被他们杀害。参见 Arkadi Vaksberg, *Stalin Against the Jews*, pp.177-178.
⑤ Louis Rapoport, *Stalin's War Against the Jews: The Doctors' Plot and the Soviet Solution*, p.94.
⑥ Судебное следствие: Допрос подсудимых П. Д. Маркиша, В. П. Наумов, *Неправедный суд, Последний сталинский расстрел(стенограмма судебного процесса над членами Еврейского антифашистского комитета)*, с.62.

提并论"。米霍埃尔斯的女儿纳塔莉亚后来回忆说:"马尔基什了解一切,这首诗是他在一年后被捕的主要原因。"① 在1月16日的追悼会上,苏联部长会议副主席卡冈诺维奇的侄女尤利娅·米哈伊洛芙娜·卡冈诺维奇把纳塔莉亚及其丈夫、作曲家摩西·魏因贝格叫到剧院的盥洗室里悄悄地说:"我叔叔向你们表示慰问,他要求你们绝不过问你父亲到底发生了什么事。"② 直到很久以后,纳塔莉亚和她的丈夫才理解了这个警告背后的含义。热姆丘任娜也对米霍埃尔斯的死因表示怀疑,她在参加遗体告别仪式时曾经问祖斯金:"你认为一切都那么简单吗?"③

米霍埃尔斯之死也引起了美国驻苏联大使馆的关注和怀疑。1948年1月27日,美国大使史密斯就此事给国务卿乔治·马歇尔做了专门汇报。他说,米霍埃尔斯是苏联最著名的犹太人之一,他近日突然死亡"在莫斯科引起了大量的流言蜚语"。这些流言蜚语混乱不堪、相互矛盾,而苏联新闻界对此事却绝口不提。因此,要准确地说明米霍埃尔斯的死因非常困难。所有不同的叙述中唯一的相同点就是他惨死于白俄罗斯的明斯克市或其附近。最权威的解释则是米霍埃尔斯和戈卢博夫在1月11日或12日的晚上到犹委会副主席费费尔家里做客,他们在返回途中受到陌生人的攻击,双双被杀。这起犯罪可能是普通小偷谋财害命。但许多传言又认为袭击者具有反犹情绪。不过,恰恰相反,凶手也可能就是犹太人自己,因为米霍埃尔斯被称为反犹太复国主义者,而白俄罗斯则被认为是苏联犹太复国主义情绪的一个中心。史密斯认为,无论如何,即便这些流言蜚语毫无根据,它们广为流传就足以证明:众多的苏联公民认为苏联可能存在蓄意谋杀的反犹太主义的表现,这并不令人难以置信。④

---

① Louis Rapoport, *Stalin's War Against the Jews: The Doctors' Plot and the Soviet Solution*, pp. 95, 97.
② Louis Rapoport, *Stalin's War Against the Jews: The Doctors' Plot and the Soviet Solution*, p. 94; 又见 Arkadi Vaksberg, *Stalin Against the Jews*, pp. 170-171.
③ Судебное следствие: Допрос подсудимых В. Л. Зускина, В. П. Наумов, *Неправедный суд, Последний сталинский расстрел(стенограмма судебного процесса над членами Еврейского антифашистского комитета)*, c. 309.
④ The Ambassador in the Soviet Union (Smith) to the Secretary of State, January 27, 1948, *Foreign Relations of the United States*, 1948. Volume IV, Washington: United States Government Printing Office, 1974, pp. 797-798.

为了掩人耳目，苏联当局一方面假惺惺地对米霍埃尔斯之死进行调查，另一方面又采取措施严防事实真相外泄。尽管别利琴科从与察纳瓦和科鲁格洛夫的谈话中还无从得知"车祸"的内幕，但已经隐约觉察到其中似乎隐藏着不可告人的秘密。因此，他开始"对此案持观望态度"。虽然调查还在继续，但他已不再督促自己的手下了。① 1948 年 1 月 14 日，科鲁格洛夫在给斯大林、莫洛托夫等领导人的报告中汇报了白俄罗斯内务部和明斯克市警察局领导人与法医专家一起对米霍埃尔斯和戈卢博夫-波塔波夫之死进行调查的情况。他指出，根据现场观察以及法医专家的初步鉴定结果，"米霍埃尔斯和戈卢博夫-波塔波夫死于车祸"，目前正在采取措施追查肇事货车。② 随后，苏联内务部副部长伊·亚·谢罗夫任命了一个由特别任务督察员奥西波夫上校领导的警察总局工作小组，前往明斯克调查米霍埃尔斯和戈卢博夫-波塔波夫死亡详情。经过近一个月的调查，1948 年 2 月 11 日，白俄罗斯警察总局副局长 C. 科鲁格洛夫给谢罗夫呈交了一份正式的调查结果。这份经过精心编撰的调查报告指出："没有证据表明米霍埃尔斯和戈卢博夫-波塔波夫死于其他原因。只是死于意外车祸"。报告还说，明斯克地区的国家汽车公司拥有 4000 多辆汽车，另外还有每天从周边地区驶入明斯克以及驻扎在明斯克的军事单位的大量汽车。因此，不仅寻找失踪司机的工作困难重重，而且似乎没有任何肇事车辆的踪迹。尽管报告表示下一步的调查工作将在白俄罗斯警察总局局长克拉斯年科领导下继续进行，但最终还是不了了之。③

案发两个月后，苏联总检察长办公室刑事调查部领导人列·罗·舍伊宁④ 也受命前往明斯克调查米霍埃尔斯的死因，但是明斯克安全警察

---

① А. Ю. Попов, 15 Встреч с генералом КГБ Бельченко, М., 2002, с. 275.
② Оперативная информация министра внутренних дел СССР советскому руководству о смерти и С. М. Михоэлса, 14 января 1948 г., Г. В. Костырченко, *Государственный антисемитизм в СССР. От начала до кульминации, 1938-1953*, с. 106.
③ Главное управление милиции — руководству МВД СССР о результатах официального расследования смерти С. М. Михоэлса, 11 февраля 1948 г., Г. В. Костырченко, *Государственный антисемитизм в СССР. От начала до кульминации, 1938-1953*, с. 107-108.
④ 这里的舍伊宁是列夫·罗曼诺维奇·舍伊宁。戈德堡、路易斯·拉波波特等人在著作中把他和犹委会主席团成员列夫·亚历山德罗维奇·舍伊宁混为一谈。其实他们并非同一

领导人拒绝与他讨论这一案件。① 就在舍伊宁快要发现事实真相之际，他却突然被召回莫斯科。另外，那些看到米霍埃尔斯在化妆之前遗容或了解事件真相的人先后都锒铛入狱或被处死：鲍里斯·兹巴尔斯基院士因被指控从事间谍活动，策划恐怖行动，很快被送往集中营，直到1953年12月30日才被释放；祖斯金、马尔基什先后于1948年12月和1949年1月被捕，1952年7月被处死；莫伊谢·别列尼基在集中营关押了6年；M.C.沃夫西在1953年的"医生案件"中被列为头号案犯；列·罗·舍伊宁因被指控与犹委会领导人合作而在1951年10月被捕，直到1953年底才从集中营被释放出来。

　　与此同时，为了掩盖事件真相，苏联当局还做了不少表面文章。莫斯科国家犹太剧院和莫斯科犹太戏剧学校不久都以米霍埃尔斯的名字命名。专门为米霍埃尔斯举办了几场盛大的纪念音乐会。根据苏联当局的指示，国家犹太剧院先后在莫斯科为米霍埃尔斯举行了两次令人难忘的纪念晚会。其中第一次是以色列建国10天之后，即1948年5月24日，犹太文化界和俄罗斯文化界的主要人物均出席了晚会。"他们都把米霍埃尔斯说成是一个忠诚的、充满热情的苏联爱国主义者。"② 爱伦堡在演讲中更是把米霍埃尔斯称为"一位伟大的苏联公民、一位伟大的艺术家、一位伟人"，并宣称米霍埃尔斯的光辉形象正激励着在炮火纷飞的耶路撒冷老城区与阿拉伯人浴血奋战的犹太人创造英雄业绩。③ 1948年4月，米霍埃尔斯生前到明斯克审查的剧目《康斯坦丁·札斯洛诺夫》荣获斯大林奖金。在190名斯大林奖金获得者当中，犹太人超过了40

（接上页）人。参见 B. Z. Goldberg, *The Jewish Problem in The Soviet Union: Analysis and Solution*, p. 101; Louis Rapoport, *Stalin's War Against the Jews: The Doctors' Plot and the Soviet Solution*, pp. 94-95. 希蒙·雷德利克在《战争、大屠杀和斯大林主义》一书第401、407和440页所提到的舍伊宁显然是列夫·亚历山德罗维奇·舍伊宁，但该书索引中却误写成了列夫·罗曼诺维奇·舍伊宁，参见 Shimon Redlich, *War, Holocaust and Stalinism: A Documented Study of the Jewish Anti-Fascist Committee in the USSR*, p. 501.

① Shimon Redlich, *Propaganda and Nationalism in Wartime Russia: The Jewish Antifascist Committee in the USSR, 1941-1948*, p. 163.
② Arkadi Vaksberg, *Stalin Against the Jews*, pp. 175-176, 183.〔俄〕伊利亚·爱伦堡：《人·岁月·生活》（下卷），第467页。
③ Joshua Rubenstein, *Tangled Loyalties: The Life and Times of Ilya Ehrenburg*, New York: Basic Books, 1996, pp. 256-257.

个。爱伦堡的小说《暴风雨》也被斯大林钦定为一等奖。① 因此，尽管米霍埃尔斯之死引起了各种各样的猜疑，但"没有人能明确地把它和官方政策联系在一起"②。

三、米霍埃尔斯之死的社会影响

无论苏联当局如何作秀，都掩盖不了其最终目的。从后来的历史进程来看，米霍埃尔斯之死打响了苏联国家反犹主义的第一枪。它仅仅是斯大林正在构思的一部反犹长剧中"第一幕噩梦般的表演"③，"是对犹委会的清算以及后来对其领导人和苏联-犹太文化精英清洗的序幕"④。美国犹太人作家艺术家科学家委员会主席戈德堡断言，这"可能是反犹太人的'谋杀基洛夫'阴谋"⑤。索尔仁尼琴指出："精神领袖的身亡使苏联犹太人感到极度震惊和恐慌。"⑥ 著名诗人马尔基什在和其他 5 位犹太文化名人一起把米霍埃尔斯的遗体从明斯克运回莫斯科的时候就已经敏感地意识到，"希特勒想从肉体上消灭我们，斯大林想从精神上消灭我们"⑦。的确，"这一谋杀是斯大林主义者屠杀的预兆，先是攻击苏联的意第绪语文学和文化，然后攻击被同化的犹太族知识分子（被称为'世界主义者'和'没有护照的流浪者'）"⑧。因此，曾经担任苏共中央宣传部长的雅科夫列夫认为："同犹委会斗争中的血腥阶段，是从米霍埃尔斯的遇刺开始的。"⑨ 这一事件标志着苏联犹太人历史上"黑暗年代的开始"⑩。

实际上，到 1947 年底，苏联当局已经终止了利用犹委会加强与世

---

① Arkadi Vaksberg, *Stalin Against the Jews*, pp. 174-175.
② B. Z. Goldberg, *The Jewish Problem in The Soviet Union: Analysis and Solution*, p. 101.
③ Arkady Vaksberg, *Stalin Against the Jews*, p. 173.
④ Shimon Redlich, *War, Holocaust and Stalinism: A Documented Study of the Jewish Anti-Fascist Committee in the USSR*, p. 129.
⑤ B. Z. Goldberg, *The Jewish Problem in The Soviet Union: Analysis and Solution*, p. 140.
⑥ А. И. Солженицы, *Двести лет вместе(1795-1995)*, Часть Ⅱ, с. 399-400.
⑦ Arkady Vaksberg, *Stalin Against the Jews*, p. 173.
⑧ Benjamin Harshav, *Marc Chagall and His Times: A Documentary Narrative*, p. 630.
⑨ 〔俄〕亚历山大·雅科夫列夫：《雾霭：俄罗斯百年忧思录》，第 184 页。
⑩ Murray Friedman and Albert D. Chernin, Editors, *A Second Exodus: The American Movement to Free Soviet Jews*, p. 2.

界犹太界合作的计划。①不仅如此，根据当时担任苏联国家安全部特别重大案件侦查处侦查员的米哈伊尔·留明②的说法，在1947年12月戈尔德施泰因被捕后，国家安全部在调查特别重要的案件的过程中，已经出现了一种新的趋势："把犹太人看成是苏维埃国家潜在的敌人。"③苏多普拉托夫指出，苏联人之所以把犹太人称为"无爱国心的世界主义者"，就是因为它意味着"苏联犹太人由于赞同西方犹太人的世界观，所以无法完全忠诚于自己的国家"④。1947年12月2日，美国驻苏联代办德布罗在给国务卿的报告中也指出，苏联国内的反犹主义现象表明，"苏联其他民族的官员们感到他们不能相信犹太人会完全忠诚于共产主义事业"⑤。于是，苏联犹太人逐渐成为当局怀疑和打击的对象，许多人因被指控有反苏行为和替美国从事间谍活动而被逮捕。

在这种形势下，斯大林虽然没有立即下令解散犹委会，但是，也根本无意让它东山再起。联共（布）中央对外政策部和宣传鼓动部显然没有洞悉斯大林的真实意图，所以在1947年7月和1948年3月先后两次提出对犹委会进行彻底改组的方案⑥，以便把犹委会重新改造成一个强大的组织，让其在对外宣传中焕发活力。由于这一方案完全悖逆了斯大林的战略意图，最终"胎死腹中"。斯大林之所以让犹委会继续保留下来，仅仅是出于当时苏联对巴勒斯坦政策的需要，因为他正在考虑在巴勒斯坦建立一个犹太人国家，而犹委会也许还可能发挥一点作用。

---

① 〔俄〕帕维尔·苏多普拉托夫：《情报机关与克里姆林宫》，第340页。
② 米哈伊尔·留明（М. Д. Рюмин，1913—1954），苏联国家安全部官员。1947—1951年任国家安全部特别重大案件侦查处高级侦查员；1951年7月被指定为特别重大案件侦查处代理负责人，10月20日担任国家安全部副部长和特别重大案件侦查处处长。在任期间亲自参与炮制了"犹委会案"和"医生案件"。1953年3月17日被捕，1954年7月22日被枪毙。
③ Arno Lustinger, *Stalin and the Jews: The Red Book: The Tragedy of the Jewish Anti-Fascist Committee and the Soviet Jews*, p. 188.
④ 〔俄〕帕维尔·苏多普拉托夫：《情报机关与克里姆林宫》，第340页。
⑤ The Chargé in the Soviet Union (Durbrow) to the Secretary of State, December 2, 1947, *Foreign Relations of the United States*, 1947, Volume IV, p. 630.
⑥ Проект постановления ЦК ВКП(б) о реорганизации Еврейского антифашистского комитета, Июль 1947 г.; Записка Управления кадров ЦК ВКП(б) об изменении персонального состава руководства ЕАК, Март 1948 г., Г. В. Костырченко, *Еврейский антифашистский комитет в СССР, 1941-1948: Документированная история*, с. 348-351.

第四节　苏联犹太人与以色列建国事件

在苏联犹太人历史上，1948 年 5 月以色列建国是一个无法回避的重大事件。以色列是在苏联支持下建立的，反过来这一事件对苏联社会、对苏联犹太人的命运也产生了重大影响。

一、苏联对以色列建国的支持及其原因

1948 年 5 月 14 日下午 4 点，以戴维·本-古里安为首的以色列民族委员会"代表以色列土地上的犹太民族和犹太复国主义运动"，在巴勒斯坦特拉维夫博物馆庄严宣告以色列国成立。经历了近两千年流散之苦的犹太人终于梦想成真，在其祖先曾经生活过的"应许之地""重新建立了犹太民族之家"①。毫无疑问，"犹太国的建立是两千年犹太史中的最伟大的转折点"②，"是犹太人历史上最重要的事件之一"③，因此，具有划时代的重大意义。

以色列国的诞生无疑是全世界犹太人特别是犹太复国主义者自 19 世纪后期以来前赴后继、戮力奋斗的结果，但同时也与二战结束后美、苏等大国的大力支持密不可分，特别是苏联更是发挥了决定性的作用。从 1947 年 5 月 14 日联合国大会第一届特别会议讨论巴勒斯坦问题开始，苏联就旗帜鲜明地支持犹太人在巴勒斯坦建国。④ 1947 年 11 月 29 日，联合国大会第二届会议对巴勒斯坦分治决议投票表决，正是苏联联合东

---

① Golda Meir, *My Life*, p.185.
② 〔英〕沃尔特·拉克：《犹太复国主义史》，第 730 页。
③ Из стенограммы заседания президиума ЕАК,19 мая 1948 г., Г. В. Костырченко, *Еврейский антифашистский комитет в СССР,1941-1948: Документированная история*, с.300.
④ 《葛罗米柯：指出解决巴勒斯坦问题的途径（1947 年 5 月 14 日在大会第一届特别会议第 77 次全体会议上的发言）》，载《苏联代表在联合国的发言选集》（第一集），世界知识出版社 1955 年版，第 182—183 页；《苏联代表葛罗米柯说明苏联赞成巴勒斯坦分成两个独立民主国家的原因（1947 年 11 月 26 日在联合国大会第二届会议第 125 次全体会议上的发言）》，载新华社国际部编：《中东问题 100 年》，第 413—419 页。

欧国家一起投了赞成票，才使得分治决议①以大大超过 2/3 的多数票得以通过②，从而为犹太人建国奠定了国际法基础。1948 年 3 月，当美国以阿、犹冲突日益加剧为由向联合国安理会提出终止分治决议，由联合国托管理事会对巴勒斯坦实行托管时，也是由于苏联在联合国安理会和联合国大会上对美国痛加批驳并据理力争，才使得分治决议最终得以贯彻执行。③1948 年 5 月 18 日，苏联政府宣布"正式承认以色列及其临时政府"，成为第一个从法律上承认以色列并与之建立外交关系的国家。④第一次中东战争爆发后，由于阿拉伯联军的围攻和联合国的禁运⑤，新生的犹太人国家命悬一线，危在旦夕之际。⑥同样是苏联冒着巨大的风险，通

---

① 参见《关于巴勒斯坦问题专设委员会报告书所通过之决议案》，https://www.un.org/zh/documents/view_doc.asp?symbol=A/RES/181(II)；1947 年 11 月 10 日，美苏两国达成新的协议：英国委任统治在 1948 年 5 月 1 日结束，犹太国家与阿拉伯国家在 1948 年 7 月 1 日建立。参见〔英〕乔治·柯克：《1945—1950 年的中东》，复旦大学历史系世界史教研室译，上海译文出版社 2007 年版，第 409 页。

② Golda Meir, *My Life*, p. 172.

③ 《葛罗米柯：指责美国阻挠大会关于巴勒斯坦分治的决议的实施（1948 年 3 月 30 日在安全理事会第 275 次会议士的发言）》，载《苏联代表在联合国的发言选集》（第一集），第 409—410 页；Записка министра иностранных дел СССР В. М. Молотова генеральному секретарю ЦК ВКП(б), председателю Совета министров СССР И. В. Сталину, 9 апреля 1948 г., Министерство иностранных дел Российской Федерации; Министерство иностранных дел Государства Израиль, *Советско-израильские отношения: Сборник документов, Том I: 1941-1953, Книга 1: 1941-май 1949*, с. 290-292.

④ Телеграмма министра иностранных дел СССР В. М. Молотова министру иностранных дел Израиля М.Шертоку, 18 мая 1948 г., Министерство иностранных дел Российской Федерации; Министерство иностранных дел Государства Израиль, *Советско-израильские отношения: Сборник документов, Том I: 1941-1953, Книга 1:1941-май 1949*, с.305. 以色列国宣布成立 11 分钟后，美国就宣布"在事实上承认以色列临时政府"。但直到 1949 年 1 月 25 日以色列大选结束后，美国才在 1 月 31 日正式承认了以色列政府。参见〔美〕哈里·杜鲁门：《杜鲁门回忆录》（下），李石译，东方出版社 2007 年版，第 204—205 页。而危地马拉政府是 1948 年 5 月 16 日承认以色列的。所以，从时间上说，苏联是第三个承认以色列的。但苏联一开始就从法律上正式承认了以色列及其临时政府，因此苏联外交部副部长安德烈·维辛斯基宣称苏联是第一个承认以色列的国家。承认以色列的先后次序之争从一个侧面反映了冷战时期美苏在中东地区的角逐。参见〔英〕乔治·柯克：《1945—1950 年的中东》，第 442 页；Arkadi Vaksberg, *Stalin Against the Jews*, p.176.

⑤ 联合国安理会《1948 年 5 月 29 日决议案》〔S/801〕，参见联合国官方网站之"安理会决议"，http://www.un.org/zh/documents/view_doc.asp?symbol=S/RES/48(1948)。事实上，美国早在 1947 年 12 月 5 日就发布禁令，不准将武器运往中东，也不再把护照发给想在外国武装力量中服役的美国公民。参见〔英〕乔治·柯克：《1945—1950 年的中东》，第 420 页注释②。

⑥ M. Shertok to E. Epstein, 22 May 1948, Israel Ministry of Foreign Affairs, Ministry of Foreign Affairs of the Russian Federation etc., *Documents On Israeli-Soviet Relations:1941-1953, Part I:1941- May 1949*, p.285.

过捷克斯洛伐克等东欧国家为以色列秘密提供了大量的军事援助，才帮助以色列赢得了独立战争的胜利。① 因此，俄罗斯学者列昂尼德·姆列钦把斯大林称为"以色列的缔造者"，并指出，"如果没有斯大林，犹太人国家未必能在巴勒斯坦地区出现"②。德国著名犹太裔历史学家阿龙·勒斯蒂格也断言："如果没有苏联的干预，以色列国就不会建立，至少在1948年是不会建立的。"③

那么，数十年来一直坚持反对犹太复国主义的苏联，为什么在1947年5月却突然一反常态，转而支持犹太人在巴勒斯坦建国呢？ 根据当时的国际形势来看，苏联可能有三重目的：一是为了把英国人赶出巴勒斯坦和中东④；二是希望把以色列变成一个亲苏联的国家，进而与英美争夺对中东和地中海的战略控制权⑤；三是如果前两个目标受挫，那么就把以色列作为一个"不和的金苹果"抛向中东，在英美之间制造矛盾，并最终把阿拉伯国家争取到苏联一边来。⑥ 尽管苏联的动机比较复杂，不

---

① 参见宋永成、和婷：《"被忘却的友谊"——苏联集团对以色列建国的军事援助问题再探讨》，《陕西师范大学学报》（哲学社会科学版）2013年第4期，第143—146页。
② Л. Млечин, *Иосиф Сталин—создатель Израиля*, Москва: «ЯУЗА», «ЭКСМО», 2006, с. 5.
③ Arno Lustinger, *Stalin and the Jews: The Red Book: The Tragedy of the Jewish Anti-Fascist Committee and the Soviet Jews*, p. 170.
④ 以色列前总理梅厄夫人在回忆录中指出："现在我毫不怀疑，苏联首先考虑的就是迫使英国人退出中东。"参见 Golda Meir, *My Life*, p. 188.
⑤ 当战后巴勒斯坦犹太人因为犹太难民安置问题与英国委任统治当局和阿拉伯国家爆发游击战的时候，斯大林发现巴勒斯坦的犹太社团可以作为苏联的盟友，有助于防止英国与阿拉伯国家在苏联南部周边地区建立反苏联盟。而且，在1948年5月以色列建国前，苏联外交官在与犹太复国主义组织官员的会谈中还坦率地提出：尽管伊休夫的社会主义不同于苏联，但是如果它能够保证不让英美在那里建立军事基地，苏联还是准备支持它。参见 Robert O. Freedman, *Moscow and Israel: The Ups and Downs of a Fifty-Year Relationship, Israel's First Fifty Years*, Edited by Robert O. Freedman, Gainesville: University Press of Florida, 2000, p. 2. 1948年3月美国向联合国安理会提出撤销巴以分治决议，在巴勒斯坦建立"临时托管"制度，目的也是为了防止苏联进入中东地区。参见〔以色列〕米迦勒·巴尔-祖海尔：《现代以色列之父本-古里安传》，第180页。
⑥ 当时，英国为了维护其在整个中东地区的统治全力支持阿拉伯人，而美国则由于国内和其他的原因支持犹太人。如果巴勒斯坦地区阿犹冲突不断，那么迟早都会把英美卷入其中，从而加剧英美之间的矛盾与冲突，在西方阵营内部引起混乱。所以，俄罗斯学者指出，在对外政策领域，苏联领导人的"首要目标是找出美国及其西欧盟国之间的矛盾并予以利用"。参见〔俄〕弗拉迪斯拉夫·祖博克、康斯坦丁·普列沙科夫：《克里姆林宫秘史》，第205页。而且，从长远考虑，如果英国为了维护英美同盟关系，避免与美国发生冲突，那么它最后就不得不向以色列靠拢，舍弃阿拉伯国家。这样，阿拉伯国家别无选择，最终只能寻求苏联的帮助。苏多普拉托夫也指出："斯大林预感到，阿拉伯国家因对英美支持以色

过有一点可以肯定：这并非"出于人道主义考虑，或者改变了对犹太复国主义的看法"①。莫洛托夫晚年就明确指出，苏联虽然支持以色列建国，"但是，我们依然保持反对犹太复国主义的立场"②。

不过，在当时，苏联给世人、特别是给全世界犹太人留下的却完全是另一幅印象：苏联"在巴勒斯坦并没有直接的物质和其他利害关系"③，它支持犹太人建国完全是出于对犹太人在战时和战后所遭受的巨大灾难和痛苦的深切同情④，是"一贯维护犹太民族独立"的政策。⑤ 不论是苏联犹太人，还是犹委会当时都"无法识破克里姆林宫的诡计"⑥，没有看穿"苏联对待未来的以色列国家及苏联犹太人的诡诈的两面派政治"⑦。结果，苏联政府的这一"公正之举"⑧在国内引起了强烈反响。苏联犹太人错误地认为政府已经改变了多年来对犹太复国主义的打压政策，于是，他们和全世界的犹太人一样欣喜若狂、激动万分。从繁华的大都市到偏远的小城镇，所有的犹太人社区都洋溢着欢庆的气氛。苏联

（接上页）感到失望会转向苏联。"参见〔俄〕帕维尔·苏多普拉托夫：《情报机关与克里姆林宫》，第341页。事实上，美国人早就担心西方在中东的行动会引起阿拉伯人反抗，并使之倒向苏联一边。参见〔美〕哈里·杜鲁门：《杜鲁门回忆录》（下），第185页。

① Arno Lustinger, *Stalin and the Jews: The Red Book: The Tragedy of the Jewish Anti-Fascist Committee and the Soviet Jews*, p. 171. 赵伟明、刘竞、赵克仁等一批国内学者认为，苏联支持以色列建国的一个重要原因是出于对犹太人的同情，这一观点显然是片面听信了葛罗米柯的发言，忽视了对苏联国内这一时期反犹浪潮的研究。参见赵伟明：《中东问题与美国中东政策》，时事出版社2006年版，第25页；刘竞、张士智、朱莉：《苏联中东关系史》，中国社会科学出版社1987年版，第126页；赵克仁：《试析前苏联对以色列建国前后态度和政策的演变》，《西亚非洲》1993年第3期，第68页。事实上，早在1946年6月，巴勒斯坦犹太代办处政治部的官员就预见到苏联在联合国大会讨论巴勒斯坦问题时会站出来支持犹太人，并一针见血地指出："这不是出于对我们的同情或者对阿拉伯人的仇恨，而是为了和英国算政治账。"参见 E. Sasson to E. Epstein, 28 June 1946, Israel Ministry of Foreign Affairs, Ministry of Foreign Affairs of the Russian Federation etc., *Documents On Israeli-Soviet Relations: 1941-1953, Part I: 1941- May 1949*, p. 136.
② 〔苏联〕费·丘耶夫：《同莫洛托夫的140次谈话》，第112页。
③ 《苏联代表葛罗米柯说明苏联赞成巴勒斯坦分成两个独立民主国家的原因（1947年11月26日在联合国大会第二届会议第125次全体会议上的发言）》，载新华社国际部编：《中东问题100年》，第413页。
④ 以色列前总理梅厄夫人在回忆录中曾经指出，她从1947年秋苏联在联合国举行的所有有关巴勒斯坦问题的辩论中得出的就是这种印象。参见 Golda Meir, *My Life*, p. 188.
⑤ 《近东成立以色列国》，《人民日报》1948年5月28日。
⑥ Arkady Vaksberg, *Stalin Against the Jews*, p. 153.
⑦ 〔美〕利季娅·沙图诺夫斯卡娅：《克里姆林宫内幕》，第178页。
⑧ 〔乌克兰〕谢尔戈·贝利亚：《我的父亲贝利亚》，第362页。

犹太人在心中压抑多年的民族主义情绪一下子爆发出来。

二、苏联犹太人对以色列建国的反应

苏联犹太人对以色列建国的反应异常热烈。而犹委会作为苏联国内唯一的中央犹太人组织，自然就成了国内犹太同胞倾诉衷肠的主要对象。面对以色列建国这个"从天堂突然传来的佳音"①，苏联犹太名流纷纷致函犹委会和《团结报》编辑部，表达自己的喜悦之情，对苏联政府此前在联合国大会上坚定不移地支持犹太人建国和迅速承认以色列的立场表示支持和感谢，并且视之为苏联外交政策和列宁－斯大林民族政策的一个伟大典范。国际象棋冠军 M. 博特温尼卡致函犹委会说："长期遭受苦难的犹太民族将怀着兴奋与感激之情欢迎苏联政府承认巴勒斯坦犹太国家的这一崇高决定。全世界犹太人明确地认识到，保护弱小国家和平与安全的苏联政府所实施的一贯的、原则性的政策与帝国主义国家政策的不同。这些帝国主义国家的阴谋诡计正在威胁到犹太人和其他民族，并且充满了新的、巨大的苦难。"② 著名记者 Д. И. 扎斯拉夫斯基致函《团结报》说："我非常自豪地看到了苏联政府正式承认以色列国的消息。苏联社会主义民主的伟大的道德与政治力量再一次展现在全世界面前。承认巴勒斯坦犹太人的国家主权和民族独立是苏联外交政策公正、真诚、热爱和平、热爱自由的又一例证，同时也是列宁主义－斯大林主义民族政策伟大原则坚定实施的证明。"③ 著名作家爱伦堡在给《团结报》写的题为"苏联人民和你们在一起"的信中说，苏联政府立即承认这个新的犹太国家"将会给正在抗击雇佣兵保卫以色列的英雄们增添新的力量"④。M. Л. 车尔尼雅夫斯基将军听到莫洛托夫承认以色列的广播讲话后

---

① Shimon Redlich, *War, Holocaust and Stalinism: A Documented Study of the Jewish Anti-Fascist Committee in the USSR*, p.110.
② Письмо М. М. Ботвинника, 19 мая 1948 г., Г. В. Костырченко, *Еврейский антифашистский комитет в СССР, 1941-1948: Документированная история*, с.279.
③ Письмо Д. И. Заславского, 19 мая 1948 г., Г. В. Костырченко, *Еврейский антифашистский комитет в СССР, 1941-1948: Документированная история*, с.278-279.
④ Письмо И. Г. Эренбурга, Май 1948 г., Г. В. Костырченко, *Еврейский антифашистский комитет в СССР, 1941-1948: Документированная история*, с.279-280.

非常激动，他致函犹委会说："苏联代表团在联合国的坚定立场促进了一个独立的犹太国家的诞生。犹太民族永远都不会忘记苏联政府对他们的深切关怀。全世界的犹太工人都把苏联视为他们得以从法西斯主义压迫下获得解放的救世主，并且对苏联政府给巴勒斯坦犹太人民的支持深表感谢。"① 两次荣获苏联英雄称号的近卫军上校大·阿·德拉贡斯基在信中说："获悉犹太国家建立并得到苏联政府承认，我无比快乐。因为它有着非常重要的国际意义，特别是对犹太民族。……作为犹太民族的儿子，作为一名苏联公民，我为我的苏联政府骄傲。它已经在联合国竭尽全力支持维护巴勒斯坦犹太国家的创立。这也是确保所有民族进步和繁荣的斯大林民族政策的明确表现。"② 乌克兰人民演员戈利德布拉特在信中写道："获悉苏联政府承认犹太国家的决定后，我像所有苏联人一样，为我们珍爱的国家、为我们苏联政府、为我们敬爱的斯大林深感自豪。苏联人民无疑一致支持我们政府的这一决定。"③ 因苏联政府承认以色列国而向《团结报》编辑部发出致敬函电的还有著名作家贝格尔森、阿杰米扬、俄罗斯联邦人民演员祖斯金等人。

但是，正当全世界的犹太人沉浸在狂欢之中的时候，第一次中东战争爆发了。如果阿拉伯国家真的把以色列"赶到大海里去"④，那么苦苦等待了近两千年的犹太人的复国梦就可能化为泡影，那些散居世界各地、渴望回归的犹太人就会再次失去家园，这将给全世界的犹太人在精神上造成难以想象的沉重打击。⑤ 因此，苏联犹太人群情激愤，或者亲自到犹委会办公室登门拜访，或者打电话、致函犹委会和《团结报》编辑部，纷纷敦促犹委会立即采取措施，代表苏联犹太人向以色列提供紧急援助。这些以色列的狂热支持者既有来自莫斯科、列宁格勒各高等院

---

① Письмо М. Л. Чернявского, Май 1948 г., Г. В. Костырченко, *Еврейский антифашистский комитет в СССР, 1941-1948: Документированная история*, c.281.
② Письмо Д. А. Драгунского, Май 1948 г., Г. В. Костырченко, *Еврейский антифашистский комитет в СССР, 1941-1948: Документированная история*, c.280.
③ Образ писем советских евреев, откликнувшихся на создание государства Израиль, 5 июня 1948 г., Г. В. Костырченко, *Еврейский антифашистский комитет в СССР, 1941-1948: Документированная история*, c.296.
④ 〔英〕乔治·柯克：《1945—1950 年的中东》，第 460 页。
⑤ Golda Meir, *My Life*, p.174.

校的大学生，也有来自一些企业、科研单位的职工、工程师，甚至还包括红军军官。他们均把犹委会和《团结报》视为"苏联犹太人的唯一代表"①，要求犹委会身先垂范，立即开始动员所有资源去购买武器并运往巴勒斯坦，并向政府提出允许犹太志愿者前往巴勒斯坦和加入犹太军队的问题。"其中大多数人表示不仅代表他们自己，而且代表其同学或同事。"②列宁格勒高等院校的36名大学生致函犹委会主席团说："苏联犹太人正以极大的兴趣密切注视着在巴勒斯坦发生的事件。……我们想知道犹委会将采取什么具体措施来帮助以色列与盎格鲁美帝国主义走狗进行斗争。我们请求犹委会在主要报刊上明确声明反对阿拉伯军队对以色列国家的侵略。"③大学生阿纳托利·杜阿（Анатоль Дуа）向犹委会表示，他正在组织一大批莫斯科高等院校的大学生，准备立即前往巴勒斯坦"参加反对阿拉伯人的斗争"。一个名叫 Б. Л. 莱温（Левин）的大学生声称，有80名莫斯科法律学院的大学生准备立即奔赴巴勒斯坦。④驻扎在基辅的红军预备役大尉 А. М. 谢尔佩尔（Серпер）致函犹委会领导人费费尔，希望援助正在与干涉主义者进行殊死战斗的犹太人。他询问是否允许派遣志愿者加入犹太军队，"如果这一问题尚未解决，就应当请求政府批准组织犹太志愿军"，而不能作壁上观。⑤工程师罗加切夫斯基（Рогачевский）、德拉贡斯基上校等人也向犹委会建议组建一个犹太师，派赴巴勒斯坦与阿拉伯人的统治作战。⑥一位红军退伍军官在几个

---

① Письмо М. Бермана, 17 мая 1948 г., Г. В. Костырченко, *Еврейский антифашистский комитет в СССР, 1941-1948: Документированная история*, с. 283-284.
② Записка Г. М. Хейфеца в ЦК ВКП(б), 18 мая 1948 г., Г. В. Костырченко, *Еврейский антифашистский комитет в СССР, 1941-1948: Документированная история*, с. 294.
③ Письмо группы студентов ленинградских вузов, 17 мая 1948 г., Г. В. Костырченко, *Еврейский антифашистский комитет в СССР, 1941-1948: Документированная история*, с. 282-283.
④ Записка Г. М. Хейфеца в ЦК ВКП(б), 18 мая 1948 г., Г. В. Костырченко, *Еврейский антифашистский комитет в СССР, 1941-1948: Документированная история*, с. 294-295.
⑤ Записка секретариата Еврейского антифашистского комитета в СССР в ЦК ВКП(б), 31 мая 1948 г., Министерство иностранных дел российской федерации, Министерство иностранных дел государства Израиля и др, *Советско-израильские отношения: Сборник документов,Том I:1941-1953, Книга 1:1941-май 1949*, с. 310.
⑥ Судебное следствие: Допрос подсудимых И. С. Фефера, В. П. Наумов, *Неправедный суд, Последний сталинский расстрел(стенограмма судебного процесса над членами Еврейского антифашистского комитета)*, с. 36.

月后告诉以色列驻苏联公使馆参赞莫尔德海·纳米尔,如果可以,仅莫斯科就能够招募到数千犹太人志愿者。①

如果说苏联犹太名流在以色列建国和声援以色列问题上表现得还比较克制、比较理性的话,那么绝大多数苏联犹太人则表露出空前强烈的民族主义情绪。从列宁格勒到敖德萨,从利沃夫到西伯利亚,无论是身居高位的党政军官员还是普通百姓,无论是犹太复国主义者还是非犹太复国主义者,几乎都表现出对以色列的强烈认同感,特别是从苏联官方的反犹政策和周围人的敌意中遭受了巨大痛苦、幻想已经破灭的那一代犹太人。在他们看来,"以色列国立即变成了快速解决苏联犹太问题方案的标志。它的存在本身就像是黑暗中的一盏明灯"②。许多人不仅把以色列视为自己的祖国,对苏联的民族政策表示不满,而且直接要求移民以色列。1948年5月17日,一位苏联犹太人在从敖德萨寄往以色列的明信片上写道:"……今天,我怀着极其兴奋的心情听到了以色列国家建立的消息。在我们民族历史新时代的开始,我全心全意地把我的祝福和问候呈献给你们——所有伊休夫和所有犹太人:祝你们好运!"③ 生活在斯塔夫罗波尔的前党员佩雷尔穆特在信中说:"当前我们的生活已经发生了翻天覆地的变化。我们的名字——'犹太人'——已经达到和其他民族享有平等地位的水平……这一场斗争不仅仅是为了以色列国的独立,而且也是为了我们的未来,为了民主和正义。"④

其中影响最大的是乌克兰日梅林卡市⑤赫梅利尼茨基区的犹太人。该市的500多位犹太人联名致函《真理报》编辑部说:"今天我们听到了一个盼望已久、激动人心的消息——新的以色列犹太国家建立了!

---

① Shimon Redlich, *Propaganda and Nationalism in Wartime Russia: The Jewish Antifascist Committee in the USSR, 1941-1948*, p.167.
② Benjamin Pinkus, *The Jews of the Soviet Union: The History of a National Minority*, p.309.
③ Shimon Redlich, *War, Holocaust and Stalinism: A Documented Study of the Jewish Anti-Fascist Committee in the USSR*, p.110.
④ Образ писем советских евреев, откликнувшихся на создание государства Израиль, 5 июня 1948 г., Г. В. Костырченко, *Еврейский антифашистский комитет в СССР, 1941-1948: Документированная история*, с.296-297.
⑤ 日梅林卡市二战前夕大约居住着5000名犹太人,占当地人口的18%。1941年7月被德国人占领,1944年3月解放。

现在我们将拥有我们自己的民族权利，因为我们流散在世界各地的苦难的兄弟们作为犹太人遭到驱散、压迫、蔑视！"他们郑重地请求苏联政府能够批准该区所有的犹太居民移居以色列，以便回到他们的以色列祖国，"我们所有人都想在那里建设像我们在这儿一样的生活，去帮助我们的同胞。我们希望建立一个大规模的犹太民主国家"①。不久，一些明斯克工人协会成员（包括鞋匠、建筑工、裁缝和编织工）联名致函《团结报》，请求把以色列国家领事的地址告诉他们，"因为他们希望有可能移居巴勒斯坦"②。

不仅如此，犹太复国主义者还在一些城市举行了群众性的游行示威。1948年6月，在莫斯科犹太教首席拉比施利费尔和犹太教理事会其他成员的倡导下，莫斯科犹太大会堂举行了有上万人参加的隆重的祈祷仪式，施利费尔在掌声中宣读了致以色列国临时国务委员会主席魏茨曼和犹太教拉比首领格尔采里（Герцеля）的电文。犹太大会堂里不仅到处悬挂着犹太复国主义的徽章，而且还悬挂着标语，上书"犹太人还活着"，"1948年5月14日以色列国宣布成立"。会堂内外的祈祷者摩肩接踵，水泄不通。塔什干、切尔诺维茨和其他城市也举行了类似的祈祷活动。③

苏联犹太人对以色列的狂热态度一下子把犹委会推向了潮头浪尖，并且迫使它面临一个前所未有的严峻选择：到底是代表犹太同胞与政府进行交涉？还是屈从于政府的旨意明哲保身？犹委会领导人在私下里和苏联犹太人一样感到兴奋，他们"对以色列的正面肯定态度是毋庸置疑的"④。犹委会主席团成员费费尔后来坦言，他为犹太国的建立感到欣喜，

---

① Письмо евреев г. Жмеринки, 1948 г., Г. В. Костырченко, *Еврейский антифашистский комитет в СССР, 1941-1948: Документированная история*, с.289.
② Письмо М. З. Равича от имени еврейских кустарей Минска, 18 августа 1948 г.,Г.В. Костырченко, *Еврейский антифашистский комитет в СССР, 1941-1948: Документированная история*, с.288.
③ Министр государственной безопасности СССР — ЦК ВКП(б) с предложением арестовать главного раввина С. М. Шлифера, 18 августа 1951 г., Г. В. Костырченко, *Государственный антисемитизм в СССР. От начала до кульминации, 1938-1953*, с.275; О. Платонов, *Тайная история России XX век, Эпоха Сталина*, Москва: Московитянин, 1996, с.270.
④ М. Рейман, Послевоенное соперничество и конфликты в советском политическом руководстве, *Вопросы истории*, 2003, № 3, с.24-40,34.

因为"被墨索里尼的祖先从巴勒斯坦放逐出去的犹太人又一次在那里建立了一个犹太国家"①。但是，由于摸不清苏联政府的意图，犹委会瞻前顾后，无所适从。其实，自从1948年1月米霍埃尔斯遇害后，犹委会就一直处于阴影笼罩之下，噤若寒蝉，甚至陷入半瘫痪状态。整个工作由副责任书记海费茨和主席团成员费费尔负责，而他们两人又都是国家安全部的秘密特工，除了把苏联犹太人的反应和要求呈报给上级部门，等待指示外，不敢自作主张采取任何行动。1948年5月18日，海费茨把有关苏联犹太人志愿者要求支援以色列的情况上报联共（布）中央对外政策部副部长巴拉诺夫后，当天就接到批示，"凡有意前往巴勒斯坦的苏联公民务必向苏联有关部门提出申请"②。换言之，这就等于剥夺了犹委会受理此类申请的权力。犹委会因此变得更加谨小慎微，不敢越雷池一步。

苏联政府支持以色列建国本来就出于特殊的政治目的，所以，它既不希望国内犹太人因此增加对以色列的民族认同感，更不希望犹委会与以色列过从甚密，甚至成为苏联犹太人在这一问题上的代言人。根据现有资料情况来看，苏联政府当时分派给犹委会的任务包括两个方面：

一是帮助政府收集有关以色列和犹太人的情报。以色列建国之前，犹委会就开始给联共（布）中央委员会和外交部按月提供相关情报。以色列刚一建立，它就提交了以色列临时政府成员的个人传记和有关阿以军事力量的报告。不论是国外犹太友人的来信，还是与国外犹太组织代表的会晤，凡是涉及以色列的有价值的情报，犹委会领导人都会向上级部门及时汇报。就在1948年11月被查封前5天，犹委会还提交了最后一份关于《美国在以色列内部的经济和政治渗透》的报告。

不过，犹委会给苏联当局提供最多、最重要的情报还是有关苏联犹太人对以色列建国事件的反应。根据巴拉诺夫的要求，海费茨把所有打电话、来信或者亲自来到犹委会对以色列表示支持的人的姓名、职业、单位和住址都进行了详细登记，然后上报。从5月17日到5月31日，

---

① Судебное следствие: Допрос подсудимых И. С. Фефера, В. П. Наумов, *Неправедный суд, Последний сталинский расстрел(стенограмма судебного процесса над членами Еврейского антифашистского комитета)*, с.40.
② Записка Г. М. Хейфеца в ЦК ВКП(б), 18 мая 1948 г., Г. В. Костырченко, *Еврейский антифашистский комитет в СССР, 1941-1948: Документированная история*, с.295.

他至少汇报过3次,并且把许多苏联犹太人给犹委会的声明和信件的副本呈交给巴拉诺夫。① 与此同时,《团结报》代理责任编辑日茨也把编辑部收到的相关信件和意见汇总后上报巴拉诺夫。② 他们提交的这些报告随后均由巴拉诺夫作为机密呈送给联共(布)中央领导人。不仅如此,海费茨和费费尔(他们可能并不清楚对方的底细)还把所有情况分头向苏联国家安全部做了汇报。例如工程师罗加切夫斯基来到犹委会,邀请费费尔到他家参加一些犹太工程师对苏联歧视犹太人问题的讨论,并且请他把组建犹太志愿兵师派到以色列作战的倡议书转交给上级机关,而费费尔把这一切都报告了国家安全部的马尔丘科夫,随后把那份倡议书也呈交上去。③ 巴拉诺夫指出,收集这些情报的目的是"为了全面揭露民族主义分子和敌对分子"④。所以,海费茨和费费尔不会不明白他们的行动意味着什么。当苏联犹太人怀着一片热忱向犹委会倾诉心愿时,他们根本不会想到自己所信赖的委员会竟然会出卖自己,更不会想到这很快就会危及他们自身的安全。

二是配合政府进行必要的、受到严格限制的陪衬性宣传。1948年4月,费费尔和海费茨曾向苏联外交人民委员莫洛托夫建议:"犹委会应对联合国大会通过在巴勒斯坦建立犹太国家的决议表示支持,以便增加世界犹太人对于苏联的同情。"结果遭到否决。⑤ 5月19日,犹委会主席团专门开会讨论有关以色列的问题。与会成员一致通过了由费费尔起

---

① Информация Г. М. Хейфеца, 17 мая 1948 г.; Записка Г. М. Хейфеца в ЦК ВКП(б), 18 мая 1948 г., Г. В. Костырченко, *Еврейский антифашистский комитет в СССР, 1941-1948: Документированная история*, с. 293-295; Записка секретариата Еврейского антифашистского комитета в СССР в ЦК ВКП(б), 31 мая 1948 г., Министерство иностранных дел российской федерации, Министерство иностранных дел государства Израиля и др, *Советско-израильские отношения: Сборник документов, Том I:1941-1953, Книга 1:1941-май 1949*, с. 308-314.

② A report by Zhits to L. S. Baranov, May 24, 1948, Shimon Redlich, *War, Holocaust and Stalinism: A Documented Study of the Jewish Anti-Fascist Committee in the USSR*, pp. 392-393.

③ Протокол закрытого судебного заседания 10 июля 1952 г., В. П. Наумов, *Неправедный суд, Последний сталинский расстрел(стенограмма судебного процесса над членами Еврейского антифашистского комитета)*, с. 365.

④ Shimon Redlich, *War, Holocaust and Stalinism: A Documented Study of the Jewish Anti-Fascist Committee in the USSR*, p. 114.

⑤ Shimon Redlich, *War, Holocaust and Stalinism: A Documented Study of the Jewish Anti-Fascist Committee in the USSR*, p. 111.

草，就以色列国的成立致以色列国临时国务委员会主席哈伊姆·魏茨曼的贺电。但是，就是这份寥寥数语的贺电，都要经过联共（布）中央对外政策部部长苏斯洛夫、苏联外交部副部长佐林（Зорин）和部长莫洛托夫的层层审批，最后在签发时还删掉了犹委会主席团成员在贺电末尾的签名。① 希梅利奥维奇在会上对只在《团结报》上刊登这一贺电表示不满。为了扩大影响，他认为还应该在俄文报刊上发表，后来与有关部门协商后未获批准。日茨也愤愤不平地说，虽然《团结报》编辑部收到了大量对苏以两国换文的令人关注的反应，其中包括爱伦堡、扎斯拉夫斯基、祖斯金等人的信函，有足够的资料来填充整个版面，"但是根据上级部门的指示，这些资料却禁止发表"②。由于政府的严格管制，犹委会主席团对于苏联广大犹太人最为关注的、有关支援以色列的要求和呼吁既没有进行讨论，也没有做出公开回应。它已经变得敢怒不敢言了。

犹委会在援助以色列问题上的暧昧态度引起了国内犹太同胞的强烈不满。苏联犹太人认为，既然苏联政府从1947年11月29日联合国大会上宣布支持巴勒斯坦分治决议以来一直在公开捍卫犹太人的权益，并且以色列刚一建国就予以承认，那么它肯定不会阻挠援助以色列的活动。③ 他们相信苏联政府"这个一切受压迫民族的捍卫者"④ 定会支持他们的要求，"从物资上支持这场斗争，而不是口惠而实不至"⑤。因此，从1948年5月20日开始，苏联犹太人对于犹委会的批评和责难汹涌而至。一位新西伯利亚的犹太人来电责问道："你们为什么不组织帮助新的以色列国家为独立而战？"⑥ 契卡洛夫市的一个姓胡托里亚斯基的犹太人家

---

① Судебное следствие: Допрос подсудимых И. С. Фефера; Допрос подсудимых И. С. Юзефовича, В. П. Наумов, *Неправедный суд, Последний сталинский расстрел(стенограмма судебного процесса над членами Еврейского антифашистского комитета)*, с. 35, 140.

② Из стенограммы заседания президиума ЕАК, 19 мая 1948 г., Г. В. Костырченко, *Еврейский антифашистский комитет в СССР, 1941-1948: Документированная история*, с. 300-301.

③ Письмо Каплана из Москвы, 17 мая 1948 г., Г. В. Костырченко, *Еврейский антифашистский комитет в СССР, 1941-1948: Документированная история*, с. 283.

④ Письмо А. Перельмутера, 23 мая 1948 г., Г. В. Костырченко, *Еврейский антифашистский комитет в СССР, 1941-1948: Документированная история*, с. 287.

⑤ Письмо без подписи, 1948 г., Г. В. Костырченко, *Еврейский антифашистский комитет в СССР, 1941-1948: Документированная история*, с. 291.

⑥ Телеграмма Г. А. Листермана, 20 мая 1948 г., Г. В. Костырченко, *Еврейский антифашистский комитет в СССР, 1941-1948: Документированная история*, с. 285.

庭由于对巴勒斯坦事件充满恐惧，径直致函犹委会说："同志们！你们还在等什么？！为什么委员会不采取任何行动？为什么你们不竭力阻止巴勒斯坦的可怕悲剧？"①犹太人萨穆伊尔在来信中直言不讳，"当犹太人最终拥有自己的国家时，保持冷漠将是一种犯罪"，将是对大屠杀中数百万死难同胞的背叛。②公民贝尔曼在给犹委会的信中表示："你们给以色列犹太国家主席的呼吁很好。但是犹太民众对你们的期望并非仅此而已。在犹太民族面临的这一困难而至关重要的时刻，人们不能仅仅满足于花言巧语（我们可以把这留给我们的美国'友人'）。我们现在需要的不是空话，而是业绩。从苏联犹太人中募集资金以便购买武器，组织派遣志愿者加入犹太军队——这就是犹委会应该完成的最根本任务，总的说来也是唯一的任务。"③有16位犹太人联名致函爱伦堡呼吁，"我们要求犹委会代表整个苏联犹太社团，大声疾呼捍卫犹太国家的合法权利，反对违背国际义务，反对侵略，反对干涉……我们请求犹委会大声疾呼，反对对我们犹太人的新的大灭绝"④。一位犹太人在给犹委会的匿名信中诘难说："当遭受了数千年攻击的不幸的犹太人最后要被巴勒斯坦阿拉伯人歼灭的时候，犹委会还要袖手旁观多久？……我们必须立即派遣自愿者，并请求一直在援助自由战士的苏联政府和斯大林同志武装这些军队。马上行动！否则就太迟了！每一刻的优柔寡断都将导致更多的犹太人被屠杀。不久地球上的犹太人就会绝迹了。"⑤

面对国内犹太同胞的强烈呼吁和反复敦促，处于苏联当局严密监控之下的犹委会进退两难，除了消极待命之外，几乎无所作为。苏联犹太人在焦虑和失望之余，变得异常沮丧和愤怒。一位犹太人在给犹委会

---

① Письмо от семьи Хуторянских из Чкалова, 21 мая 1948 г., Г. В. Костырченко, *Еврейский антифашистский комитет в СССР, 1941-1948: Документированная история*, с. 285.

② Письмо за подписью «Самуил», 24 мая 1948 г., Г. В. Костырченко, *Еврейский антифашистский комитет в СССР, 1941-1948: Документированная история*, с. 288.

③ Образ писем советских евреев, откликнувшихся на создание государства Израиль, 5 июня 1948 г., Г. В. Костырченко, *Еврейский антифашистский комитет в СССР, 1941-1948: Документированная история*, с. 297.

④ Коллективное письмо И. Г. Эренбургу, 1948 г., Г. В. Костырченко, *Еврейский антифашистский комитет в СССР, 1941-1948: Документированная история*, с. 292-293.

⑤ Письмо без подписи, 1948 г., Г. В. Костырченко, *Еврейский антифашистский комитет в СССР, 1941-1948: Документированная история*, с. 290.

主席的匿名信中愤然写道:"此时此刻,我敢肯定地说,全体苏联犹太人就你们对巴勒斯坦事件漠不关心的态度深感愤慨。如果你们还自称为犹太人反法西斯委员会,那么您和您领导的委员会就应该第一个站出来号召犹太人武装起来,……如果您在等待上级命令,那么您就不是一位好犹太人。……数百万的苏联犹太人可以募集数千万卢布为以色列国购买武器。通过《团结报》来推动这一运动是您神圣的职责。您必须与我们的政府协商批准所有愿意与阿拉伯侵略者及其帮凶(英国)作战的犹太人前往以色列。如果您领导的委员会开始发起这一运动,您将证明您是一名真正的犹太人,您领导的委员会也是真正的犹太人反法西斯委员会。"否则,"今天这个委员会就绝不是犹太人的"①。克里姆林宫医疗卫生局的顾问、莫斯科第二医学院教授、享誉世界的心脏病专家雅科夫·吉尼亚里耶维奇·埃廷格尔对费费尔说:"如果苏联政府不愿意帮助以色列犹太人,那么(他们应当)让我们去做。"② 不少犹太大学生径直找上门来,对犹委会的消极态度表示愤懑。

面对来自各方面的批评和责难,犹委会不仅无动于衷,而且还开始表现出与苏联犹太人的期望完全相左的倾向。1948年6月7日,犹委会主席团召开会议。与会者对苏联犹太人的许多建议上纲上线,大加挞伐。费费尔指出,在犹委会收到的有关巴勒斯坦事件的大量信件中,有一些充满了资产阶级民族主义精神。那些提出捐款帮助以色列国战士和向巴勒斯坦派遣犹太志愿者的建议"非常愚蠢","它们证明了这些写信者并不理解我们组织的立场,形势或职能。他们不明白这对一个苏联人意味着什么和一个苏联人的职责是什么……未经政府批准是不能派遣志愿者和部队的。因为这将会引发中东地区的战争"。希梅利奥维奇指出:"克服派遣志愿者和运送武器这一错误观念十分重要。"费费尔和克维特科认为,过去在苏联受到批判并且隐藏起来的犹太复国主义正在浮出水面,人们认为他们现在已经合法化并且可以合法地活动了。所以犹委会的矛头必须对准他们。

---

① Письмо без подписи, 1948 г., Г. В. Костырченко, *Еврейский антифашистский комитет в СССР, 1941-1948: Документированная история*, с.291.

② Jonathan Brent and Vladimir P. Naumov, *Stalin's Last Crime: The Doctors' Plot*, p.98.

日梅林卡市犹太人的信件成为此次会议批判的重点。与会者对其提出的移民要求深感震惊，认为"这是前所未闻的，也是让人反感的"，因为它所表达的是一种"有害的态度"。舍伊宁指出："它使人们对我们不仅作为布尔什维克，而且作为苏联公民产生了怀疑。……我们必须与这种态度进行斗争。我们必须严厉打击这种态度。"为了应对这些问题，多数人建议必须在《团结报》上发表有关爱国主义的系列文章，针对这封信向苏联广大犹太人进行解释，让一些犹太公民明白，"我们的祖国在这里，在苏联"，巴勒斯坦只是针对部分特殊犹太人，例如没有公民资格的难民、在英美占领区的难民营的犹太人才是必要的。费费尔提出，犹委会还应该与苏联作家协会一起派遣几批作家前往日梅林卡市组织一系列文学晚会，并派遣作家前往敖德萨、日托米尔等地。

因为犹委会和《团结报》编辑部源源不断地收到大量有关巴勒斯坦问题的信件，所以犹委会把加强与民族主义情绪斗争看成了当务之急。费费尔就此提出了四项建议：向当局提出召开一次广播集会；批准一个针对进步的犹太社会组织的呼吁；对《团结报》委以重任，以便系统解释伟大的苏联社会主义祖国在拯救犹太民族、支援全世界的民主人士在争取和平与独立的斗争中的作用；利用《团结报》加强反对民族主义情绪的斗争，反对对联合国重要决议的曲解。会议重点讨论了向联共（布）中央提出在莫斯科召开一次广播大会的问题。费费尔宣读了关于召开广播大会给中央书记苏斯洛夫的信。他认为从苏联外交政策的角度看，这一大会尤为重要，它将会增强巴勒斯坦犹太人"对苏联的同情并增强我们对这些民众的影响力。在广播大会中我们必须自告奋勇并且讲述苏联在拯救犹太民族中的作用；讲述斯大林的民族友谊的作用；讲述与伟大的俄罗斯民族的联系"，同时还"将消除犹太民众中个别分子的错误观念"①。

6月8日，犹委会主席团向联共（布）中央提交了建议召开广播大会声援以色列的报告。费费尔、扎斯拉夫斯基、贝格尔森、爱伦堡、希梅利奥维奇、苏联英雄波林娜·格里曼和俄罗斯作家西蒙诺夫等人被推

---

① Из стенограммы заседания президиума ЕАК, 7 июня 1948 г., Г. В. Костырченко, *Еврейский антифашистский комитет в СССР, 1941-1948: Документированная история*, с. 301-304.

荐为这个两小时广播大会的发言人。广播大会拟于 6 月 15 日举行，届时将向国内外实况转播。① 但是，联共（布）中央宣传鼓动部认为，苏联人民对于巴勒斯坦境内事件的立场已经在苏联政府一系列众所周知的行动中找到了自己的表达方式，所以没有任何必要强调苏联犹太居民在巴勒斯坦问题上的特殊利益。因此，报告未获批准。② 从此次主席团会议的发言可以看出，犹委会领导层已经在思想感情上与苏联犹太同胞发生了分裂，开始背弃后者的利益。

在苏联政府的打压下，在犹委会的敷衍下，苏联犹太人要求声援以色列的第一次热潮逐渐消沉下去。即便如此，在 1948 年 7 月，仍然有两万犹太人先后到莫斯科犹太大会堂庆祝以色列国家的成立。③

1948 年 9 月，苏联在以色列问题上的政策开始发生微妙的变化。1948 年下半年，苏联侦查机关获得的情报表明，"以色列政府简单地采取了亲美敌苏的立场"，正在抛开苏联"同美国、英国和其他国家秘密结盟"。这使得斯大林不得不重新思考对以色列的政策。而让斯大林最担心的是，苏联一年多来的亲以政策激活了国内犹太人的民族主义情绪，并且"促使苏联犹太人犹太复国主义化，使他们'突然感到自己是国际犹太组织不可分割的一部分'"④。成千上万的苏联犹太人不仅要求援助以色列，为以色列而战，而且许多人竟然毫不犹豫地要求放弃苏联国籍，移居到自己真正的祖国以色列去，这是斯大林始料未及的。苏联国家安全部部长阿巴库莫夫和联共（布）中央书记苏斯洛夫送来的情报说，犹太人正在募集资金，要为以色列建立一个约瑟夫·斯大林号苏联犹太人空军中队。"斯大林从这件事中看出部分志愿者已做好了接受两

---

① ЕАК—в ЦК ВКП(б) с предложением провести радиомитинг в поддержку Израиля, 8 июля 1948 г., Г. В. Костырченко, *Государственный антисемитизм в СССР. От начала до кульминации, 1938-1953*, с. 133-134.

② Управление пропаганды и агитации ЦК ВКП(б)—в секретариат ЦК ВКП(б) о нецелесообразности проведения еврейского радиомитинга, 12 июня 1948 г., Г. В. Костырченко, *Государственный антисемитизм в СССР. От начала до кульминации, 1938-1953*, с. 135.

③ G. Meyerson to M. Shertok, 12 September 1948, Israel Ministry of Foreign Affairs, Ministry of Foreign Affairs of the Russian Federation etc., *Documents On Israeli-Soviet Relations: 1941-1953, Part I : 1941- May 1949*, p. 339.

④ О. Платонов, *Тайная история России XX век, Эпоха Сталина*, с. 268.

个国家——所有工人的祖国和所有犹太人的祖国——管辖的心理准备。在他看来这是绝对不能容许的,尤其是他们会引发连锁反应。"① 尽管斯大林正在授意捷克斯洛伐克秘密向以色列提供急需的军事援助,并且同意东欧国家派遣犹太志愿者赴以作战②,但那是对外政策的需要。为了避免给西方留下破坏联合国关于巴以停火协议、插手中东事务的把柄,苏联不仅多次拒绝直接向以色列提供武器援助,而且严禁苏联犹太公民赴以参战,同时更不允许出现大规模的移民潮。如果苏联当局"允许几百万生活在他们国家里的犹太人迁往巴勒斯坦,那不等于公开承认苏联民族政策的失败吗?"③ 所以,从1948年9月初开始,苏联政府着手调整对以政策。

1948年9月3日,斯大林在去南方休养前夕,指示苏联部长会议副主席马林科夫准备一些关于以色列国的文章。④ 1948年9月7日,《团结报》率先刊发了以色列问题专家列夫·戈德堡的一篇文章,言辞犀利地抨击了犹太复国主义者和以色列领导人,以及他们与美国戈尔德曼博士的联系。戈尔德曼是世界犹太人代表大会执行委员会主席,在战时极力倡导援助苏联,自从1943年犹委会代表团访美以来一直是苏联媒体

---

① Arkadi Vaksberg, *Stalin Against the Jews*, p. 197.
② 1948年6月20日,苏联部长会议副主席、联共(布)中央书记马林科夫同意以色列共产党主席舍穆勒·米库尼斯(Shmuel Mikunis)在东欧国家征召犹太青年自愿者赴以色列参加战斗。1949年7月,联共(布)中央政治局委员伏罗希洛夫和米高扬在与米库尼斯会晤时均声明说,斯大林亲自催促捷克斯洛伐克给以色列提供武器装备。参见 Arnold Krammer, *The Forgotten Friendship: Israel and the Soviet bloc,1947-53*, Urbana: University of Illinois Press, 1974, pp. 77, 81. 据统计,1948—1951年,大约有30万东欧犹太人移民以色列。参见 Laurent Rucker, "Moscow's Surprise: The Soviet-Israeli Alliance of 1947-1949", *Cold War International History Project*, Working Paper # 46, 2011, p. 30. 因此,以色列学者米迦勒·巴尔-祖海尔后来也指出,毋庸置疑,"捷克斯洛伐克同意向巴勒斯坦的犹太人组织出售武器是受了莫斯科的影响"。参见〔以色列〕米迦勒·巴尔-祖海尔:《现代以色列之父本-古里安传》,第178页。
③ 〔英〕沃尔特·拉克:《犹太复国主义史》,第529页。
④ Записка заместителя председателя Совета министров СССР Г. М. Маленкова генеральному секретарю ЦК ВКП(б), председателю Совета министров СССР И. В. Сталину, 18 сентября 1948 г., Министерство иностранных дел Российской Федерации; Министерство иностранных дел Государства Израиль, *Советско-израильские отношения: Сборник документов, Том I :1941-1953, Книга 1:1941-май 1949*, c. 375.

的宠儿,现在却突然被指控为"进步"事业的叛徒。①

紧接着,1948年9月21日《真理报》刊登了著名作家爱伦堡论述犹太人问题的文章——《关于一封信》。② 新近解密的档案表明,这篇文章是马林科夫、卡冈诺维奇、波斯克列贝舍夫等人按照斯大林的指示,在和爱伦堡商讨后授命爱伦堡撰写的。因为爱伦堡当时不在莫斯科,所以耽搁了半个月。1948年9月18日,马林科夫把文章寄给斯大林最后审定,斯大林同意刊发。马林科夫原定于9月25日发表,后来提前到了9月21日。③ 从表面上看,爱伦堡的文章是为了答复一个战后在欧洲继续受到反犹主义迫害、不知何去何从的德国犹太人P.亚历山大所遇到的困惑:怎样才能真正解决犹太人问题?但事实上,这一切都是杜撰出来的。1952年5月,马尔基什在法庭上曾指出,这封信发表后不久,费费尔曾当着他和贝格尔森等人的面告诉法捷耶夫:"没有人给爱伦堡寄这封信;这是一个政治措施!"④

由此可见,在很大程度上,爱伦堡就是代表苏联官方和苏联人、特别是苏联犹太人谈话。⑤ 爱伦堡试图向苏联犹太人表明,犹太问题产生的根源是资本主义的剥削制度,它的"解决必须靠全世界都实现社会主义",而面积狭小、资产阶级占统治地位的以色列根本不可能解决全世界犹太人问题。苏联没有反犹主义。苏联犹太劳动者的命运并非和以色

---

① Shimon Redlich, *Propaganda and Nationalism in Wartime Russia: The Jewish Antifascist Committee in the USSR, 1941-1948*, pp. 165-166.
② 在《斯大林最后的罪行:医生阴谋》一书中,作者把该文名称误写为"塌鼻子联盟"(The Union of the Snub-nosed)。参见 Jonathan Brent and Vladimir P. Naumov, *Stalin's Last Crime: The Doctors' Plot*, pp. 184, 306.
③ З аписка заместителя председателя Совета министров СССР г. М. Маленкова генеральному секретарю ЦК ВКП(б), председателю Совета министров СССР И. В. Сталину, 18 сентября 1948 г., Министерство иностранных дел Российской Федерации; Министерство иностранных дел Государства Израиль, *Советско-израильские отношения: Сборник документов, Том I:1941-1953, Книга 1:1941-май 1949*, с. 375, 383.
④ Судебное следствие: Допрос подсудимых П. Д. Маркиша, В. П. Наумов, *Неправедный суд, Последний сталинский расстрел(стенограмма судебного процесса над членами Еврейского антифашистского комитета)*, с. 63.
⑤ Из стенограммы заседания президиума ЕАК, 21 октября 1948 г., Г. В. Костырченко, *Еврейский антифашистский комитет в СССР,1941-1948:Документированная история*, с. 306.

列联系在一起，而是和进步势力及社会主义的命运联系在一起。"苏联犹太人和全体苏联公民一起正在建设自己的社会主义祖国。他们不是指望近东，而是放眼未来。"① 换言之，"以色列国家同苏联犹太人毫不相干。苏联没有犹太人问题，因此，它无需以色列。以色列是满足那些资本主义国家犹太人的，在那里，反犹主义难免猖獗"②。

因为爱伦堡是"接到上面的命令去灭火的"，所以，对苏联犹太人而言，"这篇文章无疑是个警告"③，同时也"打响了反对犹太复国主义的第一炮"④。9月23日，《团结报》转载了爱伦堡的文章，并且在一篇社论中重复了它的观点。苏联犹太人明白：这是警告他们不要接近以色列公使馆人员！⑤ 尽管以色列人对《真理报》和电台发表爱伦堡的文章"感到非常紧张"⑥，但苏联犹太人却置若罔闻。

根据苏以双方达成的互派外交使团的协议⑦，1948年9月2日，果尔达·梅尔松（即果尔达·梅厄）率领的以色列使团抵达莫斯科。⑧ 苏联犹太人对以色列的狂热情绪再度爆发出来。由于条件所限，以色列公使馆一开始安置在莫斯科大都会饭店。苏联政府对以色列使团的到

---

① Илья Эренбург, По поводу одного письма, *ПРАВДА*, 21 сентября 1948 г..
② Golda Meir, *My Life*, p. 205.
③ Arno Lustinger, *Stalin and the Jews: The Red Book: The Tragedy of the Jewish Anti-Fascist Committee and the Soviet Jews*, pp. 175, 176.
④ Vojtech Mastny, *The Cold War and Soviet Insecurity: The Stalin Years*, New York, 1996, pp. 56-57.
⑤ Golda Meir, *My Life*, p. 205.
⑥ Excerpts from the Political Report of the USSR Legation in Israel, Tel Aviv, 10 March 1950, Israel Ministry of Foreign Affairs, Ministry of Foreign Affairs of the Russian Federation etc., *Documents On Israeli-Soviet Relations:1941-1953, Part II: May 1949-1953*, p. 602.
⑦ V. M. Molotov to M. Shertok(Tel Aviv), 25 May 1948, Israel Ministry of Foreign Affairs, Ministry of Foreign Affairs of the Russian Federation etc., *Documents On Israeli-Soviet Relations:1941-1953, Part I :1941-May 1949*, p. 285.
⑧ 果尔达·梅厄在回忆录中说，她和以色列公使团是1948年9月3日抵达莫斯科的。但9月3日的《真理报》报道说，她们是9月2日抵达的，苏联外交部礼宾司司长Ф. Ф. 莫洛奇科夫在机场接见了她们。因此，果尔达·梅厄的记忆可能有误。9月2日这个日子之所以重要，就是因为它说明果尔达·梅尔松正好是在9月3日斯大林离开莫斯科去南方休养前一天抵达的。斯大林很可能预计到国内犹太人会做出亲以色列公使的反应，为了防患于未然，指示马林科夫安排爱伦堡撰文以示警告。果尔达·梅尔松即果尔达·梅厄。1956年夏，根据以色列总理本-古里安要求使用希伯来语名字的命令，她用希伯来语中最接近梅尔松的名字梅厄（照亮的意思）取而代之。见Golda Meir, *My Life*, pp. 201, 245; Прибытие в Москву Посланника государства Израиль г-жи Г. Меерсон, *ПРАВД; ИЗВЕСТИЯ*, 3 сентябрь 1948г..

来非常重视。《消息报》和《真理报》均做了报道。9月7日，苏联部长会议副主席、苏联外交部长莫洛托夫会见了果尔达·梅尔松，双方就以色列国内外所面临的问题进行了交流。莫洛托夫表示将给其工作提供帮助。① 9月11日，果尔达·梅尔松到克里姆林宫递交国书。由于苏联最高苏维埃主席团主席尼古拉·什维尔尼克正在休假，按照惯例，苏联最高苏维埃副主席、俄罗斯联邦苏维埃主席弗拉索夫出席了递交国书仪式。这标志着以色列驻苏联使团正式成立。会后苏方又为果尔达·梅尔松举行了一个朴素但非常愉快的招待会。第二天，苏联新闻媒体在头版刊登了这一新闻。②

其实，果尔达·梅尔松最期待的还是与苏联犹太人的接触。自十月革命以来，苏联犹太人和国外犹太人已经分离30年③，果尔达·梅尔松不知道这些生活在一个向一切宗教特别是犹太教宣战、并且把信奉犹太复国主义看作犯罪的政权下的犹太人，其犹太人特性究竟还剩多少？④ 与此同时，苏联犹太人对以色列公使的到来也深感高兴。⑤ 数以千计的犹太人携家带口来到以色列公使馆所在的大都会饭店附近，目的就是为了亲眼看一下在饭店门口旗杆上飘扬的以色列国旗。⑥ 但是，没有一个苏联犹太人敢私自造访以色列公使馆。⑦ 所以，果尔达·梅尔松决定到莫

---

① Meeting: V. M. Molotov-G. Meyerson(Moscow, 7 Septemper 1948), Israel Ministry of Foreign Affairs, Ministry of Foreign Affairs of the Russian Federation etc., *Documents On Israeli-Soviet Relations:1941-1953, Part I :1941- May 1949*, pp.333-336.
② G. Meyerson to M. Shertok(Tel Aviv), Moscow, 12 September 1948, Israel Ministry of Foreign Affairs, Ministry of Foreign Affairs of the Russian Federation etc., *Documents On Israeli-Soviet Relations:1941-1953, Part I :1941- May 1949*, p.339; Golda Meir, *My Life*, pp. 202-203.
③ 俄国的犹太人和其他国家的犹太人一样，历来和国外信仰同一个宗教的人保持着密切联系。直至1917年，俄罗斯犹太人仍是国际犹太人组织的一部分，他们经常为经商、学习和娱乐而到国外旅行。许多人侨居到西方国家，并越过俄国的边境建立起家庭、友谊、社会和政治的纽带。1917年十月革命后，这些联系结束了，但片断的联系仍持续到1920年代后期。参见 Zev Katz, editor, *Handbook of Major Soviet Nationalities*, p.370.
④ Golda Meir, *My Life*, p.203.
⑤ G. Meyerson to M. Shertok (Tel Aviv), Moscow, 6 September 1948, Israel Ministry of Foreign Affairs, Ministry of Foreign Affairs of the Russian Federation etc., *Documents On Israeli-Soviet Relations:1941-1953, Part I :1941- May 1949*, p.332.
⑥ B. Z. Goldberg, *The Jewish Problem in The Soviet Union:Analysis and Solution*, p.162.
⑦ 根据苏联法律规定，苏联公民是不能和外国人交往的。普通人同外国人的接触都会遭到警察部门有效的阻止。所以果尔达·梅尔松起初曾希望当地居民会像人们在以色列那样，随

斯科犹太大会堂去，她相信在那里一定会遇到犹太人。

递交国书后第二天，果尔达·梅尔松带领 26 名公使馆成员到莫斯科犹太大会堂①（莫斯科的另外两个犹太会堂只是两间小木屋）参加安息日礼拜。那天参加礼拜的只有 100 或 150 多名老年犹太人。根据公使馆参赞莫尔德海·纳米尔的请求，公使馆的所有男工作人员受邀诵读了《托拉》。在整个祈祷仪式中，果尔达·梅尔松一直坐在妇女席（在正统犹太教会堂内男女分坐）。按照惯例，礼拜快结束时众人都要为国家领导人的健康祝福，但大家同时也为果尔达·梅尔松祝福。礼拜结束后，果尔达·梅尔松向莫斯科犹太教首席拉比施利费尔做了自我介绍，并且进行了简单交流。在返回宾馆的路上，有一位犹太老人冒着风险在莫斯科大街上给果尔达·梅尔松背诵了感恩祈祷文，她感动得热泪盈眶。随后，她在给以色列外交部长摩西·沙雷特（Moshe Sharett）的报告中说："那里（指犹太会堂里）场面感人，大街上亦复如此。"②

10 月 4 日，是犹太教新年，以色列公使馆的全体人员穿着节日盛装再次来到莫斯科犹太大会堂。他们根本没有想到，平时假日只有 2000 左右犹太人光顾的会堂，当天一下子拥来了近 50000 人迎接他们的光

（接上页）便到以色列公使馆来坐坐，一起吃块蛋糕，喝杯茶，但没有一个俄国人，更没有俄国犹太人前来光顾。即便是以色列公使馆的外交人员也不敢贸然去看望或者接济自己在苏联的父母或兄弟姐妹，因为他们的亲人同以色列的关系一旦暴露，就可能遭到放逐。美国驻苏联大使哈里曼也曾经抱怨说："我以为一个外交家在莫斯科的生活，简直近乎坐牢，只是没有铁栅栏而已。他们除了外交使团外，在社交上没有人来往。"即便是像吉拉斯率领的来自南斯拉夫这个共产党国家的代表团，苏联公民也无人敢随意造访。参见〔美〕威廉·哈代·麦克尼尔：《美国、英国和俄国：它们的合作和冲突：1941—1946 年》，第 83 页；Golda Meir, *My Life*, pp.202-204;〔美〕W. 艾夫里尔·哈里曼、伊利·艾贝尔：《哈里曼回忆录》，第 113 页；〔南斯拉夫〕米洛凡·吉拉斯：《同斯大林的谈话》，第 123 页。

① 即莫斯科唱诗班犹太教会堂，坐落于莫斯科斯帕索格利尼谢夫斯基巷。1891 年由建筑师西蒙·爱布施茨和克莱因·马泽开始设计建造，1906 年正式建成开放。它是俄国最著名的犹太教会堂，也是欧洲最宏伟、给人印象最深刻的犹太教建筑。后来成为莫斯科犹太人举行宗教活动的中心。参见黄陵渝：《犹太教》，中国社会科学出版社 2008 年版，第 256—257 页。

② Golda Meir, *My Life*, pp.204-205; G. Meyerson to M. Shertok (Tel Aviv), Moscow, 12 September 1948, Israel Ministry of Foreign Affairs, Ministry of Foreign Affairs of the Russian Federation etc., *Documents On Israeli-Soviet Relations:1941-1953, Part I:1941- May 1949*, p.339.

临。①果尔达·梅厄在回忆录里写道："会堂前面的街道变了模样。现在，那里人山人海，挤得像沙丁鱼一样，成千上万，所有年龄段的人均有，包括红军军官、战士、青少年和怀抱着婴儿的父母。"②不仅有莫斯科的犹太人，还有从苏联最遥远的地方赶来的犹太人。③在苏联，"没有一个礼拜场所有过如此众多、如此热情的出席者"④。狂热的人群簇拥着果尔达·梅尔松，几乎把她抬了起来，甚至几乎把她挤扁。人们不停地呼喊着她的名字。她从人们让出的一条道里走进会堂，坐到妇女席上。不时有人走近她，碰碰她的手，抚摸或吻她的衣服。果尔达·梅尔松"像石头一样"肃然而坐，既不能说话，也不能微笑或挥手致意。这种崇拜并不是出于对果尔达·梅尔松本人，而是出于对她所代表的国家，这是长期被压抑的兴奋情绪的爆发。在美国，犹太人把她当作"以色列的化身"来欢迎；在苏联，犹太人同样把她视为以色列国家的象征。⑤施利费尔试图制止狂热的人群，人们埋怨说："我们为此等了 2000 年，你怎么能禁止我们表达自己的感情！"⑥

礼拜结束后，人群再次从四面八方涌向她，一边哭着，一边挥手呼喊着，"我们的果尔达"，"你好！你好！"果尔达·梅尔松最后勉强坐着一辆出租汽车缓缓离开了犹太大会堂。面对这些充满深情厚谊和含着热泪的苏联犹太人，她只能笨拙地用意第绪语说了一句："感谢你们依

---

① 果尔达·梅厄在回忆录里说参见集会的将近 5 万人，参见 Golda Meir, *My Life*, p.205。但苏联部长会议宗教事务委员会主席波利扬斯基给苏联部长会议第一副主席、苏联外交部长莫洛托夫的报告中估计只有 1 万人。参见 Письмо председателя Совета по делам религиозных культов при Совете министров СССР Д. Д. Полянского первому заместителю председателя Совета министров СССР, министру иностранных дел СССР В. М. Молотову, 6 октября 1948 г., Министерство иностранных дел Российской Федерации; Министерство иностранных дел Государства Израиль, *Советско-израильские отношения: Сборник документов, Том I:1941-1953, Книга 1:1941-май 1949*, с.400.

② Golda Meir, *My Life*, p.205.

③ О. Платонов, *Тайная история России XX век, Эпоха Сталина*, с.270.

④ B. Z. Goldberg, *The Jewish Problem in The Soviet Union: Analysis and Solution*, p.162.

⑤ Golda Meir, *My Life*, pp.192, 206.

⑥ Письмо председателя Совета по делам религиозных культов при Совете министров СССР Д. Д. Полянского первому заместителю председателя Совета министров СССР, министру иностранных дел СССР В. М. Молотову, 6 октября 1948 г., Министерство иностранных дел Российской Федерации; Министерство иностранных дел Государства Израиль, *Советско-израильские отношения: Сборник документов, Том I : 1941-1953, Книга 1:1941-май 1949*, с.399-400.

然是犹太人。"① 两天后，果尔达·梅尔松在给以色列外交部的电报中说："当我们抵达会堂外的大街时，苏联犹太人用希伯来语发出了雷鸣般的欢呼和哭喊来欢迎我们：新年快乐、祝你平安。当我们出来时，浩浩荡荡的人群形成了一个自发的队列，陪着果尔达及其同事一直走到大街上。"② 成千上万的苏联犹太人不顾威胁，不用演讲或游行，以这种勇敢的方式向以色列外交使团表达了双方之间难以割舍的亲属关系，表明了他们对以色列建国的庆祝，以及以色列对他们的重大意义。

几十年后，果尔达·梅厄对这一幕景象仍然记忆犹新。她在回忆录中写道："这个启示对我们而言太伟大了。"尽管苏联犹太人饱经磨难，与国外的犹太同胞已经分离了 30 多年，但是苏联当局的极权统治"仍然未能摧毁他们的意志，……犹太人依然是犹太人"③。实际上，新年礼拜已经变成了一种"民族主义的示威活动"④。果尔达·梅尔松认为，这就是对爱伦堡的险恶警告"做出的回答"，是一种明显的"集会示威"⑤。

10 月 14 日是犹太人的另一个重大节日——赎罪日，成千上万犹太人再次涌向莫斯科犹太大会堂，同果尔达·梅尔松一起待了一整天。"当拉比吟诵礼拜结束语'明年在耶路撒冷'时，整个会堂都在震颤。"⑥ 苏联犹太人对以色列公使的狂热欢迎表明，"30 多年的共产主义宣传也不能抹掉犹太人对犹太复国主义的同情"⑦。尽管苏联当局对这一爆炸性的事件实行了新闻封锁，但毫无疑问它会被报告给斯大林本人。这一未经批准的游行集会不仅使苏联当局大为震惊，同时也让犹委会惊恐万状。虽然莫斯科犹太人的行为丝毫没有违反苏联政府的官方政策，但是

---

① Golda Meir, *My Life*, pp. 205-206.
② G. Meyerson to W. Eytan (Tel Aviv), Moscow, 6 October 1948, Israel Ministry of Foreign Affairs, Ministry of Foreign Affairs of the Russian Federation etc., *Documents On Israeli-Soviet Relations:1941-1953, Part I :1941- May 1949*, p. 378.
③ Golda Meir, *My Life*, p. 207.
④ Судебное следствие: Допрос подсудимых С. Л. Брегмана, В. П. Наумов, *Неправедный суд, Последний сталинский расстрел(стенограмма судебного процесса над членами Еврейского антифашистского комитета)*, с. 232.
⑤ Golda Meir, *My Life*, pp. 205-206.
⑥ Golda Meir, *My Life*, p. 207.
⑦ Arno Lustinger, *Stalin and the Jews: The Red Book: The Tragedy of the Jewish Anti-Fascist Committee and the Soviet Jews*, p. 175.

它"破坏了斯大林主义的基本原则,即只允许自上而下组织的那些'自发性'的表现"。因此,苏联当局把它视为"颠覆性的"活动。①

面对苏联犹太人日益高涨的民族主义情绪,犹委会立即采取措施灭火。《团结报》一马当先,发表了大量针对性的文章,指出以色列国的建立是苏联外交努力的结果,并且遭到了来自英美的积极反对。但以色列并不是一个社会主义国家,人民群众并没有享有真正的民主。报纸系统地刊登了一系列介绍苏联民族政策,描写苏联犹太人自治州比罗比詹以及同民族主义和民族局限性作斗争、反对国外犹太反动势力(包括犹太复国主义领导人)的文章,其中费费尔10月6日发表的文章在一定程度上比爱伦堡的文章有过之而无不及。② 同时,为了消解苏联犹太人对以色列的关注和支持,加强对犹太居民的爱国主义宣传,《团结报》引用苏联犹太人在生活和建设中的诸多事例指出:"苏联犹太人唯一的祖国就是苏联。"苏联不仅已经实现了民族平等,而且每一个民族包括犹太人都享有不受限制地发展自己的经济和文化的机会。它特别强调说:"只有在我们国家,在列宁-斯大林民族政策的基础上,所谓的'犹太人问题'才得到彻底解决,苏联犹太人与苏联其他民族在所有方面都是平等的。"③ "每个苏联犹太人在回答'苏联政府给了犹太民族什么'这个问题时,都会自豪地说:'祖国'。"④

不仅如此,1948年11月6日,《团结报》代理责任编辑日茨还上书马林科夫,指出以色列国建立以来,苏联部分犹太人、特别是知识分子中的民族主义情绪不断高涨,主要表现为把以色列理想化,盛赞其民族模式,掩盖其早就暴露出来的资产阶级特性及其政府的反民主政治倾向。日茨还对犹太人借以色列公使造访莫斯科犹太会堂之机公开颂扬以色列以及明斯克和日梅林卡发生的犹太人要求集体移民巴勒斯坦事件大

---

① Л. Люкс, Еврейский вопрос в политике Сталина, с.50.
② G. Meyerson to W. Eytan (Tel Aviv), Moscow, 6 October 1948, Israel Ministry of Foreign Affairs, Ministry of Foreign Affairs of the Russian Federation etc., *Documents On Israeli-Soviet Relations:1941-1953, Part I :1941- May 1949*, p.378.
③ Письмо Г. М. Жица в ЦК ВКП(б), 6 ноября 1948 г., Г. В. Костырченко, *Еврейский антифашистский комитет в СССР,1941-1948: Документированная история*, с.298-299.
④ Arno Lustinger, *Stalin and the Jews: The Red Book: The Tragedy of the Jewish Anti-Fascist Committee and the Soviet Jews*, p.177.

加谴责。为了与犹太人中出现的民族主义思想进行斗争，充分协助党对犹太工人进行共产主义教育，日茨请求中央委员会能够确定《团结报》的编辑和编委会，以便加强《团结报》的编辑力量，同时把报纸的印数增加到每期30000份。①

1948年10月21日，犹委会主席团再次专门开会讨论有关以色列建国在苏联国内所引起的反响问题。这是犹委会最后一次主席团会议。"受到惊吓的犹委会领导人试图与所有这些过程划清界限。"② 日茨向主席团汇报了《团结报》是如何给读者解释与以色列国家建立有关的问题的。他表示，苏联支持以色列建国只是同情巴勒斯坦人民的表现，"我们从未表达过对以色列国领导人或犹太复国主义者的同情"。费费尔指出："苏联犹太人同情为自由而战的以色列工人，但并不同情准备把以色列变成实现美国扩张计划的忠实工具的以色列政府。"古别利曼阐述了对于犹太复国主义者的立场。他指出，有人错误地认为苏联政府对犹太复国主义者的态度已经改变，事实上，"我们对犹太复国主义者的态度从未改变。我们一直以为犹太复国主义是一场极其反动的运动"。他同时强调说："我们必须指出，以色列不可能是犹太人唯一的祖国。"费费尔也认为，"这个小小的犹太国家已经人满为患"，它根本不可能成为犹太人的祖国。布雷格曼指出，苏联政府一些部门对有关以色列问题的宣传工作不够重视，犹委会应该致函中央委员会，敦促相关地方的党和苏维埃机关加强这方面的工作。与会者强调，必须充分发挥《团结报》在与国内外犹太复国主义势力斗争中的重要作用，并加强《团结报》的编辑力量。这样《团结报》"就会成为苏联社会的辽阔战场"。几乎所有与会者都对爱伦堡和日茨在《团结报》上发表的文章大加赞赏。费费尔说："爱伦堡的文章是基于深刻的原则并且是绝对正确的。现在苏联犹太人真的不再指望中东。这是对的。"克维特科表示，日茨"昨天写的文章非常好"。舍伊宁也说："爱伦堡的文章开阔了许多人的视野。"他还希望把这些文章编成小册子，用意第绪语和俄语出版。会上还有人抨

---

① Письмо Г. М. Жица в ЦК ВКП(б), 6 ноября 1948 г., Г. В. Костырченко, *Еврейский антифашистский комитет в СССР, 1941-1948: Документированная история*, с. 298-299.

② Л. Люкс, Еврейский вопрос в политике Сталина, с. 50.

击了在犹太大会堂所发生的群众集会。克维特科认为果尔达·梅尔松"是一个心胸狭隘的女人,只有一些更无知的人们才对她心存敬畏"。舍伊宁认为"围绕着犹太教会堂的混乱仅仅反映了小店主的利益"。① 从与会者的立场可以看出,犹委会已经完全蜕变成了政府的传声筒,沦为苏联当局打压犹太人的工具。

由于犹委会已经彻底背弃了苏联犹太人的利益,所以他们最终也被国内犹太同胞所唾弃。1948 年 10 月 8 日,一位来自莫斯科的犹太老人匿名致函费费尔、日茨等人,对爱伦堡在《团结报》发表的宣扬同化论的文章进行了猛烈抨击。他明确表示,"犹太民族不想听到爱伦堡的建议",没有人阻止爱伦堡与犹太民族断绝关系,"没有他犹太民族照样生活"。他对犹委会领导人赞同爱伦堡的观点感到难以置信,并且指出,"如果伟大的米霍埃尔斯读了爱伦堡在《团结报》上的文章,他会因愤怒和悲伤而在自己的坟墓中辗转反侧"②。由于人们对《团结报》上发表的大量跟风文章强烈不满,《团结报》收到的读者来信锐减。这是苏联犹太人与犹委会感情破裂的又一个明显信号。1948 年 11 月 25 日,一位名叫摩西·戈里德曼的犹太人致函日茨,把紧随爱伦堡在《团结报》上发表文章的日茨比作一条跟着"大狗"狂吠的"小狗",谴责他对犹太人"在我们可爱的社会主义祖国"到处从所有重要职位上被解雇、对许多机构拒不接受犹太毕业生的反犹现象视而不见,而为了一己之私利,阿谀奉承,"扮演白痴"。信的最后说:"爱伦堡厚颜无耻地以全体苏联犹太人的名义讲话。他没有这个权利。而你也根本没有任何权利代表犹太人讲话。"③ 从苏联犹太人利益的代言人到最后被犹太同胞褫夺了代表他们讲话的权利,犹委会在苏联犹太人心目中的地位一落千丈。不仅如此,1948 年 12 月初,爱伦堡在与以色列驻苏联公使馆参赞莫尔德海·纳米

---

① Из стенограммы заседания президиума ЕАК, 21 октября 1948г., Г. В. Костырченко, *Еврейский антифашистский комитет в СССР, 1941-1948: Документированная история*, с.304-307.

② Анонимное письмо в редакцию «Эйникайт», 8 октября 1948 г., Г. В. Костырченко, *Еврейский антифашистский комитет в СССР, 1941-1948: Документированная история*, с.308.

③ Письмо М. Гольдмана в «Эйникайт», 25 ноября 1948 г., Г. В. Костырченко, *Еврейский антифашистский комитет в СССР, 1941-1948: Документированная история*, с.308-309.

尔座谈时，依然固执己见。他认为，"苏联没有犹太人问题"，并友好的劝告以色列驻苏联公使馆摒弃把苏联犹太人"吸引到犹太复国主义和阿利亚的任何努力"，否则将引起苏联政府和当地犹太人的愤怒。①

其实，犹委会之所以忍辱负重、背弃苏联犹太同胞的利益，对苏联当局俯首帖耳、唯命是从，在很大程度上就是为了维持自身的生存。然而，这不仅未能挽救它的命运，而且毁掉了多年来在国内犹太同胞当中树立起来的崇高威望和良好声誉。

三、苏联犹太人对以色列建国反应之后果

1948年苏联犹太人对色列建国的反应对苏联犹太人和犹委会的命运产生了重要影响。如果说此前斯大林对于犹太人的打压更多的是出于推测和怀疑的话，那么现在他的想法则得到了戏剧性的证实。世界各地的犹太人，特别是苏联犹太人"对以色列表现出的惊人的支持力度，让克里姆林宫的领袖大吃一惊"②。德国学者马尔塔·萨德指出，苏联犹太人在莫斯科犹太大会堂的新年集会以及对以色列公使的欢呼使犹委会跟苏联当局的关系变得尖锐化了。"在斯大林眼里，这次集会是犹太人公开的示威行为，他感觉到了冲击。"③"它就像危险的资产阶级犹太民族主义在破坏苏联国家的权威。"④ 斯大林后来在中央委员会主席团会议上放言，"任何一个犹太民族主义者都是美国情报机关的间谍"⑤，苏联国家安全部副部长留明指控"犹太人是一个间谍民族"⑥，显然都是源于这一事件。

更为严重的是，这种犹太复国主义情绪不仅表现在苏联普通犹太

---

① M. Namir to W. Eytan (Tel Aviv), Moscow, 2 December 1948, Israel Ministry of Foreign Affairs, Ministry of Foreign Affairs of the Russian Federation etc., *Documents On Israeli-Soviet Relations: 1941-1953, Part I : 1941- May 1949*, p. 411.
② 〔美〕弗拉季斯拉夫·祖博克：《失败的帝国：从斯大林到戈尔巴乔夫》，第80页。
③ 〔德〕马尔塔·萨德：《斯大林的女儿》，第177页。
④ Jonathan Brent and Vladimir P. Naumov, *Stalin's Last Crime: The Doctors' Plot*, p. 96.
⑤ Из дневника В. А. Малышева о выступлении И. В. Сталина на расширенном заседании президиума ЦК КПСС, 1 декабря 1952 г., Г. В. Костырченко, *Государственный антисемитизм в СССР. От начала до кульминации, 1938-1953*, с. 462.
⑥ Jonathan Brent and Vladimir P. Naumov, *Stalin's Last Crime: The Doctors' Plot*, pp. 184, 362.

民众身上，而且反映在克里姆林宫内部某些重要居民的言行当中。联共（布）中央政治局委员、苏联部长会议副主席伏罗希洛夫元帅的犹太妻子、列宁博物馆副馆长伏罗希洛娃·叶卡捷琳娜·戈尔普曼在以色列国成立当天掩饰不住自己的喜悦，激动地对家人说：" 今天我们终于有自己的祖国了。"①1948 年 11 月 7 日，苏联部长会议副主席、外交部长莫洛托夫在自己家中举行了纪念十月革命胜利 31 周年招待晚会。莫洛托夫夫人、苏共中央委员波林娜·热姆丘任娜异常热情甚至激动地对以色列公使果尔达·梅尔松说，"我真高兴终于见到你了！"并且说"我是犹太民族的女儿"。两人用意第绪语进行了倾心长谈。波林娜·热姆丘任娜对莫斯科犹太教大会堂所发生的事情完全理解，并且对果尔达·梅尔松说，"你们到那里去太好了"，"犹太人太想见你们了！"她还与果尔达·梅尔松的女儿萨拉和公使馆参赞莫尔德海·纳米尔的女儿娅埃尔·纳米尔进行了热情交谈。她对以色列的问题（包括联合国正在辩论的内盖夫问题、基布兹的管理等）非常关心，问长问短。末了还搂着萨拉的肩膀含着泪水说："保重！如果你们一切顺利，各地犹太人的事情就顺利了。"②这说明，犹太复国主义势力已经渗透到了苏联政权的心脏地带，威胁到了国家的基础。尽管苏联宪法明确规定，"一切公民皆能自由举行宗教仪式或进行反宗教宣传"，法律保障苏联公民享有"集会自由"，"游行及示威自由"③，但是在苏联那样封闭的社会里，犹太人的这种自下而上的行为无疑被视为对共产主义思想的背叛和对国家的严重

---

① О. Платонов, *Тайная история России XX век, Эпоха Сталина*, с.264. 1942 年，斯大林命令贝利亚的副手波·扎·科布洛夫在伏罗希洛夫的家里偷装了窃听器。1950 年，在莫洛托夫、米高扬的家里也安装了窃听器。参见〔俄〕帕维尔·苏多普拉托夫：《情报机关与克里姆林宫》，第 377 页。1946 年，在贝利亚的家里也安装了窃听器。参见〔乌克兰〕谢尔戈·贝利亚：《我的父亲贝利亚》，第 109 页。事实上，经斯大林批准，维·谢·阿巴库莫夫负责的国家安全部一直在对苏联党和国家领导人进行系统的监视，在他们的住处和办公室秘密安装监视装置已经合法化。阿巴库莫夫要定期向斯大林报告观察结果，许多领导人随时都"可能成为这些告密材料的牺牲品"。参见〔俄〕鲁·格·皮霍亚：《苏联政权史（1945—1991）》，第 46、74 页。
② G. Meyerson to W. Eytan (Tel Aviv), Moscow, 9 November 1948, Israel Ministry of Foreign Affairs, Ministry of Foreign Affairs of the Russian Federation etc., *Documents On Israeli-Soviet Relations:1941-1953, Part I :1941- May 1949*, pp.401-402; Golda Meir, *My Life*, p.208.
③ 《苏联宪法（根本法）》，唯真译，外国文书籍出版局 1947 年版，第 44 页。

不忠。

为了消除苏联犹太人因为以色列建国而引发的狂热的民族主义和犹太复国主义情绪,苏联国内的反犹政策迅速升温,并最终发展成为一场"全国性的反犹太人运动"。① 于是,苏联犹太人的"黑暗年代"(Black Years)降临了。

---

① 〔俄〕鲁·格·皮霍亚:《苏联政权史(1945—1991)》,第 62 页。

第五章 苏联犹太人的"黑暗年代"

犹太人是欧洲历史上多灾多难、最为不幸的一个民族,无论身居何处,几乎都会遭到反犹主义的迫害。以至于形成了这样一个规律,"哪里有犹太人,哪里就一定有反犹主义"①。即使世界上第一个社会主义国家苏联亦不例外。苏联的反犹主义大约是从 1924 年列宁去世和斯大林上台开始的②,此后几乎贯穿于苏联历史的全过程。但是,表现最突出的还是"黑暗年代"。

苏联犹太人的"黑暗年代"是指 1948—1953 年美苏冷战第一次高潮期间,苏联当局自上而下发动的一场有组织、有目的、最后把矛头直接指向整个苏联犹太民族的全国性反犹运动。说得再具体一点,就是指从 1948 年 11 月苏联当局下令查封犹委会,到 1953 年 3 月犹太医生的作秀审判即将举行,放逐犹太人的计划将要付诸实施,苏联反犹政策登峰造极这一特定历史时期。③ 在长达 6 年的时间里,苏联国内的反犹主义步步升级、愈演愈烈。从列宁格勒到远东的比罗比詹,从政界到宗教界,从科教文卫界到企业界,"数以千计的犹太知识分子、科学家、政

---

① Shimon Redlich, *Propaganda and Nationalism in Wartime Russia: The Jewish Antifascist Committee in the USSR, 1941-1948*, p. 114.
② 1924 年列宁去世后,斯大林在支持俄罗斯人李可夫取代犹太人加米涅夫出任人民委员会主席以及与"托洛茨基-季诺维也夫联盟"争夺权力过程中,其反犹倾向就开始暴露出来。参见 Aron J. Katsenelinboigen, *The Soviet Union:Empire, Nation, and System*, p. 169;〔苏联〕费·丘耶夫:《同莫洛托夫的 140 次谈话》,第 239 页;〔俄〕罗伊·梅德韦杰夫:《让历史来审判——论斯大林和斯大林主义》(下册),第 968 页。托洛茨基也指出:"只有在对我的政治迫害开始之后我的犹太籍问题才发挥了作用。反犹主义和反托洛茨基主义是同时抬头的。"参见〔俄〕托洛茨基:《托洛茨基自传》,第 296 页。
③ 参见 Benjamin Pinkus, *The Jews of the Soviet Union: The History of a National Minority*, p. 141. 米霍埃尔斯之死虽然打响了苏联国家反犹主义的第一枪,但同时也延缓了斯大林最后清洗犹太人的计划。苏联当局为米霍埃尔斯举行的宏大葬礼也不利于立即宣布他是美国间谍和犹太复国主义的代理人。参见 Arkadi Vaksberg, *Stalin Against the Jews*, p. 183.

治领袖、国家安全部职员和私营单位人员都遭到无情地审讯，丢掉了职位，并且受到公开地嘲弄、奚落、恫吓和监禁。许多人被枪毙。……在这些年里反犹宣传一浪接一浪地席卷苏联社会"①。大大小小的反犹案件层出不穷。这一席卷全国的反犹运动在斯大林去世前夕达到高潮，斯大林去世后戛然而止。因其前所未有的残酷性和广泛性，后来被学者们称之为苏联犹太人的"黑暗年代"。②

那么，苏联为什么会出现全国性的反犹运动？它有哪些具体表现和显著特点？最终结果如何呢？

第一节　苏联国家反犹主义产生的原因

作为苏联公民，犹太人的权利是受苏联宪法保护的。1918年7月10日，苏俄颁布的第一部宪法《苏维埃共和国宪法》（根本法）第22条明确规定："俄罗斯社会主义联邦苏维埃共和国于承认公民不分种族及民族享有平等权利的同时，宣布在这一基础上规定或容许任何特权或特许，以及对于少数民族的任何压迫或对其平等权利的任何限制，均属违背共和国的各项根本法律。"③ 1922年，苏维埃社会主义共和国联盟同样是"根据苏联各族人民平等和自愿的原则组成的"④。1936年11月25日，斯大林在全苏苏维埃第八次（非常）代表大会上所做的《关于苏联宪法

---

① Jonathan Brent and Vladimir P. Naumov, *Stalin's Last Crime: The Doctors' Plot*, pp.94-95.
② Г. В. Костырченко, *Государственный антисемитизм в СССР. От начала до кульминации, 1938-1953*, с.138; B. Z. Goldberg, *The Jewish Problem in The Soviet Union: Analysis and Solution*, p.101; Hilary L. Rubinstein, Dan Cohn-Sherbok, Abraham J. Edelheit and William D. Rubinstein, *The Jews in the Modern World: A History Since 1750*, p.192. 还有一些学者认为，"黑暗年代"开始时间可以上溯到1939年。例如，以色列学者耶霍舒亚·吉勒博阿指出，苏联犹太人的黑暗年代虽然特指1948—1953年，但也可以扩展到1939—1953年，参见 Yehoshua A. Gilboa, *The Black Years of Soviet Jewry: 1939-1953*, Author's note. 以色列历史学家本杰明·平库斯指出，从1939年8月23日《苏德互不侵犯条约》签订到1953年3月5日斯大林去世是苏联犹太人历史上最糟糕的年代，可以准确地称之为"黑暗年代"。这是"身体和精神大屠杀的年代"，是"焦虑和绝望的年代"。参见 Benjamin Pinkus, *The Jews of the Soviet Union: The History of a National Minority*, p.138.
③ 辛向阳、辛向前、郑义寅主编：《历史律令——影响人类社会的十大宪法和法典》，第402页。
④ 《斯大林文集（1934—1952）》，第106页。

草案》的报告中指出，苏联新宪法的出发点是："一切民族和种族权利平等"；"各民族和种族在肤色或语言、在文化水平或国家发展水平方面的区别，以及其他任何区别，都不能成为替民族不平等现象辩护的根据"；"一切民族和种族，不管它们过去和现在的状况如何，不管它们强或弱，都应当在社会一切经济生活、社会生活、国家生活和文化生活方面享受同等的权利。"斯大林还特别强调说："制造民族纠纷的主要势力即剥削阶级已不存在，培植民族互不信任心理和燃起民族主义狂热的剥削制度已不存在"，工人阶级已经掌握了政权，苏联各族人民的面貌发生根本改变，"他们中间互不信任的心理已经消失，而相互友爱的感情已经发展，因而建立了各族人民在统一的联盟国家体系中真正兄弟合作的关系"。① 不仅如此，1936 年 11 月 30 日，斯大林还在《真理报》上昭告天下：反犹主义是共产党人的死敌，在苏联会受到法律严惩，积极的反犹主义者甚至会被判处死刑。② 1947 年 2 月，苏联最高苏维埃刚刚颁布的、经过修改和补充的《苏联宪法》第 123 条也明确指出："苏联公民，不分民族及种族，在经济生活，国家生活，文化生活，社会及政治生活各方面，一律平等，是为确定不变之法律。凡因民族或种族关系对公民权利做任何直接或间接限制，或赋予公民以直接或间接特权，以及宣传民族或种族独尊思想，宣传民族或种族仇恨轻蔑观点之行为，均受法律之惩罚。"③ 既然如此，为什么苏联在 1948—1953 年还会出现全国性的反犹运动呢？

第一，从国际形势来看，美苏冷战的加剧无疑是苏联当局发动全国性反犹运动的主要原因。1947 年 3 月 12 日杜鲁门主义出台后，美苏冷战很快形成第一次高潮。1947 年 6 月 5 日，美国为了扶持西欧与苏联抗衡，提出了马歇尔计划，并于 1948 年 4 月 3 日正式付诸实施；苏联为了团结东欧国家与美国对抗，在 1947 年 7 月—8 月先后与东欧国家签署了一系列贸易协定，形成了与马歇尔计划相对立的莫洛托夫计划，并且在 1949 年 1 月建立了以苏联为首的经济互助委员会（经互会）。

---

① 《斯大林文集（1934—1952）》，第 106—107、110 页。
② 《斯大林全集》，第 13 卷，第 28 页。
③ 《苏联宪法（根本法）》，唯真译，第 43—44 页。

在处理战后对德问题上，美苏之间的对立日趋严重。1947 年 11 月，美、英、法与苏联在德国统一问题上的谈判最终破裂。1948 年 6 月 24 日到 1949 年 5 月 12 日，苏联切断了西德与西柏林之间的水陆交通，引发了第一次柏林危机。在此次危机中，苏联不仅一无所获，退居下风，而且还因为苏南冲突失去了它在欧洲最大的社会主义盟友——南斯拉夫。1949 年 8 月，以美国为首的北大西洋公约组织正式建立，它在欧洲大陆组成了一个遏制苏联和东欧国家的弧形包围圈。1949 年 9 月到 10 月，美、英、法扶持的德意志联邦共和国和苏联扶持的德意志民主共和国先后成立，德国走向分裂，并且成为美苏冷战的前沿阵地。1949 年 11 月，在匈牙利召开的共产党情报局会议上，联共（布）中央书记苏斯洛夫抨击北约的组织者们"已经公开采取发动新世界大战的方针"，目前，"英、美帝国主义联盟的全部政策都是为了准备新的世界大战"[1]。在远东地区，1945 年 8 月—9 月，美国排斥苏联，单独占领日本本土，并且在 1951 年 9 月签署《旧金山和约》和《日美安全保障条约》，把日本变成了反苏反共的桥头堡。1950 年 6 月，朝鲜战争爆发，东西方之间的冷战达到高潮。爱伦堡后来在回忆录中说："1950 年是'冷战'时刻都有转化为热战之危险的一年。"[2]

就在此时，苏联一手扶持建立起来的以色列为了寻求美国在政治上的支持和经济上的援助，逐渐放弃了立国之初的"中立"政策，越来越倾向美国[3]，甚至公开支持美国出兵朝鲜，倒向美国。1950 年 7 月，以色列外交部东欧司司长埃利亚希夫在以色列驻海外外交代表会议上发言时指出，以色列强烈依附西方已经背离了其不结盟政策，在美苏这两个

---

[1] 《苏斯洛夫在情报局匈牙利会议上的报告记录（1949 年 11 月 16 日）》，载沈志华总主编：《苏联历史档案选编》，第 7 卷，第 440、445 页。
[2] 〔俄〕伊利亚·爱伦堡：《人·岁月·生活》（下卷），第 520 页。
[3] Приложение: Памятная записка посланника СССР в Израиле П. И. Ершова «О положении в Израиле», 29 сентября 1949 г., Министерство иностранных дел Российской Федерации; Министерство иностранных дел Государства Израиль, Советско-израильские отношения: Сборник документов, Том I:1941-1953, Книга 2: май 1949-1953, с.76-77. 当时，第一次中东战争刚刚结束，以色列国内极为困难，希望能够得到苏联在政治上和经济上的支持，但苏联要求它首先断绝与西方的关系，然后才能考虑提供援助，结果遭到以色列拒绝。

阵营中间，以色列"并没有保持一个真正的平衡"①。苏以关系逐渐恶化。1950年到1951年，美国先后与泰国、菲律宾、澳大利亚、新西兰签订军事条约，构建亚太地区军事体系，试图建立对苏联和中国的新月形包围圈。

这种形势对苏联的内外政策产生了重要影响。种种迹象表明，斯大林当时已经在为新的战争做准备，他希望通过新的战争来埋葬资本主义制度，在全世界建立社会主义的一统天下。莫洛托夫说，斯大林是这样分析的，"第一次世界大战曾使一个国家摆脱了资本主义的奴役。第二次世界大战建立了一个社会主义体系，而第三次世界大战将一劳永逸的埋葬帝国主义"②。苏联在新的世界大战中希望埋葬的帝国主义国家无疑首推美国，它是苏联的头号劲敌。此时美苏两国不仅"在心理上已经处于战争状态"③，而且双方的飞行员在朝鲜战场上已经暗中交火。④ 1951年2月17日，斯大林在回答《真理报》记者有关苏联对外政策的性质问题时说，至少在目前，不能够认为新的世界大战"是不可避免的"⑤。1951年10月6日，斯大林在关于原子武器问题答《真理报》记者问时再次指出："一旦美国进攻我国，美国统治集团就将使用原子弹。正是由于这种情况，苏联才不得不备有原子武器，以便有充分准备来对付侵略者。"⑥ 莫洛托夫甚至说得更具体，根据美国人的计划，苏联"将有200个城市要同时遭到原子弹的轰炸"⑦。斯大林一直认为，只要帝国主义仍然存在，战争之不可避免性就仍然是存在的。⑧ 1952年春，斯大林下令建立拥有10000架中程喷气式轰炸机的100个空军师，这一数字几乎是苏联空军指挥官认为战争所需的两倍。同时，苏联还在极北地

---

① Excerpts from the Conference of Israeli Diplomatic Representatives Abroad(Tel Aviv, 17-21 July 1950), Israel Ministry of Foreign Affairs, Ministry of Foreign Affairs of the Russian Federation etc., *Documents On Israeli-Soviet Relations: 1941-1953,Part II: May 1949-1953*, p.650.
② 〔苏〕费·丘耶夫：《同莫洛托夫的140次谈话》，第109页。
③ 〔俄〕列昂尼德·姆列钦：《历届克格勃主席的命运》，第359页。
④ 沈志华：《抗美援朝战争中的苏联空军》，《中共党史研究》2000年第2期，第70—74页。
⑤ 《斯大林论战后国际形势（一九四五——一九五三）》，第85页。
⑥ 《斯大林文集（1934—1952）》，第593页。
⑦ 〔苏〕费·丘耶夫：《同莫洛托夫的140次谈话》，第108—109页。
⑧ 《斯大林论战后国际形势（一九四五——一九五三）》，第98页。

区和远东的西伯利亚地区进行了大规模的备战,研究了大规模入侵美国阿拉斯加的能力。① 苏联国家安全部部长伊格纳季耶夫和苏联武装力量部部长亚·米·华西列夫斯基批准了打击北约和美国军事基地的行动计划。"按计划,首次打击针对的是北约总部。"② 到 1952 年和 1953 年初,"不论是在美国,还是在苏联,人们都认为两个国家正处在战争的边缘上"③。苏联精英阶层中大部分人与斯大林看法一样,"认为美国正在准备发动下一次战争"④。1953 年 1 月 13 日,在《真理报》发表的《戴着教授—医生面具的卑鄙的间谍与谋杀者》一文中,苏联就指责美国和英国"在狂热地准备新的世界大战"⑤,借此警告苏联人民战争危险已经迫在眉睫。⑥ 据斯大林近郊别墅孔策沃的贴身卫士帕维尔·洛兹加乔夫回忆,斯大林去世前不久曾经问他,美国是否会进攻苏联。洛兹加乔夫回答说:"我想它不敢!"结果斯大林大为光火。随后,又把他叫进房间说:"你要记住:他们会向我们进攻的,帝国主义者们一定会进攻我们的,如果我们允许他们的话。"因此,俄罗斯学者爱德华·拉津斯基断言,斯大林炮制"医生案件"的目的乃是为了发动一场和西方的伟大的战争。"这将是最终消灭资本主义的最后的战争,一次神圣的战争。"⑦ 所以,对于内部隐藏的敌人绝不能掉以轻心。

那么,内部敌人是谁呢?斯大林把矛头直指犹太人。因为不论在苏联还是在东欧国家,犹太人都与美国有着千丝万缕的家族联系。从 1947 年开始,斯大林在不同的场合多次声称,"每一个犹太人都是美国的潜在间谍"。这句话几乎成为斯大林的格言,经过众人反复传播几乎

---

① 〔美〕弗拉季斯拉夫·祖博克:《失败的帝国:从斯大林到戈尔巴乔夫》,第 120 页。
② 〔俄〕列昂尼德·姆列钦:《历届克格勃主席的命运》,第 386 页。
③ 〔俄〕格·阿·阿尔巴托夫:《苏联政治内幕:知情者的见证》,徐葵等译,新华出版社 1998 年版,第 45 页。
④ 〔美〕弗拉季斯拉夫·祖博克:《失败的帝国:从斯大林到戈尔巴乔夫》,第 466 页。
⑤ ПОДЛЫЕ ШПИОНЫ И УБИЙЦЫ ПОД МАСКОЙ ПРОФЕССОРОВ-ВРАЧЕЙ, *ПРАВДА*, 13 января 1953г.. 据说,1953 年 2 月 7 日,斯大林在中央主席团会议上曾经说过一句令人惊恐不安的话,"我们谁都不怕,如果帝国主义者先生们想打仗,那对我们来说,现在就是最好的时机"。参见〔俄〕爱德华·拉津斯基:《斯大林秘闻——原苏联秘密档案最新披露》,李惠生、盛世良、张志强等译,新华出版社 1997 年版,第 660 页。
⑥ B. Z. Goldberg, *The Jewish Problem in The Soviet Union: Analysis and Solution*, p.146.
⑦ 〔俄〕爱德华·拉津斯基:《斯大林秘闻——原苏联秘密档案最新披露》,第 667、659 页。

变成了一种共识。所以，留明才会说出"犹太人是一个间谍民族"的狂言。① 1949 年 10 月 5 日，以色列驻苏联公使馆参赞纳米尔在给外交部长摩西·沙雷特的报告中也指出，苏联政府的基层官员不断攻击犹太人，宣称犹太人是一群不忠诚的人，并涉嫌从事间谍活动。②

随着冷战的加剧，斯大林对犹太人的猜疑也与日俱增。在斯大林的想象中，"苏联的犹太精英、美国的犹太人组织以及他身边的犹太人正在策划阴谋"③。"犹太人憎恨苏联是因为苏联对他们不公平。犹太人热爱美国是因为美国支持以色列。"④ 1952 年 12 月 1 日，斯大林在中央委员会主席团会议上讲话时直言不讳："任何一个犹太民族主义者都是美国情报机关的间谍。犹太民族主义者认为，美国拯救了他们的民族（在美国可能变成富人、资本家）。他们认为自己应该感激美国人。"⑤ 俄罗斯学者 Л. 别济缅斯基认为，这是总书记决定给中央委员会主席团的委员们提供一个清洗国内犹太人的明确理由："所有犹太人都是敌人和美国的奸细。并且铲除苏联的犹太人被上升为国家举措，这一举措号召在第三次世界大战即将爆发的前夕捍卫国家安全。"⑥ 因为犹太人势力在美国举足轻重，所以一旦同美国爆发战争，那么这些亲美、把以色列视为自己真正的祖国的犹太人无疑就会成为美国的"第五纵队"⑦，从背后对苏联人民下手，直接威胁到苏维埃国家的生存。简而言之，犹太人是内忧，美国是外患。为了对付美国，首先就要解决苏联国内和东欧国家的犹太人问题。因此，全体犹太人都成为"人民公敌"，成为斯大林恐怖运动的对象。⑧

---

① Jonathan Brent and Vladimir P. Naumov, *Stalin's Last Crime: The Doctors' Plot*, pp. 184, 362.
② M. Namir to M. Sharett (Tel Aviv), Moscow, 5 October 1949, Israel Ministry of Foreign Affairs, Ministry of Foreign Affairs of the Russian Federation etc., *Documents On Israeli-Soviet Relations: 1941-1953, Part II: May 1949-1953*, p. 545.
③ 〔美〕弗拉季斯拉夫·祖博克：《失败的帝国：从斯大林到戈尔巴乔夫》，第 78—79 页。
④ Jonathan Brent and Vladimir P. Naumov, *Stalin's Last Crime: The Doctors' Plot*, p. 151.
⑤ Из дневника В. А. Малышева о выступлении И. В. Сталина на расширенном заседании президиума ЦК КПСС, 1 декабря 1952 г., Г. В. Костырченко, *Государственный антисемитизм в СССР. От начала до кульминации, 1938-1953*, с. 462.
⑥ Л. Безыменский, Завещание Сталина? *Новое время*, 1998, № 14, с. 38.
⑦ ПОДЛЫЕ ШПИОНЫ И УБИЙЦЫ ПОД МАСКОЙ ПРОФЕССОРОВ-ВРАЧЕЙ, *ПРАВДА*, 13 января 1953 г..
⑧ 〔英〕奥兰多·费吉斯：《耳语者：斯大林时代苏联的私人生活》，第 543 页。

这就是斯大林在国内掀起全国性的反犹浪潮,并把逮捕"犹太复国主义代理人"和"世界主义分子"的反犹政策扩大到东欧各国的根本原因。苏联也就此"成为一个反基督教、反犹太人、反美、反西方,一切都反的国家"①。

第二,从国内形势来看,苏联犹太人对以色列建国的狂热支持是苏联当局发动全国性反犹运动的直接原因。苏联犹太人与以色列存在着比较密切的社会、文化与血缘关系。从1948年1月下令除掉米霍埃尔斯和9月21日安排《真理报》发表爱伦堡的《关于一封信》可以看出,斯大林对支持以色列建国可能在苏联犹太人当中引起的反应还是早有防范的。但是,他没有预料到苏联犹太人会对以色列表现出如此强烈的认同感,甚至为了以色列竟然不惜抛弃苏联。他更没有料到,他的防范措施竟然毫无作用。甚至到1951年,乌克兰共和国外喀尔巴阡州别列戈沃市的犹太教会主席施瓦茨在犹太会堂里还向犹太人宣传说:"我们认为,以色列之所以成立,与我们的祈祷是分不开的,是上帝赐予了这一切。我们犹太人非常高兴,准备尽快前往以色列。"②自从1934年苏联大清洗以来,斯大林的权威性在国内从未受到如此严重的公开挑战。这是他全然无法容忍的。因此,斯大林只能以更加严厉的措施、更大规模的清洗来对犹太人进行惩罚。1949年,许多犹太人就因为同情以色列,有移居以色列的愿望,或者参加了1948年10月4日的新年集会游行而锒铛入狱或被关进劳改营。③苏联著名医学专家H. A. 舍列舍夫斯基教授曾经指出,苏联政府对一些犹太人不信任的根源可能就是"因为他们想去以色列国家"④。虽然犹委会对苏联当局赤胆忠心,唯其马首是瞻,但

---

① 〔法〕皮埃尔·阿考斯、〔瑞士〕皮埃尔·朗契尼克:《病夫治国》,郭宏安译,华东师范大学出版社2013年版,第186页。
② Совет по делам религиозных культов при СМ СССР о положении в иудейских общинах в 1951 г., Начало 1952 г., Г. В. Костырченко, *Государственный антисемитизм в СССР. От начала до кульминации, 1938-1953*, с.271.
③ M. Namir to M. Sharett (Tel Aviv), Moscow, 5 October 1949, Israel Ministry of Foreign Affairs, Ministry of Foreign Affairs of the Russian Federation etc., *Documents On Israeli-Soviet Relations:1941-1953, Part II: May 1949-1953*, p.545.
④ Н. А. Шерешевский — Л. П. Берии о несостоятельности обвинений, выдвигавшихся следствием по «делу врачей», 25 марта 1953 г., Г. В. Костырченко, *Государственный антисемитизм в СССР. От начала до кульминации, 1938-1953*, с.480.

是，在斯大林心目中，它是"世界主义者"的典型代表，是苏联犹太人的文化精英和精神领袖。诸多事实证明，斯大林在内心深处不仅把苏联犹太人看成是一个整体民族，而且把犹委会视为他们的代表，无论苏联犹太人还是犹委会都是"潜在的危险的'外国人'，敌视苏联政权和他个人"①。因此，在斯大林谋划的全国性反犹浪潮中，犹委会和苏联犹太人一样成为被清洗的对象。

第三，俄国根深蒂固的反犹传统是苏联全国性反犹运动发生的社会基础。在俄国历史上，无论是统治者还是普通民众的反犹思想都积重难返。俄国犹太复国主义思想家利奥·平斯克曾经指出："对活着的人来说，犹太人是死人；对本地人来说，犹太人是外国人和流浪者；对有钱人来说，他们是乞丐；对穷人来说，他们是剥削者和百万富翁；对爱国者来说，他们是没有国家的人；对所有阶层的人来说，他们是可恶的竞争对手。"②因此，反犹始终是沙皇俄国对犹政策的主旋律。十月革命后，苏联政府废除了沙皇政府颁布的一切反犹政策和法律，但是却未能从民众思想上根除反犹主义的毒瘤，甚至还"从沙皇帝国那里继承了反犹太主义，以镇压犹太复国主义来巧妙地对付人民的不满"③，结果使"反犹主义的非马克思主义恶习在苏联找到了肥沃的土壤"④。卫国战争期间，在纳粹分子的宣传蛊惑下，苏联民众当中的反犹主义卷土重来，出卖犹太人、抢夺犹太人财产、殴打和辱骂犹太人的现象司空见惯。卫国战争胜利后，苏联国内的反犹主义依然非常猖獗，犹太人在集市上，商店里，学校乃至机关和企业里经常遭到殴打、羞辱，甚至"到了令人恐惧的程度"⑤。

苏联社会的反犹主义像病菌一样四处传播，几乎感染了工人、农

---

① Shimon Redlich, *War, Holocaust and Stalinism: A Documented Study of the Jewish Anti-Fascist Committee in the USSR*, p. 162.
② Walter Laqueur, *A History of Zionism*, New York: Schocken Books, 1972, p. 72.
③ 〔苏联〕伊凡·麦斯特连柯:《苏共各个时期的民族政策》，林钢译，人民出版社1983年版，第14页。
④ 〔美〕尼古拉·梁赞诺夫斯基、马克·斯坦伯格:《俄罗斯史》，第556页。
⑤ Работники «Алтайсельмаша» — советскому руководству о проявлениях антисемитизма в г. Рубцовске Алтайского края, Сентябрь 1945 г., Г. В. Костырченко, *Государственный антисемитизм в СССР. От начала до кульминации, 1938-1953*, c. 72-73.

民、党政官员、知识分子等各个阶层。一位俄国作家写道："反对犹太复国主义——喊着这个口号伏特加显得特别浓烈，面包也格外香甜"①。苏联民众反犹的原因比较复杂，既有传统的反犹观念作祟，也有对现实利益的贪求。因为犹太人的整体文化素质在苏联各民族当中居于首位，所以，他们无论在党政机关，还是科研、教育、文化、艺术、医疗卫生、工厂企业等领域均身居要职，或者担任业务骨干。这引起了许多反犹分子的愤懑和不满。1948 年 8 月，一位叫作 Л. 克拉斯科夫的俄罗斯人直接给联共（布）中央书记日丹诺夫写信控诉说，在苏联所有出版社，犹太人基本上都坐头把交椅。他们掌管苏联作家协会、《文学报》。《苏联作家》出版社的总编是犹太人，《莫斯科工人》《青年禁卫军》出版社也是犹太人当家。犹太评论家们认为，没有犹太人就无法建成共产主义，"好像他们是苏联的民族精华"。克拉斯科夫痛斥犹太人妨碍了苏联人民对共产主义精神的创造，认为苏联人生活的每一个角落都被犹太人的唯利是图、自私自利、互相包庇、阿谀奉承、口是心非所侵蚀。他公开表示，苏联人的"忍耐是有限度的，特别是突然发生新的战争。一旦超出我们的容忍，令我们生气，形势将会变得更加恐怖"②。

在这些心胸狭窄、自私自利的反犹分子看来，只要把犹太人从相关领域排挤出去，就可以为俄罗斯或其他民族的人提供更多提拔、升迁的机会。1949 年 4 月—5 月，一位名叫 Л. 马卡罗夫的俄罗斯族反犹分子致函联共（布）中央政治局，痛陈列宁格勒这个"自古以来就是以俄罗斯人为主体的"城市"出现了俄罗斯人无法忍受的状况"。因为这里的"贸易、地方工业、各种院校、科研、医疗保健等行业都明显地掌控在犹太人手中"。医疗保健系统更是出现了"俄罗斯人完全无法容忍的状态"，"所有的关键位置都被犹太人掌控着"，他们任人唯亲，拉帮结派，完全把俄罗斯人排斥在列宁格勒市医疗保健机关的管理工作之外。马卡罗夫列举了 30 多个在列宁格勒市医疗保健行政部门及各类医院担任领

---

① 〔俄〕爱德华·拉津斯基：《斯大林秘闻——原苏联秘密档案最新披露》，第 647 页。
② Одно из частных писем А. А. Жданову, предшествовавших антикосмополитической кампании, Август 1948 г., Г. В. Костырченко, *Государственный антисемитизм в СССР. От начала до кульминации, 1938-1953*, с.299.

导工作的犹太人名单，并指出，区卫生局里也是一样。医院的主治医生们、所有医疗卫生部门的科研、教学部门也大都是有犹太教授控制，药店经营100%掌控在犹太人手中。马卡罗夫还冠冕堂皇地说："这里所写的一切均非大国沙文主义，而是俄罗斯人想要获取民族平等的愿望。"他在最后大声疾呼："请帮帮俄罗斯人吧，要知道在俄罗斯人中间有很多很多非常有能力的人。"① 联共（布）列宁格勒州和列宁格勒市第一书记瓦西里·米哈伊洛维奇·安德里阿诺夫立即把这一情况向联共（布）中央书记马林科夫做了汇报，并指出马卡罗夫信中所写情况属实。他表示，联共（布）列宁格勒市委员会"将采取必要措施，整顿医疗保健机关的秩序"，同时请求马林科夫命令苏联保健部部长斯米尔诺夫配合整顿列宁格勒医疗机关的秩序。②

这些反犹主义思想和行为无疑为苏联当局发动全国性的反犹运动提供了广泛的群众基础。

第四，作为苏联党和国家最高领导人，斯大林的反犹思想和多疑心理在全国性反犹运动中发挥了很大作用。托洛茨基指出，在革命前的年代，斯大林"是不敢玩弄民族偏见的，后来在他已经当权的时候才敢这样做"③。但是斯大林的这种性格当时已经在小问题上暴露出来。例如，1907年，斯大林在《俄国社会民主工党伦敦代表大会》（一个代表的札记）一文中写道，对参加此次大会的代表的民族成分统计数字表明，孟什维克派大多数是犹太人，布尔什维克派绝大多数却是俄罗斯人，"关于这一点，布尔什维克中曾有人（好像是阿列克辛斯基同志）开玩笑说，孟什维克是犹太人的派别，布尔什维克是真正俄罗斯人的派别，所以我们布尔什维克不妨在党内来一次蹂躏犹太人的暴行"④。托洛茨基认为，"大俄罗斯人列宁是不能容忍可能伤害被压迫民族的感情的任何玩

---

① Письмо, использовавшееся для инициирования антиеврейской чистки в учреждениях здравоохранения Ленинграда, Апрель — май 1949 г., Г. В. Костырченко, *Государственный антисемитизм в СССР. От начала до кульминации, 1938-1953*, c.432-434.
② В. М. Андрианов — Г. М. Маленкову в поддержку письма, предлагавшего начать антиеврейскую чистку в учреждениях здравоохранения Ленинграда, 5 мая 1949 г., Г. В. Костырченко, *Государственный антисемитизм в СССР. От начала до кульминации, 1938-1953*, c.434.
③ 〔俄〕列夫·托洛茨基：《斯大林评传》，第215页。
④ 《斯大林全集》，第2卷，第52—53页。

笑或奇谈的"。斯大林这么做,恰好暴露了他思想深处潜藏的反犹意识。① 早在1903年,俄国社会民主工党第二次代表大会就已经明确发出号召,要求党员竭尽全力同蹂躏犹太人的暴行进行斗争,由此可见,斯大林的言行确实是在冒天下之大不韪。

列宁去世后,同斯大林争夺领导权的对手大都是犹太人。因此,斯大林内心深处留下了很强的反犹情结。他甚至固执地认为,"整个布尔什维克党的历史就是同犹太人斗争的历史"②。知父莫若女。斯维特兰娜在谈到斯大林"反对犹太人的来由"时说:"不用说,这种排犹主义是多年来与托洛茨基及其拥护者争夺权力所造成的,后来它便逐步由政治上的仇恨变成对所有的犹太人一无例外的种族情绪。"斯维特兰娜认为,"在苏联,只有在革命后的头十年,反犹太主义被人遗忘"。可是随着托洛茨基被驱逐出境,随着大清洗年代的大批老党员被消灭(他们当中有许多是犹太人),"反犹太主义在新的土壤上,首先在党内,又重新孳生"。对此斯大林"不仅多方支持,实际上他本人就是始作俑者"。在苏联,"反犹太主义在小市民和官僚制度中间本来就根深蒂固,这么一来,它就更以瘟疫传播的速度向深广蔓延开来"③。

从表面上看,作为布尔什维克党的领袖和理论家,斯大林在自己的著作、公开讲话中几乎很少表露出反犹主义的迹象,而且苏联政府惩治反犹主义的法律从未取消过。一切都做得冠冕堂皇。但是,在其小圈子里,在私底下,斯大林的言行却充分暴露出他对于犹太人的蔑视和敌意。④ 斯大林的女儿斯维特兰娜回忆说,在1930年代后期,斯大林对犹太人的仇恨"还不是那么明显;明显的仇视犹太人是后来的事。但在他的心里,对犹太人从来没有过什么好感"⑤。斯大林的长子约·朱·雅科夫(1908—1943)也对父亲的反犹主义深有体会。1936年,雅科夫与犹太女人尤莉亚结婚,这引起斯大林的不满,他从此"就不再同儿

---

① 〔俄〕列夫·托洛茨基:《斯大林评传》,第215页。托洛茨基认为阿列克辛斯基开的这个"玩笑"也不是偶然的,这个极左的布尔什维克后来成为彻头彻尾的反犹分子。
② 〔俄〕亚历山大·雅科夫列夫:《雾霭:俄罗斯百年忧思录》,第181页。
③ 〔苏联〕斯维特兰娜·阿利卢耶娃:《仅仅一年》,第139—140、154页。
④ 〔俄〕尼基塔·谢·赫鲁晓夫:《赫鲁晓夫回忆录》,第2卷,第976页。
⑤ 〔苏联〕斯维特兰娜·阿利卢耶娃:《致友人的二十封信》,第176页。

子来往了"①。1941年7月16日,雅科夫在作战中不幸被俘。斯大林怀疑可能是尤莉亚出卖了雅科夫,因此在1941年秋天把她关入监狱。直到1943年春证实雅科夫被俘和尤莉亚"没有任何关系",这才释放了她。②1943年3月,斯大林得知斯维特兰娜和著名犹太作家卡普列尔谈恋爱后大为不满,盛怒之下打了女儿两记耳光,并且训斥她说:"你就不能找一个俄国人!"斯维特兰娜后来回忆说:"卡普列尔是犹太人,似乎是使他最生气的事……"不仅如此,在斯大林授意下,苏联国家安全部还把卡普列尔诬陷为英国间谍,并打入牢狱。直到10年后斯大林去世,卡普列尔才被释放。③1944年春,斯维特兰娜再次违背父亲意愿,和一个犹太大学生格里高利·莫罗佐夫结婚。斯大林虽然"觉得不合适",但为了不和女儿把关系搞得太僵,勉强同意了这门婚事。不过,他坚决拒绝让莫罗佐夫去他家里,而且明确表示"永远不会见他"。1947年春,斯维特兰娜因为个人原因与莫罗佐夫离婚,斯大林对此"非常满意"。④1948年,当苏联全国性的反犹运动开始后,斯大林斥责斯维特兰娜说:"是犹太复国主义者把你那第一个丈夫丢给你的。……他们老一代人都染上了犹太复国主义的毛病,他们又用这种精神教育年轻人……"⑤1949年春,根据斯大林的旨意,斯维特兰娜嫁给了安·亚·日丹诺夫的儿子尤里·日丹诺夫。

  作为斯大林小圈子里的核心成员,赫鲁晓夫对于斯大林的反犹情结有着非常深刻的认识。他在回忆录中明确指出:"斯大林的一大缺点是对犹太民族的态度很不友善。"1950年代初,斯大林从党的系统和国家安全部门得到报告:在第30飞机制造厂的青年中发生了类似磨洋工的不愉快事件,领头闹事的可能是几个犹太人。斯大林当着莫洛托夫、贝利亚、马林科夫的面,给时任莫斯科市委书记赫鲁晓夫发出指示说:"应当把一些身强力壮的工人组织起来,让他们手拿木棒,在干完一天的活下班的时候,把这些犹太人好好揍一顿。"但是如果卡冈诺维奇在

---

① 〔俄〕亚历山大·雅科夫列夫:《雾霭:俄罗斯百年忧思录》,第181页。
② 〔苏联〕斯维特兰娜·阿利卢耶娃:《致友人的二十封信》,第176—178页。
③ 〔苏联〕斯维特兰娜·阿利卢耶娃:《致友人的二十封信》,第199—200页。
④ 〔苏联〕斯维特兰娜·阿利卢耶娃:《致友人的二十封信》,第204—205、208页。
⑤ 〔苏联〕斯维特兰娜·阿利卢耶娃:《致友人的二十封信》,第214—215页。

场，斯大林从不发表排犹主张。① 特别是在公开场合，斯大林"非常精心地维护着自己法衣的清洁与纯净，密切注意不可让人抓住他搞反犹主义的把柄。任何一个说过斯大林有反犹太思想的人，只要在可以达到的距离之内，便会立刻被消灭"②。因此，赫鲁晓夫说："如果以官方的立场谈到反犹太主义，斯大林作为中央委员会书记、党和人民的领袖，表面上自然是与其作斗争的，然而在内心深处，在小圈子里，他却煽动反犹太主义。""在苏维埃政权时代，斯大林也一直维护着反犹病菌的生命，不肯下令将其根除。在内心深处他自己就经常受到这个名叫反犹主义的可耻缺点的影响。"③ 所以，赫鲁晓夫断言，斯大林"具有强烈的反犹太主义情绪"④。

美苏冷战开始后，斯大林"几乎扔掉了种种意识形态的假面具，而把迫害犹太人公然作为国家政策的一部分"⑤。特别是1948年以色列建国以后，"斯大林越来越对苏联犹太人充满敌意和怀疑"⑥。在他的心目中，犹太人这时已经变成"最重要的敌人"⑦，特别是1951年7月斯大林开始炮制"医生案件"之时。斯维特兰娜在讲述父亲当时的情绪时说："这种排犹主义……便逐步由政治上的仇恨变成对所有的犹太人一无例外的种族情绪。"⑧ 斯大林晚年在谈到自己的接班人问题时说："我身后指定谁来担任苏联部长会议主席呢？贝利亚？不行，他不是俄罗斯人，是格鲁吉亚人。……卡冈诺维奇？不行，他不是俄罗斯人，是犹太人。"⑨ 所以，就连一直对斯大林忠心耿耿的莫洛托夫后来也指出，斯大林晚年不仅"有反犹情绪"，而且"过火了"，以至于"有人狡猾地利用了这一点"⑩。上行下效，作为国家领导人，斯大林的反犹思想无疑会

---

① 〔俄〕尼基塔·谢·赫鲁晓夫：《赫鲁晓夫回忆录》，第2卷，第976页。
② 〔俄〕尼基塔·谢·赫鲁晓夫：《赫鲁晓夫回忆录》，第3卷，第2465—2466页。
③ 〔俄〕尼基塔·谢·赫鲁晓夫：《赫鲁晓夫回忆录》，第2卷，第982—983页。
④ 〔俄〕尼基塔·谢·赫鲁晓夫：《赫鲁晓夫回忆录》，第3卷，第2465页。
⑤ 〔俄〕罗伊·梅德韦杰夫：《让历史来审判——论斯大林和斯大林主义》（下册），第966页。
⑥ 〔美〕沃尔特·G. 莫斯：《俄国史》，张冰译，海南出版社2008年版，第289页。
⑦ Louis Rapoport, *Stalin's War Against the Jews: The Doctors' Plot and the Soviet Solution*, p.81.
⑧ 〔苏联〕斯维特兰娜·阿利卢耶娃：《仅仅一年》，第154页。
⑨ 〔俄〕尼基塔·谢·赫鲁晓夫：《赫鲁晓夫回忆录》，第2卷，第1050页。
⑩ 〔苏联〕费·丘耶夫：《同莫洛托夫的140次谈话》，第565页。

助长国内反犹运动的升温。例如，乌克兰共产党（布）中央委员会书记列·格·梅利尼科夫应邀到斯大林的近郊别墅赴宴，斯大林当着他的面批判犹太民族。梅利尼科夫回去不久就在乌克兰的报纸上公开反犹，并且以"业务上不称职"为由，把基辅一家儿童骨结核病诊所主任、著名的结核性外伤学家 A. E. 费鲁明娜（犹太人）解职。①

此外，斯大林晚年病态的多疑心理也是一个不可小觑的重要因素。

随着东西方冷战的加剧，斯大林的多疑心理日趋严重。他对周围的一切都表示怀疑。莫洛托夫是斯大林最忠实的助手。斯大林从 1912 年起就认识他，对其全部历史都了如指掌，两人在一起工作了几十年。②莫洛托夫协助斯大林完成了许多重大的内政外交任务，但斯大林晚年竟然怀疑莫洛托夫是"美国间谍"。③伏罗希洛夫一直是斯大林的忠实干将，然而从 1942 年开始，斯大林就怀疑他是"英国间谍"。④追随斯大林多年的赫鲁晓夫深有感触地说："斯大林是一个不相信任何人的人。"⑤而最令人震惊的是，斯大林到后来甚至连自己都不相信了。1951 年，在黑海边的新阿丰休养时，斯大林曾经当着赫鲁晓夫和米高扬的面突然说："我是个无可救药的人。我对谁都不相信。自己也信不过自己。"⑥作为一个身居权力巅峰、决定着党和国家命运、影响着世界未来的人，居然会说出这种令人震惊的话，可见其病态心理已经严重到了何种程度。那些曾经为斯大林所用、甚至被视为心腹的人一旦失去了斯大林的信任，他们的悲剧也就降临了。手握生杀大权的斯大林会想方设法给他们加上叛徒、间谍、人民公敌、帝国主义的代理人等莫须有的罪名，把他们悉数除掉。米霍埃尔斯仅仅因为与美国犹太人联系密切就被斯大林打成其私生活泄密事件的"替罪羊"，苏联犹太人仅仅因为支持以色列建国就被视为美国的"第五纵队"⑦和间谍民族，这完全都是斯大林的多疑心理在作祟。

---

① 〔俄〕尼基塔·谢·赫鲁晓夫：《赫鲁晓夫回忆录》，第 2 卷，第 980—981 页。
② 〔苏联〕费·丘耶夫：《同莫洛托夫的 140 次谈话》，第 557 页。
③ 〔俄〕尼基塔·谢·赫鲁晓夫：《赫鲁晓夫回忆录》，第 2 卷，第 1021 页。
④ 〔俄〕尼基塔·谢·赫鲁晓夫：《赫鲁晓夫回忆录》，第 2 卷，第 1048 页。
⑤ 〔俄〕尼基塔·谢·赫鲁晓夫：《赫鲁晓夫回忆录》，第 3 卷，第 2249 页。
⑥ 〔俄〕尼基塔·谢·赫鲁晓夫：《赫鲁晓夫回忆录》，第 2 卷，第 1017 页。
⑦ ПОДЛЫЕ ШПИОНЫ И УБИЙЦЫ ПОД МАСКОЙ ПРОФЕССОРОВ-ВРАЧЕЙ, *ПРАВДА*, 13 января 1953 г.

第五，苏联当局有意利用苏联民众的反犹主义为其统治服务。托洛茨基曾经多次指出：斯大林玩弄的不仅是犹太人这张牌，而且还有反犹太人这张牌。"在历史上很难找到一个没有被涂上反犹主义色彩的反动派的例子。这一独特的规律在现代苏联里得到了完全的证实……还能够是别的什么呢？没有沙文主义的官僚集权主义是不可想象的，而对于沙文主义来说，反犹主义始终是抵抗程度最小的途径。"① 贝利亚的儿子谢尔戈·贝利亚也指出，对斯大林而言，反犹主义"只不过是政治游戏。无论是在他之前或之后，差不多所有的领导人都像开关阀门一样以各种不同的方式利用过犹太人这张牌。……要知道这是如此方便：利用由来已久的反犹主义。那个时期，斯大林未能经受住诱惑而在各种问题上对犹太人提出指控"②。斯大林明白，只有两件事可以把苏联社会团结起来——"那就是恐惧感和对犹太人的仇恨"。1951 年 11 月，在揭发"斯大林汽车制造厂案件"时，工人们"欢欣鼓舞"。1953 年 3 月，斯大林在策划对"医生案件"进行末日审判时，他决定赏赐给俄国人"一个伟大的优越感"。结果，甚至连最下层的俄罗斯人也感到无比幸福："他不是一个犹太人。"③ 同时，"医生案件"还让所有身居高级行政职位的犹太人都变得不忠不义，失去了民众的信任。苏联当局的目的之一就是借此对国家管理层进行大换血。苏联企事业单位的领导人无需多虑就可以将高层犹太管理人员撤职或者贬职。经济领域的很大一部分犹太高管都被撤换。而对新的高层管理人员的任命自然就可以加强任命者对国家的控制。④ 弗拉季斯拉夫·祖博克指出："反犹主义清洗让那些支持反犹政策的人获得了一种类似于希特勒统治下的许多德国人曾经有过的虚假的团结感和权力感。"⑤ 莫洛托夫也直言不讳，"当受到犹太人或外敌威胁的时候，俄罗斯人就联合起来了"⑥。苏联当局则一举两得：既达到了清洗犹太人的目的，也给俄罗斯人腾出了更多的工作岗位，满足了那些反犹主

---

① Л. Люкс, Еврейский вопрос в политике Сталина, с. 42.
② 〔乌克兰〕谢尔戈·贝利亚：《我的父亲贝利亚》，第 363 页。
③ 〔俄〕爱德华·拉津斯基：《斯大林秘闻——原苏联秘密档案最新披露》，第 647 页。
④ B. Z. Goldberg, *The Jewish Problem in The Soviet Union: Analysis and Solution*, p. 146.
⑤ 〔美〕弗拉季斯拉夫·祖博克：《失败的帝国：从斯大林到戈尔巴乔夫》，第 84 页。
⑥ 〔苏联〕费·丘耶夫：《同莫洛托夫的 140 次谈话》，第 329 页。

义者的要求，从而加强了自己的统治。

第六，战后苏联国内的各种反犹活动为全国性反犹运动做好了铺垫。卫国战争胜利后，特别是美苏冷战爆发后，苏联当局已经下令在国家安全机关、苏联情报局、外交部、外交学院、外国语学院、军事学院、宣传机构等部门全面清洗犹太干部，大批犹太人遭到开除或免职。① 特别是1947—1948年苏联当局掀起的反对"世界主义"运动，它的反犹色彩更加明显。美国历史学家R. R. 帕尔默指出，苏联"战后对精神生活的控制具有一种强烈的民族主义和排外色彩。……在反对犹太复国主义的幌子下，官方发起了一场反犹主义运动，指控犹太知识分子是'无根的世界主义者'"② 苏联党政机关的中层领导和一般干部"开始将反犹主义当作党的一项正式路线"③。1948年1月米霍埃尔斯遇害更是拉开了对苏联犹太文化精英清洗的序幕。④ 因此，当全国性反犹运动粉墨登场的时候，苏联人已经见怪不怪了。

第二节 苏联全国性反犹运动举隅

在1948—1953年的苏联全国性反犹运动中，各种大大小小的反犹案件数不胜数。限于篇幅，下面仅撷取"犹委会案""波林娜·热姆丘任娜案件""比罗比詹案件"和震惊世界的"医生案件"等四个案例做比较细致的剖析，以期管中窥豹，见微知著。⑤

---

① 〔俄〕弗拉迪斯拉夫·祖博克、康斯坦丁·普列沙科夫：《克里姆林宫秘史》，第170—171页；〔俄〕帕维尔·苏多普拉托夫：《情报机关与克里姆林宫》，第340页；The Chargé in the Soviet Union (Durbrow) to the Secretary of State, December 2, 1947, *Foreign Relations of the United States*, 1947, Volume IV, p.629.
② R. R. Palmer, Joel Colton, Lloyd Kramer, *A History of the Modern World History, Volume II: Since 1815*, Boston: McGraw-Hill Companies, Inc., 2007, p.902.
③ 〔俄〕帕维尔·苏多普拉托夫：《情报机关与克里姆林宫》，第340页。
④ Murray Friedman and Albert D.Chernin, Editors, *A Second Exodus: The American Movement to Free Soviet Jews*, p.2.
⑤ 雅科夫列夫指出，"犹委会案"与"医生案件"在苏联"反犹主义政策中占有特殊的位置"。参见〔俄〕亚历山大·雅科夫列夫：《雾霭：俄罗斯百年忧思录》，第183页。这也是本书把它们作为典型反犹案件的重要原因。

一、犹委会案

"犹委会案",即"犹太人反法西斯委员会案",是苏联犹太人"黑暗年代"里发生的最重大、最悲惨的案件之一。由于当时该案是在极端保密的状态下审判和执行的,有关的档案文件随后即被打入克格勃戒备森严的档案库里,所以长期不为人知。直到苏联解体前后,有关犹委会的档案相继解密,人们才逐渐认识了它的庐山真面目。档案资料表明,犹委会案不仅在当时苏联全国性反犹运动中扮演了一个核心角色,而且与同一时期苏联国内的许多重大反犹案件都存在着直接或间接的联系。它是斯大林冷战战略不可或缺的一个重要组成部分。

(一)"犹委会案"的酝酿策划

"犹委会案"的酝酿策划经历了一个漫长的过程,并且与冷战的发展进程几乎亦步亦趋。

从"犹委会案"的整个发展过程来看,苏联国家安全部是主要的炮制者。[①] 早在1946年10月12日,苏联国家安全部就向联共(布)中央和苏联部长会议呈送了《关于犹委会一些工作人员的民族主义表现》的报告。此后,国家安全部便盯上了犹委会。1947年12月19日,国家安全部在侦办斯大林私生活泄密一案时,逮捕了苏联科学院世界政治经济研究所研究员伊萨克·戈尔德施泰因,并把他关押到列福尔托沃监狱。由于戈尔德施泰因拒不认罪,国家安全部特别重大案件侦查处副处长利哈乔夫和科马罗夫、侦查员索罗金按照阿巴库莫夫的指示,对戈尔德施泰因进行了8次残酷的毒打。戈尔德施泰因后来说:"夜以继日的审问使我精疲力竭,恐吓、辱骂和威胁使我陷入深深的绝望之中。在精神完全萎靡的状态之下,我开始诬陷自己和其他人从事严重的犯罪活动。"

---

① 苏共中央委员会政治局三四十年代至五十年代初镇压事件材料复查委员会认为,"犹委会案"的始作俑者是联共(布)中央对外政策部部长米·安·苏斯洛夫。1946年11月26日,苏斯洛夫"呈送斯大林一个便函,其中充满了对该委员会的诽谤诬陷。这封便函成了部长会议国家安全委员会机关进行侦讯的依据"。参见《苏共中央政治局大镇压事件复查委员会的简要报告(1988年12月25日)》,载沈志华总主编:《苏联历史档案选编》,第30卷,第634页。但根据犹委会案的整个过程和现有档案资料看,这一说法很难成立。

最后，他被迫在阿巴库莫夫秘书处工作人员布罗韦尔曼参与伪造的审讯记录上签了字。当阿巴库莫夫询问科马罗夫对于戈尔德施泰因供词的看法时，科马罗夫坦言，戈尔德施泰因是在棍棒之下屈打成招的，因此别指望它是真实的。该记录指出："戈尔德施泰因根据与格林贝格交谈，后来又通过与犹委会领导人亲身交往获悉，洛佐夫斯基、费费尔、马尔基什等人用犹委会作为掩护，涉嫌从事反苏民族主义活动，与国外反动犹太人群体过从甚密，并从事间谍活动。"①

1947年12月28日，苏联国家安全部根据戈尔德施泰因的假口供逮捕了格林贝格。格林贝格和戈尔德施泰因一样，在审讯中一直拒不认罪。后来，利哈乔夫用哄骗和承诺释放的方法，诱使格林贝格于1948年3月1日在事先编造的"审讯记录"上签了字。②其中详细供述了犹委会的民族主义活动以及洛佐夫斯基、米霍埃尔斯、费费尔在其中所发挥的作用。供词指控米霍埃尔斯为了便于从事民族主义活动，把一些志同道合者拉入犹委会，其中包括费费尔、马尔基什、克维特科、什泰恩、希梅利奥维奇等人。③这份记录"证实了戈尔德施泰因关于洛佐夫斯基、费费尔等人涉嫌从事积极的反苏活动，以及他们与美国情报机构的犯罪联系"④。1948年1月10日和3月1日，阿巴库莫夫先后把审讯戈尔德施泰因和格林贝格的笔录分别呈送联共（布）中央委员会。正是这些假口供成为"著名的犹委会案之滥觞"⑤。

---

① Главная военная прокуратура—в ЦК КПСС о реабилитации осужденных по делу ЕАК, 12 декабря 1955 г., Г. В. Костырченко, *Государственный антисемитизм в СССР. От начала до кульминации,1938-1953*, с.202-204.

② ВЕРХОВНЫЙ СУД СОЮЗА ССР ОПРЕДЕЛЕНИЕ № 0065/52, ВОЕННАЯ КОЛЛЕГИЯ ВЕРХОВНОГО СУДА СССР, В. П. Наумов, *Неправедный суд, Последний сталинский расстрел (стенограмма судебного процесса над членами Еврейского антифашистского комитета)*, с.389.

③ Судебное следствие: Допрос подсудимых Б. А. Шимелиовича, В. П. Наумов, *Неправедный суд, Последний сталинский расстрел (стенограмма судебного процесса над членами Еврейского антифашистского комитета)*, с.213.

④ ВЕРХОВНЫЙ СУД СОЮЗА ССР ОПРЕДЕЛЕНИЕ № 0065/52, ВОЕННАЯ КОЛЛЕГИЯ ВЕРХОВНОГО СУДА СССР, В. П. Наумов, *Неправедный суд, Последний сталинский расстрел (стенограмма судебного процесса над членами Еврейского антифашистского комитета)*, с.389.

⑤ ВЕРХОВНЫЙ СУД СОЮЗА ССР ОПРЕДЕЛЕНИЕ № 0065/52, ВОЕННАЯ КОЛЛЕГИЯ ВЕРХОВНОГО СУДА СССР, В. П. Наумов, *Неправедный суд, Последний сталинский*

第五章　苏联犹太人的"黑暗年代"　　379

其实，1948年1月受命除掉米霍埃尔斯后，阿巴库莫夫就明白，这"必将成为一个更大规模'案件'的开始"①。3月26日，他给斯大林等中央领导人呈交了一份长达15页的报告，指控犹委会从事非法活动。该报告开宗明义地指出，苏联国家安全部通过采取契卡方法查明，犹委会领导人是带有亲美倾向的积极的民族主义分子，实质上在从事反苏民族主义活动。米霍埃尔斯和费费尔通过出国访问以及接待来苏访问的国外知名犹太人活动家，与美国情报机关建立了密切的联系，并且通过各种方式为其提供反苏情报。②在这份报告中，阿巴库莫夫第一次把叛国罪加到犹委会身上。在当时的历史环境下，编织这些叛国罪名无疑就是为了把犹委会置于死地。与此同时，费费尔和海费茨（显然是受苏联国家安全部指使）还联名致函美国犹太人作家艺术家科学家委员会主席戈德堡，请求他提供"所有与5年前米霍埃尔斯访美相关的剪报、资料和值得纪念的事件"，其目的显然是为了指控"米霍埃尔斯是美帝国主义的特务"③。不久，国家安全部开始散布有关米霍埃尔斯的谣言：一是说莫斯科国家犹太剧院的演员们正在挖掘一条从剧院直通红场的地道（直线距离大约2公里），准备炸掉克里姆林宫，以便为米霍埃尔斯报仇；二是说米霍埃尔斯计划把比罗比詹交给日本，犹委会正在完成他的遗愿。④尽管这些谣言荒诞不经，但是其险恶用心却昭然若揭。

苏联当局一方面为犹委会的领导人编造罪名，另一方面则试图把洛佐夫斯基和苏联情报局卷进犹委会案件当中，以加大这一案件的杀伤力。1947年12月，国家安全部就逮捕了苏联情报局的编辑和译员、犹委会成员伊戈尔·戈罗杰茨基，指控他替美国从事间谍活动。1948年1

（接上页）*расстрел (стенограмма судебного процесса над членами Еврейского антифашистского комитета)*, с.390. 另参见《关于所谓"犹太人反法西斯委员会案件"》，载沈志华总主编：《苏联历史档案选编》，第28卷，第595页。

① Ж. А. Медведев, Сталин и «дело врачей», Новые материалы, *Вопросы истории*, 2003, № 1, с.99.
② Докладная записка МГБ СССР о Еврейском антифашистском комитете, 26 марта 1948 г., Г. В. Костырченко, *Еврейский антифашистский комитет в СССР,1941-1948: Документированная история*, с.359-371.
③ B. Z. Goldberg, *The Jewish Problem in The Soviet Union: Analysis and Solution*, p.141. 据戈德堡所言，这些材料后来因为技术原因没有送往莫斯科。
④ Arkady Vaksberg, *Stalin Against the Jews*, p.174.

月20日，苏联情报局摄影部负责人格里高里·索尔金被捕，惨遭毒打。在对其进行审讯的过程中，苏联情报局和犹委会均被视为"反苏间谍活动的老巢"①。索尔金被指控进行间谍活动，因为在美国驻莫斯科记者罗伯特·马吉多夫长期使用的苏联情报局的材料当中，有许多照片都是由他提供的。国家安全部已经查明，马吉多夫"系情报人员"，他不仅深得洛佐夫斯基信任，而且与费费尔"有过数次会晤"②。因此，国家安全部侦查员逼迫索尔金供认洛佐夫斯基、马尔基什和犹委会的其他激进主义分子已经投靠美国人与犹太复国主义者。③这样，国家安全部就通过马吉多夫在苏联情报局与犹委会之间成功建立了一个犯罪链。1948年1月底，在苏联情报局工作的经济学家叶菲姆·多利茨基被捕，他同样被指控在洛佐夫斯基、马尔基什及其他人指导下进行"间谍活动"。于是，洛佐夫斯基和苏联情报局的一大批原来的犹太工作人员就在劫难逃了。1948年11月，国家安全部的两位工作人员在费费尔的陪同下，到米霍埃尔斯的家里去索要米霍埃尔斯与国外的通信。这些迹象表明，一张无形的巨网已经在犹委会头顶撒开。

作为国家安全部的秘密特工，不论是费费尔还是海费茨，都已经预感到山雨欲来风满楼的危险。因此，当犹委会里的其他人还在忙于工作的时候，他们已经寻思如何从这个是非之地脱身了。1948年10月21日，在犹委会主席团最后一次会议上，费费尔向主席团提出，因自己忙于文学创作，想辞去在委员会的工作，而海费茨则以健康为由要求辞职。但是，因为当时没有可以接替的人，而费费尔又最熟悉委员会的事务，所以他们的要求没有得到主席团会议批准。④

---

① Shimon Redlich, *War, Holocaust and Stalinism: A Documented Study of the Jewish Anti-Fascist Committee in the USSR*, p.132.
② Докладная записка МГБ СССР о Еврейском антифашистском комитете, 26 марта 1948 г., Г. В. Костырченко, *Еврейский антифашистский комитет в СССР, 1941-1948: Документированная история*, с.360.
③ Arkady Vaksberg, *Stalin Against the Jews*, p.184.
④ Судебное следствие: Продолжение допроса подсудимого С. Л. Брегмана, В. П. Наумов, *Неправедный суд, Последний сталинский расстрел (стенограмма судебного процесса над членами Еврейского антифашистского комитета)*, с.240.事实上，费费尔可能早就预感到犹委会是一个不祥之地。因此，早在1946年，当他有一次和布雷格曼、舍伊宁等人一起到洛佐夫斯基那里开会时，就曾经以想专心从事文学创作为由，请求脱离犹委会。

1948年11月20日，悬在犹委会头上的达摩克利斯剑猝然落下。联共（布）中央政治局会议研究批准了苏联部长会议主席团如下决定："苏联部长会议主席团指示苏联国家安全部立即解散'犹委会'，因为事实表明，该委员会系反苏宣传中心，并经常给外国情报机构提供反苏情报。同时查封该委员会出版机构，接管委员会善后事务。暂不逮捕任何人。"① 解散犹委会的决定是由马林科夫、阿巴库莫夫等人提交的。其时斯大林正在位于黑海的疗养胜地索契度假②，这一决定是通过电话征得他的同意的。

苏联当局为什么在此时下令解散犹委会？从当时的国际形势来看，美苏冷战正处于第一次高潮。在这种形势下，国外亲苏的犹太人组织纷纷倒戈，犹太人在苏联宣传工作中已经失去了利用价值③；从国内形势来看，反犹主义已经成为苏联政府不可逆转的政策导向，而此时苏联犹太人在对待以色列问题上表现出的狂热的民族主义情绪则加重了斯大林在战后对犹太民族积淀已久的敌视和疑虑。"在斯大林的眼里，犹委会已经变成了与美国犹太复国主义者以及以色列相勾结的犹太民族主义温床。"而且他知道，"只有精英才是真正的威胁"④。为了在与西方的冷战中清除一切潜在的威胁和异己力量，苏联当局对这个国内唯一具有影响力的犹太人组织采取了断然措施。

1948年11月21日（星期日），苏联国家安全部出兵包围了犹委会办公大楼，把所有档案与书籍打包用卡车运往国家安全部的仓库。整个查封行动从清晨一直持续到午夜才结束。在整个犹委会里，只有费费尔一人可能预先知道这一行动计划，并且他也是唯一亲临现场的犹委会领

---

① Решение Политбюро ЦК ВКП(б) о закрытии ЕАК, 20 ноября 1948 г., Г. В. Костырченко, *Еврейский антифашистский комитет в СССР, 1941-1948: Документированная история*, с.371-372.

② 斯大林的女儿斯维特兰娜在回忆录中说，11月7日是十月革命节，11月9日是斯大林的妻子娜杰日达·阿利卢耶娃逝世纪念日。因为娜杰日达是1932年11月8日开枪自杀的，这对斯大林刺激很大。随着年龄的增长，斯大林常常会想起妻子。"这件事总是破坏他的节日情绪。"因此，"最后这些年，他一直去南方度过十一月"。参见〔苏〕斯维特兰娜·阿利卢耶娃：《致友人的二十封信》，第212页。

③ Shimon Redlich, *Propaganda and Nationalism in Wartime Russia: The Jewish Antifascist Committee in the USSR, 1941-1948*, p.167.

④ 〔美〕弗拉季斯拉夫·祖博克：《失败的帝国：从斯大林到戈尔巴乔夫》，第80、78页。

导人。许多接到通知赶来的犹委会和《团结报》工作人员目睹了这一突如其来的变故。当他们惶恐不安的探问其中的原因时，费费尔"只是简单的重复着'官方决定'这几个字"①。苏联当局没有向外界发布任何正式消息。因此，在很长一段时间里，不论是苏联国内还是国外，人们只能猜测或者通过各种传言去判断犹委会和《团结报》的命运。1948年12月10日，以色列驻苏联公使馆临时代办莫尔德海·纳米尔在给以色列外交部东欧司负责人弗里德曼的报告中说，犹委会的牌子被摘掉了。所以，他认为这个组织已被查封。②在苏联历史上存在了7年之久、曾经辉煌一时的犹委会和它的机关报就这样被腰斩了。

苏联当局关于解散犹委会的决定"开辟了对苏联犹太族公民实施大清洗之路"③。国家安全部明白，仅仅取缔这个全国性犹太人组织是远远不够的。如果让这些苏联犹太人的社会精英和名流仍然活跃于苏联社会，那就无异于养虎遗患。1948年12月4日，阿巴库莫夫致函斯大林、莫洛托夫、贝利亚、马林科夫和库兹涅佐夫等联共（布）中央领导人，指出在查抄的犹委会档案材料中发现犹委会与各种国外组织，主要是美国的犹太组织建立了广泛的联系，从事着对苏联不利的工作。这些资料证实了苏联国家安全部所掌握的间谍资料和已经被捕的犹太民族主义分子的供词，即以米霍埃尔斯、费费尔及其他人为首的犹委会"实际上已经变成了反苏中心，以美国的指示为行动方针，在苏联进行着破坏活动"。因此，苏联国家安全部将继续研究这些没收的档案材料。④这一报告充分暴露了国家安全部策划"犹委会案"的图谋。

苏联部长会议主席团所谓"暂不逮捕任何人"的决定只是一个缓兵之计。12月24日，犹委会领导人费费尔第一个被捕。被捕前夕他还

---

① Shimon Redlich, *War, Holocaust and Stalinism: A Documented Study of the Jewish Anti-Fascist Committee in the USSR*, p.136.
② M. Namir to Sh. Fredman (Tel Aviv), Moscow, 10 December 1948, Israel Ministry of Foreign Affairs, Ministry of Foreign Affairs of the Russian Federation etc., *Documents On Israeli-Soviet Relations:1941-1953, Part I :1941- May 1949*, p.412.
③ 〔俄〕亚历山大·雅科夫列夫：《雾霭：俄罗斯百年忧思录》，第184页。
④ В. С. Абакумов — И. В. Сталину, В. М. Молотову, Л. П. Берии, Г. М. Маленкову, А. А. Кузнецову о результатах изучения изъятого архива ЕАК, 4 декабря 1948г., Г. В. Костырченко, *Государственный антисемитизм в СССР. От начала до кульминации, 1938-1953*, с.139-147.

陪同国家安全部长阿巴库莫夫亲自搜查了国家犹太剧院米霍埃尔斯的办公室，在检查米霍埃尔斯留下的文件和来往书信时，给阿巴库莫夫担任意第绪语翻译。不料搜查一结束，他就被直接关进国家安全部的内部监狱。当天夜里，阿巴库莫夫就对费费尔进行了35分钟未做记录的审问，并且威胁说，如果他不供认有罪，就会挨打。① 于是，费费尔按照阿巴库莫夫的指示，开始诬告犹委会成员及相关人员。

在费费尔的配合下，从1948年12月下旬到1949年1月底，苏联国家安全部进行了大逮捕。1948年12月24日晚上，正在莫斯科包特金临床医院住院治疗的国家犹太剧院艺术总监祖斯金在昏睡中被国家安全部的官员带走，第二天早晨醒来时发现自己已经身陷囹圄。② 紧接着被捕的有：俄罗斯联邦国家监督部副部长所·列·布雷格曼；苏联情报局官员约·西·优素福维奇、埃·伊·捷乌明；莫斯科包特金临床医院院长鲍·阿·希梅利奥维奇；著名诗人克维特科、马尔基什；著名作家贝格尔森；苏联科学院生理学研究所所长什泰恩院士；曾经在犹委会担任翻译工作的国家外国文学出版社高级编审伊·谢·瓦滕贝格及其妻子柴卡·谢苗诺夫娜·瓦滕贝格-奥斯特洛夫斯卡娅（Чайка Семеновна Ватенберг-Островская）。他们基本上都在1949年1月28日之前被捕。1948年9月16日被捕的诗人达·瑙·戈夫施泰因和1949年7月3日被捕的苏联情报局官员列·雅·塔尔米也被纳入该案中。其中有8人是犹委会主席团成员。

新解密的档案表明，"犹委会案"是在苏联部长会议主席团副主席马林科夫、联共（布）中央监察委员会主席马特维·费多罗维奇·什基里亚托夫③ 直接领导下炮制的。正是他们策划了对洛佐夫斯基的逮捕行动。

---

① ВЕРХОВНЫЙ СУД СОЮЗА ССР ОПРЕДЕЛЕНИЕ № 0065/52, ВОЕННАЯ КОЛЛЕГИЯ ВЕРХОВНОГО СУДА СССР, В. П. Наумов, *Неправедный суд, Последний сталинский расстрел (стенограмма судебного процесса над членами Еврейского антифашистского комитета)*, с.390.

② Судебное следствие: Допрос подсудимых В. Л. Зускина, В. П. Наумов, *Неправедный суд, Последний сталинский расстрел (стенограмма судебного процесса над членами Еврейского антифашистского комитета)*, с.300.

③ 马特维·费多罗维奇·什基里亚托夫（1883—1954），苏联国务和党务活动家。1883年生于俄国一个农民家庭。1906年加入俄国社会民主工党。1939年3月当选联共（布）中央委员会委员。同年起任联共（布）中央监察委员会副主席。1952年起任中央监察委员会主席。1952年10月，在党的第十九次代表大会上当选为联共（布）中央政治局委员。1953年斯大林死后离开政治局。

1949年1月13日，马林科夫在什基里亚托夫陪同下，在克里姆林宫办公室召见了已经卸职的洛佐夫斯基。在长达数小时的谈话过程中，马林科夫利用1944年2月15日犹委会领导人给斯大林呈交的关于在克里木地区建立犹太共和国的信件，强迫洛佐夫斯基承认自己进行犯罪活动，因为他参与审订了这封信。尽管洛佐夫斯基不承认自己犯有任何罪行，仅仅是一时糊涂犯了错误①，但在谈话结束后，马林科夫和什基里亚托夫还是给斯大林写了一份报告，以支持犹委会从事反党反政府的民族主义活动和间谍活动、与中央委员行为不符等罪名，建议将洛佐夫斯基开除出中央委员会。②1月18日，联共（布）中央通过决议，"取消洛佐夫斯基中央委员的资格并开除出党"③。1月26日，洛佐夫斯基被下令逮捕。④

为了撇清与"人民公敌"之间的姻亲关系，早在1949年1月初，马林科夫就强迫自己的女儿沃利娅·格·马林科娃与其丈夫弗拉基米尔·米哈伊洛维奇·尚贝格断绝了关系。尚贝格是洛佐夫斯基的孙子⑤，

---

① Из протокола допроса С. А. Лозовского Г. М. Маленковым и М. Ф. Шкирятовым, 13 января 1949 г., Г. В. Костырченко, *Государственный антисемитизм в СССР. От начала до кульминации, 1938-1953*, с.152-153. 俄罗斯历史学家爱德华·拉津斯基认为，经验丰富的洛佐夫斯基明白，"如果他说出斯大林也参与了这个计划，以此摆脱自己的责任，那么等待着他的只有酷刑和死路一条。他只能表示悔过，争取宽大处理"。参见〔俄〕爱德华·拉津斯基：《斯大林秘闻——原苏联秘密档案最新披露》，第622页。

② Г. М. Маленков и М. Ф. Шкирятов — И. В. Сталину с предложением вывести С. А. Лозовского из состава ЦК ВКП(б), Не позднее 18 января 1949 г., Г. В. Костырченко, *Государственный антисемитизм в СССР. От начала до кульминации, 1938-1953*, с.153-154.

③ Решение политбюро ЦК ВКП(б) о выводе С. А. Лозовского из состава ЦК и исключении из партии, 18 января 1949 г., Г. В. Костырченко, *Государственный антисемитизм в СССР. От начала до кульминации, 1938-1953*, с.154-155.

④ 《关于所谓"犹太人反法西斯委员会案件"》，载沈志华总编：《苏联历史档案选编》，第28卷，第596页。

⑤ 按照谢尔盖·赫鲁晓夫的说法，弗拉基米尔·米哈伊洛维奇·尚贝格的父亲是米哈伊尔·阿布拉莫维奇·尚贝格。米哈伊尔·阿布拉莫维奇·尚贝格是洛佐夫斯基的儿子，随母亲姓"尚贝格"。他1917年（15岁）入党。国内战争之后同马林科夫一起在莫斯科鲍曼高等工学院学习，两人不仅成了朋友，而且曾在学院党委会一起共事。1934年，马林科夫出任联共（布）中央行政机关部部长。1936年初，他请米哈伊尔·阿布拉莫维奇·尚贝格来担任他的第一副手。所以，两家是世交。弗拉基米尔·米哈伊洛维奇·尚贝格与沃利娅从16岁开始，由相知到相爱。两人婚后生活幸福美满。但是，1949年1月初，马林科夫突然打电话给米哈伊尔·阿布拉莫维奇·尚贝格，恳求他帮助孩子们把婚离了，并说"这对大家都好"。米哈伊尔·阿布拉莫维奇·尚贝格虽然不知其故，但要求儿子必须照办，否则"情况会更糟糕"。参见〔俄〕谢尔盖·赫鲁晓夫：《政治顶峰：赫鲁晓夫（1953—1964）》，上卷，述弢等译，人民日报出版社2015年版，第114—117页。不过，1952年5

1945 年夏与沃利娅结婚，婚后一直住在马林科夫家。他当时正在苏联科学院经济学研究所读研究生。1949 年 1 月 12 日，马林科夫的卫队长弗·格·扎哈罗夫上校将尚贝格带到莫斯科市法院，"置一切法定程序于不顾，在沃利娅缺席的情况下，未经开庭审理就办了离婚手续"。尚贝格的身份证被当场没收。不久，他拿到了一个全新的身份证，"不仅没有同沃利娅离婚的记录，而且没有任何同她结婚的痕迹"①。赫鲁晓夫说，马林科夫虽然不是反犹主义者，但此举"显示了最卑劣可耻的反犹太主义"②。尚贝格当时惊恐不安，不明白到底出了什么事。但是，第二天，即 1 月 13 日，当马林科夫把洛佐夫斯基叫到中央委员会审问的时候，谜底便揭晓了。

洛佐夫斯基之所以被卷入犹委会案中，一是因为他长期主管犹委会的工作，二是为了加大这一案件的影响力和杀伤力。随后，马林科夫、什基里亚托夫和阿巴库莫夫及其亲信利用犹委会被解散这一事实，以各种捏造的政治罪名和伪造的审讯记录，精心炮制了"犹委会案"。

"犹委会案"就像一个可怕的绞肉机，把数以百计的党政干部、学者、作家、诗人、演员、国家职工卷了进来。那些曾经为犹委会工作的记者和《团结报》的通讯员均受到侦讯或逮捕。气氛极为恐怖。爱伦堡后来称这一时期是他"一生中最艰难的岁月"，几乎每天都生活在随时会被逮捕的恐怖中。他说："在 1938 年 3 月间，我常惊恐不安地倾听电梯的声音：当时我想活下去，同别的许多人一样，我准备好了一个装着两套换洗衣服的小皮箱。在 1949 年的 3 月里，我没去想衣服，而且几

（接上页）月 8 日，洛佐夫斯基在苏联最高法院军事审判庭受审时说，他有三个女儿，几个外孙和一个重孙。没有谈到他有儿子。所以，洛佐夫斯基与米哈伊尔·阿布拉莫维奇·尚贝格的关系尚待考证，故此存疑。参见 Протокол закрытого судебного заседания Военной Коллегии Верховного Суда СССР (стенограмма), 8 мая-18 июля 1952 г., В. П. Наумов, *Неправедный суд, Последний сталинский расстрел (стенограмма судебного процесса над членами Еврейского антифашистского комитета)*, с.13.

① 〔俄〕谢尔盖·赫鲁晓夫：《政治顶峰：赫鲁晓夫（1953—1964）》，上卷，第 117 页。谢尔盖·赫鲁晓夫说，马林科夫的卫队长弗·格·扎哈罗夫上校是 1949 年 1 月 21 日带小尚贝格到莫斯科市法院办理离婚手续的，但根据上下文判断，此日期可能系 1 月 12 日之误。

② 〔俄〕尼基塔·谢·赫鲁晓夫：《赫鲁晓夫回忆录》，第 2 卷，第 1004 页。赫鲁晓夫在回忆录中说，马林科夫是在获悉斯大林要求斯维特兰娜与其犹太人丈夫离婚后，感觉情况不妙，才强迫沃利娅与小尚贝格离婚的。这一说法看来是站不住脚的。

乎是无所谓地等待着结局的到来。"① 到 1950 年 3 月，列入"犹委会案"的被告一共有 30 个人。除了该案最后留下的 15 名被告外，还有热姆丘任娜、索尔金、科特利亚尔、加尔金等另外 10 多个人，后来这些人均被从名单中删掉了。②

为什么会出现这种情况呢？从现有的资料看，这是国家安全部有意安排的。阿巴库莫夫和留明把犯有同一"罪行"的被告分成了两组："一些人是为大的审判准备的，他们的'侦查'被拖延了 3 年之久；另外一些人则被直接送到军事法庭或者特别委员会（'三人小组'），以便立即判刑或处死。"③ 按照后来担任"犹委会案"审判长的苏联最高法院军事审判庭庭长亚·亚·切普佐夫④ 的说法，洛佐夫斯基、费费尔、马尔基什等 15 个人之所以最终被列为"犹委会案"的被告，是因为他们有历史问题、参加过与布尔什维克对立的党派或者在海外有密切的家庭关系，这样做目的显然是为了让该案的判决更加令人信服。⑤ 例如，洛佐夫斯基在 1917 年 12 月因为反对布尔什维克党的十月政策和工会问题曾两度被开除出党⑥。费费尔和希梅利奥维奇曾是崩得分子。克维特科、马尔基什、贝格尔森在十月革命后曾经逃往德国、美国谋生⑦。瓦滕贝

---

① 〔俄〕伊利亚·爱伦堡：《人·岁月·生活》（下卷），第 466、472 页。其实，爱伦堡的恐怖并非多余。据法捷耶夫回忆，战后，斯大林有一次把他召去，告诉他，他周围"有一些老牌国际间谍"，并明确指出，"伊利亚·爱伦堡是个国际间谍"。参见〔俄〕列昂尼德·姆列钦：《历届克格勃主席的命运》，第 400—401 页。事实上，在大清洗年代，苏联几乎是人人自危。许多人都在床底下放着一个收拾好的小箱子，以备夜里随时遭逮捕后使用。参见王家声等主编：《苏联那些人那些事》，世界知识出版社 2012 年版，第 41 页。
② Судебное следствие: Допрос подсудимых С. А. Лозовского, В. П. Наумов, *Неправедный суд, Последний сталинский расстрел (стенограмма судебного процесса над членами Еврейского антифашистского комитета)*, c.194.
③ Arkady Vaksberg, *Stalin Against the Jews*, p.216.
④ 亚·亚·切普佐夫（А. А. Чепцов，1902—1980），曾任苏联陆军军事检察长，苏军武装力量副总检察长，1949—1956 年担任苏联最高法院军事审判庭庭长，苏联最高法院副院长，负责审判了"犹委会案"等许多重大案件。
⑤ To Comrade Zhukov, G. K., Member of the Presidium of the Central Committee of the Communist Party of the Soviet Union, Arkady Vaksberg, *Stalin Against the Jews*, pp.230-231.
⑥ Судебное следствие: Допрос подсудимых С. А. Лозовского, В. П. Наумов, *Неправедный суд, Последний сталинский расстрел (стенограмма судебного процесса над членами Еврейского антифашистского комитета)*, c.143.
⑦ 1929 年贝格尔森到纽约去找工作，曾经请求保罗·诺维克帮忙，但是后者未能通过可靠的途径给贝格尔森的家庭提供帮助。1934 年，贝格尔森最终不得不返回欧洲并移居苏联。

格在 1905—1924 年曾先后担任奥地利和美国犹太人民族主义政党"波阿列伊-锡安"党的领导人之一，他和他的妻子柴·谢·瓦滕贝格-奥斯特洛夫斯卡娅长期生活在美国；1924—1928 年，他还担任过由美国共产党发起成立、协助苏联犹太人移民垦殖的美国犹太人组织"伊科尔"的书记。塔尔米在 1914—1917 年曾经居留美国，1917—1920 年在基辅曾经积极参加了一些犹太民族主义政党，1921 年逃往美国并一度加入美国国籍；1928 年前，他曾经担任"伊科尔"执行部委员，1928 年后接替瓦滕贝格担任"伊科尔"书记。戈夫施泰因是犹太复国主义者，1925—1927 年曾经留居巴勒斯坦。优素福维奇在 1917—1919 年曾担任俄国社会民主工党（国际主义者）的首领之一。什泰恩曾长期在国外上学和工作，海外关系甚广。① 把这些人放在一起就是为指控犹委会进行敌对的民族主义活动提供更加有力的证据。

（二）"犹委会案"的侦查起诉

苏联国家安全部从 1949 年 1 月开始对"犹委会案"进行侦查起诉，一直持续到 1952 年 4 月。主要任务就是为"犹委会案"的所有被告罗织罪名。这一阶段可以分为前后两个时期，即阿巴库莫夫时期和伊格纳季耶夫时期。

阿巴库莫夫时期的侦查工作主要集中在 1949 年 1 月—3 月进行。档案材料表明，国家安全部一开始就把犹委会打成从事反苏民族主义活动和间谍活动的中心。这种"犯罪活动"是在莫洛托夫夫人、前中央委员波林娜·热姆丘任娜，苏联外交部前副部长和苏联情报局前副局长洛佐夫斯基的庇护下进行的。

"事不至大，无以惊人。案不及众，功之匪显。"② 为了配合斯大林

（接上页）后来因为犹委会案被枪毙。1959 年，诺维克再次访问莫斯科时，专程拜访了贝格尔森的遗孀，并且跪在她面前，放声大哭，请求她原谅。见 Stalin's Secret Pogrom: The Postwar Inquisition of the Jewish Anti-Fascist Committee, Edited and with introductions by Joshua Rubenstein and Vladimir P. Naumov, p. 64.

① Допрос подсудимых Л. Я. Тальми; Приговор Военной Коллегии Верховного Суда СССР, В. П. Наумов, *Неправедный суд, Последний сталинский расстрел (стенограмма судебного процесса над членами Еврейского антифашистского комитета)*, с. 247-248, 376-377.

② （唐）来俊臣：《罗织经》，马树全译注，黄山书社 2010 年版，第 267 页。意思是说，事情不是很大，就不能让人震惊。案件不是牵涉人多，功劳就不能显现出来。

对于苏联犹太人的大清洗,尽快取得所有被告从事犯罪活动的供词,国家安全部部长阿巴库莫夫亲自出马,特别重大案件侦查处副处长、以残忍和反犹著称的科马罗夫上校具体领导犹委会案件的侦讯工作。① 在该案的初审阶段,除阿巴库莫夫和留明之外,国家安全部还动用了利哈乔夫、希什科夫、库兹明等34位官员。② 更为重要的是,他们还获得了苏联当局赐予的"尚方宝剑"。1951年8月10日,阿巴库莫夫在被捕后受审时供认,"联共(布)中央委员会不止一次交代我和我的副手奥戈利佐夫,让肃反机构不要害怕对被捕的人——间谍和其他罪犯使用肉体作用的措施"③。

由于得到了上峰的恩准和庇护,科马罗夫和他手下的侦查员们在审讯过程中表现得非常冷酷残忍。他们按照阿巴库莫夫的罪恶指示,从一开始就"粗暴违反法律并采取违禁手段,以取得'认罪口供'"④。这些手段包括:以采取施行肉刑进行威胁恫吓,把犯人关进单人牢房进行精神折磨,对犯人进行严刑拷打,蓄意剥夺他们的睡眠等。其目的只有一个,就是威逼他们在侦查员们伪造的审讯记录上签字。⑤ 科马罗夫被捕后在写给斯大林的信中辩解说:"被告们真的在我面前不寒而栗。他们就像害怕瘟疫一样怕我,他们害怕我远甚于其他侦查员。即使部长也难以唤起他们在我亲自审问时所表现出的那种恐惧。……我对犹太民族主义者特别憎恨,并且毫不心慈手软,我把他们视为最危

---

① 洛佐夫斯基指出,在审讯过程中所有侦查员均执行科马罗夫的指令。参见 Судебное следствие: Допрос подсудимых С. А. Лозовского, В. П. Наумов, *Неправедный суд, Последний сталинский расстрел (стенограмма судебного процесса над членами Еврейского антифашистского комитета)*, с.195.
② To Comrade Zhukov, G. K., Member of the Presidium of the Central Committee of the Communist Party of the Soviet Union, Arkady Vaksberg, *Stalin Against the Jews*, p.230. 但俄罗斯学者阿尔卡季·瓦克斯堡根据所获得的档案统计,认为有38到40人参加了对于"犹委会案"的审讯,并且列出了有关侦查员的姓名。同上书,第221—222页。
③ 〔俄〕鲁·格·皮霍亚:《苏联政权史(1945—1991)》,第74页。
④ 《关于所谓"犹太人反法西斯委员会案件"》,载沈志华总主编:《苏联历史档案选编》,第28卷,第596页。
⑤ ВЕРХОВНЫЙ СУД СОЮЗА ССР ОПРЕДЕЛЕНИЕ № 0065/52, ВОЕННАЯ КОЛЛЕГИЯ ВЕРХОВНОГО СУДА СССР, В. П. Наумов, *Неправедный суд, Последний сталинский расстрел (стенограмма судебного процесса над членами Еврейского антифашистского комитета)*, с.390.

险最邪恶的敌人。"①

费费尔、洛佐夫斯基、瓦滕贝格-奥斯特洛夫斯卡娅后来在法庭上证实，他们都受到了实施肉刑的恐吓。利哈乔夫在预审时告诉费费尔说："只要我们逮捕你，那就意味着我们能找到罪行。我们将会从你那里'打出来'任何我们需要的东西。"费费尔承认自己"吓得要命，于是就捏造证词陷害自己和他人"②。洛佐夫斯基后来告诉法官，科马罗夫威胁他"必须承认所有指控"，否则就要把他交给手下的那些侦查员。这些人会把他关进黑暗、冰冷的单人牢房里任其腐烂，并用橡胶警棍把他打得惨不能坐，让他求生不能，求死不得。洛佐夫斯基曾经一连8次遭受夜间审讯，科马罗夫喋喋不休地对他说："犹太人是下贱的、肮脏的民族，所有犹太人都是令人讨厌的混蛋，党内所有反对派都是犹太人组成的，整个苏联的犹太人正在发起一场反苏的耳语运动，犹太人想灭绝俄罗斯人！"洛佐夫斯基对国家安全部的官员说出这样的话"深感震惊"。迫于无奈，他决定先自认有罪，在侦查员编造的任何记录上签字，等以后到了法庭上再揭露科马罗夫的斑斑劣迹，为自己洗雪冤屈。③瓦滕贝格-奥斯特洛夫斯卡娅是犹委会的在编翻译，所以侦查员认为她知道犹委会的一切内幕。在审问她的时候，侦查员就把橡胶警棍摆在桌子上。不论白天还是夜晚都威胁说要狠狠地打她，让她变成残废。她被吓得精神错乱，总感觉到自己的丈夫在挨打、在叫喊，到最后自己开始给自己寻找罪行，侦查员无论说什么她都承认，甚至"给自己臆造出一些匪夷所思的事情"④。

与洛佐夫斯基、费费尔等人相比，希梅利奥维奇、优素福维奇的

---

① *Stalin's Secret Pogrom: The Postwar Inquisition of the Jewish Anti-Fascist Committee*, Edited and with introductions by Joshua Rubenstein and Vladimir P. Naumov, p.xiii.

② Протоколы закрытых судебных заседаний 6 июня 1952г., В. П. Наумов, *Неправедный суд, Последний сталинский расстрел (стенограмма судебного процесса над членами Еврейского антифашистского комитета)*, с.234.

③ Судебное следствие: Допрос подсудимых С. А. Лозовского, В. П. Наумов, *Неправедный суд, Последний сталинский расстрел (стенограмма судебного процесса над членами Еврейского антифашистского комитета)*, с.194.

④ Судебное следствие: Дополнительные показания подсудимых, В. П. Наумов, *Неправедный суд, Последний сталинский расстрел (стенограмма судебного процесса над членами Еврейского антифашистского комитета)*, с.361.

遭遇最为悲惨。希梅利奥维奇被捕的第一天，阿巴库莫夫就指使侦查员们对他大打出手。由于他一直拒不认罪，阿巴库莫夫便命令手下"往死里打"。有一次竟然有 7 个人当着留明的面围着毒打他。希梅利奥维奇后来在法庭上说，在 1949 年 1 月—2 月，他每天要挨打大约 80—100 下。即便如此侦查员希什科夫还警告他说："你瞧，我说到做到！如果在这种情况下你不能走着来受审，我们就会用担架把你抬过来，而且还要打你，打你！"后来果不其然用担架抬着他去受审。由于不分昼夜的审讯、挨打，他经常被折磨得神志不清。① 优素福维奇因为拒绝按照阿巴库莫夫的旨意诬告洛佐夫斯基，阿巴库莫夫便把他转到列福尔托沃监狱去毒打。优素福维奇告诉法官说："在那儿他们开始用橡胶警棍打我，当我被打倒地时又用脚踹我。"因此他决定无论什么供词都签字，唯一期待的就是到法庭上去澄清事实。② 但是，当他在侦查员伪造的审讯记录签字后，内心却遭受到强烈的打击，甚至一度患了失忆症。特别是在政治上被取消苏联公民资格后，优素福维奇更是万念俱灰，以至于他后来在法庭上说自己"只剩下一团神经"③。

其余被告虽然没有挨打，但是却备受折磨，在精神上遭到重创。马尔基什在被捕后的两个多月时间里，竟被提审 96 次，审讯常常是通宵达旦。④ 塔尔米被单独监禁了 29 个月，因为长期受审，夜不能寐，他心情极度抑郁，所以在虚假的供词上签了字。⑤ 布雷格曼曾担任俄罗斯联盟国家监督部副部长，现在一夜之间却被打成背叛祖国的间谍，而且侦

---

① Судебное следствие: Допрос подсудимых Б. А. Шимелиовича, В. П. Наумов, *Неправедный суд, Последний сталинский расстрел (стенограмма судебного процесса над членами Еврейского антифашистского комитета)*, с. 198-199.

② Протоколы закрытых судебных заседаний 6 июня 1952 г., В. П. Наумов, *Неправедный суд, Последний сталинский расстрел (стенограмма судебного процесса над членами Еврейского антифашистского комитета)*, с. 235.

③ Судебное следствие: Допрос подсудимых И. С. Юзефовича, В. П. Наумов, *Неправедный суд, Последний сталинский расстрел (стенограмма судебного процесса над членами Еврейского антифашистского комитета)*, с. 125, 128.

④ 参见沈志华总主编：《苏联历史档案选编》，第 25 卷（上），社会科学文献出版社 2002 年版，第 203 页。

⑤ Судебное следствие: Допрос подсудимых Л. Я. Тальми, В. П. Наумов, *Неправедный суд, Последний сталинский расстрел (стенограмма судебного процесса над членами Еврейского антифашистского комитета)*, с. 253, 256.

查员对他的问题提得十分尖锐，于是他就"惊恐万状"①，加上心脏有病，精神沮丧，被迫承认了指控自己的罪状。克维特科把布尔什维克政权视为自己"唯一的上帝"，但是在身陷囹圄3年多的时间里，他一直被视为"间谍"和"民族主义分子"，以致"陷入绝望之中"②。什泰恩因不愿在侦查员伪造的供词上签字，3次被从内部监狱转移到国家安全部的列福尔托沃监狱。她把列福尔托沃监狱称为"通往地狱的前厅"。她在法庭上说，牢房的地板是水泥的，供暖很差，窗扉小，还不常开，伙食令人难以下咽。她在监狱里关了3年半，其中有3年都在接受审讯。有时一天被审两次。审了一夜回到牢房，既不让睡，也不能坐。她痛苦万状，几近发疯。③为了能够活到开庭之日洗掉强加在自己身上的叛国罪名，她万般无奈之下在侦查员杜撰的供词上签了字。祖斯金同样因为无法忍受痛苦不堪的监狱生活，就对侦查员讲，"想写什么就写吧，随便什么记录我都可以签字"。对他而言，关在监狱里比死亡还可怕。④瓦滕贝格和塔尔米一样，都是放弃了美国的优越生活投身到苏联的社会主义建设事业中来的，他们把自己面对的侦查员看成是根据苏联的指令守卫革命法律的代表。面对敌人他们知道怎么做，但是面对苏联的侦查员却无所适从，完全没有任何反对调查、抗争到底的愿望⑤，所以只好按照侦查员的诱导在捏造的记录上签字。

由于采用了各种非法侦查手段，除希梅利奥维奇外，所有人都被

---

① Судебное следствие: Допрос подсудимых С. Л. Брегмана, В. П. Наумов, *Неправедный суд, Последний сталинский расстрел (стенограмма судебного процесса над членами Еврейского антифашистского комитета)*, c. 220.

② Судебное следствие: Допрос подсудимых Л. М. Квитко, В. П. Наумов, *Неправедный суд, Последний сталинский расстрел (стенограмма судебного процесса над членами Еврейского антифашистского комитета)*, c. 91, 104.

③ Судебное следствие: Допрос подсудимых Л. С. Штерн, В. П. Наумов, *Неправедный суд, Последний сталинский расстрел (стенограмма судебного процесса над членами Еврейского антифашистского комитета)*, c. 321, 332.

④ Судебное следствие: Допрос подсудимых В. Л. Зускина, В. П. Наумов, *Неправедный суд, Последний сталинский расстрел (стенограмма судебного процесса над членами Еврейского антифашистского комитета)*, c. 303, 307.

⑤ Судебное следствие: Допрос подсудимых И. С. Ватенберга, В. П. Наумов, *Неправедный суд, Последний сталинский расстрел (стенограмма судебного процесса над членами Еврейского антифашистского комитета)*, c. 272.

迫"承认"自己有罪，并招出了关于犹委会成员进行所谓间谍和反苏活动的供词。1950 年 3 月，所有被告都接到通知，"调查已经结束，审判不久就会开始"①。在克里姆林宫，"斯大林从一开始就密切关注着此次审讯。在审讯的前两个月里有 20 份报告由阿巴库莫夫呈交给他"②。毫无疑问，斯大林也一直等待着该案的审判。但是，所有计划都被一系列接踵而来的事件打乱了。

首先是 1949 年 2 月至 1950 年 10 月的"列宁格勒案件"。此案是苏联战后一系列惩罚运动中最重大、最悲惨的案件。在这场席卷全国的清洗运动中，不仅联共（布）中央委员会书记尼·亚·库兹涅佐夫，中央政治局委员、苏联部长会议副主席尼·阿·沃兹涅先斯基，俄罗斯联邦部长会议主席罗季奥诺夫，列宁格勒市和列宁格勒州第一书记波普科夫等一批中央和加盟共和国的高级领导人以从事反党派别活动、企图用列宁格勒党组织来对抗联共（布）中央委员会和密谋反对斯大林等罪名被判处死刑③；而且成千上万的党政干部受到株连，被投入监狱或者遭到流放，镇压活动甚至一直持续到斯大林去世。在此期间，马林科夫亲自出马坐镇指挥，苏联国家安全部也调兵遣将，把主要精力都放到了这个更为重要、范围更大的案件上。不少"犹委会案"的主审官都被抽调过去参加"列宁格勒案件"的侦讯工作，这样自然就延误了该案的进度。

其次是国家安全部本身遭到了清洗。尽管阿巴库莫夫等人在策划和指挥战后的反犹运动、除掉米霍埃尔斯、逮捕和审讯犹委会成员以及"列宁格勒案件"当中死心塌地为斯大林卖命，但是，当斯大林谋划把对犹太人的镇压升级到全国规模的时候，这些"不中用的傻瓜和河马"④不但未能及时准确地领会斯大林的政治意图，而且因为对上层内幕

---

① Jonathan Brent and Vladimir P. Naumov, *Stalin's Last Crime: The Doctors' Plot*, p. 104.
② Shimon Redlich, *War, Holocaust and Stalinism: A Documented Study of the Jewish Anti-Fascist Committee in the USSR*, pp. 147-148.
③ 事实上，按照美国历史学家沃尔特·G. 莫斯的说法，"招致这一打击的主要原因是日丹诺夫及其同伴被认为与在日丹诺夫于 1948 年去世以前不久就与莫斯科分裂的南斯拉夫共产党过分友善"。〔美〕沃尔特·G. 莫斯：《俄国史》，第 290 页。
④ 据伊格纳季耶夫说，斯大林把契卡成员和他称为"河马"，意思是"没有能力迅速和忠实的完成中央委员会命令的人"，参见 Jonathan Brent and Vladimir P. Naumov, *Stalin's Last Crime: The Doctors' Plot*, pp. 122, 355.

知道太多、贻误甚至妨碍了斯大林策划新的"医生阴谋"案件而沦为牺牲品。①"斯大林既不信任内务部，也不信任国家安全部"②，他需要一套新的人马来推行新的政策。③苏多普拉托夫认为，阿巴库莫夫是由于过分谨慎给自己带来杀身之祸，因为他"不想将犹委会的案子扩大为世界性的。他知道，那样的指控一定会引发高层的紧张，尤其是伏罗希洛夫和莫洛托夫，他们都娶了犹太妻子。还有卡冈诺维奇，他自己就是犹太人"④。此外，阿巴库莫夫是日丹诺夫举荐并提拔为国家安全部部长的，与此前主管国家安全部工作的库兹涅佐夫关系密切，这也引起了马林科夫和贝利亚的忌恨，他们都想除掉他。

在马林科夫指使下，1951年7月2日，苏联国家安全部特别重大案件侦查处侦查员、病态的反犹主义者留明给斯大林写了一封密信，揭发阿巴库莫夫蓄意阻挠对"犹太民族主义分子"、仇视苏联党和政府的医学教授雅·吉·埃廷格尔案件的审讯工作。据埃廷格尔"交代"，他在给谢尔巴科夫治病时曾"想尽一切办法缩短病人的生命"，因此侦办此案有助于揭露许多与埃廷格尔关系密切的著名医生从事恐怖主义活动的证据。但是，阿巴库莫夫担心此事会"把国家安全部引入歧途"，故命令留明中止审讯，随后把埃廷格尔转移到列福尔托沃监狱，并致其死

---

① 布伦特和瑙莫夫认为，阿巴库莫夫在1950年11月还没有真正弄明白斯大林思想的新动向，他认为"犹委会案"的被告们受到惩罚仅仅因为他们是犹太人，而不是因为他们服务于一个更大的政治目的。参见Jonathan Brent and Vladimir P. Naumov, *Stalin's Last Crime: The Doctors' Plot*, p.124.

② Р. Г. Пихоя, О внутриполитической борьбе в советском руководстве 1945-1958гг., *Новая и новейшая история*, 1995, № 6, с.6.

③ 索尔仁尼琴指出，斯大林有定期对国家安全机关进行更新的习惯。一方面他需要消灭旧的打手来抹掉过去的历史；另一方面，他需要新的打手来执行新的政策。这样，国家安全部在一定的时候就不可避免地成为斯大林政策的牺牲品。"国家安全人员中一批批的鱼群应当像为给后代让位而死在河底石子上的鳇鱼那样，毫不动摇地献出脑袋来。"即便是国家安全机关的骄子们，机关的要人和部长们也不例外，"每当大限一到，就得把脑袋放到自己的断头台上"。参见〔俄〕亚历山大·索尔仁尼琴：《古拉格群岛》（上），田大畏等译，群众出版社2010年版，第152—153页。另外，曾经担任联共（布）中央办公厅副主任、马林科夫副手的安娜·楚卡诺娃也证实，斯大林和他的忠实战友马林科夫"有一条不成文的用人路线，就是经常调动党内高层和国家安全部门的领导，不允许他们在同一岗位上连续工作3年以上"。参见〔俄〕帕维尔·苏多普拉托夫：《情报机关与克里姆林宫》，第367页。

④ 〔俄〕帕维尔·苏多普拉托夫：《情报机关与克里姆林宫》，第346页。

亡。同时，留明还指控阿巴库莫夫拉帮结派，欺骗政府，刻意隐瞒国家安全部工作当中的许多重大失误。①

7月4日，联共（布）政治局决定成立一个以马林科夫为主席，包括贝利亚、什基里亚托夫和谢·杰·伊格纳季耶夫在内的委员会立即对此进行调查，结果完全证实了留明的所有指控。7月11日，联共（布）中央委员会通过了《关于国家安全部里令人不满状况的决议》，立即撤销阿巴库莫夫、列昂诺夫、利哈乔夫等人的职务，并开除党籍。② 这一决议成为"对国家安全部进行大规模清洗和'医生阴谋'的蓝图"。7月12日，阿巴库莫夫以背叛祖国罪被逮捕，并且被关入专门为重要政治犯建造的"特殊监狱"③。随后，根据斯大林的指示，"从1951年7月到1952年9月，大约42000人从国家安全部里被清洗掉"，因为斯大林明确告诉伊格纳季耶夫，他"根本不相信国家安全部里的老人手"④。苏联国家安全部副部长奥戈利佐夫和皮托夫拉诺夫，特别重大案件侦查处处长列昂诺夫、副处长列夫·列尼多维奇·施瓦茨曼、利哈乔夫、科马罗夫和索科洛夫，阿巴库莫夫的助手布罗维尔曼等一大批高层官员和资深侦查员相继被捕。

阿巴库莫夫倒台后，马林科夫和贝利亚还指控国家安全部之所以对"犹委会案"的侦查久拖不决，主要原因就在于"国家安全部中央机关里有很多犹太人身居要职"⑤。随后，苏联国家安全部和苏联检察院担

---

① М. Д. Рюмин—И. В. Сталину об «опасности» В. С. Абакумова «для государства», 2 июля 1951 г., Г. В. Костырченко, *Государственный антисемитизм в СССР. От начала до кульминации, 1938-1953*, с. 449-450.

② Из постановления ЦК ВКП(б) «о неблагополучном положении в министерстве государственной безопасности СССР», 11 июля 1951 г., Г. В. Костырченко, *Государственный антисемитизм в СССР. От начала до кульминации, 1938-1953*, с. 451-452.

③ "特殊监狱"是1950年前后根据斯大林的命令建造的。位于水兵寂静大街18号，由莫斯科内务局的一座监狱改造而成。它既不隶属于内务部，也不隶属于国家安全部，而是归联共（布）中央书记马林科夫和中央监察委员会直接管辖，是专门为重要的政治犯建造的，能关押30—40名犯人，有可供审理政治案件的特殊实施。"列宁格勒案件""犹委会案"的一些重要犯人和阿巴库莫夫等人都曾经关押于此。"特殊监狱"的建立表明斯大林当时"连国家安全部也不信任了"。参见〔俄〕鲁·格·皮霍亚：《苏联政权史（1945—1991）》，第67—68页。

④ Jonathan Brent and Vladimir P. Naumov, *Stalin's Last Crime: The Doctors' Plot*, pp. 153, 135.

⑤ Ж. А. Медведев, Сталин и «дело врачей», Новые материалы, *Вопросы истории*, 2003, № 2, с. 103.

任高级职务的犹太人几乎悉遭逮捕。根据苏多普拉托夫的说法，1951年秋，"斯大林下令逮捕了国家安全部里所有的犹太上校和将军。总共大约50名高级官员和将军被捕"①。其中包括苏联国家安全部第二管理总局副局长 Л. Ф. 赖赫曼②，苏联检察长办公室刑事调查部负责人列·罗·舍伊宁，国家安全部官员伊·马克利雅尔斯基，苏多普拉托夫的副手、苏联国家安全部第一局副局长 Н. И. 艾廷贡③，著名的生产毒药、毒素的 X 实验室创始人 Г. М. 迈拉诺夫斯基，苏联国家安全部"К"处副处长安·雅·斯维尔德洛夫上校④等。因为遭到清洗的人当中包括不少"犹委会案"的负责人，结果导致该案"被捕人员在一年多时间里无人审问，与该案有关的任何调查均未进行"，致使"该案处在无人办理状态"⑤。

1951年8月，马林科夫推荐自己在联共（布）中央委员会机关里的副手、联共（布）中央委员会党和共青团机关部部长谢·杰·伊格纳季耶夫出任国家安全部部长，贝利亚则相应地推荐了与自己一起在内务人民委员会共事多年的谢·阿·戈格利泽担任国家安全部第一副部长。随后，在伊格纳季耶夫领导下，"犹委会案"的侦查工作重新提上议事日程。在研究前任留下的侦查材料的过程中，伊格纳季耶夫发现此前得到的仅仅是 15 名被告的口供材料，但却"几乎完全没有能够证明被捕者供认在犹委会掩护下从事间谍和民族主义活动的文献"。他从被告们的

---

① Pavel Sudoplatov and Anatoli Sudoplatov, *Special tasks: The Memoirs of an Unwanted Witness - A Soviet Spymaster*, p. 301.
② Л. Ф. 赖赫曼（1908—？），1946—1951年任苏联国家安全部第二管理总局副局长，1951—1953年接受审查，1953年5—6月任苏联内务部监督检察机关总官，中将军衔。1953年8月被捕，1956年经苏联最高法院军事委员会宣判，取消军衔。
③ Н. И. 艾廷贡（1899—1981），1951年10月前任苏联国家安全部第一局副局长，1951年10月到1953年3月被捕，1953年3—6月任苏联内务部下设的副局长。
④ 安·雅·斯维尔德洛夫是曾经担任全俄苏维埃中央执行委员会主席的雅·米·斯维尔德洛夫的儿子。1951年10月，他"没有任何过错，却被逮捕"。1952年2月被开除党籍。"经过19个月的侦讯"，毫无根据地指控他"犯有各种荒诞离奇的罪行"。斯大林死后，1953年5月18日被无罪释放并恢复名誉。参见《斯维尔德洛娃关于儿子被捕问题致斯大林的信（1952年3月16日）》，《斯维尔德洛夫关于党籍和工作问题致马林科夫的信（1953年8月25日）》，载沈志华总主编：《苏联历史档案选编》，第28卷，第12—16页。
⑤ Министр государственной безопасности — в ЦК ВКП(б) и СМ СССР о необходимости возобновить следствие по делу ЕАК, 24 августа 1951 г., Г. В. Костырченко, *Государственный антисемитизм в СССР. От начала до кульминации, 1938-1953*, с. 179.

口供中获悉，犹委会留下了大量的文件和档案，但是却随意堆放在苏联国家安全部潮湿的地下室里无人问津，甚至已经损坏。于是，伊格纳季耶夫在8月24日给马林科夫和贝利亚的报告中提出了新的办案思路：对查抄的犹委会文件和档案进行全面整理和研究，并进行必要的鉴定，以便为揭露被告人从事敌对活动提供最确凿、最有力的证据。①

与此同时，斯大林的意图也变得清晰：在反对苏联犹太人的整体计划中，"犹委会案"即使不能搞成一次公开的、作秀式的审判，也必须为刚刚构思出来的具有广泛杀伤力的"医生案件"铺平道路。"犹委会案将成为这个真正重要的案件的序幕。一个两幕血腥悲剧的第一幕。"②即是说，必须把它办成一个核心案件，大多数反苏间谍案特别是与犹太人有关的叛国案都必须从这里找到"出海口"——因为只有这些被告与国外特别是美国的犹太民族主义者和犹太复国主义者保持着密切联系。为清洗国家安全部立下汗马功劳的留明及时准确地领会了上层的意图，并因此赢得斯大林的青睐。1951年10月20日，斯大林不顾伊格纳季耶夫的反对，把留明从一个普通的侦查员破格擢升为国家安全部副部长兼特别重大案件侦查处处长，全权负责"犹委会案"和"医生案件"的侦讯工作，并且明确要求伊格纳季耶夫多听留明的意见，与之搞好关系。③

留明走马上任后，立即组织国家安全部的大批官员和意第绪语翻译们一起对犹委会主席团的会议记录、与国内外的组织机构和个人往来的书信、犹委会寄往国外的稿件以及《团结报》上发表的文章等进行了全面、仔细的审查和编目归类，直到1952年春才整理完毕。这些材料不仅用于"犹委会案"，而且"由国家安全部系统提供给了正在对大量犹太民族主义者进行审判的苏联其他地区"④。留明虽然没有对被告们采取

---

① Министр государственной безопасности — в ЦК ВКП(б) и СМ СССР о необходимости возобновить следствие по делу ЕАК, 24 августа 1951г., Г. В. Костырченко, *Государственный антисемитизм в СССР. От начала до кульминации, 1938-1953*, с. 178-180.

② Arkadi Vaksberg, *Stalin Against the Jews*, p. 226.

③ Jonathan Brent and Vladimir P. Naumov, *Stalin's Last Crime: The Doctors' Plot*, p. 135. 因为这一点，1957年6月28日，苏联总检察长罗·安·鲁坚科在苏共中央全第十次会议上发言时认为，犹委会案件是留明制造的。参见《苏联共产党最后一个"反党"集团》，赵永穆等译，中国社会出版社1997年版，第780页。

④ Shimon Redlich, *War, Holocaust and Stalinism: A Documented Study of the Jewish Anti-Fascist Committee in the USSR*, p. 151.

强制手段，但是，他和手下的侦查员们依旧按照斯大林设计的"蓝图"编织、伪造、篡改所有被告的证词，以使其满足整个案情的发展需要。留明思路清晰，目标明确，不到半年就完成了上级交付的任务。

1952年4月，苏联国家安全部和检察部门最终炮制出42卷关于"犹委会案"的侦讯资料。为了把这些被告推上审判台，所有侦查员和检察长极尽歪曲捏造之能事。例如，犹委会本是经联共（布）中央委员会批准建立的，所有成员都经过苏联情报局、内务人民委员会的严格审查，但在侦查员的笔下则变成了犹委会是在洛佐夫斯基的倡导下成立的，目的是"支持国外犹太组织利用犹委会团结犹太人进行反对联共（布）以及苏联政府的斗争"。为了达到这一犯罪目的，米霍埃尔斯、爱波斯坦与洛佐夫斯基协商后把克维特科、马尔基什等一批民族主义骨干分子和以敌视苏维埃政权而闻名的人选拔进犹委会并安插在最重要的位置上。《团结报》、犹太剧院等就是他们在苏联国内外犹太人中间进行民族主义宣传活动的工具和阵地。1943年5月，米霍埃尔斯和费费尔受命赴美访问也变成了是受洛佐夫斯基指使，"与美国犹太反动集团建立私人联系"，以取得他们对在苏联进行民族主义活动的支持，而"克里木方案"就是他们内外勾结进行犯罪活动的最重要的证据。他们企图依靠美国犹太人提供物质援助，设法蒙骗苏联政府，在克里木建立犹太共和国，把它变为美国将来入侵苏联的桥头堡。洛佐夫斯基、热姆丘任娜等人都被卷进了这个惊天大阴谋。为揭露纳粹暴行而编纂的《黑皮书》也不幸沦为犹委会与美国犹太民族主义者沆瀣一气进行民族主义活动的另一大罪状。为了给犹委会加上叛国的罪名，国家安全部颠倒黑白，竟然把著名的亲苏进步人士戈德堡和诺维克诬蔑为美国间谍，指控他们在1946年访苏期间从事反苏情报活动。于是，所有接待和会晤过他们的犹委会领导人都因此获罪，被指控给他们提供关于苏联经济和文化的机密情报，特别是关于苏联作家协会、苏联犹太人作家的情绪、比罗比詹和乌克兰犹太人生活的诽谤性情报，其中包括一份第205科学研究所有关英国对外政策的"机密材料"。① 其目的就是为了把"犹委会案"的所有

---

① Обвинительное заключение по «делу ЕАК», 3 апреля 1952 г., Г. В. Костырченко, *Государственный антисемитизм в СССР. От начала до кульминации,1938-1953*, с.182-200.

被告置于万劫不复的境地。

与此同时,"为了在客观上支持这些指控"①,留明在1952年1月到3月还从国家图书出版管理总局、全苏书刊出版登记局、《真理报》编辑部以及苏联作家协会等有关方面组织了数个专家委员会,对犹委会成员寄到外国报刊上发表的材料的机密程度以及他们所撰写的文学作品的民族主义性质进行了所谓的法律鉴定,以便给整个侦讯工作披上一件合法的、权威性的外衣。但是,"这些鉴定是以一种非客观的方式进行的,而且公然违犯了法律"②。例如,它提供给鉴定人员进行鉴定的文件全是复制件,而非原件;既不讲明要求鉴定的文件是否经过了书刊检查机关仔细审查,也不标明相关资料以前是否在苏联报刊上发表过;甚至对第205科学研究所所长尼古拉·尼古拉耶维奇·普赫洛夫的鉴定结论进行歪曲篡改;由于时间仓促,一些鉴定人几乎没有真正参与鉴定工作。即是说,国家安全部在整个鉴定过程中存在明显的弄虚作假行为。1955年,这些专家在苏联最高法院对"犹委会案"复审时证实,"他们的鉴定是在侦查员们直接控制下进行的",侦查员们对他们影响很大,他们在很多时候做出的结论事实上从鉴定文件中根本无法得出。1955年进行的新的一次侦查表明,1951年专家鉴定结果中所指出的秘密情报并不能算作国家秘密。③

---

① To Comrade Zhukov, G. K., Member of the Presidium of the Central Committee of the Communist Party of the Soviet Union, Arkady Vaksberg, *Stalin Against the Jews*, p.230.
② ВЕРХОВНЫЙ СУД СОЮЗА ССР ОПРЕДЕЛЕНИЕ № 0065/52, ВОЕННАЯ КОЛЛЕГИЯ ВЕРХОВНОГО СУДА СССР, В. П. Наумов, *Неправедный суд, Последний сталинский расстрел (стенограмма судебного процесса над членами Еврейского антифашистского комитета)*, с.391.
③ ВЕРХОВНЫЙ СУД СОЮЗА ССР ОПРЕДЕЛЕНИЕ № 0065/52, ВОЕННАЯ КОЛЛЕГИЯ ВЕРХОВНОГО СУДА СССР, В. П. Наумов, *Неправедный суд, Последний сталинский расстрел (стенограмма судебного процесса над членами Еврейского антифашистского комитета)*, с.391. 按照苏联1953—1955年出版的《百科全书词典》解释,国家机密指"国家重要情报,泄漏这些情报会给国家带来危害。根据苏联最高苏维埃主席团1947年6月9日颁布的命令,凡泄漏构成国家机密的情报或包括这些情报的文件者,根据案件的具体情况,若这些行为未被认定为叛国罪或间谍罪,则处以4—20年的劳动改造"。参见 Б. А. Введенский, *Энциклопедический словарь в 3-х томах*, Москва: Большая советская энциклопедия, 1953-1955, с.461. 由于犹委会在国外发表或者给戈德堡和诺维克提供的资料均是在苏联国内公开发表的或者根据国内的公开材料撰写的,所以根本谈不上什么国家机密。

由此可见，这皇皇42卷"杰作"完全是由拙劣的谎言和伪造的证词堆砌而成的。1953年7月，已经被捕入狱的留明对此供认不讳。他说，对犹委会的调查"未客观进行……在许多案件中囚犯们的供词都是伪造的……我必须承认，1952年我已经担任国家安全部副部长时，'犹委会案'中的许多囚犯在审问期间试图否认那些捏造的供词，但我禁止任何重审或把他们的否认记录在案，并且声明侦查员不应该将供词退给囚犯们进行修改"①。虽然有一些军事检察长参与了该案的侦讯工作，但没有起到任何监督作用。

尽管这些所谓的犯罪事实漏洞百出，自相矛盾，但是伊格纳季耶夫还是在1952年4月3日把留明负责完成的《"犹委会案"起诉书》呈报给斯大林，将副本分别呈送给马林科夫和贝利亚。起诉书详细列举了该案所有被告的罪行，并强调指出，通过自己供认、已经判刑的同伙的供词、证人指认、专家鉴定结果、物证和文件资料均可证实所有被告罪证确凿。②4月7日，经苏联最高领导人批准，"犹委会案"交由苏联最高法院军事审判庭审判。③

（三）"犹委会案"的审判执行

"犹委会案"的审判执行从1952年4月持续到8月。整个过程可谓波谲云诡。尽管该案是由苏联最高法院军事委员会审判的，但是，苏联国家安全部和苏联领导人却一直干预甚至操纵着整个审判过程。

根据苏联最高苏维埃领导人的指示，由苏联最高法院军事审判庭庭长、军法中将亚·亚·切普佐夫担任审判长，军事审判庭委员、军法少

---

① Arkady Vaksberg, *Stalin Against the Jews*, pp. 277-278.
② Обвинительное заключение по «делу ЕАК», 3 апреля 1952 г., Г. В. Костырченко, *Государственный антисемитизм в СССР. От начала до кульминации, 1938-1953*, с. 182-200. 从1935年开始，苏联内务人民委员会以及后来的苏联国家安全部负责人就必须向斯大林和中央政治局汇报特别重要的政治犯罪。这已成为惯例。参见 To Comrade Zhukov, G. K., Member of the Presidium of the Central Committee of the Communist Party of the Soviet Union, Arkady Vaksberg, *Stalin Against the Jews*, p. 228.
③ 《关于所谓"犹太人反法西斯委员会案件"》，载沈志华总主编：《苏联历史档案选编》，第28卷，第597页。

将雅·彼·德米特里耶夫①和伊·米·扎里亚诺夫担任审判员②，阿法纳西耶夫上尉担任书记员，组成法庭，对"犹委会案"进行审理。4月21日，最高法院军事审判庭召开预备会议，"批准了该案的起诉书"，决定"将洛佐夫斯基及其他人等交付审判"③。按照切普佐夫的说法，在尚未开庭之前，"对于该案囚犯们不利的舆论就已经形成"④。1952年3月底或4月初，伊格纳季耶夫和留明一起拜访了切普佐夫，向后者通报了他们准备向联共（布）中央政治局汇报该案。留明此前已经做出决定：建议判处洛佐夫斯基等14人极刑——枪毙，判处什泰恩流放3年。⑤其目的显然是未雨绸缪。

在正式开庭之前，切普佐夫对有关审讯材料进行了认真研究。因为获悉中央监察委员会主席什基里亚托夫此前已经对该案所有囚犯（他们在很长一段时间一直关押在由什基里亚托夫负责的"特殊监狱"里）亲自进行了审问，检查核实了相关起诉材料，加上几乎所有囚犯对其罪行供认不讳，许多证人的证词，军事检察长对审讯过程的参与，有关专家的鉴定结论，以及联共（布）中央政治局对该案所做的决议，所以，切普佐夫感到"该案已经得到了客观公正的审查，并且对所有囚犯的控告都是正确的"⑥。但是，他没有想到案情比他看到的要复杂得多。

1952年5月8日至7月18日，军事审判庭对"犹委会案"进行了

---

① 雅·彼·德米特里耶夫（1892—？），军法少将，曾任苏联最高法院军事审判庭委员，俄罗斯联邦最高法院院长。
② 伊·米·扎里亚诺夫（1894—？），军法少将，曾任苏联最高法院军事审判庭委员，红军军法学院代理院长，苏联最高法院委员。1955年被开除出党，并被剥夺军法少将军衔。
③ Судебное следствие: В. П. Наумов, *Неправедный суд, Последний сталинский расстрел (стенограмма судебного процесса над членами Еврейского антифашистского комитета)*, с. 21.
④ To Comrade Zhukov, G. K., Member of the Presidium of the Central Committee of the Communist Party of the Soviet Union, Arkady Vaksberg, *Stalin Against the Jews*, p. 230.
⑤ To Comrade Zhukov, G. K., Member of the Presidium of the Central Committee of the Communist Party of the Soviet Union, Arkady Vaksberg, *Stalin Against the Jews*, p. 228. 关于什泰恩的问题有一些出入。1952年4月3日留明在给斯大林呈送起诉书时提出的建议是将什泰恩流放边远地区10年。参见 Обвинительное заключение по «делу ЕАК», 3 апреля 1952 г., Г. В. Костырченко, *Государственный антисемитизм в СССР. От начала до кульминации, 1938-1953*, с. 182.
⑥ To Comrade Zhukov, G. K., Member of the Presidium of the Central Committee of the Communist Party of the Soviet Union, Arkady Vaksberg, *Stalin Against the Jews*, p. 230.

不公开审理。按照苏联当局的意图，该案的审判只不过是走过场而已。因此，整个审判过程既没有国家公诉人和辩护人代表出庭①，也未传唤证人出庭对质。开庭第一天，当法庭逐一讯问所有被告是否承认对他们的犯罪指控时，15名被告人中有5人完全否认自己有罪，8人部分地承认自己有罪，只有费费尔和捷乌明两人承认自己有罪。②但是，在接下来的庭审中，所有被告都推翻了他们在预审时的供词，言之凿凿地批驳了对他们从事反苏民族主义活动和向美国提供间谍情报的指控，并且向法庭证实，他们是在惨遭毒打或者不堪忍受的精神折磨的情况下，被迫在侦查员们捏造出来的供词上签字的。他们期待法庭能够还自己以清白。作为苏联情报局的领导人，洛佐夫斯基以无可辩驳的事实阐明了犹委会所从事的一切活动都是经过联共（布）中央委员会和苏联政府批准的，是在相关部门监督下进行的。他义正词严的指出，起诉书指控他们传递间谍情报简直是荒诞至极。作为多年从事秘密工作的行家里手，他怎么可能在传递谍报后还会在档案中给国家安全部留下情报的副件，授人以柄呢？国家安全部兴师动众，把一些文件、文章和书籍从意第绪语、英文翻译过来，并聘请了一大群专家进行鉴定，做出所谓的权威结论，但却不敢把那些用俄文写成、根本无需任何专家来进行鉴定的文件收进卷宗里。原因何在？只能说明这些文件当中没有任何一点点的机密情报。否则，国家安全部怎么可能允许把一个人告上法庭，在政治上和肉体上判处死刑，但却把可以拿来提出控告，作为定罪主要依据的文件秘而不宣呢？他据此断言："指控我传递了什么机密情报，指控我作为一名高级官员和中央委员，背着政府和党与美国某些新闻记者建立了什么间谍联系——这完全是捏造的！"③他抨击侦查员在42卷案卷当中伪造的证词是"把苍蝇变成大象，然后再去卖象牙"，并且拿15颗人头来换这根

---

① 《关于所谓"犹太人反法西斯委员会案件"》，载沈志华总主编：《苏联历史档案选编》，第28卷，第597页。
② Судебное следствие: В. П. Наумов, *Неправедный суд, Последний сталинский расстрел (стенограмма судебного процесса над членами Еврейского антифашистского комитета)*, с. 21-22.
③ Судебное следствие: Допрос подсудимых С. А. Лозовского, В. П. Наумов, *Неправедный суд, Последний сталинский расстрел (стенограмма судебного процесса над членами Еврейского антифашистского комитета)*, с. 184.

象牙。① 他理直气壮地表示:"如果法庭能够发现指控中有一行属实,如果你们即使有 5% 的把握能够认定我在 0.5% 的程度上犯了叛国罪,背叛了祖国、党和政府,那么我就应该被处死。"② 希梅利奥维奇是所有被告当中唯一宁死不屈的人。他在法庭上说:"我过去和现在都不承认在思想上或行动上犯了罪,或者有任何反党、反政府的罪行。"③ 什泰恩更是明确表示,她对自己在侦讯期间所做的供述"概不认可","因为其中没有一个字是我说的"④。被告们的无罪陈述以及他们对于党和国家的忠诚对法官们产生了极大的震撼,以至于使得整个案件的审判工作几度中断,难以为继。因此,开庭仅几天时间,"法庭就对该案侦查的充分性和客观性产生了直接怀疑"⑤。

事实上,整个审判过程从一开始就暗藏玄机。首先,按照此次审理组织者的意图,作为犹委会领导人的费费尔被列为第一个出庭的被告。对费费尔的审问是该案的关键,其目的就是"为整个审理过程定调,并摧垮其他被告的意志"⑥。由于费费尔早就与国家安全部达成了合作协议,所以,他不仅完全承认了起诉书上几乎所有的罪名,而且在近一个月的时间里顽固坚持对其他被告,特别是对作为犹委会组织者和主管领导的洛佐夫斯基所提出的各种严厉指控。洛佐夫斯基痛斥费费尔不要以为写

---

① Дополнительные показания подсудимых, В. П. Наумов, *Неправедный суд, Последний сталинский расстрел (стенограмма судебного процесса над членами Еврейского антифашистского комитета)*, с. 342.

② Судебное следствие: Допрос подсудимых С. А. Лозовского, В. П. Наумов, *Неправедный суд, Последний сталинский расстрел (стенограмма судебного процесса над членами Еврейского антифашистского комитета)*, с. 196.

③ Судебное следствие: Допрос подсудимых Б. А. Шимелиовича, В. П. Наумов, *Неправедный суд, Последний сталинский расстрел (стенограмма судебного процесса над членами Еврейского антифашистского комитета)*, с. 198.

④ Судебное следствие: Допрос подсудимых Л. С. Штерн, В. П. Наумов, *Неправедный суд, Последний сталинский расстрел (стенограмма судебного процесса над членами Еврейского антифашистского комитета)*, с. 320.

⑤ To Comrade Zhukov, G. K., Member of the Presidium of the Central Committee of the Communist Party of the Soviet Union, Arkady Vaksberg, *Stalin Against the Jews*, p. 231.

⑥ Судебное следствие: Допрос подсудимых И. С. Фефера, В. П. Наумов, *Неправедный суд, Последний сталинский расстрел (стенограмма судебного процесса над членами Еврейского антифашистского комитета)*, с. 38.

了3卷自供状，就可以充当原告的证人来告发所有人。① 但是，在审判进行到一半的时候，案情突然发生了戏剧性转折。6月6日，费费尔在秘密开庭（即其他被告回避）时推翻了自己所有的口供，并且供认自己是国家安全部的密探，化名"佐林"（Зорин）。② 他以大量事实揭穿了国家安全部炮制此案以及强迫他在法庭上做伪证的阴谋。他明确表示，指控戈德堡是美国间谍纯属捏造，控告犹委会与美国的犹太组织进行间谍活动毫无根据。③ "尽管犹委会在过去的工作中有个别错误，但它并非一个民族主义中心。"④

其次，国家安全部副部长留明一直在暗中干预案件的正常审理。在侦查起诉的最后阶段，布雷格曼、希梅利奥维奇、什泰恩和马尔基什已经撤回了他们的供词并且否认了他们的罪行。留明却对上级机关隐瞒了这一事实。由于苏联最高法院没有自己独立的审判大楼，军事审判庭只好临时借用国家安全部的会议室作为审判庭，不料这却为留明插手法庭审判提供了便利。留明不仅在审判庭内部安装了窃听设备，而且在休庭期间，指使侦查员一直给被告人施压。更为严重的是，当切普佐夫要求留明和他的助手格里沙耶夫上校给法庭提供指控戈德堡和诺维克是间谍的证据时，他们竟然抗命不遵。⑤

与此同时，最高法院军事审判庭还对国家安全部提供的鉴定结论进行了详细调查。结果发现其中存在着严重的疏漏和弄虚作假问题。最后，切普佐夫断定，没有证据证明犹委会蜕变成了一个从事反苏的民族

---

① Судебное следствие: Допрос подсудимых С. А. Лозовского, В. П. Наумов, *Неправедный суд, Последний сталинский расстрел (стенограмма судебного процесса над членами Еврейского антифашистского комитета)*, с.153.

② В. П. Наумов, *Неправедный суд, Последний сталинский расстрел (стенограмма судебного процесса над членами Еврейского антифашистского комитета)*, с.233.

③ Протоколы закрытых судебных заседаний 6 июня 1952 г., В. П. Наумов, *Неправедный суд, Последний сталинский расстрел (стенограмма судебного процесса над членами Еврейского антифашистского комитета)*, с.234-235.

④ Протокол закрытого судебного заседания 10 июля 1952 г., В. П. Наумов, *Неправедный суд, Последний сталинский расстрел (стенограмма судебного процесса над членами Еврейского антифашистского комитета)*, с.364-365.

⑤ To Comrade Zhukov, G. K., Member of the Presidium of the Central Committee of the Communist Party of the Soviet Union, Arkady Vaksberg, *Stalin Against the Jews*, pp.231-233.

主义活动的中心，个别未获证实的事实也证明不了犹委会与美国勾结从事间谍活动的指控。因此，"显而易见，在这个案件中，不可能用这样未经查证的和不可靠的材料去宣判"①。

在当时的苏联，切普佐夫是一位罕见的敢于维护司法公正性和客观性的有良知的法官。他试图把案卷退回国家安全部进行补充调查。为此，他在审判过程中多次乘休庭之机去拜访国家安全部部长伊格纳季耶夫，反映留明及其侦查员伪造证词的行为，但是没有得到任何支持。事实上，伊格纳季耶夫已经被正在炮制的"医生阴谋"案件搞得焦头烂额。斯大林甚至威胁他："如果你不揭露医生当中的恐怖分子、美国间谍，那么你就将待到阿巴库莫夫现在所待的地方。"②在这种情况下，伊格纳季耶夫哪里还顾得上去理会他早就心知肚明的"犹委会案"呢？

为了维护法律的尊严，1952年6月16日，切普佐夫暂时中止了"犹委会案"的庭审工作。他四处奔走，先后向苏联总检察长萨福诺夫、苏联最高法院院长沃林、联共（布）中央监察委员会主席什基里亚托夫、苏联最高苏维埃主席团主席尼·米·什维尔尼克、联共（布）中央政治行政部部长 Д. П. 德罗莫夫、联共（布）中央委员会书记波诺马连科汇报了该案的案情，提出必须进行补充调查。但是，这些领导人在了解他的意图后不是拒绝接见他，就是建议他向联共（布）中央委员会书记马林科夫提出呼吁。于是，切普佐夫"冒着开除党籍、失去功名的危险，可能也是冒着生命危险"③，打电话给马林科夫请求觐见，并说明了事情的原委。不久，马林科夫接见了切普佐夫，伊格纳季耶夫和留明在座。马林科夫听完切普佐夫的陈述后，让留明发表意见。留明指责切普佐夫"在对待人民敌人的问题上犯了自由主义"，说他"故意将审判推迟了两个月以便被告得以推翻之前在侦查中所做的供词"，而且控告他诽谤国家安全部。切普佐夫原以为会得到马林科夫的支持，但马林科夫却呵斥他说："你到底想干什么，让我们在这些罪犯面前下跪吗？别忘

---

① To Comrade Zhukov, G. K., Member of the Presidium of the Central Committee of the Communist Party of the Soviet Union, Arkady Vaksberg, *Stalin Against the Jews*, p. 233.

② To Beria from Ignatiev, March 27, 1953, 2. Jonathan Brent and Vladimir P. Naumov, *Stalin's Last Crime: The Doctors' Plot*, p. 186.

③ 〔俄〕列昂尼德·姆列钦：《历届克格勃主席的命运》，第398页。

了本案判决已经得到人民的批准。中央政治局对这一案件已经研究过3次，执行政治局决议！"①在这种情况下，切普佐夫已经无力回天。②

1952年7月11日，切普佐夫宣布"犹委会案"法庭调查完毕。在所有被告的最后陈述中，除了洛佐夫斯基、优素福维奇已经预感到大难临头之外，其余的人还幻想着出狱后能够继续为共产主义建设事业、为国家、为人民去奉献自己的力量和才智。③1952年7月18日，按照联共（布）中央政治局的指示，苏联最高法院军事审判庭对"犹委会案"做出宣判。根据《判决书》，洛佐夫斯基、费费尔、贝格尔森、优素福维奇、希梅利奥维奇、马尔基什、祖斯金、克维特科、戈夫施泰因、什泰恩、捷乌明、瓦滕贝格、塔尔米、瓦滕贝格-奥斯特洛夫斯卡娅的罪行可以归纳为两条：

一是与国外特别是美国的犹太民族主义集团相勾结，积极从事反苏民族主义活动。《判决书》指出，洛佐夫斯基等14人均系犹太民族主义分子，他们和狂热的犹太民族主义分子、曾经担任犹委会主席的米霍埃尔斯和责任书记爱泼斯坦一起，"打着犹委会的旗号在苏联犹太人中间从事敌对的民族主义活动"。为了反对党和苏联政府的民族政策，他们同美国及其他国家的犹太民族主义集团建立了罪恶的联系，并且按照美国犹太民族主义集团分配的任务，在犹委会下面创建了《团结报》、意第绪语《真理报》出版社、犹太文学丛刊、犹太剧院以及乌克兰科学院附属犹太文化研究室，以此为阵地在苏联国内外的犹太人中间广泛开展

---

① To Comrade Zhukov, G. K., Member of the Presidium of the Central Committee of the Communist Party of the Soviet Union, Arkady Vaksberg, *Stalin Against the Jews*, p.235. 所谓政治局决议，几乎就是1952年4月3日留明将起诉书呈送斯大林时在报告中提出的建议。在1957年6月28日的苏共中央全会上，马林科夫承认切普佐夫的确向他汇报过"犹委会案"的控告没有根据，但他说："这也在政治局会议上向斯大林同志汇报了。"参见《苏联共产党最后一个"反党"集团》，第780页。俄罗斯历史学家皮霍亚指出，在苏联，"对最重大的政治案件的判决，事先要经过国家领导人的批准，不论斯大林时代还是赫鲁晓夫、勃列日涅夫时代都是如此。"参见〔俄〕鲁·格·皮霍亚：《苏联政权史（1945—1991）》，第792页。
② 1953年7月24日，留明在接受审判时供认，"当法庭试图把这一案件退回进行补充调查时，我坚持法庭应根据现有材料做出判决。"参见 Arkady Vaksberg, *Stalin Against the Jews*, p.278.
③ Протокольная запись (последнего слова подсудимых), В. П. Наумов, *Неправедный суд, Последний сталинский расстрел (стенограмма судебного процесса над членами Еврейского антифашистского комитета)*, с.365-374.

民族主义宣传活动。他们还以争取物质援助、出版《黑皮书》、在克里木建立犹太共和国为名，与美国犹太民族主义者同流合污，大肆从事民族主义活动。

二是从事间谍活动，给美国情报人员提供国家机密情报。《判决书》指出，犹委会领导人经常给美国寄送关于苏联经济的情报、关于苏联犹太人状况的诽谤性情报和关于苏联犹太人作家情绪的情报，给美国间谍戈德堡、伊甘（Иган）等人提供关于苏联工业、交通运输、文化和工会工作的机密情报。这些犯罪事实证明他们已经把犹委会"变成了一个间谍和民族主义活动中心"①。

因此，苏联最高法院军事审判庭宣布洛佐夫斯基等14人犯了"背叛祖国罪、从事间谍活动罪及其他反革命罪行"。② 按照俄罗斯联邦刑法第58-1条a款之规定，对其所犯罪行数罪并罚，判处枪决，并没收全部财产；将什泰恩发配边远地区5年；所有案犯获得的各种奖章和勋章均予剥夺。判决书明确指出，"本判决为终审判决，不得上诉"③。尽管遭到留明的辱骂和要进行报复的威胁，切普佐夫依然否决了他提出的立即执行死刑的要求，给予所有已经判刑的人员向苏联最高苏维埃主席团提出上诉申请赦免的权利④，希望以此来为这些无辜的人争取最后一线生

---

① Приговор Военной Коллегии Верховного Суда СССР, В. П. Наумов, *Неправедный суд, Последний сталинский расстрел (стенограмма судебного процесса над членами Еврейского антифашистского комитета)*, с. 376-381; Главная военная прокуратура — в ЦК КПСС о реабилитации осужденных по делу ЕАК, 12 декабря 1955 г., Г. В. Костырченко, *Государственный антисемитизм в СССР. От начала до кульминации, 1938-1953*, с. 202.

② ВЕРХОВНЫЙ СУД СОЮЗА ССР ОПРЕДЕЛЕНИЕ № 0065/52, ВОЕННАЯ КОЛЛЕГИЯ ВЕРХОВНОГО СУДА СССР, В. П. Наумов, *Неправедный суд, Последний сталинский расстрел (стенограмма судебного процесса над членами Еврейского антифашистского комитета)*, с. 392.

③ Приговор Военной Коллегии Верховного Суда СССР, В. П. Наумов, *Неправедный суд, Последний сталинский расстрел (стенограмма судебного процесса над членами Еврейского антифашистского комитета)*, с. 381-382. 留明在给斯大林的报告中建议判处什泰恩流放边远地区10年，而法庭最后的判决是5年。由此也可以看出切普佐夫为保护这些无辜者所做的努力。

④ To Comrade Zhukov, G. K., Member of the Presidium of the Central Committee of the Communist Party of the Soviet Union, Arkady Vaksberg, *Stalin Against the Jews*, pp. 235-236; В. П. Наумов, *Неправедный суд, Последний сталинский расстрел (стенограмма судебного процесса над членами Еврейского антифашистского комитета)*, с. 374.

机。但是，斯大林杀意已决，没有任何挽回的余地了。①1952年8月12日，洛佐夫斯基、费费尔等13人被苏联国家安全部执行枪决。②布雷格曼因为身患重病于1952年6月16日住进监狱医院，1953年1月23日死于心力衰竭，故终止进一步的刑事诉讼。③俄罗斯学者雅可夫·拉波波特后来写道："苏联犹太文化被置于行刑队面前，它最优秀的代表被从肉体上消灭了。"④

（四）"犹委会案"在全国性反犹运动中的影响

"犹委会案"不仅是一个多幕剧，而且是一个连续剧。悲剧的规模并非局限于洛佐夫斯基等15名被告。"由于'犹委会'的活动，一大批苏联知识分子被镇压。"⑤1948—1952年，受此案件牵连而遭到逮捕并被追究刑事责任的犹太人还有110人，包括党务和苏维埃工作人员、学者、作家、诗人、记者、演员、国家机关和工业企业的职工。其中被判处极刑10人，25年劳改20人，20年劳改3人，15年劳改11人，10年劳改50人，8年劳改2人，7年劳改1人，5年劳改2人，10年流放

---

① "列宁格勒案件""犹委会案"等类似的重大政治案件，几乎都是由斯大林和联共（布）中央政治局根据苏联国家安全部的建议预先做出决定，苏联最高法院只能按照斯大林和联共（布）中央政治局的指示进行判决，所以俄罗斯著名学者列昂尼德·姆列钦一针见血地指出，"庭审只是一场闹剧"。参见 Е. Зубкова, Кадровая политика и чистки в КПСС (1949-1953гг.), Свободная мысль, 1999, № 4, с. 107; To Comrade Zhukov, G. K., Member of the Presidium of the Central Committee of the Communist Party of the Soviet Union, Arkady Vaksberg, *Stalin Against the Jews*, pp. 228, 235;〔俄〕列昂尼德·姆列钦：《历届克格勃主席的命运》，第373页。1957年6月28日，当马林科夫在苏共中央全会上承认切普佐夫曾向他汇报过犹委会案纯属捏造时，苏联总检察长鲁坚科质问他，"您要是到斯大林同志那里讲一下，说这些都没有根据，不就好了吗？"马林科夫回答说："他（指切普佐夫——笔者）讲的这一切，我不敢不向斯大林讲。"参见《苏联共产党最后一个"反党"集团》，第780页。
② Справка о приведении в исполнение приговора Военной Коллегии Верховного Суда СССР, В. П. Наумов, *Неправедный суд, Последний сталинский расстрел (стенограмма судебного процесса над членами Еврейского антифашистского комитета)*, с. 384.
③ Определение Военной Коллегии Верховного Суда СССР от 3 июня 1953 г. о прекращении уголовного дела по обвинению Л. С. Брегмана, В. П. Наумов, *Неправедный суд, Последний сталинский расстрел (стенограмма судебного процесса над членами Еврейского антифашистского комитета)*, с. 387.
④ Jonathan Brent and Vladimir P. Naumov, *Stalin's Last Crime: The Doctors' Plot*, p. 95.
⑤ 《苏共中央政治局大镇压事件复查委员会的简要报告（1988年12月25日）》，载沈志华总主编：《苏联历史档案选编》，第30卷，第633—634页。

1 人，侦查过程中死亡 5 人，仅有 5 人被捕后终止诉讼。① 例如，犹委会代理责任书记海费茨在犹委会被查封后不久，即被指控参加"有关犹太复国主义阴谋"而被捕，1952 年 8 月，受到单独审判，被判处在劳动集中营监禁 25 年，斯大林死后不久获释；《团结报》代理责任编辑日茨，1949 年被捕，1954 年 10 月死于狱中；犹委会主席团成员列夫·舍伊宁 1949 年被捕，被判处 10 年监禁；犹委会编辑内厄姆·列文、作家萨穆伊尔·拜尔索夫、记者马里亚姆·艾森施塔特、武装部队授衔委员会副主任阿伦·托卡里都因为被指控在犹委会的掩盖下从事反苏间谍活动和民族主义活动等罪名，先后于 1950 年 11 月到 1952 年 8 月遭到枪决；1953 年 1 月 13 日到 31 日，马尔基什的妻子以斯贴，儿子大卫（14岁）、西蒙（20 岁），女儿奥莉加（23 岁）以及侄儿尤里（23 岁），祖斯金的妻子埃达和女儿，克维特科的家人，贝格尔森的家人，优素福维奇的妻子玛利亚等先后遭到逮捕，2 月中旬被流放到哈萨克斯坦北部的荒漠地区，刑期 10 年②……

不仅如此，"犹委会案"就像一股可怕的龙卷风，在苏联社会四处盘旋肆虐，准备吞噬更多无辜的犹太人。③

如果我们把 1948—1953 年苏联当局制造的一系列反犹案件仔细加以研究就会发现，在这场全国性的反犹浪潮中，"犹委会案"就像一颗引人注目的"恒星"，其他许多反犹案件则像是一群"行星"围绕着它旋转运行，甚至一些案件本身就是从"犹委会案"当中派生出来的。就

---

① 《关于所谓"犹太人反法西斯委员会案件"》，载沈志华总主编：《苏联历史档案选编》，第 28 卷，第 598—599 页。另据苏共中央委员会政治局三四十年代至五十年代初镇压事件材料复查委员会的说法，"犹委会案"有 140 人被判刑，其中 23 人被判处极刑，20 人被判处 25 年监禁。参见《苏共中央政治局大镇压事件复查委员会的简要报告（1988 年 12 月 25 日）》，载沈志华总主编：《苏联历史档案选编》，第 30 卷，第 634 页。

② Louis Rapoport, *Stalin's War Against the Jews: The Doctors' Plot and the Soviet Solution*, pp. 189-190.

③ 根据斯大林的指示，留明开始设计一个新的以犹委会为中心的"总体规划"。其目的是炮制一个"贯穿整个苏联的所谓犹太人反苏中心"，把其他诸多"犹太人案件"都与"犹委会案"联系在一起。留明不仅准备把像卡冈诺维奇、莫洛托夫、爱伦堡这样的大人物牵涉进来，而且也要把由列夫·罗曼诺维奇·舍伊宁"领导"的一群犹太作家"颠覆破坏分子"囊括进来。参见 Shimon Redlich, *War, Holocaust and Stalinism: A Documented Study of the Jewish Anti-Fascist Committee in the USSR*, p. 151.

连斯大林正在密谋当中对于莫洛托夫、卡冈诺维奇等克里姆林宫高层领导人的清洗都与它有着密不可分的联系。因为在当时，苏联人对外交往是受到严格限制的，只有犹太人特别是犹委会与美国联系最广泛、最密切。所以，"犹太人将变成'运河'，美国的破坏活动就是通过它直接流进苏联政府，这条'运河'正威胁着要毁灭苏联政府"①。1951年10月，苏联国家安全部副部长留明在审问被捕的列·罗·舍伊宁时一语道破天机：因为美国"现在是我们的主要敌人"，所以，"在我们的时代，敌对活动和计划均与美国难脱干系"②。这一点在1948—1953年全国性的反犹运动中表现得尤为突出。

二、波林娜·热姆丘任娜案件

在苏联全国性的反犹浪潮中，波林娜·热姆丘任娜案件是一个具有特殊象征意义的案件。"在斯大林执政时期，莫洛托夫实际上是党和国家的第二号人物。"③作为莫洛托夫的夫人，热姆丘任娜的身份非常显赫。尽管她并非犹委会正式成员④，但是与犹委会关系密切。因此，从一开始她就被苏联国家安全部列为"犹委会案"中仅次于洛佐夫斯基的要犯。

根据贝利亚的观点，"热姆丘任娜案件发生于1949年，因逮捕犹委会领导人而产生"⑤。事实上，早在1948年3月1日，阿巴库莫夫就迫使

---

① Jonathan Brent and Vladimir P. Naumov, *Stalin's Last Crime: The Doctors' Plot*, p. 151.
② Protocol of interrogation of Sheinin, December 15, 1953, 1-2. Jonathan Brent and Vladimir P. Naumov, *Stalin's Last Crime: The Doctors' Plot*, p. 109.
③ 〔苏联〕安·安·葛罗米柯：《回首往事》（下），第892页；〔苏联〕费·丘耶夫：《同莫洛托夫的140次谈话》，第563页。
④ 国内外不少人把波林娜·热姆丘任娜当作犹委会正式成员甚至领导人，例如〔俄〕尼基塔·谢·赫鲁晓夫：《赫鲁晓夫回忆录》，第2卷，第984页；〔英〕马丁·吉尔伯特：《二十世纪世界史》，第2卷（下），1933—1951，第902页；Ж. А. Медведев, Сталин и «дело врачей», Новые материалы, *Вопросы истории*, 2003, № 1, c. 101；马龙闪：《苏联战后的意识形态批判和政治清洗运动》，《东欧中亚研究》2001年第6期，第79页；蓝英年、朱正：《从苏联到俄罗斯》，东方出版社2007年版，第19、311页。其实这一说法有误。经笔者查证，无论是犹委会对外发表的公开声明、主席团成员名单还是犹委会的正式成员名单里面，均未发现热姆丘任娜的名字。
⑤ Л. П. Берия— в президиум ЦК КПСС о результатах изучения обстоятельств ареста и

犹委会成员格林贝格在供词当中诬陷热姆丘任娜曾协助米霍埃尔斯进行反苏民族主义活动，蓄意把她卷进"犹委会案"中。1948年10月，热姆丘任娜被解除工作，转为轻工业部后备人员。11月20日，犹委会被查封后，国家安全部就开始整理有关热姆丘任娜的起诉材料。12月24日，费费尔和祖斯金被捕，国家安全部很快就安排他们与热姆丘任娜在中央委员会进行对质，为她罗织罪名。与此同时，斯大林在中央委员会里对莫洛托夫说："你应该同妻子离婚。"热姆丘任娜闻讯毫不犹豫地告诉莫洛托夫："假如这对党是必要的，那我们就离婚。"1948年底，两人离婚。①

从档案资料来看，热姆丘任娜案件完全是由斯大林一手策划的。1948年12月27日，联共（布）中央监察委员会主席什基里亚托夫和苏联国家安全部部长阿巴库莫夫根据斯大林的指示，完成了关于热姆丘任娜起诉材料的审核工作，并把结果上报斯大林。② 他们通过费费尔、祖斯金与热姆丘任娜进行对质以及对格林贝格、莫斯科犹太会堂负责人斯卢茨基的供词审查证实，热姆丘任娜拒不执行1939年联共（布）中央政治局就其"与政治上不可信的人交往"提出的警告，"长期和犹太民族主义分子保持密切关系，这些民族主义分子在政治上不值得信任，并有从事间谍活动的嫌疑"，特别是与对苏联政权持敌对态度的犹太民族主义分子领袖米霍埃尔斯关系密切；参加了米霍埃尔斯的葬礼，在和犹太民族主义分子祖斯金的交谈中谈论了关于米霍埃尔斯的死亡情况，这给敌对分子散布关于米霍埃尔斯死因的反苏挑衅性谣言提供了口实；参加了1945年3月14日在莫斯科犹太会堂举行的宗教仪式。这些事实表明热姆丘任娜"在政治上仍然表现得不得体"。因此，1948年12月29

（接上页）осуждения П. С. Жемчужиной, 12 мая 1953 г., Г. В. Костырченко, *Государственный антисемитизм в СССР. От начала до кульминации, 1938-1953*, с.164.

① 〔苏联〕费·丘耶夫：《同莫洛托夫的140次谈话》，第564—565页。

② М. Ф. Шкирятов и В. С. Абакумов — И. В. Сталину о результатах проверки обвинительных материалов против П. С. Жемчужиной, 27 декабря 1948 г., Г. В. Костырченко, *Государственный антисемитизм в СССР. От начала до кульминации, 1938-1953*, с.156. 此外，莫洛托夫晚年也明确指出斯大林在热姆丘任娜案件中的角色，"逮捕我妻子不可能不经他批准，事实上是根据他的指示干的。这是事实"。参见〔苏联〕费·丘耶夫：《同莫洛托夫的140次谈话》，第566页。

日，联共（布）中央政治局做出决定，"开除热姆丘任娜党籍"①。当对这一决议进行表决时，莫洛托夫投了弃权票。1949年1月5日，犹委会成员戈夫施泰因受审，国家安全部侦查员伪造其供词，对1945年热姆丘任娜到莫斯科犹太会堂参加悼念在二战中遭到屠杀的犹太人的祈祷仪式一事大肆渲染。②1949年1月11日，国家安全部强迫祖斯金在供词中诬告热姆丘任娜，说她散布苏联当局杀害米霍埃尔斯的谣言。尽管所有"被捕者中没有一个人在供词中给出任何具体事实，能够证明热姆丘任娜从事任何敌对活动"，但是，1949年1月26日，苏联国家安全部还是以"与犹太民族主义分子勾结，进行反党和反苏联政府的活动"的罪名逮捕了热姆丘任娜。③

热姆丘任娜被捕后，拒不承认从事过任何反苏犯罪行为，同时也完全否认与犹太民族主义分子保持联系的指控。④为了用一切手段证实其罪行，国家安全部特别重大案件侦查处副处长利哈乔夫和科马罗夫遵照阿巴库莫夫的命令，开始伪造审查材料，以便将热姆丘任娜没有犯过的罪行栽赃给她。⑤主要途径有两个：

一是在1949年毫无理由地逮捕了热姆丘任娜的许多亲属、同事和熟人，强迫他们"提供陷害热姆丘任娜的虚假供词"。其中包括：热姆

---

① Решение политбюро ЦК ВКП(б) об исключении П. С. Жемчужиной из партии, 29 декабря 1948 г., Г. В. Костырченко, *Государственный антисемитизм в СССР. От начала до кульминации, 1938-1953*, с.161-162.

② Из показаний Д. Н. Гофштейна о связях ЕАК и П. С. Жемчужиной с синагогой и об обстоятельствах инициации проекта еврейской республики в Крыму, 5 января 1949 г., Г. В. Костырченко, *Государственный антисемитизм в СССР. От начала до кульминации, 1938-1953*, с.149-150.

③ Л. П. Берия — в президиум ЦК КПСС о результатах изучения обстоятельств ареста и осуждения П. С. Жемчужиной, 12 мая 1953 г., Г. В. Костырченко, *Государственный антисемитизм в СССР. От начала до кульминации, 1938-1953*, с.164.

④ Из протокола допроса П. С. Жемчужиной и её очной ставки с С. А. Лозовским, 10 февраля 1949 г., Г. В. Костырченко, *Государственный антисемитизм в СССР. От начала до кульминации, 1938-1953*, с.162. 事实上，热姆丘任娜同犹委会的联系、到犹太会堂参加活动都是党交给的任务，斯大林当然知道，但是她不敢将实情告诉审判员，所以只能矢口否认。参见〔俄〕爱德华·拉津斯基：《斯大林秘闻——原苏联秘密档案最新披露》，第624页。

⑤ Л. П. Берия — в президиум ЦК КПСС о результатах изучения обстоятельств ареста и осуждения П. С. Жемчужиной, 12 мая 1953 г., Г. В. Костырченко, *Государственный антисемитизм в СССР. От начала до кульминации, 1938-1953*, с.164.

丘任娜的妹妹、家庭主妇 P. C. 列什尼娅夫斯卡娅；热姆丘任娜的哥哥、退休人员 A. C. 卡尔波夫斯基；热姆丘任娜的侄子、苏联航空工业 339 厂厂长 И. И. 施泰因贝格；热姆丘任娜的侄子、苏联渔业人民委员会林木包装业总管理局局长人事助理 C. M. 戈洛瓦涅斯基；苏联轻工业人民委员会纺织百货业总管理局总工程师、副局长 B. H. 伊万诺夫；苏联轻工业人民委员会人事局局长 C. И. 梅利尼克-索科林斯卡娅；苏联渔业人民委员会供应局局长 M. Я. 卡尔波夫斯基；苏联食品工业人民委员会高级督察 E. M. 列万多；热姆丘任娜的秘书 A. T. 韦尔博夫斯卡娅；速记员卡尔塔舍娃；娜杰日达·卡涅里……所有这些人在侦查过程中都受到各种各样的侮辱、威胁甚至惨无人道的刑讯逼供。列什尼娅夫斯卡娅、M. Я. 卡尔波夫斯基在监狱中因严刑拷打致死；伊万诺夫因严刑拷打致残，身患重病，并丧失了语言能力。施泰因贝格在 1949 年 8 月 2 日深夜被捕，然后被关押到列福尔托沃监狱。因为拒绝承认和热姆丘任娜一起从事反动的犹太民族主义活动，阿巴库莫夫指示科马罗夫挑选两名身强力壮的侦查员，对他大打出手。科马罗夫一下就打掉了施泰因贝格两颗牙，接着把他拖到扶手椅上用橡胶棍殴打，还脱掉施泰因贝格的鞋，用橡胶棍打他的脚底和脚后跟。审问从晚上 12 点一直持续到凌晨四五点才结束。犯人每天至多只能睡两三个小时。第 7 次审问之后施泰因贝格再也坚持不住了，不得不同意提供关于自己和热姆丘任娜从事"敌对"活动的供词。曾经担任热姆丘任娜秘书的梅利尼克-索科林斯卡娅同样长期受到夜以继日的审问，因为一直拒绝做伪证，最后被折磨得身体虚脱和精神崩溃。科马罗夫不仅恐吓她要给她施以各种酷刑，而且声称要逮捕她的丈夫和女儿列娜，把她的另一个女儿送入孤儿院，强迫她在陷害热姆丘任娜的虚假供词上签了字。尽管如此，阿巴库莫夫仍然认为这些供词对热姆丘任娜的诬陷力度不够，最后又命令布罗维尔曼和科马罗夫重新编造梅利尼克-索科林斯卡娅和伊万诺夫的审讯记录，并倒填日期，以此来伪造供词。[①] 同时，国家安全部还使用暴力迫使苏联

---

① Л. П. Берия— в президиум ЦК КПСС о результатах изучения обстоятельств ареста и осуждения П. С. Жемчужиной, 12 мая 1953 г.; Из показаний И. С. Фефера о деятельности ЕАК и его руководства, 26 марта 1949 г., Г. В. Костырченко, *Государственный антисемитизм в СССР. От начала до кульминации, 1938-1953*, c. 165-169.

轻工业部的两个男人出面做证，诬陷热姆丘任娜与他们有性行为，对丈夫不忠，让热姆丘任娜饱受羞辱。①

二是在审讯犹委会案被告过程中为热姆丘任娜捏造罪名。洛佐夫斯基、费费尔、祖斯金、希梅利奥维奇、戈夫施泰因、马尔基什、什泰恩都先后被逼迫提供热姆丘任娜从事反苏犹太民族主义活动的证词。为了证实热姆丘任娜与米霍埃尔斯及其他民族主义分子相勾结，1948年12月底到1949年2月上旬，国家安全部还先后安排费费尔、祖斯金和洛佐夫斯基等人与热姆丘任娜进行了对质。②

经过一年多"卖劲地去搜寻"③，苏联国家安全部兴师动众，机关算尽，终于给热姆丘任娜编造出一系列罪名：长期与那些最后证实为人民敌人的人保持密切关系，特别是与米霍埃尔斯这样的反苏犹太民族主义分子保持联系，利用自己的职位在政府部门帮助他们传播诽谤性政治言论和声明，充当他们的谋士和庇护者④；1945年3月14日，带着哥哥参加了莫斯科犹太会堂的祈祷仪式⑤；1948年1月16日，参加犹太民族主义分子领袖米霍埃尔斯的葬礼长达6个小时，并且在和犹太民族主义分子祖斯金的谈话中散布米霍埃尔斯被苏联当局杀害的谣言⑥；1944年与米

---

① 〔德〕马尔塔·萨德：《斯大林的女儿》，第178页；〔俄〕尼基塔·谢·赫鲁晓夫：《赫鲁晓夫回忆录》，第2卷，第985页。

② М. Ф. Шкирятов и В. С. Абакумов—И. В. Сталину о результатах проверки обвинительных материалов против П. С. Жемчужиной, 27 декабря 1948 г.; Из протокола допроса П. С. Жемчужиной и её очной ставки с С. А. Лозовским, 10 февраля 1949 г., Г. В. Костырченко, *Государственный антисемитизм в СССР. От начала до кульминации, 1938-1953*, с.156-160, 162-164.

③ 〔苏联〕费·丘耶夫：《同莫洛托夫的140次谈话》，第563页。

④ М. Ф. Шкирятов и В. С. Абакумов — И. В. Сталину о результатах проверки обвинительных материалов против П. С. Жемчужиной, 27 декабря 1948 г.; Из протокола допроса П. С. Жемчужиной и её очной ставки с С. А. Лозовским, 10 февраля 1949 г., Г. В. Костырченко, *Государственный антисемитизм в СССР. От начала до кульминации, 1938-1953*, с.156-157, 163.

⑤ М. Ф. Шкирятов и В. С. Абакумов — И. В. Сталину о результатах проверки обвинительных материалов против П. С. Жемчужиной, 27 декабря 1948 г.; Из показаний Д. Н. Гофштейна о связях ЕАК и П. С. Жемчужиной с синагогой и об обстоятельствах инициации проекта еврейской республики в Крыму, 5 января 1949 г., Г. В. Костырченко, *Государственный антисемитизм в СССР. От начала до кульминации, 1938-1953*, с.159, 150.

⑥ Судебное следствие: Допрос подсудимых Б. А. Шимелиовича; Допрос подсудимых В. Л. Зускина, В. П. Наумов, *Неправедный суд, Последний сталинский расстрел (стенограмма судебного процесса над членами Еврейского антифашистского комитета)*, с.212, 309.

霍埃尔斯一起协商推动在克里木建立犹太共和国的方案①；1939 年帮助国家犹太剧院组织了 20 周年庆典，帮助米霍埃尔斯获得了列宁勋章以及苏联人民演员的称号，同时为把莫斯科犹太剧院提升至联盟级别提供了很大帮助。②莫洛托夫后来回忆说，斯大林在联共（布）中央政治局会议上宣读了肃反人员对热姆丘任娜的指控，其中包括她"同犹太复国组织有联系，同以色列大使果尔达·梅厄有联系。他们想把克里米亚变成犹太自治州……她同米霍埃尔斯关系很好"，并且说她"策划谋杀斯大林"③。

但是，这些似是而非、子虚乌有的指控根本无法拿来给热姆丘任娜定罪，用莫洛托夫的话说，就是"抓不到把柄"④。因此，1949 年 12 月，苏联国家安全部不得不结束对热姆丘任娜案件的审理。"由于缺乏证据，无法将案件移交司法机关，苏联国家安全部特别会议决定判处热姆丘任娜 5 年徒刑，流放哈萨克共和国库斯塔奈州。"与此同时，因受牵连而被捕的热姆丘任娜的亲属、同事和熟人也被国家安全部特别会议判处不同的刑期，或者关押在弗拉基米尔监狱隔离囚室里，或者关押在严重危害国家安全罪罪犯的集中营，"成为国家安全部的牺牲品"⑤。

斯大林炮制热姆丘任娜案的目的可以说是一箭双雕：

一是消灭犹太人中令其怀疑的危险人物，特别是身居高位者。米霍埃尔斯、洛佐夫斯基、热姆丘任娜等都被视为这样的人。因为热姆丘任娜与米霍埃尔斯关系比较密切，所以斯大林一开始就计划把她纳入"犹委会案"。她和洛佐夫斯基在同一天（1949 年 1 月 26 日）被捕。直到

---

① Судебное следствие: Допрос подсудимых С. А. Лозовского, В. П. Наумов, *Неправедный суд, Последний сталинский расстрел (стенограмма судебного процесса над членами Еврейского антифашистского комитета)*, с. 179.

② М. Ф. Шкирятов и В. С. Абакумов— И. В. Сталину о результатах проверки обвинительных материалов против П. С. Жемчужиной, 27 декабря 1948 г.; Из показаний П. Д. Маркиша о деятельности ЕАК и его руководителей, 28 марта 1949 г., Г. В. Костырченко, *Государственный антисемитизм в СССР. От начала до кульминации, 1938-1953*, с. 157, 175.

③ 〔苏联〕费·丘耶夫：《同莫洛托夫的 140 次谈话》，第 563—564 页。莫洛托夫说"他们想把克里米亚变成犹太自治州"可能系口误，根据上文，应该是"他们想把克里米亚变成犹太共和国"。

④ 〔苏联〕费·丘耶夫：《同莫洛托夫的 140 次谈话》，第 563 页。

⑤ Л. П. Берия—в президиум ЦК КПСС о результатах изучения обстоятельств ареста и осуждения П. С. Жемчужиной, 12 мая 1953 г., Г. В. Костырченко, *Государственный антисемитизм в СССР. От начала до кульминации, 1938-1953*, с. 166.

1950年3月底，当"犹委会案"的侦查工作已经结束的时候，热姆丘任娜仍被列为该案被告人。①但是到了后来，当国家安全部重新部署"犹委会案"的时候，热姆丘任娜因为没有历史问题，也没有参加过与布尔什维克对立的党派，所以被另案处理。②

二是通过热姆丘任娜搜集莫洛托夫的材料，为搞垮莫洛托夫做好准备。③热姆丘任娜案从一开始就是与莫洛托夫的沉浮联系在一起的。1948年3月1日，阿巴库莫夫迫使格林贝格在供词中诬陷热姆丘任娜，不久斯大林就免去莫洛托夫主持苏联部长会议常设局会议的权力。莫洛托夫后来回忆说，当斯大林在政治局会议上宣读肃反人员呈送的有关热姆丘任娜的材料时，"我的双膝都颤抖了"。④1948年12月29日，当联共（布）中央政治局表决开除热姆丘任娜党籍时，只有莫洛托夫一人投了弃权票。1949年1月20日，莫洛托夫在给斯大林的绝密信中，对自己的这一行为深表忏悔，经过思考，他决定"投票支持中央委员会的决议"。他说："我承认犯了严重错误，没有及时阻止我最亲近的人热姆丘任娜走上错误的道路，与米霍埃尔斯这样的反苏犹太民族主义分子保持联系。"⑤但是悔之晚矣。在热姆丘任娜被捕一个多月后，1949年3月4日，莫洛托夫也被解除了已经担任10年之久的外交部长职务。

此后，莫洛托夫每天上班都要带着警卫，坐着黑色高级小轿车路过国家安全部所在的大楼。热姆丘任娜就在那里受讯，但他却爱莫能助，甚至连她的消息都不敢去打听。因为莫洛托夫的命运还没有最终决定，所以热姆丘任娜没有遭到拷打。同时，因为当时清洗莫洛托夫的时机还未成熟，斯大林才决定把热姆丘任娜暂予流放。在库斯塔奈州流放地，

---

① Судебное следствие: Допрос подсудимых С. А. Лозовского, В. П. Наумов, *Неправедный суд, Последний сталинский расстрел (стенограмма судебного процесса над членами Еврейского антифашистского комитета)*, с. 194.
② To Comrade Zhukov, G. K., Member of the Presidium of the Central Committee of the Communist Party of the Soviet Union, Arkady Vaksberg, *Stalin Against the Jews*, pp. 230-231.
③ 〔苏联〕费·丘耶夫：《同莫洛托夫的140次谈话》，第555、568页。
④ 〔苏联〕费·丘耶夫：《同莫洛托夫的140次谈话》，第563页。
⑤ В. М. Молотов — И. В. Сталину о своей ошибке при голосовании по решению ЦК ВКП(б) об исключении П. С. Жемчужиной из партии, 20 января 1949 г., Г. В. Костырченко, *Государственный антисемитизм в СССР. От начала до кульминации, 1938-1953*, с. 162.

热姆丘任娜被称为"第12号对象",一直受到密探的严密跟踪和监视。①

三、比罗比詹案件

在苏联全国性反犹主义浪潮中,比罗比詹作为苏联唯一的犹太自治州同样没有逃脱厄运。其主要领导人几乎悉遭清洗。

档案表明,比罗比詹案件完全是由苏联国家安全部领导人阿巴库莫夫、留明、戈格利泽等人炮制的。②同时,这一案件一开始就受到斯大林等苏联领导人的高度关注。1949年6月25日,斯大林亲自签发了《联共(布)中央委员会政治局关于更换犹太自治州领导人的决议》,指出犹太自治州党委第一书记亚·纳·巴赫穆茨基(Бахмутский)以及州执行委员会主席米·叶·列维京(Левитина)"在意识形态及经济建设工作中犯了严重的政治错误"。这些错误包括他们"消极对待本州中出现的资产阶级民族主义倾向",致使该州舆论界民族主义分子活跃,宣传和鼓吹犹太复国主义民族主义观点;党政领导班子没有做到选贤任能;长期与"美国-比罗比詹"委员会保持联系,并接受其施舍物,助长了犹太自治州居民的亲美主义和资产阶级民族主义情绪;没有对敌对势力利用本州公民与美国建立的多方面的私人联系进行渗透宣传做好防范;宣传把犹太自治州变成联盟共和国的空想计划;没有很好的领导本州的经济文化发展工作,导致本州经济发展落后,居民生活恶化。因此,联共(布)中央政治局决定给予巴赫穆茨基和列维京警告处分,解除其职务;同时"责成哈巴罗夫斯克边疆区党委采取措施,以在政治上经过考验的领导队伍巩固犹太自治州党和苏维埃机构"③。

1949年7月,哈巴罗夫斯克边疆区党委按照斯大林的指示,开始

---

① 〔俄〕爱德华·拉津斯基:《斯大林秘闻——原苏联秘密档案最新披露》,第624页。
② Определение военной коллегии Верховного суда СССР об отмене приговора по делу о руководстве ЕАО, 28 декабря 1955 г., Г. В. Костырченко, *Государственный антисемитизм в СССР. От начала до кульминации, 1938-1953*, с.230-231.
③ Решение политбюро ЦК ВКП(б) о смене руководства Еврейской автономной области, 25 июня 1949 г., Г. В. Костырченко, *Государственный антисемитизм в СССР. От начала до кульминации, 1938-1953*, с.212-213.

对犹太自治州领导干部进行清洗。①8月5日，犹太自治州第七届党代会召开，有26名与会代表先后做了发言。他们不仅表示完全拥护联共（布）中央的决定，而且对此前犹太自治州党委会和州执行委员会的活动提出了"罕见的严厉批评"，揭发了巴赫穆茨基等人与犹委会、"美国－比罗比詹"委员会甚至一些人民的敌人相互串通，在犹太自治州极力支持、宣传资产阶级民族主义，企图把犹太自治州彻底犹太化方面的许多重大政治错误。在新的一届犹太自治州党委会选举中，犹太自治州党委会第二书记克利缅科、书记布罗欣（Брохин）、党的城市委员会书记库什尼尔、州国家安全部前任领导布兰斯堡、《比罗比詹之星》报责任编辑米·马·弗拉德金因为"在对待巴赫穆茨基和列维京的错误方面态度温和"等原因而落选；犹太自治州执行委员会副主席亚尔米茨基（Ярмицкий）、比罗比詹市执行委员会主席斯皮瓦科夫斯基、奥布卢奇耶区党委会第一书记亚库鲍夫斯基、犹太自治州党委会计划财经贸易部领导人乌兹金、《比罗比詹之星》报编辑诺·莫·弗里德曼同时落选，并且被撤职。在新当选的57位犹太自治州党委会委员和11位候补委员中，俄罗斯族占42人，犹太族只有16人。原州委会成员仅23人留任。②

不久，清洗开始升级。1949年8月18日，犹太自治州党委以巴赫穆茨基"在州党代会上讨论关于自己及其他人的问题时表现得不诚实"为由，决定把他开除出党。③1950年2月1日，巴赫穆茨基致函马林科夫，对犹太自治州党代会强加给自己的种种不实罪名做了澄清和说明，表明自己"从来都不是资产阶级民族主义分子"，在任何时候都忠诚于党的事业④，但是，1950年4月15日，联共（布）中央监察委员会

---

① В. В. Денисов и т. д., *Составители ЦК ВКП（б）и региональные партийные комитеты 1945-1953гг.*, Москва: РОССПЭН, 2004, с.209.

② Информация представителей ЦК ВКП(б) об осуждении делегатами партконференции ЕАО бывших руководителей этой области, 5 августа 1949 г., Г. В. Костырченко, *Государственный антисемитизм в СССР. От начала до кульминации, 1938-1953*, с.214-218.

③ Определение военной коллегии Верховного суда СССР об отмене приговора по делу о руководстве ЕАО, 28 декабря 1955 г., Г. В. Костырченко, *Государственный антисемитизм в СССР. От начала до кульминации, 1938-1953*, с.229.

④ Бывший первый секретарь обкома ВКП(б) ЕАО — в ЦК ВКП(б) с просьбой разобраться в его деле, 1 февраля 1950 г., Г. В. Костырченко, *Государственный антисемитизм в СССР. От начала до кульминации, 1938-1953*, с.218-220.

依然通过决议，开除了他的党籍。与此同时，犹太自治州执行委员会主席米·纳·济里别尔斯坦①、州党委宣传部书记济·萨·布罗欣、州执行委员会书记阿·门·鲁滕伯格（Рутенберг）、《比罗比詹》论丛主编哈·伊·马利金斯基、《比罗比詹之星》报责任编辑米·马·弗拉德金因犯"民族主义性质的政治错误"而被解除职务。②

紧接着，更大的灾难开始降临。1950—1951 年，根据阿巴库莫夫、戈格利泽的指示，苏联国家安全部利用犹太自治州领导人所犯的个别错误，在调查研究过程中非法逮捕了巴赫穆茨基、济里别尔斯坦、列维京、布罗欣、鲁滕伯格、弗拉德金、马利金斯基和弗里德曼等 8 人，并且对他们实施了非法审讯。他们的错误均被视为"有预谋的反革命犯罪行为"。在苏联国家安全部立案侦查和苏联最高法院军事审判庭开庭审判过程中，所有人"都否认自己从事过反苏活动，只承认在领导自治州的实际工作中犯了一些政治错误"③。但是，这些申诉毫无作用。为了证实所有被告的反革命罪行，苏联国家安全部组织专家委员会对布罗欣、济里别尔斯坦、鲁滕伯格、巴赫穆茨基、列维京、弗拉德金等人寄往美国的有关犹太自治州政治、经济、文化的材料和照片以及根据美国人要求提供的信息进行了鉴定，结论是他们均涉嫌"泄露国家机密"；对济里别尔斯坦、布罗欣及鲁滕伯格在《比罗比詹》论丛上发表的文章进行鉴定的结果也表明，他们"公开宣传资产阶级民族主义的反动思想"，并且是这种思想的鼓动者。④ 1952 年 2 月 20 日，巴赫穆茨基在法庭上明确指出，他在 1944 年成为犹委会的一名成员，但"并不了解他们的活动，一共也没参加过几次委员会的会议"。1946 年和 1947 年，他应

---

① 1947 年到 1949 年，济里别尔斯坦因为离职上学，由列维京代替他担任犹太自治州执行委员会主席一职。
② Определение военной коллегии Верховного суда СССР об отмене приговора по делу о руководстве ЕАО, 28 декабря 1955 г., Г. В. Костырченко, *Государственный антисемитизм в СССР. От начала до кульминации, 1938-1953*, с.229.
③ Определение военной коллегии Верховного суда СССР об отмене приговора по делу о руководстве ЕАО, 28 декабря 1955 г., Г. В. Костырченко, *Государственный антисемитизм в СССР. От начала до кульминации, 1938-1953*, с.229.
④ Заключение экспертной комиссии по материалам, инкриминируемым следствием бывшему руководству ЕАО, 9 ноября 1951 г., Г. В. Костырченко, *Государственный антисемитизм в СССР. От начала до кульминации,1938-1953*, с.220-223.

米霍埃尔斯、《团结报》编辑库什尼罗夫要求,先后在犹委会做过两次有关犹太自治州发展状况的报告,目的是"为了向犹委会证明自治州是有发展前景的",改变犹委会中反对犹太自治州的那些人的错误看法,向他们展示犹太自治州在苏联党和政府的关心下"所取得的成绩"①。但是,1952 年 2 月 20—23 日,苏联最高法院军事审判庭根据苏联国家安全部的虚假控告,在"没有传唤证人,也没有对相关证据进行检查"的情况下,以"从事反苏民族主义活动及间谍活动"②为名,对巴赫穆茨基等 8 名被告人进行了审理③,并认定他们犯了以下罪行:

第一,从事反苏民族主义活动。其主要表现是巴赫穆茨基、济里别尔斯坦和列维京等人一起在工作中向犹太自治州的犹太居民灌输比罗比詹是犹太人的,犹太人应该在此聚居的思想,在一些中学强制学生学习犹太语。布罗欣、鲁滕伯格、马利金斯基、弗里德曼、弗拉德金则追随巴赫穆茨基等人,在《比罗比詹之星》报、《比罗比詹》论丛上刊登了一系列宣传和赞美资产阶级犹太民族主义分子费费尔、米霍埃尔斯以及作家米勒、华塞尔曼等人的文章,以发展犹太文化为名给犹太民众灌输民族主义思想。

第二,与"美国-比罗比詹"委员会保持联系。巴赫穆茨基、济里别尔斯坦、列维京在没有得到苏联有关政府部门批准的情况下,长期与"美国-比罗比詹"委员会保持直接的书信往来,泄露了一系列包含苏联国家机密的资料;收受该委员会寄来的所谓物品,并且在给本州居民分配这些物品中存在以权谋私的行为。

第三,通过犹委会向美国传送包含苏联国家机密的情报,同时在发言中、在出版物上存在泄密行为。与犹委会之间的联系成为巴赫穆茨基等犹太自治州领导人的一大罪状。1956 年苏共中央监察委员会在给巴赫

---

① Из показаний А. Н. Бахмутского на суде, 20 февраля 1952г., Г. В. Костырченко, *Государственный антисемитизм в СССР. От начала до кульминации,1938-1953*, с. 223-224.

② Р. А. Руденко — в ЦК КПСС о реабилитации бывших руководителей ЕАО, 29 ноября 1955г., Г. В. Костырченко, *Государственный антисемитизм в СССР. От начала до кульминации,1938-1953*, с. 224.

③ Определение военной коллегии Верховного суда СССР об отмене приговора по делу о руководстве ЕАО, 28 декабря 1955г., Г. В. Костырченко, *Государственный антисемитизм в СССР. От начала до кульминации, 1938-1953*, с. 229.

穆茨基恢复党籍的决议中指出，联共（布）中央对巴赫穆茨基的警告处分以及开除其党籍的决定均"受到了人民的敌人贝利亚-阿巴库莫夫阴谋制造的陷害前犹委会成员案件的影响"①。作为犹委会成员，巴赫穆茨基被指控在1944—1948年为了从事危害苏联的破坏活动，与犹委会成员费费尔、库什尼罗夫等人保持联系。根据库什尼罗夫和米霍埃尔斯安排的任务，巴赫穆茨基于1946年和1947年在犹委会里做了两场报告，泄露了有关犹太自治州的政治、经济机密。同时，他还经常在犹委会出版的《团结报》上发表文章，宣传自己的民族主义观点。②

犹委会成员"与美国情报人员有联系"这一虚假罪名也成为指控巴赫穆茨基系"资产阶级民族主义分子"的依据。③1952年初，在对巴赫穆茨基等人进行审判过程中，马林科夫等联共（布）中央领导人指控他们"在莫斯科的犹委会间谍们帮助下，假装试图在远东建立一个犹太人国家"，而其真实目的则是把比罗比詹从苏联分裂出去，出卖给美国人或日本人。有关比罗比詹的机密情报就是由他们交给费费尔，再由费费尔传递给美国人的。④而国家安全部伪造的有关巴赫穆茨基等人的供词也成为"犹委会案"当中洛佐夫斯基、费费尔、贝格尔森等人的犯罪证据，尽管他后来已经推翻了自己的口供。⑤由此可见，犹太自治州领导人案件与"犹委会案"是密不可分的。

---

① Предложение КПК при ЦК КПСС о восстановлении А. Н. Бахмутского в партии, 18 февраля 1956 г., Г. В. Костырченко, *Государственный антисемитизм в СССР. От начала до кульминации, 1938-1953*, с.232.

② Р. А. Руденко — в ЦК КПСС о реабилитации бывших руководителей ЕАО, 29 ноября 1955 г.; Определение военной коллегии Верховного суда СССР об отмене приговора по делу о руководстве ЕАО, 28 декабря 1955 г., Г. В. Костырченко, *Государственный антисемитизм в СССР. От начала до кульминации, 1938-1953*, с.224-231.

③ Предложение КПК при ЦК КПСС о восстановлении А. Н. Бахмутского в партии, 18 февраля 1956 г., Г. В. Костырченко, *Государственный антисемитизм в СССР. От начала до кульминации, 1938-1953*, с.232.

④ Shimon Redlich, *War, Holocaust and Stalinism: A Documented Study of the Jewish Anti-Fascist Committee in the USSR*, p.150.

⑤ Судебное следствие: Допрос подсудимых Д. Р. Бергельсона; ВЕРХОВНЫЙ СУД СОЮЗА ССР ОПРЕДЕЛЕНИЕ № 0065/52, ВОЕННАЯ КОЛЛЕГИЯ ВЕРХОВНОГО СУДА СССР, В. П. Наумов, *Неправедный суд, Последний сталинский расстрел (стенограмма судебного процесса над членами Еврейского антифашистского комитета)*, с.87-88, 391.

根据上述"事实",苏联最高法院军事审判庭判决巴赫穆茨基、济里别尔斯坦剥夺人身自由 25 年及政治权利 5 年;判处列维京、布罗欣、马利金斯基、弗拉德金和弗里德曼到劳动改造营改造 25 年,剥夺政治权利 5 年,没收其全部财产;判处鲁滕伯格到劳动改造营改造 10 年,剥夺政治权利 5 年,没收其全部财产。①

在苏联当局此次对比罗比詹犹太自治州实施的反犹大清洗中,受到打击最大的是官员、作家和艺术家,其残酷程度甚至超过了 1930 年代大清洗时期。② 俄罗斯著名历史学家 Г. В. 科斯特尔琴科把这悲惨的一幕称为"红色锡安"神话的破灭。③ 到 1952 年和 1953 年初,犹太自治州更是沦为一个因经济犯罪被判处劳动改造的犹太人的流放地。④

四、医生案件

"医生案件"亦称"医生破坏者案件""医生谋杀案""医生谋杀事件""医生阴谋"和"克里姆林宫医生案件"等。在 1948—1953 年苏联全国性的反犹浪潮中,这一案件不仅在苏联国内曾经"轰动一时"⑤,而且引起了英美领导人和世界舆论的关注,被称为"世纪的挑衅"⑥。随着一些绝密档案的解密,整个案件的真相基本上已经大白于天下:"'医生阴谋'并非医生反对政府的阴谋,而是政府反对犹太医生的阴谋",它是"由国家发起的、为斯大林政治意图服务的巨大阴谋"⑦。1956 年 2 月,

---

① Определение военной коллегии Верховного суда СССР об отмене приговора по делу о руководстве ЕАО, 28 декабря 1955 г., Г. В. Костырченко, *Государственный антисемитизм в СССР. От начала до кульминации, 1938-1953*, с. 226.

② Benjamin Pinkus, *The Soviet Government and the Jews: 1948-1967, A Documented Study*, pp. 372-373.

③ Г. В. Костырченко, *Государственный антисемитизм в СССР. От начала до кульминации, 1938-1953*, с. 212.

④ Benjamin Pinkus, *The Soviet Government and the Jews: 1948-1967, A Documented Study*, p. 373.

⑤ Л. П. Берия— в президиум ЦК КПСС о реабилитации арестованных по «делу врачей-вредителей», 1 апреля 1953 г., Г. В. Костырченко, *Государственный антисемитизм в СССР. От начала до кульминации, 1938-1953*, с. 482.

⑥ Jonathan Brent and Vladimir P. Naumov, *Stalin's Last Crime: The Doctors' Plot*, pp. 1, 3.

⑦ Jonathan Brent and Vladimir P. Naumov, *Stalin's Last Crime: The Doctors' Plot*, pp. 3-4.

赫鲁晓夫在苏共二十大上所做的秘密报告中指出："斯大林逝世后，我们审查这个'案件'时发现，它从头到尾都是捏造的。"① 所以，他直言不讳："'医生谋杀案'对我们是一个很丢脸的事。"② 既然如此，那么这个惊天大案是如何炮制出来的呢？

(一)"医生案件"的始作俑者及其初衷

"医生案件"是由谁炮制的？关于这个问题有多种不同的观点。

贝利亚认为，"医生案件"完全是由留明一手炮制的。1953年4月1日，苏联内务部③部长贝利亚就该案平反问题在给苏共中央主席团的报告中指出：1952年，苏联国家安全部出现了一起所谓的间谍-恐怖主义分子医生团伙案件。这些医生的任务似乎是通过恶意治疗来缩短苏联国务活动家的生命。鉴于此案特别重要，苏联内务部决定对所有涉嫌对苏联领导人采取危害行为、间谍行为和恐怖行动的医生案件的侦查材料和其他资料进行详细审查。结果证实，此案"自始至终都是由前国家安全部副部长留明挑拨臆造的"。贝利亚说，1951年6月，留明在担任国家安全部特别重大案件侦查处侦查员期间，"出于罪恶的升迁目的"，利用已经被捕入狱的享誉世界的心脏病专家雅·吉·埃廷格尔教授几份没有签字的供词，杜撰了存在一个间谍-恐怖主义医生团伙的谎言。这就是挑拨性"医生破坏者案件"的肇端。所以，贝利亚把留明称为"该案的始作俑者"④。亚历山大·索尔仁尼琴同样认为留明是"医生案件"的策划者。⑤

俄罗斯著名历史学家罗伊·梅德韦杰夫认为，"医生案件"的发起者是联共（布）中央书记马林科夫，并且得到贝利亚的支持。原因是

---

① 《赫鲁晓夫的秘密报告》，参见〔意〕维·维达利：《"苏联共产党第二十次代表大会"日记》，第275页。
② 《赫鲁晓夫在七月全会上关于贝利亚问题的发言（摘录）（1953年7月2日）》，载沈志华总主编：《苏联历史档案选编》，第28卷，第58—59页。
③ 1953年3月斯大林死后，苏联国家安全部与内务部合并，贝利亚再次担任内务部部长。
④ Л. П. Берия—в президиум ЦК КПСС о реабилитации арестованных по «делу врачей-вредителей», 1 апреля 1953 г., Г. В. Костырченко, *Государственный антисемитизм в СССР. От начала до кульминации, 1938-1953*, с.481-483. 从贝利亚在一些相关文件上的签字来看，他对"医生案件"的内幕还是比较了解的。他之所以把该案完全归咎于留明，为斯大林讳，主要原因可能是当时苏联国内批判斯大林的时机尚未成熟。
⑤ 〔俄〕亚历山大·索尔仁尼琴：《古拉格群岛》（上），第153—154页。

1948年8月联共（布）中央书记日丹诺夫死后，马林科夫成为继斯大林之后中央委员会第二书记，在政治局里接替日丹诺夫负责所有的犹太人问题以及"反世界主义运动"的领导工作。①

马林科夫的儿子安德烈·马林科夫断言，"医生案件"是贝利亚策划的，目的是在权力斗争中消灭斯大林和马林科夫。贝利亚的计划是："诬告克里姆林宫的医生们故意误诊并毒害高层领导人，同时利用'医疗办法'暗中干掉马林科夫和斯大林"，然后再把暗害他们两人的罪过推到这些被揭发出来的医生们身上。所以，当斯大林听了马林科夫和伊格纳季耶夫汇报调查"医生案件"真实企图的材料后，十分明确地吩咐，"此案祸首应到明格列尔帮去找"②。

还有一种非常流行的观点，认为"医生案件"完全是由克里姆林宫医院女医生利季娅·季马舒克的告密信引发的。1954年5月7日，赫鲁晓夫在列宁格勒党组织积极分子会议上讲话中一度认为，"医生案件"是由季马舒克的信件引起的。③ 1966年3月，季马舒克在给苏共中央第二十三届代表大会主席团的信中也说："在人民中还存在一种观点，认为'医生案件'是由于我诬陷了一批诚实的医生及教授而造成的。"④ 贝利亚的儿子谢尔戈·贝利亚在回忆录中同样强调说，"医生案件"确实是由季马舒克的信引起的。⑤

实际上，这些说法完全把"医生案件"的起因简单化了。从该案的整个发展过程来看，它真正的幕后导演无疑是斯大林本人。⑥ 无论留明

---

① Ж. А. Медведев, Сталин и «дело врачей», Новые материалы, *Вопросы истории*, 2003, № 2, с.99.
② 〔俄〕安德烈·马林科夫：《我的父亲马林科夫》，李惠生译，新华出版社1997年版，第62—63页。
③ Л. Ф. Тимашук — в президиум XXIII съезда КПСС с просьбой о признании необоснованной ее общественной дискредитации как инициатора «дела врачей», 31 марта 1966 г., Г. В. Костырченко, *Государственный антисемитизм в СССР. От начала до кульминации, 1938-1953*, с.490.
④ Л. Ф. Тимашук—в президиум XXIII съезда КПСС с просьбой о признании необоснованной ее общественной дискредитации как инициатора «дела врачей», 31 марта 1966 г., Г. В. Костырченко, *Государственный антисемитизм в СССР. От начала до кульминации, 1938-1953*, с.491.
⑤ 〔乌克兰〕谢尔戈·贝利亚：《我的父亲贝利亚》，第357页。
⑥ 斯大林死后，贝利亚命令曾经担任苏联国家安全部部长的伊格纳季耶夫用书面报告向他解释"医生案件"和其他案件的起因。伊格纳季耶夫在这份报告中说，斯大林命令所有关于

还是马林科夫都不过是斯大林意志的执行者，而季马舒克的告密信也仅仅是斯大林利用的工具而已。1956年2月，赫鲁晓夫在秘密报告中明确指出，这个卑鄙无耻的"案件"是由斯大林亲手立案的。① 1970 年代，曾经在1953年担任苏共中央主席团成员、苏联部长会议副主席和国防部部长的尼·亚布尔加宁告诉雅·雅·埃廷格尔（雅·吉·埃廷格尔教授的儿子）说，"医生案件"的主要组织者是斯大林、马林科夫和苏斯洛夫，并且得到了当时在任的其他党和国家领导人的帮助。②

要厘清"医生案件"的真相，就必须把它放到苏联全国性的反犹运动中去分析。在苏联犹太人的"黑暗年代"，"医生案件"无疑把苏联国家反犹主义推向了巅峰。但是，这一惊天大案并不是一个孤立的案件，它在很大程度上是作为"犹委会案"的替代品而出现的。从现有的档案资料来看，"医生案件"不仅直接发端于"犹委会案"③，而且几乎就是这一案件的升级版。④ 按照斯大林最初的设想，对"犹委会案"的15名案犯要进行公开审判，以便为全面清洗苏联犹太人制造舆论。但是，在该案调查结束半年后，到了1950年11月，斯大林开始担忧这一审判难以达到预期的效果。原因是当冷战进入第一次高潮之际，有关该案被告的犯罪指控根本无法引起苏联民众的关注，难以产生轰动效应。被告们的供词不仅自相矛盾，而且洛佐夫斯基和希梅利奥维奇等4人在侦讯结

（接上页）"医生案件"进展的材料都要越过政治局直接呈送给他，出于谨慎他要亲自把国家安全部的文件分发给政治局委员。斯大林说："我们自己能决定什么是真的，什么不是真的；什么是重要的，什么是不重要的。"由此可见，斯大林才是真正操控整个"医生案件"的人。参见 Jonathan Brent and Vladimir P. Naumov, *Stalin's Last Crime: The Doctors' Plot*, p. 130.

① 〔意〕维·维达利：《"苏联共产党第二十次代表大会"日记》，第275页。
② Я. Я. Этингер: «Дело врачей»: Сорок лет спустя. *Новое время*, 1993, № 2-3, с. 49.
③ 1953年4月2日，贝利亚在给苏共中央委员会主席团的报告中指出，在审查"医生破坏者"案件过程中查明，对这些苏联医学界犹太名流的主要指控之一，就是他们同著名社会活动家、苏联人民演员米霍埃尔斯的联系。被捕的医生沃夫西、科甘和格林施泰因从事恐怖和间谍工作的"依据"就是他们同米霍埃尔斯有交往，并且沃夫西与米霍埃尔斯还有亲属关系。参见 Л. П. Берии—в президиум ЦК КПСС о привлечении к ответственности лиц, виновных в убийстве С. М. Михоэлса и В. И. Голубова-Потапова, 2 апреля 1953 г., Г. В. Костырченко, *Государственный антисемитизм в СССР. От начала до кульминации, 1938-1953*, с. 116-117.
④ 〔俄〕鲁·格·皮霍亚：《苏联政权史（1945—1991）》，第75页。

束时就已经推翻了自己的供词。由于缺乏过硬的、令人信服的证据,对"犹委会案"进行公开审判的想法最终走进了死胡同。另外,斯大林可能还担心,"犹委会案"的被告绝大部分人是犹太作家或者中层干部,他们在国内的知名度不够大。唯一例外的是中央委员洛佐夫斯基。但是,要使苏联人相信存在着巨大的"犹太人的危险性",这一小部分人还远远不够。① 所以,斯大林最终放弃了对"犹委会案"进行公开审判的想法,以至于所有被告从开始被捕、侦查、审判到最后被枪决,苏联当局均未向报界披露任何消息。即是说,"该案并未实现其更广泛的目标"②。因此,为了实现全面清洗苏联犹太人的意图,斯大林就不得不另辟蹊径。正是在这种形势下,1951 年 7 月,斯大林精心策划的"医生案件"开始了。

(二)"医生案件"的炮制过程

"医生案件"是由两条线索联袂炮制而成的:一条是埃廷格尔案件,一条是季马舒克的举报信。

埃廷格尔教授是享誉世界的心脏病专家,犹太人。1944 年夏天,他在犹委会办公室经爱泼斯坦介绍认识了费费尔,随后与犹委会和费费尔往来比较密切。1949 年 4 月 22 日,费费尔在国家安全部受审时告发了埃廷格尔。③ 随后,根据斯大林的指示,莫斯科第二医学院开除了埃廷格尔的公职。同时,国家安全部还在埃廷格尔家中的电话里安装了窃听器,并记录了近两年的所有谈话情况。这些记录经阿巴库莫夫上报了联共(布)中央和斯大林本人。1950 年 11 月 20 日,国家安全部以"诽

---

① Jonathan Brent and Vladimir P. Naumov, *Stalin's Last Crime: The Doctors' Plot*, p. 187; Л. Люкс, Еврейский вопрос в политике Сталина, с. 52.
② *Stalin's Secret Pogrom: The Postwar Inquisition of the Jewish Anti-Fascist Committee*, Edited and with introductions by Joshua Rubenstein and Vladimir P. Naumov, p. 61.
③ Jonathan Brent and Vladimir P. Naumov, *Stalin's Last Crime: The Doctors' Plot*, p. 97. 直到 1952 年 7 月 10 日,费费尔在法庭上仍旧揭发埃廷格尔非常关心以色列的前途,对苏联政府支持以色列不力大为不满,甚至对苏联推广李森科的经验和学说也表示不满。参见 Протокол закрытого судебного заседания 10 июля 1952 г., В. П. Наумов, *Неправедный суд, Последний сталинский расстрел (стенограмма судебного процесса над членами Еврейского антифашистского комитета)*, с. 364.

谤"斯大林、将斯大林政权与希特勒的法西斯主义进行比较、谴责反对世界主义的斗争、进行反苏宣传等罪名逮捕了这位享誉世界的医学界精英人物。① 此举本来就是针对犹委会采取的行动的一部分。② 埃廷格尔被捕后，根据国家安全部部长阿巴库莫夫的命令，特别重大案件侦查处侦查员留明负责侦办此案。留明知道埃廷格尔在1945年作为顾问被招去为联共（布）中央书记谢尔巴科夫治病。所以，他采用非法侦查手段，迫使埃廷格尔提供虚假供词：承认自己是犹太民族主义分子，仇视联共（布）和苏联政府，利用给谢尔巴科夫治病之机，"想尽一切办法缩短病人的生命"③。留明把这一供词上报之后，阿巴库莫夫亲自出马对埃廷格尔进行了审讯。埃廷格尔断然否认那些由留明根据自己的需要捏造的供词，并指出，谢尔巴科夫身患重病，已经濒危。阿巴库莫夫经过审讯了解到"这里根本没有恐怖事件"④。所以，他要求留明立即终止对埃廷格尔的审讯，以免"把国家安全部引入歧途"⑤。随后，埃廷格尔被转移到列福尔托沃监狱。

但是，留明却违背阿巴库莫夫的命令，在明知埃廷格尔已经身患严重的心脏病的情况下，依然通过长时间夜间审讯的方式对其进行折磨，企图逼其就范。结果，在审讯期间，这位63岁的老教授共发生了29起急性心脏病发作，其中10起发生在留明办公室，其余发生在牢房。1951年3月2日，埃廷格尔在经过一连串的审讯后再次回到牢房。他走到桌子前，咬了一块面包，然后朝门口走了几步，不料却失去知觉倒

---

① Я. Я. Этингер: «Дело врачей»: Сорок лет спустя, с. 48.
② Jonathan Brent and Vladimir P. Naumov, *Stalin's Last Crime: The Doctors' Plot*, p. 9.
③ М. Д. Рюмин—И. В. Сталину об «опасности» В. С. Абакумова «для государства», 2 июля 1951г.; Показания В. С. Абакумова о следствии по «делу» Я. Г. Этингера, Июль 1951г., Г. В. Костырченко, *Государственный антисемитизм в СССР. От начала до кульминации, 1938-1953*, с. 449, 452-453.
④ Показания В. С. Абакумова о следствии по «делу» Я. Г. Этингера, Июль 1951г., Г. В. Костырченко, *Государственный антисемитизм в СССР. От начала до кульминации, 1938-1953*, с. 453.
⑤ Из постановления ЦК ВКП(б) «о неблагополучном положении в министерстве государственной безопасности СССР», 11 июля 1951г., Г. В. Костырченко, *Государственный антисемитизм в СССР. От начала до кульминации, 1938-1953*, с. 452.

地而亡。验尸报告证明他死于心脏麻痹。① 由于违纪造成重大责任事故，并且没有完成埃廷格尔的审讯记录，1951年5月，留明受到特别重大案件侦查处党组织通报批评。同时，国家安全部干部处还要求他解释进入国家安全部时隐瞒未报的有损其名誉的材料。② 留明感到自己危在旦夕，为了逃避罪责，他决定铤而走险。

1951年7月2日，在马林科夫等人暗中指使下③，留明秘密致函斯大林，"揭发"阿巴库莫夫千方百计阻挠他对埃廷格尔"恶意杀害谢尔巴科夫同志"恐怖活动的调查，并且有意把这个年迈患病的重要案犯"安排在一个最阴冷、最潮湿的牢房里"，导致其突然死亡，对其恐怖活动的调查也因此中断。他还特别指出："埃廷格尔有众多的关系，其中包括在专家医生中有他的同谋，不能排除，他们中的某些人和埃廷格尔进行的恐怖活动有关联。"④ 留明的告密信一下子把埃廷格尔的个人"谋杀"行为上升为医生群体的阴谋活动，成功地"帮助"斯大林化解了"犹委会案"所造成的困境。斯大林终于找到了解决犹太人问题的突破口——把恐怖因素注入新的反犹案件，这样就可以在苏联民众中产生强大的震撼力。

7月11日，联共（布）中央委员会通过决议，指出埃廷格尔在"没有任何逼迫的情况下"承认在医治谢尔巴科夫过程中采取了暗杀行动。必须对这一证词引起足够的重视。决议还明确表示，"毫无疑问，在医生中间存在着秘密组织，该组织的成员在医治党和政府领导人期间力图

---

① Я. Я. Этингер: «Дело врачей»: Сорок лет спустя, с. 48.
② Л. П. Берия — в президиум ЦК КПСС о ходе следствия по делу М. Д. Рюмина, 25 июня 1953 г., Г. В. Костырченко, *Государственный антисемитизм в СССР. От начала до кульминации, 1938-1953*, с. 487. 当时留明正担心自己会被安全机关开除，因为他将一个装有侦자材料的文件夹忘在了公务车上而受到申斥，同时还向党和国家安全机关隐瞒了其父亲是富农、亲弟妹曾因偷盗受到指控及其岳父曾在高尔察克的军队服役的事实。参见〔俄〕帕维尔·苏多普拉托夫：《情报机关与克里姆林宫》，第345页。
③ 苏多普拉托夫说，1951年春天，马林科夫的助手苏哈诺夫在中央委员会接待室会见了留明。苏哈诺夫与留明在接待室待了大约6个小时，最终说服留明为了自保放手一搏，给斯大林写信指控阿巴库莫夫从事阴谋活动。同时苏哈诺夫还亲自与马林科夫讨论给斯大林写信的内容。这次会面成了导致后来苏联犹太知识分子不幸命运的开始。参见〔俄〕帕维尔·苏多普拉托夫：《情报机关与克里姆林宫》，第345页。
④ М. Д. Рюмин—И. В. Сталину об «опасности» В. С. Абакумова «для государства», 2 июля 1951 г., Г. В. Костырченко, *Государственный антисемитизм в СССР. От начала до кульминации, 1938-1953*, с. 449-450.

缩短他们的生命"。甚至断定这个秘密组织的医生们按照外国间谍机构的命令，完成了针对党和政府领导人的恐怖活动任务。因此，"命令国家安全部恢复对埃廷格尔恐怖活动案件的侦查"①。该决议为未来的"医生案件"勾画了基本蓝图。国家安全部的任务就是为这一蓝图填补犯罪事实。阿巴库莫夫及其党羽因为向党和政府"隐瞒"这一重要案件而受到严惩，锒铛入狱。留明则因"揭发"有功而在1951年10月被斯大林破格提拔为苏联国家安全部副部长，同时兼任特别重大案件侦查处处长。

留明走马上任后的一项主要任务就是负责调查"医生案件"。其实，"这个所谓医生阴谋的调查压根就不是一项调查……它从一个既定的政治目标开始，以炮制为实现该目标所需的'证据'结束"②。因为"医生阴谋"纯属凭空臆造，所以国家安全部为之搜罗证据的工作进展缓慢。斯大林为此经常大发雷霆。1952年1月底，他在召见伊格纳季耶夫时不断威胁说："如果你不揭露医生当中的恐怖分子、美国间谍，那么你就将待到阿巴库莫夫现在所待的地方。""我们会像赶绵羊一样来赶你。"③

国家安全部为此费尽心机。1951年7月16日，国家安全部逮捕了克里姆林宫医院心电图医生索·叶·卡尔帕伊。她是犹太人，埃廷格尔教授的学生，1948年7月25日，曾经专程到苏联领导人的疗养胜地瓦尔代为正在那里养病的苏联第二号人物、联共（布）中央书记日丹诺夫拍过心电图。国家安全部指控她"从事恐怖活动"，从1930年开始与危险人物国家罪犯埃廷格尔保持联系，并了解埃廷格尔所有的犯罪行为。经医学鉴定委员会确定，卡尔帕伊错误地判读了日丹诺夫的心电图，没有发现日丹诺夫有心肌梗塞，基于此给日丹诺夫制定了错误的医治方

---

① 为了证明这一论断的正确性，斯大林还特意搬出1938年普列特尼奥夫医生和莱温医生（犹太人）被指控听从国外间谍机构的命令毒害瓦·弗·古比雪夫和高尔基一事作为论据。因为这一指控在大清洗年代效果显著，所以斯大林决定故伎重演。参见 Из постановления ЦК ВКП(б) «о неблагополучном положении в министерстве государственной безопасности СССР», 11 июля 1951 г., Г. В. Костырченко, *Государственный антисемитизм в СССР. От начала до кульминации, 1938-1953*, с.451-452.
② Jonathan Brent and Vladimir P. Naumov, *Stalin's Last Crime: The Doctors' Plot*, p.209.
③ To Beria from Ignatiev, March 27, 1953, 2, Jonathan Brent and Vladimir P. Naumov, *Stalin's Last Crime: The Doctors' Plot*, pp.186-187.

案。但卡尔帕伊拒不承认她有蓄意恐怖行为。① 1952 年 2 月 26 日，国家安全部又逮捕了巴尔维哈政府疗养院医疗处前副处长罗·伊·雷日科夫医生。他从 1944 年 12 月到 1945 年 5 月担任谢尔巴科夫的值班主治医生，和埃廷格尔、维诺格拉多夫院士、G. F. 朗等人一起负责谢尔巴科夫的治疗。7 月 24 日，在侦查员们用酷刑甚至死刑的威胁下，雷日科夫被迫承认自己"帮助恐怖分子埃廷格尔实施了敌对行动"②，结果使埃廷格尔和朗夺取了谢尔巴科夫的生命。同时，埃廷格尔也对维诺格拉多夫施加了不正当的影响，导致他走上了邪路。

既然为谢尔巴科夫和日丹诺夫治病的医生当中都存在恐怖犯罪行为。那么，如何找到这些恐怖犯罪行为的内在联系呢？关键时刻，斯大林抛出了几年前季马舒克的告密信。

季马舒克曾任克里姆林宫医院心电图办公室主任。1948 年 8 月 28 日，她与苏联临床医学家、克里姆林宫医疗卫生局局长叶戈罗夫教授，维诺格拉多夫院士和瓦西连科教授一起乘飞机前往瓦尔代，专程为日丹诺夫进行诊断治疗。季马舒克在给日丹诺夫做心电图时发现病人"左心室和心室隔膜部位有心肌梗塞"。但是叶戈罗夫教授和日丹诺夫的主治大夫马约罗夫医生却断定她是误诊，认为这是由于血管硬化和高血压引起的"功能性紊乱"。他们要求她重新填写诊断结果，不要指出"心肌梗塞"。8 月 29 日，日丹诺夫的心脏病第二次严重发作。叶戈罗夫等人不仅没有让季马舒克做心电图，而且坚持要求她修改诊断结论。因为事关重大，季马舒克立即修书一封，通过日丹诺夫的私人警卫 A. M. 别洛夫少校向苏联国家安全部保卫总局局长尼·西·弗拉西克中将做了汇报。季马舒克是国家安全部安插在医疗系统的秘密特工。③ 她在信中不仅坚持自己的诊断结果，而且指出马约罗夫等人给日丹诺夫制定的治疗方案有严重问题，因为允许病人自由活动，致使心脏病反复发作，"今

---

① С. Д. Игнатьев—И. В. Сталину о следствии по «делу» С. Е. Карпай, 2 апреля 1952 г., Г. В. Костырченко, *Государственный антисемитизм в СССР. От начала до кульминации, 1938-1953*, с.454.

② Jonathan Brent and Vladimir P. Naumov, *Stalin's Last Crime: The Doctors' Plot*, p. 192.

③ Jonathan Brent and Vladimir P. Naumov, *Stalin's Last Crime: The Doctors' Plot*, pp. 19-20, 22, 50.

后可能导致致命的后果"①。8月30日,季马舒克的举报信连同她拍摄的心电图一起由阿巴库莫夫亲自呈送到斯大林手中。"当时斯大林的反应很轻蔑,说'一派胡言'"②,并且在阿巴库莫夫送来的报告上简单批示:"存档"。③这是斯大林处理在他看来无足轻重的事情的方式。④季马舒克的信随后被存入斯大林的档案室,一放就是4年。1948年8月31日下午4点,日丹诺夫猝然病逝。当天晚上,在克里姆林宫医院病理学家A. B. 费多罗夫教授主持下,有关专家在瓦尔代日丹诺夫住所的澡盆里对其尸体进行了匆忙解剖。季马舒克认为尸体解剖结果证实了自己的诊断。⑤然而,她却因此引火烧身。

由于叶戈罗夫已经从不同渠道获悉季马舒克控告信的内容,1948年9月6日,他特意在克里姆林宫医院主持召开了一个由维诺格拉多夫、瓦西连科、马约罗夫、费多罗夫等苏联医学界头面人物参加的特别会议,当然还有季马舒克,以便澄清医生们对日丹诺夫病情的诊断是否正确以及在治疗过程中是否存在犯罪行为。费多罗夫根据尸体解剖的结果证实,日丹诺夫死于心脏病理变化所致的心脏麻痹等原因,而不是心脏病突发。季马舒克则以心电图为依据对此提出了质疑,并与这些著名医生进行了辩论,但其观点根本没有得到与会专家甚至苏联官方的认可。叶戈罗夫因此把季马舒克视为"外人"和"危险分子",并且不无羞辱的正

---

① Л. Ф. Тимашук— Н. С. Владику о неправильном лечении А. А. Жданова, 29 августа 1948 г., Г. В. Костырченко, *Государственный антисемитизм в СССР. От начала до кульминации, 1938-1953*, с.430-431. 季马舒克的信存在一些无法解释的时间上的矛盾。她在信中指出,8月30日叶戈罗夫等人仍然要求她修改诊断结果。但是后来却说她是在8月29日把信转交给别洛夫的。参见 Л. Ф. Тимашук—в президиум XXIII съезда КПСС с просьбой о признании необоснованной ее общественной дискредитации как инициатора «дела врачей», 31 марта 1966 г., Г. В. Костырченко, *Государственный антисемитизм в СССР. От начала до кульминации, 1938-1953*, с.489. 根据上面两个档案资料判断,季马舒克的信可能是8月30日写的。
② 〔俄〕帕维尔·苏多普拉托夫:《情报机关与克里姆林宫》,第344页。
③ В. С. Абакумов—И. В. Сталину по поводу заявления Л. Ф. Тимашук о неправильном лечении А. А. Жданова, 30 августа 1948г., Г. В. Костырченко, *Государственный антисемитизм в СССР. От начала до кульминации, 1938-1953*, с.432.
④ Jonathan Brent and Vladimir P. Naumov, *Stalin's Last Crime: The Doctors' Plot*, p.51.
⑤ Л. Ф. Тимашук — в президиум XXIII съезда КПСС с просьбой о признании необоснованной ее общественной дискредитации как инициатора «дела врачей», 31 марта 1966г., Г. В. Костырченко, *Государственный антисемитизм в СССР. От начала до кульминации, 1938-1953*, с.489.

告她，国家安全部相信的是他，而"不是季马舒克之流"①。可以设想，如果这些医生们在给日丹诺夫治疗过程中真的存在谋杀嫌疑，那么在斯大林、阿巴库莫夫已经完全知情的情况下，他们将会面临什么样的命运。②

但是，出人意料的是，这些医生们不仅没有受到任何惩罚，相反，季马舒克却因为对他们的指控而被视为"危险人物"，遭到贬谪。9月7日，叶戈罗夫教授下令把季马舒克从克里姆林宫医院调到下属的一个分院，以便"加强那里的工作"。1948年9月7日和1949年1月7日，季马舒克先后两次致函联共（布）中央书记库兹涅佐夫和联共（布）中央委员会，重申了自己对日丹诺夫的诊断及治疗的观点，但均未收到回复。事实上，由于斯大林在收到季马舒克的举报信后没有做出明确指示，所以无论库兹涅佐夫还是阿巴库莫夫都不敢越雷池一步。一直到1952年8月，斯大林为了炮制"医生案件"才想起了季马舒克的举报信。它就像一枚"定时炸弹"，在斯大林的档案室里静静地安放了4年时间。1952年8月11日，苏联国家安全部特别重大案件侦查处正式传唤了季马舒克，她的举报信开始派上用场。③ 这标志着炮制"医生案件"的两条线索开始合拢。

---

① Jonathan Brent and Vladimir P. Naumov, *Stalin's Last Crime: The Doctors' Plot*, pp. 14-15, 17-18, 21-24, 50; Л. Ф. Тимашук — в президиум XXIII съезда КПСС с просьбой о признании необоснованной ее общественной дискредитации как инициатора «дела врачей», 31 марта 1966 г., Г. В. Костырченко, *Государственный антисемитизм в СССР. От начала до кульминации, 1938-1953*, c.489.

② 事实上，日丹诺夫的死因至今为止依然扑朔迷离。从1948年7月13日日丹诺夫因身患重病奉斯大林之命前往瓦尔代疗养到8月31日去世，医生们对其治疗和护理存在着不少令人不可思议的粗心大意。而在澡盆里对其遗体进行解剖更是匪夷所思。尽管没有发现任何斯大林下令害死日丹诺夫的证据，但是在日丹诺夫已经失宠的情况下，医生们逐渐领悟到斯大林的意图：他希望严惩日丹诺夫。这就是为什么日丹诺夫死后医生们在当时没有受到任何惩罚。参见 Jonathan Brent and Vladimir P. Naumov, *Stalin's Last Crime: The Doctors' Plot*, p.8; Показания В. Н. Виноградова о лечении А. А. Жданова, А. С. Щербакова и при очной ставке с Г. И. Майоровым; заявление следствия от имени Советского руководства, 18 ноября 1952 г., Г. В. Костырченко, *Государственный антисемитизм в СССР. От начала до кульминации, 1938-1953*, c.456-459.

③ Л. Ф. Тимашук — в президиум XXIII съезда КПСС с просьбой о признании необоснованной ее общественной дискредитации как инициатора «дела врачей», 31 марта 1966 г., Г. В. Костырченко, *Государственный антисемитизм в СССР. От начала до кульминации, 1938-1953*, c.489.

对苏联国家安全部来说，季马舒克的举报信为把谢尔巴科夫和日丹诺夫两个案件连接在一起提供了最重要的依据。经过一年多的努力，1952年8月，国家安全部终于找到了两个案件的犯罪链："费费尔招募了埃廷格尔；埃廷格尔招募了维诺格拉多夫；维诺格拉多夫招募了叶戈罗夫。"[①] 为了证明这些医生们的犯罪行为，留明在1952年8月组织医学专家委员会先后对谢尔巴科夫和日丹诺夫的心脏标本进行了重新检查，结果表明两人都死于心肌梗塞，证实医生们在对他们治疗过程中存在犯罪行为。[②] 于是，国家安全部在全国范围内开始了大逮捕：1952年9月中旬，叶戈罗夫教授、瓦西连科教授被捕；9月27日，马约罗夫教授和叶戈罗夫的妻子被捕；10月1日，克里姆林宫医疗卫生局前任局长А.А.布萨罗夫被捕；10月6日，日丹诺夫的警卫别洛夫受到审讯；11月4日，维诺格拉多夫院士被捕；11月12日，在苏联红军医疗卫生系统中享有盛誉的М.С.沃夫西教授和Б.Б.科甘教授被捕……逮捕的浪潮汹涌而来，仅仅几个月内就席卷了全国。其中维诺格拉多夫院士就是斯大林的私人医生，他曾经在1943年陪伴斯大林参加德黑兰会议，对于他的指控更能够证明"医生阴谋"的严重性。[③]

尽管留明在逮捕和审问这些医生过程中表现得异常积极，心狠手辣，但是，他却没有洞悉斯大林的政治意图。在美苏冷战进入高潮时期，斯大林需要的是这些医生受英美指使从事间谍活动的证据，而留明却把"医生案件"的侦查工作"引向了调查案件的细节和法律形式方面"，未能寻根问底，彻底揭发这些案件背后的元凶，所以，"没有出色地完成政府的这些命令"。1952年11月13日，苏联部长会议下令撤销

---

① Jonathan Brent and Vladimir P. Naumov, *Stalin's Last Crime: The Doctors' Plot*, p.210.
② Jonathan Brent and Vladimir P. Naumov, *Stalin's Last Crime: The Doctors' Plot*, pp.193, 206. 按照苏联当局的规定，所有已故苏联领导人的内脏器官都保留在克里姆林宫。
③ 斯大林患有多年的高血压、血管硬化、心力衰竭。维诺格拉多夫在1952年最后一次给斯大林检查身体时，发现其健康状况明显恶化，遂建议他不要再担任国家第一领导人了。斯大林大发雷霆。随后，维诺格拉多夫即被禁止给斯大林看病，旋遭逮捕。由于疑心医生会加害于自己，斯大林不再接受任何医生的检查和治疗。一直到1953年3月1日中风倒地，这个掌握亿万人命运的超级大国的领袖竟然处于没有专业医生护理的状态。这可能是造成他突然死亡的主要原因。因此，可以说，斯大林成了自己炮制的"医生阴谋"的直接受害者。参见〔俄〕德·安·沃尔科戈诺夫：《斯大林》（下册），第892页；Jonathan Brent and Vladimir P. Naumov, *Stalin's Last Crime: The Doctors' Plot*, p.192.

了留明国家安全部副部长和特别重大案件侦查处处长职务，并勒令国家安全部部长伊格纳季耶夫亲自督办此案。随后，伊格纳季耶夫和国家安全部几乎把所有精力都放到"医生案件"上。①

为了尽快获取所需供词，从1952年11月12日开始，国家安全部根据斯大林、马林科夫的命令，在对被捕医生们进行审讯过程中"动用了各种刑讯方式，残酷殴打，戴手铐，造成折磨人的疼痛，长时间剥夺被捕人员的睡眠"②。斯大林和马林科夫明确指示伊格纳季耶夫、国家安全部副部长戈格利泽，对那些拒不认罪的医生要"鞭打他们"，"往死里打！"斯大林警告伊格纳季耶夫说，如果他胆敢保护叶戈罗夫，他就要掉脑袋。③因此，几乎所有被捕医生都惨遭毒打。瓦西连科被打手们捆起来，拳打脚踢，并且用橡皮警棍痛殴，以致失去知觉，最后失去了做人的尊严，跪在地上求饶，表示愿意在任何东西上签字；维诺格拉多夫连续三天遭受鞭挞，导致严重的心脏病发作，仍旧戴着手铐；马约罗夫在第一次受审时就遭到侦查员用警棍殴打；叶戈罗夫在证词上签字之后仍旧受到鞭挞，甚至在两个多月里连睡觉都戴着手铐。④

国家安全部的侦查员不仅要求医生们供认合谋杀害了日丹诺夫和谢尔巴科夫，而且要求交代其犯罪的根源是什么？主子是谁？主谋及同伙是谁？并且让他们通过对质相互指控。由于维诺格拉多夫坚持自己没有为外国人服务，没有受到任何人的指派，没有使任何人卷入犯罪，国家安全部便把屈打成招的马约罗夫带来当面对质。马约罗夫指控说，维诺格拉多夫把他卷入了犯罪活动，维诺格拉多夫是为美国人工作。⑤尽

---

① Постановление Совета министров СССР о снятии М. Д. Рюмина с постов заместителя министра госбезопасности и начальника следственной части по особо важным делам МГБ СССР, 13 ноября 1952 г., Г. В. Костырченко, *Государственный антисемитизм в СССР. От начала до кульминации, 1938-1953*, с.455.

② Л. П. Берия—в президиум ЦК КПСС о реабилитации арестованных по «делу врачей-вредителей», 1 апреля 1953 г., Г. В. Костырченко, *Государственный антисемитизм в СССР. От начала до кульминации, 1938-1953*, с.482.

③ Jonathan Brent and Vladimir P. Naumov, *Stalin's Last Crime: The Doctors' Plot*, pp.217-218, 221.

④ Jonathan Brent and Vladimir P. Naumov, *Stalin's Last Crime: The Doctors' Plot*, pp.227-230.

⑤ Показания В. Н. Виноградова о лечении А. А. Жданова, А. С. Щербакова и при очной ставке с Г. И. Майоровым; заявление следствия от имени Советского руководства, 18 ноября 1952 г., Г. В. Костырченко, *Государственный антисемитизм в СССР. От начала до кульминации, 1938-1953*, с.461.

管卡尔帕伊拒不承认自己在给日丹诺夫治疗过程中存在"蓄意恐怖行为"①，但是，维诺格拉多夫承受不住酷刑折磨②，在和卡尔帕伊对质时当面指认，卡尔帕伊和叶戈罗夫、瓦西连科及马约罗夫是他"在恶意治疗日丹诺夫同志时的同谋"。他们一起隐瞒了日丹诺夫体内新出现的心肌梗塞，最后造成病人过早死亡。③ М. С. 沃夫西按照侦查员的要求，供认英美资产阶级实际上就是医生恐怖主义小集团的老板，他和犹委会领导人都是受英美帝国主义集团指使，从事反苏颠覆活动的。④1952年11月30日，国家安全部把"医生案件"的调查报告呈报斯大林，这一案件基本定型。

斯大林对于"医生案件"充满期待。战后，斯大林最关心的就是"在新的敌人美国和犹太人面前，让这个国家睁开眼睛"⑤。1952年12月1日，即收到报告的第二天，斯大林就在克里姆林宫办公室召开了苏共中央主席团紧急会议，通报了"医生案件"的调查情况。他在讲话中指出："我们取得的成功越大，敌人就会越努力地给我们搞破坏。我们的人在成功的影响下早已忘记了这一点，出现了心软、马虎、骄傲自满。任何一个犹太民族主义者都是美国情报机关的间谍。犹太民族主义者们以为，美国救了他们的民族（在美国可能变成富人、资产阶级分子）。他们以为自己应该感谢美国人。在医生中有犹太民族主义分子。"⑥

---

① С. Д. Игнатьев — И. В. Сталину о следствии по «делу» С. Е. Карпай, 2 апреля 1952 г., Г. В. Костырченко, *Государственный антисемитизм в СССР. От начала до кульминации, 1938-1953*, с.454.

② "医生案件"平反后，维诺格拉多夫和叶戈罗夫曾经在贝利亚家谈起当时遭受审讯的情形。维诺格拉多夫说："我老了，当然在肉体上我已无力承受这些折磨。我不得不向他们提供证据，但我只针对那些在我被捕前就已去世的人。虽然我也明白，有可能镇压他们的家人，但我还能怎么办？这种方式所带来的危害要小些，我只能以此聊以自慰。"参见〔乌克兰〕谢尔戈·贝利亚：《我的父亲贝利亚》，第356页。

③ Протокол очной ставки В. Н. Виноградова и С. Е. Карпай, 18 февраля 1953 г., Г. В. Костырченко, *Государственный антисемитизм в СССР. От начала до кульминации, 1938-1953*, с.465-466.

④ Jonathan Brent and Vladimir P. Naumov, *Stalin's Last Crime: The Doctors' Plot*, pp.212-213.

⑤ Jonathan Brent and Vladimir P. Naumov, *Stalin's Last Crime: The Doctors' Plot*, p.180.

⑥ Из дневника В. А. Малышева о выступлении И. В. Сталина на расширенном заседании президиума ЦК КПСС, 1 декабря 1952 г., Г. В. Костырченко, *Государственный антисемитизм в СССР. От начала до кульминации, 1938-1953*, с.461-462.

苏联政府随后颁布的有关此次会议的文件指出，斯大林当时在会上表示，"有人对中央委员会隐瞒了季马舒克的举报信"。正是斯大林的秘书亚历山大·尼古拉耶维奇·波斯克列贝舍夫①把它从档案中取出来，并再次放到斯大林面前。②斯大林"谴责了阿巴库莫夫和弗拉西科"，并且把"隐瞒"季马舒克举报信一事归咎于他们。③与此同时，斯大林还把医生们的认罪记录发给所有与会成员，并对他们严加训斥："嗨，看看你们——瞎子、小猫，你们看不见敌人；没有我你们该咋办？这个国家将因为你们认不清敌人而灭亡！"④

12月4日，苏共中央通过了《关于"医生破坏者案件"的决议》。决议指出，长期以来，由医疗卫生局前局长布萨罗夫和叶戈罗夫，医生维诺格拉多夫、费多罗夫、瓦西连科、马约罗夫，犹太民族主义者科甘、卡尔帕伊、埃廷格尔、沃夫西等人组成的犯罪集团控制了医疗卫生局。他们和英、美国家大使馆之间保持联系，听从英、美间谍机构的命令，将暗杀苏共和苏联政府领导人作为自己的目标。他们故意对病人病情做出误诊，实施错误的治疗方案，"导致病人死亡"。他们用这种方式成功地谋杀了日丹诺夫和谢尔巴科夫。尽管季马舒克早在1948年就向国家安全部揭发了这一阴谋，但是由于国家安全部前部长阿巴库莫夫包庇隐瞒，国家安全部保卫总局局长弗拉西克与医疗卫生局领导人结党营私，苏联保健部部长斯米尔诺夫没有表现出警觉性和原则性，以及苏联

---

① 亚历山大·尼古拉耶维奇·波斯克列贝舍夫（Александр Николаевич Поскрёбышев，1891—1965），1891年8月出生于俄国维亚特卡省（今基洛夫州基洛夫）一个犹太鞋匠家庭。1917年参加俄国社会民主工党。1922年起担任总书记助手。1928—1953年任联共（布）中央书记处特别局和保密局局长。1934年起为联共（布）中央候补委员，1939年起任中央委员。1952年任苏共中央主席团和主席团委员会秘书。1929—1952年担任斯大林的秘书。斯大林死后，因被贝利亚指控为维克多·阿巴库莫夫阴谋集团成员而被捕入狱。1953年12月贝利亚被处死后获释，并进入苏共中央政治局。1956年在苏共二十大上被赫鲁晓夫告发，被迫退休。1965年在莫斯科去世。
② 参见 "Decree on the termination of the criminal investigation and the release of the prisoners from custody, March 31, 1953, 11", Jonathan Brent and Vladimir P. Naumov, *Stalin's Last Crime: The Doctors' Plot*, p. 156.
③ Jonathan Brent and Vladimir P. Naumov, *Stalin's Last Crime: The Doctors' Plot*, pp. 156-157.
④ Jonathan Brent and Vladimir P. Naumov, *Stalin's Last Crime: The Doctors' Plot*, p. 291；另外参见《赫鲁晓夫的秘密报告》，载〔意〕维·维达利：《"苏联共产党第二十次代表大会"日记》，第274—275页。

国家安全部的新任领导班子对这一重大案件的审查组织不力，结果在揭发医疗卫生局内部的恐怖集团过程中浪费了很多时间。因此，苏共中央委员会责令苏联国家安全部"彻底揭露操控医疗卫生局的医生团伙的恐怖活动，及其与英美国家间谍机构之间的联系"，揭露这些医生们是通过何种途径、利用何种手段进行破坏活动的；撤销斯米尔诺夫苏联保健部部长一职，把其案件移交苏共中央监察委员会审查。① 其中特别强调犹太人教授们在这些医疗危害行为中"起了关键性的作用，他们同国际犹太复国主义和美国情报机关具有紧密的联系"②。

1953年1月9日，苏共中央主席团专门开会研究了逮捕医生破坏者集团以及在《真理报》上发表相关报道文章的问题。③ 1月13日，塔斯社以"一批医生危害分子被捕"为题，首次把"医生案件"公之于世。报道指出，不久前国家安全机构破获了一个由沃夫西教授、维诺格拉多夫教授、叶戈罗夫教授、科甘·梅教授、科甘·贝教授、费尔德曼教授、埃廷格尔教授、格林施泰因教授等内科和外科医生组成的恐怖分子小组，"其目的在于以有害的治疗方法缩短苏联国务活动家的生命"。他们利用为病人治疗的机会，通过错误诊断和有害治疗的方法杀害了苏共著名领导人日丹诺夫、谢尔巴科夫，而且还企图损害华西列夫斯基元帅、科涅夫元帅等苏联军事领导人的健康。这些沦为人类恶魔的杀人医生已经卖身投靠了外国间谍机构。这一恐怖小组的大多数参加者（沃夫西、科甘、费尔德曼、格林施泰因、埃廷格尔等）都和美国间谍机关支

---

① Постановление ЦК КПСС «о вредительстве в лечебном деле», 4 декабря 1952 г., Г. В. Костырченко, *Государственный антисемитизм в СССР. От начала до кульминации, 1938-1953*, с.462-463. 从1952年12月4日的中央决议可以看出，阿巴库莫夫和弗拉西克已经成为"隐瞒"季马舒克举报信的替罪羊。其实，他们明白，如果他们胆敢说出事件真相，就可能被谴责为内奸而立即遭到枪毙。因此，为了保全领袖，只能牺牲自己。12月16日，弗拉西克因为向叶戈罗夫泄露季马舒克的举报信而被捕。参见 Jonathan Brent and Vladimir P. Naumov, *Stalin's Last Crime: The Doctors' Plot*, pp.166, 274.

② 〔俄〕雅科夫·埃廷格尔：《半个世纪前的"医生案件"》，刘佳译，《国外社会科学文摘》2003年第6期，第69页。雅科夫·埃廷格尔在文中说，1952年12月4日苏中央主席团通过《关于国家安全部的状况和医生案件的危害行为》的决议可能有误，因为当日通过的系《关于"医生破坏者案件"的决议》。

③ Решение бюро президиума ЦК КПСС о сообщении в печати об аресте «врачей-вредителей», 9 января 1953 г., Г. В. Костырченко, *Государственный антисемитизм в СССР. От начала до кульминации, 1938-1953*, с.464.

持建立的国际犹太资产阶级民族主义组织"联合"（即犹太人联合分配委员会）有联系。这个组织以提供国际援助为名，在苏联及其他国家里"进行着广泛的间谍、恐怖及其他破坏活动"。其中名列"杀人医生"榜首的就是沃夫西教授。他是米霍埃尔斯的堂弟，犹委会成员。沃夫西承认，他是通过希梅利奥维奇和"著名的犹太资产阶级民族主义分子"米霍埃尔斯从美国犹太人联合分配委员会得到"关于消灭苏联领导干部"的指示的。维诺格拉多夫、叶戈罗夫、科甘·梅则是英国间谍。① 《消息报》等中央级报刊都在头版刊登了塔斯社的报道，苏联举国震惊。②

同一天，《真理报》在头版也发表了经斯大林亲自修改的评论文章——《戴着教授-医生面具的卑鄙的间谍与谋杀者》③，仅标题就让人触目惊心。与塔斯社的报道相比，《真理报》的文章有三大明显的不同。

一是突出了"医生案件"的反犹性。塔斯社在报道医生恐怖分子名单时，一开始把犹太医生与非犹太医生混为一谈，随后才加以区分，而《真理报》则直接把二者区分开来，并且把"该恐怖主义团伙的大部分成员，沃夫西、科甘、费尔德曼、格林施泰因、埃廷格尔等"（他们均是犹太人）置于显著地位，视为犯罪主体，而把维诺格拉多夫、叶戈罗夫、科甘·梅等人（非犹太人）放在次要地位，给人的感觉似乎他们是从犯。事实上，在涉案的37名医生当中，只有17名是犹太人，而在1948年最初被指控谋杀日丹诺夫的6名医生当中，只有卡尔帕伊是犹太人。④因此，把"该恐怖主义团伙的大部分成员"都说成犹太人显然

---

① 〔俄〕雅科夫·埃廷格尔：《半个世纪前的"医生案件"》，第67页；〔乌克兰〕谢尔戈·贝利亚：《我的父亲贝利亚》，第354—355页。
② Шпионы и убийцы под личиной ученых-врачей, ИЗВЕСТИЯ, 13 января 1953 г.; Л. П. Берия — в президиум ЦК КПСС о реабилитации арестованных по «делу врачей-вредителей», 1 апреля 1953 г., Г. В. Костырченко, *Государственный антисемитизм в СССР. От начала до кульминации, 1938-1953*, с. 482.
③ 这篇文章是由苏共中央委员、《真理报》总编德米特里·谢皮洛夫负责起草的。1953年1月10日，谢皮洛夫把初稿提交给了斯大林。斯大林亲自对文章做了大量修改，然后把稿子返还谢皮洛夫。谢皮洛夫初稿的标题是《戴着医生面具的间谍与谋杀者》，斯大林修改后变成了《戴着教授-医生面具的卑鄙的间谍与谋杀者》。次日，谢皮洛夫把修改好的稿子再次呈送给斯大林审定。1月13日，该文在《真理报》发表。参见 Jonathan Brent and Vladimir P. Naumov, *Stalin's Last Crime: The Doctors' Plot*, p.287.
④ Jonathan Brent and Vladimir P. Naumov, *Stalin's Last Crime: The Doctors' Plot*, p.4.

是危言耸听。这一别有用心的划分暴露出"医生案件"隐藏的反犹主义目的。

二是强调了"医生案件"的空前严重性。塔斯社的报道仅仅指控医生恐怖分子小组以有害治疗的方式缩短苏联国务活动家的生命、损害苏联军事领导人的身体健康从而削弱苏联国防，把美国犹太人联合分配委员会指控为美国间谍机关，宣称它在苏联等国家从事间谍、恐怖及其他破坏活动，而《真理报》的文章则在谴责苏联的主要冷战对手——英美狂热的准备新的世界大战同时，指控他们不惜斥资数亿美元收买医生恐怖分子，"在社会主义国家进行下流无耻的恐怖及间谍活动"，目的就是"在苏联建立自己的破坏小组——第五纵队"，企图以和平手段之外的方式达到颠覆苏联政府的目的。

三是提出了两个敌人的新观点。"医生案件"表明，苏联的敌人不仅是这些犹太医生间谍、谋杀者和雇佣他们的外国老板——英美政府，而且"还有一个敌人——人民的粗心大意"。正是因为人民的麻痹轻敌思想，"阶级斗争消亡论"，才给国家安全部和中央委员会里的敌人以可乘之机。"毋庸置疑，现在的漫不经心就会造成未来国家的动荡。"因此，"为了清除苏联的破坏分子，我们就必须结束自己漫不经心的作为"①。其中隐藏着斯大林更深的政治意图。

在塔斯社的报道和《真理报》的文章中，米霍埃尔斯第一次被当成"著名的犹太资产阶级民族主义分子"公之于世。随后，根据苏共中央指示，苏联各地图书馆撤除了所有有关米霍埃尔斯的书籍和专辑。

1953年1月20日，苏共中央书记马林科夫在克里姆林宫自己的办公室里接见了季马舒克，并告诉她，斯大林在部长会议上对她四五年前在医治日丹诺夫过程中与数位声名显赫的教授进行斗争时表现出的极大勇气表示感谢，同时决定授予她苏联国家的最高荣誉——列宁勋章。季马舒克受宠若惊，但她还是表示，她不配获得这么高的奖励，因为作为一名医生她没做什么特别的事，只是做了任何一位苏联医生在当

---

① ПОДЛЫЕ ШПИОНЫ И УБИЙЦЫ ПОД МАСКОЙ ПРОФЕССОРОВ-ВРАЧЕЙ, *ПРАВДА*, 13 января 1953 г..

时情况下都会做的分内之事。①1月21日，《真理报》和苏联其他各大报纸都刊登了《苏联最高苏维埃主席团关于授予利·费·季马舒克医生列宁勋章的嘉奖令》，"因在揭发医生杀人犯一事上向政府提供帮助，特授予利·费·季马舒克医生列宁勋章"②。季马舒克一夜之间成为全国家喻户晓的人物。苏联新闻界把这位"俄罗斯人民的伟大女儿"喻为圣女贞德，所有报纸都在狂热的宣传、歌颂这位美德楷模的敏锐和胆量。③

曾经担任苏共中央宣传部长的雅科夫列夫把"医生案件"称为"最大的反犹太主义挑衅行为"④。它的公布立即产生了爆炸性的影响。一时间，这一案件成为整个苏联社会舆论的焦点。犹太医生不仅被指控谋杀苏联领导人，而且谣传他们"正在毒害俄罗斯的孩子，给其注射白喉，并且杀死产科医院里的新生婴儿"⑤；列宁格勒民族博物馆的狂热的反犹主义者玛丽亚·涅斯捷罗娃肆无忌惮地造谣说："犹太医生接生的婴儿都呈蓝色，就是因为他们的血液已被犹太人吸走。"⑥莫斯科更是谣言满天飞，甚至传言"犹太医生和药剂师们想毒死普通的苏联人"，可能发生大破坏等。⑦苏联的大众媒介也变得歇斯底里。"全国展开了一场肆无忌惮的反犹太主义宣传。"⑧报纸文章、小品、漫画都在谴责声讨医生谋杀者们及其犹太复国主义分子-美国教唆犯。⑨《星火》杂志写道："人民之敌反革命集团的罪行骇人听闻，令人发指！"所有了解这些披着治病救人外衣、干着受雇杀人勾当的医学教授罪行的诚实人"都会满怀愤怒和憎恶"⑩。所有的无线电广播里整天都在声嘶力竭地广播着"苏联人民

---

① Л. Ф. Тимашук—в президиум XXIII съезда КПСС с просьбой о признании необоснованной ее общественной дискредитации как инициатора «дела врачей», 31 марта 1966г., Г. В. Костырченко, *Государственный антисемитизм в СССР. От начала до кульминации, 1938-1953*, с.490.
② УКАЗ ПРЕЗИДИУМА ВЕРХОВНОГО СОВЕТА СССР, О награждении орденом Ленина врача Тимашук Л. Ф, *ПРАВДА*, 21 января 1953 г..
③ Jonathan Brent and Vladimir P. Naumov, *Stalin's Last Crime: The Doctors' Plot*, p.293.
④ 〔俄〕亚历山大·雅科夫列夫：《雾霭：俄罗斯百年忧思录》，第185页。
⑤ Jonathan Brent and Vladimir P. Naumov, *Stalin's Last Crime: The Doctors' Plot*, p.3.
⑥ 〔英〕奥兰多·费吉斯：《耳语者：斯大林时代苏联的私人生活》，第551页。
⑦ 〔俄〕帕维尔·苏多普拉托夫：《情报机关与克里姆林宫》，第353页。
⑧ 〔俄〕亚历山大·雅科夫列夫：《雾霭：俄罗斯百年忧思录》，第186页。
⑨ Benjamin Pinkus, *The Jews of the Soviet Union: The History of a National Minority*, p.181.
⑩ 〔乌克兰〕谢尔戈·贝利亚：《我的父亲贝利亚》，第355—356页。译者原文为《火花》，应为《星火》的误译 —— 笔者。

愤怒地谴责杀人犯和他们的外国主子所组织的犯罪团伙……"的文章。大型漫画杂志《鳄鱼》公开发表了反对犹太人的小品文,《真理报》刊登了"关于在各个城市中逮捕间谍"的报道,其中点了一长串犹太人的姓名。① 据统计,1951年,苏联共有35000名犹太医生,他们与犹委会里那微不足道的几十名知识分子相比,"更适合扮演集体仇恨对象的角色"②。所以,埃廷格尔教授的儿子雅·雅·埃廷格尔后来指出:"斯大林的算计是非常准确的:对犹太医生有关'犯罪治疗'的指控不可能不触动苏联居民的理智和感情,不可能不在群众中点燃反犹情绪。"③

果不其然,苏联社会的反犹情绪像火山爆发一样喷发出来。俄国民众世代相传的特点是,一旦有敌人,不管是谁,就会口沫四溅地群起而攻之。爱伦堡在莫斯科的季申斯基市场曾经遇到一个醉汉狂叫:"犹太人想毒死斯大林!"④ 俄罗斯历史学家拉波波特说,人民对所有医生都表现出极度的仇恨:"每个医生都被看作一位潜在的谋杀者。我永远不会忘记我的实验室助手因为愤怒和憎恨而变得畸形的脸。她咬牙切齿地说:'该死的知识分子,他们全都应该受到棒打。'……所有的工厂、办公室都召开了会议,一些是有组织的,一些是自发的,几乎都充满了公开的反犹主义。发言者都慷慨陈词要让罪犯们可怕地死去。许多人竟然提出由他们来执行死刑。"在基辅,一位俄罗斯官员请一位犹太教授去给他的孩子看病,完了悄悄劝告这位犹太教授想办法尽快离开基辅,移居到一个偏远的小城去。因为"自发、正义的屠杀犹太人的可能性与日俱增"⑤。在商店排队购物的犹太妇女遭到其他排队的妇女满腔仇恨的咒骂。犹太人不仅遭到了掠夺,而且在不少城镇遭到流氓分子的殴打。⑥ 在中学教室的黑板上,有人也写出了"打倒犹太人"的口号。⑦ 1月13日《真

---

① 〔俄〕爱德华·拉津斯基:《斯大林秘闻——原苏联秘密档案最新披露》,第654页。
② Л. Люкс, Еврейский вопрос в политике Сталина, c.52.
③ 〔俄〕雅科夫·埃廷格尔:《半个世纪前的"医生案件"》,第69页。
④ 〔俄〕伊利亚·爱伦堡:《人·岁月·生活》(下卷),第592页。
⑤ Jonathan Brent and Vladimir P. Naumov, *Stalin's Last Crime: The Doctors' Plot*, p.293.
⑥ 〔俄〕爱德华·拉津斯基:《斯大林秘闻——原苏联秘密档案最新披露》,第656—657页;
〔俄〕罗伊·梅德韦杰夫:《让历史来审判——论斯大林和斯大林主义》(下册),第968页。
⑦ 〔俄〕拉里莎·瓦西里耶娃:《克里姆林宫的儿女们》,成士等译,中央编译出版社2001年版,第286页。

理报》通告发布的当天,犹委会成员马尔基什14岁的儿子大卫·马尔基什和无数的莫斯科犹太儿童遭到其他儿童的殴打和流氓的追逐。2月下旬,马尔基什的妻子以斯贴和儿女们被逮捕并流放到哈萨克斯坦北部的卡尔梅克(Karmachy)村。早就从收音机听说了"医生案件"的当地居民误以为他们是克里姆林宫的医生,因此一见面就说:"你是科甘,你是沃夫西!"由此可见,"科甘的名字已经变成了'犹太人'的同义词"。当地的年轻人则朝他们不断地唱道:"犹太佬,犹太佬,在绳子上摇啊摇……亚伯拉罕犹太人,死的越早就越好!"[1] "劳动人民的来信"潮水般地涌向《真理报》,纷纷要求对"白衣杀手""人间败类"绳之以法,决不留情。[2] 罗伊·梅德韦杰夫指出:"作为'预防措施',几千名犹太族专家被赶出了医学机构以及其他学术机构和高等学校。有些教研室、医院和实验室的人员减少了一半。出版社的专题计划中,犹太人作者写的书被剔除了。犹太医生研制成的、而且早已在医疗中通用的某些药品也遭到禁止。"[3] 在整个苏联,人们都在诅咒犹太人。病人拒绝找犹太医生看病,迫使他们歇业,许多医术精湛、德高望重的犹太医生因此失去了工作,不少人甚至沦落到不得不出卖体力来养家糊口。人们致函报社,呼吁苏联当局"清除寄生虫"。"从聚有太多犹太猪的那些大城市,把他们赶出去流放。"[4] 即便是1953年4月《真理报》宣布"医生案件"纯属伪造,受害人被宣布无罪释放之后,许多普通苏联公民依然致函苏共中央表示大惑不解,"他们认为既然医生们有错,就应该遭到审判"[5]。有些工人还致函《真理报》,认为医生的平反本身就是"犹太人影响"政府高层的标志,甚至说:"斯大林同志不在了,我们的政府就向犹太人低了头。"[6] 这些现象"确确实实地反映了社会上的政治和精神气氛,煽起了群众的狂热"[7]。从这一方面来讲,"医生案件"的确达到了

---

[1] Louis Rapoport, *Stalin's War Against the Jews: The Doctors' Plot and the Soviet Solution*, pp.190-191.
[2] 述弢:《克宫内幕:苏联的神话与现实》,中央编译出版社2014年版,第53页。
[3] 〔俄〕罗伊·梅德韦杰夫:《让历史来审判——论斯大林和斯大林主义》(下册),第968页。
[4] 〔英〕奥兰多·费吉斯:《耳语者:斯大林时代苏联的私人生活》,第543页。
[5] 〔俄〕雅科夫·埃廷格尔:《半个世纪前的"医生案件"》,第70页。
[6] 〔英〕奥兰多·费吉斯:《耳语者:斯大林时代苏联的私人生活》,第550—551页。
[7] 〔俄〕格·阿·阿尔巴托夫:《苏联政治内幕:知情者的见证》,第42页。

"犹委会案"不能达到的效果。

城门失火，殃及池鱼。不少在医疗系统之外的犹太人也受到冲击。他们仅仅因为是犹太人就遭到同事的侮辱、排挤和孤立，或者被从工作多年的岗位上解雇，同样，也仅仅因为是犹太人而在找工作的过程中四处碰壁。①

逮捕仍在继续。1953年1月中旬，雅科夫·拉波波特博士因为与"医生案件"有关联而被捕。1月末，所罗门·涅兹林博士仅仅因为其兄弟审阅过日丹诺夫1948年的病历也遭被捕；"医生案件"中涉案医生们的妻子悉数被捕。②2月2日，苏联著名医学专家 H. A. 舍列舍夫斯基教授"因被指控为犹太民族主义分子，苏联政权的敌人，美国间谍及杀人犯"而遭逮捕。③爱德华·拉津斯基说："那是可怕的日子。每天夜里，黑色的汽车在莫斯科的街道上疾驶，逮捕那些有名气的犹太人。"④

斯大林亲自出马督办"医生案件"侦查工作的进展状况。直到1953年3月1日突然病倒之前，他还在批阅有关"医生案件"的审讯记录，并且与马林科夫、贝利亚、赫鲁晓夫、布尔加宁讨论"医生案件"问题。⑤从整个案情发展进程来看，斯大林可能打算在1953年3月底对该案进行公开审判。⑥米高扬、尼·亚·布尔加宁、亚·尼·雅科夫列夫等苏联国务活动家将出庭作证。包括著名科学家安·德·萨哈罗夫院士，著名学者叶·维·塔尔列、亚·亚·巴耶夫，著名作家爱伦堡以及数百名各民族的代表人物将参加审判。⑦"罪犯将要被绞死而不是枪毙。"⑧斯大林准备借机将"犹委会案"的情况公之于众。他希望民众能够理

---

① Louis Rapoport, *Stalin's War Against the Jews: The Doctors' Plot and the Soviet Solution*, p. 183.
② Louis Rapoport, *Stalin's War Against the Jews: The Doctors' Plot and the Soviet Solution*, pp. 189-190.
③ Н. А. Шерешевский—Л. П. Берии о несостоятельности обвинений, выдвигавшихся следствием по «делу врачей», 25 марта 1953г., Г. В. Костырченко, *Государственный антисемитизм в СССР. От начала до кульминации, 1938-1953*, с. 480.
④〔俄〕爱德华·拉津斯基：《斯大林秘闻——原苏联秘密档案最新披露》，第654页。
⑤〔俄〕德·安·沃尔科戈诺夫：《斯大林》（下册），第891—892页。
⑥ Jonathan Brent and Vladimir P. Naumov, *Stalin's Last Crime: The Doctors' Plot*, p. 309; Arkady Vaksberg, *Stalin Against the Jews*, p. 259.
⑦〔俄〕雅可夫·埃廷格尔：《半个世纪前的"医生案件"》，第69页。
⑧〔法〕皮埃尔·阿考斯、〔瑞士〕皮埃尔·朗契尼克：《病夫治国》，第188页。

解：秘密审理"犹委会案"的目的是为了维护国家机密，"因为可耻的叛徒已经把最高军事和经济机密出卖给了他们的美国老板"①。

（三）"医生案件"：斯大林的双重政治意图

斯大林如此费尽心机的策划"医生案件"，目的何在呢？根据现有材料分析，他有两个主要目的：一是为彻底解决犹太人问题铺平道路，二是在苏联掀起新的一轮大清洗。

斯大林不仅要消灭苏联政治、科技、文学、艺术界的犹太精英，而且还打算把国内的犹太人全部流放到苏联远东地区。关于这个问题，目前俄罗斯学术界还存在一些争议。②但是，根据现在能够看到的各种直接和间接材料分析，它还是比较可信的。

这些材料可以分为三个方面：

第一，来自苏联领导层和官方的信息。

1952年2月，国家安全部副部长留明在审讯犹太作家马克利雅尔斯基时坦言："在莫斯科居住着150多万犹太人，他们控制了医疗岗位、法律职位、作曲家协会和作家协会，更不要说贸易系统了。但是，其中

---

① Arkady Vaksberg, *Stalin Against the Jews*, p.249.
② 关于斯大林准备大规模驱逐犹太人的问题，俄罗斯学术界争议很大，主要原因就是没有找到苏联官方的相关文件。Г. В. 科斯特尔琴科、俄罗斯联邦国家档案管理局局长鲁·格·皮霍亚等人持怀疑态度；弗·瑙莫夫和 Л. А. 别济缅斯基则依据间接材料得出结论：驱逐行动在1953年春天就已经计划好了。瑙莫夫后来还声称发现了能够证明准备驱逐犹太人行动的新的档案材料。参见 Л. Люкс, Еврейский вопрос в политике Сталина, с.54. 事实上，苏联历史上的不少重要事件可能永远都无法找到直接的档案材料了。1953年3月5日晚上8点，在斯大林弥留之际，苏共中央、苏联部长会议和苏联最高苏维埃主席团召开了联席会议，会议确定了苏联党和国家的新的领导班子。随后，新任苏联部长会议主席马林科夫通报说："中央主席团常务委员会委托马林科夫、贝利亚和赫鲁晓夫同志采取措施，对斯大林同志的各种文件和手稿，无论是现在使用的，还是已经归档的，全部进行整理。"这就意味着斯大林死后，他亲笔签署的文献及其私人档案有很大一部分已经被其政治接班人销毁了，而且，涉及"医生案件"的文件是优先销毁的。参见沈志华总主编：《苏联历史档案选编》，第26卷，第376页；〔俄〕罗伊·麦德维杰夫、若列斯·麦德维杰夫：《斯大林：鲜为人知的剖面》，第74、109页。另外，也存在斯大林自己销毁对其不利的档案的可能性。据卡冈诺维奇说，斯大林曾经亲笔签署过一个对囚犯进行拷打的文件，卡冈诺维奇希望赫鲁晓夫把它销毁。但赫鲁晓夫在中央书记处和机密文件中却没有找到这份文件，所以他认为"斯大林早已将它销毁"。参见〔俄〕尼基塔·谢·赫鲁晓夫：《赫鲁晓夫回忆录》，第2卷，第1160页。

只有一小撮人是对国家有用的,其余所有人都是国家潜在的敌人。"所以,留明说:"他打算向苏联政府提出把犹太人从莫斯科驱逐出去的问题。"如果在莫斯科驱逐犹太人,那么各大城市都会如法炮制。① 国家安全部特别重大案件侦查处副处长弗·科马罗夫上校在审讯戏剧评论家利季亚·沙图诺夫斯卡娅时曾经指出:"所有的犹太人我们都要长期地监禁在监狱和集中营……而你们这些犹太主义分子我们要全部杀掉,全部杀掉。"沙图诺夫斯卡娅问道:"你们怎么杀?在哪杀?在苏联有300多万犹太人。"科马罗夫毫不犹豫地回答说:"在监狱,集中营,在比罗比詹!""医生案件"公布后,"整个莫斯科"都在公开谈论斯大林准备把所有的犹太人驱赶到比罗比詹,然后从肉体上加以消灭的计划。②

1952—1953年冬天,苏联共青团中央书记尼·亚·米哈依洛夫的妻子曾经对斯维特兰娜说:"我恨不得把所有的犹太人统统赶出莫斯科去。"斯维特兰娜认为,她的丈夫就是这么想象的。"这正是当时的一种官方情绪,究其根源,根据我的猜测,还是在最上头。"斯维特兰娜还说,1952年,苏联当局打算把犹太人"通通送出莫斯科"③。

1957年6月8日,《纽约时报》发表了一篇题为"斯大林因遭伏罗希洛夫反对动怒而亡"的文章。其中指出,一位法国的苏联问题专家在6月7日的《法兰西晚报》撰文说,时任苏联驻波兰大使潘·康·波诺马连科(他在1952年10月16日苏共中央全会上当选苏共中央主席团委员)不久前向华沙的一群波兰共产主义报纸记者披露,1953年2月末,即"医生阴谋"揭露出来后不久,斯大林召集苏共中央主席团成员到克里姆林宫开会,宣布了他准备把苏联所有犹太人放逐到比罗比詹犹太自治州的计划。他解释说,采取这一行动是因为"犹太复国主义分子和帝国主义分子"阴谋反对苏联和他本人。斯大林讲完后,会场一片死寂。卡冈诺维奇吞吞吐吐地问,这一措施是否包括国内的每个犹太人。斯大林回答说,将会进行"一定的选择"。紧接着,外交部长莫洛托夫用一种"颤抖"的声音暗示说,这一举措将可能对苏联在世界舆论界的

---

① Jonathan Brent and Vladimir P. Naumov, *Stalin's Last Crime: The Doctors' Plot*, pp.182-183.
② 〔美〕利季亚·沙图诺夫斯卡娅:《克里姆林宫内幕》,第216—217页。
③ 〔苏联〕斯维特兰娜·阿利卢耶娃:《仅仅一年》,第141—142、162页。

形象产生"极其有害"的影响。正当斯大林要训斥莫洛托夫的时候,伏罗希洛夫元帅站起来,把他的党员证扔到桌子上,大声说:"如果采取这一行动,我将会为作为我们党的一员而感到羞耻!这实在是太丢脸了!"斯大林勃然大怒,冲着伏罗希洛夫大吼:"克利缅特同志!只有我能决定你什么时候不再有权保留你的党员证!"随后,在会议的吵闹声中,斯大林摔倒在地,失去知觉,并因此导致他在1953年3月5日死去。①

1970年,雅·雅·埃廷格尔曾经与布尔加宁进行过一次访谈。布尔加宁指出,斯大林打算以下述方式解决苏联犹太人问题:"原定于1953年3月中旬对医生进行的审判将以判处死刑结束。这些教授应该在莫斯科、列宁格勒、基辅、明斯克、斯维尔德洛夫斯克和其他主要城市的中心广场上公开绞死。"布尔加宁还证实了多年来一直流传的关于计划在审判之后把犹太人大规模地驱赶到西伯利亚和远东地区的传闻。相关的文件已经准备就绪。作为国防部长,布尔加宁还接到斯大林的命令,要求他把几百辆军用列车调往莫斯科和国家其他主要中心,组织驱逐犹太人。布尔加宁表示,计划组织列车失事,"自然"攻击火车上的犹太人,以便在途中镇压他们。②

---

① Stalin's Death Ascribed to Rage at Voroshilov for Opposing Him, *The New York Times*, June 8, 1957, p.8. 据说,波诺马连科是受赫鲁晓夫之命向外界披露这些消息的。参见 George Daniel Embree, *The Soviet Union between the 19th and 20th Party Congresses, 1952-1956*, 's-Gravenhage: Martinus Nijhoff, 1959, p. 25. 根据目前能够看到的资料,伏罗希洛夫最后一次与斯大林在克里姆林宫办公室见面的时间是1952年6月13日,莫洛托夫是10月1日,卡冈诺维奇则是11月22日。而且,斯大林最后一次到克里姆林宫办公室的时间是1953年2月17日。没有发现斯大林与他们三人在1952年2月底同时开会的证明材料。况且,1952年10月中旬苏共十九大之后,这三人已经被斯大林排挤在权力核心之外,参加苏共高层决策会议的可能性不大。另据俄罗斯历史学家德·安·沃尔科戈诺夫和爱德华·拉津斯基所说,斯大林在1953年2月28日晚到3月1日凌晨4点的确与马林科夫、贝利亚、赫鲁晓夫、布尔加宁等人讨论了"医生案件"问题,但地点是在孔策沃别墅,而且伏罗希洛夫、莫洛托夫、卡冈诺维奇并未参加。所以,《纽约时报》所述1953年2月末苏共中央主席团的这一次会议让人生疑。不过,它所披露的关于斯大林准备把苏联犹太人驱逐到比罗比詹的消息却是值得重视的。参见《斯大林克里姆林宫办公室来客登记簿(二)》,载沈志华总主编:《苏联历史档案选编》,第20卷,第800、808、813、818页;〔俄〕德·安·沃尔科戈诺夫:《斯大林》(下册),第891—892页;〔俄〕爱德华·拉津斯基:《斯大林秘闻——原苏联秘密档案最新披露》,第665页。

② Я. Я. Этингер: «Дело врачей»: Сорок лет спустя, с.49.

曾担任苏共中央书记的 Н. 波利亚科夫在回忆录中说："在40年代末到50年代初,通过了彻底驱逐犹太人的决定。为领导这次行动,成立了只服从于斯大林的委员会。斯大林任命米·安·苏斯洛夫担任该委员会主席,而书记则由我——波利亚科夫担任。为了接收被驱逐的人员,在比罗比詹迅速地修建了一些类似集中营式的简易住房,并把这里划为保密地区。与此同时,开始在全国范围内编制人员名单……所有犹太裔的人,一个也不能漏掉。名单有两种类型——一类是纯血统的犹太人名单,另一类是混血犹太人名单。驱逐行动应该分两个阶段进行——首先驱逐纯血统的犹太人,其次是混血犹太人。驱逐行动拟于1953年2月的下半月进行。但是,行动被延误了……因为准备名单需要花费更多的时间;对此斯大林规定了硬性期限:在3月5日—7日对医生们进行审判,3月11日—12日(在审判台)处决。"① 事实上,1952年5月9日,联共(布)中央委员会已经对联盟共和国、各加盟共和国、各自治共和国、边疆地区、州所有党政部门、企事业单位甚至国营农场、集体农庄的犹太人领导人信息进行了秘密统计。② 苏共中央主席团成员、《布尔什维克》杂志的主编 Д. И. 切斯诺科夫还受命编写了一本政府小册子《为什么国家工业区的犹太人必须重新安置?》,解释犹太人为什么"必须被驱逐"。这本小册子由苏联内务部出版社发行,斯大林死时,已经印好100万份准备散发。③

著名的情报官、曾经在卢比扬卡工作过的保加利亚老革命者博里什·阿法纳西耶夫(Boris Afanasyev)说,斯大林计划仅仅在3天内把莫斯科所有的犹太人驱逐出去。④ 列·罗·舍伊宁则提供了更加详细的计划:国家安全部"计划只给人们两个小时去收拾行李,每人只能带一个包,并且所有这些人都将在严酷的旅途中遇到麻烦——没有食物,

---

① Л. Люкс, Еврейский вопрос в политике Сталина, с.54-55.
② Из секретного статистического сборника ЦК ВКП(б) «руководящие кадры партийных, советских, хозяйственных и других органов к началу 1952 года... », 9 мая 1952 г., Г. В. Костырченко, *Государственный антисемитизм в СССР. От начала до кульминации, 1938-1953*, с.353-357.
③ Louis Rapoport, *Stalin's War Against the Jews: The Doctors' Plot and the Soviet Solution*, p.177. 〔俄〕鲁·格·皮霍亚:《苏联政权史(1945—1991)》,第86页。
④ Arkady Vaksberg, *Stalin Against the Jews*, p.258.

没有暖气,当火车到达零下 30 度的西伯利亚冬天的不毛之地或者森林里时,他们将被抛弃在那里"①。

曾经担任苏共中央宣传部长的雅科夫列夫指出:"1953 年 2 月,开始准备将莫斯科和大工业中心的犹太人驱逐到我国的东部地区。当时是这样策划的:由一批犹太人主动起草一封致政府的信,要求驱逐,以免他们面对因'医生案件'所引起的'苏联人的怒火'。"②

雅科夫列夫所说的"致政府的信"就是所谓的"犹太人声明"。爱伦堡在与米霍埃尔斯的两个女儿和以斯贴·马尔基什的谈话中,以及 1953 年 7 月在接受莫斯科记者济诺维·舍伊尼斯采访时,都曾披露过其中的秘密:1953 年 1 月或 2 月,苏联科学院院士伊·伊·明茨、塔斯社前总编辑哈温松等一批苏联犹太知识界的著名代表迫于上面的压力起草了一封"公开信"(其实就是根据苏共中央委员会书记处的指示而起草的③)。其中指出:随着医生谋杀者被揭露出来和正在参与美国-犹太复国主义阴谋,破坏苏联政府稳定的苏联犹太族公民中的叛徒被抓获,苏联人民自然会被日益扩大的叛国集团、背叛行为和"许多犹太人帮助我们的敌人在我们中间组建第五纵队"的可悲事实所激怒,可能会"不分青红皂白地攻击犹太人"。因此,"作为忠诚的苏联犹太人的领导人物",他们和全体苏联人民一样赞成对医生谋杀者进行严惩,同时呼吁苏联政

---

① Arkady Vaksberg, *Stalin Against the Jews*, pp.257-258. 舍伊宁所言并非夸大其词。1940 年 2 月到 1941 年 6 月,苏联当局在驱逐西乌克兰和西白俄罗斯等地的 38 万波兰族人时规定,只给被驱逐者两个小时,甚至半个小时的准备时间。每个家庭随身所携带的生活和生产用品总重量不得超过 500 公斤。所有不动产均由内务部地方机关负责接收。一些移民甚至仅身着便装就被推上了破旧不堪、没有任何取暖设备的闷罐车。1944 年 2 月 23 日,苏联当局在强行迁移车臣和印古什人时,首先动用军队封锁了整个地区,然后召集所有居民到居民点开会。会后一部分居民可获准解散和收拾应带家什,另一部分居民则被徒手送往火车站。运输移民的专列全是闷罐车,据当事人回忆,"在严重超载的移民车厢内,暗无天日、人们经常喝不到水……伤寒不期而至,但无法医治,人们只能等死……在列车短暂靠站的时候,人们将死人抬到附近并用黑色的煤灰草草掩埋。如果有人想逃跑,走不出五米就会被押送人员射杀"。1944 年 11 月到 12 月,苏联国防委员会下令将格鲁吉亚共和国境内的 9 万多土耳其、库尔德和赫姆申等少数民族人强行迁往哈萨克、吉尔吉斯和乌兹别克诸共和国。"在押运途中由于没有食物、没有可以御寒的衣服,列车封闭不严和没有取暖设备等原因",加上一时难以适应当地气候,移民"被冻死、饿死者不计其数"。参见师建军:《苏联特殊移民问题研究》,第 25—26、35—36、48—49 页。
② 〔俄〕亚历山大·雅科夫列夫:《雾霭:俄罗斯百年忧思录》,第 187 页。
③ 〔俄〕爱德华·拉津斯基:《斯大林秘闻——原苏联秘密档案最新披露》,第 656 页。

府和斯大林个人"从可能发生的暴力行为中拯救犹太人"。"我们恳求您保护犹太人,把他们遣往东部正在开发的地区,在那里他们将受雇为对国家有用的劳动者,摆脱因叛徒-医生们引起的可以理解的出离愤怒。"①

这封公开信以苏联犹太人著名代表人物之口"强调了苏联犹太人对医生罪行的集体责任"。它既是苏联犹太人的悔过书,也是他们寻求自我救赎的请愿书。据估计,"它会在莫斯科红场对医生们进行作秀式审判和公开处决之后发表在《真理报》头版,时间可能是4月初"。其目的是为将来"把几乎所有苏联犹太人驱逐到西伯利亚、哈萨克斯坦和比罗比詹的集中营变得合情合理",因为斯大林担心这一驱逐行动会遭到全世界的强烈抗议。爱伦堡在1950年代中期告诉以斯贴·马尔基什说,正是《真理报》总编辑谢皮洛夫要求他在公开信上签字的,谢皮洛夫还给他出示了斯大林"务必明天见报"的手谕,但是最后依然遭到爱伦堡和数名犹太名流的拒绝。爱伦堡甚至宁可放弃1953年1月27日授予他的斯大林奖,也拒绝公开谴责"医生案件"。②他的理性和良知在关键时

---

① Louis Rapoport, *Stalin's War Against the Jews: The Doctors' Plot and the Soviet Solution*, pp.177-178; Jonathan Brent and Vladimir P. Naumov, *Stalin's Last Crime: The Doctors' Plot*, p.299. 但是,现在看到的《致〈真理报〉编辑部的信》却是谴责"医生案件"中的罪犯为美国、英国的情报机构卖命,鼓吹俄罗斯人民与犹太人的团结和友谊,并无要求放逐犹太人的内容。由于爱伦堡不知道该不该在这封信上签名,所以他致函斯大林,征求意见,并提醒说,如果发表这封由58名著名犹太学者、作家、作曲家等人署名的公开信,"可能会助长立场不稳的和思想觉悟不高的人们的民族主义倾向","激化由犹太复国主义者、崩得分子和我国的其他敌人正在进行的极其恶劣的反苏宣传"。参见《爱伦堡关于犹太人集体信件给斯大林的信(1953年2月3日)》,载沈志华总主编:《苏联历史档案选编》,第26卷,第360—368页。公开信最终并未发表。爱伦堡后来认为,正是他写给斯大林的信在关键时刻发挥了作用,阻止和延迟了斯大林的整个驱逐计划,使其未能如愿以偿。参见 Jonathan Brent and Vladimir P. Naumov, *Stalin's Last Crime: The Doctors' Plot*, p.300. 但是,爱德华·拉津斯基则提供了另外一种完全不同的解释。按照一位曾经在公开信上签名并且晚年一直为此深感自责的犹太人的说法,他们当时是因为恐惧才签名的,目的是想让广大无辜的犹太民众与涉案医生划清界限,以便在那些不幸的医生们注定要灭亡的情况下,可以挽救其他犹太人的命运。然而,原定2月2日在《真理报》刊登的公开信却被斯大林突然叫停,个中原因就是斯大林"不愿把犹太人分成好人和坏人","拒绝用'少数资产阶级民族主义分子'来为其他的犹太人赎身,他可能要惩罚所有的犹太人"。所以,《真理报》在2月7日(拉津斯基误写为2月8日)用歇斯底里般的反犹文章《缺心眼的人和恶棍》取代了这篇公开信,犹太人的处境更加恶化。参见〔俄〕爱德华·拉津斯基:《斯大林秘闻——原苏联秘密档案最新披露》,第656—657页。

② Louis Rapoport, *Stalin's War Against the Jews: The Doctors' Plot and the Soviet Solution*, pp.176-177, 179-180, 183. 布伦特与瑙莫夫曾经对爱伦堡所说"犹太人声明"的真实性提出质疑,

刻发挥了重要作用。他可能已经预感到"医生案件"是一个巨大的反犹阴谋，所以不愿意充当帮凶。"犹太人声明"最终不了了之。不过，爱伦堡面临的威胁也越来越大，他甚至已经"准备好了去面对一切"①。

第二，来自当时苏联社会基层的证据。

在格鲁吉亚，"医生案件"刚一公布，格共中央第一书记姆格拉泽就下令在全国范围内大肆搜查逮捕犹太人（包括共产党员家庭），洗劫查封所有犹太会堂，破坏犹太教会财产，逮捕所祭祀工作人员，公开宣布取消犹太传教士团，没收其数十年捐款（总共24万卢布），肃清所有宗教协会的委员会，逮捕其成员，没收祈祷仪式所用的祷告书籍、物品和用具，并对部分物品进行烧毁和公开踩踏，关闭犹太墓地，关闭正在为逾越节赶制无酵饼的面包房，甚至连用于烤制无酵饼的面粉都强行没收。奉命行事的官员还威胁说，任何胆敢过问此事和提出控诉的人都会立即予以逮捕并发配到远东地区。他们还到处鼓吹，"苏联犹太民族作为破坏性民族应该被清除"。特别是在萨姆特雷迪亚（Самтредский）地区，舒布拉德泽（Шубладзе）区委书记、国家安全分局局长韦鲁拉什维利被当地犹太人称为"恶棍"。他下令对该地区古拉什村居住的1000多个犹太家庭几乎进行了全面搜查，洗劫查封了4所祈祷屋，并且说"犹太人将被流放，再过12年自己依然憎恨犹太人，而且很高兴能亲手毁灭犹太人"。这些迫害犹太人的官员公开宣称，"一切都是按照苏联政府和斯大林同志的指示进行的"。犹太人惶惶不可终日，"很多人都流下了痛苦的泪水，人们战战兢兢地等待着被强行迁移之日的到来"②。

（接上页）甚至认为它可能是《致〈真理报〉编辑部的信》的误传。参见 Jonathan Brent and Vladimir P. Naumov, *Stalin's Last Crime: The Doctors' Plot*, p.306. 但是，现在还没有足够证据证明"犹太人声明"是虚构的。老布尔什维克 Е. П. 弗罗洛夫在一份名为"约·维·斯大林反犹主义的所作所为"的文件中也指出，斯大林反犹的一些最鲜明的事件包括"起草'致犹太人的呼吁书'（Н. Л. 明茨）；为呼吁书征集签名（Я. С. 哈温松）"。显然，弗罗洛夫认为"致犹太人的呼吁书"（即"犹太人声明"）是斯大林安排的，明茨、哈温松只不过是奉命行事。参见〔俄〕罗伊·梅德韦杰夫:《让历史来审判——论斯大林和斯大林主义》（下册），第968—969页。

① 〔俄〕娜杰日达·曼德施塔姆:《曼德施塔姆夫人回忆录》，刘文飞译，广西师范大学出版社2013年版，第130页。
② Коллективное обращение грузинских верующих евреев в ЦК КПСС и Совет министров СССР, Апрель — май 1953 г., Г. В. Костырченко, *Государственный антисемитизм в СССР. От начала до кульминации, 1938-1953*, с.279-283.

1953年2月，在大多数格鲁吉亚犹太人生活的库塔伊西（Kutaisi）市，当地政府运来炸药准备炸毁这里的三座犹太会堂。犹太人正告那些官员，"'你们'先用这些炸药炸死我们再说！"那些官员被迫做出让步。他们认为可以推迟几个星期行动，到那时"犹太人就会被遣送到东方去了"。当时有不少犹太人致函爱伦堡说，苏联犹太人因为从整体上被视为叛国者而处于毁灭的边缘，几乎每个犹太人都充满恐惧，他们都确信所有犹太人将被"驱逐到西伯利亚"①。

　　1953年2月下旬，当以斯贴等人被流放到哈萨克斯坦北部的卡尔梅克村时，当地老百姓提出的第一个问题就是，"这么说，他们已经开始驱逐犹太人了？"老百姓告诉这些流放者，新的集中营正在建造，全都沿着铁路线通往遥远的比罗比詹，他们正在"等着犹太人"。还有人证实，在离巴尔瑙尔不远的高原上，在比罗比詹、北冰洋中新地岛和阿尔汉格尔斯克东北部发现了大量集中营（有些从未使用过），其中一些营房是1952年根据斯大林的明确指示建造的。当时，一位主管苏联社会保障部养老金局的老布尔什维克奥尔加·伊凡诺娃·戈洛博罗德卡（Olga Ivanova Goloborodka）在部长会议大楼中无意中还听到为驱逐犹太人在比罗比詹修建集中营的谈话。②

　　与此同时，各种驱逐的征兆不断涌现出来。"苏联各地的许多犹太人都知道他们将被驱逐。"居住在波罗的海共和国、摩尔达维亚、白俄罗斯和乌克兰的城市中心以及莫斯科、列宁格勒的犹太人开始焚烧他们的意第绪语书籍，并尽可能避免外出。当他们不得不冒险外出时，则会尽量待在靠近建筑物和广场的地方。这是身处古拉格的苏联犹太人第一次"仅仅因为他们是犹太人"而"感到如此恐惧"③。

　　爱德华·拉津斯基指出，1953年2月底，莫斯科传出流言说，"犹

---

① Louis Rapoport, *Stalin's War Against the Jews: The Doctors' Plot and the Soviet Solution*, pp. 183, 185.
② Louis Rapoport, *Stalin's War Against the Jews: The Doctors' Plot and the Soviet Solution*, pp. 188, 190. 但有人不同意这一说法，认为那些集中营是斯大林死后"被释放的囚犯返回欧俄后留下的"，斯大林"只是计划把犹太人放逐到已有的集中营或者不毛之地"。同上书，第189页。
③ Louis Rapoport, *Stalin's War Against the Jews: The Doctors' Plot and the Soviet Solution*, p. 184.

太人将要被放逐到西伯利亚"。苏联人知道，只有是斯大林不赞成的流言很快就会销声匿迹，传播者也会锒铛入狱。"但犹太人要被放逐的流言却一直在传播，而且相信的人越来越多。一天比一天更令人惶恐不安。"拉津斯基的母亲有一天下班回来悄悄地告诉他父亲，"房管会正在编制犹太居民的名单，他们已经知道从哪一天开始行动"。根据他的调查，犹太人在3月5日要被装入大卡车，赶出莫斯科。因此，在斯大林死后，全世界都知道了他有放逐犹太人的计划。①

以色列作家洛瓦·埃利亚夫（Lova Eliav）1950年代曾在莫斯科担任外交官。为了研究斯大林的种族灭绝计划，他搜集了数百条证据。其信息来源包括赫鲁晓夫时代的资深共产党官员，与军工复合体有关的前高级军官等，他们都是犹太人。这些人给他阐明了种族灭绝的方案和计划。尽管没有人能够给他提供一幅完整的情景，但数百名来自各行各业的人都对他谈到它。所以，洛瓦·埃利亚夫相信，"它不再是谣传。计划处在不同的实施阶段"。斯大林的最终目标就是"一次真正的种族灭绝，斯大林自己对犹太人的灭绝"②。

第三，来自学术界的看法。

罗伊·梅德韦杰夫指出："一切都表明，斯大林准备把犹太人大规模地强制迁移到遥远的地区去，就像早先对德意志族、克里米亚鞑靼人、车臣人以及其他许多民族做过的那样。犹太人必须成为他的又一只'替罪羊'。"老布尔什维克 Е. П. 弗罗洛夫在一份名为"约·维·斯大林反犹主义的所作所为"的文件中列举了斯大林反犹主义的一些最鲜明的表现，其中包括"策划将犹太人迁移到犹太人区；修建简易住房；……斯大林格勒拖拉机厂开群众大会，通过将犹太人强制迁走的决议"③。

索尔仁尼琴说，从1950年起，犹太人已经作为世界主义者被斯大林一小批一小批地流放到古拉格群岛，"医生案件就是为这个目的而策划的。似乎他要搞一场对犹太人的大屠杀"④。

---

① 〔俄〕爱德华·拉津斯基：《斯大林秘闻——原苏联秘密档案最新披露》，第657、663页。
② 参见 Louis Rapoport, Stalin's War Against the Jews: The Doctors' Plot and the Soviet Solution, pp. 185, 277.
③ 〔俄〕罗伊·梅德韦杰夫：《让历史来审判——论斯大林和斯大林主义》（下册），第966—967、969页。
④ 〔俄〕亚历山大·索尔仁尼琴：《古拉格群岛》（上），第92页。

俄罗斯学者 Л. 别济缅斯基把 1952 年 12 月 1 日斯大林在中央委员会主席团会议上关于苏联犹太人的讲话称为"斯大林的遗嘱"。他指出，正是从 1952 年底至 1953 年初，苏联当局进行了将犹太居民驱逐到中亚和远东的准备工作。"要知道，假如按照斯大林所说的，任何一个犹太人都是民族主义者和美国情报机关的间谍，那么为何不将他们消灭干净？领袖的逻辑直接导致了一场新的浩劫——消灭苏联犹太人。"只是因为斯大林突然死亡才使这一场骇人听闻的暴行未能得以实施。①

戈德堡一直是对苏友好的美国犹太人领袖。1953 年，当斯大林把苏联犹太人放逐到远东地区以及为此准备好集中营的消息传到西方时，他起初认为这是荒诞不经的谣言。但是，1959 年，他在列宁格勒等地进行调查研究后认为这一计划是可信的。一位非犹太人历史教授告诉他，"医生阴谋"有三个目的，其中第三个目的就是在国内制造一种恐怖和不信任的氛围，以便消灭俄国西部、南部的犹太人。苏联当局准备采取的方式就是通过把这些犹太人重新安置到远东地区，部分在比罗比詹，部分在西伯利亚其他地区，以此来"解决犹太人问题"。②

美国历史学家沃尔特·G. 莫斯指出："现在回过头来看，如果斯大林不把犹太人发配到苏联的边远地区，他是不会死的。"③

以色列历史学家本杰明·平库斯也指出，在斯大林去世前几个月里，苏联欧洲部分的绝大部分犹太人将被流放到比罗比詹的传言甚嚣尘上。④

美国历史学家路易斯·拉波波特认为，斯大林在对克里姆林宫医生的公开审判秀上将会最后宣布：医生谋杀者的主要目标就是斯大林本人。⑤人们不会忘记，72 年前，俄国的反犹浪潮就是因为一位名叫杰莎·格尔夫曼的犹太妇女参与刺杀沙皇亚历山大二世引发的。现在，犹太人再次准备对苏联人民的无比敬爱的伟大领袖下手。因此，斯大林相信，公开揭露并处死医生谋杀者无疑会把苏联民众的反犹情绪推向巅峰，届时他们会自发地对犹太人实施屠杀和酷刑。这时，苏联政府就会以从

---

① Л. Безыменский, Завещание Сталина? *Новое время*, 1998, № 14, с. 38.
② B. Z. Goldberg, *The Jewish Problem in The Soviet Union: Analysis and Solution*, pp. 146-149.
③ 〔美〕沃尔特·G. 莫斯：《俄国史》，第 289 页。
④ Benjamin Pinkus, *The Soviet Government and the Jews: 1948-1967, A Documented Study*, p. 373.
⑤ Louis Rapoport, *Stalin's War Against the Jews: The Doctors' Plot and the Soviet Solution*, p. 185.

人民的怒火中解救犹太人为名将所有犹太人驱逐到比罗比詹,然后从肉体上加以消灭。这就是"彻底解决"苏联犹太人问题的"地狱计划"。①

从历史上看,苏联当局在驱逐国内少数民族方面早就积累了丰富的经验。"根据苏联党和国家最高领导人的决定,俄罗斯联邦境内有 11 个民族受到强制驱逐,48 个民族受到部分强制驱逐。"② 即便是在紧张的卫国战争时期,苏联当局也以"通敌"为由,把伏尔加河流域的德意志人、克里木鞑靼人、车臣人、印古什人、巴尔卡尔人、卡拉恰耶夫人和卡尔梅克人等 7 个少数民族总计 151.4 万人迁徙到哈萨克共和国、吉尔吉斯共和国、乌兹别克共和国和俄罗斯联邦的西伯利亚南部地区。③ 例如,1944 年 2 月 23 日到 3 月 11 日,在贝利亚亲自指挥下,苏联调动 19000 名内务人民委员部、国家安全人民委员部等机关工作人员和从其他州抽调来的 10 万名内务部队官兵,用 180 列专列把 468583 名车臣人和印古什人从北高加索车臣-印古什共和国强行迁徙到哈萨克和吉尔吉斯共和国。④ 1949 年,经斯大林批准,贝利亚以格鲁吉亚的亚美尼亚人当中存在"达什纳克党地下组织"为名,借助内务人民委员部部队和地方当局,一天之内就从格鲁吉亚各地,特别是埃里温"强制迁走了几万个亚美尼亚人的家庭",而且"这次强制迁移是事先没有通知"⑤。因此,假如"医生阴谋"成功的话,"它的疯狂的、反犹的特性将会给陷入困境的苏联犹太人带来毁灭性的后果"⑥。就在苏联犹太人预感到灾难就要降临,全国性的反犹浪潮达到巅峰之际,1953 年 3 月 5 日晚上 9 点 50

---

① 〔美〕利季亚·沙图诺夫斯卡娅:《克里姆林宫内幕》,第 216 页。
② 〔俄〕亚历山大·雅科夫列夫:《雾霭:俄罗斯百年忧思录》,第 191 页。
③ 《库兹涅佐夫关于特殊移民局的工作报告(1944 年 9 月 5 日)》,载沈志华总主编:《苏联历史档案选编》,第 12 卷,第 494—495 页。
④ 参见师建军:《苏联特殊移民问题研究》,第 34—36 页。其中仅有 4 趟专列在 10 天后抵达目的地。依据此文,布伦特和瑙莫夫所说 1944 年苏联政府把车臣人驱逐到哈萨克斯坦的驱逐令是在驱逐行动发生一周后才签发的可能有误。根据贝利亚给斯大林的报告,移民行动是 1944 年 2 月 23 日拂晓正式开始的,但在 1 月 31 日,苏联国防委员会就颁布了《关于将车臣-印古什族人迁往哈萨克和吉尔吉斯诸共和国》的第 5073 号决议,2 月 21 日,苏联内务人民委员部又下发了《关于迁移车臣-印古什族人》的第 00193 号命令。参见 Jonathan Brent and Vladimir P. Naumov, *Stalin's Last Crime: The Doctors' Plot*, p.297.
⑤ 〔俄〕罗伊·梅德韦杰夫:《让历史来审判——论斯大林和斯大林主义》(下册),第 963—964 页。
⑥ Jonathan Brent and Vladimir P. Naumov, *Stalin's Last Crime: The Doctors' Plot*, p.4.

分,斯大林去世,苏联犹太人才免遭灭顶之灾。①

据后来移民以色列的俄裔犹太移民领袖纳坦·夏兰斯基回忆,斯大林去世时,他才5岁。父亲喜不自禁地告诉他和他哥哥,"刽子手"死去了,这是他们犹太人的幸运。但他同时又严厉要求儿子只能把"这一伟大的日子"铭记心中,在幼儿园则必须装得像其他孩子一样,"为失去伟大的领袖和导师而哭泣"②。这反映了当时不少犹太人的真实心态。当然,还有许多的知识分子,包括医生、教师甚至党的干部,尤其是遭到迫害、关押在古拉格的人,同样难以掩饰自己的喜悦和兴奋之情,有的囚犯们甚至载歌载舞,聚会庆祝。③

"医生阴谋"的另一目的就是对苏联高层领导人和苏联民众进行新一轮的大清洗。俄罗斯历史学家皮霍亚指出,对多年给苏联"当权者"治病的医生进行审讯,目的"不仅是为了证明克里姆林宫医院的医生们从事犯罪活动和存在着犹太人恐怖主义组织,而且是为了指控一些领导人本人"④。这一次,斯大林把矛头对准了莫洛托夫、伏罗希洛夫、米高扬、卡冈诺维奇、贝利亚、安德烈耶夫等元老派领导人。

莫洛托夫和米高扬首当其冲。斯大林晚年已经失去了对莫洛托夫的信任。有一次斯大林在苏呼米休养,突然提出一个问题:"莫洛托夫是个美国间谍,他与美国人同流合污。"理由是怀疑他在美国拥有专用车厢。后来他亲自下令正在纽约的维辛斯基去调查。尽管查无实据,但是斯大林仍然满腹狐疑。⑤1949年3月4日,在联共(布)中央政治局会议上,苏联部长会议副主席莫洛托夫被解除了外交部长职务,苏联部长会议副主席米高扬被解除了对外贸易部长职务。这是莫洛托夫被"贬黜"的一个明显标志,尽管整个国家还没有察觉到。莫洛托夫不仅受到热姆丘任娜案件的牵连,而且因为"克里木方案"而卷入"犹委会案"

---

① 《犹太小百科全书》第一卷"反犹主义"条目中也指出:"只是由于斯大林逝世,犹太人才避免了被放逐的下场。"参见〔俄〕爱德华·拉津斯基:《斯大林秘闻——原苏联秘密档案最新披露》,第657页。
② 周承:《以色列新一代俄裔犹太移民的形成及影响》,第146页。
③ 〔英〕奥兰多·费吉斯:《耳语者:斯大林时代苏联的私人生活》,第551—552页。
④ 〔俄〕鲁·格·皮霍亚:《苏联政权史(1945—1991)》,第77页。
⑤ 〔俄〕尼基塔·谢·赫鲁晓夫:《赫鲁晓夫回忆录》,第2卷,第1021—1022页。

当中。在"犹委会案"侦讯过程中，利哈乔夫就曾详细询问过费费尔等人与莫洛托夫讨论在克里木建立犹太共和国问题的情形，以及莫洛托夫对这一问题的态度。他还说，阿巴库莫夫将就这一问题亲自对费费尔进行审讯。① 在"医生案件"审讯期间，留明也一直试图把莫洛托夫卷进阴谋中去。② 可以设想，如果没有斯大林的授意，留明怎么敢如此肆无忌惮呢？

1952年10月5日到14日召开的联共（布）第十九次代表大会是斯大林清洗莫洛托夫等元老派的开始。根据斯大林确定的议事日程，联共（布）中央委员会的总结报告由马林科夫来做，修改联共（布）党章的报告由赫鲁晓夫来做，关于第五个五年计划的报告则由苏联国家计委主任萨布罗夫来做。③ 赫鲁晓夫在回忆录中说，斯大林为什么不让莫洛托夫或米高扬做总结报告呢？"论资历和在联共（布）内所处的地位，他们都比马林科夫高，是著名的活动家。个中原因是这样的。如果说我们这些战前的人以往认为莫洛托夫乃是斯大林百年后取代他的未来国家领袖的话，那么现在此事已根本无从谈起。每次见面，斯大林照例总是指摘莫洛托夫，指摘米高扬，向他们'挑刺'。两人都处于失宠的地位，他们的性命本身已岌岌可危。"④

十九大闭幕后，紧接着就在1952年10月16日召开了苏共中央全体会议。根据斯大林的建议，一个由25名委员和11名候补委员组成的苏共中央委员会主席团取代了政治局。斯大林把一大批连他自己都不认识的来自地方的新人安插进了主席团，同时又成立了由9个人组成的"主席团常务委员会"。斯大林觉得立即把莫洛托夫和米高扬撵走不太合适，所以就把他们安排进了扩大的主席团，但是却把他们排挤在主席团常务委员会之外，这样就把他们"吊了起来"。根据斯大林的建议，安德烈耶夫则连主席团都没有进入。与此同时，斯大林还在大会上劈头盖

---

① Протоколы закрытых судебных заседаний 6 июня 1952г., В. П. Наумов, *Неправедный суд, Последний сталинский расстрел (стенограмма судебного процесса над членами Еврейского антифашистского комитета)*, с. 234.
② Jonathan Brent and Vladimir P. Naumov, *Stalin's Last Crime: The Doctors' Plot*, p. 181.
③ К сведению всех организаций ВКП(б), *ПРАВДА*, 20 августа 1952 г..
④ 〔俄〕尼基塔·谢·赫鲁晓夫：《赫鲁晓夫回忆录》，第2卷，第1042—1043页。

脸地痛批莫洛托夫和米高扬。他谴责莫洛托夫有两个严重错误：一是在接见英国大使时竟然同意在苏联"出版资产阶级的报刊"；二是建议把克里木交给犹太人，并且"充当对我们的苏维埃克里木有非分之想的犹太人的律师"。另外，他还批评莫洛托夫经常向自己的夫人热姆丘任娜泄露政治局会议的重要议题，称这是"不能允许"的行为。米高扬的错误则是"反对增加农民的农业税"。① 据参加会议的西蒙诺夫回忆，当时会场里气氛非常恐惧，寂静得吓人，"所有的政治局委员都脸色铁青，一动不动。……莫洛托夫和米高扬脸色惨白，如同死灰"②。

赫鲁晓夫指出，十九大结束后，斯大林马上对莫洛托夫和米高扬实行隔离政策，不再邀请他们参加自己最亲密的小圈子经常在克里姆林宫、近郊别墅、电影院举行的聚会。③ 从形式上看，莫洛托夫还是"第二把手"，在报纸的公开报道中，他"和以前一样排在第二位"④，但事实上，斯大林已经开始为起诉莫洛托夫做准备。1953年1月，苏联国家安全部副部长戈格利泽打电话给哈萨克斯坦国家安全部部长巴维尔·菲京，命令他把热姆丘任娜秘密转移到卢比扬卡监狱。⑤ 随后，对热姆丘任娜的审讯开始了。她所要扮演的角色就是"把整出戏推向新的高潮"⑥。莫洛托夫后来回忆说，斯大林制造热姆丘任娜案的目的就是将矛头对准他。"他们是在找我的缺口，因此反复盘问她，硬说她参与了什么阴谋。可以说，是为了搞垮我，才这样践踏她。一次次传唤她，百般盘问……"莫洛托夫坦言："一件件事向我逼来，假如他再多活几年，我也难以幸免了。"⑦ 赫鲁晓夫多次指出，要是斯大林再多活上半年，"恐怕他早就收拾了莫洛托夫和米高扬，打发他们见老祖宗去了"，他们"都会惨死"，"必然会落得与所有'人民公敌'同样的下场"⑧。

---

① 〔俄〕鲁·格·皮霍亚：《苏联政权史（1945—1991）》，第83—85页。
② 〔俄〕爱德华·拉津斯基：《斯大林秘闻——原苏联秘密档案最新披露》，第645页。
③ 〔俄〕尼基塔·谢·赫鲁晓夫：《赫鲁晓夫回忆录》，第2卷，第1018、1048、1054页。
④ 〔苏联〕费·丘耶夫：《同莫洛托夫的140次谈话》，第555页。
⑤ 〔俄〕帕维尔·苏多普拉托夫：《情报机关与克里姆林宫》，第376页。
⑥ 〔俄〕爱德华·拉津斯基：《斯大林秘闻——原苏联秘密档案最新披露》，第648页。
⑦ 〔苏联〕费·丘耶夫：《同莫洛托夫的140次谈话》，第555、568页。
⑧ 〔俄〕尼基塔·谢·赫鲁晓夫：《赫鲁晓夫回忆录》，第2卷，第1023、1083页；参见《赫鲁晓夫秘密报告》，载〔意〕维·维达利：《"苏联共产党第二十次代表大会"日记》，第292页。

斯大林对伏罗希洛夫的怀疑比莫洛托夫和米高扬还要早。他"怀疑伏罗希洛夫是英国间谍",所以大约有五年时间,"他一直不让伏罗希洛夫参加所召开的任何各级会议,首先是政治局的会议"。1952年10月16日,伏罗希洛夫虽然在苏共中央全体会议上侥幸进入主席团常务委员会,"却并未享有主席团委员的各种权利"。这表现在斯大林不大叫他参加主席团常务委员会会议,也不让他参加斯大林小圈子成员的聚餐或者看电影。有一次,他甚至问大家,伏罗希洛夫是"怎么混进"主席团常务委员会的?① 苏多普拉托夫指出,"医生案件"虽然"属于反犹运动的一部分,但不仅仅限于犹太人。一句话,'医生案件'是权力斗争的继续,是国家领导层内部在清算旧账。斯大林在马林科夫和赫鲁晓夫的帮助下企图对元老派进行清洗……在这场臭名昭著的所谓'医生案件'中主角应该是莫洛托夫、伏罗希洛夫和米高扬这些斯大林政治局中'最后的莫希干人'"②。而新成立的苏共中央主席团则成为斯大林"随时更换老一代领导人的'预备队'"③。

另外,贝利亚、伊格纳季耶夫等人也都处于危险之中。早在1946年阿巴库莫夫担任苏联国家安全部部长后,斯大林就曾命令他收集贝利亚等实权人物的黑材料。④ 1951年11月8日和1952年3月17日,联共(布)中央通过决议,"认定在格鲁吉亚似乎揭发出一个由格鲁吉亚共产党(布)中央书记巴拉米亚领导的明格列尔民族主义组织"⑤,其目的是准备推翻格鲁吉亚"共和国内苏维埃政权"⑥。1953年2月底,苏联

---

① 〔俄〕尼基塔·谢·赫鲁晓夫:《赫鲁晓夫回忆录》,第2卷,第1018、1048、1054页;《斯大林克里姆林宫办公室来客登记簿(二)》,载沈志华总主编:《苏联历史档案选编》,第20卷,第800页;参见《赫鲁晓夫秘密报告》,载〔意〕维·维达利:《"苏联共产党第二十次代表大会"日记》,第292页。

② 〔俄〕帕维尔·苏多普拉托夫:《情报机关与克里姆林宫》,第343—344页。《最后的莫希干人》(The Last of the Mohicans)是美国著名小说家詹·费·库柏(James Fenimore Cooper, 1789—1851)《皮裹腿故事集》中最出色的一部。这里用来比喻某种正在走向衰亡的人物最后的残余者。

③ 〔俄〕鲁·格·皮霍亚:《苏联政权史(1945—1991)》,第88页。

④ 〔俄〕帕维尔·苏多普拉托夫:《情报机关与克里姆林宫》,第363页。

⑤ 鲍里斯·斯塔尔科夫:《"卢比扬卡元帅"的一百天》,载沈志华总主编:《苏联历史档案选编》,第28卷,第76—77页。

⑥ 〔乌克兰〕谢尔戈·贝利亚:《我的父亲贝利亚》,第352页。

当局已经安排好了将20万明格列尔人驱逐到西伯利亚的运输方案。① 而贝利亚就是明格列尔人。1953年2月4日，伊格纳季耶夫给斯大林呈送的对于已经被捕的格鲁吉亚共和国国家安全部部长 H. M. 鲁哈泽的审讯材料证明，"曾经广泛收集过诋毁格鲁吉亚共和国领导人，其中包括收集诋毁贝利亚本人的材料"，而把贝利亚和"明格列尔案件"联系在一起则是"斯大林的一贯做法"②。赫鲁晓夫在回忆录中说："我认为这是斯大林针对贝利亚的行动，……就是说，他准备打击贝利亚。"③ 苏多普拉托夫也指出，斯大林准备"撤掉贝利亚的职务"④。爱德华·拉津斯基明确表示，斯大林"决定干掉贝利亚"⑤。贝利亚的儿子谢尔戈·贝利亚在回忆录中明确指出："只要斯大林再多活几年，中央委员会主席团中能活过他的人一个都不会有。当然我的父亲也不例外。还在斯大林生前就已准备除掉他，这一点他对我和妈妈讲过。"因此，"毫无疑问，斯大林的死救了他周围人的命，否则，他会一无例外地将自己的战友换成新人，他们不像莫洛托夫、赫鲁晓夫和其他人（再重复一次，我父亲也在内）那样了解他的一切。毫无疑问，他会清除掉国家安全部部长伊格纳季耶夫"⑥。尽管伊格纳季耶夫已经不堪重负病倒住院，但是，斯大林在1953年3月1日凌晨最后一次讨论"医生案件"时，仍然让贝利亚告诉伊格纳季耶夫，"如果取不到医生的全部口供，我们就要砍下他的脑袋……"⑦

与此同时，斯大林身边的那些犹太领导人也岌岌可危。卡冈诺维奇这时已经失宠，斯大林已经很少邀请他参加在莫斯科近郊的孔策沃别墅举行的宴会。⑧ 1952年6月，科马罗夫在审问洛佐夫斯基时，已经让他

---

① Louis Rapoport, *Stalin's War Against the Jews: The Doctors' Plot and the Soviet Solution*, pp. 188-189.
② 〔俄〕鲁·格·皮霍亚：《苏联政权史（1945—1991）》，第87页。
③ 〔俄〕尼基塔·谢·赫鲁晓夫：《赫鲁晓夫回忆录》，第2卷，第1088页。
④ 〔俄〕帕维尔·苏多普拉托夫：《情报机关与克里姆林宫》，第343页。
⑤ 〔俄〕爱德华·拉津斯基：《斯大林秘闻——原苏联秘密档案最新披露》，第652页。
⑥ 〔乌克兰〕谢尔戈·贝利亚：《我的父亲贝利亚》，第44—45页。
⑦ 〔俄〕德·安·沃尔科戈诺夫：《斯大林》（下册），第892页。
⑧ 〔俄〕尼基塔·谢·赫鲁晓夫：《赫鲁晓夫回忆录》，第2卷，第1049页。

供认同卡冈诺维奇之间存在的联系。① 留明在炮制"医生案件"过程中,也企图把卡冈诺维奇拉进去。② 1953 年 1 月,斯大林以泄露秘密文件为由把波斯克列贝舍夫撤职,并把他"挂"了起来,不久他就被逮捕。赫鲁晓夫说:"我确信,斯大林若是再多活上一段时间,波斯克列贝舍夫肯定会被当成叛徒除掉。"③ 曾经担任苏联外交人民委员的李维诺夫也差一点以制造车祸的方式遭到暗杀,因为他是犹太人,斯大林认为"他是敌人安插进来的美国间谍"④。

的确,一切迹象都表明斯大林正在准备"重演 1930 年代的大镇压"⑤。十九大之后,新一轮的逮捕开始了。这一次,斯大林连自己的亲信也不放过:12 月 16 日,斯大林的卫队长弗拉西克中将被捕;紧接着,在斯大林的卫队中工作的 С. Ф. 库兹米切夫少将以及部分老工作人员也先后被捕。斯大林像二战前一样,"试图用一连串越来越残忍的清洗来加强对苏联精英和社会的控制"⑥。1966 年 3 月,苏联作协副总书记西蒙诺夫在给苏共中央总书记勃列日涅夫的信中说,斯大林"在战后又重新着手滥杀干部(列宁格勒案件和其他案件),直到他逝世之前,重演 1937 年镇压干部的危险在国内越来越明显增长"⑦。英国历史学家奥兰多·费吉斯指出,斯大林凭借医生阴谋和国家安全部官员案件编造出一个巨大的跨国阴谋,"内有医学界、列宁格勒党组织、国安部和红军中的苏维埃犹太人,外有以色列和美国。整个国家似乎要返回 1937 年的氛围,让犹太人扮演'人民公敌'的角色"⑧。博里什·阿法纳西耶夫也证实:"1953 年初,由于即将'涌进'大批犯人,曾下达过扩大监狱和

---

① Судебное следствие: Допрос подсудимых С. А. Лозовского, В. П. Наумов, *Неправедный суд, Последний сталинский расстрел (стенограмма судебного процесса над членами Еврейского антифашистского комитета)*, с.194.
② Jonathan Brent and Vladimir P. Naumov, *Stalin's Last Crime: The Doctors' Plot*, p.181.
③ 参见〔俄〕尼基塔·谢·赫鲁晓夫:《赫鲁晓夫回忆录》,第 2 卷,第 1063 页;〔俄〕鲁·格·皮霍亚:《苏联政权史(1945—1991)》,第 86—87 页。
④ 〔俄〕尼基塔·谢·赫鲁晓夫:《赫鲁晓夫回忆录》,第 2 卷,第 983 页。
⑤ Dimitri Volkogonov, *Stalin: Triumph and Tragedy*, Rocklin, Calif.: Prima Publishing, 1996, p.520.
⑥ 〔美〕弗拉季斯拉夫·祖博克:《失败的帝国:从斯大林到戈尔巴乔夫》,第 466 页。
⑦ 《西蒙诺夫关于对斯大林的评价问题致勃列日涅夫的信(1966 年 3 月 23 日)》,载沈志华总主编:《苏联历史档案选编》,第 30 卷,第 145 页。
⑧ 〔英〕奥兰多·费吉斯:《耳语者:斯大林时代苏联的私人生活》,第 543 页。

集中营的'容量'并准备额外数量的车皮以运送犯人的命令。……所有下级机关重又被授予了 1937 年后基本上只有中央才可'垄断'的对受审者进行殴打和用刑的权力。总之,在斯大林生前的最后几个月,镇压机关已准备好展开大规模镇压的新的浪潮,'医生杀人犯'案件可能是进行这次镇压的一个信号。"因此,"在 1953 年,似乎开始了一个新的 1937 年"①。俄罗斯著名历史学家皮霍亚同样认为,1950 年代初,斯大林准备了一场规模宏大的针对党和国家高级领导人的政治清洗活动,"这次活动类似于 1937—1938 年的政治活动"②。

瑙莫夫和布伦特经过深入研究后指出,如果"医生阴谋"得逞,那么此后的世界历史可能就迥然不同了。"许多克里姆林宫的领导人或许已经遭到清洗甚至枪决;安全机构和军队可能在清洗中遭到毁灭性破坏;苏联的知识分子、艺术家特别是犹太人可能已遭到残酷的镇压;苏联和东欧犹太人中的幸存者或许已经遭受严重(也许是致命的)威胁,同时苏联所有公民可能已经遭受了深重的苦难。"③"就在军国主义、大国沙文主义和仇外情绪在苏联社会达到高潮的时候"④,斯大林去世了。一场酝酿多年、类似于 1930 年代末的大恐怖也因此戛然而止。

在 1948—1952 年斯大林极端反犹政策影响下,苏联领导层中犹太人的数量锐减。1939 年,犹太人在联共(布)中央委员会中占 10%,1952 年这一数字下跌到 2.1%。卡冈诺维奇成为 1939—1953 年联共(布)中央政治局(1952 年 10 月改称苏共中央主席团)仅剩的一个犹太人。1937 年,在 1143 名最高苏维埃代表中,犹太人占 47 人(比例为 4.1%),1950 年,在 1316 名代表中犹太人仅剩 8 人(比例为 0.6%)。1939 年—1946 年,曾经有 3 个犹太人先后担任苏联人民委员会副主席,8 个人担任人民委员,4 个人担任副人民委员;到 1947 年以后,只剩下卡冈诺维奇一人担任苏联部长会议副主席,两人担任部长,副部长已经没有人了。⑤ 1950 年 10 月,除卡冈诺维奇之外,最后一个在苏联政府担任要职

---

① 〔俄〕格·阿·阿尔巴托夫:《苏联政治内幕:知情者的见证》,第 41—42 页。
② Р. Г. Пихоя, О внутриполитической борьбе в советском руководстве 1945-1958гг, с. 7.
③ Jonathan Brent and Vladimir P. Naumov, *Stalin's Last Crime: The Doctors' Plot*, p. 1.
④ 〔美〕弗拉季斯拉夫·祖博克:《失败的帝国:从斯大林到戈尔巴乔夫》,第 466 页。
⑤ Benjamin Pinkus, *The Jews of the Soviet Union: The History of a National Minority*, pp. 183-184.

的犹太人列·扎·梅利斯因为"健康原因"被免去国家监察部部长一职。"医生案件"公布后,他因为担心自己的生命安全,在2月初从莫斯科躲到了萨拉托夫城,据说后来又被送回列福尔托沃监狱的内务部医院治疗。① 1953年2月14日,《真理报》在讣告中说,梅利斯因长期患有严重疾病于2月13日去世。② 苏共中央和苏联政府为他举办了隆重的葬礼。但一些苏联学者认为,他可能早在2月初就已经被捕,并在2月10日死于监狱医院,死亡原因更是成谜。③ 无论如何,十月革命以后到1920年代犹太人在联共(布)中央和苏联政府中任职的盛况已经一去不复返了。

不仅如此,斯大林在国内掀起反犹狂潮的同时,还把逮捕"犹太复国主义代理人"和"世界主义分子"的反犹运动扩大到东欧社会主义阵营。在一些东欧国家,"犹太人在政府中担任要职,其中部分人倾向于帮助以色列",而以色列的犹太人绝大部分是从东欧国家移民去的,双方"在文化和社会上关系密切",在许多情况下,这些以色列公民和他们一直居住在东欧的亲属仍然维系着家庭联系。④ 因此,一些东欧国家开始按照苏联的旨意大肆迫害在党政部门中工作的犹太人,其中犹太领导人首当其冲。1949年10月,匈牙利的"民族派"领袖拉斯洛·劳伊克(Laszlo Rajk)在没有丝毫证据的情况下被判有罪,遭到枪杀,"罪名是为外国情报机构工作"⑤。1952年5月,罗马尼亚共产党领导人、外交部长安娜·保克尔(Ana Pauker)等一批领导人遭到逮捕审判,罪名是支持以色列和犹太复国主义,向敌人(美国)泄露国家机密。在捷克斯洛伐克,1951年6月,斯大林以"在干部政策上犯了许多错误"为借口,指示捷共中央撤销了其总书记鲁道夫·斯兰斯基的职务。11月24日斯兰斯基被捕。随后,在斯大林、米高扬的直接干预下,在苏联

---

① Louis Rapoport, *Stalin's War Against the Jews: The Doctors' Plot and the Soviet Solution*, p. 200.
② От Центрального Комитета Коммунистической Партии Советского Союза и Совета Министров Союза ССР, *ПРАВДА*, 14 февраля 1953 г..
③ Louis Rapoport, *Stalin's War Against the Jews: The Doctors' Plot and the Soviet Solution*, p. 201.
④ Memorandum by A. Levavi, Jerusalerm, June 13, 1948, Israel Ministry of Foreign Affairs, Ministry of Foreign Affairs of the Russian Federation etc., *Documents On Israeli-Soviet Relations: 1941-1953, Part 1: 1941- May 1949*, p. 302.
⑤ 〔英〕罗伯特·谢伟思:《斯大林传》,李秀芳、李秉忠译,华文出版社2014年版,第503页。

顾问团（包括留明在内）的坐镇指挥下①，捷克斯洛伐克国家安全局炮制出了一个所谓的"斯兰斯基反党反国家阴谋中心案"。涉案人员包括：鲁道夫·斯兰斯基、捷共中央国际部部长贝德日赫·格明德（Bedrich Geminder）、捷共布尔诺州委第一书记奥托·什林（Otto Sling）、捷共中央机关报《红色权利报》国际版著名评论员安德烈·西莫内（Andre Simone）、国家安全部副部长卡雷尔·什瓦布（Karel Svab）、财政部副部长奥托·菲施尔（Otto Fischl）、外贸部副部长鲁道夫·马尔戈柳斯（Rudolf Margolius）、捷共中央副总书记约瑟夫·弗兰克（Josef Frank）、外交部长弗拉迪米尔·克莱门蒂斯（Vladimir Clements）、共和国总统办公室国民经科科长卢德维克·弗赖卡（Ludvik Frejka）、国防部副部长卢德维克·赖齐（Ludvik Reicin）将军、外交部副部长阿图尔·朗登（Artur London）、外贸部副部长埃夫任·勒布尔（Evzen Lobl）和外交部副部长瓦夫罗·哈伊杜（Vavro Hajdu）。1952年11月20日，捷克斯洛伐克法院对斯兰斯基等14人进行了为期一周的公开审判。苏联顾问团严密监督，甚至连起诉书都是从俄文一字不变翻译过来的。为了配合这一审判，普通民众的反犹情绪也被煽动起来。许多机关和工厂都举行了群众集会，要求法院对这些"魔鬼们"施以酷刑，而后处死。11月27日，斯兰斯基、格明德、什林、西莫内、什瓦布、菲施尔、马尔戈柳斯、弗兰克、克莱门蒂斯、弗赖卡和赖齐被判处死刑；朗登、勒布尔和哈伊杜被判处无期徒刑。12月3日凌晨，斯兰斯基等11人被秘密处以绞刑，然后被焚尸扬灰。强加给他们的罪名是叛党分子，西方间谍中心的间谍，企图让捷克斯洛伐克脱离苏联阵营，恢复资本主义。另外，这一案件还具有强烈的反犹主义色彩。在以上14人中，除弗兰克、克莱门蒂斯和什瓦布以外，其余11人全是犹太人。因此，罗织给斯兰斯基和这些受害者的罪名还包括支持犹太复国主义组织和以色列。② 斯兰斯基等人被指控雇用"来自敌人阵营的、背景可疑的医生，采取积极措施来缩短共和国总统克莱门特·哥特瓦尔德的生命……同他们建立密切联

---

① Benjamin Pinkus, *The Jews of the Soviet Union: The History of a National Minority*, p.178.
② Karel Kaplan, *Report on the Murder of the General Secretary*, Translated by Karel Kovanda, London: I. B. Tauris & Co Ltd,1990, pp.223, 227-228, 234.

系，打算利用他们来实现他的敌对计划"①。这和"医生案件"在炮制手法上如出一辙，反映出斯大林在思维上的一致性。在某种程度上，这一案件更像是"医生案件"的演习，斯大林试图借此窥探西方以及苏联国内的反应。②此外，还有60人因与斯兰斯基阴谋集团有牵连而受审，数千人被捕。受斯兰斯基案件和"医生案件"影响，匈牙利当局逮捕了犹太人领袖拉合斯·斯托克勒尔以及30名犹太名医。1950年代初，波兰当局也对军队里的犹太人进行了清洗。总参谋部情报部门的14名犹太族高级军官遭到逮捕，他们被指控为帝国主义势力服务的间谍组织。与此同时，波兰和捷克斯洛伐克还驱逐了以色列外交官。

事实上，受到迫害的不仅是东欧国家的上层犹太领导人，普通的犹太人也难逃厄运。一位波兰统一工人党的犹太族高官在1957年告诉记者 S. L. 施奈德曼（Schneiderman）说，1952年底，波兰统一工人党接到莫斯科的命令，要求他们准备把波兰国内剩余的69000名犹太人集中起来，一俟接到指示，就把他们关进集中营。拟议中把这些犹太人流放到西伯利亚去的火车小站就位于苏联边境一带，地处阿洛维察森林中的比亚韦斯托克、格罗德诺和贝斯特之间。但是这一计划"遭到波兰工人党领导人顽强的抵制"③。在东德，警察扫荡了那些残存的犹太社区办公室，数以百计的犹太人被迫逃亡西方。"纳粹政权受害者协会"也被当局勒令解散，理由是犹太复国主义间谍渗透其中。在匈牙利，犹太人面临大屠杀的流言随处可闻。

苏联和东欧日渐高涨的反犹浪潮引起了西方国家的高度关注。美国犹太人领袖忧心如焚，他们也"害怕发生最糟糕的事件"。1953年2月3日，犹太国际服务组织约言之子主席弗兰克·戈德曼和伯纳德·伯恩斯坦上校为此专门拜会了美国国务院官员 J. C. H. 伯恩布莱特和华兹华斯·巴伯。他们指出，苏联及其卫星国的反犹事态发展足以使人相信，苏联已决定发起一场与希特勒类似的"灭绝运动"。因此，戈德曼提议

---

① Jonathan Brent and Vladimir P. Naumov, *Stalin's Last Crime: The Doctors' Plot*, p. 191.
② Benjamin Pinkus, *The Jews of the Soviet Union: The History of a National Minority*, p. 178.
③ Louis Rapoport, *Stalin's War Against the Jews: The Doctors' Plot and the Soviet Solution*, pp. 187-188. 也许这能够给斯大林驱逐苏联犹太人做一个注脚。当他连波兰犹太人都不放过的时候，驱逐苏联犹太人也就顺理成章了。

约言之子与美国政府联手,"预防或阻止"苏联的这一行动。但国务院官员解释说,"因为苏联指控美国利用犹太组织从事间谍活动",类似的联合行动正好授人以柄,结果可能适得其反。① 2月12日,埃莉诺·罗斯福挺身而出,公开呼吁艾森豪威尔总统抗议苏联对犹太人的种族迫害。② 一些苏联的国际友人也深感不安。世界和平理事会领导人弗雷德里克·约里奥-居里和保罗·罗伯逊专程飞到莫斯科来拜会斯大林,但斯大林拒绝接见他们。③ 最后,就连苏联外交部长维辛斯基也向斯大林抱怨说,"医生案件"让苏联外交人员的工作变得很困难。④

以色列民众对苏联的反犹政策早已不满。1950年7月11日,苏联驻以公使馆收到一封署名"以色列自由联盟"的希伯来文恐吓信。信中说:如果苏联及其卫星国禁止犹太人移民以色列并且继续通过以色列共产党人干涉以色列国内事务,那么他们将炸掉苏联公使馆。这是给苏联人的"第一个警告"。信的结尾还写道:"打倒专制的俄罗斯!法西斯分子-共产主义者斯大林可耻!民主万岁!"⑤ 1953年1月,"医生阴谋"公布后,以色列国内爆发了大规模的反苏浪潮。2月9日,在警察的公然纵容下,恐怖分子们在苏联公使馆内引爆了炸弹。苏联驻以色列公使 П. И. 叶尔绍夫(Ершов)的夫人 К. В. 叶尔绍夫、一位公使馆官员的夫人 А. П. 瑟索耶夫(Сысоев)、公使馆工作人员 И. Г. 格里申(Гришин)受了重伤,公使馆建筑在爆炸中遭到破坏。斯大林闻讯大怒。尽管以色列总统和外交部在2月10日均致函苏联公使馆对此表示道歉,并宣布以色列政府谴责这一犯罪行为,同时将采取措施搜查和严惩犯罪分子,但是,2月11日,苏联依然宣布与以色列断交,要求以色列驻苏公使馆

---

① Louis Rapoport, *Stalin's War Against the Jews: The Doctors' Plot and the Soviet Solution*, pp. 186, 277. 可能正是因为这一原因,在1948—1953年苏联迫害犹太人最严重的时期,一些重要的犹太人组织如世界犹太人代表大会、犹太人联合分配委员会、约言之子完全没有采取任何援助苏联犹太人的行动。参见 Benjamin Pinkus, *The Jews of the Soviet Union: The History of a National Minority*, p. 319.

② Jonathan Brent and Vladimir P. Naumov, *Stalin's Last Crime: The Doctors' Plot*, p. 294.

③〔俄〕罗伊·梅德韦杰夫:《让历史来审判——论斯大林和斯大林主义》(下册),第968页。

④〔俄〕爱德华·拉津斯基:《斯大林秘闻——原苏联秘密档案最新披露》,第661页。

⑤ P. L. Ershov to the USSR Ministry of Foreign Affairs, Tel Aviv, July 18, 1950, Ministry of Foreign Affairs of the Russian Federation etc., *Documents On Israeli-Soviet Relations: 1941-1953, Part II: May 1949-1953*, p. 655.

全体人员马上离开苏联。① 以色列最终倒向美国阵营。

"医生案件"也引起了英美领导人的注意。1953年4月11日，英国首相丘吉尔致函美国总统艾森豪威尔说："没有任何事情比医生的新闻报道更让我难以忘怀了。这一定会重创共产党的纪律和组织。"但是，斯大林去世了，俄国广大民众的心理已经发生变化，"这将使他们走得更远、更快，甚至可能引发革命"。有句话说得好，"对于一个坏政府而言，最危险的时刻通常就是它开始改革的时刻"。丘吉尔认为，这就是"世界上出现的巨大希望"。因此，他不希望美国突然进行干预，而是想静观其变，让事态自然发展。②

由此可见，"医生案件"已经成为苏联和英美在冷战中进行外交博弈的工具。"斯大林的反犹主义已经变成苏联国际政策的一部分。"③ 席卷苏联和东欧社会主义阵营的反犹运动也因此成为苏联在对美冷战中开辟的"第二战场"。

第三节　苏联全国性反犹运动的特点

1948—1953年，苏联的反犹运动席卷全国，举世震惊。那么，它有什么特点呢？

一、苏联当局领导，自上而下发动

1948—1953年苏联全国性的反犹运动固然与苏联社会根深蒂固的反犹传统密不可分，但是大量解密的档案资料表明，这一运动几乎完全

---

① Запись беседы министра иностранных дел СССР А. Я. Вышинского с посланником Израиля в СССР Ш. Эльяшивом, 12 февраля 1953 г., Министерство иностранных дел Российской Федерации; Министерство иностранных дел Государства Израиль, *Советско-израильские отношения: Сборник документов, Том I : 1941-1953, Книга 2: май 1949-1953*, с. 429-430.
② Prime Minister Churchill to President Eisenhower, April 11, 1953, *Foreign Relations of the United States*, 1952-1954, Volume VI, Washington: United States Government Printing Office, 1986, p. 971.
③ Louis Rapoport, *Stalin's War Against the Jews: The Doctors' Plot and the Soviet Solution*, p. 177.

是由苏联领导人主导，苏联党政机关上下配合，共同推动的。

首先，所有重大反犹案件几乎都是经过联共（布）中央总书记、苏联部长会议主席斯大林，联共（布）中央政治局委员、中央书记马林科夫，联共（布）中央监察委员会主席什基里亚托夫等苏联党和国家领导人审批的，其中部分案件是由苏联部长会议决定、经过联共（布）中央政治局讨论批准的。

例如，在政治、文化领域，1948年11月20日，查封犹委会是由苏联部长会议决定、联共（布）中央政治局批准的；1948年底到1949年初，热姆丘任娜和洛佐夫斯基被开除党籍并遭到逮捕是由斯大林、马林科夫、什基里亚托夫等人一手策划的；1949年2月上旬，解散莫斯科、基辅、明斯克的犹太作家协会，查封犹太丛刊《祖国》（莫斯科）和《星》（基辅）是经过联共（布）中央政治局和斯大林批准的[1]；1949年席卷苏联全国的"反世界主义者运动"本来就是由马林科夫直接领导的[2]；1949年2月到11月，关闭莫斯科国家犹太剧院、比罗比詹犹太剧院等四所犹太剧院是由马林科夫、苏斯洛夫批准的[3]；1949年10月，犹太作家代列吉耶夫（Дайреджиеве）和И. Л. 阿尔特曼被开除党籍和开除出苏联作家协会是经过斯大林、马林科夫首肯的[4]；1951年8月，逮捕莫斯科犹太教首席拉比所罗门·施利费尔是马林科夫批准的[5]；1952年8月，对

---

[1] Отдел пропаганды и агитации ЦК ВКП(б) — И. В. Сталину о закрытии альманахов на еврейском языке, Не позднее 3 февраля 1949 г.; Решение политбюро о ликвидации объединений еврейских писателей и альманахов на еврейском языке, 8 февраля 1949 г., Г. В. Костырченко, *Государственный антисемитизм в СССР. От начала до кульминации, 1938-1953*, с.233-234.

[2] 〔俄〕鲁·格·皮霍亚：《苏联政权史（1945—1991）》，第62页。

[3] Комитет по делам искусств при СМ СССР — в ЦК ВКП(б) с предложением о закрытии ГОСЕТа по финансовым соображениям, 23 февраля 1949 г.; Комитет по делам искусств при СМ СССР— в ЦК ВКП(б) о ликвидации ГОСЕТа, 14 ноября 1949 г.; Комитет по делам искусств при СМ СССР— в ЦК ВКП(б) о ликвидации ГОСЕТа, 14 ноября 1949 г., Г. В. Костырченко, *Государственный антисемитизм в СССР. От начала до кульминации,1938-1953*, с.293-295.

[4] А. А. Фадеев — в ЦК ВКП(б) с предложением исключить И. Л. Альтмана из ССП СССР, 22 сентября 1949 г., Г. В. Костырченко, *Государственный антисемитизм в СССР. От начала до кульминации, 1938-1953*, с.314-315.

[5] Министр государственной безопасности СССР — ЦК ВКП(б) с предложением арестовать главного раввина С. М. Шлифера, 18 августа 1951 г., Г. В. Костырченко, *Государственный антисемитизм в СССР. От начала до кульминации, 1938-1953*, с.273.

洛佐夫斯基等13名"犹委会案"被告处以极刑是联共（布）中央政治局决定的①；1953年2月10日，逮捕以色列前总统哈伊姆·魏茨曼的妹妹玛利亚·叶·魏茨曼是经马林科夫批准的②；震惊世界的"医生案件"更是由斯大林一手炮制的。格鲁吉亚共和国的党政官员在掀起反犹狂潮时明确告诉犹太人，"一切都是按照苏联政府和斯大林同志的指示进行的"③。

在科学、工业领域，1950年12月，苏联科学院干部管理局局长П. А. 鲍里索夫因为重用犹太干部和科研人员而被革职是由日丹诺夫和联共（布）中央宣传鼓动部部长В. 克鲁日科夫提出，经马林科夫同意的④；1949年7月11日，撤销И. М. 萨尔茨曼的基洛夫车里雅宾斯基工厂厂长职务是经过联共（布）中央政治局讨论，得到斯大林批准的⑤；1950年9月23日，对库兹涅茨克冶金联合企业中的犹太领导干部进行清洗是马林科夫同意的；两年后，该厂前副厂长雅科夫·格里戈里耶维奇·明茨、前总轧钢工所罗门·叶夫谢耶维奇·利伯曼等人被处死是斯大林批准的⑥；1950年5月5日，联共（布）中央政治局关于撤销苏联汽车拖拉机工业部副部长博罗金职务的决定是斯大林签发的⑦；1951年

---

① To Comrade Zhukov, G. K., Member of the Presidium of the Central Committee of the Communist Party of the Soviet Union, Arkady Vaksberg, *Stalin Against the Jews*, p. 235.

② Министр государственной безопасности СССР— в секретариат ЦК КПСС с предложением арестовать М. Е. Вейцман, 7 февраля 1953 г.; Постановление МГБ СССР на арест М. Е. Вейцман, 10 февраля 1953 г., Г. В. Костырченко, *Государственный антисемитизм в СССР. От начала до кульминации, 1938-1953*, с. 399-403.

③ Коллективное обращение грузинских верующих евреев в ЦК КПСС и Совет министров СССР, Апрель — май 1953 г., Г. В. Костырченко, *Государственный антисемитизм в СССР. От начала до кульминации, 1938-1953*, с. 281.

④ Отдел пропаганды и агитации ЦК ВКП(б)— в секретариат ЦК ВКП(б) о необходимости замены руководства управления кадров АН СССР, 15 декабря 1950 г., Г. В. Костырченко, *Государственный антисемитизм в СССР. От начала до кульминации, 1938-1953*, с. 352-353.

⑤ Решение политбюро ЦК ВКП(б) о снятии И. М. Зальцмана с поста директора кировского челябинского завода, 11 июля 1949 г., Г. В. Костырченко, *Государственный антисемитизм в СССР. От начала до кульминации, 1938-1953*, с. 357.

⑥ Первый секретарь Кемеровского обкома ВКП(б) — Г. М. Маленкову о мерах, принятых в отношении работников КМК, обвиненных в еврейском национализме, 23 сентября 1950 г.; Министр государственной безопасности СССР — И. В. Сталину об окончании следствия по «делу КМК», 2 апреля 1952 г., Г. В. Костырченко, *Государственный антисемитизм в СССР. От начала до кульминации, 1938-1953*, с. 371-375.

⑦ Решение политбюро ЦК ВКП(б) о «провалах» в работе с кадрами автотракторной промышленности в связи с «делом ЗИСа», 5 мая 1950 г., Г. В. Костырченко, *Государственный антисемитизм в СССР. От начала до кульминации, 1938-1953*, с. 361.

11月，莫斯科斯大林汽车制造厂和苏联汽车拖拉机工业部的41名领导人受到处罚，其中包括莫斯科斯大林汽车制造厂厂长助理阿·菲·艾季诺夫、苏联汽车拖拉机工业部部长助理 Б.С. 亨金等11人遭到枪决[①]，没有马林科夫和斯大林的批准是绝无可能的。

苏联高层的反犹主义就连一些普通民众都洞烛其奸。1949年2月，苏联学者加米列亚就苏联国家机关中存在的反犹主义问题致函斯大林说，现在的反犹主义产生于某些窃据党和政府领导地位的重要人物，他们管理着干部的选举和配备工作。因为反犹主义来自上层并且被"某只位高权重的手"所操控，所以，最近几年几乎没有一个犹太人被任命为部长、副部长、管理总局局长、大学校长及科学院院长。这些职位的犹太人逐渐地被罢免，由俄罗斯人取而代之。反犹主义在高等教育和医疗卫生部门表现最为突出。犹太教授或副教授要想重新获得教研室工作或者只是补足某个高等院校、高等技术院校的人员编制就像沙皇统治时期一样困难。[②] 俄罗斯学者 Ю.С. 阿克肖诺夫更是一针见血地指出，"一系列镇压行动的反犹太人倾向无疑反映了斯大林本人的观点和情绪"[③]。斯维特兰娜在回忆录中也坦言："战后那些年以及五二到五三年间那个暗无天日的冬天，我亲眼看到许多事是按父亲的指示干出来的。"[④]

其次，在全国性反犹运动中，苏联国家安全部、联共（布）中央宣传鼓动部、苏联作家协会、苏联科学院、《真理报》编辑部、苏联部长会议文学事务委员会等诸多党政部门、一些加盟共和国共产党（布）中央委员会及其所属党政部门均积极响应、推波助澜，形成了一个上行下效、相互推动的反犹局面。例如，1949年2月上旬，解散莫斯科、基辅、明斯克的犹太作家协会和查封犹太丛刊是根据苏联作家协会总书

---

① Р. А. Руденко и И. А. Серов—в ЦК КПСС о частичкой реабилитации работников московского автозавода, осужденных за участие втак называемой еврейской антисоветской националистической группе, 1 августа 1955 г., Г. В. Костырченко, *Государственный антисемитизм в СССР. От начала до кульминации,1938-1953*, c.364-365.

② Н. Ф. Гамалея— И. В. Сталину об антисемитизме в государственном аппарате управления СССР, 4 февраля 1949г., Г. В. Костырченко, *Государственный антисемитизм в СССР. От начала до кульминации, 1938-1953*, c.494-495.

③ 〔俄〕鲁·格·皮霍亚：《苏联政权史（1945—1991）》，第64页。

④ 〔苏联〕斯维特兰娜·阿利卢耶娃：《仅仅一年》，第148页。

记法捷耶夫的提议，得到乌克兰共产党（布）中央委员会、白俄罗斯共产党（布）中央委员会和斯大林全力支持的①；1949 年，联共（布）中央宣传鼓动部、苏联作家协会、《真理报》编辑部、莫斯科大学等在向"世界主义者"宣战中均争强斗狠，不甘落后②；1949 年 3 月到 10 月，苏联作家协会开除一批所谓"不爱国的评论家"，特别是开除代列吉耶夫和 И. Л. 阿尔特曼（包括开除两人党籍）是西蒙诺夫、萨夫罗诺夫、法捷耶夫等苏联作家协会领导人首倡的③；1949 年 2 月到 11 月，在关闭莫斯科国家犹太剧院、比罗比詹犹太剧院、白俄罗斯犹太剧院、乌克兰切尔诺维茨犹太剧院，清洗犹太文化过程中，苏联部长会议文学事务委员会、俄罗斯联邦部长会议文学事务委员会、白俄罗斯共产党（布）中央委员会书记列·格·梅利尼科夫、白俄罗斯共产党（布）中央书记处、白俄罗斯共和国部长会议、乌克兰共和国国家安全部等相关部门均发挥了重要作用④；1950 年 10 月到 12 月，在清洗苏联科学院犹太人科学家

---

① Отдел пропаганды и агитации ЦК ВКП(б) — И. В. Сталину о закрытии альманахов на еврейском языке, Не позднее 3 февраля 1949 г.; Решение политбюро о ликвидации объединений еврейских писателей и альманахов на еврейском языке, 8 февраля 1949 г., Г. В. Костырченко, *Государственный антисемитизм в СССР. От начала до кульминации, 1938-1953*, с. 233-234.

② Агитпроп ЦК ВКП(б) — в секретариат ЦК ВКП(б) с проектом постановления о борьбе с космополитизмом в театральной критике, 23 января 1949 г.; Д. Т. Шепилов — Г. М. Маленкову о партийном собрании в ССП СССР, посвященном борьбе с космополитизмом, 14 февраля 1949 г.; Главный редактор «правды» — в ЦК ВКП(б) о партийном собрании редакции, посвященном борьбе с космополитизмом, 12 марта 1949 г.; Д. Т. Шепилов — М. А. Суслову о партийных собраниях в МГУ, посвященных борьбе с космополитизмом, 12 апреля 1949 г., Г. В. Костырченко, *Государственный антисемитизм в СССР. От начала до кульминации, 1938-1953*, с. 299-311, 322-324.

③ К. М. Симонов, А. В. Софронов — в ЦК ВКП(б) с предложением исключить из союза писателей СССР ряд «критиков-антипатриотов», 26 марта 1949 г.; А. А. Фадеев — в ЦК ВКП(б) с предложением исключить И. Л. Альтмана из ССП СССР, 22 сентября 1949 г., Г. В. Костырченко, *Государственный антисемитизм в СССР. От начала до кульминации, 1938-1953*, с. 307, 314-315.

④ Белорусское руководство — в ЦК ВКП(б) с просьбой о санкции на закрытие БЕЛГОСЕТа, 8 февраля 1949 г.; Комитет по делам искусств при СМ СССР — в ЦК ВКП(б) о ликвидации ГОСЕТа, 14 ноября 1949 г.; Приказ комитета по делам искусств при СМ СССР о закрытии ГОСЕТа, 14 ноября 1949 г.; Справка комитета по делам искусств при СМ РСФСР о еврейском областном драматическом театре в Биробиджане, 24 февраля 1949 г.; Информация МГБ УССР о Черновицком еврейском театре, 5 августа 1949 г., Г. В. Костырченко, *Государственный антисемитизм в СССР. От начала до кульминации, 1938-1953*, с. 287-288, 294-298.

和领导干部过程中，联共（布）中央科学和高等教育部、联共（布）中央宣传鼓动部表现得尤为积极①；1952 年 9 月，库兹涅茨克冶金联合企业前副厂长明茨、前总轧钢工利伯曼等一批犹太人领导干部遭到清洗并被处死，俄罗斯联邦克麦罗沃州党委第一书记科雷舍夫系始作俑者。②

苏联国家安全部在全国性反犹运动中堪称急先锋。特别重大案件侦查处副处长科马罗夫上校、后来担任国家安全部副部长的留明等人都是狂热的反犹主义分子。科马罗夫称"犹太人是下贱的、肮脏的民族，所有犹太人都是令人讨厌的混蛋"③，是"最危险最邪恶的敌人"④。留明更是有过之而无不及，他把犹太人直接称为"间谍民族"⑤。他们在侦办处理犹太人案件过程中心狠手辣，残酷无情，无中生有，捏造罪名，无所不用其极，炮制了一个又一个的冤假错案。

1948—1953 年的反犹运动之所以能够席卷全国，与苏联各级党政部门的积极配合和推动是密不可分的。

二、苏联犹太精英成为首要打击目标

在全国性的反犹运动中，苏联当局把打击的重点目标直指苏联犹太精英。许多高层犹太领导人、著名学者和科学家遭到迫害和屠杀。1948

---

① Заведующий отделом науки и высших учебных заведений ЦК ВКП(б)—в секретариат ЦК ВКП(б) о преобладании евреев среди физиков-теоретиков, 23 октября 1950г.; Отдел пропаганды и агитации ЦК ВКП(б)—в секретариат ЦК ВКП(б) о необходимости замены руководства управления кадров АН СССР, 15 декабря 1950г., Г. В. Костырченко, *Государственный антисемитизм в СССР. От начала до кульминации, 1938-1953*, с.351-353.

② УМГБ по Кемеровской области—Кемеровскому обкому ВКП(б) о деятельности нелегальной синагоги и о ее связях с евреями в руководстве кузнецкого металлургического комбината(КМК), 1 марта 1950 г.; Первый секретарь Кемеровского обкома ВКП(б) — Г. М. Маленкову о мерах, принятых в отношении работников КМК, обвиненных в еврейском национализме, 23 сентября 1950г., Г. В. Костырченко, *Государственный антисемитизм в СССР. От начала до кульминации, 1938-1953*, с.370-374.

③ Судебное следствие: Допрос подсудимых С. А. Лозовского, В. П. Наумов, *Неправедный суд,Последний сталинский расстрел (стенограмма судебного процесса над членами Еврейского антифашистского комитета)*, с.194.

④ *Stalin's Secret Pogrom: The Postwar Inquisition of the Jewish Anti-Fascist Committee*, Edited and with introductions by Joshua Rubenstein and Vladimir P. Naumov, p.xiii.

⑤ Jonathan Brent and Vladimir P. Naumov, *Stalin's Last Crime: The Doctors' Plot*, p.184.

年 1 月 16 日，斯大林曾经告诉前来克里姆林宫访问的南斯拉夫共产党领导人吉拉斯说："在我们中央委员会里，一个犹太人也没有！"苏共中央的高层官员也向吉拉斯炫耀说，日丹诺夫同志是如何"清洗了中央委员会中的全部犹太人！"①洛佐夫斯基曾经担任苏联副外交人民委员、苏联情报局局长，1948 年 12 月被捕，1952 年 8 月被处以极刑；热姆丘任娜曾经担任苏联渔业人民委员，1949 年 1 月被捕，同年 12 月被判处流放 5 年；列·扎·梅利斯曾经担任红军总政治部主任、副国防人民委员、苏联国家监察部长，1953 年 2 月被迫害致死；鲍罗廷曾担任苏联劳动人民委员，1949 年受美国记者安娜·路易丝·斯特朗间谍案牵连被捕入狱，1951 年 5 月死于西伯利亚的劳改营；布雷格曼曾经担任俄罗斯联邦国家监督部副部长，1949 年 1 月被捕，1953 年 1 月因心脏病死于狱中；莫斯科犹太教首席拉比施利费尔和莫斯科犹太大会堂主席丘布鲁伊基（Чубруйкий）因为与犹委会和美国犹太社团关系密切，1951 年 8 月先后遭到逮捕②；什泰恩是苏联唯一同时担任苏联科学院和苏联医学科学院院士的著名科学家，也是 1724 年俄罗斯科学院（1925 年更名为苏联科学院）成立 200 多年以来唯一的女院士，她所研制出的对抗休克的方法在 1939—1940 年苏联与芬兰的冬季战争以及随后的卫国战争中挽救了成千上万红军指战员的生命③，1949 年因莫须有的罪名被捕，1952 年 7 月被判处在劳动改造营监禁 3 年半；埃廷格尔教授是苏联享誉世界的心脏病专家，1950 年 11 月被捕，1951 年 3 月在狱中被折磨致死；此外，苏联部长会议副主席安·安·安德烈耶夫的犹太妻子、曾经担任苏联轻工业部副部长的多拉·莫伊兹叶维娜·哈赞（Dora Moiseyevna

---

① 〔南斯拉夫〕米洛凡·吉拉斯：《同斯大林的谈话》，第 116、128 页；沈志华总主编：《苏联历史档案选编》，第 20 卷，第 638 页。斯大林的话在当时虽然有点夸大其词，但却暴露了他的真实心态。

② Министр государственной безопасности СССР — ЦК ВКП(б) с предложением арестовать главного раввина С. М. Шлифера, 18 августа 1951г., Г. В. Костырченко, *Государственный антисемитизм в СССР. От начала до кульминации, 1938-1953*, с.273-277; B. Z. Goldberg, *The Jewish Problem in The Soviet Union: Analysis and Solution*, p.101.

③ Н. Ф. Гамалея — И. В. Сталину в защиту арестованных Л. Штерн, Я. Парнаса, Б. Шимелиовича, После 16 февраля 1949 г., Г. В. Костырченко, *Государственный антисемитизм в СССР. От начала до кульминации, 1938-1953*, с.497.

Khazan），苏联最高苏维埃主席加里宁的犹太妻子，斯大林的秘书波斯克列贝舍夫的犹太妻子也都先后被捕入狱①……科马罗夫在审问洛佐夫斯基时坦言，在苏联这个国家里"没有任何权威人物"，如果有必要，他们几乎可以想抓谁就抓谁。热姆丘任娜就是一个典型例子。②因此，美国犹太人作家艺术家科学家委员会主席戈德堡一针见血地指出，苏联当局的计划"似乎是为了消灭所有活跃在犹太领域内的犹太知识分子，以使犹太社团群龙无首"③。

三、打击面广，波及苏联犹太人社会生活的各个领域

（一）在思想领域，苏联当局发动了"反世界主义者运动"。1948年12月10日，法捷耶夫向斯大林转交了一位不知名记者纳塔利亚·别吉切娃的来信。信中声称在苏联文学机关存在着一伙由7位评论家和作家组成的"敌人"，其中6人是犹太人。正是这封信引出了"反世界主义者运动"。④ 1949年1月23日，联共（布）中央宣传鼓动部给中央委员会书记处提交了"在戏剧评论领域向世界主义者宣战的计划草案"。文件指出，在文学评论特别是戏剧评论领域形成了以尤佐夫斯基、古尔维奇、马柳金、阿尔特曼、博尔夏果夫斯基（Борщаговский）、博亚吉耶夫（Бояджиев）等犹太人为代表的"不爱国的资产阶级艺术至上主义者集团"。他们在1948年12月通过改选控制了全俄戏剧协会评论家部（在9名当选者中只有1名俄罗斯人）。他们宣传有关苏联戏剧"腐败"和"危机"的虚假有害的信息，"损害了许多优秀的苏联戏剧作品和现代重大主题的优秀的苏联戏剧的声誉"，给苏联剧院和戏剧艺术的发展

---

① 〔美〕弗拉季斯拉夫·祖博克：《失败的帝国：从斯大林到戈尔巴乔夫》，第81页。莫洛托夫在谈到加里宁妻子被捕的原因时说："她本人什么职务也没有，可能是因为同各种各样的人来往。"他认为斯大林是"神经过敏"。参见〔苏〕费·丘耶夫：《同莫洛托夫的140次谈话》，第566页。

② Судебное следствие: Допрос подсудимых С. А. Лозовского, В. П. Наумов, *Неправедный суд, Последний сталинский расстрел (стенограмма судебного процесса над членами Еврейского антифашистского комитета)*, с.194.

③ B. Z. Goldberg, *The Jewish Problem in The Soviet Union: Analysis and Solution*, pp.101-102.

④ 〔英〕奥兰多·费吉斯：《耳语者：斯大林时代苏联的私人生活》，第517页。

带来严重危害，把剧作家和艺术工作者引入歧途。鉴于戏剧评论领域出现的不良现象，中央宣传鼓动部命令俄罗斯联邦部长会议艺术事务委员会和全俄戏剧协会新领导层取消全俄戏剧协会评论家部的选举结果，同时提请联共（布）中央委员会书记处对这一问题进行审查并做出适当的决议。① 1949年1月28日，《真理报》发表了题为"一个反爱国主义的戏剧评论家团体"的社论②，掀起了全国性的"反世界主义者运动"。

1949年2月9日至10日，苏联作家协会召开了有300名共产党员参加的非公开性党会。苏联作家协会书记A.索夫罗诺夫做了报告。有20人在大会上做了发言，揭发和抨击了由社会主义艺术的敌人阿尔特曼、达宁、列夫·苏博茨基、莱温、雅科夫列夫等资产阶级世界主义评论家组成的反爱国主义集团，甚至谴责犹太作家中存在民族主义的犹太复国主义情绪。尤佐夫斯基和古尔维奇不得不发表文章公开检讨自己的错误。列宁格勒的剧作家、戏剧艺术工作者、作曲家、戏剧音乐学院的工作者也分别召开会议，一致批判世界主义评论家及其列宁格勒的追随者、拥护者的有害活动。③

犹太人戏剧评论家一时间成为过街老鼠，人人喊打。1949年3月26日，苏联作家协会副书记西蒙诺夫、苏联作家协会理事会书记萨夫罗诺夫联名上书斯大林、马林科夫，提出把不爱国的评论家尤佐夫斯基、古尔维奇、博尔夏果夫斯基、马柳金、阿尔特曼、博亚吉耶夫、苏博茨基、莱温、布罗夫曼开除出苏联作家协会。④ 1949年9月22日，苏联作家协会总书记法捷耶夫再次致函斯大林、马林科夫等中央领导人，建议把反爱国主义评论家小组的两名代表人物代列吉耶夫和阿尔特曼开除

---

① Агитпроп ЦК ВКП(б) — в секретариат ЦК ВКП(б) с проектом постановления о борьбе с космополитизмом в театральной критике, 23 января 1949 г., Г. В. Костырченко, *Государственный антисемитизм в СССР. От начала до кульминации, 1938-1953*, с.299-302.
② Об одной антипатриотической группе театральных критиков, *ПРАВДА*, 28 января 1949 г..
③ Д. Т. Шепилов — Г. М. Маленкову о партийном собрании в ССП СССР, посвященном борьбе с космополитизмом, 14 февраля 1949 г., Г. В. Костырченко, *Государственный антисемитизм в СССР. От начала до кульминации, 1938-1953*, с.302-307.
④ К. М. Симонов, А. В. Софронов — в ЦК ВКП(б) с предложением исключить из союза писателей СССР ряд «критиков-антипатриотов», 26 марта 1949 г., Г. В. Костырченко, *Государственный антисемитизм в СССР. От начала до кульминации, 1938-1953*, с.307.

党籍，同时开除出苏联作家协会。联共（布）中央宣传鼓动部指示法捷耶夫依据苏联作家协会章程办理。① 1953 年 3 月 5 日，苏联国家安全部以敌视苏联共产党和苏联国家制度、与米霍埃尔斯关系密切、长期以来在剧院戏剧艺术领域从事破坏活动的罪名下令逮捕阿尔特曼。②

1949 年 3 月 1 日到 5 日，《真理报》编辑部召开了向世界主义宣战的党员大会。120 名与会者中有 33 人发言。《真理报》党员职工格什贝尔克（Гершберг）、布龙特曼、戈登别尔克（Гольденберг）、科索夫因为隐瞒与已经被揭发的人民公敌、前包特金医院主治医生希梅利奥维奇和犹太民族主义者米霍埃尔斯的"罪恶联系"，并受到他们民族主义影响而遭到猛烈批判。戈登别尔克因为认错态度较好，仅仅受到大会谴责。格什贝尔克、布龙特曼则受到严厉警告处分，随后在 3 月 5 日被解雇。2 月 18 日，科索夫因为隐瞒与著名的美国间谍斯特龙金有远亲关系而被解雇。3 月 11 日，科恩布卢姆因为与世界主义者反革命头目尤佐夫斯基保持联系，并且在思想行动上与反党评论家组织配合行动而被开除。3 月 11 日，外事部副主任及国际评论员伊沙科夫（Изаков）因为存在从事犹太民族主义敌对活动的嫌疑而被开除。扎斯拉夫斯基也因为结识希梅利奥维奇和米霍埃尔斯而受到批评，不得不在《真理报》编辑部会议上公开承认自己犯了愚蠢的政治错误。③ 1953 年 1 月 "医生案件" 公布后，由于一位同事声称不能再和任何一个属于杀人犯和叛徒种族的人一起共事，扎斯拉夫斯基随即失去了在《真理报》的工作。④ 1948 年 10 月 6 日，著名摄影记者 E. A. 哈尔杰伊被塔斯社以 "削减编制" 为名

---

① А. А. Фадеев — в ЦК ВКП(б) с предложением исключить И. Л. Альтмана из ССП СССР, 22 сентября 1949 г.; Из заключения отдела пропаганды и агитации ЦК ВКП(б) на записку А. А. Фадеева об исключении И. Л. Альтмана из ССП, 4 октября 1949 г., Г. В. Костырченко, *Государственный антисемитизм в СССР. От начала до кульминации, 1938-1953*, с.314-315.

② Постановление МГБ СССР об аресте И. Л. Альтмана, 5 марта 1953 г.; Зам. начальника 4 отдела МВД СССР — начальнику 4 отдела МВД СССР о прекращении дела на И. Л. Альтмана, 26 мая 1953г., Г. В. Костырченко, *Государственный антисемитизм в СССР. От начала до кульминации, 1938-1953*, с.316-317.

③ Главный редактор «правды» — в ЦК ВКП(б) о партийном собрании редакции, посвященном борьбе с космополитизмом, 12 марта 1949 г., Г. В. Костырченко, *Государственный антисемитизм в СССР. От начала до кульминации, 1938-1953*, с.308-311.

④ Louis Rapoport, *Stalin's War Against the Jews: The Doctors' Plot and the Soviet Solution*, p.177.

开除公职，随后许多单位以他被塔斯社开除"原因不明"而拒绝聘用。①

1949年3月，莫斯科国立大学各个院系召开非公开党会，讨论了与世界主义作斗争的问题。马克思列宁主义教研室的尤多夫斯基教授、古列维奇副教授等10名教师遭到批判，罪名是在教授马克思列宁主义时犯有愚蠢的政治错误，贬低俄罗斯工人阶级的革命意义，并且对俄罗斯人民在世界科学和文化发展中以及他们在苏联社会主义建设事业中所做的伟大贡献深表怀疑。在历史系的党会上，历史学家明茨、拉兹贡、果罗杰茨基等8名教授受到严厉批判，罪名是贬低俄罗斯人民在苏联国家历史上的作用，否认俄罗斯历史科学的独立发展，称赞美帝国主义政策，没有揭露英国工党党员是帝国主义的间谍。辩证历史唯物主义教研室主任别列茨基教授曲解并把马克思列宁主义的许多理论庸俗化，诋毁苏联哲学家，并将他们列入孟什维克思想家阵营。俄罗斯哲学教研室副教授斯米尔诺夫、逻辑学教研室教授阿斯姆斯等4人在教学工作中存在严重错误。根据哲学教研室、马克思列宁主义教研室、历史系党会通过的决议，莫斯科大学校长办公室下令开除明茨院士，教授尤多夫斯基、别列茨基、拉兹贡、鲁宾什杰因、祖波克、兹瓦维奇、阿斯姆斯，副教授果罗杰茨基、科姆玛、亚罗舍夫斯基。②

"反世界主义者运动"在苏联社会影响很大。莫斯科国家犹太剧院在这一运动中被宣布为"世界主义者的温床"③。1950年10月，苏联大剧院正在排演的圣-桑的歌剧《参孙和大利拉》也被苏联部长会议艺术事务委员会和联共（布）中央宣传鼓动部突然叫停，理由是它在意识形态方面让人质疑，因为"该剧中有表现弥赛亚降临说和圣经-犹太复国主义的地方"，"可能起到刺激犹太复国主义情绪的负面作用，特别是如果考虑到最近几年发生的著名事件"④。

---

① Е. А. Халдей — М. А. Суслову с жалобой на немотивированное увольнение с должности фотокорреспондента ТАСС, 28 января 1950 г., Г. В. Костырченко, *Государственный антисемитизм в СССР. От начала до кульминации,1938-1953*, с.320-322.
② Д. Т. Шепилов— М. А. Суслову о партийных собраниях в МГУ, посвященных борьбе с космополитизмом, 12 апреля 1949 г., Г. В. Костырченко, *Государственный антисемитизм в СССР. От начала до кульминации,1938-1953*, с.322-324.
③ 〔苏联〕斯维特兰娜·阿利卢耶娃：《仅仅一年》，第140页。
④ Письмо в ЦК ВЛКСМ с протестом против якобы существовавших преференций для

1953年2月,莫斯科高等学校的大学生在给苏共中央的匿名信中说,他们获悉有关卑鄙的犹太复国主义者杀人医生的犯罪活动以及苏联驻以色列公使馆爆炸的消息后,义愤填膺。世界主义者评论家们依然控制着《新世界》《十月》等中央期刊的评论部,他们是清一色的犹太人。这些人很明显是犹太复国主义者,他们几乎堵死了俄罗斯族评论家在这些杂志上发表文章的通道。"在犹太复国主义者们暴露出自己是美帝国主义的间谍以及苏联国家的敌人以后,我们认为无法容忍,我们的俄罗斯评论家被坏蛋犹太人所掌控。"因此他们强烈要求认真审查在《新世界》《星火》《十月》上刊登文章的犹太评论家名单,并且从根本上改变这些杂志的评论和书刊简介部门的工作。①

(二)在政治领域,除了"犹委会案""波林娜·热姆丘任娜案件""比罗比詹案件""医生案件"之外,还有"玛利亚·叶·魏茨曼案件"等。玛利亚·叶·魏茨曼是哈伊姆·魏茨曼的胞妹,因此,苏联当局对玛利亚·叶·魏茨曼及其丈夫瓦·米·萨维茨基的迫害无疑具有特殊的政治目的。1949年,萨维茨基因被控从事反苏活动而被捕,后来流放到伊尔库茨克州。②1953年2月10日,苏联国家安全部下令逮捕了玛利亚·叶·魏茨曼,罪名是敌视苏联社会现状和国家制度,多年来不断地向周围人宣传反苏的犹太复国主义思想,恶意诽谤党和苏联政府领导人,对苏联政府首脑表现出极大的仇视,经常收听来自美国、英国、以色列的反苏广播节目,密谋背叛祖国迁居以色列等。③在审问过程中,国

(接上页)скрипачей-евреев в музыкальных учебных заведениях Москвы, 4 декабря 1950 г.; Отдел пропаганды и агитации ЦК ВКП(б) — М. А. Суслову по поводу письма о национальных «перекосах» при подготовке молодых скрипачей, 23 декабря 1950г., Г. В. Костырченко, *Государственный антисемитизм в СССР. От начала до кульминации, 1938-1953*, с.332-336.

① Аноним—в ЦК КПСС о «еврейском засилье» в литературной Критике, 28 февраля 1953 г., Г. В. Костырченко, *Государственный антисемитизм в СССР. От начала до кульминации, 1938-1953*, с.344-345.

② Показания М. Е. Вейцман автобиографического характера, 11 февраля 1953 г., Г. В. Костырченко, *Государственный антисемитизм в СССР. От начала до кульминации, 1938-1953*, с.405.

③ Министр государственной безопасности СССР — в секретариат ЦК КПСС с предложением арестовать М. Е. Вейцман, 7 февраля 1953 г.; Постановление МГБ СССР на арест М. Е. Вейцман, 10 февраля 1953 г., Г. В. Костырченко, *Государственный антисемитизм в СССР. От начала до кульминации, 1938-1953*, с.399-402.

家安全部还指控玛利亚·叶·魏茨曼与其丈夫准备对苏联政府领导人实施恐怖主义，企图谋杀斯大林。①尽管玛利亚·叶·魏茨曼明确表示自己"从来没有从事反对苏联国家的敌对工作"②，但最后还是被以"进行反苏宣传鼓动"罪判处5年劳动改造。③事实上，玛利亚·叶·魏茨曼被捕的真正原因仅仅因为她是以色列第一任总统哈伊姆·魏茨曼的胞妹。④

（三）在文学领域，1949年2月8日，根据苏联作家协会总书记法捷耶夫的提议，联共（布）中央政治局下令解散了莫斯科、基辅、明斯克的犹太作家协会、查封了犹太丛刊《祖国》和《星》，这一行动得到了乌克兰共产党（布）中央委员会、白俄罗斯共产党（布）中央委员会的全力支持。莫斯科犹太作家协会由45位作家组成，基辅犹太作家协会由26位作家组成，明斯克犹太作家协会由6位作家组成。解散它们的理由是这些犹太作家协会完全是按照民族属性的原则建立的，其活动具有民族主义特点，这些犹太作家的作品没有广大读者。犹太丛刊上发表的杰尔·尼斯基尔、马尔基什、戈夫施泰因等人的作品不仅具有民族主义倾向，而且是亏本的。⑤

随后，苏联当局就开始围剿犹太作家。1949年12月，苏联作家协会党委会委托 A. A. 韦尔格利斯对犹太诗人 M. 施图尔曼做出评价。韦尔格利斯痛斥施图尔曼的诗歌毫无艺术天赋，冒充作家，在20多年时间里过着寄生虫的生活。他批评犹太文学30多年来在苏联社会现实的美好土壤上没有发展成为真正的苏联文学，以其独有的民族狭隘性孤立于俄罗斯

---

① Показания М. Е. Вейцман, отрицающие ее связи с Хаимом Вейцманом, в том числе и через С. М. Михоэлса, 17 марта 1953г.; Показания М. Е. Вейцман по поводу приписывавшихся ей террористических намерений и высказываний, 20 марта 1953г., Г. В. Костырченко, *Государственный антисемитизм в СССР. От начала до кульминации, 1938-1953*, с. 423-425.

② Показания М. Е. Вейцман автобиографического характера, 11 февраля 1953г., Г. В. Костырченко, *Государственный антисемитизм в СССР. От начала до кульминации, 1938-1953*, с. 405.

③ Решение особого совещания по делу М. Е. Вейцман, 12 августа 1953 г., Г. В. Костырченко, *Государственный антисемитизм в СССР. От начала до кульминации, 1938-1953*, с. 430.

④ 〔俄〕鲁·格·皮霍亚：《苏联政权史（1945—1991）》，第107页。

⑤ Отдел пропаганды и агитации ЦК ВКП(б)— И. В. Сталину о закрытии альманахов на еврейском языке, Не позднее 3 февраля 1949 г.; Решение политбюро о ликвидации объединений еврейских писателей и альманахов на еврейском языке, 8 февраля 1949 г., Г. В. Костырченко, *Государственный антисемитизм в СССР. От начала до кульминации, 1938-1953*, с. 233-234.

文学之外。他还指出，犹太文学把自己的任务理解为狭隘的民族主义，在战后这么多年没有创作出一部有影响力的作品。1948年以来犹太文学遭到重创，犹太作家处境极度艰难，主要原因是费费尔、贝格尔森、马尔基什等资产阶级民族主义分子控制了犹太文学，破坏了犹太文学的生机。①

  1950年3月到5月，乌克兰敖德萨州国家安全局逮捕了犹太作家魏纳曼·胡聂立·梅夫沙·阿夫鲁姆·什穆列维奇（Вайнерман Хунель-Мовша Аврум Шмулевич）、德鲁克尔·伊尔玛·哈伊莫维奇（Друкер Ирма Хаимович）、卢里耶·纳唐·米哈伊洛维奇（Лурье Натан Михайлович），指控他们积极从事反苏活动，污蔑歪曲党的民族政策，宣扬苏联政府造成了"国家反犹主义"。1946年，他们与到访敖德萨州和赫尔松州的美国间谍戈德堡、诺维克建立了联系。随后，他们利用自己作为犹委会和《团结报》记者的身份，按照已经被捕的美国间谍费费尔、马尔基什、贡塔里（Гонтаря）②等人的指示，以纪实文学的形式为美国人提供了关于敖德萨港口、哈巴罗夫斯克罐头厂、集体农庄、国营农场以及关于工业项目恢复和农业经济的间谍情报。为拓宽自己在犹太民族主义知识分子界中的关系，他们在敖德萨建立了反苏民族主义小组。这个小组的成员包括敖德萨建筑中等技术学校教师海费茨·海姆·格尔什·莱博维奇（Хейфец Хаим Герш Лейбович）、敖德萨青年工人中学校长明德尔·伊萨克·伊里奇（Миндель Исаак Ильич）、敖德萨青年工人中学物理教师塔什雷茨基·哈斯克里·利沃维奇（Ташлыцкий Хаскель Львович）、敖德萨建筑艺术技术学校教师梅尔海尔·泽里曼·阿伦·莫伊谢维奇（Мерхер Зельман Арон Моисеевич）、敖德萨三五计划劳动组合主席阿列克·所罗门·鲍里索维奇（Алек Соломон Борисович）、消费合作社工会敖德萨州委员会主任皮亚谢茨基·伊兹赖尔·瑙莫维奇（Пясецкий Израиль Наумович）、苏联作家协会敖德萨分会主席古别曼·艾兹克·什穆列维奇（Гуьерман Айзик Шмулевич），这些人均已被逮捕。他们对

---

① А. А. Вергелис— в партийное бюро Союза советских писателей СССР о «порочных особенностях» еврейской литературы, 16 декабря 1949 г., Г. В. Костырченко, *Государственный антисемитизм в СССР. От начала до кульминации, 1938-1953*, с.234-239.

② 贡塔里曾担任《团结报》编辑部主任和犹委会文学主编。

从事反苏活动供认不讳，即将受到审判。①

1951年10月19日，苏联作协成员、斯大林勋章获得者列·罗·舍伊宁被苏联国家安全部逮捕，罪名是"根据被揭露的特别危险的国家犯罪分子"费费尔、希梅利奥维奇、马尔基什、祖斯金、施瓦茨曼等人的供词，他是积极的犹太民族主义分子，和费费尔等人保持着犯罪联系，"伙同他们从事反对党和苏联政府的犯罪活动"，特别是他与米霍埃尔斯关系密切，熟知其在犹委会掩盖之下所从事的敌对活动。②

1953年"医生案件"期间，作为少数几个活下来的犹委会成员，格罗斯曼也受到《真理报》《共产党人》等刊物的围攻。他确信自己随时可能被捕并被处以死刑。③

同时，苏联作家协会把对犹太作家的清洗当成一项重要任务。1953年2月，苏共中央文艺部向中央书记尼·亚·米哈伊洛夫汇报了莫斯科作家协会内部部分人疏于创作、但却享受着苏联作家协会会员或候选人的一切权利的问题，并表示苏联作家协会书记处将采取措施把这些人从作家协会中清除出去。根据米哈伊洛夫"务必将此事进行到底"的指示，1953年3月24日，苏联作家协会书记处向苏共中央提交了《关于作家协会摆脱累赘的方案》。该文件指出，莫斯科作家协会由1102人组成，其中150余人在5至10年未曾发表文学作品。"这些没用的作家就是妨碍作家协会工作的累赘，同时他们还破坏了苏联作家的声誉。"在这150余人中，绝大部分都是犹太人，例如已经被开除的勒热舍夫斯基、海特、绍洛克、杜宾斯卡娅（Дубинсукая）、亨基娜（Хекина）、霍罗尔（Хорол）、博博维奇。他们加入作家协会的目的就是为了捞取"与职位和作家证相关的物质上的特惠"。因为无法通过正常的写作维持

---

① Сообщение МГБ УССР об аресте группы еврейских писателей в Одесской области, 11 июля 1950 г.; МГБ УССР—в МГБ СССР и ЦК КП(б)У о ходе следствия по делу арестованных в Одесской области еврейских писателей, 31 декабря 1950 г., Г. В. Костырченко, *Государственный антисемитизм в СССР. От начала до кульминации, 1938-1953*, с. 246-252.

② Постановление МВД СССР об освобождении Л. Р. Шейнина из Заключения, 21 ноября 1953 г., Г. В. Костырченко, *Государственный антисемитизм в СССР. От начала до кульминации, 1938-1953*, с. 349-350.

③ Louis Rapoport, *Stalin's War Against the Jews: The Doctors' Plot and the Soviet Solution*, pp. 180-181.

生活，他们只好寻找各种借口从文学基金会争取物质帮助，或者通过举办粗制滥造的讲座谋利。在莫斯科作家协会的1102名成员中，犹太人为329人，占29.8%。作家协会吸收这么多犹太人，不是因为其文学贡献，而是因为作家协会降低了条件，以及一些私人关系，同时也是为了虚伪地展现民族大家庭的和睦。特别是在莫斯科犹太作家协会被解散、犹太语作品被禁止出版后，加入该协会的22个成员中只有4人仍从事文学工作，并且只是偶尔用俄语发表作品。剩下的都是莫斯科作家协会的累赘。根据苏联作家协会掌握的情况，列宁格勒作家协会中也存在类似情况。为了尽快摆脱这些累赘，苏联作家协会书记处和主席团决定采取断然措施，在未来几个月里从作家协会开除11名成员；而作家协会书记处建议主席团再开除11人。苏联作家协会书记处表示，"这项工作要一直进行下去"①。由此可见，苏联作家协会对犹太作家的清洗在斯大林去世之后仍在进行。

（四）在文化领域，苏联各地残存的犹太剧院成为苏联当局的眼中钉。犹太戏剧是犹太文化的重要载体，犹太剧院则成为犹太文化的重要传播地。所以，在全国性反犹浪潮中，苏联当局把犹太剧院作为重点清洗目标。主要原因有以下几点：

第一，认为犹太剧院是传播民族主义的策源地。1949年1月12日，苏联国家安全部在审讯戈夫施泰因的记录中写道，米霍埃尔斯不仅把莫斯科国家犹太剧院变成了自己的大本营，而且当作宣传犹太民族主义的喉舌。犹委会利用国家犹太剧院来培养年轻一代的民族主义骨干，经过4年培训后，把他们派往基辅、敖德萨、明斯克和比罗比詹的犹太剧院工作。②1949年2月到3月，白俄罗斯共产党（布）中央委员会和苏联部长会议艺术事务委员会均向联共（布）中央报告说，近来白俄罗斯犹

---

① Отдел художественной литературы и искусства ЦК КПСС — в секретариат ЦК в поддержку чистки в ССП, 5 февраля 1953 г.; Руководство Союза советских писателей СССР — в ЦК КПСС о проведении антиеврейской чистки, 24 марта 1953 г., Г. В. Костырченко, *Государственный антисемитизм в СССР. От начала до кульминации, 1938-1953*, с. 254-258.
② Показания Д. Н. Гофштейна о роли ГОСЕТа в деятельности ЕАК, 12 января 1949 г., Г. В. Костырченко, *Государственный антисемитизм в СССР. От начала до кульминации, 1938-1953*, с. 283-284.

太剧院在意识形态上推行了不正确的剧目政策,在自己的戏剧中美化革命前犹太居民中小资产阶级的传统习俗,赞赏资本主义国家生活,宣传亲美思想。在莫斯科国家犹太剧院和白俄罗斯犹太剧院,许多剧目因为反映出狭隘的民族主义或者因为剧本作者系已经被捕的人民敌人(例如费费尔、贝格尔森、克维特科、多布鲁申)而被艺术事务委员会禁演。尽管犹太剧院也演出了一些反映苏联人民在卫国战争中英勇斗争和纳粹集中营中犹太人起义的剧目,但仍然得不到苏联当局认可。白俄罗斯领导人还明确指控犹太剧院工作人员长期以来存在着民族主义情绪,这些工作人员认为俄罗斯人和白俄罗斯人对犹太人之死负有罪责,他们不仅没有保护犹太人免受德国人侵害,甚至沦为德国人屠杀犹太人的帮凶。这种"诽谤"在"犹太民族主义分子"米霍埃尔斯明斯克之行后尤为加强。另外,莫斯科国家犹太剧院一些来自国外的移民演员因为仍然同许多亲友保持联系而被视为政治上不可信的人。① 1949 年 8 月 5 日,乌克兰共产党(布)中央委员会向马林科夫报告说,切尔诺维茨犹太剧院存在严重的民族主义情绪。主要表现就是剧院演员及工作人员中盛传苏联政府似乎准备肃清犹太剧院,该剧院同莫斯科、基辅的犹太剧院一样,马上面临关门。剧院领导派人到企业去推销门票时,刻意在犹太人中宣传民族主义,捏造说苏维埃政权对犹太剧院抱有成见。这些有关苏联反犹主义的宣传的确增加了剧院的观众人数。剧院艺术总监戈尔德布拉特(Гольдблат)宣扬说,艺术事务委员会故意限制剧院到各大城市巡回演出,目的就是断绝剧院的财源,迫使演员失业,以便为日后关闭剧院制造借口。此类言行强化了整个剧院的民族情绪。一位演员公开鼓吹,"只有拥有犹太心灵的人才能拯救剧院"。②

---

① Белорусское руководство—в ЦК ВКП(б) с просьбой о санкции на закрытие БЕЛГОСЕТа, 8 февраля 1949 г.; Комитет по делам искусств при СМ СССР — в ЦК ВКП(б) с критикой репертуара БЕЛГОСЕТа, 2 марта 1949 г.; Комитет по делам искусств при СМ СССР — в ЦК ВКП(б) о кризисной финансовой ситуации в ГОСЕТе, 1 марта 1949 г.; Комитет по делам искусств при СМ СССР—ЦК ВКП(б) с критикой репертуара ГОСЕТа, 4 марта 1949 г., Г. В. Костырченко, *Государственный антисемитизм в СССР. От начала до кульминации, 1938-1953*, с. 287-292.

② Информация МГБ УССР о Черновицком еврейском театре, 5 августа 1949 г., Г. В. Костырченко, *Государственный антисемитизм в СССР. От начала до кульминации, 1938-1953*, с. 297-298.

第二，剧院人才流失严重，观众数量锐减。在国家补助取消以后，犹太剧院人心浮动，举步维艰。国内现有的 5 家犹太剧院的绝大部分优秀创作者已被遣散，工作人员严重不足。莫斯科国家犹太剧院在米霍埃尔斯遇害、祖斯金被捕后元气大伤，已经无法培训年轻导演；剧院只有 55 名演员（其中包括 12 名俄罗斯演员），没有极其出色的演员。① 白俄罗斯国家犹太剧院的许多演员和工作人员已经流失，只剩下 15 到 20 名具有创造性的工作人员；1948 年剧院按计划应上演 225 部戏剧，结果仅仅完成了 162 部。② 由于观众对剧院不感兴趣，所有犹太剧院都变得门庭冷落。1948 年莫斯科国家犹太剧院的平均上座率大约 45.5%，其中 3 月只有 40%，4 月只有 36.4%。尽管采取了上演新剧、发放票券等措施，但仍然毫无起色。1949 年 1—2 月，一些戏剧只有 150—160 名观众。到 11 月，情况更加惨淡。剧院平均上座率仅 13.7%，许多戏剧只有 30—40 名观众。③ 白俄罗斯国家犹太剧院 1948 年的观众本应该达到 105000 人，而事实上只有 62000 人。剧院表演的观众平均出席率仅为 44%。④ 乌克兰切尔诺维茨犹太剧院为了提高观众上座率，不得不专门派人到企业去推销门票。⑤

---

① Комитет по делам искусств при СМ СССР—в ЦК ВКП(б) о кризисной финансовой ситуации в ГОСЕТе, 1 марта 1949 г., Г. В. Костырченко, *Государственный антисемитизм в СССР. От начала до кульминации, 1938-1953*, с.290.

② Комитет по делам искусств при СМ СССР—в ЦК ВКП(б) с критикой репертуара БЕЛГОСЕТа, 2 марта 1949 г., Г. В. Костырченко, *Государственный антисемитизм в СССР. От начала до кульминации, 1938-1953*, с.288.

③ Комитет по делам искусств при СМ СССР—в ЦК ВКП(б) о кризисной финансовой ситуации в ГОСЕТе, 1 марта 1949 г.; Приказ комитета по делам искусств при СМ СССР о закрытии ГОСЕТа, 14 ноября 1949 г., Г. В. Костырченко, *Государственный антисемитизм в СССР. От начала до кульминации, 1938-1953*, с.291, 295; Записка председателя комитета по делам и скусств при совете министров СССР П. И. Лебедева И. В. Сталину о закрытии государственн ого еврейского театра, 24 марта 1949г., А. Н. Артизов, О. Наумов, *Власть и художественная интеллигенция: Документы ЦК РКП (б) -ВКП (б), ВЧК-ОГПУ-НКВД о культурной политике, 1917-1953гг.*, Москва: Международный фонд Демократия, 1999, с.649.

④ Комитет по делам искусств при СМ СССР—в ЦК ВКП(б) с критикой репертуара БЕЛГОСЕТа, 2 марта 1949 г., Г. В. Костырченко, *Государственный антисемитизм в СССР. От начала до кульминации, 1938-1953*, с.288.

⑤ Информация МГБ УССР о Черновицком еврейском театре, 5 августа 1949 г., Г. В. Костырченко, *Государственный антисемитизм в СССР. От начала до кульминации, 1938-1953*, с.298.

第三，剧院经营状况不佳，亏损严重。在苏联，犹太剧院基本上是依赖国家财政补贴而生存的。由于缺少足够的观众，剧院在戏剧演出方面收入菲薄，面临严重的生存危机。例如，莫斯科国家犹太剧院1947年门票收入只有115.4万卢布，而国家财政补助为242.9万卢布。1948年，剧院支出比收入多出90万卢布，亏损124.7万卢布。1949年前10个月亏损81.5万卢布，工作人员5个月都发不出工资。到1949年11月，剧院债务高达100万卢布，并且每个月以10万—12万卢布的速度增加。尽管1949年剧院缩减了30%的开支，仍旧入不敷出，需要国家财政补贴70万—80万卢布。① 乌克兰切尔诺维茨犹太剧院在出现严重亏损后，为了隐瞒拖欠工资的真相，其管理机关甚至伪造发放工资的文件，并且通过取消带薪休假、降低演员外出表演劳酬的方式来维持生计。② 白俄罗斯国家犹太剧院因为在卫国战争中遭到毁坏，需要租赁地方，所以花费更大。1948年一年开支为170.9万卢布，给国家造成76.2万卢布的损失。到1949年仍然无法自负盈亏，一年至少亏损50万—60万卢布。③ 1948年，比罗比詹犹太剧院在国家补助43万卢布的情况下，仍然亏损75.7万卢布。1949年1月，剧院收入2.24万卢布，仅仅完成了原计划（9.2万卢布）的24.3%，不得不提出申请巨额国家补助来维持生存。④ 因此，所有犹太剧院都成为国家财政的沉重负担。

为了清洗犹太剧院，苏联当局采取了釜底抽薪的方式，即取消国家补助，从经济上置之于死地。1948年，苏联政府决定将所有剧院转

---

① Комитет по делам искусств при СМ СССР—в ЦК ВКП(б) с предложением о закрытии ГОСЕТа по финансовым соображениям, 23 февраля 1949 г.; Комитет по делам искусств при СМ СССР—в ЦК ВКП(б) о ликвидации ГОСЕТа, 14 ноября 1949 г.; Приказ комитета по делам искусств при СМ СССР о закрытии ГОСЕТа, 14 ноября 1949 г., Г. В. Костырченко, *Государственный антисемитизм в СССР. От начала до кульминации, 1938-1953*, с.293-295.
② Информация МГБ УССР о Черновицком еврейском театре, 5 августа 1949 г., Г. В. Костырченко, *Государственный антисемитизм в СССР. От начала до кульминации, 1938-1953*, с.298.
③ Комитет по делам искусств при СМ СССР—в ЦК ВКП(б) с критикой репертуара БЕЛГОСЕТа, 2 марта 1949 г., Г. В. Костырченко, *Государственный антисемитизм в СССР. От начала до кульминации, 1938-1953*, с.289.
④ Справка комитета по делам искусств при СМ РСФСР о еврейском областном драматическом театре в Биробиджане, 24 февраля 1949 г., Г. В. Костырченко, *Государственный антисемитизм в СССР. От начала до кульминации, 1938-1953*, с.295-296.

为经济核算制。1948年2月，苏联部长会议艺术事务委员会宣布取消剧院补助。① 莫斯科国家犹太剧院艺术总监祖斯金，犹委会主席团成员马尔基什、费费尔为此在2月25日联名上书苏联部长会议副主席莫洛托夫，指出如果取消国家对犹太剧院的补助，"那么苏联犹太文化最主要的策源地就会随之消亡"。被裁减的演员将因为没有其他剧院录用而失去生计。莫斯科国家犹太剧院是世界上唯一受到党和国家关怀的犹太剧院，它不仅赢得了苏联观众的喜爱和尊敬，而且吸引了西欧和美国犹太劳动人民的注意。"因此请求你们能够保留剧院。"② 但是，苏联当局无动于衷。在比罗比詹犹太剧院面临倒闭的情况下，犹太自治州党委书记巴赫穆茨基和州劳动者代表苏维埃执行委员会主席列维金联名致函联共（布）中央委员会，提出在1949年给比罗比詹犹太剧院提供80万卢布国家补贴，但是却遭到哈巴罗夫斯克边疆区艺术事务部和边疆区组织部、俄罗斯联邦部长会议艺术事务委员会、苏联部长会议艺术事务委员会的层层反对。苏联部长会议表示"没有计划给该剧院提供国家补贴"。联共（布）中央宣传鼓动部支持苏联部长会议艺术事务委员会的意见。因此，联共（布）中央最终还是否定了犹太自治州党委的补贴申请。③

  1949年1月底犹委会的主要领导人被捕之后，犹太剧院就大难临头了。2月8日，白俄罗斯共产党（布）中央委员会致函联共（布）中央书记马林科夫，请求关闭白俄罗斯国家犹太剧院。2月11日，马林科夫做出批示，要求联共（布）中央宣传鼓动部部长谢皮诺夫详加研究，并拟定中央委员会决议草案。5月7日，谢皮诺夫提议按照白俄罗斯共产党（布）中央书记处的命令，就地解决问题。于是，白俄罗斯部长会议

---

① ЕАК—Совету министров СССР о нежелательности снятия ГОСЕТа с госдотации, 25 февраля 1948 г., Г. В. Костырченко, *Государственный антисемитизм в СССР. От начала до кульминации, 1938-1953*, с.285.

② ЕАК—Совету министров СССР о нежелательности снятия ГОСЕТа с госдотации, 25 февраля 1948 г., Г. В. Костырченко, *Государственный антисемитизм в СССР. От начала до кульминации, 1938-1953*, с.285.

③ Справка комитета по делам искусств при СМ РСФСР о еврейском областном драматическом театре в Биробиджане, 24 февраля 1949 г.; Отдел пропаганды и агитации ЦК ВКП(б)—в секретариат ЦК с поддержкой решения комитета по делам искусств при СМ РСФСР о снятии Биробиджанского еврейского театра с госдотации, 24 марта 1949 г., Г. В. Костырченко, *Государственный антисемитизм в СССР. От начала до кульминации, 1938-1953*, с.295-297.

下令关闭了剧院。①1949年2月24日，哈巴罗夫斯克边疆区艺术事务部和边疆区组织部、俄罗斯联邦部长会议艺术事务委员会致函马林科夫，提出了关闭比罗比詹犹太剧院的问题。1949年10月22日，根据苏联部长会议和哈巴罗夫斯克州党委的决议，比罗比詹剧院被下令关闭。②1949年2月23日，苏联部长会议艺术事务委员会主席 П. 列别杰夫以莫斯科国家犹太剧院给国家财政带来巨额亏损，无法自负盈亏为由致函马林科夫，建议从3月1日关闭该剧院。③3月24日，他再次致函斯大林，重申上述理由，并提议从4月15日起关闭之。④但是，苏联当局一直悬而未决。直到1949年11月14日，在莫斯科国家犹太剧院内外交困、奄奄一息之际，苏联部长会议艺术事务委员会顺势颁布了第595号命令，决定从12月1日起关闭该剧院，并事先通知了剧院全体成员。⑤至此，国内所有犹太国家剧院全部关闭，无一幸免。

城门失火，殃及池鱼。由于犹太剧院在取消国家补助后深陷困境，日渐没落，不再需要培养创作者和新演员，所以，1949年1月27日，П. 列别杰夫致函马林科夫，提议关闭莫斯科国立米霍埃尔斯犹太戏剧学校。两天后，马林科夫批准了这一要求。⑥2月1日，谢皮诺夫授命 П. 列

---

① Белорусское руководство—в ЦК ВКП(б) с просьбой о санкции на закрытие БЕЛГОСЕТа, 8 февраля 1949 г., Г. В. Костырченко, *Государственный антисемитизм в СССР. От начала до кульминации, 1938-1953*, с.287-288.

② Справка комитета по делам искусств при СМ РСФСР о еврейском областном драматическом театре в Биробиджане, 24 февраля 1949 г.; Отдел пропаганды и агитации ЦК ВКП(б)—в секретариат ЦК с поддержкой решения комитета по делам искусств при СМ РСФСР о снятии Биробиджанского еврейского театра с госдотации, 24 марта 1949 г., Г. В. Костырченко, *Государственный антисемитизм в СССР. От начала до кульминации, 1938-1953*, с.296-297.

③ Комитет по делам искусств при СМ СССР—в ЦК ВКП(б) с предложением о закрытии ГОСЕТа по финансовым соображениям, 23 февраля 1949 г., Г. В. Костырченко, *Государственный антисемитизм в СССР. От начала до кульминации, 1938-1953*, с.293.

④ Записка председателя комитета по делам искусств при совете министров СССР П. И. Лебедева И. В. Сталину о закрытии государственного еврейского театра, 24 марта 1949г., А. Н. Артизов, О. Наумов, *Власть и художественная интеллигенция: Документы ЦК РКП (б)-ВКП (б), ВЧК-ОГПУ-НКВД о культурной политике, 1917-1953гг.*, Москва: Международный фонд Демократия, 1999, с.649-650.

⑤ Приказ комитета по делам искусств при СМ СССР о закрытии ГОСЕТа, 14 ноября 1949 г., Г. В. Костырченко, *Государственный антисемитизм в СССР. От начала до кульминации,1938-1953*, с.294-295.

⑥ Комитет по делам искусств при СМ СССР—в ЦК ВКП(б) с просьбой о санкции на

别杰夫以苏联部长会议艺术事务委员会主席指令的方式解决这一问题。①此后,苏联就再也没有常设的犹太戏剧机构了。②

与此同时,其他文化部门的犹太人也受到冲击。例如,在列宁格勒民族博物馆,可怕的反犹主义者玛丽亚·涅斯捷罗娃疯狂攻击污蔑犹太人。她一个人就举报了博物馆数十名犹太工作人员,其中一些人因此遭到解雇。③

另外,在这一时期,苏联犹太人因为担心受到迫害,甚至失去自由,销毁了数百万册意第绪语书籍。④这无疑给苏联犹太文化带来了巨大的损失。

(五)在音乐领域,1950年12月4日,曾经在苏联部长会议文艺事务委员会学校总局干部处担任处长的沙罗耶娃致函苏联列宁共产主义青年团中央委员会书记米哈伊洛夫,谴责犹太人在莫斯科音乐学院占据统治地位。无论是各个教研室的教授还是学生,犹太人都占据大多数。他们把持着学生的入学考试权、国际大赛参赛权以及属于国家收藏品的独一无二的乐器的分配权,拉帮结派,打压、排挤俄罗斯族教授和人才。她呼吁团中央帮助俄罗斯族学生的发展和成长。尽管沙罗耶娃有不少地方言过其实,有悖事实,但联共(布)中央宣传鼓动部仍然认为有必要向文艺委员会提议,改善莫斯科、列宁格勒、基辅的音乐学院以及它们附属的十年制中学里学生干部及相关专业教师干部的现状,重新把国家收藏的乐器分给最具天赋的积极从事表演活动的演奏家,重新考虑青年交响乐队的成员。⑤

(接上页)закрытие еврейского театрального училища, 27 января 1949 г., Г. В. Костырченко, *Государственный антисемитизм в СССР. От начала до кульминации, 1938-1953*, с. 289.

① Д. Т. Шепилов—Г. М. Маленкову о порядке закрытия еврейского театрального училища, 1 февраля 1949 г., Г. В. Костырченко, *Государственный антисемитизм в СССР. От начала до кульминации, 1938-1953*, с. 289.

② Zev Katz, editor, *Handbook of Major Soviet Nationalities*, p. 377.

③ 〔英〕奥兰多·费吉斯:《耳语者:斯大林时代苏联的私人生活》,第551页。

④ Arno Lustinger, *Stalin and the Jews: The Red Book: The Tragedy of the Jewish Anti-Fascist Committee and the Soviet Jews*, p. 245.

⑤ Письмо в ЦК ВЛКСМ с протестом против якобы существовавших преференций для скрипачей-евреев в музыкальных учебных заведениях Москвы, 4 декабря 1950 г.; Отдел пропаганды и агитации ЦК ВКП(б) — М. А. Суслову по поводу письма о национальных

1953 年 1 月，有人在给苏共中央委员会的匿名信中说，多年来，犹太人团伙在列宁格勒音乐戏剧学校乐队中一直对俄罗斯族及其他非犹太族的音乐家进行有组织的陷害。现在该乐队几乎全由犹太人组成（73%），特别是他们在各弓弦乐队势力强大。在小提琴乐队，犹太人甚至达到了 100%。1950 年他们把最后一名俄罗斯族小提琴手赶出了自己的乐队。在音乐戏剧学校，很多俄罗斯音乐家被毫不客气、毫无理由的解雇，同时取消了他们的物质保障。匿名举报者还说，只要弓弦乐队首席乐师什利别尔克等有权决定乐队音乐家命运的人担任领导，乐队的状况就不会有所改善。①

莫斯科格涅辛音乐学院由犹太人叶莲娜·法比阿诺芙娜·格涅辛娜家族创办并掌管，有学生 1767 人，教师 460 人。1952 年底，苏共莫斯科市委指出，该学院的教学及领导工作存在重大缺陷。苏共中央文艺部随后对此进行了调查，结果发现学院的教师、各系和教研室的领导中犹太人占统治地位，其中 71 名教授、教师存在政治问题，有的是被镇压者，有的是近亲中有从事反苏活动而被镇压的，甚至学生毕业设计的交响曲竟然以以色列国歌为基础，具有犹太复国主义倾向。根据苏联文化部的整改措施，格涅辛娜被解除了院长职务，并且撤换了一批系主任和教研室领导。②

1953 年 3 月 6 日，一个署名"B. 安东诺夫（Антонов）"的人致函苏共中央书记赫鲁晓夫，坚决反对被命名为苏联国家交响乐队的"犹太人艺术团体"在斯大林追悼会上进行演奏。因为该乐队的成员 95% 是犹太人，他们靠排挤俄罗斯族音乐家、投机钻营和犹太人的集体关系进

（接上页）«перекосах» при подготовке молодых скрипачей, 23 декабря 1950г., Г. В. Костырченко, *Государственный антисемитизм в СССР. От начала до кульминации,1938-1953*, с.332-336.

① Аноним—в ЦК КПСС о «засилье» евреев в оркестре Ленинградской филармонии, 29 января 1953г., Г. В. Костырченко, *Государственный антисемитизм в СССР. От начала до кульминации,1938-1953*, с.340-341.

② Отдел художественной литературы и искусства ЦК КПСС — Н. С. Хрущеву о «засоренности» кадров в институте им. Гнесиных, 17 марта 1953 г.; Отделы ЦК КПСС (Экономических и исторических наук и вузов; художественной литературы и искусства) — Н. С. Хрущеву о «наведении порядка» в институте им. Гнесиных, 19 мая 1953г., Г. В. Костырченко, *Государственный антисемитизм в СССР. От начала до кульминации,1938-1953*, с.346-349.

入这个乐队。他攻击犹太人是"一个有史以来从未表现出英勇主义精神和忠诚的民族",具有偷窃、诈骗、投机、背叛以及谋杀行为,是一个令人极端憎恶的"出卖灵魂的民族"。因此,这群犹太人不配如此直接地接近我们伟大的、敬爱的领袖斯大林同志。3月11日,苏共中央文艺部查证后向赫鲁晓夫汇报说,"安东诺夫"言过其实,在国家交响乐队的112名乐师中,俄罗斯族人有66名(占59%),犹太人有40名(占35.7%)。但同时又指出,苏联部长会议艺术事务委员会已经安排10名乐手在1953年3月到6月退休,其中俄罗斯人2名,犹太人8名,另外乐队还增补了一些新的本土民族乐手(在比赛方面)。①

(六)在教育领域,1951年1月—2月,莫斯科州国家安全局逮捕了斯卢茨基·鲍里斯·弗拉基米洛维奇(Слуцкий Борис Владимирович)、富尔曼·弗拉季连·列昂尼多维奇(Фурман Владилен Леонидович)、古列维奇·叶夫根尼·季诺维也维奇(Гуревич Евгений Зиновьевич)、梅利尼科夫·弗拉基米尔·扎哈罗维奇(Мельников Владимир Захарович)、佩丘洛·苏珊娜·所罗门诺芙娜(Печуро Сусанна Соломоновна)、埃利吉谢尔·因纳·列昂诺芙娜(Эльгиссер Инна Леоновна)、马祖尔·格里戈里·格达里耶维奇(Мазур Григорий Гдальевич)、阿尔金斯卡娅·伊尔埃娜·伊利尼奇娜(Аргинская Ирэна Ильинична)、沃因·费利克斯·米罗诺维奇(Воин Феликс Миронович)、潘菲洛娃·叶卡捷琳娜·米哈伊洛芙娜(Панфилова Екатерина Михайловна)、乌兰诺夫斯卡娅·迈娅·亚力山德罗芙娜(Улановская Майя Александровна)、温尼科娃·伊达·利沃芙娜(Винникова Ида Львовна)、赖夫·阿拉·叶夫根耶芙娜(Рейф Алла Евгеньевна)、乌弗良德·尼娜·叶夫根耶芙娜(Уфлянд Нина Евгеньевна)、斯米尔诺娃·加林娜·安法洛芙娜(Смирнова Галина Анфаловна)、拉比诺维奇·塔马拉·拉扎列芙娜

---

① Аноним — Н. С. Хрущеву о «засилье» евреев в Государственном симфоническом оркестре, 6 марта 1953 г.; Отдел художественной литературы и искусства ЦК КПСС — Н. С. Хрущеву по поводу письма за подписью «В. Антонов», 11 марта 1953 г., Г. В. Костырченко, *Государственный антисемитизм в СССР. От начала до кульминации, 1938-1953*, с.345-346.

（Рабинович Тамара Лазаревна）等 16 名犹太青年学生，罪名是他们建立了一个名叫"为了革命事业斗争联盟"（简称 СДР）的反苏恐怖主义组织。参加者均是具有反苏情绪的犹太民族主义分子，其中包括高校一二年级大学生，如富尔曼·弗拉季连·列昂尼多维奇、古列维奇·叶夫根尼·季诺维也维奇和梅利尼科夫·弗拉基米尔·扎哈罗维奇，还有中学十年级学生佩丘洛·苏珊娜·所罗门诺芙娜。因为案情重大，1951 年 2 月，该案移交苏联国家安全部特别重大案件侦查处进行侦办。

国家安全部经"调查"发现，该组织是 1950 年 8 月由斯卢茨基·鲍里斯·弗拉基米洛维奇、富尔曼·弗拉季连·列昂尼多维奇、古列维奇·叶夫根尼·季诺维也维奇在莫斯科创建的，他们在全国各地招募吸收了一批成员。"该组织成员的任务是通过武装暴动手段推翻苏联现有的社会制度以及对苏联政府和苏联共产党的领导人进行恐怖袭击。"他们不但被指控制定了"纲领""宣言"及其他一系列反革命内容的文件，还准备出版报纸，印刷传单，在苏联公民中进行反苏宣传，举行秘密聚会，讨论反苏活动的问题及方案，而且古列维奇·叶夫根尼·季诺维也维奇还自告奋勇，准备建立一个以自己为首的恐怖主义小组，借红场上举行节日游行之机暗杀联共（布）中央书记马林科夫，甚至炸毁莫斯科地铁，实施反苏破坏活动。

1952 年 2 月 13 日，根据苏联最高法院军事审判庭的判决，斯卢茨基·鲍里斯·弗拉基米洛维奇、富尔曼·弗拉季连·列昂尼多维奇、古列维奇·叶夫根尼·季诺维也维奇被判处最高处罚——枪决，没收个人全部财产。梅利尼科夫·弗拉基米尔·扎哈罗维奇、佩丘洛·苏珊娜·所罗门诺芙娜、埃利吉谢尔·因纳·列昂诺芙娜、马祖尔·格里戈里·格达里耶维奇、阿尔金斯卡娅·伊尔埃娜·伊利尼奇娜、沃因·费利克斯·米罗诺维奇、潘菲洛娃·叶卡捷琳娜·米哈伊洛芙娜、乌兰诺夫斯卡娅·迈娅·亚力山德罗芙娜、温尼科娃·伊达·利沃芙娜、赖夫·阿拉·叶夫根耶芙娜 10 人被判处到劳教所劳教 25 年，剥夺政治权利 5 年，没收个人全部财产。乌弗良德·尼娜·叶夫根耶芙娜、斯米尔诺娃·加林娜·安法洛芙娜、拉比诺维奇·塔马拉·拉扎列芙娜 3 人被判处到劳教所劳教 10 年，剥夺政治权利 5 年，没收个人全部财产。①

（七）在科学和工业领域，1950 年 10 月，联共（布）中央科学和高等教育部主任 Ю. 日丹诺夫（Ю. Жданов）向联共（布）中央举报说，苏联科学院的干部选举不是根据业务水平而是依据民族特征，结果导致科学院各研究所干部队伍里混入了很多没有政治信仰的犹太人。他们不仅在人数上占据大多数，而且在一些科学领域形成了垄断势力，打压新的科学流派发展，阻碍提拔和培养青年科学干部。1950 年 12 月，苏联科学院干部管理局局长 П. А. 鲍里索夫因此被革职。②

1949 年 7 月，切里雅宾斯克基洛夫工厂厂长 И. М. 萨尔茨曼因被指控重用那些政治信仰和业务水准都不过关的犹太人，让他们混入工厂管理机构、工厂车间和各部门领导层；与列宁格勒以前的领导人库兹涅佐夫、波普科夫有联系；特别是与米霍埃尔斯关系亲密，并且在 1946 年 5 月从工厂给莫斯科国家犹太剧院提供物资援助等罪名而被撤职，并开除党籍。③

1949 年 9 月 30 日，费费尔在受审时供认，犹太作家中的民族主义分子佩尔索夫按照他和米霍埃尔斯、爱泼斯坦的命令，撰写了一系列以莫斯科"斯大林汽车制造厂的犹太人"为题的纪实文章，把美国人感兴趣的有关工厂本身的情报传递给了美国人。④ 这一虚假供词成为联共（布）中央对斯大林汽车制造厂及其上级主管部门进行清洗的依据。1950 年 5 月 5 日，苏联汽车拖拉机工业部主管干部工作的副部长博罗金因被

---

① Протокол осмотра дела «союза борьбы за дело революции»(«СДР»), 28 июля 1951 г.; Решение Верховного суда СССР о пересмотре дела «СДР», 21 апреля 1956 г., Г. В. Костырченко, *Государственный антисемитизм в СССР. От начала до кульминации,1938-1953*, с. 502-519.

② Заведующий отделом науки и высших учебных заведений ЦК ВКП(б) — в секретариат ЦК ВКП(б) о преобладании евреев среди физиков-теоретиков, 23 октября 1950г.; Отдел пропаганды и агитации ЦК ВКП(б) — в секретариат ЦК ВКП(б) о необходимости замены руководства управления кадров АН СССР, 15 декабря 1950г., Г. В. Костырченко, *Государственный антисемитизм в СССР. От начала до кульминации, 1938-1953*, с. 351-353.

③ Решение политбюро ЦК ВКП(б) о снятии И. М. Зальцмана с поста директора кировского челябинского завода, 11 июля 1949 г.; М. Ф. Шкирятов — Г. М. Маленкову о «деле Зальцмана», 10 сентября 1949 г., Г. В. Костырченко, *Государственный антисемитизм в СССР. От начала до кульминации, 1938-1953*, с. 357-359.

④ Из показаний И. С. Фефера об отправке в США «шпионских сведений» о московском автомобильном заводе им. Сталина, 30 сентября 1949 г., Г. В. Костырченко, *Государственный антисемитизм в СССР. От начала до кульминации, 1938-1953*, с. 359-360.

指控在选拔干部和工作人员时违背布尔什维克原则，注重家庭裙带关系，重用犹太人，导致许多企业特别是莫斯科斯大林汽车制造厂的干部队伍中形成了大规模的敌对势力集团而被斯大林下令革职。①1951 年 11 月，苏联汽车拖拉机工业部和莫斯科斯大林汽车制造厂的 41 名前任领导人因被诬陷参加汽车制造厂内的犹太人反苏民族主义组织、从事敌对破坏活动受到清洗。汽车制造厂厂长助理阿·菲·艾季诺夫被确定为该组织头目，另外还包括总设计师 Б. М. 菲特杰尔曼、汽车电器仪表总设计师 Г. И. 戈里德别尔格、生产部副部长 А. И. 施密特、苏联汽车拖拉机工业部部长助理 Б. С. 亨金等，其中 11 人被判处枪决。艾季诺夫不仅被控在工厂领导岗位上大肆安插犹太民族主义分子，到处散播攻击联共（布）和苏联政府的谣言，而且和施密特等人还与美国间谍有联系，协助他们收集有关汽车制造厂的机密情报。证据就是犹委会记者佩尔索夫（后被诬陷为美国间谍）和艾森施塔特经艾季诺夫允许，数次来汽车制造厂对犹太人的生活和成就进行采访，并把相关文章发表在美国期刊上。②

以苏联汽车拖拉机工业部为鉴，联共（布）中央下令对许多从事意识形态、文化教育工作的中央部门的干部选派、提拔和培养工作进行了调查。结果，发现苏联高等教育与电影艺术部、艺术事务委员会、苏联科学院、图书出版管理总局、塔斯社等部门的干部管理工作不尽如人意，许多存在严重历史问题的犹太人充斥其中。1950 年 6 月 21 日，联共（布）中央书记处委托波诺马连科和苏斯洛夫起草了《"关于纠正干部选拔和培养事业中与汽车拖拉机工业部干部工作中被揭露的重大错误相关的弊病的措施"决议草案》。斯大林不仅预先审订了该草案，而且最后在上面签字付诸实施。这一"高度机密"的决议责成以上各部门针

---

① Решение политбюро ЦК ВКП(б) о «провалах» в работе с кадрами вавтотракторной промышленности в связи с «делом ЗИСа», 5 мая 1950 г., Г. В. Костырченко, *Государственный антисемитизм в СССР. От начала до кульминации,1938-1953*, с.361.

② Р. А. Руденко и И. А. Серов—в ЦК КПСС о частичной реабилитации работников московского автозавода, осужденных за участие втак называемой еврейской антисоветской националистической группе, 1 августа 1955 г.; Решение Верховного суда СССР об отмене приговора по делу А. Ф. Эйдинова, бывшего помощника директора ЗИСа,1 октября 1955г., Г. В. Костырченко, *Государственный антисемитизм в СССР. От начала до кульминации,1938-1953*, с.364-367.

对犹太干部秘密进行彻底清洗。①

1950年3月,俄罗斯联邦共和国克麦罗沃州国家安全局向该州党委举报说,库兹涅茨克冶金联合企业及斯大林斯克市其他企业有大量犹太族领导干部和该市的非法犹太教会有密切联系。这个犹太教会周围聚集了大量有反苏民族主义情绪的犹太人。1950年9月,克麦罗沃州党委第一书记科雷舍夫把这一情况向马林科夫做了汇报。1952年4月,苏联国家安全部把有关"库兹涅茨克冶金联合企业案件"的侦查结果向斯大林做了汇报。其中涉案人员包括该企业负责商务部的前副厂长明茨、前总轧钢工利伯曼、前生产部副主任斯路里·阿布拉莫维奇·列希纳、前技术检查部主任亚历山大·雅科夫列维奇·杰赫佳里、前型材轧制车间主任扎尔曼·海莫维奇·爱泼斯坦、前计划部主任格里戈里·什穆列维奇·泽里采尔、前财务部主任萨韦利·济诺维耶维奇·阿尔沙夫斯基。他们均被指控为犹太民族主义分子,从事间谍、破坏及民族主义活动,为非法犹太教会提供物质支持,进行反苏宣传鼓动,诋毁联共(布)和苏联政府的民族政策,明茨、利伯曼、列希纳还被指控在1946年与犹委会中的犹太民族主义分子建立了罪恶联系,给他们提供了一系列有关联合企业生产设备的机密资料,后来被寄往美国。伊·别·拉波波特是斯大林斯克市合作社的守卫,他的罪名是在自己的公寓里组织非法的犹太教会,进行反苏宣传鼓动活动。②尽管苏联最高法院院长沃林、苏联最高法院军事审判庭庭长切普佐夫在1952年3月9日致函斯大林,指出苏联国家安全部对明茨等人从事敌对活动的指控证据不足,并且所有

---

① Проект постановления ЦК ВКП(б) «о мерах по устранению недостатков в деле подбора и воспитания кадров в связи с крупными ошибками, вскрытыми в работе с кадрами в министерстве автомобильной и тракторной промышленности», 25 мая 1959г., Г. В. Костырченко, *Государственный антисемитизм в СССР. От начала до кульминации,1938-1953*, с. 362-364.

② УМГБ по Кемеровской области—Кемеровскому обкому ВКП(б) о деятельности нелегальной синагоги и о ее связях с евреями в руководстве кузнецкого металлургического комбината(КМК),1 марта 1950 г.; Первый секретарь Кемеровского обкома ВКП(б)—Г. М. Маленкову о мерах, принятых в отношении работников КМК, обвиненных в еврейском национализме, 23 сентября 1950 г.; Министр государственной безопасности СССР—И. В. Сталину об окончании следствия по «делу КМК», 2 апреля 1952 г., Г. В. Костырченко, *Государственный антисемитизм в СССР. От начала до кульминации, 1938-1953*, с.370-375.

被告在法庭上均已推翻了自己原来的供词，故提议对本案进行彻底侦查，以便搞清涉案人员从事犯罪活动的事实。① 但是，1952年9月18日，明茨、利伯曼、列希纳、杰赫佳里仍被判处死刑；爱波斯坦、泽里采尔、阿尔沙夫斯基被判处25年劳改；拉波波特被判处10年劳改。他们的所有财产均被没收，所获得的各种奖章均被撤销。②

此外，在莫斯科和乌克兰共和国的许多省会城市，大量的犹太人被各种机构、商业和工业部门解雇，小的裁缝厂和制鞋厂也不例外。③ 在列宁格勒，被开除或者贬职的犹太人比比皆是。例如，"医生案件"公布后，一位在国营大企业工作了近25年的犹太工程师被企业经理勒令辞去工程部领导职务，在原部门从事一份无足轻重的工作。理由是犹太民族是"不可信任的"，所以，他必须辞职，只有这样才可以避免"难堪和麻烦"。④

（八）在宗教领域，苏联当局的清洗更加严厉。苏联部长会议宗教事务委员会不仅查封了那些未经当地政府许可非法建立的犹太会堂，而且经常要与遍布各地、未经注册的犹太宗教组织密俄（类似于犹太会堂）进行斗争。该委员会严禁犹太教会为教徒和犹太民众举办各种慈善活动；禁止一切会堂从事商业活动；禁止在会堂内出卖肉类洁食，或者出售摩西五经等类似的行为；反对犹太教徒违反劳动纪律，放弃工作参加犹太教节日。这些打压措施导致犹太会堂的祭祀活动急剧减少。⑤ 1952年2月，

---

① Верховный суд СССР—И. В. Сталину о приостановке рассмотрения военной коллегией «дела КМК» в связи с необходимостью доследования по этому «делу», 9 мая 1952 г., Г. В. Костырченко, *Государственный антисемитизм в СССР. От начала до кульминации, 1938-1953*, с. 376-378.

② Приговор военной коллегии Верховного суда СССР по «делу КМК», 18 сентября 1952 г., Г. В. Костырченко, *Государственный антисемитизм в СССР. От начала до кульминации, 1938-1953*, с. 378-382.

③ M. Namir to M. Sharett (Tel Aviv), Moscow, 5 October 1949, Israel Ministry of Foreign Affairs, Ministry of Foreign Affairs of the Russian Federation etc., *Documents On Israeli-Soviet Relations: 1941-1953, Part II: May 1949-1953*, p. 544.

④ B. Z. Goldberg, *The Jewish Problem in The Soviet Union: Analysis and Solution*, p. 147.

⑤ Совет по делам религиозных культов при СМ СССР о деятельности иудейских общин в 1947 — начале 1949г, 23 апреля 1949 г.; Совет по делам религиозных культов при СМ СССР о положении в иудейских общинах в 1951 г., Начало 1952 г., Г. В. Костырченко, *Государственный антисемитизм в СССР. От начала до кульминации, 1938-1953*, с. 265-271.

11 号印刷处商务副处长 Л. А. 列尔诺尔（Лернор），莫斯科伏龙芝区工业联营企业鞋厂商务副经理、无党派人士 Л. М. 瓦谢尔曼（Вассерман），无固定职业者、无党派人士 Н. Л. 马尔古利斯（Маргулис），接单在家工作者、无党派人士 М. А. 戈尔茨科涅尔（Гольцкенер）等 4 人因为非法从事犹太仲裁法庭活动遭到苏联国家安全部逮捕审讯。① 1951 年 8 月，受费费尔、加尔金等人牵连，莫斯科犹太教首席拉比施利费尔遭到逮捕审讯，罪名是与犹委会关系密切，从事敌对的民族主义活动，其中包括经常在犹太会堂进行带有民族主义性质的宣传；利用以色列公使果尔达·梅尔松来莫斯科之机，在犹太会堂里组织支持以色列的祈祷仪式；与费费尔、贝格尔森等人关系密切，并通过犹委会与美国犹太教拉比埃德林等人建立联系，向他们汇报苏联宗教现状；协助苏联犹太人与美国犹太人中的亲友建立联系，为美国进行反苏侦查提供便利；通过犹委会和以色列驻苏公使团获取国外民族主义文学作品等。莫斯科犹太大会堂主席丘布鲁伊基尽管经常与秘密警察合作，但最后也遭到逮捕。②

（九）在医疗保健领域，苏联当局炮制的最大案件就是"医生案件"。除此之外，还有许多医疗科研机构和医生遭到清洗。1949 年 4 月到 5 月，反犹分子 Л. 马卡罗夫（Макаров）致函联共（布）中央政治局，指控犹太人控制了列宁格勒市各级医疗保健行政部门、各类医院及其科研、教学部门，甚至连药店都完全掌握在犹太人手中。俄罗斯人虽然很有能力，但却遭到排斥，几乎没有立锥之地，因此俄罗斯人对此已忍无可忍。③ 联共（布）列宁格勒州和列宁格勒市第一书记瓦西里·米哈伊洛维奇·安德里阿诺夫在核实情况后，立即向马林科夫做了汇报，

---

① Министр государственной безопасности СССР — в ЦК ВКП(б) о нелегальной деятельности еврейских третейских судов, 27 февраля 1952 г., Г. В. Костырченко, *Государственный антисемитизм в СССР. От начала до кульминации, 1938-1953*, с. 272.

② Министр государственной безопасности СССР — ЦК ВКП(б) с предложением арестовать главного раввина С. М. Шлифера, 18 августа 1951 г., Г. В. Костырченко, *Государственный антисемитизм в СССР. От начала до кульминации, 1938-1953*, с. 273-277; B. Z. Goldberg, *The Jewish Problem in The Soviet Union: Analysis and Solution*, p. 101.

③ Письмо, использовавшееся для инициирования антиеврейской чистки в учреждениях здравоохранения Ленинграда, Апрель — май 1949 г., Г. В. Костырченко, *Государственный антисемитизм в СССР. От начала до кульминации, 1938-1953*, с. 432-434.

并且要求苏联保健部部长斯米尔诺夫配合，对列宁格勒医疗机构的犹太人进行清洗。①

1950年7月到8月，苏联当局把清洗矛头指向苏联医学科学院医疗营养医院。国家安全部部长阿巴库莫夫、联共（布）中央政治行政部部长 В. Е. 马卡罗夫（Макаров）、联共（布）中央委员会政治行政部卫生局副局长 В. И. 马耶夫斯基（Маевский）在给马林科夫的举报报告中说，苏联医学科学院医疗营养医院破坏干部选举中的布尔什维克原则，在医院内部形成了严重的裙带关系和宗派主义局面，其中"43个领导人和科学工作者的职位有36个被犹太人占据"，而且"75%—80%的科学工作者都是犹太人"。43个领导人和科学工作人员中有10个人存在政治问题，或者从事过反苏活动，或者与托洛茨基分子有瓜葛，或者与居住在美国、法国、德国的家人有联系，或者被怀疑与美国间谍有联系。因此，他们认为有必要委托苏联保健部采取措施，整顿和清洗该医院的干部队伍。②1950年8月11日，根据联共（布）中央书记处的要求，苏联国家安全部、联共（布）中央政治行政部与苏联保健部开始对该医院的干部工作进行检查整顿。③1952年1月，根据被捕的中央医师进修学院医疗营养教研室助教 Г. Л. 莱温（Левин）的供词，果然在苏联医学科学院医疗营养医院"揪出"了一个以院长 М. И. 佩夫兹纳（Певзнер）教授为首，由新陈代谢和高血压病科主任 Л. Б. 柏林（Берлин）教授，医疗营养医院副院长、胃病科主任 О. Л. 戈尔东（Гордон）教授，Г. Л. 莱温，医疗营养组织科主任 М. С. 马尔沙克（Маршак）教授，医疗营养医院（前）主任医生 Б. С. 莱温（Левин）教授，中央医师进修

---

① В. М. Андрианов — Г. М. Маленкову в поддержку письма, предлагавшего начать антиеврейскую чистку в учреждениях здравоохранения Ленинграда, 5 мая 1949 г., Г. В. Костырченко, *Государственный антисемитизм в СССР. От начала до кульминации,1938-1953*, с.434.

② В. С. Абакумов — Г. М. Маленкову о «засоренности» кадров в клинике лечебного питания, 4 июля 1950 г.; Административный отдел ЦК ВКП(б) — Г. М. Маленкову о кадрах клиники лечебного питания НИИ Питания АМН СССР, 2 августа 1950 г., Г. В. Костырченко, *Государственный антисемитизм в СССР. От начала до кульминации,1938-1953*, с.435-437.

③ Решение секретариата ЦК ВКП(б) о кадрах клиники лечебного Питания, 11 августа 1950 г., Г. В. Костырченко, *Государственный антисемитизм в СССР. От начала до кульминации,1938-1953*, с.437.

学院医疗营养教研室 А. И. 阿恰尔坎（Ачаркан）副教授和 В. З. 库达舍维奇（Кудашевич）助教等人组成的犹太民族主义组织。他们经常在办公室聚会，站在反苏的立场上，"诋毁联共（布）和苏联政府的政策，贬低苏联社会现实生活"，甚至公开抗议苏联政府裁减犹太医生。① 该组织成员还"采取恶劣的医疗方法损害病人的健康，损害苏联人的健康"②。随后，这些犹太医生和科研人员中有许多人先后遭到逮捕，罪名是从事反苏宣传及间谍活动等。③

1950 年年中，在斯大林汽车制造厂的医疗系统内部，阿伦·费克尔施坦、达维德·斯莫罗金斯基、米里阿姆·艾森施塔特、爱德华·利夫希茨等一批犹太医生被捕。1950 年 11 月，所有被告悉遭枪决。该案的整个过程均未公开。因此，它看上去更像是"医生案件"的一次演习。④ 同时被捕的还有苏联国家安全部第一局副局长 Н. И. 艾廷贡的妹妹、莫斯科斯大林汽车制造厂门诊部著名内科主任医师索尼娅。⑤

从 1952 年 10 月到 1953 年 2 月，在 5 个月的时间里，数百名犹太医生遭到逮捕。⑥ 不少普通犹太医务人员也遭到迫害。据苏多普拉托夫回忆，他的妻妹伊丽莎白就被基辅医学院研究生班除名。⑦

（十）在军事领域，1948 年到 1949 年，犹太人不仅遭到清洗，而且被禁止进入军事院校深造。从 1948 年到 1953 年，在犹太裔红军军官中，总共有 63 名将军、111 名上校和 159 名中校被勒令退休。⑧ 到 1953 年，

---

① Показания г. Л. Левина о деятельности «националистической группы» в клинике лечебного питания, 22 января 1952 г., Г. В. Костырченко, *Государственный антисемитизм в СССР. От начала до кульминации, 1938-1953*, с. 438-441.

② С. Д. Игнатьев — И. В. Сталину о разоблачении националистической группы в клинике лечебного питания, 27 февраля 1952 г., Г. В. Костырченко, *Государственный антисемитизм в СССР. От начала до кульминации, 1938-1953*, с. 441-442.

③ С. Д. гнатьев — И. В. Сталину о разоблачении националистической группы в клинике лечебного питания, 27 февраля 1952 г.; Постановление МВД СССР об освобождении Л. Б. Берлина, бывшего заведующего отделением клиники лечебного питания, 3 февраля 1954 г., Г. В. Костырченко, *Государственный антисемитизм в СССР. От начала до кульминации, 1938-1953*, с. 441-448.

④ 〔俄〕爱德华·拉津斯基：《斯大林秘闻——原苏联秘密档案最新披露》，第 642 页。

⑤ 〔俄〕帕维尔·苏多普拉托夫：《情报机关与克里姆林宫》，第 343 页。

⑥ Jonathan Brent and Vladimir P. Naumov, *Stalin's Last Crime: The Doctors' Plot*, p. 3.

⑦ 〔俄〕帕维尔·苏多普拉托夫：《情报机关与克里姆林宫》，第 343 页。

⑧ Nora Levin, *The Jews in the Soviet Union since 1917, Paradox of Survival*, Volume II, p. 531.

在大约100名苏联最高层军官中，犹太人已所剩无几。

总之，在苏联社会生活的各个领域，犹太人几乎都在劫难逃。

四、具有一定的隐蔽性

苏联当局一直对外宣称国内所有民族一律平等，苏联社会没有反犹主义。因此，即便是在反犹浪潮已经席卷全国的情况下，苏联当局还不忘记维护自己的这一"光辉"形象。1949年12月，以色列外交部长沙雷特在一次出席联合国大会时，告诉苏联驻联合国代表雅·亚·马立克（Я. А. Малик）说，来自近东和亚洲落后国家的新移民需要很多年的时间来完成其政治与文化发展，而经验表明，那些来自斯拉夫国家的移民很快就能成为以色列国家积极的、富有进取心的建设者和保卫者。因此，沙雷特迫切希望苏联允许3万到5万犹太人移民以色列。马立克则回答说，苏联犹太人同苏联其他公民一样享有各项平等权利；在苏联，特别是经历了漫长而巨大的战争之后，每个公民都是国家经济文化建设和修补战争创伤的积极而重要的参与者。另外，苏联向不同社会条件的国家移民有悖于苏联的基本国策。① 因此，为了给自己的反犹行动披上合法的外衣，苏联当局一方面采用威胁、殴打、折磨等违法手段，逼迫所有受害人在伪造的犯罪证词上签字，以便证明对他们的清洗是正当的、合理的、合法的；另一方面，还在表面上不时作秀，以维护自己的声誉。

苏联当局的政治秀随处可见。爱伦堡在回忆录中说，从1949年2月开始，他就被剥夺了在报刊上发表文章的权利，他的名字也开始从批评家的文章中删去。这些都是不祥的预兆。3月底，一位重要人物在一次有上千人参加的文学研讨会上宣称："我可以报告一个好消息——头号世界主义者、人民公敌伊利亚·爱伦堡被揭发和逮捕了。"爱伦堡忧心烈烈，度日如年，他把这一情况给斯大林的秘书波斯克列贝舍夫做了

---

① Телеграмма министра иностранных дел СССР А. Я. Вышинского посланнику СССР в Израиле П. И. Ершову, 9 января 1950 г., Министерство иностранных дел Российской Федерации; Министерство иностранных дел Государства Израиль, *Советско-израильские отношения: Сборник документов, Том I: 1941-1953, Книга 2:май 1949-1953*, с.119.

反映，请其转告斯大林。斯大林获悉后无动于衷。无奈之下，爱伦堡不得不特意给斯大林写了一封短信，亲自送到克里姆林宫。翌日，斯大林让马林科夫假惺惺地给爱伦堡打电话，表示他们对这些事情毫不知情，波斯克列贝舍夫也没有向斯大林报告，并责怪爱伦堡没有早点把这一情况通知他们。随后，在斯大林和马林科夫安排下，一切又恢复了正常，各大报纸的编辑部向爱伦堡表示"发生了误会"，重新开始发表他的文章。① 事实上，斯大林并不喜欢爱伦堡，甚至告诉法捷耶夫"爱伦堡是国际间谍"，但是因为爱伦堡对斯大林还有用，"他是苏联联系西方文化的纽带"，所以斯大林才决定暂时不杀他。② 关于反对"反爱国主义的批评家集团"的运动，法捷耶夫证实说，它就是按照斯大林的指示发动的。但不久之后，斯大林却召集编辑人员批评他们说："同志们，不容许揭露笔名——这具有排犹主义的气味……"于是，社会舆论把这些错误、专横的行为都归咎于执行者，而斯大林却成为其制止者。所以，爱伦堡认为，"斯大林善于把许多事情都掩盖起来"③。

1949年3月29日，《红海军》编辑部副主任、联共（布）党员谢苗·阿罗诺维奇·利夫希茨（Семен Аронович Лившиц）致函斯大林，控告《红海军》编辑部召开的关于同世界主义者作斗争的党代会歪曲了民族问题，一些人把揭发无爱国心的世界主义者的罪行看作是同苏联犹太人斗争的信号。特别是联共（布）党员、一级大尉帕先科（Пащенко）的讲话带有非常明显的反犹色彩。他公然宣称："就像所有的德国人需要承担希特勒侵略行为的责任一样，所有的犹太人也应当对资本世界主义者的行为负责。"利夫希茨希望斯大林解释是不是列宁、斯大林关于犹太人的民族政策发生了变化？在联共（布）中央宣传鼓动部的关注下，苏联武装政治总部对此事进行了调查核实。帕先科在随后召开的大会上做了重新发言，并承认了自己所犯的错误。④

---

① 〔俄〕伊利亚·爱伦堡：《人·岁月·生活》（下卷），第472页。
② 〔俄〕伊利亚·爱伦堡：《人·岁月·生活》（上卷），第Ⅲ页。
③ 〔俄〕伊利亚·爱伦堡：《人·岁月·生活》（下卷），第473页。
④ С. А. Лившиц — И. В. Сталину о проявлениях антисемитизма в коллективе редакции газеты «Красный флот», 29 марта 1949 г.; Заключение отдела пропаганды и агитации ЦК ВКП(б) на письмо С. А. Лившица, 23 мая 1949 г., Г. В. Костырченко, *Государственный антисемитизм в СССР. От начала до кульминации, 1938-1953*, с.311-313.

赫鲁晓夫说，1950年代初，斯大林给他下达了用大棒武装工人去痛打第30飞机制造厂闹事的犹太人的指示。但是一旦干出这些事情并且搞得家喻户晓，有损于斯大林的名誉，斯大林会采取一切手段，对肇事者严加惩处，肇事者必死无疑，"特别是在诸如排犹运动这样敏感而可耻的事情上"①。

1952年4月，爱伦堡的小说《第二天》和《一气干到底》即将付梓。联共（布）中央委员会成员 B. C. 阿科什斯基（Акшинский）在书面评论中批评说，这两本书描写了俄罗斯人民和其他民族的人民一起建设工厂，改变北极，但是特别过分的是书中有很多人属于"非本土民族"。这些"非本土民族"的人在小说《第二天》的876个姓名中有17个，在小说《一气干到底》的170个姓名中有9个，其中主要是犹太人。这明显表现出"对小说中提到的非本土民族的主人公有偏见"。1953年1月30日，爱伦堡致函苏共中央书记苏斯洛夫，要求解释"阿科什斯基同志是否正确，以便我明白在我的文学及社会作品中应该遵循什么样的原则"。阿科什斯基不得不承认自己的评论"是不正确的，这样做犯了严重的政治错误"②。随后，苏共中央文艺部也向爱伦堡通报说，阿科什斯基的"评论是不正确的，并且带有个人色彩，这些评论没有得到苏共中央委员会的一致赞同"③。

1953年2月，在因"医生案件"被捕的37名医生当中，只有17人是犹太人。另据统计，因"医生案件"被捕的非犹太族人是犹太人的三倍多。④ 美国历史学家路易斯·拉波波特认为，斯大林这么做也许是"为

---

① 〔俄〕尼基塔·谢·赫鲁晓夫：《赫鲁晓夫回忆录》，第2卷，第976、979页。
② И. Г. Эренбург — секретарю ЦК КПСС М. А. Суслову о несогласии с замечаниями на романы «День второй» и «Не переводя дыхания», 30 января 1953 г.; Инструктор ЦК КПСС В. С. Акшинский — М. А. Суслову об обстоятельствах подготовки рецензии на романы И. Г. Эренбурга, 3 февраля 1953 г., Г. В. Костырченко, *Государственный антисемитизм в СССР. От начала до кульминации, 1938-1953*, с. 341-343.
③ Отдел художественной литературы и искусства ЦК КПСС — М. А. Суслову о рассмотрении письма И. Г. Эренбурга, 5 февраля 1953 г., Г. В. Костырченко, *Государственный антисемитизм в СССР. От начала до кульминации,1938-1953*, с. 344.
④ 参见白晓红：《战后苏联文化领域的"反世界主义"运动》，《俄罗斯学刊》2019年第6期，第100页。

了转移世人对苏联反犹主义的批评"①，以便掩盖这一案件的反犹性质。

由此可见，在苏联领导人那里，反犹依然是"犹抱琵琶半遮面"。斯维特兰娜在回忆录中揭露说："战后那些年反犹太人运动成了杀气腾腾的官方意识形态"，但苏联当局对这一点依然"尽可能加以掩饰"②。就像在1937—1938年，当大清洗已经在全国泛滥成灾、达到高潮的时候，斯大林"无论在口头上或报刊上，从未公开发表过他的残酷镇压的方针"③。

古人云："善欲人见，不是真善。恶恐人知，便是大恶。"④苏联当局对全国性反犹运动的掩饰恰恰暴露了其残暴而又伪善的本质。

五、持续时间长，残酷性强

1948—1953年苏联当局发动的反犹运动长达6年之久，这是沙皇时期的反犹运动无法相比的。沙皇俄国的反犹往往呈现出波浪式特点，而1948—1953年苏联全国性的反犹运动则是不断升温，一浪高过一浪。沙皇时期的反犹虽然也比较残酷，但与苏联当局发动的反犹运动相比，则是小巫见大巫。苏联当局屠杀和流放的苏联犹太人政治、经济、文化精英远非沙皇政府可比。沙皇在反犹的同时，还允许犹太人自由移民国外，给犹太人留有一条生路；而苏联当局则几乎关闭了犹太人对外移民的大门⑤，犹太人几乎无路可逃，只能等着被开除、撤职、逮捕、枪毙、流放，成了一群任人宰割的羔羊。

沙皇俄国反犹，主要是反对犹太教和犹太人的生活方式。只要犹太

---

① Louis Rapoport, *Stalin's War Against the Jews: The Doctors' Plot and the Soviet Solution*, p.185.
② 〔苏联〕斯维特兰娜·阿利卢耶娃：《仅仅一年》，第139页。
③ 〔俄〕德·安·沃尔科戈诺夫：《斯大林》（上册），第436页。
④ 朱柏庐原著，李牧华注解：《朱子家训》，甘肃人民出版社1990年版，第3页。
⑤ 据统计，从1945—1955年，只有500名苏联犹太人移民巴勒斯坦；而在1948—1955年，只有131名犹太人从苏联移民以色列，其中仅9人是在斯大林去世前离开苏联的。从1948—1951年，苏联移民局仅收到65份苏联犹太人要求移民以色列的申请，其中仅10份获得批准。这显然是受到全国性反犹运动的影响。参见肖瑜：《对苏联支持以色列建国原因的历史考察》，《冷战国际史研究》2008年第3期，第144—145页。直到1964年，苏联才第一次批准4667名犹太人（大多数是老年人）移民以色列，参见 Zev Katz, editor, *Handbook of Major Soviet Nationalities*, pp.383,385.

人放弃犹太教，皈依东正教，接受同化政策，融入俄国社会，就没有任何限制和歧视了。但是，苏联当局的反犹已经开始背离了列宁提出的民族同化与融合政策。1952年7月4日，莫斯科的联共（布）党员P.别尔金教授致函斯大林，请求说明根据民族起源来确定苏联公民的民族归属是否正确，并提出希望在俄罗斯文化氛围下同化程度已经很深的犹太人能够有权自己确定民族归属的问题。但是他的建议却遭到受命对这一问题做出结论的苏联科学院语言学研究所和哲学研究所学者们的一致反对和批判。这些学者表示，"俄罗斯民族不能允许其他民族归属的人列入其中"，把乌兹别克人、犹太人或是拉脱维亚人称为俄罗斯人令人惊讶；斯大林称"俄罗斯人民是伟大的人民"，犹太人和俄罗斯人相比不仅仅只是"身份证"上的差别；犹太人再同化也不能成为俄罗斯人。所以，苏共中央经济和历史学及高等教育处最后答复说："P.别尔金教授关于给犹太出身的人提供权利，通过法律程序在官方文件中任意更改自己民族归属的提议无论如何都是毫无根据的。"① 事实上，这就意味着切断了被视为"世界主义者"的犹太人通过同化融入俄罗斯民族的道路，意味着苏联的反犹正在走向种族主义。

总之，苏联当局的反犹运动有自己的特点，较之于沙皇政府，往往是有过之而无不及。②

第四节　苏联反犹案件的平反昭雪

1953年3月5日斯大林之死对苏联乃至世界历史发展进程都产生了

---

① Профессор Р. Белки— И. В. Сталину с предложением юридически узаконить свободную национальную самоидентификацию граждан СССР, 4 июля 1952 г.; Из заключений института языкознания и института философии АН СССР на письмо Р. Белкина, 28 августа 1952 г.; Отдел экономических и исторических наук и высших учебных заведений ЦК КПСС—в секретариат ЦК КПСС об ответе, данном Р. Белкину, 18 октября 1952 г., Г. В. Костырченко, *Государственный антисемитизм в СССР. От начала до кульминации,1938-1953*, c. 336-340.

② Hilary L. Rubinstein, Dan Cohn-Sherbok, Abraham J. Edelheit and William D. Rubinstein, *The Jews in the Modern World:A History Since 1750*, pp.192-193.

重要影响。①苏共中央全会、苏联部长会议和苏联最高苏维埃主席团在当天召开联席会议，对苏联领导层进行了重新调整。马林科夫出任苏联部长会议主席，贝利亚担任部长会议第一副主席，同时兼任苏联内务部部长（苏联国家安全部与内务部重新合并），赫鲁晓夫则集中精力领导苏共中央委员会的工作。②

斯大林的去世为人们期待已久的改革提供了便利。当时，苏联领导人一面为了争夺最高领导权进行着你死我活的权力斗争，一面迅速开始了拨乱反正的工作，在政治、经济上放弃了斯大林的许多错误做法。苏联国内的反犹运动逐渐平息下来。作为党和政府最高领导机构的"第2号人物"③，"贝利亚成为意识到必须下决心进行改革的第一人"④。正是在贝利亚的全力推动下，苏联当局开始对各种冤假错案进行重新审理。诸多反犹案件的平反工作就是在这种背景下进行的。

从时间上看，苏联当局对反犹案件的平反工作主要集中在1953年到1956年，有些重大案件则一直拖到1989年前后。从速度上讲，个人案件的平反工作进展较快，集团案件则相对较慢。从彻底程度上讲，大多数案件的平反工作都一次到位，只有少数大案久拖不决。

1953年3月27日，苏联最高苏维埃主席团颁布《大赦令》⑤，那些因"叶夫根尼娅案"和"犹委会案"受到牵连迫害的人被无罪释放，其中包括在"犹委会案"中被处决的13名被告的亲属。

在全国性的反犹运动中，"医生案件"公布最晚，但在苏联国内外产生的影响却最大。因此，它引起了苏联领导人的特别关注。1953年3

---

① 〔俄〕弗拉迪斯拉夫·祖博克、康斯坦丁·普列沙科夫：《克里姆林宫秘史》，第375—376、381—382页。值得注意的是，斯大林死后，国家安全部部长伊格纳季耶夫在给苏联领导人提交的报告中说，根据窃听到的消息，军队中有人议论说："斯大林的病是卑鄙的犹太人医生下毒手的结果。"由此可见，"医生案件"的影响之深。参见〔俄〕鲁·格·皮霍亚：《苏联政权史（1945—1991）》，第107—108页。
② 《苏联共产党代表大会、代表会议和中央全会决议汇编》（第五分册），中共中央马克思恩格斯列宁斯大林著作编译局译，人民出版社1958年版，第329、330、334页。
③ 柳植：《贝利亚事件揭秘》，《陕西师范大学学报》（哲学社会科学版）2003年第4期，第15页。
④ 〔俄〕鲁·格·皮霍亚：《苏联政权史（1945—1991）》，第114页。
⑤ 参见《贝利亚关于实行大赦给苏共中央主席团的报告（1953年3月26日）》，《苏联内务部长、苏联司法部长和苏联总检察长关于实行大赦的命令（1953年3月28日）》，载沈志华总主编：《苏联历史档案选编》，第26卷，第396、399页。

月13日，斯大林葬礼刚刚结束，贝利亚就下达命令：要求由内务部副部长科鲁格洛夫、科布洛夫、戈格利泽领导成立4个侦查小组，分别对"被捕的医生案""被捕的前苏联国家安全部工作人员案"等4个重大政治案件重新进行审理，并规定两个星期后结束工作。其中"被捕的医生案"列于4大案件之首。①1953年4月1日，贝利亚致函苏共中央委员会主席团，明确指出：经苏联内务部对"医生案件"全部材料进行详细审查证实，"此案自始至终都是前国家安全部副部长留明挑拨臆造的"。留明出于罪恶的升迁目的，利用伪造的埃廷格尔教授的供词以及季马舒克医生的声明，通过对被捕的医生们进行残酷的刑讯，迫使他们在侦查员们臆造的供词上签字，承认他们以犯罪方式治疗苏联国务活动家并且与国外存在着间谍联系，从而制造了轰动一时的"医生案件"，给苏联造成了巨大的政治危害。根据专门调查委员会的结论以及对本案调查资料详细审查的结果，苏联内务部认为务必"追究本案所有相关人员的责任，为被非法逮捕的医生及其家属完全平反，立即释放他们"。②1953年4月3日，苏共中央主席团召开会议，批准给"医生案件"中被捕的37名医生及其家人完全平反并予以释放；同时追究原国家安全部相关工作人员的刑事责任，撤销苏联最高苏维埃主席团授予季马舒克医生列宁勋章的错误命令。4月4日，《真理报》刊登了《苏联内务部通告》，公开声明为沃夫西教授、维诺格拉多夫教授、叶戈罗夫教授、埃廷格尔教授等人及其他受本案牵连的人员完全平反，"撤销对其从事破坏、恐怖和间谍活动的指控"，并予以释放。③4月10日，苏联医学科学院主席团通过决议，恢复了沃夫西教授、维诺格拉多夫教授、格林施泰因教授、泽列宁教授、普列奥布拉任斯基教授、扎库索夫教授苏联医学科学院院士，以及叶戈罗夫教授、瓦西连科教授苏联医学科学院通讯院士职位。④

---

① 《贝利亚关于成立侦查小组重新审理一些特大案件的命令（1953年3月13日）》，载沈志华总主编：《苏联历史档案选编》，第26卷，第380—381页。
② Л. П. Берия — в президиум ЦК КПСС о реабилитации арестованных по «делу врачей-вредителей», 1 апреля 1953 г., Г. В. Костырченко, *Государственный антисемитизм в СССР. От начала до кульминации, 1938-1953*, с.481-485.
③ СООБЩЕНИЕ Министерства внутренних дел СССР, *ПРАВДА*, 4 апреля 1953 г..
④ Постановление президиума академии медицинских наук СССР о восстановлении реабилитированных «врачей-вредителей» в составе АМН СССР, 10 апреля 1953 г., Г. В.

这些医生恢复名誉后，重新回到原来的工作岗位，继续"给包括政府成员在内的高级领导人看病"，"一如既往地忠实履行着自己的职责"①。

与此同时，那些炮制"医生案件"的人也受到相应的惩罚。1953年4月6日，《真理报》在头版头条发表了题为"苏联社会主义法律不容亵渎"的社论，严厉谴责了前国家安全部伪造"医生案件"的严重违法犯罪行为。②根据贝利亚的要求，直接负责炮制此案的留明在1953年3月17日被逮捕，并且立即受到审讯，1954年7月22日被处以极刑。1953年4月5日，伊格纳季耶夫因为"在领导前苏联国家安全部中犯有严重错误"而被解除了苏共中央书记职务，4月28日又被免去中央委员之职。③

在米霍埃尔斯平反问题上苏联当局则有点遮遮掩掩，羞于启齿。1953年4月2日，贝利亚就米霍埃尔斯被害问题给马林科夫提交了一份绝密报告，第一次以官方文件的形式批驳了在"医生案件"和热姆丘任娜案件当中对苏联著名社会活动家、苏联人民演员米霍埃尔斯的所有错误指控。报告强调说，"国家安全机构并未掌握任何有关米霍埃尔斯真正从事反苏活动，尤其是从事反苏间谍、恐怖或者破坏活动的材料"。米霍埃尔斯在1943年作为苏联犹委会主席出访美英等国世人皆知，"他在这些国家的演讲具有明显的爱国主义特点"。贝利亚还揭露了国家安全部密谋杀害米霍埃尔斯的经过，指出它的真正组织者是斯大林、阿巴库莫夫、奥戈利佐夫和察纳瓦。这一谋杀行动"是对受到苏联宪法保护的苏联公民权利的公然侵犯"。因此，贝利亚提出逮捕前苏联国家安全部副部长奥戈利佐夫和前白俄罗斯安全部部长察纳瓦并追究其刑事责任，同时撤销苏联最高苏维埃主席团关于授予谋杀米霍埃尔斯和戈卢博夫行动参加者勋章和奖章的命令。④ 4月30日，苏联最高苏维埃主席团

（接上页）Костырченко, *Государственный антисемитизм в СССР. От начала до кульминации, 1938-1953*, с.485-486.

① 《赫鲁晓夫秘密报告》，参见〔意〕维·维达利：《"苏联共产党第二十次代表大会"日记》，第275页。
② Советская социалистическая законность неприкосновенна, *ПРАВДА*, 6 апреля 1953 г..
③ Постановление президиума ЦК КПСС о фальсификации так называемого дела врачей-вредителей, 3 апреля 1953 г., Г. В. Костырченко, *Государственный антисемитизм в СССР. От начала до кульминации, 1938-1953*, с.484. 同时参考该页注释。
④ Л. П. Берии—в президиум ЦК КПСС о привлечении к ответственности лиц, виновных в убийстве С. М. Михоэлса и В. И. Голубова-Потапова, 2 апреля 1953 г., Г. В. Костырченко,

通过决议，撤销了3月6日做出的关于取消米霍埃尔斯列宁勋章及苏联人民演员称号的错误决议，决定为米霍埃尔斯恢复荣誉。但是，该决议却并未在报刊上公开发表。①

尽管如此，这一决议仍然为因米霍埃尔斯而受到牵连，身陷囹圄的犹太人的平反工作提供了依据。1953年5月26日，苏联国家内务部第4科副主任以证据不足为由宣布终止 И. Л. 阿尔特曼的案件。②1953年11月21日，苏联内务部特别重要事务部侦查科经过重新调查后宣布，因为证据不足，终止对列·罗·舍伊宁的刑事诉讼并予以释放。③

热姆丘任娜因为身份特殊，其平反工作简单得多。斯大林死后，莫洛托夫重新回到苏联权力中心，出任苏共中央主席团委员、苏联部长会议第一副主席和外交部长。贝利亚在主席团会议上悄悄告诉他："波林娜活着！"1953年3月9日即斯大林葬礼后第二天，贝利亚就下令释放了热姆丘任娜，并称她是"女英雄！"④ 5月12日，贝利亚在给苏共中央

（接上页）*Государственный антисемитизм в СССР. От начала до кульминации, 1938-1953*, с.116-119. 布伦特和瑙莫夫说，贝利亚在该报告中还提出对米霍埃尔斯，М. С. 沃夫西医生以及1952年8月被枪毙的犹委会其他所有成员全部宣布无罪，这一说法显然有误。因为其中根本没有谈及这一问题。参见 Jonathan Brent and Vladimir P. Naumov, *Stalin's Last Crime: The Doctors' Plot*, p.327.

① Указ президиума Верховного Совета СССР о посмертной реабилитации С. М. Михоэлса, 30 апреля 1953 г., Г. В. Костырченко, *Государственный антисемитизм в СССР. От начала до кульминации, 1938-1953*, с.119. 至于米霍埃尔斯的死因，苏联当局一直秘而不宣。1964年，爱伦堡的回忆录《人·岁月·生活》在苏联《新世界》杂志上连载完毕，其中谈到了这一问题。他先是说米霍埃尔斯和戈卢博夫-波塔波夫"不知是被匪徒杀害，还是被一辆载重汽车压死了"。后来又引用当时在立陶宛出版的一份苏联报纸的报道说："米霍埃尔斯是贝利亚的爪牙杀害的。"参见〔俄〕伊利亚·爱伦堡：《人·岁月·生活》（下卷），第467页。1965年8月1日，美国《华盛顿邮报》转发了这一消息，并据此宣称米霍埃尔斯是被贝利亚的秘密警察暗杀的。但是，直到1972年，美国人仍旧无法搞清米霍埃尔斯到底是死于车祸，还是被暗杀身亡。参见 The Chargé in the Soviet Union (Durbrow) to the Secretary of State, December 2, 1947, *Foreign Relations of the United States*, 1947, Volume IV, p.628. 直到犹委会档案解密后，这一问题才水落石出。

② Зам. начальника 4 отдела МВД СССР — начальнику 4 отдела МВД СССР о прекращении дела на И. Л. Альтмана, 26 мая 1953 г., Г. В. Костырченко, *Государственный антисемитизм в СССР. От начала до кульминации, 1938-1953*, с.317.

③ Постановление МВД СССР об освобождении Л. Р. Шейнина из Заключения, 21 ноября 1953 г., Г. В. Костырченко, *Государственный антисемитизм в СССР. От начала до кульминации, 1938-1953*, с.349-350.

④ 〔苏联〕费·丘耶夫：《同莫洛托夫的140次谈话》，第563页。3月9日正好是莫洛托夫的生日，贝利亚有意选择这一天在自己的办公室里把热姆丘任娜还给莫洛托夫。热姆丘任娜

主席团的报告中说,有关热姆丘任娜与犹太民族主义分子勾结从事反苏活动的材料是国家安全部特别重大案件侦查处副处长利哈乔夫和科马罗夫按照阿巴库莫夫的命令伪造的,他们通过殴打和刑讯手段逼迫热姆丘任娜的亲戚及熟人捏造了针对热姆丘任娜的虚假供词,"犹委会案"的被告祖斯金、洛佐夫斯基等人并未提供热姆丘任娜有不法行为的证词。因此,苏联内务部决定释放热姆丘任娜和 А. С. 卡尔波夫斯基,撤销她们及在狱中死去的列什尼娅夫斯卡娅的罪名,恢复名誉,同时要求苏联保健部对被打伤致残的伊万诺夫进行治疗。①

1953 年 8 月 12 日,根据苏联最高苏维埃主席团 1953 年 3 月 27 日颁布的《大赦令》,玛利亚·叶·魏茨曼免于接受惩罚,并从关押处释放。②

1954 年 2 月 3 日,苏联内务部根据原苏联医学科学院食品研究所附属医院部门主任 Л. Б. 柏林教授的申请,对"指控其从事有利于英国的间谍活动及反苏宣传活动",判处其到劳教所劳教 25 年的案件重新进行了侦查。结果发现,指控 Л. Б. 柏林教授的犯罪证据严重失实,纯属诬陷,遂宣布终止该案。1954 年 2 月 4 日,Л. Б. 柏林教授获释出狱。③

与"医生案件"相比,"犹委会案"的平反工作则充满坎坷,历时漫长。1953 年 6 月 25 日,贝利亚在给苏共中央主席团的绝密报告中明确指出,6 月 10 日到 13 日对留明的审讯记录表明,"犹委会案"是留明在伊格纳季耶夫的协助下伪造的。④但是,就在贝利亚大刀阔斧进行改革之际,由于种种原因,这个一人之下,万人之上的苏联内务部掌门人

(接上页)获释后,当贝利亚告诉她斯大林死去的消息时,这个忠实的斯大林主义者竟晕倒在地,并且回家后一躺就是 6 个月。

① Л. П. Берия—в президиум ЦК КПСС о результатах изучения обстоятельств ареста и осуждения П. С. Жемчужиной, 12 мая 1953 г., Г. В. Костырченко, *Государственный антисемитизм в СССР. От начала до кульминации,1938-1953*, c.164-166.

② Решение особого совещания по делу М. Е. Вейцман, 12 августа 1953 г., Г. В. Костырченко, *Государственный антисемитизм в СССР. От начала до кульминации, 1938-1953*, c.430.

③ Постановление МВД СССР об освобождении Л. Б. Берлина, бывшего заведующего отделением клиники лечебного питания, 3 февраля 1954 г., Г. В. Костырченко, *Государственный антисемитизм в СССР. От начала до кульминации,1938-1953*, c.442,448.

④ Л. П. Берия — в президиум ЦК КПСС о ходе следствия по делу М. Д. Рюмина, 25 июня 1953 г., Г. В. Костырченко, *Государственный антисемитизм в СССР. От начала до кульминации, 1938-1953*, c.486-488.

却"成了许多人心目中越来越危险的人物"①。6月26日,贝利亚在苏共中央主席团会议上突然遭到逮捕,随后被撤销一切职位,开除出党,罪名是"国际帝国主义的代理人","企图利用内务部机关大肆开展夺取权力的罪恶阴谋活动","企图把内务部凌驾在党和政府之上,以此开始利用中央和地方上的内务部机关进行反对党和党的领导人、反对苏联政府的勾当"②。12月23日,苏联当局以"背叛祖国,组织建立反苏阴谋团伙,目的是夺取政权和建立资产阶级统治,针对忠实于共产党和人民的政治活动家从事恐怖主义活动"等罪名③,判处贝利亚及其另外6名同伙波·扎·科布洛夫、弗·尼·梅尔库洛夫、谢·阿·戈格利泽等人死刑。④"犹委会案"的平反工作也因此中断。

随后,赫鲁晓夫将全部镇压罪过都推到了贝利亚和国家安全部、国家内务部身上。1954年春夏,阿巴库莫夫及其同伙受到审判。当阿巴库莫夫等人试图讲出自己的行动是执行斯大林的命令时,审判就立即中止了。苏联当局"不允许阿巴库莫夫揭露斯大林的作用,不管是在组织'列宁格勒案件''医生案件',还是'犹委会'案件中,都竭力为斯大林进行辩护"⑤。1954年7月到12月,一手策划和制造了"犹委会案"的阿巴库莫夫、留明、列昂诺夫、利哈乔夫和科马罗夫等犯罪分子先后被苏联最高法院军事审判庭判处极刑。但是,直到这时,"犹委会案"受害者的亲属不仅对其亲人的死讯一无所知,而且继续遭到苏联当局的迫害。1954年11月10日,苏联内务部不无惊讶地致函总检察长鲁坚科说,苏联国家安全委员会(克格勃)主席伊万·谢罗夫勒令他们不得"居住在苏联管辖范围的所有城市"(莫斯科、列宁格勒、共和国首都、主要城市、旅游区等),尽管这没有法律依据。⑥

---

① 〔俄〕鲁·格·皮霍亚:《苏联政权史(1945—1991)》,第116页。
② 《苏共中央关于贝利亚反党叛国罪行的决议(摘录)(1953年7月7日)》,载沈志华总主编:《苏联历史档案选编》,第28卷,第70—71页。
③ 柳植:《贝利亚事件揭秘》,第20页。
④ 〔乌克兰〕谢尔戈·贝利亚:《我的父亲贝利亚》,第407页。
⑤ В. П. Наумов, Был ли заговор Берии? Новые документы о событиях 1953г., *Новая и новейшая история*, 1998, № 5, с.38;〔俄〕列昂尼德·姆列钦:《历届克格勃主席的命运》,第381页。
⑥ Arkady Vaksberg, *Stalin Against the Jews*, pp.279-280.

此后，赫鲁晓夫把重新审查大镇压工作作为同马林科夫进行斗争的工具。在1955年1月25日—31日召开的苏共中央全会上，他公开指控马林科夫参与镇压，必须为"列宁格勒案件"和1940年代到50年代初的一系列政治诉讼案承担责任。2月8日，在苏联最高苏维埃举行的第四届二次会议上，马林科夫被解除了苏联部长会议主席职务。

马林科夫下台后，苏联最高苏维埃主席团副主席尤斯塔斯·帕列茨基斯、著名作家法捷耶夫、院士伊万·纳扎罗夫、作曲家季米特里·肖斯塔科维奇等一批著名人士上书赫鲁晓夫、苏联部长会议第一副主席兼外交部长莫洛托夫和苏联最高苏维埃主席团主席伏罗希洛夫以及其他领导人，要求为"犹委会案"受害者及其家人恢复名誉。① 与此同时，苏联检察院也对"犹委会案"进行了全面、仔细的复核。"复核结果证明，指控所·阿·洛佐夫斯基、伊·所·费费尔等人的案件纯属捏造，而被告在初审中的供词是通过非法途径获得的。"② 1955年11月22日，由苏联最高法院院长А.А.沃林任审判长、军法上校Г.Е.科瓦连科及军法上校Н.А.达申任审判员，组成法庭对该案进行了复审，最后同意苏联总检察长结论中所列举的理由，判决洛佐夫斯基及其他人的案件是由苏联国家安全部前工作人员、人民的敌人阿巴库莫夫、留明、科马罗夫、利哈乔夫以及其他人伪造的。法庭最终裁决，因缺乏指控他们的事实依据，撤销苏联最高法院军事审判庭1952年7月11日—18日对洛佐夫斯基、费费尔、优素福维奇、希梅利奥维奇、克维特科、马尔基什、贝格尔森、戈夫施泰因、祖斯金、什泰恩、塔尔米、瓦滕贝格、捷乌明和瓦滕贝格-奥斯特洛夫斯卡娅的判决及1953年7月3日对布雷格曼的裁决，根据俄罗斯联邦刑事诉讼法第4条第5款之规定，终结该案的刑事诉讼程序。③ 1955年12月12日，军事总检察院就为"犹委会案"受

---

① Arkady Vaksberg, *Stalin Against the Jews*, p.280.
② 《关于所谓"犹太人反法西斯委员会案件"》，载沈志华总主编：《苏联历史档案选编》，第28卷，第599页。
③ ВЕРХОВНЫЙ СУД СОЮЗА ССР ОПРЕДЕЛЕНИЕ № 0065/52, ВОЕННАЯ КОЛЛЕГИЯ ВЕРХОВНОГО СУДА СССР, В. П. Наумов, *Неправедный суд, Последний сталинский расстрел (стенограмма судебного процесса над членами Еврейского антифашистского комитета)*, с.392.

害人平反问题在给苏共中央的报告中说,经审核确定,本案的一些被告人,犹委会的领导人虽然出于民族主义动机企图干预分外之事,干涉个别犹太人的工作安置问题,提出关于解救集中营里被监禁的犹太人的申请,在自己的文学作品及一些口头演讲中发表民族主义见解,但不能够因此指控洛佐夫斯基及其他人"犯有叛国罪,从事间谍活动罪以及反革命行为"。此外,海金、海费茨、舍伊宁、巴赫穆茨基等人均否认了此前作为洛佐夫斯基、费费尔及其他人犯罪证据的供词。因此,"洛佐夫斯基、费费尔及其他与本案相关的人被判罪是毫无根据的",同时宣布"撤销对洛佐夫斯基、费费尔及其他人(共 15 人)的判决书","终止本案的刑事程序"①。

1955—1957 年,苏共中央监察委员会通过决议,为洛佐夫斯基、费费尔、优素福维奇、克维特科、马尔基什、捷乌明、布雷格曼、什泰恩恢复了党籍。② 直到此时,该案所有受害人的家人才被告知"他们的亲人已被处死"③。什泰恩也从流放地回到莫斯科。

1957 年 6 月苏共中央全会结束后,苏联国防部长朱可夫元帅因为动用军事力量帮助赫鲁晓夫战胜莫洛托夫-马林科夫反党集团有功而晋升为苏共中央主席团成员。他要求"犹委会案"原审判长切普佐夫从速汇报该案的调查情况。8 月 15 日,切普佐夫向朱可夫提交了一份长篇报告,并将副本同时呈交赫鲁晓夫、布尔加宁、苏斯洛夫等苏共中央主席团其他成员。切普佐夫在报告中真实、客观地叙述了这一冤案的审判经过,明确指出,马林科夫对非法镇压"犹委会案"受害者负有不可推卸的领导责任,并与预审和庭审有直接关系。④ 就在这时,赫鲁晓夫和苏

---

① Главная военная прокуратура — в ЦК КПСС о реабилитации осужденных по делу ЕАК, 12 декабря 1955 г., Г. В. Костырченко, *Государственный антисемитизм в СССР. От начала до кульминации,1938-1953*, c. 209-210.

② 《关于所谓"犹太人反法西斯委员会案件"》,载沈志华总主编:《苏联历史档案选编》,第 28 卷,第 599 页;Предложение комитета партийного контроля при ЦК КПСС о партийной реабилитации С. А. Лозовского, 24 января 1956 г., Г. В. Костырченко, *Государственный антисемитизм в СССР. От начала до кульминации, 1938-1953*, c.210-212.

③ *Stalin's Secret Pogrom: The Postwar Inquisition of the Jewish Anti-Fascist Committee*, Edited and with introductions by Joshua Rubenstein and Vladimir P. Naumov, p. 63.

④ To Comrade Zhukov, G. K., Member of the Presidium of the Central Committee of the Communist Party of the Soviet Union, Arkady Vaksberg, *Stalin Against the Jews*, pp. 227-228, 235.

共中央领导人突然对掌握苏联军队领导权的朱可夫元帅产生了莫大的恐惧，认为他有发动"军事政变""并以此攫取政权"①之嫌。1957年，在苏共中央召开的十月全会上，朱可夫被解除了一切职务，罪名是在最近一段时期"违反列宁主义的党对武装力量领导的原则，执行了一条削弱党的组织、政治机关和军事委员会工作的路线，执行了取消党及其中央和政府对陆海军的领导与监督的路线……"②这就是轰动一时的"朱可夫事件"。"犹委会案"平反昭雪的机会再一次擦肩而过。

与此同时，苏联犹太人的命运也引起了美国和加拿大犹太人的广泛关注。1955年秋，苏联作家协会书记处书记鲍里斯·波列伏依③率领苏联作家代表团到纽约访问。美国著名犹太作家、共产党人霍华德·法斯特④等人在一次座谈中问起俄国作家的近况。其间有人特意问波列伏依，外界传言克维特科等犹太作家已遭逮捕处死，不知他可否辟谣。波列伏依回答说，这是司空见惯的反苏诽谤，并谎称克维特科很好，他们现在

---

① 〔俄〕尼基塔·谢·赫鲁晓夫：《赫鲁晓夫回忆录》，第2卷，第1458页。
② 参见《安基宾科关于要求正确评价朱可夫致基里连科的信（1968年8月23日）》，载沈志华总主编：《苏联历史档案选编》，第30卷，第149页注释①。
③ 鲍里斯·波列伏依（1908—1981），苏联著名作家和战地记者。1928年开始投身于新闻界。曾得到高尔基指导。1940年加入联共（布）。卫国战争期间以《真理报》军事记者身份随军采访。参加过莫斯科战役、斯大林格勒战役、纽伦堡审判，发表了大量的通讯报道。多次出国访问和采访。1946年因出版小说《真正的人》（中译《无脚飞行员》）而一举成名天下知。其主要作品有《沸腾的车间》《我们是苏联人》《世界的尽头》《美国日记》等。1953年10月，担任苏联作家协会书记处书记（后改称理事会书记）。1969年起任苏联和平基金会主席。先后获得过列宁勋章、斯大林奖金、一级卫国战争勋章、国际和平奖等多项荣誉。
④ 霍华德·法斯特（Howard Fast，1914—2003），美国著名作家，杰出政治家。1914年11月出生于纽约一个犹太工人家庭。1942年加入美国共产党。1945年作为战地记者去欧洲采访。1949年被选为世界和平理事会理事。1953年获斯大林文学奖金。1955年开始担任美国共产党机关报《工人日报》专栏作家。冷战期间，他和许多左派作家以维护世界和平为旗帜，毫不留情地批评美国的社会制度，抗议美国政府的所作所为，因此遭到美国政府种种迫害，其著作也曾被中央情报局下令查禁。在美国本土的左翼人士和工运人士中，法斯特成为一面旗帜，并受到苏联、中国等社会主义阵营国家的极大欢迎。1957年2月，为抗议苏联出兵干涉匈牙利事件，他通过《纽约时报》公开宣布脱离美共，同时出版《赤裸裸的上帝》（The Naked God）一书，叙述了他参加美共的"复杂心理"和"幻想"的破灭，对苏共与美共进行了抨击。此举遭到来自社会主义阵营的猛烈批判，并被斥之为"叛徒法斯特"。此即轰动一时的"法斯特事件"。但法斯特始终认为自己是一名坚定的"革命左派"。其主要作品有长篇小说《最后的边疆》《没有被征服的人》《公民潘恩》《自由之路》《美国人》《萨柯和樊塞蒂的受难》，长篇小说三部曲《移民》《第二代》和《权势》等。其中享誉世界文坛的长篇历史小说《斯巴达克斯》在1960年被搬上银幕，并赢得广泛赞誉。

就住在同一栋公寓里。克维特科正在完成一个翻译，并计划在此之后出版一本新书。他还煞有介事地说赴美之前刚见过克维特科，后者还请他转呈对美国朋友的最良好问候。但波列伏依回国后不久，苏共二十大召开，法斯特就从波兰方面获悉克维特科等人数年前已被处死。① 在美国诸多的犹太组织中，与美国犹太劳工委员会关系密切，代表意第绪语文化机构、作家、教师和艺术家的美国犹太文化大会对苏联犹太文化名流的境况最为关切。它定期向苏联政府官员质询已经从公众视野里消失的数百名苏联犹太知识分子的命运。1956 年 3 月，联合国记者列昂·克里斯特尔通过美国《前进报》披露了马尔基什、克维特科、贝格尔森、戈夫施泰因、洛佐夫斯基、费费尔在 1952 年 8 月被处死的消息。4 月，波兰半官方的意第绪语报纸《人民之声》也报道了有关犹委会被解散及其领导人被处死的消息。犹太文化大会为此再次向苏联驻美大使格奥尔基·扎鲁宾提交了详细的备忘录，询问相关情况，依旧石沉大海。② 7 月 2 日，加拿大劳工进步党在《加拿大论坛报》发表声明，对赫鲁晓夫在二十大报告中丝毫没有提到苏联压制犹太文化的做法表示遗憾，声明说："自从对希特勒法西斯主义作战以来，犹太民族的权利已经变成了全世界所关心的一个问题。"所以，它要求苏共中央公布有关迫害犹太人的事实，对于已经发生了的事情做出解释。③ 7 月 11 日，犹太文化大会公布了由乔治·N. 舒斯特（George N. Shuster）博士、厄普顿·辛克莱（Upton Sinclair）、西德尼·胡克（Sidney Hook）等 36 名美国著名知识分子签名的抗议书，他们呼吁热爱自由的人士高声抗议苏联的反犹暴行和对苏联整个犹太民族的歧视。④ 7 月 12 日，美国的《纽约日报》发表了著名的争取黑人权利的战士威廉·勒·派特逊的文章，对苏联犹太人的状况表示严重关切，要求苏联政府澄清镇压犹太知识分子，破坏

---

① Howard Fast, *The Naked God: the Writer and the Communist Party*, New York: Frederick A. Praeger, 1957, pp. 132-134.
② Murray Friedman and Albert D. Chernin, Editors, *A Second Exodus: The American Movement to Free Soviet Jews*, p. 24.
③ 人民出版社编：《批判斯大林问题文集》，人民出版社 1956 年版，第 157 页。
④ Murray Friedman and Albert D. Chernin, Editors, *A Second Exodus: The American Movement to Free Soviet Jews*, p. 24.

古老的犹太文化的事实真相。① 但是，苏联当局一概置若罔闻。以阿布拉莫维奇为首的美国一些犹太组织趁机在美国和加拿大大肆进行反苏宣传，说"犹太文化在苏联没有得到显著的发展"，"犹太人在苏联并未享有与苏联其他公民一样的权利"。8 月 29 日，加拿大劳工进步党代表团总书记蒂姆·布克、全国委员会委员 Д. 索尔兹伯格等人在莫斯科与苏共中央第一书记赫鲁晓夫会谈时指出，1948 年犹委会和意第绪语刊物在苏联被查封，还有"医生案件"严重伤害了生活在其他国家的犹太人的感情，所以希望赫鲁晓夫对此做出解释。赫鲁晓夫含糊其辞地从阶级观点出发，对苏联的犹太民族政策进行了辩护，认为所谓苏联犹太人问题"是形形色色的阿布拉莫维奇人为制造出来的问题"，是为其反苏目的服务的，但对有关犹委会的问题则讳莫如深。② 埃莉诺·罗斯福在与赫鲁晓夫的一次会晤中也对苏联政府歧视犹太人表示关切，赫鲁晓夫依然否认了这一指控。③ 1958 年 1 月，犹太文化代表大会举行米霍埃尔斯被谋杀和苏联犹太知识分子及犹太文化被清洗 10 周年纪念大会，有 1000 多人出席。④ 美国犹太组织试图通过不断施压的方式迫使苏联当局改变对犹太人的歧视和迫害政策，但是并未达到预期效果。不论是对外还是对内，苏联当局都极力回避这一问题。好像对于犹太知识分子的镇压和对犹太文化的铲除从来就没有发生过。⑤

从 1962 年起，苏共中央监察委员会重新审查 1930—1940 年代和 1950 年代的党纪处分和刑事处分案件的工作逐渐停止。"犹委会案"又一次被束之高阁。

1964 年 10 月勃列日涅夫上台后，更是终止了赫鲁晓夫的许多改革措施，开始推行"新斯大林主义"⑥，恢复了斯大林时期的体制、观念和

---

① 人民出版社编：《批判斯大林问题文集》（第二辑），人民出版社 1956 年，第 224—225 页。
② 《赫鲁晓夫与加拿大劳工进步党代表团的谈话记录（1956 年 8 月 29 日）》，载沈志华总主编：《苏联历史档案选编》，第 26 卷，第 517—518 页。
③ Murray Friedman and Albert D. Chernin, Editors, *A Second Exodus: The American Movement to Free Soviet Jews*, p.24.
④ Murray Friedman and Albert D. Chernin, Editors, *A Second Exodus: The American Movement to Free Soviet Jews*, p.24.
⑤ B. Z. Goldberg, *The Jewish Problem in The Soviet Union: Analysis and Solution*, p.266.
⑥ 〔俄〕鲍·斯拉文：《尚未结束的历史：戈尔巴乔夫访谈录》，孙凌齐等译，中央编译出版社 2006 年版，第 17 页。

方法，基本上冻结了冤假错案的平反工作。这一耽误就是 20 多年。

1968 年 3 月 28 日，苏联《消息报》发表了一篇由 K.库德罗夫撰写的纪念洛佐夫斯基诞辰 90 周年的文章，对其一生的革命工作进行了回顾和总结，并给予高度评价。① 但是，在谈到洛佐夫斯基 1952 年的死因时，文章却"羞羞答答，语焉不详"。已经下野的赫鲁晓夫称"这是一种可耻的羞怯"②。

1985 年 3 月，戈尔巴乔夫出任苏共中央总书记。出于改革的需要，他开始倡导公开性，主张恢复社会和法律的公正，以唤起人们对宪法和法规的尊重。1987 年 9 月 28 日，苏共中央政治局决定成立政治镇压受害者平反委员会，进一步审核有关 1930—1940 年代和 1950 年代初的反党叛国案件，这为"犹委会案"平反提供了新的机遇。

1988 年 12 月 29 日，苏共中央政治局政治镇压受害者平反委员会召开专门会议，讨论有关"犹委会案"的平反问题。出席会议的有：平反委员会主席亚·尼·雅科夫列夫，委员会秘书尼·萨温金、瓦·安·梅德韦杰夫，苏联总检察长 А. Я.苏哈列夫，苏联最高法院第一副院长 С. И.古谢夫，苏共中央书记助理 В. А.库兹涅佐夫等人。会议听取了苏联最高法院关于审议与按司法程序为所谓"犹委会案件"被判刑者平反有关材料的通报；苏共中央监察委员会关于对希梅利奥维奇和戈夫施泰因的党籍问题审议结果的报告；以及供发表的关于政治局委员会例会报道文本草案。会议决定为希梅利奥维奇和戈夫施泰因恢复党籍，通过司法程序为本案被非法镇压者恢复名誉。1948—1952 年因受"犹委会案件"牵连的 110 人也全部平反。③ 至此，困扰苏联历史、苏联犹太人和世界犹太人长达 36 年的"犹委会案"终于尘埃落定。1989 年 2 月 12 日，苏联政府为坐落于莫斯科市中心塔甘卡广场的米霍埃尔斯犹太文化中心举行了隆重的揭幕仪式。对于苏联犹太人而言，这或许可以看作是一种迟到的慰藉，尽管它已经无法疗治这个国家给他们造成的巨大创伤。

---

① На службе партии и народу, К 90-летию со дня рождения С. А. Лозовского, *ИЗВЕСТИЯ*, 28 марта 1968г..
② 〔俄〕尼基塔·谢·赫鲁晓夫：《赫鲁晓夫回忆录》，第 2 卷，第 987 页。
③ 《苏共中央政治局关于犹委会案件的会议记录（1988 年 12 月 29 日）》，载沈志华总主编：《苏联历史档案选编》，第 28 卷，第 600—601 页。

1955年11月苏联最高法院宣布撤销对洛佐夫斯基、费费尔等人的判决，终结"犹委会案"的刑事诉讼程序为许多与受该案牵连的个人和集团案件的平反工作提供了依据。11月29日，苏联总检察长鲁坚科致函苏共中央委员会，指出苏联检察院对前犹太自治州领导人案件进行了检查，"发现没有任何证据证明巴赫穆茨基及其他人从事反苏的民族主义活动"，因此提议"务必撤销苏联最高法院军事审判庭对巴赫穆茨基及其他人的判决书，由于缺乏犯罪事实而解除对被告人的处罚并终止案件"①。12月28日，苏联最高法院军事审判庭经重新审核认定，巴赫穆茨基等人的案件是由人民的敌人阿巴库莫夫、戈格利泽等人虚构的，因此对巴赫穆茨基等人的判决应当撤销，而他们的案件因缺乏反革命犯罪成分而终止。巴赫穆茨基、济里别尔斯坦、列维京、布罗欣、鲁滕伯格、弗拉德金、马利金斯基和弗里德曼等8人被释放。②1956年2月18日，根据苏共中央监察委员会的提议，苏共中央委员会主席团同意恢复巴赫穆茨基的党籍。③

　　平反过程中遭遇反复的主要有以下三大案件：

　　一是莫斯科斯大林汽车制造厂案件。1955年8月1日，苏联总检察长鲁坚科、苏联部长会议国家安全委员会主席谢洛夫致函苏共中央，指出苏联监察部和苏联部长会议国家安全委员会经过重新审查发现，1951年11月苏联最高法院军事审判庭对艾季诺夫、施密特、菲特杰尔曼等41名莫斯科斯大林汽车制造厂和苏联汽车拖拉机工业部的前任领导人的判决"罪证不足"，无法证明艾季诺夫等人参与反苏组织。因此提议对艾季诺夫，汽车制造厂厂长助理、汽车制造厂社会供养联合工厂厂长别尔欣，汽车制造厂医疗卫生部主任萨莫罗德尼茨基，汽车制造厂伙食部

---

① Р. А. Руденко—в ЦК КПСС о реабилитации бывших руководителей ЕАО, 29 ноября 1955 г., Г. В. Костырченко, *Государственный антисемитизм в СССР. От начала до кульминации,1938-1953*, с.224-225.

② Определение военной коллегии Верховного суда СССР об отмене приговора по делу о руководстве ЕАО, 28 декабря 1955г., Г. В. Костырченко, *Государственный антисемитизм в СССР. От начала до кульминации,1938-1953*, с.225-231.

③ Предложение КПК при ЦК КПСС о восстановлении А. Н. Бахмутского в партии, 18 февраля 1956 г., Г. В. Костырченко, *Государственный антисемитизм в СССР. От начала до кульминации,1938-1953*, с.231-232.

部长法伊曼,汽车制造厂冲压车间副主任瓦伊斯别尔格,汽车制造厂材料技术部副部长多布鲁申,汽车制造厂劳动工资部主任利索维奇等人的案件依据《大赦令》不再追究。由于缺少犯罪事实,终止控诉汽车制造厂变速箱车间主任马因费里德、汽车电器仪表总设计师戈里德别尔格、苏联汽车拖拉机工业部部长助理亨金的案件。同时,由于没有控诉实据,终止起诉其余被判罪人员。[1] 但是,1955年10月1日,苏联最高法院军事审判庭经过对该案材料的研究、补充调查和对苏联总检察长在总结中所列论据的讨论认定,苏联监察部和苏联部长会议国家安全委员会对该案的侦查是有倾向性的,关于以艾季诺夫为首的汽车制造厂前工作人员们在生产中进行破坏活动的问题在补充调查中并没有得到深入侦查。他们在汽车生产过程中存在过分降低汽车生产总量,对苏联政府隐瞒汽车制造厂的生产能力,任意挥霍国有资金等问题。因此,同意撤销1950年11月对艾季诺夫的判决,但要求务必对艾季诺夫案件重新进行彻底调查。[2]

二是库兹涅茨克冶金联合企业案件。1956年5月26日,苏联最高法院军事审判庭专门研究了总检察长对"库兹涅茨克冶金联合企业案件"的总结,指出没有证据证实被告人在联合企业内从事敌对破坏活动的指控,留明在该案侦查过程中存在造假行为,故意把明茨及其他被告人的案件引向了揭露他们从事民族主义敌对活动的方向。但是,明茨、利伯曼、列希纳及其余所有被告人存在滥用职权,在生产过程中弄虚作假,非法获取奖金,故意给顾客提供不合格产品,违反财政纪律等经济问题。所以,判处明茨、利伯曼、杰赫佳里、列希纳10年劳教,在此期间剥夺其政治权利;根据1953年3月27日《大赦令》,撤销对爱泼斯坦、阿尔沙夫斯基、泽里采尔的惩罚,将其从监狱中释放。撤销没收

---

[1] Р. А. Руденко и И. А. Серов—в ЦК КПСС о частичкой реабилитации работников московского автозавода, осужденных за участие втак называемой еврейской антисоветской националистической группе, 1 августа 1955 г., Г. В. Костырченко, *Государственный антисемитизм в СССР. От начала до кульминации, 1938-1953*, с.364-366.

[2] Решение Верховного суда СССР об отмене приговора по делу А. Ф. Эйдинова, бывшего помощника директора ЗИСа, 1 октября 1955г., Г. В. Костырченко, *Государственный антисемитизм в СССР. От начала до кульминации,1938-1953*, с.367-369.

所有被告人员全部个人财产的判决。但是，后经补充调查证实，联合企业领导对生产过程中存在的不道德行为不负刑事责任，因此认定明茨、利伯曼、杰赫佳里、泽里采尔、列希纳、爱泼斯坦和阿尔沙夫斯基等人的行为不应受到刑事处分。所以，1957年3月25日，苏联最高法院军事审判庭决定撤销此前对他们的判决和决议，终止他们的案件。①

三是"为了革命事业斗争联盟"案件。1952年2月13日，苏联最高法院军事审判庭对该案宣判后，沃因·费利克斯·米罗诺维奇、梅利尼科夫·弗拉基米尔·扎哈罗维奇、拉比诺维奇·塔马拉·拉扎列芙娜、佩丘洛·苏珊娜·所罗门诺芙娜、乌弗良德·尼娜·叶夫根耶芙娜等人开始在自己的申诉及声明中证明他们没有进行过任何背叛及恐怖行为，并且声明他们的供词是在受到利哈乔夫以及侦查员们强迫或受其他非法审讯的情况下提供的。鉴于以上申诉，军事总检察院对本案进行了补充侦查。根据本案及补充侦查的资料可以证实，"没有依据认定该组织为恐怖组织"，斯卢茨基·鲍里斯·弗拉基米洛维奇、富尔曼·弗拉季连·列昂尼多维奇、古列维奇·叶夫根尼·季诺维也维奇等人的"行为中没有犯罪成分"。但是，本案资料和补充调查同时证明，1950年8月，斯卢茨基·鲍里斯·弗拉基米洛维奇、富尔曼·弗拉季连·列昂尼多维奇、古列维奇·叶夫根尼·季诺维也维奇首倡并创建了"为了革命事业斗争联盟"的反革命组织，其成员从事反革命活动的主要方式是"进行反苏宣传和鼓动"。②

1956年4月21日，苏联最高法院军事审判庭根据最新调查结果宣布撤销1952年2月对沃因·费利克斯·米罗诺维奇、拉比诺维奇·塔马拉·拉扎列芙娜的判决，并予以释放。判处斯卢茨基·鲍里斯·弗拉基米洛维奇、富尔曼·弗拉季连·列昂尼多维奇、古列维奇·叶夫根尼·季诺维也维奇到劳教所劳教10年。判处埃利吉谢尔·因纳·列昂

---

① Решение Верховного суда СССР о реабилитации осужденных по «делу КМК», 26 мая 1956 г., Г. В. Костырченко, *Государственный антисемитизм в СССР. От начала до кульминации,1938-1953*, с.382-385.

② Решение Верховного суда СССР о пересмотре дела «СДР», 21 апреля 1956 г., Г. В. Костырченко, *Государственный антисемитизм в СССР. От начала до кульминации, 1938-1953*, с.514-515.

诺芙娜、乌弗良德·尼娜·叶夫根耶芙娜、温尼科娃·伊达·利沃芙娜到劳教所劳教 3 年,并剥夺政治权利。对梅利尼科夫·弗拉基米尔·扎哈罗维奇、马祖尔·格里戈里·格达里耶维奇、潘菲洛娃·叶卡捷琳娜·米哈伊洛芙娜、乌兰诺夫斯卡娅·迈娅·亚力山德罗芙娜、阿尔金斯卡娅·伊尔埃娜·伊利尼奇娜和赖夫·阿拉·叶夫根耶芙娜的惩罚期限降低至到劳教所劳教 5 年,剥夺政治权利 2 年。佩丘洛·苏珊娜·所罗门诺芙娜到劳教所劳教 5 年,剥夺政治权利 1 年。斯米尔诺娃·加林娜·安法洛芙娜到劳教所劳教 3 年,剥夺政治权利 1 年。撤销对本案所有人员关于没收个人全部财产的判决。直到 1989 年 7 月 18 日,苏联最高法院全体会议才决定撤销苏联最高法院军事审判庭 1952 年 2 月 13 日和 1956 年 4 月 21 日对斯卢茨基·鲍里斯·弗拉基米洛维奇、富尔曼·弗拉季连·列昂尼多维奇、古列维奇·叶夫根尼·季诺维也维奇、梅利尼科夫·弗拉基米尔·扎哈罗维奇、佩丘洛·苏珊娜·所罗门诺芙娜、马祖尔·格里戈里·格达里耶维奇、阿尔金斯卡娅·伊尔埃娜·伊利尼奇娜、赖夫·阿拉·叶夫根耶芙娜、乌兰诺夫斯卡娅·迈娅·亚力山德罗芙娜、斯米尔诺娃·加林娜·安法洛芙娜、乌弗良德·尼娜·叶夫根耶芙娜、埃利吉谢尔·因纳·列昂诺芙娜、温尼科娃·伊达·利沃芙娜、潘菲洛娃·叶卡捷琳娜·米哈伊洛芙娜的判决和决议,由于缺乏犯罪成分,宣布终止本案。①

综上所述,到 1989 年,苏联反犹案件的平反工作基本结束。尽管经历了 30 多年漫长而曲折的历程,但最终还是在苏联解体前夕,由苏共中央和苏联政府为众多蒙冤受害者恢复了名誉,总而言之,还算差强人意。

---

① Решение Верховного суда СССР о пересмотре дела «СДР», 21 апреля 1956г., Г. В. Костырченко, *Государственный антисемитизм в СССР. От начала до кульминации, 1938-1953*, с. 516-519.

结束语

苏联犹太人问题是苏联民族问题的一个缩影，同时也是苏联历史不可或缺的一个重要组成部分。20世纪初，犹太人目睹了沙皇俄国的灭亡，并且积极参与了推翻这个长期打压、迫害他们的封建专制大帝国的革命斗争；20世纪末，犹太人同样见证了苏维埃社会主义共和国联盟的崩溃，并且最先抛弃了这个红色帝国。尽管苏联是在他们的积极参与下建立起来的，并且承诺给他们以和平、土地、面包、自由和平等，但最终却撕掉了温情脉脉的面纱，暴露出和沙皇俄国一样狰狞的反犹面目，甚至有过之而无不及。从整个历史过程来看，苏联犹太人和犹委会的命运无疑是一场悲剧，甚至连导演这场悲剧的苏联也成为整个悲剧的一个组成部分。那么这个悲剧是如何产生的？它又有何影响呢？

1. 从理论和实践方面看，苏联的民族理论和对犹太人的政策存在很多失误和偏颇。主要表现在：

（1）否认犹太人是一个民族。

斯大林曾被全世界的共产党人看作是马克思主义民族问题的理论家。① 莫洛托夫称其"在民族问题上是个大行家"②，列宁也因此任命他担任苏俄政府第一任民族事务人民委员。据统计，从1901—1952年长达50余年中，斯大林共撰写了关于民族问题的著述150余篇，达50余万字。其中全文专门论述民族问题的著述94篇，部分章节论述民族问题的著述62篇。③ 而处理犹太人问题的指导思想就是斯大林1913年在《马克思主义和民族问题》一文中提出，1929年又在《民族问题和列宁主义（答梅什柯夫、柯瓦里楚克及其他同志）》一文中加以重申的民族理论。

---

① 〔南斯拉夫〕米洛凡·吉拉斯：《同斯大林的谈话》，第117页。
② 〔苏联〕费·丘耶夫：《同莫洛托夫的140次谈话》，第252页。
③ 华辛芝、陈东恩：《斯大林与民族问题》，第1页。

斯大林之所以进行重申，就是"在向那些建议修改、补充他民族定义的人们宣示"，必须"承认它是唯一正确的理论"①。

根据斯大林的这一理论，说俄国的、加里西亚的、美国的、格鲁吉亚的和高加索山区的犹太人不是一个统一的民族似乎还情有可原，但是对俄国数百万犹太人而言，几乎就成了削足适履、杀头便冠了。事实上，无论从哪一方面看，俄国犹太人都符合斯大林提出的成为一个独立"民族"的条件：长期居住在栅栏区（共同地域），说意第绪语（共同语言），以从事手工业、小商业为主（共同经济生活），信仰犹太教、遵从犹太生活习惯（表现于共同文化上的共同心理素质）。因此，崩得关于"俄国犹太人是一个特殊民族"的理论并非毫无道理。② 19世纪俄国著名犹太作家佩雷茨·斯摩棱斯金就反复强调说："犹太人是人民，是一个民族，甚至在他们的王国被消灭之后，他们仍然是一个民族。他们是一个精神的民族，托拉是他们国家地位的基础。"③

列宁明确反对"抱住昨天的理论不放"，并说"马克思主义者必须考虑生动的实际生活，必须考虑现实的确切事实"，因为"理论是灰色的，而生活之树是常青的"④。毋庸讳言，斯大林的民族理论是在当时特殊的历史背景下，为了反击俄国国内日益高涨的民族主义，维护俄国社会民主党的统一，团结俄国各族民众投入反对沙皇统治的革命斗争而提出的。但是，布尔什维克党在上台执政后依然固守成见，就有点脱离现实、教条主义了。这就是苏联当局后来在对待犹太人政策上陷入理论与实践相互矛盾的境地，跋前疐后，不得不采取许多应变措施的原因。

（2）反对民族文化自治。

列宁和斯大林等人不仅否认犹太人是一个民族，而且旗帜鲜明的反对崩得提出的"民族文化自治"要求。列宁认为，"民族文化的口号是资产阶级的（而且常常是黑帮—教权派的）骗局"，"民族文化自治"是一种"反动的、有害的、市侩的、民族主义"的思想，鼓吹这种思

---

① 华辛芝、陈东恩：《斯大林与民族问题》，第108页。
② 《列宁全集》，第8卷，第68页。
③ 〔英〕沃尔特·拉克：《犹太复国主义史》，第81页。
④ 《列宁全集》，第29卷，第139页。

想"就会分裂、瓦解和削弱工人的队伍"①。斯大林也指出,"民族文化自治并不能解决民族问题。不仅如此,它还使民族问题更尖锐,更紊乱,更容易使工人运动的统一遭受破坏,使工人们彼此按民族隔离开来,使他们中间的纠纷加剧下去",它会妨碍各民族文化从低级阶段走上高级阶段。斯大林还批评"民族文化自治是一种精致的民族主义",并提出"用久经考验的国际主义武器,用统一而不可分的阶级斗争去对抗民族主义"②。因此,1917年4月,俄国社会民主工党(布)在第七次(四月)全国代表会议通过的《关于民族问题》的决议中明确指出,"无产阶级政党坚决摒弃所谓'民族文化自治'",它会"使工人同本民族的资产阶级文化的联系加强起来",而俄国社会民主工党(布)的任务是"要加强全世界无产阶级的国际文化"③。就连身为犹太人的托洛茨基都把"民族文化自治"方案斥之为"反动的乌托邦",并且说,从二月革命胜利后犹太人"获得自由的第一天起,它就像日光照射之下的蜡一样融化了"④。

  从中可以看出,在十月革命前后,布尔什维克党的领导人在很大程度上把民族问题归结为阶级问题。事实上,民族问题同阶级问题完全是两个不同的概念和范畴。民族问题是一个极其复杂的历史问题,把民族问题归结为阶级问题,实际上就等于否定了民族问题的本质。用阶级斗争去取代民族文化自治,更是一种把复杂问题简单化的做法。从历史上看,民族问题的本质就是文化问题。所谓民族平等首先就是要尊重各民族的文化。多民族的国家就必须实行多元文化。世界上民族问题处理得好的多民族国家大多实行多元文化,这已经成为一条公认的成功经验。苏共中央总书记戈尔巴乔夫上台后已经发现并认识到了这一错误。1987年2月13日,他在《对苏联新闻界领导人的讲话》中指出:"需要特别注意民族问题。……我们主张尊重所有民族的民族感情、历史、文化

---

① 《列宁全集》,第24卷,第125、182、184页。
② 《斯大林全集》,第2卷,第290、324、326、344、352—353页。
③ 《苏联共产党代表大会、代表会议和中央全会决议汇编》(第一分册),中共中央马克思恩格斯列宁斯大林著作编译局译,第447页。
④ 〔苏联〕列夫·托洛茨基:《俄国革命史》,第3卷,第909页。

和语言，主张完全和切实的平等。"①1989 年 5 月 25 日—6 月 9 日，苏联第一次人民代表大会召开。戈尔巴乔夫在向代表大会所做的报告中阐明了苏联民族领域改革政策的主要内容，其中指出："在精神领域，我们的出发点是承认民族文化的多样性，把它看作是伟大的社会历史财富，看作是我们全联盟的绝无仅有的珍宝。对它们之中的无论哪一种我们都没有权利不加以珍惜，更不能丢弃，因为每种民族文化都是不能重复的。我们主张每个民族、每种民族语言和文化自由全面地发展，主张所有大小民族和民族群体的平等和友好的关系。"1989 年 9 月，苏共中央全会通过了有关民族问题的纲领性文件——《当前条件下党的民族政策》，阐明了民族工作的基本任务，其中包括"扩大各种不同形式的民族自治的权利和机会；保证每个民族的平等权利；为自由发展民族文化和语言创造条件；加强各种保障，以杜绝根据民族特征限制公民权利"②。至此，苏联已经形成了一套全新的、完整的有关民族问题的原则性的政治纲领。其力度之大，甚至已经超过当年崩得提出的要求。与此同时，苏联民族理论界也开始重新评价并肯定了民族文化自治理论。③与此相适应，苏联的犹太民族文化在 1980 年代末也一度复苏。1988 年，比罗比詹犹太自治州获准开办了传授犹太语和现代希伯来语的星期日学校。④遗憾的是，这种觉悟和行动犹如正月十五贴门神——来得太晚了。

（3）推行大俄罗斯民族主义。

大俄罗斯民族主义的核心就是俄罗斯化，就是统治和奴役其他众多弱小民族。在沙皇时期，列宁曾经对此进行了全面批判，明确提出俄国无产阶级"要反对一切民族主义，首先是反对大俄罗斯民族主义"⑤。十

---

① 《对苏联新闻界领导人的讲话（节选）（戈尔巴乔夫，1987 年 2 月 13 日）》，参见中国社会科学院苏联东欧研究所、国家民族事务委员会政策研究室编：《苏联民族问题文献选编》，第 469 页。
② 〔俄〕米·谢·戈尔巴乔夫：《对过去与未来的思考》，徐葵等译，新华出版社 2002 年版，第 121—123 页。
③ 1996 年 6 月 17 日，俄罗斯政府颁布了《俄罗斯联邦民族文化自治法》，为实施民族文化自治提供了法律基础。参见左凤荣、刘显忠：《从苏联到俄罗斯：民族区域自治问题研究》，第 487—495 页。
④ 王晓菊：《俄罗斯远东的"犹太民族家园"》，第 102 页。
⑤ 《列宁全集》，第 25 卷，第 284 页。

月革命胜利后，列宁依然"宣布要同大俄罗斯沙文主义决一死战"①。但是，大俄罗斯主义在俄国根深蒂固。列宁去世后，它很快就卷土重来。斯大林本是格鲁吉亚人，早年对大俄罗斯主义也是深恶痛绝。1917年3月25日，他在《真理报》上发表的《论取消民族限制》一文中，对沙皇俄国的"民族压迫"大加挞伐，并视之为沙皇俄国身上使其"蒙受耻辱的脓疮"之一。他特别指出："宗教迫害和民族迫害，强迫'异族人'俄罗斯化，排挤民族文化机关"，"挑拨各民族相互攻击"，"蹂躏犹太人"等——这就是"令人感到可耻的民族压迫"②。但是，在他成为苏联党和国家领导人后，却变成了比俄罗斯人做得还过头的大俄罗斯民族主义分子，甚至成为大俄罗斯民族主义的代言人。1922年斯大林在苏联成立过程中提出的各民族共和国要以自治共和国的形式加入俄罗斯联邦的"自治化"计划、1938年苏联当局颁布的"关于在民族共和国及州内中学实行俄语义务教育"的决议、1937年斯大林在讲话中公开为沙皇俄国的侵略扩张辩护③、1945年5月24日斯大林在克里姆林宫招待红军将领时的讲话④，尤其是斯大林晚年对犹太人的疯狂迫害，等等，都是大俄罗斯民族主义的充分表现。

苏联犹太人是一个优秀的民族。不但列宁曾经给予高度评价，就连斯大林自己也承认："在犹太人民身上有很多品质：工作能力、凝聚力、政治积极性。他们的积极性无疑要比一般人高。"⑤犹太人是苏联受教育程度最高的民族，他们善于学习，精于经营，勤劳上进，向往自由，并且涌现出一大批思想家、科学家、艺术家、企业家和革命家，对苏联社会主义革命和建设事业做出了重大贡献。例如，米·约·古列维奇⑥是

---

① 《列宁全集》，第43卷，第216页。
② 《斯大林全集》，第3卷，第17页。
③ 〔保〕季米特洛夫：《季米特洛夫日记选编》，第58页。
④ 《斯大林文集（1934—1952）》，第459—460页。
⑤ 〔苏联〕费·丘耶夫：《同莫洛托夫的140次谈话》，第331页。
⑥ 米·约·古列维奇（М. И. Гуревич）1893年1月12日出生于乌克兰哈尔科夫一个富有的犹太家庭，后来成为苏联著名飞机设计师。1939年，他与阿·伊·米高扬（А. И. Микоян）一起成立了"米高扬-古列维奇设计局"，开始研制新型战斗机，后来发展成为世界最顶尖的航空器设计机构之一。米高扬擅长组织领导，古列维奇则长于专业设计。1940年他们推出了米格-1高速高空歼击机，后经改进成为米格-3战斗机，在苏德战争中发挥了重要作用。米格（"МиГ"）就是由两人姓氏的头一个字母组合而成的（Гуревич原

闻名世界的苏联米格飞机的总设计师之一；列夫·兰道是1962年诺贝尔物理学奖得主，因为在广义相对论等许多研究领域颇有造诣而被誉为"苏联的爱因斯坦"；①阿布拉姆·约费是苏联科学院院士，苏联原子物理学派之父，同时也是苏联原子弹之父库尔恰托夫的老师；叶夫赛·利别尔曼是苏联著名经济学家，1962年9月9日，他在《真理报》上发表的《计划·利润·奖金》一文在苏联和东欧国家引发了一场规模空前、意义深远的"利别尔曼建议"大讨论，他也因此成为1960年代中期苏联经济改革的主要倡导者和领导者；大卫·奥伊斯特拉赫是享誉世界的小提琴家；埃米尔·吉列尔斯（Эмиль Гилеьс）是苏联伟大的钢琴家；鲍利斯·帕斯捷尔纳克是苏联著名作家和诗人，1958年诺贝尔文学奖得主；谢尔盖·爱森斯坦是苏联电影之父、世界电影先驱和蒙太奇的发明者；玛雅·普利谢茨卡娅是享誉世界的芭蕾舞蹈家，她和乌兰诺娃、巴甫洛娃并称为俄罗斯芭蕾舞向世界奉献的"三大瑰宝"……对于这样一个优秀民族，苏联政府不是扶持、保护，而是不断采取文化同化、政治打压的政策。取缔犹太人学校，查封意第绪语刊物，关闭犹太剧院，消灭犹太文化精英等，说到底，都是大俄罗斯民族主义在作祟。苏联当局的反犹主义给苏联人造成了一种普遍印象，官府"把犹太人当作二等公民对待，犹太人也因此成为'嘲弄对象'"②，并且被边缘化。美国历史学家梁赞诺夫斯基一针见血地指出："这种性质的民族主义只能造成一个多民族国家的分裂。"③

如果我们把苏、美两国的民族政策进行对比，就更能够看出苏联的问题所在。在美国，犹太人"一直享有平等的公民身份，未曾遭遇法律

[接上页]来翻译为格列维奇）。1940—1957年，古列维奇一直担任米高扬的副手和设计局副总设计师。1957—1964年出任首席设计师。古列维奇不但设计了喷气式战斗机，而且主持了包括巡航导弹在内一些绝密武器的研发。1970年米高扬去世后，古列维奇主持了米格-25战斗机的设计工作。1976年去世。他是苏联社会主义劳动英雄（1957），先后多次荣获国家奖励。

① Zev Katz, editor, Handbook of Major Soviet Nationalities, p. 378.
② Leonard Schapiro, "Introduction", The Jews in Soviet Russia since 1917, edited by Lionel Kochan, p. 8.
③〔美〕尼古拉·梁赞诺夫斯基、马克·斯坦伯格：《俄罗斯史》，第359页。

意义上的歧视"①。与饱受迫害的欧洲犹太人相比，美国犹太人无疑是幸运儿。他们可以自由地从事各种政治、经济、科技、文化、教育、宗教等活动，甚至成立了 200 多个组织（其中最著名的是 1954 年成立的美国以色列公共事务委员会），通过政治捐款和干预选举来左右美国政治，影响美国政府外交政策，公开支持以色列（如 1948 年 5 月 16 日，有 10 万犹太男女在麦迪逊广场花园集会声援以色列建国；从 1939 年到 1970 年代末，美国犹太人为以色列捐款 80 多亿美元②）。自由、宽松的政治环境为美国犹太人的发展提供了广阔的天地，他们成为美国少数族裔当中最具活力、最具创造力的族群，在美国社会生活的各个领域都大显身手。例如：

在政治领域，自从 1906 年奥斯加·斯特拉斯出任美国政府商务和劳工部长后，越来越多的犹太人开始进入美国政府内阁。有 5 位犹太人先后担任美国政府财政部长。③ 亨利·基辛格曾先后担任尼克松和福特政府的国务卿，堪称 20 世纪最成功的外交家，并荣获诺贝尔和平奖。克林顿政府中有 5 位重要阁员都是犹太人。④ 2000 年 8 月，约瑟夫-利伯曼在美国民主党全国代表大会上被推选为该党副总统候选人，成为美国历史上第一位获此殊荣的犹太人。⑤ 20 世纪共有 7 位犹太人出任美国联邦最高法院大法官，⑥ 其中路易斯·布兰代斯是第一个犹太人大法官，任职达 23 年（1916—1939）之久。1993 年，美国国会中至少有 10 位参议员，33

---

① 〔以色列〕丹·拉维夫、尼西姆·米沙尔：《犹太人与诺贝尔奖》，施冬健编译，清华大学出版社 2019 年版，第 172 页。
② 〔美〕雅各·瑞德·马库斯：《美国犹太人：1585—1990 一部历史》，第 306 页。
③ 亨利·摩根索是富兰克林·罗斯福政府的财政部长；沃纳·布卢门撒尔（Werner Blumenthal）是卡特政府的财政部长；劳伦斯·萨默斯是克林顿的财政部长；雅各布·卢是奥巴马政府的财政部部长；史蒂文·姆努钦（Steven Mnuchin）是特朗普政府的财政部长。
④ 除财政部长劳伦斯·萨默斯外，还有国务卿马德琳·奥尔布赖特（她是美国历史上第一位女国务卿）、国防部长威廉·科恩、美国贸易代表查伦·巴舍夫斯基以及总统国家安全事务助理塞缪尔·伯杰。
⑤ 2000 年 8 月，时任美国联邦参议员约瑟夫-利伯曼（Joseph Lieberman）从 70 名美国民主党副总统候选人中脱颖而出，成为美国民主党总统候选人艾伯特·戈尔的竞选搭档，创写了美国第一个犹太教徒代表主流政党角逐白宫的历史。
⑥ 这 7 位大法官包括 6 位男性和 1 位女性，分别是路易斯·布兰代斯、本雅明·卡多左、非利克斯·法兰克福特、亚瑟·戈德堡、阿比·弗塔斯、露丝·巴尔·金斯伯格、斯提芬·拜亚尔。参见〔美〕雅各·瑞德·马库斯：《美国犹太人：1585—1990 一部历史》，第 268 页。

位众议员是犹太人。① 美国各州州长和市长中也有不少犹太人，如连任四届纽约州州长的赫伯特·H.莱曼，纽约市长迈克尔·布隆伯格等。

在经济金融领域，自1970年以来，掌管美国经济命脉的历届美国联邦储备局主席几乎都是犹太人。② 詹姆斯·大卫·沃尔芬森是第9任（1995—2005）世界银行行长，并且是世界银行成立以来第二位获得连任的行长。美国皮尤研究中心研究发现，"在当今美国社会的60个种族中，犹太人的平均财富最高"。46%的美国犹太人年收入超过10万美元，而非犹太裔美国人的这一比例仅为19%。③ 在美国亿万富豪榜上，犹太人几乎占据半壁江山。美国《福布斯》杂志公布的2012年美国富豪排行榜显示，前40名富豪中有21名是犹太人。莫里斯·格林伯格曾先后担任美国国际组织④董事长、首席执行官和总裁，是华尔街最成功的金融家之一，享有世界金融保险教父的美名。沃伦·巴菲特是全球著名的投资商，被誉为"股神"，2003年2月在《福布斯》杂志公布的全球"亿万富翁"排行榜中以305亿美元身价排名第二。乔治·索罗斯是世界著名慈善家、金融投资家，号称"金融天才"，具有左右世界金融市场的超常能力。犹太金融家创办的库恩-洛伯公司、莱曼兄弟公司、塞利格曼公司、所罗门兄弟公司、拉扎德兄弟公司、戈德曼-萨克斯公司等都是美国金融界叱咤风云的巨头。

在科学技术领域，爱因斯坦是美国科学家中的领军人物。罗伯特·奥本海默和列奥·西拉德（1898—1964）是原子弹之父。爱德华·泰勒则是威力更加强大的氢弹之父。戴维·利连索尔是1946年成立的美国原子能委员会第一任主席。自学成材的路易斯·L.斯特劳斯

---

① 〔美〕雅各·瑞德·马库斯：《美国犹太人：1585—1990 一部历史》，第268页。
② 1970年以来的美国联邦储备局主席分别是：阿瑟·F.伯恩斯（Arthur F. Burns），1970—1978年在任；保罗·沃尔克（Paul A. Volcker），1979—1987年在任；艾伦·格林斯潘（Alan Greenspan），1987—2006年在任；本杰明·伯南克，2006—2014年在任；珍妮特·耶伦（Janet Louise Yellen），2014—2022年在任。其中只有1978—1979年1年时间由非犹太人担任美国联邦储备局主席。
③ 〔以色列〕丹·拉维夫、尼西姆·米沙尔：《犹太人与诺贝尔奖》，第172页。
④ 美国国际集团（American International Group, InC.）是一家以美国为基地的国际性跨国保险及金融服务机构集团，创立于1919年，总部位于美国纽约，2017年有全职雇员56400人。它在美国、亚太地区以及世界各地给企业、机构和个人客户提供保险产品和服务。

后来也成为该委员会主席。来自匈牙利的犹太移民彼特·戈德马克在1948年发明了新型的密纹唱片，有力地促进了唱片工业的发展。著名精神分析学家亚伯拉罕·A.布瑞尔创建了美国首家精神分析协会。乔纳斯·萨尔克和阿尔伯特·萨宾先后在1955年和1963年研制出治疗脊髓灰质炎的注射疫苗和口服疫苗，为人类在20世纪消灭小儿麻痹症做出重大贡献。哈佛大学生物学家格里高利·平克斯与他人合作，在1960年发明了避孕药，1993年被《经济学人》评为世界七大奇迹之一。来自奥地利的卡尔·兰德施泰纳发现了人类最初的三种血型（A型、B型和O型），并因此荣获1930年诺贝尔生理学或医学奖。伊西多尔·伊萨克·拉比发明了核磁共振仪，获得1944年诺贝尔物理学奖。1952年，来自东欧的赛尔曼·A.瓦克斯曼因"发现了第一个有效对抗结核病的抗生素——链霉素"，荣获当年的诺贝尔生理医学奖，被誉为"抗生素之父"。[①] 到1980年代初，在100多位获得诺贝尔奖的美国学者中，近半数是犹太人及其后裔。[②] 整个20世纪，犹太人在美国儿科学、预防医学、流行病学和精神病学方面占有显赫地位。"据估计，约10%的美国内科医生是犹太人。"[③]

在文化艺术领域，犹太知识精英们的作用尤为突出。据统计，对美国最有影响力的200位文化名人中，有一半是犹太人。[④] 1960年代，在公平教育法的保护下，犹太人在美国所有大学教师中占12%。[⑤] 在报刊界，出身于纽约贫民窟移民家庭的塞缪尔·纽豪斯（1895—1979）依靠自己出类拔萃的经营才华，在20世纪缔造了一个规模庞大的传媒王国，其家族集团拥有不下30份报纸、7份杂志、16家电视台、5家广播电台和20家有线电视台，[⑥] 创造了写实版的"美国梦"。塞缪尔的次子唐纳德·纽豪斯是现任美联社董事会主席。阿道夫·奥克斯在1896年举债

---

① 参见〔美〕雅各·瑞德·马库斯：《美国犹太人：1585—1990 一部历史》，第264—265页。
② 未央：《成功的美国犹太人》，《环渤海经济瞭望》2000年第1期，第55页。
③ 〔美〕雅各·瑞德·马库斯：《美国犹太人：1585—1990 一部历史》，第264页。
④ 潘光：《美国犹太人成功之道》，《沪港经济》2007年第2期，第19页。
⑤ 〔美〕雅各·瑞德·马库斯：《美国犹太人：1585—1990 一部历史》，第253页。
⑥ 纽豪斯家族目前拥有诸如 The New Yorker, Vogue, GQ, Vanity Fair, Conde Nast Traveler, Wired 等许多声名卓著的刊物。2019年10月，在福布斯美国400富豪榜位列第37名。

收购了濒于破产的《纽约时报》，他凭借自己独具慧眼的新闻才华，用40年时间就把它发展成为"美国最大的日报"，他从未忘记"《纽约时报》（Times）反过来读就是'犹太人'（Semit）"。1990年代美国约有1700家日报，"犹太人大约拥有其中的8%"①。《华盛顿邮报》《华盛顿时报》《新闻周刊》《华尔街日报》和美国三大电视网ABC、CBS、NBC均由犹太人控制。与此相适应，一大批著名的犹太人记者、编辑和专栏作家潮涌而出。如沃尔特·李普曼、约翰·奥克斯、西奥多·怀特等。其中沃尔特·李普曼是"20世纪最有影响的美国新闻记者"②，1958年获普利策新闻奖。1964年9月，林登·约翰逊总统授予其总统自由勋章。犹太人在文学、戏剧、音乐等方面也成就非凡。其中索尔·贝洛、艾萨克·巴舍维斯·辛格、约瑟夫·布罗茨基和鲍勃·迪伦先后荣获诺贝尔文学奖。艾萨克·阿西莫夫③是美国"最成功的科幻小说作家"。④据统计，"在当代美国的一流作家中，犹太裔人占了60%以上"。⑤欧文·肖与海明威齐名。"在20世纪，美国犹太人成为赞助人、经理人、作曲家、指挥家、交响乐队成员、歌剧明星，以及各种乐器的演奏大师，他们尤以演奏小提琴、大提琴和钢琴著称。"⑥阿龙·科普兰⑦是"美

---

① 〔美〕雅各·瑞德·马库斯：《美国犹太人：1585—1990 一部历史》，第259—260页。
② 〔美〕雅各·瑞德·马库斯：《美国犹太人：1585—1990 一部历史》，第259页。
③ 艾萨克·阿西莫夫（1920—1992），美国科幻小说作家、科普作家。1920年1月2日出生于苏联首都莫斯科西南的小村庄彼得罗维奇，父母都是俄国犹太人。1923年2月，阿西莫夫一家在舅舅帮助下移民美国，定居纽约布鲁克林，靠开糖果店维持生计。阿西莫夫从小聪明过人，15岁考入哥伦比亚大学，1948年取得博士学位。他一生出版著作近480多部，涉及自然科学、社会科学和文学艺术等诸多领域，与罗伯特·海因莱因、亚瑟·克拉克并列为科幻小说的三巨头。其中《基地系列》《银河帝国三部曲》和《机器人系列》三大系列被誉为"科幻圣经"。曾获代表科幻界最高荣誉的雨果奖和星云终身成就大师奖。
④ 〔美〕雅各·瑞德·马库斯：《美国犹太人：1585—1990 一部历史》，第260页。
⑤ 未央：《成功的美国犹太人》，《环渤海经济瞭望》2000年第1期，第55页。
⑥ 〔美〕雅各·瑞德·马库斯：《美国犹太人：1585—1990 一部历史》，第261页。
⑦ 阿龙·科普兰（1900—1990），美国现代最著名的作曲家之一，1900年11月14日生于纽约布鲁克林区一个俄裔犹太人家庭。他是国际上公认的第一位具有美国本土风味的作曲家，集教育家、音乐评论家和指挥家于一身，其创作把通俗性与专业性、民族性与现代性、传统与变革融为一体，成为美国专业音乐发展中一个里程碑式的人物。作品包括芭蕾舞剧《小伙子比利》《牧区竞技》《阿帕拉契亚之春》；管弦乐《钢琴协奏曲》、《墨西哥沙龙》（组曲）、《我们的城镇》（电影音乐）、《阿帕拉契亚之春》（组曲）；《钢琴变奏曲》等。

国音乐泰斗"。耶胡迪·梅纽因①是世界小提琴大师，从 1969 年起三次连任国际音乐家理事会主席。鲍勃·迪伦不仅是作家，同时还是美国著名摇滚乐、民谣歌手、词曲创作人，先后荣获格莱美终身成就奖、奥斯卡最佳原创歌曲奖等多项大奖。在美国电影业发展史上，犹太人既是奠基人，也是引领者。几乎所有大制片公司都是由犹太人创办的：如派拉蒙影业公司是 1912 年由阿道夫·朱克创办的，他享有"美国电影之父"的美誉；环球电影公司创立于 1912 年由德裔犹太移民卡尔·莱默尔开设的；华纳兄弟娱乐公司是 1918 年由哈里·莫里斯·华纳、阿尔伯特·华纳、山姆·华纳和杰克·华纳四兄弟创立的②；米高梅电影公司是 1924 年由路易斯·梅耶③、马库斯·罗伊、塞缪尔·高德温④三个犹太人

---

① 耶胡迪·梅纽因（1916—1999），美国小提琴家，伟大的音乐家。1916 年 4 月 22 日出生在纽约，父母均为俄国犹太移民。"耶胡迪"一词意为犹太人。梅纽因三岁开始学小提琴，从未上过正规学校，被认为是 20 世纪音乐史上"罕见的神童"。1929 年 4 月 12 日晚，爱因斯坦在柏林演奏厅听完 13 岁的梅纽因演奏后惊叹道，"现在我知道天堂里有上帝了"。他曾经在世界各地巡回演出，多次与欧洲、美国的主要交响乐队合作演出，他所演奏的作品既包括巴洛克时期大师们的作品，也包括古典乐派大师的作品及后来浪漫派、现代派的大量小提琴作品，每一次都以其稀有的天才和绝妙的技艺征服了当地的听众。他一生中不仅从事小提琴演奏事业，而且还从事教学、研究和指挥事业，成为享有世界声誉的德高望重的伟大艺术家。
② 华纳四兄弟是来自波兰的犹太移民，其父亲是补鞋匠。由于东欧反犹主义猖獗和隔都生活毫无希望，老华纳带着 9 个儿女移民美国。华纳四兄弟做过补鞋匠，开过自行车商店，从事过各种贸易，1903 年在宾夕法尼亚建立了自己的第一家电影院。1912 年迁到加利福尼亚。第一次世界大战期间，开始尝试制作电影。1918 年，在好莱坞日落大道成立华纳兄弟制片厂。目前已经发展成为全球最大的电影和娱乐制作公司。其著名作品有《蝙蝠侠》系列、《超人》系列、《黑客帝国》系列、《哈利波特》系列、《指环王》系列、《霍比特人》系列、《地心引力》、《盗梦空间》、《星际穿越》等。参见谢潇：《好莱坞与犹太人》，《世界文化》2013 年第 1 期，第 52 页。
③ 路易斯·梅耶（Louis B. Mayer, 1885—1958），米高梅电影公司创始人之一。19 世纪末出生于乌克兰，为躲避俄国对犹太人的迫害，跟随父母移民美国。由于父母记不清他到底是 1882 年还是 1885 年出生的，所以，梅耶就选择了 1885 年 7 月 4 日（美国国庆日）作为自己的生日，以表示美国给了他新生。他从小就表现出经商天赋。先是靠收购废旧金属生活，后成立打捞公司打捞沉船。1907 年开始经营电影院，后转到电影制作业。1924 年，米特罗公司、高德温公司、路易斯·梅耶公司联合成立米高梅公司（Metro-Goldwyn-Mayer Inc.，简称 MGM），他出任总经理，并领导米高梅进入鼎盛时期，成为全美最大电影公司。当时旗下有葛丽泰·嘉宝、克拉克·盖博、伊丽莎白·泰勒等一批著名演员。他执掌米高梅 30 多年，成为好莱坞教父级人物，在电影界和政坛影响力一时无与伦比。米高梅公司的雄狮利奥标志一度被当成美国的象征。代表作有《大卫科波菲尔》《叛舰喋血记》《茶花女》《双城记》等。
④ 塞缪尔·高德温（Samuel Goldwyn, 1882—1974），好莱坞著名电影制片人。1882 年出

联手创办的。路易斯·梅耶被称为"好莱坞之王",他在1927年发起成立了世界上第一个电影研究机构——美国电影艺术和科学学院,并在1929年推出了奥斯卡奖,对世界电影事业产生了深远影响。戴维·塞尔兹尼克是好莱坞大制片厂黄金时期的标志性制片人,他在1939年拍摄的经典影片《乱世佳人》获得八项奥斯卡奖项和两个特别奖,在《泰坦尼克号》之前保持了最高电影票房。1940年,他担任制片的《蝴蝶梦》再次斩获奥斯卡最佳影片奖。塞缪尔·高德温是好莱坞的金牌制片人,这位大师级人物曾9次获得奥斯卡奖提名,最终在1947年凭借《黄金时代》夺得第19届奥斯卡金像奖最佳影片。史蒂文·斯皮尔伯格(Steven Spielberg)是美国首席电影导演,他给世人奉献了《侏罗纪公园》《辛德勒的名单》《拯救大兵瑞恩》等经典大片,多次荣获美国电影电视金球奖和奥斯卡金像奖。出身贫穷的伍迪·艾伦[①]集导演、编剧、演员于一身,经过多年拼搏,成为美国当代喜剧电影大师。"在好莱坞,整个氛围是犹太式的,甚至非犹太人也具有犹太人的行为方式、表达方式和语言习惯。"[②] 在艺术领域,路易斯·尼维尔森[③]是美国最著名的

(接上页)生于波兰华沙,13岁移民美国,一边当手套推销员,一边在夜校学英语。1913年,与杰西·拉斯基等人合作在美国西海岸创立了第一家电影公司,其最初作品《女仆》(1913年)和《卡门》(1915年)即大获成功。1916年,成为独立制片人和发行人,并屡获大奖。代表作包括《阿罗史密斯》《呼啸山庄》《小狐狸》《我们生命中最美好的岁月》《汉斯·克里斯蒂安·安徒生》等,对美国电影业产生了很大影响。

① 伍迪·艾伦(Woody Allen)1935年12月出生于纽约布鲁克林一个贫穷的犹太家庭,曾经在纽约大学和纽约市立学院读书,但均被开除。1964年,正式踏入娱乐圈。作为喜剧片编剧、导演和演员,他创作了无数佳作。代表作有《午夜巴黎》《汉娜姐妹》《安妮·霍尔》《爱与罪》《我心深处》等,多次荣获奥斯卡金像奖和美国电影电视金球奖。其作品散发着令人捧腹的幽默气息,以其独特的艺术手法、哲理深度和人性内涵赢得了美国民众的青睐,成为年轻影迷们狂热崇拜的偶像。

② 谢潇:《好莱坞与犹太人》,《世界文化》2013年第1期,第53页。

③ 路易斯·尼维尔森(Louise Nevelson, 1899—1988)是一位"大器晚成"的艺术家。1899生于俄国波尔塔瓦省一个犹太人家庭。6岁随家人移居美国,与先行到美国创业的父亲团聚。1929年开始,先后追随德国著名画家、教育家汉斯·霍夫曼,墨西哥著名画家迭戈·里维拉,柴姆·格罗斯学习绘画和雕塑。1940年代开始用石头、青铜、赤土陶器和木材等材料进行立体主义人物研究,1950年代形成标志性的现代主义风格。其主要作品是由多个盒子和隔间组成的类似"浮雕"的拼贴式装置,原材料来自于纽约街头废弃的桌椅板凳、木盒和围栏等家具,然后进行重新组装和喷涂。她先后创作出黑色的《天空大教堂》、白色的《道恩的婚礼庆典》和金色的《皇家潮流》等系列作品。1962年,跻身于美国最成功的艺术家行列。

雕塑家，艾尔弗雷德·施蒂格利茨①被誉为美国"现代摄影之父"，伯纳德·贝伦森②是"举世闻名的艺术鉴赏家和艺术史家"。路易斯·卡恩③被视为20世纪美国"最伟大的建筑师之一"④。本尼·伦纳德⑤是世界上最伟大的轻量级拳王。马克·安德鲁·斯皮茨⑥被誉为世界级游泳运动员。

据统计，大约87%的美国犹太人从事白领工作，而欧洲裔美国人

---

① 艾尔弗雷德·施蒂格利茨（Alfred Stieglitz，1864—1946），美国著名摄影艺术家。毕业于纽约市立大学，后到德国留学，师从H. W. 沃格尔学习摄影。1890年返回纽约开始摄影事业。最初深受当时流行的画意摄影影响，1902年，在"全国艺术俱乐部"举办"摄影决裂者"作品展，从画意摄影转向直接摄影。他提出摄影在表达个体的观念上，不借助任何其他造型手段，更多地考虑摄影本身的规律和特点，使摄影变得更纯粹化，对摄影摆脱绘画主义羁绊，进而成为世界所公认的一门独立艺术产生了巨大的推动作用。他积极向美国艺术界引进包括马蒂斯、毕加索在内的欧洲前卫艺术家，将欧洲的先进艺术理论传播到了美国，极大地促进了美国现代艺术的发展，因此被誉为美国"现代摄影之父"。先后荣获150多枚奖章，代表作有《终点站》《奥基芙》等。
② 伯纳德·贝伦森（Bernard Berenson，1865—1959），美国艺术史学家。1865出生于立陶宛的维尔纳。10岁时举家移居波士顿。1887年哈佛大学毕业。随后到欧洲专门学习和研究意大利文艺复兴时期的艺术品，并成为该领域的权威人士，曾经为很多私人收藏家和艺术品交易商提供鉴定意见。1905年，他在意大利佛罗伦萨附近的塞提尼亚诺买下一栋别墅，命名为"塔堤别墅"（I Tatti），专门收藏文艺复兴时期的油画。他死后，将别墅捐赠给哈佛大学，现成为哈佛大学意大利文艺复兴研究中心。其名著有《佛罗伦萨画家作品集》和《文艺复兴时期的意大利画家》等。
③ 路易斯·卡恩（Louis Isadore Kahn，1901—1974），美国最具影响力的现代主义建筑师之一。1901年出生于爱沙尼亚，1905年随父母移居美国。1924年毕业于宾夕法尼亚大学。1935年在费城开设了独立的事务所。他发展了建筑设计中的哲学概念，被崇奉为一代"建筑诗哲"。其理论既有德国古典文学和浪漫主义哲学的根基，又融合了现代主义的建筑观和东方文化的哲学思想。反对盲目崇拜技术和程式化设计，主张每个建筑题目必须有特殊的约束性。在设计中成功的运用了光线的变化，是建筑设计中光影运用的开拓者。作品遍及北美大陆，南亚和中东，在质朴中呈现出永恒和典雅。代表作有耶鲁大学艺术画廊、菲利普斯埃克塞特学院图书馆和餐厅、拉霍亚索尔克生物研究所、孟加拉国达卡国民议会厅等。先后荣获美国建筑师学会金质奖章（1971），美国文艺学院院士（1971），英国皇家建筑师学会金质奖章（1972）。
④〔美〕雅各·瑞德·马库斯：《美国犹太人：1585—1990 一部历史》，第262—263页。
⑤ 本尼·伦纳德（Benny Leonard，1896—1947），世界拳击史上最伟大的小级别拳王之一。他掌握了超人的拳击技术，身体轻盈、灵活，经常打出致命的一击。15岁进入职业比赛。两年之后成为职业拳赛冠军。其轻量级冠军保持了7年半，至今仍无出其右者。21岁夺得轻量级拳王头衔，创造了不少经典赛事。在212场比赛中，仅输5场，被称为"犹太神鹰"，成为全世界犹太人的骄傲。
⑥ 马克·安德鲁·斯皮茨（Mark Andrew Spitz），历史上最著名、速度最快的世界级游泳运动员。1950年出生于美国加利福尼亚州。2岁开始练习游泳，17岁时8次刷新世界纪录。1972年在慕尼黑奥运会上创造了有史以来一人独得7枚金牌的奇迹。在14年的游泳生涯中，先后35次打破自由泳和蝶泳世界纪录，共获得9枚奥运会金牌。无论是蝶泳还是自由泳的技术都堪称现代游泳选手的典范。1999年被评为20世纪6位最佳奥运会选手之一。

（白人）的这一指标只有42%。犹太人在美国商业中心纽约、全球高科技中心加利福尼亚州，以及美国政府机构、大学、好莱坞电影圈、电视和网络等媒体中所占的比例，远远超过其在美国人口中的比例。[1]而在苏联，这一切都是不可想象的。与美国犹太人对世界的贡献相比，苏联犹太人更是不可同日而语。

在美国，政府并没有强行推行"美国化"政策，但是，美国却变成了一个地地道道的民族大熔炉。犹太人自然而然地融入美国社会当中，成千上万的"犹太人"被彻底同化。与此同时，其他犹太人依旧"安然地生活在美国文化和犹太文化之中"。因此，1950年以色列政府颁布《回归法》之后，美国犹太人没有向以色列移民，因为他们认为"美国是他们的家"。美国犹太人会一直帮助以色列，如果有必要，"他们还会送去数十亿美元"，但他们"永远不会效忠以色列政府"[2]。而在苏联，历届领导人因为"急于把各民族归入一个共同的模式，即建立各民族之间的联合共同体——'苏联人民'"，"实现民族融合"[3]，不惜对所有非俄罗斯民族采取强制同化的政策，但是，结果却事与愿违。苏联当局为了切断国内犹太人与以色列的联系，对以色列极尽攻击之能事，然而依然阻挡不住苏联犹太人对以色列的向往。数十万犹太人义无反顾、源源不断地移民以色列，成为苏联民族政策失败的最真实写照。

苏联对待少数民族的政策往往是一种文过饰非、自欺欺人的鸵鸟政策。1952年10月，当苏联国内的反犹运动愈演愈烈的时候，斯大林还在苏共第十九次代表大会上的讲话中公开嘲讽当时的西方国家所谓"个人自由"已经不复存在了，"人人平等和各民族一律平等的原则被践踏了"[4]。其潜台词就是，在苏联，个人自由是真实存在的，各民族是一律平等的。而事实上，遭受反犹主义迫害的苏联犹太人正在痛苦的深渊里呐喊，"民族之间的平等在哪里？"[5]1956年2月25日，赫鲁晓夫在苏共二十大上所做的秘密报告中一方面严厉谴责了斯大林大规模驱逐诸

---

[1] 〔以色列〕丹·拉维夫、尼西姆·米沙尔：《犹太人与诺贝尔奖》，第172—173页。
[2] 〔美〕雅各·瑞德·马库斯：《美国犹太人：1585—1990 一部历史》，第310—312页。
[3] 〔俄〕鲍·斯拉文：《尚未结束的历史：戈尔巴乔夫访谈录》，第128—129页。
[4] 《斯大林文集（1934—1952）》，第677页。
[5] Louis Rapoport, *Stalin's War Against the Jews: The Doctors' Plot and the Soviet Solution*, p.183.

多少数民族,"粗暴地践踏苏维埃国家列宁主义民族政策的基本原则的行动",另一方面,又炫耀说:"苏联被公正地认为是多民族的国家的模范,因为我们切实保证了生活在我们伟大祖国的各个民族的平等和友谊。"①因此,1959年7月,赫鲁晓夫在回答一个有关是否允许苏联犹太人前往以色列的问题时说:"我们外交部的卷宗里没有犹太人或者其他民族的人希望移民以色列的申请。"但事实上,据以色列外交部部长梅厄夫人统计,在过去5年里,以色列居民给其在苏联的亲属发出了9236份移民签证,目的是要求实现家人团聚。②1972年12月22日,苏共中央总书记勃列日涅夫在庆祝苏联成立50周年大会上所做的报告中说:"当年我们党就清楚地懂得,要消除民族压迫和不平等的种种后果,仅仅制定一些哪怕是最好最公正的法律也是不够的。还需要消除原先受压迫的大小民族在经济和文化上的落后状况。换言之,仅仅从法律上取消民族不平等状态是不够的,还需要铲除这些民族之间的事实上的不平等现象。解决这一任务,已成为党的主要政治目标之一。"然后,他冠冕堂皇地向国人宣称,"我们在总结过去半个世纪的英雄业绩时,可以完全有根据的这样说":苏联"已经完全解决,已经彻底和一劳永逸地解决了"过去遗留的民族压迫和不平等问题。③1987年,苏共中央总书记戈尔巴乔夫也自信满满地向全世界宣布,苏联已经"基本解决民族问题",摆脱了"民族之间的敌视","是人类文明史上一个真正独一无二的范例"④。

---

① 参见《赫鲁晓夫秘密报告》,载〔意〕维·维达利:《"苏联共产党第二十次代表大会"日记》,第269页。
② B. Z. Goldberg, *The Jewish Problem in The Soviet Union: Analysis and Solution*, pp. 345-346.
③ 《论苏维埃社会主义共和国联盟50周年——在庆祝苏联成立50周年大会上的报告(节选)(勃列日涅夫,1972年12月21日)》,载中国社会科学院苏联东欧研究所、国家民族事务委员会政策研究室编:《苏联民族问题文献选编》,第343页。
④ 〔苏联〕米·谢·戈尔巴乔夫:《改革与新思维》,苏群译,新华出版社1988年版,第145、146页。1987年1月27日,戈尔巴乔夫在苏共中央全会上所做的报告中批评说,苏联的一些社会学家"不是对民族关系方面的一些实际现象进行客观的研究,对实际的社会经济过程和精神过程这样一些十分复杂,实际上又是矛盾的现象做出分析,而是宁愿长时间的写带有'颂扬'性质的论文,这些论文更像是美好的祝酒词,而不是严肃的科研报告。这是有目共睹的事实"。参见中国社会科学院苏联东欧研究所、国家民族事务委员会政策研究室编:《苏联民族问题文献选编》,第467页。其实,这是把苏共领导层应该承担的责任推卸给了在苏联体制下没有话语权、不敢说真话的普通学者。

但事实远非如此。雅科夫列夫就曾经坦言，布尔什维克政权的虚伪是世所罕见的。"表面上，是关于民族平等，关于沙文主义、民族主义和反犹太主义之荒唐性的话语。实际上却推行了一项同宣言毫无共同之处的政策。"[1] 在苏联，即便是乌克兰人、白俄罗斯人都得不到真正的平等[2]，更遑论被视为异类的犹太人了。在当局的打压限制下，"许多犹太人为了能够顺利达到个人目的，比如在职业生涯中取得成就、顺利加入某些社会组织、广泛建立人际关系、谋求一官半职并不断提升等，不得不尽量弱化或消磨自身的犹太特性，主动融入周围俄罗斯人的圈子，积极参加苏联的'社会主义建设'"[3]，以便在苏联的社会生活中能够求得立身之地。到1980年代，俄罗斯"许多犹太人姓氏已经消失，地地道道的犹太人大都改成俄罗斯姓氏了"[4]。

由此可见，掩盖问题并不等于解决问题。千里之堤，溃于蚁穴。正是由于苏联没有解决好民族问题，才导致了苏联本身的解体。曾经在1985—1990年担任苏联部长会议主席的尼·伊·雷日科夫指出，苏联解体固然有经济的、社会的、党和国家的等诸多原因，但是，民族问题是导致这一悲剧的直接原因。因为苏联直到最后都没有彻底解决这一问题，才导致民族主义成了"苏维埃国家内部破坏过程的强有力的催化剂"，成了"摧毁苏联的攻城槌"[5]。苏联解体后，戈尔巴乔夫对苏共在民族政策方面的错误进行了认真反思。他写道："我们常说，人的生命是最重要的财富。然而，一个民族的生命更加重要。一个具体的种族、一种语言、一种文化的生命是永恒的财富。"他还以"医生案件"为例，批评了那种"不尊重具体的民族、不尊重人们的民族感情"，"甚至根据民族特点进行迫害和镇压"的错误做法。[6] 但是，对于苏联和苏共而言，已经无暇自哀，悔之晚矣。

---

[1] 〔俄〕亚历山大·雅科夫列夫：《雾霭：俄罗斯百年忧思录》，第181页。
[2] 〔南斯拉夫〕米洛凡·吉拉斯：《同斯大林的谈话》，第89—90页。
[3] 周承：《以色列新一代俄裔犹太移民的形成及影响》，第146页。
[4] 李莎：《我的中国缘分：李立三夫人李莎回忆录》，第124页。
[5] 〔俄〕尼古拉·伊万诺维奇·雷日科夫：《大国悲剧：苏联解体的前因后果》，徐昌翰等译，新华出版社2008年版，第17、397页。
[6] 〔俄〕鲍·斯拉文：《尚未结束的历史：戈尔巴乔夫访谈录》，第128—129页。

2. 从政治体制上看，苏联社会缺乏法制和人权是造成犹太人不幸的根源。

法制是维护国家安定、保障公民权利的前提，人权是国家进步和社会文明的象征。戈尔巴乔夫指出："法制的使命是使社会不受滥用职权的影响，保障公民的权利和自由以及他们的团结和集体的权利和自由。"① 但是，在苏联，"苏维埃制度决定了执行权、立法权和司法权这三种权力原则上是不可分割的。从本质上讲，这三种权力是掩饰权力精英大权独揽的屏风。最高权力环节拥有颁布法律、领导执行权力机关和监督法律执行情况的全部权力"。这一原则在1918年的宪法中就已经做了规定，并且在1936年和1977年宪法中保留下来。②

因此，苏联名义上实行的是无产阶级专政，实际上却是不受法律限制、高居于权力金字塔顶端的极少数党的上层领导人的专政。在斯大林统治时期，则表现为斯大林的个人专政。尽管"整个苏联宪法都是斯大林制定的"③，但是，早在1936年，这个宪法就被其作者——斯大林自己破坏了。特别是1941年卫国战争爆发后，斯大林更是大权独揽，集党、政、军大权于一身。没有任何人、任何一个机构可以监督、制约斯大林。"斯大林的话就是法律。"④ 党的中央委员会变成了"一个有名无实的机构"，只要得不到斯大林的首肯，它"就无法做出任何决议"⑤。从1939年到1952年，斯大林连续12年没有召开中央代表大会，中央委员会形同虚设。到了晚年，斯大林甚至把中央政治局都扔在一边，他"以恐怖、恩赐和阴谋为基础，保持着一个政府中的政府"⑥。像炮制"医生案件"、暗杀铁托等重大决策，他都是越过政治局，直接对国家安全局下达命令。英国著名历史学家阿克顿指出："权力导致腐败，绝对权力

---

① 〔苏联〕米·谢·戈尔巴乔夫：《改革与新思维》，第129页。
② 〔俄〕鲁·格·皮霍亚：《苏联政权史（1945—1991）》，第792页。
③ 〔苏联〕费·丘耶夫：《同莫洛托夫的140次谈话》，第344页。
④ 〔俄〕伊利亚·爱伦堡：《人·岁月·生活》（下卷），第496页。俄罗斯学者指出，在斯大林时代，苏联人撰写著作或者文章，一般说，"引用斯大林的话要比列宁的话多二三倍，比马克思和恩格斯的话多五六倍"。参见〔俄〕格·阿·阿尔巴托夫：《苏联政治内幕：知情者的见证》，第42页。
⑤ 〔俄〕尼基塔·谢·赫鲁晓夫：《赫鲁晓夫回忆录》，第2卷，第987页。
⑥ Jonathan Brent and Vladimir P. Naumov, *Stalin's Last Crime: The Doctors' Plot*, p. 132.

导致绝对腐败。"① 斯大林及其统治下的苏联就是一个最典型的例证。

从表面上看，早在1918年，苏联就制定了第一部宪法。1948年苏联和东欧国家均在联合国大会颁布的《世界人权宣言》上签了字。但是，正如斯大林自己所说："除了啃档案的老鼠以外，谁都知道，检验一个政党和党的领袖人物首先要看他们的行动，而不能只看他们的宣言。"② 在斯大林统治下，苏联的法律形同虚设，人权毫无保障。为了维护自己的极权统治，斯大林在国内发动了一轮又一轮的大清洗，制造了一个又一个的政治冤案，成千上万的苏联公民成为斯大林暴政的牺牲品。根据苏共中央政治局20世纪三四十年代至五十年代初镇压事件材料复查委员会1988年12月公布的统计结果，从1930—1953年，"有3778234人受到镇压，其中被判极刑（枪决）的786098人"③。而雅科夫列夫根据自己多年从事平反工作的经验断言："苏维埃政权期间，全苏联因政治原因被杀害、死于监狱和劳改营中的人数，达2000万—2500万之多。"据不完全统计，"仅俄罗斯联邦1923—1953年被判刑人数即达到4100余万"。④ 所以，斯大林给苏联人民带来的不幸和给社会主义事业造成的危害是空前绝后的。俄罗斯历史学家沃尔科戈诺夫指出："要知道斯大林和斯大林主义在30年的时间里所杀害的人要比罗曼诺夫王朝300年历史上的所有俄国沙皇所杀害的人多许多倍。"⑤ 斯大林用成千上万人的鲜血印证了列宁早年对他"掌握了无限的权力"⑥ 的担心。

苏共中央政治局大镇压事件复查委员会调查表明，斯大林是"不

---

① 〔英〕约翰·埃默里克·爱德华·达尔伯格-阿克顿：《自由与权力》，侯健、范亚峰译，译林出版社2014年版，第294页。
② 〔俄〕鲁·格·皮霍亚：《苏联政权史（1945—1991）》，第803页。另可参见《斯大林全集》，第13卷，第86页。
③ 《苏共中央政治局大镇压事件复查委员会的简要报告（1988年12月25日）》，载沈志华总主编：《苏联历史档案选编》，第30卷，第625页。
④ 〔俄〕亚历山大·雅科夫列夫：《雾霭：俄罗斯百年忧思录》，第191页。
⑤ 〔俄〕德·安·沃尔科戈诺夫：《斯大林》（下册），第884页。
⑥ 《列宁全集》，第43卷，第339页。斯维特兰娜后来在了解到"列宁遗嘱"里要求把斯大林从总书记职位上撤下来的内容后指出："我看到了用以干掉可能的竞争者时的无与伦比的犬儒主义和残酷毒辣，从而对党的变质和堕落有了一个明确的看法。由独夫通过恐怖手段实行对党的全面奴役。这一切的一切，正是当初列宁警告过的"。〔苏联〕斯维特兰娜·阿利卢耶娃：《仅仅一年》，第154页。

经法院和侦查而进行大规模的逮捕和枪决、成千上万的人被驱逐出境的倡导者和组织者"。现存的大量镇压名单上都有斯大林本人的签字。苏联国家安全部、内务部在日常工作中最粗暴地破坏社会主义法制,"对被逮捕的人采用体罚、拷问、严刑拷打,迫使无辜的人做出所谓的'心服口供'和诬告。而凡此种种都被斯大林以联共(布)中央委员会的名义公开批准"。与此同时,莫洛托夫、卡冈诺维奇、贝利亚、伏罗希洛夫、日丹诺夫、马林科夫、米高扬、赫鲁晓夫、布尔加宁、安德烈耶夫、斯·柯秀尔、苏斯洛夫对镇压和违法行为也负有直接责任。"他们的大规模镇压活动和违法行为对党和人民犯下的罪过是巨大的、不可饶恕的。……这一罪过不仅具有道德和政治性质,而且具有直接的法律和刑事性质。"苏联检察院、法院也都变为大规模镇压的工具。地方党政机关领导人也都卷入镇压运动中。斯大林及其周围人员"把违法和犯罪变成政治手段,把违反宪法和法律变成准则,其恶果要完全消除实际上是不可能的"①。"犹委会案""医生案件"几乎都是由斯大林一手操纵的。而对犹委会主席米霍埃尔斯竟然采取了极为卑劣、令人发指的暗杀手段。斯大林之所以这么做,就是因为他和苏联其他领导人都相信,"如果不经常性地'净化'这个国家,不是永远维持一种紧张局面,苏联就将陷于覆灭"②。而其真正目的只有一个,那就是维护自己的独裁统治和专制权力。在这种情势下,苏联的宪法就成了"有名无实的表面文章",宪法中关于公民权利的规定虽然"写得冠冕堂皇,却并没有什么意义"③。正如俄罗斯历史学家沃尔科戈诺夫所言:"斯大林常常说的是一回事(供'大范围使用'),而做的是另一回事。"④更可怕的是,"他还认为他这样做是在拯救革命"⑤。

无论在当时还是后来,斯大林的无法无天和恐怖行为都引起了人

---

① 《苏共中央政治局大镇压事件复查委员会的简要报告(1988年12月25日)》,载沈志华总主编:《苏联历史档案选编》,第30卷,第625—633页。
② 〔俄〕弗拉迪斯拉夫·祖博克、康斯坦丁·普列沙科夫:《克里姆林宫秘史》,第113—114页。
③ 〔美〕爱德华·麦克诺尔·伯恩斯、菲利普·李·拉尔夫:《世界文明史》,第4卷,罗经国等译,商务印书馆1988年版,第59页。
④ 〔俄〕德·安·沃尔科戈诺夫:《斯大林》(下册),第848页。
⑤ 〔美〕安娜·路易丝·斯特朗:《斯大林时代》,第94页。

们的反思。作为斯大林同时代的苏联领导人，贝利亚、莫洛托夫、赫鲁晓夫、葛罗米柯等人在承认斯大林对苏联国家建设和卫国战争胜利做出巨大贡献的同时，对其滥杀无辜的违法行为也进行了强烈谴责。他们认为，哪怕是出于高尚的动机，为了国家的长治久安，斯大林的这些罪行也是不可原谅、不能饶恕的，理应受到道德的谴责甚至历史的审判。①戈尔巴乔夫后来也指出："以某种政治上的必要性、国际局势高度紧张或所谓国内阶级斗争激化来掩饰这种违法行为的做法是毫无道理的。践踏法律导致了我们至今既不能忘记，也不能原谅的悲剧。"② 中共领导人对此也早有批判。邓小平说："斯大林严重破坏社会主义法制，毛泽东同志就说过，这样的事情在英、法、美这样的西方国家不可能发生。"③

尽管苏联犹太人特别是犹委会的悲剧只是苏联当局炮制的诸多悲剧当中的一个，但是它足以证明，一个国家、一个社会如果没有真正的法制，没有人权，将会变得多么恐怖，多么可怕！

3. 从后果上看，1941—1953年苏联犹太人的历史对后来苏联历史的发展、对苏联犹太人的命运都产生了很大的消极影响。

其一，反犹主义成为苏联社会的痼疾，直接影响了此后苏联当局对犹太人的政策。在斯大林晚年，"专门选择犹太人进行攻击，后来他的继任者也是这样做"④。斯大林去世后，苏联对犹太人公开和正式的迫害停止了。但是，反犹思想依然根深蒂固。1956年3月20日，波兰统一工人党召开六中全会选举新的领导人。赫鲁晓夫在会上公开鼓吹领导波兰的应该是波兰人，波兰的大多数领导干部应从主体民族中提拔。他明确反对当时得到波兰党多数中央委员支持的犹太人萨姆布罗夫斯基担任波兰统一工人党中央委员会第一书记，理由是提拔到领导职位上的犹太人越多，波兰人的反犹太主义情绪就会越严重。当时就有人暗示，赫

---

① 〔俄〕尼基塔·谢·赫鲁晓夫：《赫鲁晓夫回忆录》，第1卷，第1459、764页；〔乌克兰〕谢尔戈·贝利亚：《我的父亲贝利亚》，第53页；〔苏联〕费·丘耶夫：《同莫洛托夫的140次谈话》，第564页；〔苏联〕柯安·安·葛罗米柯：《回首往事》（上），第233页。
② 〔苏联〕米·谢·戈尔巴乔夫：《改革与新思维》，第130页。
③ 邓小平：《邓小平文选》，第2卷，人民出版社1994年，第333页。斯大林的女儿斯维特兰娜也指出："在英国、法国和美国，这样的事是不可能出现的。"参见〔苏联〕斯维特兰娜·阿利卢耶娃：《仅仅一年》，第167页。
④ 〔英〕沃尔特·拉克：《犹太复国主义史》，第529页。

鲁晓夫"持反犹太主义立场"。1956年7月10日,赫鲁晓夫在接见意大利共产党代表团时,公开指责苏联犹太族公民中"有人对党和政府的措施没有表现出必要的忠诚"①。1956年10月,第二次中东战争爆发后,苏联国内发起了一场反犹太复国主义的强大舆论攻势。反犹太复国主义运动在20世纪五六十年代成为苏联政府的既定政策,并且一直持续到1991年10月苏以恢复外交关系前夕。这不能不影响到官僚机构和民众对国内犹太人的态度。1959年10月在犹太新年期间,马拉霍夫卡(Malakhovka)村的一座犹太会堂被几名青少年纵火犯烧毁。犹太公墓看守人的妻子被杀害,房屋内外张贴着威胁性的传单,对希特勒没有把犹太人斩尽杀绝深表遗憾。罪犯被抓获后,苏联当局进行了秘密审判,但却不愿意公审以儆效尤。1960年,《达吉斯坦日报》发表社论,谴责犹太教会堂的存在和犹太人的割礼传统。达吉斯坦山区的犹太人深受伤害,无奈之下派代表团到莫斯科表示抗议。苏共中央书记苏斯洛夫担心这一丑闻在西方引起强烈反响,不得不下令将该党报编辑调走。②1963年10月,乌克兰科学院出版了特罗菲姆·基奇科(Trofim Kichko)撰写的恶毒攻击犹太人的小册子《真实的犹太教》,不仅老调重弹,大肆散布有关犹太人贪财及其控制西方资本主义的无耻谰言,而且刻意丑化犹太人,精选了长着鹰钩鼻子的犹太人等粗俗的漫画,结果引起全世界的抗议。几个月后,苏联当局不得不出面否认基奇科的书,尽管"只是半心半意地表示遗憾"。③

1964年赫鲁晓夫下台后,苏以关系有所改善,苏联犹太人的境遇也稍有好转。但是,随着1967年6月"六日战争"的爆发,苏联政府再次倒向亲阿拉伯国家的立场,苏以关系中断。"苏联媒体发起了一场恶毒辱骂以色列、犹太复国主义和犹太教的运动",这明显带有直接和间

---

① 《赫鲁晓夫与意大利共产党代表团的会谈记录(1956年7月10日)》,载沈志华总主编:《苏联历史档案选编》,第26卷,第503—504页;〔俄〕尼基塔·谢·赫鲁晓夫:《赫鲁晓夫回忆录》,第3卷,第2470页。
② Joshua Rubenstein, *Tangled Loyalties: The Life and Times of Ilya Ehrenburg*, p.314.
③ Joshua Rubenstein, *Tangled Loyalties: The Life and Times of Ilya Ehrenburg*, p.314; Zev Katz, editor, *Handbook of Major Soviet Nationalities*, p.383.

接的反犹主义特点。① 1967 年 3 月，7 位苏联著名的犹太演员上书苏共中央领导人，申请在基辅建立一家国立犹太剧院，但是未获批准。② 犹太学生的绝对数量从 1968—1969 年的 111900 人减少到 1975—1976 年的 66900 人。1977—1978 年，莫斯科大学没有录取一个犹太学生。③

苏联党政机关的反犹倾向约定俗成。苏多普拉托夫指出，在这种氛围下，苏联当局遵循区别对待犹太知识分子的原则，只有"极个别犹太创作组织和高级专家仍被允许在社会上占据显著的位置"。在 1948—1953 年的全国性反犹运动之后，犹太人就结束了在党中央委员会和情报机关担任领导职位的历史。"中央委员会机关里没有一个犹太人，因为这是领导岗位。"不过，如果需要经济、外交和哲学方面的参考资料的话，那么党中央委员会的这些工作照例会交给犹太专家去完成。"他们只提供参考资料，但并不邀请他们去参加讨论或决定问题。他们经常用俄国假名为杂志撰稿。"④ "1960 年至 1970 年，国家安全机关仅有两名普通的犹太工作人员，使用他们主要是为了对付犹太复国主义组织。"⑤ 1966 年，"有次准备聘请一个有才华的、受过专门外交教育的年轻人到苏联驻美大使馆工作，外交部长葛罗米柯否决了他的应选资格，唯一的理由是：犹太人"⑥。曾经担任苏共中央宣传部部长的雅科夫列夫也坦言："党和国家精英中仍然有一条不成文的约定在起作用：不准犹太人进入各级政权机构。党和各部委的人事部门在克格勃的统一监视下密切注视着这个'规章制度'。诚然，作为对反犹太主义政策的假惺惺的掩饰，每个部里都有那么两三个犹太人，他们照例是谍报机关的工作人员。如果有人，特别是外国人提出伤脑筋的问题，那么通常的回答是：你们不是指责我们搞反犹太主义吗，我们有一个犹太人在外交部工作，有一个在国防部，有一个在中央委员会，还有一个在某某部。"后来担任苏共中央总书记的安德罗波夫早先在同持不同政见者运动作斗争

---

① Zev Katz, editor, *Handbook of Major Soviet Nationalities*, p.383.
② Zev Katz, editor, *Handbook of Major Soviet Nationalities*, p.377.
③ Paul Johnson, *A History of the Jews*, London: George Weidenfeld & Nicolson Limited, 1987, p.571.
④ 〔苏联〕斯维特兰娜·阿利卢耶娃：《仅仅一年》，第 162 页。
⑤ 〔俄〕帕维尔·苏多普拉托夫：《情报机关与克里姆林宫》，第 356—357 页。
⑥ 〔苏联〕斯维特兰娜·阿利卢耶娃：《仅仅一年》，第 162 页。

过程中特别卖力。"他在克格勃的报告中经常强调民族特点。故意造成一种印象：异见人士嘛，首先是犹太人。就是他们，敌人！"类似的例子不胜枚举。例如，1976年11月15日，安德罗波夫给苏共中央写了一份《关于所谓"促进在苏联执行赫尔辛基协议的集团"的敌对活动》的报告。其中——列举了这个"集团"的主要成员，他们均是犹太人。而"在没有犹太姓名的密报中，就不标出民族"①。继1918年，1927—1928年两次发起反宗教运动之后，1960年代，苏联当局又组织了一次查封犹太会堂运动。1959年苏联在给联合国的报告中说，苏联有犹太会堂450所，到1970年代初，上报的数字不足100所，而苏联国外的犹太组织提供的最低数字为62所。② 在当时，支持反犹主义的主要是一些意识形态部门的官僚或不受民众欢迎的作家，而像"苏联氢弹之父"、诺贝尔和平奖得主安德烈·萨哈罗夫那样受人尊敬的知识分子则公开抨击反犹主义。苏联科学院的一些研究机构在录用人员时也千方百计地避开对犹太人的限额规定。1976年2月，苏联科学院东方学研究所举行犹太复国主义研讨会，不少与会学者"对政府反犹太复国主义宣传中的反犹太主义观点表示不安"。著名的科学院院士科罗斯托夫采夫等人痛斥苏联"官方"最有影响的反犹太主义者叶夫谢耶夫是一个"新闻界廉价的反犹太主义小商贩"。会议主席在研讨会结束时告诫人们，"在谈到犹太历史与文化时，禁止使用过激或侮辱性的语言"，但这种告诫在随后几年里并未起多大作用。③ 直到1985年戈尔巴乔夫改革开始后，苏联国家排犹运动才宣告结束。④ 1987年1月27日，戈尔巴乔夫在苏共中央全会上所做的报告中重申，布尔什维克主义的传统是同"犹太复国主义、反犹主义的各种表现进行原则性斗争"⑤。苏联政府取消了对犹太教和犹太人的种种打压政策，并放宽了犹太人与国外犹太社团的交流以及犹太人

---

① 〔俄〕亚历山大·雅科夫列夫：《雾霭：俄罗斯百年忧思录》，第187—188页。
② Zev Katz, editor, *Handbook of Major Soviet Nationalities*, p.370.
③ 〔美〕罗伯特·康奎斯特：《最后的帝国——民族问题与苏联的前途》，第353—354页。
④ 〔俄〕亚历山大·雅科夫列夫：《雾霭：俄罗斯百年忧思录》，第188页。
⑤ 《在苏共中央全会上的报告（节选）（戈尔巴乔夫，1987年1月27日）》，参见中国社会科学院苏联东欧研究所、国家民族事务委员会政策研究室编：《苏联民族问题文献选编》，第467、468页。

移民国外的限制。

其二，1948—1953年苏联的全国性反犹运动败坏了社会主义形象，对于世界社会主义运动和各国共产党产生了非常不利的影响。1949年10月，美国亲国务院的《新闻周刊》夸耀说，它通过揭露苏联的反犹主义，给美国共产党人以沉重打击。① 美国的一些犹太组织也借机掀起了反苏浪潮。在以色列，亲苏的共产党和统一工人党影响力急剧下降。1956年8月29日，加拿大劳工进步党代表团在访问苏联时告诉苏共中央第一书记赫鲁晓夫说："1948年，由于贝利亚冒险主义的卑鄙伎俩，犹委会及犹太文定期出版物在苏联被查封。我们当时不能回答这样一个问题：为什么会发生这一切？因为苏联方面对此未做任何解释。后来又出了'医生案件'，所有这一切都加强了反对我们的敌人的地位。……卷入此案的俄罗斯人比犹太人还多。贝利亚却声称，被镇压的医生是与一个叫作'焦因特'的犹太组织有联系的犹太人。这伤害了生活在其他国家的犹太人的感情。"加拿大劳工进步党因此而"失去了犹太群众的支持"，在议会选举中大受影响。② 英国学者伦纳德·夏皮罗指出："不管苏联从鼓励反犹太主义政策中得到什么好处，无疑这种政策带来的直接后果是苏联已经失去了外国共产党人及左翼集团的支持。"③ 1953年2月，苏联外交部长维辛斯基也向斯大林抱怨说，西方对正准备审理的"医生案件"反应糟糕透顶。④ 所以，罗伊·梅德韦杰夫认为，斯大林及其亲信扶植的反犹主义给苏联"在世界舆论中造成了特别重大的损失"⑤。沃尔科戈诺夫也指出："斯大林主义最大的罪行之一，就是斯大林竟敢把自己当作社会主义的化身，而且在很大程度上他达到了目的。"⑥

---

① A. Levavi to M. Sharett (Tel Aviv), Moscow, 21 October 1949, Ministry of Foreign Affairs of the Russian Federation etc., *Documents On Israeli-Soviet Relations:1941-1953,Part II: May 1949-1953*, p.548.
② 《赫鲁晓夫与加拿大劳工进步党代表团的谈话记录（1956年8月29日）》，载沈志华总主编：《苏联历史档案选编》，第26卷，第517—519页。"焦因特"即Joint，指犹太人联合分配委员会。
③ 〔美〕罗伯特·康奎斯特：《最后的帝国——民族问题与苏联的前途》，第353页。
④ 〔俄〕爱德华·拉津斯基：《斯大林秘闻——原苏联秘密档案最新披露》，第660页。
⑤ 〔俄〕罗伊·梅德韦杰夫：《让历史来审判——论斯大林和斯大林主义》（下册），第964页。
⑥ 〔俄〕德·安·沃尔科戈诺夫：《斯大林》（下册），第847页。

越来越多的人开始认识到,苏联虽然自命为苏维埃社会主义共和国联盟,"而事实上,它既非联邦也不是什么社会主义,更不是什么共和国。它对于民主政制,只是口头禅,而在它的政治思想、制度和行为里,却毫无民主政制可言"①。所以,俄罗斯历史学家皮霍亚在评价苏联政权时说:"众所周知,'苏维埃面貌'的社会主义对社会主义思想没有起到好的作用,而是严重地损害了它。"②

其三,它把苏联犹太人"由1917年苏维埃制度建立起就完全支持它的力量变成了反对力量"③。犹太人因此产生了强烈的移民要求。1950年7月,以色列驻苏联公使莫·纳米尔在以色列驻海外外交代表会议上发言时就指出,如果苏联犹太人获准移民以色列,那么整个斯摩棱斯基广场都容不下在以色列公使馆排队领取签证的人。④斯大林死后,苏联出现了一浪高过一浪的犹太人移民潮,成千上万的人迁往以色列、美国等西方国家,苏联因此丧失了大量优秀的科技、文化人才。据统计,从1948—1953年,苏联犹太人移民以色列的总共只有18人。从1954—1959年,总数达到1079人。⑤1960年代上升到9039人,1970年代达到148852人,1980—1991年达到359290人。从1948—1991年苏联解体之前,总共有763716名犹太人移民国外,其中近68%去了以色列⑥,包括米霍埃尔斯的女儿、马尔基什的妻子、利季亚·沙图诺夫斯卡娅等人。1947年,犹太人占苏联科学工作者的18%,但到1970年,则只剩

---

① 宋美龄:《与鲍罗廷谈话的回忆》,台湾黎明文化事业股份有限公司1976年版,第40页。
② 〔俄〕鲁·格·皮霍亚:《苏联政权史(1945—1991)》,第791页。
③ A. C. Сенявский, XX съезд КПСС в контексте российской истории, *Отечественная история*, 2007, № 1, c. 201. 美国共产党人、著名犹太作家霍华德·法斯特指出,他曾经全身心的投入共产主义运动,但最后因为苏共对苏联犹太人的所作所为而不再爱它,并且退出共产主义运动。其实,这在很大程度上也是苏联犹太人内心世界的真实写照。参见Howard Fast, *The Naked God: the Writer and the Communist Party*, p. 132.
④ Excerpts from the Conference of Israeli Diplomatic Representatives Abroad(Tel Aviv, 17-21 July 1950), Israel Ministry of Foreign Affairs, Ministry of Foreign Affairs of the Russian Federation etc., *Documents On Israeli-Soviet Relations: 1941-1953, Part II: May 1949-1953*, pp. 647-648. 斯摩棱斯基广场就在以色列驻苏联公使馆旁边。
⑤ Yosef Govrin, *Israeli-Soviet Relations: 1953-1967, from Confrontation to Disruption*, London·Portland, OR: Frank Cass Publishers, 1998, p. 128.
⑥ 周承:《以色列新一代俄裔犹太移民的形成及影响》,第333—335页。

下 7%。①1989 年 1 月 22 日，以色列电台援引犹太新闻署移民科科长古尔顿的话说，自 1970 年代初以来，"大约有 28 万犹太人离开了苏联"，其中 "17 万已移居以色列"。古尔顿表示，"从苏联来的移民对犹太复国主义实体的经济、科学和文化做出了决定性的贡献"。1988 年在达到就业年龄的移民中，51% 是研究人员、工程师和医生。他指出："从苏联移居出来的犹太人，现在占以色列工程师总数的 16%、医生的 20%、护士的 10%。"②1989 年，在 172 万苏联犹太人当中，有 100 万人申请移民以色列。③苏联解体后的十年间里，总共有 1001800 名俄罗斯犹太人移民国外，其中 574932 人移民以色列。从 1948—2001 年，苏联和俄罗斯犹太人移民国外的总数达到 1796272 人，其中有 1120102 人移民以色列。④2008 年成功破解困扰全球数学界近 40 年的路线着色问题的以色列巴尔伊兰大学数学家艾夫拉汉·特雷特曼，就是因为其犹太人身份在苏联的工作中受到歧视和排挤而在 1992 年移居以色列的。在移民之前，他已经是乌拉尔科技大学一名颇有造诣的数学家。⑤以色列之所得正是苏联之所失。反犹主义就像一个毒瘤，削弱了苏联社会的民族凝聚力和国家竞争力。⑥

今天，当我们重温这段历史的时候就会发现，导致苏联这个曾经强盛一时的超级大国在冷战中败亡的，并非被视为"第五纵队"的苏联犹太人，而是斯大林本人！或者说，是他一手打造的政治体制！⑦"这个体

---

① Paul Johnson, *A History of the Jews*, p. 571.
② 王春良主编：《世界现代史文献与要论选编（1900—1988）》，东方出版社 1990 年版，第 698 页。
③ 周承：《试析以色列新俄裔犹太移民形成中的国际因素》，《俄罗斯研究》2007 年第 3 期，第 76 页。
④ 周承：《以色列新一代俄裔犹太移民的形成及影响》，第 333 页。
⑤ 晓春：《猜透"万能地图"》，《新民周刊》2008 年第 25 期，第 58—59 页。
⑥ 1987 年 1 月 27 日，戈尔巴乔夫在苏共中央全会上所做的报告中坦言："我们的理论界欠了民族关系的实践很大一笔债。"100 多万苏联犹太人移民国外，可以看作是对戈尔巴乔夫此言最好的注释。参见中国社会科学院苏联东欧研究所、国家民族事务委员会政策研究室编：《苏联民族问题文献选编》，第 467 页。
⑦ 1999 年 12 月 30 日，俄罗斯总理普京在《独立报》上发表了《千年之交的俄罗斯》一文，一针见血地指出："苏维埃政权没有使国家繁荣，社会昌盛，人民自由。……我们将近 70 年都在一条死胡同里发展，这条道路偏离了人类文明的康庄大道。"Владимир Путин, Россия на рубеже тысячелетий, *Независимая газета*, 30 декабря 1999г..

制给人们带来了巨大的身体和精神上的创伤，没有哪个西方社会能够救得了它。"[1] 因此，当斯大林晚年殚精竭虑地炮制苏联犹太人的悲剧之时，可能万万没有想到，他同时也在给自己亲手缔造的红色帝国炮制着一出更大的悲剧！孟子曰："杀一无罪，非仁也"，又曰："天子不仁，不保四海；诸侯不仁，不保社稷"[2]。待民以待草芥之心，绳民以绳叛贼之法，或许这就是苏联70年而亡的一个主要原因。

如果说，"每个人的自由发展是一切人的自由发展的条件"[3]，那么，每个民族的自由发展同样也是一切民族和一切国家自由发展的条件。苏联犹太人的历史和苏联的解体正好从反面印证了这个真理。

---

[1] 〔英〕以赛亚·伯林：《苏联的心灵：共产主义时代的俄国文化》，第113页。
[2] （清）焦循：《孟子正义》，中华书局1954年版，第546、290页。
[3] 马克思、恩格斯：《共产党宣言》，中共中央马克思恩格斯列宁斯大林著作编译局译，人民出版社1997年版，第50页。

附 录①

苏联犹太人反法西斯委员会 1942 年成员名单

1. С. 米霍埃尔斯 —— 主席
2. Ш. 爱泼斯坦 —— 责任书记
3. Д. 贝格尔森（Бергельсон Д.）—— 作家
4. Ф. 布克勒（Буклер Ф.）—— 军人、护士
5. С. 加尔金 —— 诗人、勋章获得者
6. 格林贝格 —— 历史学家
7. Э. 吉列利斯（Гилельс Э.）—— 钢琴家、比赛获奖者、勋章获得者
8. Д. 戈夫施泰因（Гофштейн Д.）—— 诗人、勋章获得者
9. Б. 西尔伯施泰因 —— 犹太自治州劳动者代表苏维埃执行委员会主席
10. И. 多布鲁申（Добрушин И.）—— 戏剧评论家、勋章获得者
11. В. 祖斯金（Зускин В.）—— 俄罗斯联邦人民演员、勋章获得者
12. Б. 约凡 —— 建筑家、斯大林奖章获得者
13. Л. 克维特科 —— 诗人、勋章获得者
14. А. 库什尼尔 —— 犹太自治州州党委书记
15. А. 库什尼罗夫 —— 诗人、剧作家、红军战士
16. А. 克赖因 —— 作曲家、功勋艺术活动家、勋章获得者
17. Я. 克赖泽尔 —— 将军、苏联英雄
18. 哈娜·列维娜（Левина Хана）—— 女诗人

---

① 参见 Н. К. Петрова, *Антифашистские комитеты в СССР：1941-1945гг.*, с.282-286. 另外还可以参考 Shimon Redlich, *Propaganda and Nationalism in Wartime Russian: The Jewish Antifascist Committee in the USSR, 1941-1948*, pp.175-178; Arno Lustiger, *Stalin and the Jews: The Red Book: The Tragedy of the Jewish Anti-Fascist Committee and the Soviet Jews*, pp.385-387.

19. 列亚·利什尼扬斯卡娅（Лишнянская Лея）—— 犹太自治州农庄社员、苏联最高苏维埃代表
20. П. 马尔基什 —— 诗人、剧作家、勋章获得者
21. С. 马尔沙克 —— 诗人、斯大林奖章获得者
22. Ф. 米赫林 —— 上校、勋章获得者
23. П. 尼斯托尔（Нистор П.）—— 作家

ГАРФ. Ф. 8114. Оп. 1. Д. 899. Л. 1.

1944 年 4 月犹太人反法西斯委员会主席团成员名单

1. С. М. 米霍埃尔斯 —— 主席
2. Ш. 爱泼斯坦 —— 责任书记
3. И. И. 菲萨诺维奇（Фисанович И. И.）—— 苏联英雄、海军中校
4. И. С. 费费尔 —— 诗人、勋章获得者
5. Л. Р. 戈诺尔 —— 工厂厂长、苏联劳动英雄
6. Л. М. 克维特科 —— 诗人
7. Л. С. 什泰恩（Штерн Л. С.）—— 科学院院士、奖章获得者
8. 雅科夫·克赖泽尔 —— 将军、苏联英雄
9. Д. Р. 贝格尔森（Бергельсон Д. Р.）—— 作家
10. А. Н. 弗鲁姆金 —— 科学院院士、斯大林奖章获得者
11. С. З. 加尔金 —— 诗人、剧作家、勋章获得者
12. Б. А. 希梅利奥维奇（Шимелиович Б. А.）—— 包特金医院主治医生
13. П. Д. 马尔基什 —— 诗人
14. Г. А. 纳格列尔（Наглер Г. А.）—— 国防工厂车间主任
15. В. 祖斯金（Зускин В.）—— 俄罗斯联邦和乌兹别克斯坦人民演员、В 勋章获得者

ГАРФ. Ф. 8114. Оп. 1. Д. 913. Л. 4.

1944年犹太人反法西斯委员会全体成员名单（63人）

1. А. 巴赫穆茨基 —— 犹太自治州州党委书记
2. Д. Р. 贝格尔森（Бергельсон Д. Р.）—— 作家
3. Д. 布利亚赫曼 —— 游击队军官、少校
4. Л. 布别尔（Бубер Л.）—— 苏联英雄、近卫军少校
5. И. 瓦滕贝格（Ватенберг И.）—— 美国支援苏联"伊科尔"犹太人移民协会前主席
6. М. 沃夫西（Вовси М.）—— 红军外科主治医生、少将
7. С. 加尔金 —— 诗人、剧作家、勋章获得者
8. Э. 吉列利斯（Гилельс Э.）—— 钢琴家、全苏钢琴比赛获奖者、勋章获得者
9. Г. 戈尔德贝格（Гольдберг Г.）—— 红军波罗的海军舰队潜水师军官
10. Л. 戈诺尔 —— 苏联劳动英雄、国防工厂厂长
11. Д. 戈夫施泰因（Гофштейн Д.）—— 诗人、勋章获得者
12. И. 戈尔德马赫尔（Гольдмахер И.）—— 来自犹太自治州的苏联最高苏维埃代表
13. Х. 格拉德（Граде Х.）—— 诗人
14. З. 格林贝格 —— 教授、历史家
15. И. 格罗斯 —— 犹太自治州"卡甘"剧院演员
16. М. 德沃尔金 —— 批评家、剧作家
17. В. 格罗斯曼 —— 作家
18. И. 多布鲁申（Добрушин И.）—— 评论家、剧作家
19. Д. 扎斯拉夫斯基 —— 记者
20. Ф. 西尔伯施泰因 —— 犹太人自治州执行委员会主席
21. В. 祖斯金（Зускин В.）—— 俄罗斯联邦和乌兹别克斯坦人民演员
22. Б. 约凡 —— 建筑家、斯大林奖章获得者
23. Ф. 卡加诺夫斯基 —— 作家
24. Л. 克维特科 —— 诗人
25. Р. 科恩（Корн Р.）—— 女诗人

26．Я. 克赖泽尔 —— 苏联英雄、中将

27．А. 克赖因 —— 作曲家

28．А. 库什尼罗夫 —— 诗人、剧作家、近卫军上尉

29．С. 库什尼尔 —— 犹太自治州州党委书记

30．Х. 列维娜（Левина Х.） —— 女诗人

31．П. 马尔基什 —— 诗人、剧作家

32．С. 马尔沙克 —— 诗人、斯大林奖章获得者

33．Р. 米尔纳 —— 苏联英雄、近卫军中校

34．С. 米霍埃尔斯 —— 苏联人民演员、教授、苏联犹太人反法西斯委员会主席

35．杰尔·尼斯捷尔（Нистер Дер） —— 作家

36．И. 努西诺夫 —— 教授

37．Г. 纳格列尔（Наглер Г.） —— 国防工厂车间主任

38．Д. 奥伊斯特拉赫 —— 教授、全苏比赛获奖者

39．Л. 普利韦尔（Пульвер Л.） —— 俄罗斯联邦人民演员

40．И. 拉比诺维奇 —— 画家

41．Г. 雷克林 —— 记者

42．П. 萨布赛 —— 雕塑家、斯大林奖金获得者

43．Э. 斯皮瓦克 —— 语文学教授、乌克兰科学院通讯院士、乌克兰科学院犹太人办公室主任

44．Л. 斯特龙金 —— 国家意第绪语《真理报》出版社经理

45．А. 苏茨科维尔（Суцкевер А.） —— 诗人、游击队员

46．А. 泰罗夫 —— 苏联人民演员、导演

47．Л. 塔尔米（Талми Л.） —— 记者

48．А. 特施勒 —— 艺术家

49．И. 费费尔 —— 诗人

50．И. 菲萨诺维奇（Фисанович И.） —— 苏联英雄、海军中校

51．Я. 菲勒（Филер Я.） —— 全苏比赛获奖者

52．А. 弗鲁姆金 —— 院士、奖章获得者

53．А. 哈扎诺夫 —— 游击队员

54．М. 柴科夫 —— 雕塑家

55．Н. 莎茨·阿宁（Шац-Анин Н.）—— 法学博士、教授

56．Б. 希梅利奥维奇（Шимелиович Б.）—— 包特金医院主治医生

57．Ш. 施利费尔（Шлиффер Ш.）—— 莫斯科犹太人社团犹太教拉比

58．Л. 什泰恩（Штерн Л.）—— 科学院院士、奖章获得者

59．Ш. 爱泼斯坦 —— 犹太人反法西斯委员会责任书记、《团结报》责任编辑

60．И. 爱伦堡 —— 作家、奖章获得者

61．Ф. 埃姆勒 —— 电影导演、功勋艺术活动家

62．И. 优素福维奇 —— 工会活动家

63．容克·克拉拉（Клара Юнг）—— 演员

ГАРФ.Ф.8114.Оп.1.Д.913.Л.3-4.

苏联犹太人反法西斯委员会主席团成员名单（1948年4月—5月）

原主席团成员：

1．Я. 克赖泽尔 —— 中将、苏联英雄

2．М. 古别尔曼（Губельман М.）—— 城市工人中央工会主席

3．В. 祖斯金（Зускин В.）—— 俄罗斯联邦和乌兹别克斯坦人民演员

4．Л. 戈诺尔 —— 苏联劳动英雄、国防工厂厂长

5．Л. 舍伊宁 —— 苏联交通部高级工程师培训部主任

6．Б. 希梅利奥维奇（Шимелиович Б.）—— 博士、包特金医院主治医生

7．Г. 海费茨 —— 犹太人反法西斯委员会代理责任书记

8．С. 马尔沙克 —— 诗人、斯大林奖章获得者

9．Д. 奥伊斯特拉赫 —— 国立莫斯科音乐学院教授、小提琴家

10．Б. 约凡 —— 苏维埃宫的总建筑师

11．И. 爱伦堡 —— 作家、奖章获得者

12．А. 巴赫穆茨基 —— 犹太自治州州党委第一书记

13．В. 格罗斯曼 —— 作家

14．Д. 扎斯拉夫斯基 —— 记者

15．Ф. 埃姆勒 —— 电影导演

新当选的主席团成员：

16．Д. 德拉贡斯基 —— 上校、两次苏联英雄勋章获得者、伏罗希洛夫高级军事学院学员

17．Г. 艾季诺夫 —— 白俄罗斯苏维埃共和国前部长会议副主席、苏联最高苏维埃代表

18．М. 罗森塔尔 —— 苏共中央高级党校教研室成员

19．Б. 兹巴尔斯基 —— 苏联医学科学院主席团成员

20．Д. 莫宁 —— 记者、《劳动报》海外分部编辑

21．М. 普利谢茨卡娅（Плисецкая М.）—— 芭蕾舞演员

22．Г. 加克（Гак Г.）——《布尔什维克》杂志主编

23．Л. 科特利亚尔 —— 上将、古比雪夫荣膺红旗勋章军事工程学院院长

24．А. 托普昌（Топчан А.）—— 第二医学院泌尿学教研室主任

25．Е. 戈罗杰茨基 —— 苏共中央宣传部专家组组长

26．伊丽莎白·吉列利斯（Елизавета Гилельс）—— 莫斯科国家音乐协会独唱演员

27．М. 布兰特 —— 作曲家

28．Я. 哈温松 ——《真理报》永久观察员

29．Б. 戈尔巴托夫 —— 作家

30．П. 博古斯拉夫斯基 —— 苏共伏龙芝地区书记

31．С. 鲁宾施泰因 —— 苏联科学院哲学研究所心理学部主任

Т. 舒梅科（签名）

РЦХИДНИ.Ф.17.Оп.128.Д.113.

参考文献

一、档案文献

1. 俄文档案

Артизов А. Н., Наумов О. В., *Власть и художественная интеллигенция: Документы ЦК РКП（б）-ВКП（б）, ВЧК-ОГПУ-НКВД о культурной политике, 1917-1953гг.*, Москва: Международный фонд Демократия, 1999.

БРАТЬЯ ЕВРЕИ ВСЕГО МИРА! Выступления представителей еврейского народа на митинге, состоявшемся в Москве 24 августа 1941 г., *ПРАВДА*, 25 августа 1941г..

Денисов В. В., и т. д., *Составители ЦК ВКП（б）и региональные партийные комитеты 1945-1953гг.* Москва: РОССПЭН, 2004.

Закон Об упразднении Чечено-Ингушской АССР и о преобразовакии Крымской АССР в Крымскую область, *ПРАВДА*, 28 июнь 1946 г..

Интервью тов. И. В. Сталина с корреспондентом «Правды» относительно речи г. Черчилля, *ПРАВДА*, 14 марта 1946 г..

И. Сталин, Октябрьский переворот, *ПРАВДА*, 6 ноября 1918 г..

Костырченко Г. В., *Государственный антисемитизм в СССР. От начала до кульминации, 1938-1953*, Москва: издательство «Материк», 2005.

Костырченко Г. В., *Еврейский антифашистский комитет в СССР 1941-1948: Документированная история*, Москва: Международные отношения, 1996.

Министерство иностранных дел Российской Федерации; Министерство иностранных дел Государства Израиль, *Советско-*

израильские отношения: Сборник документов,Том I :1941-1953, Москва: Международные отношения, 2000.

Наумов В. П., *Неправедный суд, Последний сталинский расстрел (стенограмма судебного процесса над членами Еврейского антифашистского комитета)*, Москва: Наука, 1994.

БРАТЬЯ ЕВРЕИ ВО ВСЕМ МИРЕ! *ПРАВДА*, 25 августа 1941г..

Второй митинг представителей еврейского народа, *ПРАВДА*, 25 мая 1942 г..

Дорогой товарищ Сталин! *ПРАВДА*, 25 мая 1942 г..

Илья Эренбург, По поводу одною письма, *ПРАВДА*, 21 сентября 1948 г..

К евреям всего мира, *ПРАВДА*, 25 мая 1942 г..

К сведению всех организаций ВКП(б), *ПРАВДА*, 20 августа 1952 г..

Митинг в Нью-Йорке в честь Михоэлса и Фефера, *ПРАВДА*, 15 июля 1943 г..

Митинг в Нью-Йорке в честь Михоэлса и Фефера, *ПРАВДА*, 16 июля 1943 г..

Митинг представителей еврейского народа, *ПРАВДА*, 5 апреля 1944г..

Михоэлс С. М., *ПРАВДА*, 15 января 1948 г..

На службе партии и народу, К 90-летию со дня рождения С. А. Лозовского, *ИЗВЕСТИЯ*, 28 марта 1968г..

О выступлении евр, коммунистической партии(Поалей-Цион) в РКП, *ПРАВДА*, 9 марта 1923г..

Об одной антипатриотической группе театральных критиков, *ПРАВДА*, 28 января 1949 г..

От Центрального Комитета Коммунистической Партии Советского Союза и Совета Министров Союза ССР, *ПРАВДА*, 14 февраля 1953 г..

ПОДЛЫЕ ШПИОНЫ И УБИЙЦЫ ПОД МАСКОЙ ПРОФЕССОРОВ-ВРАЧЕЙ, *ПРАВДА*, 13 января 1953г..

Похороны С. М. Михоэлса, *ПРАВДА*, 17 января 1948 г..

Прибытие в Москву Посланника государства Израиль г-жи Г. Меерсон,

ПРАВДА, 3 сентябрь 1948г..

РЕЧЬ тов. В. М. МОЛОТОВА О НОВОЙ КОНСТИТУЦИИ: III. СССР и мир между народами, *ПРАВДА*, 30 ноября 1936 г..

Советская социалистическая законность неприкосновенна, *ПРАВДА*, 6 апреля 1953г..

СООБЩЕНИЕ Министерства внутренних дел СССР, *ПРАВДА*, 4 апреля 1953 г..

УКАЗ ПРЕЗИДИУМА ВЕРХОВНОГО СОВЕТА СССР, О награждении орденом Ленина врача Тимашук, Л. Ф., *ПРАВДА*, 21 января 1953 г..

Шпионы и убийцы под личиной ученых-врачей, *ИЗВЕСТИЯ*, 13 января 1953 г..

2. 英文档案

Foreign Relations of the United States, Washington: Government Printing Office, 1882.

Foreign Relations of the United States, 1947, Volume IV, Washington: United States Government Printing Office, 1972.

Foreign Relations of the United States, 1948.Volume IV, Washington: United States Government Printing Office, 1974.

Foreign Relations of the United States, 1952-1954, Volume VI, Washington: United States Government Printing Office, 1986.

Israel Ministry of Foreign Affairs, Ministry of Foreign Affairs of the Russian Federation etc., *Documents On Israeli-Soviet Relations:1941-1953*, London・Portland, OR: Frank Cass Publishers, 2000.

Redlich, Shimon, ed., *War, Holocaust and Stalinism: A Documented Study of the Jewish Anti-Fascist Committee in the USSR*, Australia: Harwood Academic Publishers GmbH, 1995.

Stalin's Secret Pogrom: The Postwar Inquisition of the Jewish Anti-Fascist Committee, Edited and with introductions by Joshua Rubenstein and Vladimir P. Naumov, New Haven and London: Yale University Press, 2001.

The Black Book: The Ruthless Murder of Jews by German-Fascist Invaders Throughout the Temporarily-Occupied Regions of The Soviet Union and in the Death Camps of Poland during the War of 1941-1945, Prepared under the editorship of Ilya Ehrenburg & Vasily Grossman, Translated from the Russian by John Glad and James S. Levine. New York: Holocaust Library, 1981.

The Jewish Black Book Committee, *The Black Book: The Nazi Crime against the Jewish People*, New York: Duell, Sloan and Pearce, 1946.

The Unknown Black Book, the Holocaust in the German-Occupied Soviet Territories, edited by Joshua Rubenstein and Ilya Altman, translated by Christopher Morris and Joshua Rebenstein, Bloomington and Indianapolis: Indiana University Press, 2010.

The West London Branch of Jewish Fund for Soviet Russia eds, *Calling All Jews: Cables Received from the Jewish Anti-Fascist Committee of the Soviet Union*, London, 1943.

The Zionist Movement and the Foundation of Israel 1839-1972, Volume 2, editor, Beitullah Destani, Archive Editions, 2004.

3. 中文档案

《邓小平文选》，第2卷，人民出版社1994年版。
《列宁全集》，第2卷，人民出版社1984年版。
《列宁全集》，第8卷，人民出版社1986年版。
《列宁全集》，第23卷，人民出版社1990年版。
《列宁全集》，第24卷，人民出版社1990年版。
《列宁全集》，第25卷，人民出版社1988年版。
《列宁全集》，第27卷，人民出版社1990年版。
《列宁全集》，第28卷，人民出版社1990年版。
《列宁全集》，第29卷，人民出版社1985年版。
《列宁全集》，第32卷，人民出版社1990年版。
《列宁全集》，第33卷，人民出版社1990年版。

《列宁全集》，第 36 卷，人民出版社 1990 年版。
《列宁全集》，第 43 卷，人民出版社 1987 年版。
《列宁全集》，第 46 卷，人民出版社 1990 年版。
《列宁全集》，第 47 卷，人民出版社 1990 年版。
《列宁专题文集》（论辩证唯物主义和历史唯物主义），人民出版社 2009 年版。
《列宁专题文集》（论无产阶级政党），人民出版社 2009 年版。
《马克思恩格斯全集》，第 1 卷，人民出版社 1956 年版。
《斯大林论战后国际形势（一九四五——一九五三）》，人民出版社 1956 年版。
《斯大林全集》，第 1 卷，人民出版社 1953 年版。
《斯大林全集》，第 2 卷，人民出版社 1953 年版。
《斯大林全集》，第 3 卷，人民出版社 1955 年版。
《斯大林全集》，第 11 卷，人民出版社 1955 年版。
《斯大林全集》，第 13 卷，人民出版社 1956 年版。
《斯大林文集（1934—1952）》，人民出版社 1985 年版。
《斯大林选集》，上卷，人民出版社 1979 年版。
《苏联代表在联合国的发言选集》（第一集），世界知识出版社 1955 年版。
《苏联共产党代表大会、代表会议和中央全会决议汇编》（第一分册），中共中央马克思恩格斯列宁斯大林著作编译局译，人民出版社 1964 年版。
《苏联共产党代表大会、代表会议和中央全会决议汇编》（第五分册），中共中央马克思恩格斯列宁斯大林著作编译局译，人民出版社 1958 年版。
《苏联共产党最后一个"反党"集团》，赵永穆等译，中国社会出版社 1997 年版。
《苏联宪法（根本法）》，唯真翻译，外国文书籍出版局 1947 年版。
〔保〕季米特洛夫：《季米特洛夫日记选编》，马细谱等译，广西师范大学出版社 2002 年版。
〔德〕瓦尔特·胡巴奇编：《希特勒战争密令全集（1939—1945）》，张元林译，军事科学出版社 1989 年版。

〔德〕马克思、恩格斯:《共产党宣言》，中共中央马克思恩格斯列宁斯大林著作编译局译，人民出版社 1997 年版。

〔俄〕B. 丹尼洛夫等编辑:《菲利普·米罗诺夫（1917—1921 年时期的静静的顿河）》，乌传衮、温耀平译，人民出版社 2010 年版。

〔俄〕托洛茨基:《托洛茨基亲述十月革命——献给被遗忘的先知》，施用勤译，陕西人民出版社 2000 年版。

〔俄〕谢·尤·维特:《维特档案：访问记 笔记》，李晶、杨怀玉等译，社会科学文献出版社 2016 年版。

〔美〕富兰克林·德·罗斯福:《罗斯福选集》，关在汉编译，商务印书馆 1982 年版。

〔苏联〕维·维达利:《"苏联共产党第二十次代表大会"日记》，王德树译，东方出版社 2006 年版。

沈志华总主编:《苏联历史档案选编》，第 1、4、7、12、16、19、20、21、24、25、26、28、30 卷，社会科学文献出版社 2002 年版。

苏联外交部编:《1941—1945 年苏联伟大卫国战争期间苏联部长会议主席同美国总统和英国首相通信集》，第 1 卷，潘益柯译，世界知识出版社 1961 年版。

苏联外交部编:《1941—1945 年苏联伟大卫国战争期间苏联部长会议主席同美国总统和英国首相通信集》，第 2 卷，宗伊译，世界知识出版社 1963 年版。

王学东主编:《国际共产主义运动历史文献》，第 35 卷，中央编译出版社 2012 年版。

王学东主编:《国际共产主义运动历史文献》，第 45—48 卷，中央编译出版社 2013 年版。

新华社国际部编:《中东问题 100 年》，新华出版社 1999 年版。

中国社会科学院苏联东欧研究所、国家民族事务委员会政策研究室编:《苏联民族问题文献选编》，社会科学文献出版社 1987 年版。

4. 网络档案

"World Jewish Congress Set to Open Tonight; 8 Point Program Mapped, August 9, 1936", see Jewish Telegraphic Agency website, http://archive.jta.org/1936/08/09/archive/world-jewish-congress-set-to-open-tonight-8-point-program-mapped

《关于巴勒斯坦问题专设委员会报告书所通过之决议案》, https://www.un.org/zh/documents/view_doc.asp?symbol=A/RES/181(II)

To Comrade M.Suslov, Director of the Section for Foreign Policy of the Central Committee of the Communist Party, 21 June 1946, see http://www.loc.gov/exhibits/archives/m2antfac.html.

联合国安理会《1948年5月29日决议案》[S/801], http://www.un.org/zh/documents/view_doc.asp?symbol=S/RES/48(1948)

二、著作

1. 俄文著作

Введенский Б. А., *Энциклопедический словарь в 3-х томах*, Москва: Большая советская энциклопедия, 1953-1955.

Кандель Феликс, *Книга времен и событий, Том 3, История евреев Советского Союза (1917 - 1939)*, М.: Мосты культуры, 2002

Костырченко Г. В., *В плену у красного фараона, Политические преследования евреев в СССР в последнее сталинское десятилетие, Документальное исследование*, Москва: Международные отношения, 1994.

Костырченко Г. В., *Тайная политика Сталина, власть и антисемитизм*, Москва: Международные отношения, 2001.

Млечин Леонид, Сталин Иосиф—создатель Израиля, Москва: «ЯУЗА», «ЭКСМО», 2006.

Петрова Н. К., *Антифашистские комитеты в СССР: 1941-1945гг.* Москва: ИРА РАН, 1999.

Платонов О., *Тайная история России XX век: Эпоха Сталина*, Москва: Московитянин, 1996.

Попов А. Ю., 15 Встреч с генералом КГБ Бельченко, М., 2002.

Прохоров А. М., *Советский энциклопедический словарь*, Москва: Советская энциклопедия, 1986.

Солженицы А. И., *Двести лет вместе(1795-1995)*, Москва: Русский путь, 2001-2002.

2. 英文著作

A History of the Jewish People, edited by H. H. Ben-Sasson, Cambridge, Massachusetts: Harvard University Press, 1999.

Baron, Salo W., *The Russian Jew Under Tsars and Soviet*, Schocken Books, New York, 1987.

Ben-Jacob, Jeremiah, *The rise of Israel*, New York: Grosby House, 1949.

Brent, Jonathan and Naumov, Vladimir P., Stalin's Last Crime: The Doctor's Plot, London: John Murray (Publishers), 2003.

Dubnow, S. M., *History of the Jews in Russia and Poland, from the Earliest Times until the Present Day*, Volume I, Volume II, New York: Ktav Publishing House, Inc, 1975.

Embree, George Daniel, *The Soviet Union between the 19th and 20th Party Congresses, 1952-1956* , 's-Gravenhage:Martinus Nijhoff, 1959.

Encyclopaedia Judaica, V.14, Jerusalem: Keter Publishing House Jerusalem Ltd., 1972.

Fast, Howard, *The Naked God: the Writer and the Communist Party*, New York: Frederick A. Praeger, 1957.

Friedman, Murray and Chernin, Albert D., Editors, *A Second Exodus: The American Movement to Free Soviet Jews*, Brandeis University Press, 1999.

Gilbert, Martin, *The Jews of Russia: Their History in Maps and Photographs*, Merton College, Oxford, 1976.

Gilboa, Yehoshua A., *The Black Years of Soviet Jewry: 1939-1953*, Boston,

Toronto: Little, Brown and Company, 1971.

Gitelman, Zvi Y., *A Century of Ambivalence: The Jews of Russia and the Soviet Union, 1881 to the Present*, Bloomington: Indiana University Press, 2001.

Gitelman, Zvi Y., *Jewish Nationality and Soviet Politics: The Jewish Sections of the CPSU, 1917-1930*, Princeton, New Jersey: Princeton University Press, 1972.

Goldberg, B. Z., *The Jewish Problem in The Soviet Union: Analysis and Solution*, New York: Crown Publishers, Inc., 1961.

Govrin, Yosef, *Israeli-Soviet Relations: 1953-1967, from Confrontation to Disruption,* London · Portland, OR: Frank Cass Publishers, 1998.

Harshav, Benjamin, *Marc Chagall and His Times: A Documentary Narrative*, Stanford, California: Stanford University Press, 2004.

Henryk Erlich and Victor Alter: Tow Heroes and Martyrs for Jewish Socialism, Translated from the Yiddish with Notes by Samuel A. Portnoy, Hoboken: Ktav Publishing House, Inc., 1990.

Israel's First Fifty Years, Edited by Robert O. Freedman, Gainesville: University Press of Florida, 2000.

Johnson, Paul, *A History of the Jews*, New York: Harper & Row, 1987.

Kagedan, Allan Laine, *Soviet Zion: The Quest for a Russian Jewish Homeland*, London: The Macmillan Press Ltd., 1994.

Kaplan, Karel, *Report on the Murder of the General Secretary*, Translated by Karel Kovanda, London: I. B. Tauris & Co Ltd., 1990.

Katsenelinboigen, Aron J., *The Soviet Union: Empire, Nation, and System*, New Brunswick (U. S. A) & London (U. K.): Transaction Publishers, 1990.

Katz, Zev, editor, *Handbook of Major Soviet Nationalities*, New York: The Free Press, 1975.

Kowalski, Isaac, ed., *Anthology on Armed Jewish Resistance, 1939-1945*, New York: Jewish Combatants Publishers House, 1984.

Krammer, Arnold, *The Forgotten Friendship: Israel and the Soviet bloc, 1947-53*, Urbana: University of Illinois Press, 1974.

Laqueur, Walter, *A History of Zionism*, New York: Schocken Books, 1972.

Levin, Nora, *The Jews in the Soviet Union since 1917, Paradox of Survival*, Volume Ⅰ, New York: New York University Press, 1988.

Lustiger, Arno, *Stalin and the Jews: The Red Book: The Tragedy of the Jewish Anti-Fascist Committee and the Soviet Jews*, New York: Enigma Books, 2003.

Marcus, Jacob Rader, *The American Jew, 1585-1990: A History, Brooklyn*, New York : Carlson Publishing Inc., 1995.

Mastny, Vojtech, *The Cold War and Soviet Insecurity: The Stalin Years*, New York, 1996.

Meir, Golda, *My Life*, London: Weidenfeld and Nicolson, 1975.

Nathan, Otto and Norden, Heinz ed, *Einstein on Peace*, New York: Simon and Schuster, 1960.

Palmer, R. R., and Colton, Joel and Kramer, Lloyd, *A History of the Modern World History, Volume II: Since 1815*, Boston: McGraw-Hill Companies, Inc., 2007.

Pinkus, Benjamin, *The Jews of the Soviet Union: the History of a National Minority*, Cambridge: Cambridge University Press, 1988.

Pinkus, Benjamin, *The Soviet Government and the Jews: 1948-1967, A Documented Study*, Cambridge: Cambridge University Press, 1984.

Pozzetta, George (ed.), *Emigration and Immigration: The Old World Confronts the New,* New York & London: Garland Publishers, Inc., 1991.

Rapoport, Louis, *Stalin's War Against the Jews: The Doctors' Plot and the Soviet Solution*, New York: The Free Press, Harwood Academic Publishers, 1995.

Redlich, Shimon, ed., *War, Holocaust and Stalinism: A Documented Study of the Jewish Anti-Fascist Committee in the USSR*, Australia: Harwood

Academic Publishers GmbH, 1995.

Redlich, Shimon, *Propaganda and Nationalism in Wartime Russia: The Jewish Antifascist Committee in the USSR,1941-1948*, University of Colorado, Boulder: East European Quarterly, 1982.

Rubenstein, Joshua, *Tangled Loyalties: the Life and Times of Ilya Ehrenburg*, New York: Basic Books, 1996.

Rubinstein, W. D., *A History of the Jews in the English-Speaking World: Great Britain*, New York: St. Martin's Press, Inc., 1996.

Sawyer, Thomas E., *The Jewish Minority in the Soviet Union*, Boulder: Westview Press, 1979.

Srebrnik, Henry Felix, *Jerusalem on the Amur: Birobidzhan and the Canadian Jewish Communist Movement,1924-1951*, Montreal: McGill-Queens University Press, 2008.

Stein, Leslie, *The Hope Fulfilled: The Rise of Modern Israel*, London: Praeger Publishers, 2003.

Sudoplatov, Pavel, and Sudoplatov, Anatoli, *Special tasks: The Memoirs of an Unwanted Witness-A Soviet Spymaster*, Little, Brown and Company, 1994.

The Jews in Soviet Russia since 1917, edited by Lionel Kochan, London: Oxford University Press, 1972.

Vaksberg, Arkady, *Stalin Against the Jews*, Translated by Antonina W. Bouis, New York: Vintage Books. 1994.

Volkogonov, Dimitri, *Stalin: Triumph and Tragedy, Rocklin*, Calif.: Prima Publishing, 1996.

Weinberg, Robert, *Stalin's Forgotten Zion, Birobidzhan and the Making of a Soviet Jewish Homeland: An Illustrated History, 1928-1996*, Berkeley: University of California Press, 1998.

Wise, Stephen S., *Challenging Years: The Autobiography of Stephen Wise*, New York: G. P. Putnam's Sons, 1998.

3. 中文著作

（唐）来俊臣：《罗织经》，马树全译注，黄山书社 2010 年版。

（宋）正受撰：《嘉泰普灯录》，秦瑜点校，上海古籍出版社 2014 年版。

（清）焦循：《孟子正义》，中华书局 1954 年版。

《大美百科全书》编辑部：《大美百科全书》，第 16 卷，外文出版社光复书局 1994 年版。

《批判斯大林问题文集》（第二辑），人民出版社 1956 年版。

《批判斯大林问题文集》，人民出版社 1956 年版。

〔波〕伊萨克·多伊彻：《武装的先知：托洛茨基 1879—1921》，施用勤等译，中央编译出版社 2013 年版。

〔德〕德克劳斯·费舍尔：《德国反犹史》，钱坤译，译林出版社 2007 年版。

〔德〕迪特里希·施万尼茨：《欧洲：一堂丰富的人文课》，刘锐、刘雨生译，山西人民出版社 2008 年版。

〔德〕亨·埃伯利、马·乌尔编：《希特勒档案》，朱刘华、韩梅译，金城出版社 2008 年版。

〔德〕克里斯塔·施罗德：《在希特勒身边 12 年——希特勒贴身女秘书回忆录》，王南颖、金龙格译，作家出版社 2006 年版。

〔德〕拉尔夫·乔治·劳埃特：《大逆转 1919——希特勒反犹背后的欧洲史》，陈艳译，陕西人民出版社 2012 年版。

〔德〕马尔塔·萨德：《斯大林的女儿》，王青燕译，东方出版社 2008 年版。

〔德〕泰奥·索梅尔：《1945——大转折的一年》，任翔、徐洋译，中央编译出版社 2006 年版。

〔德〕希特勒：《我的奋斗》，董霖、佩萱译，黎明书局 1934 年版。

〔俄〕爱德华·拉津斯基：《斯大林秘闻——原苏联秘密档案最新披露》，李惠生、盛世良、张志强等译，新华出版社 1997 年版。

〔俄〕安德烈·马林科夫：《我的父亲马林科夫》，李惠生译，新华出版社 1997 年版。

〔俄〕奥尔洛夫：《超级大国的秘密决战》，朱志顺译，上海译文出版社

2003年版。

〔俄〕奥列格·察列夫:《克格勃特工在英国》,卢敬利等译,吉林人民出版社2003年版。

〔俄〕鲍·斯拉文:《尚未结束的历史:戈尔巴乔夫访谈录》,孙凌齐等译,中央编译出版社2006年版。

〔俄〕鲍里斯·尼古拉耶维奇·米罗诺夫:《俄国社会史:个性、民主家庭、公民社会及法制国家的形成》(上卷),张广翔等译,山东大学出版社2006年版。

〔俄〕德·安·沃尔科戈诺夫:《斯大林》(下册),张慕良等译,国际文化出版公司2009年版。

〔俄〕菲·博布科夫:《克格勃与政权——克格勃第一副主席的回忆》,王仲宣译,东方出版社2008年版。

〔俄〕弗拉迪斯拉夫·祖博克、康斯坦丁·普列沙科夫:《克里姆林宫秘史》,徐芳夫译,世界知识出版社2001年版。

〔俄〕弗拉基米尔·卡尔波夫:《大元帅斯大林》(修订版),何宏江等译,社会科学文献出版社2013年版。

〔俄〕高尔基:《不合时宜的思想》,余一中、董晓译,花城出版社2010年版。

〔俄〕格·阿·阿尔巴托夫:《苏联政治内幕:知情者的见证》,徐葵等译,新华出版社1998年版。

〔俄〕拉里莎·瓦西里耶娃:《克里姆林宫的儿女们》,成士等译,中央编译出版社2001年版。

〔俄〕李莎:《我的中国缘分:李立三夫人李莎回忆录》,李英男、姜涛编译,外语教学与研究出版社2009年版。

〔俄〕列昂尼德·姆列钦:《历届外交部长的命运》,徐葵、张达楠等译,新华出版社2005年版。

〔俄〕列昂尼德·姆列钦:《历届克格勃主席的命运》,李惠生等译,新华出版社2001年版。

〔俄〕列夫·别济缅斯基:《交战前夕的希特勒和斯大林》,文和、李酉生译,上海译文出版社2003年版。

〔俄〕列夫·托尔斯泰：《列夫·托尔斯泰文集》，第 15 卷，冯增义等译，人民文学出版社 2013 年版。

〔俄〕列夫·托尔斯泰：《列夫·托尔斯泰文集》，第 17 卷，陈馥、郑揆译，人民文学出版社 2013 年版。

〔俄〕列夫·托洛茨基：《斯大林评传》，齐干译，东方出版社 1998 年版。

〔俄〕鲁·格·皮霍亚：《苏联政权史（1945—1991）》，徐锦栋等译，东方出版社 2006 年版。

〔俄〕罗伊·麦德维杰夫、若列斯·麦德维杰夫：《斯大林：鲜为人知的剖面》，王桂香、陈爱茹、刘显忠译，新华出版社 2004 年版。

〔俄〕罗伊·梅德韦杰夫：《让历史来审判——论斯大林和斯大林主义》（下册），何宏江等译，东方出版社 2005 年版。

〔俄〕米·谢·戈尔巴乔夫：《对过去与未来的思考》，徐葵等译，新华出版社 2002 年版。

〔俄〕娜杰日达·曼德施塔姆：《曼德施塔姆夫人回忆录》，刘文飞译，广西师范大学出版社 2013 年版。

〔俄〕尼·亚·津科维奇：《元帅和总书记》，袁坚等译，东方出版社 2000 年版。

〔俄〕尼古拉·津科维奇：《二十世纪最后的秘密》，郅友昌等译，中国书籍出版社 1999 年版。

〔俄〕尼古拉·伊万诺维奇·雷日科夫：《大国悲剧：苏联解体的前因后果》，徐昌翰等译，新华出版社 2008 年版。

〔俄〕尼基塔·谢·赫鲁晓夫：《赫鲁晓夫回忆录》，述弢、王尊贤等译，社会科学文献出版社 2006 年版。

〔俄〕帕维尔·苏多普拉托夫：《情报机关与克里姆林宫》，魏小明、陆柏春译，东方出版社 2000 年版。

〔俄〕普列沙科夫：《斯大林的失误：苏德战争前十天的悲剧》，王立平、王世华译，宁夏人民出版社 2008 年版。

〔俄〕索科洛夫：《二战秘密档案》，张凤译，中国广播电视出版社 2005 年版。

〔俄〕托洛茨基：《托洛茨基自传》，张俊翔译，人民文学出版社 2013

年版。

〔俄〕瓦列金·别列什科夫：《斯大林私人翻译回忆录》，薛福岐译，海南出版社 2004 年版。

〔俄〕瓦西里·格罗斯曼：《生活与命运》，力冈译，广西师范大学出版社 2015 年版。

〔俄〕维特伯爵：《维特伯爵回忆录》，肖洋、柳思思译，中国法制出版社 2011 年版。

〔俄〕肖斯塔科维奇口述，伏尔科夫记录整理：《见证》，叶琼芳译，花城出版社 1998 年版。

〔俄〕谢尔盖·赫鲁晓夫：《政治顶峰：赫鲁晓夫（1953—1964）》，上卷，述弢等译，人民日报出版社，2015 年版。

〔俄〕亚·维·菲利波夫：《俄罗斯现代史（1945—2006 年）》，吴恩远等译，中国社会科学出版社 2009 年版。

〔俄〕亚历山大·索尔仁尼琴：《古拉格群岛》（上），田大畏等译，群众出版社 2010 年版。

〔俄〕亚历山大·雅科夫列夫：《雾霭：俄罗斯百年忧思录》，述弢译，社会科学文献出版社 2013 年版。

〔俄〕伊利亚·爱伦堡：《人·岁月·生活》，冯南江、秦顺新译，海南出版社 2008 年版。

〔俄〕伊萨克·巴别尔：《骑兵军》，戴骢译，人民文学出版社 2004 年版。

〔俄〕伊萨克·巴别尔：《巴别尔马背日记（1920.7—9）》，王天兵编，徐振亚译，人民文学出版社 2005 年版。

〔俄〕伊萨克·巴别尔著：《巴别尔全集》，第 1 卷，戴骢、王若行、刘文飞译，漓江出版社 2016 年版。

〔法〕Daniel Marchesseau：《夏加尔：醉心梦幻意象的画家》，周梦黑译，上海译文出版社 2003 年版。

〔法〕马克·夏加尔：《我的生活》，余中先译，北京十月文艺出版社 2017 年版。

〔法〕费尔南·布罗代尔：《菲利普二世时代的地中海和地中海世界》（下），吴模信译，商务印书馆 1996 年版。

〔法〕费尔南·布罗代尔:《文明史纲》,肖昶等译,广西师范大学出版社 2003 年版。

〔法〕亨利·特罗亚:《末代沙皇尼古拉二世》,胡尧步译,世界知识出版社 2000 年版。

〔法〕皮埃尔·阿考斯、〔瑞士〕皮埃尔·朗契尼克:《病夫治国》,郭宏安译,华东师范大学出版社 2013 年版。

〔美〕R. R. 帕尔默:《现代世界史》,董正华等译,世界图书出版公司 2014 年版。

〔美〕W. 艾夫里尔·哈里曼、伊利·艾贝尔:《哈里曼回忆录》,吴世民等译,东方出版社 2007 年版。

〔美〕阿尔伯特·爱因斯坦:《爱因斯坦晚年文集》,方在庆等译,海南出版社 2000 年版。

〔美〕爱德华·麦克诺尔·伯恩斯、菲利普·李·拉尔夫:《世界文明史》,第 4 卷,罗经国等译,商务印书馆 1988 年版。

〔美〕安娜·路易丝·斯特朗:《斯大林时代》,石人译,世界知识出版社 1979 年版。

〔美〕查尔斯·波伦:《历史的见证(1929—1969 年)》,刘裘、金胡译,商务印书馆 1975 年版。

〔美〕戴维·M. 克罗:《大屠杀:根源、历史与余波》,张旭译,上海人民出版社 2015 年版。

〔美〕弗拉季斯拉夫·祖博克:《失败的帝国:从斯大林到戈尔巴乔夫》,李晓江译,社会科学文献出版社 2014 年版。

〔美〕格雷弗·弗:《苏共二十大:"秘密报告"与赫鲁晓夫的谎言》,马维先译,社会科学文献出版社 2015 年版。

〔美〕哈里·杜鲁门:《杜鲁门回忆录》(下),李石译,东方出版社 2007 年版。

〔美〕汉娜·阿伦特:《艾希曼在耶路撒冷:一份关于平庸的恶的报告》,安尼译,译林出版社 2017 年版。

〔美〕亨利·基辛格:《大外交》,海南出版社 1998 年版。

〔美〕凯文·奥康纳:《波罗的海三国史》,王加丰等译,中国大百科全书出版社 2009 年版。

〔美〕劳伦斯·迈耶:《今日以色列:一个不安宁国家的画像》,钱乃复等译,新华出版社 1987 年版。

〔美〕利季亚·沙图诺夫斯卡娅:《克里姆林宫内幕》,张俊岩、魏卓丽译,中国盲文出版社 1988 年版。

〔美〕罗伯特·M. 塞尔茨:《犹太的思想》,赵立行、冯玮译,上海三联书店 1995 年版。

〔美〕罗伯特·达莱克:《罗斯福与美国对外政策(1932—1945)》(上册),伊伟译,商务印书馆 1984 年版。

〔美〕罗伯特·康奎斯特:《最后的帝国——民族问题与苏联的前途》,刘靖北等译,华东师范大学出版社 1993 年版。

〔美〕尼古拉·梁赞诺夫斯基、马克·斯坦伯格:《俄罗斯史》,杨烨、卿文辉译,上海人民出版社 2007 年版。

〔美〕欧文·豪:《父辈的世界——东欧犹太人移居美国以及他们发现与创造生活的历程》,王海良、赵立行译,上海三联书店 1995 年版。

〔美〕舍伍德:《罗斯福与霍普金斯:二次大战时期白宫实录》(上册),福建师范大学外语系编译室译,商务印书馆 1980 年版。

〔美〕斯塔夫里阿诺斯:《全球通史:1500 年以后的世界》,吴象婴、梁赤民译,上海社会科学院出版社 2002 年版。

〔美〕索尔·弗里德兰德尔:《灭绝的年代:纳粹德国与犹太人,1939—1945》,卢彦名等译,中国青年出版社 2015 年版。

〔美〕威廉·哈代·麦克尼尔:《美国、英国和俄国:它们的合作和冲突:1941—1946 年》,叶佐译,上海译文出版社 2007 年版。

〔美〕威廉·夏伊勒:《第三帝国的兴亡》(上、下卷),陈廷祐等译,世界知识出版社 2005 年版。

〔美〕沃尔特·G. 莫斯:《俄国史》,张冰译,海南出版社 2008 年版。

〔美〕沃尔特·拉费伯尔:《美国、俄国和冷战:1945—2006》,牛可、翟韬、张静译,世界图书出版公司 2014 年版。

〔美〕雅各·瑞德·马库斯:《美国犹太人:1585—1990 一部历史》,杨波等译,上海人民出版社 2004 年版。

〔美〕约翰·里德：《震撼世界的十天》，郭圣铭译，南方日报出版社 2009 年版。

〔南斯拉夫〕米洛凡·吉拉斯：《同斯大林的谈话》，司徒协译，世界知识出版社 1989 年版。

〔苏联〕И. А. 基里林主编：《国际关系和苏联对外政策史（1917—1945）》，邢书纲等译，中国社会科学出版社 1990 年版。

〔苏联〕А. М. 华西列夫斯基：《华西列夫斯基元帅战争回忆录》，徐锦栋等译，解放军出版社 2003 年版。

〔苏联〕А. М. 普罗霍罗夫总编辑：《苏联百科词典》，丁祖永等译，中国大百科全书出版社 1986 年版。

〔苏联〕С. 普罗罗科娃等：《俄国风景画家列维坦》，孙越生译，陕西人民美术出版社 1984 年版。

〔苏联〕Г. К. 朱可夫：《朱可夫元帅战争回忆录》，徐锦栋等译，解放军出版社 2008 年版。

〔苏联〕И. С. 科涅夫：《科涅夫元帅战争回忆录》，赖铭传译，中国人民解放军出版社 2005 年版。

〔苏联〕И. Х. 巴格拉米扬：《战争是这样开始的》，赖铭传译，解放军出版社 1984 年版。

〔苏联〕安·安·葛罗米柯：《回首往事》，苏群译，新华出版社 1989 年版。

〔苏联〕费·丘耶夫：《同莫洛托夫的 140 次谈话》，王南枝、孙润玉等译，新华出版社 1992 年版。

〔苏联〕葛罗米柯：《难忘的岁月——葛罗米柯谈世界风云人物》，柴兴文等译，首都师范大学出版社 1993 年版。

〔苏联〕卡拉什尼克：《十月革命成果的保卫者的半个世纪》，莫斯科 1968 年版。

〔苏联〕列夫·托洛茨基：《俄国革命史》，第 3 卷，丁笃本译，商务印书馆 2015 年版。

〔苏联〕米·谢·戈尔巴乔夫：《改革与新思维》，苏群译，新华出版社 1988 年版。

〔苏联〕娜·康·克鲁普斯卡娅：《列宁回忆录》，哲夫译，人民出版社 1972 年版。

〔苏联〕尼科利斯基：《俄国教会史》，丁士超等译，商务印书馆 2000 年版。

〔苏联〕斯维特兰娜·阿利卢耶娃：《仅仅一年》，刘白岚译，外文出版局《编译参考》编辑部 1980 年版。

〔苏联〕斯维特兰娜·阿利卢耶娃：《致友人的二十封信》，赵洵译，中国社会科学出版社 1979 年版。

〔苏联〕亚历山大洛夫等编：《斯大林传略》，唯真译，江西新华书店 1949 年版。

〔苏联〕伊凡·麦斯特连柯：《苏共各个时期的民族政策》，林钢译，人民出版社 1983 年版。

〔乌克兰〕谢尔戈·贝利亚：《我的父亲贝利亚》，王志华、徐延庆、刘玉萍译，新华出版社 2001 年版。

〔以色列〕阿伦·布雷格曼：《以色列史》，杨军译，东方出版中心 2016 年版。

〔以色列〕埃利·巴尔纳维主编：《世界犹太人历史：从创世记到二十一世纪》，刘精忠等译，中国人民大学出版社 2007 年版。

〔以色列〕丹·拉维夫、尼西姆·米沙尔：《犹太人与诺贝尔奖》，施冬健编译，清华大学出版社 2019 年版。

〔以色列〕弗雷德·A.拉辛：《美国政治中的苏联犹太人之争》，张淑清、徐鹤鸣译，商务印书馆 2014 年版。

〔以色列〕格尔绍恩·谢克德：《现代希伯来小说史》，钟志清译，商务印书馆 2009 年版。

〔以色列〕米迦勒·巴尔-祖海尔：《现代以色列之父本-古里安传》，刘瑞祥等译，中国社会科学出版社 1994 年版。

〔意〕贝奈戴托·克罗齐：《历史学的理论和实际》，〔英〕道格拉斯·安斯利英译，傅任敢译，商务印书馆 2009 年版。

〔意〕姜·埃·瓦洛里：《犹太人的大灾难》，罗晋标、陆素珍译，世界知识出版社 2007 年版。

〔英〕H. 蒙哥马利·海德:《原子弹间谍》,张光远等译,新华出版社 1987 年版。

〔英〕奥兰多·费吉斯:《耳语者:斯大林时代苏联的私人生活》,毛俊杰译,广西师范大学出版社 2014 年版。

〔英〕狄利斯·希罗:《中东内幕》,叶进、汪忠民译,天津人民出版社 1986 年版。

〔英〕杰弗里·霍斯金:《俄罗斯史》,第 2 卷,李国庆等译,南方日报出版社 2013 年版。

〔英〕李德·哈特:《山的那一边:被俘德国将领谈二战》,张和声译,上海人民出版社 2011 年版。

〔英〕理查德·艾伦:《阿拉伯——以色列冲突的背景和前途》,艾玮生等译,商务印书馆 1981 年版。

〔英〕罗伯特·谢伟思:《斯大林传》,李秀芳、李秉忠译,华文出版社 2014 年版。

〔英〕罗德里克·布雷思韦特:《莫斯科 1941:战火中的城市和人民》,曹建海译,新星出版社 2008 年版。

〔英〕马丁·吉尔伯特:《俄国历史地图》,王玉涵译,中国青年出版社 2009 年版。

〔英〕马丁·吉尔伯特:《二十世纪世界史》,第 2 卷(上、下),1933—1951,周启鹏等译,陕西师范大学出版社 2001 年版。

〔英〕诺曼·所罗门:《犹太人与犹太教》,王广州译,译林出版社 2014 年版。

〔英〕乔治·柯克:《1945—1950 年的中东》,复旦大学历史系世界史教研室译,上海译文出版社 2007 年版。

〔英〕乔治·柯克:《战时中东》,上海外国语学院英语系翻译组译,上海译文出版社 2007 年版。

〔英〕塞西尔·罗斯:《简明犹太民族史》,黄福武等译,山东大学出版社 2004 年版。

〔英〕温斯顿·丘吉尔:《第二次世界大战回忆录》,第 3 卷,第 4 卷,韦凡译,南方出版社 2005 年版。

〔英〕沃尔特·拉克：《犹太复国主义史》，徐方、阎瑞松译，生活·读书·新知三联书店 1992 年版。

〔英〕伊恩·克肖：《希特勒》（下卷），赖兴等译，世界知识出版社 2005 年版。

〔英〕以赛亚·伯林：《苏联的心灵：共产主义时代的俄国文化》，潘水强、刘北成译，译林出版社 2010 年版。

〔英〕约翰·埃默里克·爱德华·达尔伯格-阿克顿：《自由与权力》，侯健、范亚峰译，译林出版社 2014 年版。

杜正艾：《俄罗斯外交传统研究》，上海人民出版社 2007 年版。

郭宇春：《俄国犹太人研究（18 世纪末—1917 年）》，黑龙江人民出版社 2015 年版。

华辛芝、陈东恩：《斯大林与民族问题》，中央民族大学出版社 2002 年版。

黄陵渝：《犹太教》，中国社会科学出版社 2008 年版。

蓝英年、朱正：《从苏联到俄罗斯》，东方出版社 2007 年版。

乐峰主编：《俄国宗教史》，社会科学文献出版社 2008 年版。

林非主编：《鲁迅著作全集》（第三卷），中国社会科学出版社 1999 年版。

刘竞、张士智、朱莉：《苏联中东关系史》，中国社会科学出版社 1987 年版。

刘军：《美国犹太人：从边缘到主流的少数族群》，云南大学出版社 2009 年版。

陆南泉等主编：《苏联真相：对 101 个重要问题的思考》（上），新华出版社 2010 年版。

秋枫主编：《"祖国之父"彼得大帝》，远方出版社 2005 年版。

述弢：《克宫内幕：苏联的神话与现实》，中央编译出版社 2014 年版。

宋鸿兵：《货币战争文集》，第 2 卷，长江文艺出版社 2011 年版。

宋美龄：《与鲍罗廷谈话的回忆》，台湾黎明文化事业股份有限公司 1975 年版。

王春良主编：《世界现代史文献与要论选编（1900—1988）》，东方出版社 1990 年版。

王家声等主编：《苏联那些人那些事》，世界知识出版社 2012 年版。

王绳祖主编：《国际关系史》，第 1 卷，世界知识出版社 1995 年版。
王天兵：《哥萨克的末日》，新星出版社 2008 年版。
王志军、李薇：《20 世纪上半期哈尔滨犹太人的宗教生活与政治生活》，人民出版社 2013 年版。
闻一：《十月革命 —— 阵痛与震荡》，广东人民出版社 2010 年版。
吴伟：《苏联与"波兰问题"（1939—1945）》，世界知识出版社 2002 年版。
肖宪、黎志军、王训田：《犹太巨人》，中国工人出版社 2007 年版。
肖宪：《中东国家通史·以色列卷》，商务印书馆 2001 年版。
辛向阳、辛向前、郑义寅主编：《历史律令 —— 影响人类社会的十大宪法和法典》，江西人民出版社 1998 年版。
徐新、凌继尧主编：《犹太百科全书》，上海人民出版社 1993 年版。
杨曼苏：《以色列 —— 谜一般的国家》，世界知识出版社 1992 年版。
杨曼苏：《以色列总理拉宾》，四川人民出版社 1997 年版。
余也鲁总编：《圣经》启导本，中国基督教两会 2004 年版。
张倩红、艾仁贵：《犹太文化》，人民出版社 2013 年版。
赵伟明：《中东问题与美国中东政策》，时事出版社 2006 年版。
郑异凡主编：《谁发动了十月革命 —— 布尔什维克自传》，上海人民出版社 2017 年版。
周承：《以色列新一代俄裔犹太移民的形成及影响》，时事出版社 2010 年版。
朱柏庐原著，李牧华注解：《朱子家训》，甘肃人民出版社 1990 年版。
左凤荣、刘显忠：《从苏联到俄罗斯：民族区域自治问题研究》，社会科学文献出版社 2015 年版。

三、文章

1. 俄文文章

Безыменский Л., Завещание Сталина? *Новое время*, 1998, № 14.
Зубкова Е., Кадровая политика и чистки в КПСС (1949-1953гг.), *Свободная мысль*, 1999, № 4.

Исаев Г. Г., Урок истории: советско-израильские отношения в 1948-1951гг, *Политэкс*, 2006, Том 2, № 3.

Люкс Л., Еврейский вопрос в политике Сталина, *Вопросы Истории*, 1999, № 7.

Медведев Ж. А., Сталин и «дело врачей». Новые материалы, *Вопросы истории*, 2003, № 2.

Медведев Ж. А., Сталин и «дело врачей». Новые материалы, *Вопросы истории*, 2003, № 1.

Наумов В. П. Был ли заговор Берии? Новые документы о событиях 1953г., *Новая и новейшая история*, 1998, № 5.

Пихоя Р. Г., О внутриполитической борьбе в советском руководстве 1945-1958гг, *Новая и новейшая история*, 1995, № 6.

Путин Владимир, Россия на рубеже тысячелетий, *Независимая газета*, 30 декабря 1999г..

Рейман М., Послевоенное соперничество и конфликты в советском политическом руководстве, *Вопросы истории*, 2003, № 3.

Сенявский А. С., XX съезд КПСС в контексте российской истории, *Отечественная история*, 2007, № 1.

Сталин скрыл сенсационное письмо сестры Ленина, *Новое Время*, 26 мая 2011 г..

Этингер Я. Я., «Дело врачей»: Сорок лет спустя, *Новое время*, 1993, № 2-3.

2. 英文文章

Altshuler, Mordecai, "The Jewish Anti-fascist Committee in the USSR in the Light of New Documentation", *Studies in Contemporary Jewry*, 1984, No. 1.

Carter, Edward Clark, "the Russian War Relief ", *The Slavonic and East European Review*, American Series, Aug., 1944, Vol. 3, No. 2.

Ewen, Frederic: Review, *Science & Society*, Vol. 11, No. 4 (Fall, 1947).

Getty, J. Arch, Rittersporn, Gábor T. and Zemskov, Viktor N., "Victims of the Soviet Penal System in the Pre-war Years: A First Approach on the Basis of Archival Evidence", *The American Historical Review*, Volume 98, Issue 4, October 1993.

Rucker, Laurent, "Moscow's Surprise: The Soviet-Israeli Alliance of 1947-1949", *Cold War International History Project,* Working Paper # 46, 2011.

Vorobiev, Valery, "the USSR and the Establishment of the State of Israel", *International Affairs*, 2010.

3. 中文文章

《近东成立以色列国》,《人民日报》1948 年 5 月 28 日。

〔俄〕雅科夫·埃廷格尔:《半个世纪前的"医生案件"》,刘佳译,《国外社会科学文摘》2003 年第 6 期。

〔俄〕兹巴尔斯基:《列宁遗体保存者的回忆》,夏伯铭译,《现代外国哲学社会科学文摘》1994 年第 4 期。

〔苏联〕弗·马祖林:《麦克风旁——记苏联卫国战争中的著名播音评论员列维坦》,赵水福摘译,《新闻大学》1981 年第 1 期。

В. Н. 斯拉温斯基:《关于 1941 年苏日签订中立条约谈判的新揭密档案》,李嘉谷译,《世界历史》1998 年第 5 期。

白晓红:《战后苏联文化领域的"反世界主义"运动》,《俄罗斯学刊》2019 年第 6 期。

陈红梅:《犹太民族与城市空间》,《世界民族》2017 年第 3 期。

程红泽:《苏俄国内战争时期犹太人对外迁徙述略》,《西伯利亚研究》2007 年第 1 期。

范靖国:《广播与战争》,《国际新闻界》1993 年第 Z1 期。

郭宇春:《犹太人与俄国革命运动》,《黑龙江社会科学》2007 年第 5 期。

科学院通讯院士 Ю. А. 波利亚科夫、И. Н. 基谢列夫:《1917 年俄国人口的数目和民族成分》,苏联《历史问题》,1980 年第 6 期。转引自陕西师大历史系苏联史教研室编,贺兴平译:《苏联史译文选辑》

第 3 期。

林剑纶：《托洛茨基：被遗忘的苏联红军最高领导人》，《领导文萃》2011 年第 1 期。

刘心华：《苏联境内犹太人问题的探讨》，《问题与研究》（台北）第 25 卷，1986 年第 7 期。

刘玉宝、张广翔：《国外核情报与苏联原子弹的研制——基于俄罗斯解密档案文献的研究》，《历史研究》2015 年第 1 期。

柳植：《贝利亚事件揭秘》，《陕西师范大学学报》（哲学社会科学版）2003 年第 4 期。

马丹静：《比罗比詹计划始末》，《首都师范大学学报》（社会科学版）2012 年第 2 期。

马龙闪：《苏联战后的意识形态批判和政治清洗运动》，《东欧中亚研究》2001 年第 6 期。

潘光：《美国犹太人成功之道》，《沪港经济》2007 年 2 期。

全克林：《英美与"10 万犹太难民进入巴勒斯坦"问题》，《广西师范大学学报》（哲学社会科学版）2009 年第 4 期。

沈志华：《抗美援朝战争中的苏联空军》，《中共党史研究》2000 年第 2 期。

师建军：《苏联特殊移民问题研究》，陕西师范大学博士论文，2008 年。

宋永成、和婷：《"被忘却的友谊"——苏联集团对以色列建国的军事援助问题再探讨》，《陕西师范大学学报》（哲学社会科学版）2013 年第 4 期。

宋永成：《埃利希-阿尔特事件及其对苏联外交政策的影响》，《陕西师范大学学报》（哲学社会科学版）2007 年第 2 期。

王晓菊：《俄罗斯远东的"犹太民族家园"》，《世界历史》2007 年第 2 期。

未央：《成功的美国犹太人》，《环渤海经济瞭望》2000 年第 1 期。

晓春：《猜透"万能地图"》，《新民周刊》2008 年第 25 期。

肖瑜：《对苏联支持以色列建国原因的历史考察》，《冷战国际史研究》2008 年第 3 期。

谢潇：《好莱坞与犹太人》，《世界文化》2013 年第 1 期。

杨庆余：《罗伯特·奥本海默——美国原子弹之父》，《大学物理》2003

年第 8 期。

张建华：《简论苏联的犹太人问题》，《当代世界与社会主义》2003 年第 2 期。

张盛发：《从"十月革命"到"俄国大革命"——俄罗斯修改十月革命名称和定义》，《俄罗斯学刊》2018 年第 6 期。

张盛发：《雅尔塔体制的形成与苏联势力范围的确立》，《历史研究》2000 年第 1 期。

赵克仁：《试析前苏联对以色列建国前后态度和政策的演变》，《西亚非洲》1993 年第 3 期。

周承：《试析以色列新俄裔犹太移民形成中的国际因素》，《俄罗斯研究》2007 年第 3 期。

4. 网络文章

《揭秘：苏联第一颗原子弹是如何研制成功的？》，http://www.china.com.cn/military/txt/2012-06/15/content_25659777.htm.

The YIVO Encyclopedia of Jews in Eastern Europe，http://www.yivoencyclopedia.org/article.aspx/American_Jewish_Joint_Distribution_Committee.

跋

本书是在笔者博士论文《苏联犹太人反法西斯委员会的悲剧》基础上扩充完成的。

从 2005 年开始写作到现在，星移斗转，寒来暑往，已历 16 个春秋。在写作过程中，得到了我的导师、著名苏联史专家、陕西师范大学历史文化学院杨存堂教授（笔名柳植）的悉心指导，感激之情，无以言表。同时，北京大学历史系徐天新教授、中共中央编译局郑异凡研究员、上海师范大学历史系叶书宗教授、中国社科院世界历史研究所闻一研究员、华东师范大学历史系沈志华教授、清华大学人文学院历史系秦晖教授、中国政法大学人文学院金雁教授、北京师范大学历史学院张建华教授、南京大学哲学宗教学系徐新教授、郑州大学副校长张倩红教授、中国社科院俄罗斯东欧中亚研究所张盛发研究员和刘显忠研究员、中国社科院世界历史研究所王晓菊研究员等诸多学者和专家都曾不吝赐教，让笔者受益良多。

在俄文档案、资料搜集过程中，沈志华教授、中山大学历史系肖瑜博士提供了很多无私的帮助，其高风亮节，堪为楷模。在俄文和英文档案文献资料翻译、整理和校对过程中，肖瑜博士，陕西师大外国语学院徐华老师、孟霞教授，国防科技大学许汉成教授，空军工程大学彭刚虎教授，西安外国语大学俄语学院副院长吴梅博士，中共中央编译局徐元宫博士，牛津大学 John McGovern 先生，俄罗斯莫斯科国立大学王苏阳博士等不少学者都提供了很大帮助，在此深表谢忱。[①] 同时，笔者还要

[①] 本书当中的俄语和英语人名、地名主要参照《俄语姓名译名手册》（辛华编，商务印书馆 2014 年）、《新编俄罗斯地名译名手册》（周俊英译，商务印书馆 2003 年）和《世界人名翻译大辞典》（新华通讯社译名室编，中国对外翻译出版公司 1998 年）翻译。这些工具书上没有的，则根据读音翻译，原文均附其后。

向最早译介犹委会档案的丁明先生表示特别感谢,本书在写作过程中曾参考了他的译文。[1]

陕西师大历史文化学院白建才教授、曹维安教授、王成军教授、何志龙教授、马瑞映教授、胡舶教授、李秉忠教授、郭艳利教授等诸多同事,陕西师大外国语学院院长王启龙教授,中共中央对外联络部胡昊博士,挚友田汉清和不少研究生均提供了很多的支持与帮助,在此一并致谢。

同时,也要感谢我的父母和我的夫人贾军。记不清有多少个应该陪伴他们的节假日,我都在忙于本书的研究和写作。

最后,还要感谢商务印书馆为本书出版提供了便利和帮助。

宋永成
2020 年 6 月 6 日于古城西安

---

[1] 参见沈志华总主编:《苏联历史档案选编》,第 25 卷,社会科学文献出版社 2002 年版。